Ernst Siegfried Mittler und Sohn

Die deutsche Kolonial-Gesetzgebung

Sammlung der auf die deutschen Schutzgebiete bezüglichen Gesetze,

Verordnungen, Erlasse und internationalen Vereinbarungen, mit Anmerkungen

und Sachregister

Ernst Siegfried Mittler und Sohn

Die deutsche Kolonial-Gesetzgebung
Sammlung der auf die deutschen Schutzgebiete bezüglichen Gesetze, Verordnungen, Erlasse und internationalen Vereinbarungen, mit Anmerkungen und Sachregister

ISBN/EAN: 9783741169847

Hergestellt in Europa, USA, Kanada, Australien, Japan

Cover: Foto ©Andreas Hilbeck / pixelio.de

Manufactured and distributed by brebook publishing software (www.brebook.com)

Ernst Siegfried Mittler und Sohn

Die deutsche Kolonial-Gesetzgebung

Die deutsche Kolonial-Gesetzgebung

Sammlung

der auf die deutschen Schutzgebiete bezüglichen
Gesetze, Verordnungen, Erlasse und internationalen Vereinbarungen
mit Anmerkungen, Sachregister

Neunter Band
Jahrgang 1905

Auf Grund amtlicher Quellen herausgegeben

Berlin 1906
Ernst Siegfried Mittler und Sohn
Königliche Hofbuchhandlung
Kochstraße 68—71

Alle Rechte aus dem Gesetze vom 19. Juni 1901
sind vorbehalten.

Vorwort.

Bei der Herausgabe des vorliegenden Bandes ist erneut die Frage erwogen worden, ob der Kreis der hier zusammenzustellenden Materialien auf solche rechtlichen Inhaltes im strengsten Sinne zu beschränken sei, oder ob auch fernerhin einzelnen Verwaltungs-Anordnungen und verwandten Bestimmungen Aufnahme zu gewähren sei, sofern sie für weitere Kreise von Kolonialinteressenten von Bedeutung erscheinen. Wenngleich die Herausgeber — entsprechend dem Namen und Charakter der „Deutschen Kolonial-Gesetzgebung" — im allgemeinen den ersteren Grundsatz vertreten, so erscheint ihnen dessen allzu strenge Durchführung doch nicht als zweckentsprechend. Vielmehr glauben sie, bei Abgrenzung des Stoffes von Fall zu Fall prüfen zu sollen. Dabei ergeben sich bisweilen Bestimmungen, die zwar nicht selbst einen eigentlich rechtlichen Inhalt haben, deren Kenntnis indessen zum Verständnis anderer, rein rechtlicher Vorschriften erforderlich scheint; ferner aber tragen gerade unter den Verhältnissen junger Kolonien zuweilen Maßnahmen und Einrichtungen den Keim einer weiteren Entwicklung in sich, die dann allmählich zur Ausgestaltung förmlicher Rechtssätze führt. In solchen Fällen haben die Herausgeber an der bisherigen Praxis festgehalten und den Kreis der aufzunehmenden Bestimmungen nicht allzu eng gezogen.

Die Einteilung des Stoffes entspricht derjenigen in den vorausgehenden Bänden (VI bis VIII), indem im ersten Teile die auf alle Schutzgebiete bezüglichen allgemeinen Bestimmungen, im zweiten Teile die Vorschriften für die afrikanischen und Südsee-Schutzgebiete, im dritten Teile die Bestimmungen für das Kiautschougebiet wiedergegeben sind. Innerhalb der einzelnen Teile ist die chronologische Reihenfolge durchgeführt.

Berlin, im Juni 1906.

Die Herausgeber

Schmidt-Dargitz,
Geheimer Legationsrat.

Prof. Dr. Köbner,
Wirklicher Admiralitätsrat.

Sachliches Inhaltsverzeichnis.

Bstim. = Bekanntmachung. R. E. = Runderlaß. RK. = Reichskanzler. V. = Verordnung. Verf. = Verfügung.

Erster Teil: Allgemeine Bestimmungen für sämtliche Schutzgebiete.

Seite

A. H. Ordre, betr. die gnadenweise Aussetzung oder Teilung der Strafvollstreckung. Vom 4. Februar 1905 1

Zweiter Teil: Bestimmungen für die afrikanischen und Südsee-Schutzgebiete.

I. Allgemeines.

A. Die Zentralverwaltung. Allgemeine Vorschriften für die Schutzgebietsverwaltungen.

15. V. des Rk., betr. das Geldwesen der Schutzgebiete außer Deutsch-Ostafrika und Kiautschou. Vom 1. Februar 1905 43
17. Bestimmungen der Kol. Abt. über die Behandlung der bei den amtlichen Kassen der Schutzgebiete, außer Deutsch-Ostafrika und Kiautschou, eingehenden nachgemachten, verfälschten oder nicht mehr umlaufsfähigen Reichsmünzen, Reichskassenscheine und Reichsbanknoten. Vom 6. Februar 1905 45
55. R. E. der Kol. Abt., betr. die Materialien- und Proviantverwaltung. Vom 7. April 1905 122
56. Verf. der Kol. Abt., betr. Behandlung portopflichtiger Dienstsachen. Vom 12. April 1905 124
78. R. E. der Kol. Abt., betr. Einreichung von Abschriften allgemeiner Verwaltungsvorschriften. Vom 3. Mai 1905 144
87. Ergänzungen zu den Lieferungsvorschriften der Kol. Abt. vom 20. September 1903. Vom Juni 1905 163
92. Kaiserl. V., betr. Zwangs- und Strafbefugnisse der Verwaltungsbehörden in den Schutzgebieten Afrikas und der Südsee. Vom 14. Juli 1905 169
124. R. E. der Kol. Abt. an die Gouvernements der afrikanischen Schutzgebiete zur Abänderung des R. Es. vom 18. April 1904, betr. Etatsanmeldungen in Bausachen. Vom 16. Oktober 1905 256

B. Beamte.

18. R. E. der Kol. Abt., betr. den Ankauf von Mobilien Beamter und Militärpersonen. Vom 6. Februar 1905 46
50. Denkschrift zum Haushaltsetat der Schutzgebiete auf das Rechnungsjahr 1905. Mit Geltung vom 1. April 1905 ab 120

		Seite
131.	A. H. Ordre, betr. Führung des Prädikats Exzellenz durch die Gouverneure in Afrika und der Südsee und deren Rang. Vom 14. November 1905	270

C. Schutztruppen.

33.	Unterweisung für die Offiziere usw. der Kaiserlichen Schutztruppen. Vom 12. März 1905	71
Anl. zu Nr. 33.	A. H. Ordre, betr. Literarische Veröffentlichungen der aktiven und ehemaligen Angehörigen der Schutztruppen	72
111.	A. H. Ordre, betr. das vorzeitige Ausscheiden von Mannschaften der Schutztruppen. Vom 30. August 1905	247

D. Gesetzgebung und Rechtspflege.

20.	R. E. der Kol. Abt., betr. die gnadenweise Anweisung oder Teilung der Strafvollstreckung. Vom 14. Februar 1905	55
92.	Kaiserl. V., betr. Zwangs- und Strafbefugnisse der Verwaltungsbehörden in den Schutzgebieten Afrikas und der Südsee. Vom 14. Juli 1905	169
110.	R. E. der Kol. Abt., betr. die Änderung des Gerichtsverfassungsgesetzes. Vom 21. August 1905	245

E. Kolonialgesellschaften, welche in verschiedenen Schutzgebieten tätig sind.

19.	Beschluß des Bundesrats, betr. die Deutsche Kolonial-Eisenbahn-Bau- und Betriebs-Gesellschaft in Berlin und Salzungen. Vom 9. Februar 1905	47

II. Die einzelnen Schutzgebiete Afrikas und der Südsee.

A. Deutsch-Ostafrika.

I. Allgemeine Verwaltung.

1. Finanzielles und Geldwesen.

4.	R. E., betr. die Einführung der Hundertteilung der Rupie. Vom 6. Januar 1905	22
5.	Konzession der Deutsch-Ostafrikanischen Bank. Vom 15. Januar 1905	23
16.	R. E., betr. die Umrechnung von Pesas in Heller. Vom 4. Februar 1905	44
25.	Vertrag zwischen dem Gouvernement und der Deutsch-Ostafrikanischen Bank. Vom 25. Februar 1905	61
29.	Vertrag zwischen der Kol. Abt. und der Deutsch-Ostafrikanischen Bank. Vom 4. März 1905	69
42.	V., betr. die Erhebung von Gebühren für Benutzung fiskalischen Grund und Bodens zu Ansiedlungen. Vom 22. März 1905	109
54.	Bektm., betr. den Verkehr mit Goldmünzen der ehemaligen Südafrikanischen Republik. Vom 11. April 1905	123
74.	Geschäftsanweisung für die Kassen des Gouvernements von Deutsch-Ostafrika, betr. ihren Verkehr mit der Deutsch-Ostafrikanischen Bank. Vom 3. Mai 1905	145
94.	Verf. an die Legationskasse, betr. den Zahlungsverkehr mit Deutsch-Ostafrika. Vom 17. Juli 1905	176
119.	R. E., betr. die Verwahrung und Bewachung amtlicher Kassenbestände. Vom 26. September 1905	253
125.	H. E., betr. die Ermäßigung der Krankenhauskosten für Zivilpersonen in besonderen Fällen. Vom 18. Oktober 1905	257
139.	Bektm., betr. die Ausgabe von Banknoten durch die Deutsch-Ostafrikanische Bank. Vom 1. Dezember 1905	274

2. Polizei.

31.	V., betr. Betreten der Sultanate Ruanda und Urundi. Vom 10. März 1905	70
44.	V., betr. die anderweite Festsetzung der Marktgebühren für die Bezirke Tanga, Wilhelmstal, Pangani, Bagamojo, Kilwa, Lindi, Daressalam, Morogoro, Rufiyi. Vom 23. März 1905	111
89.	V., betr. das Marktwesen in Kilimatinde. Vom 10. Juli 1905	166

Sachliches Inhaltsverzeichnis. VII

		Seite
102.	V., betr. die Umrechnung der Marktgebühren von Pesas in Heller. Vom 4. August 1905	186
103.	V., betr. die Abänderung der Marktverordnung für den Bezirk Daressalam. Vom 4. August 1905	186
107.	V., betr. das Marktwesen in Ssongea. Vom 9. August 1905	241
137.	Bktm., betr. das Marktwesen in Iringa. Vom 24. November 1905	273

3. Gesundheitswesen.

127.	Bektm., betr. die über See ankommenden Farbigen. Vom 25. Oktober 1905	268
128.	Bektm., betr. Ergänzung des Fragebogens zu den Quarantäne-Vorschriften vom 8. Mai 1901. Vom 27. Oktober 1905	268
129.	Bektm., betr. Verhinderung der Pest. Vom 30. Oktober 1905	269

4. Verschiedenes.

12.	Verf., betr. Abänderung der Betriebsordnung des Lienhardt-Sanatoriums. Vom 26. Januar 1905	41
66.	Bektm., betr. Umwandlung der Militärstation Ssongea in ein Bezirksamt. Vom 25. April 1905	136

II. Beamte und Schutztruppenangehörige.

24.	Erlaß der Kol. Abt., betr. Ergänzung der Wohnungs-Dienstanweisung. Vom 24. Februar 1905	61
43.	R. E., betr. Abänderung der Löhnungs- und Verpflegungsordnung für die farbigen Schutz- und Polizeitruppen-Angehörigen. Vom 22. März 1905	110
52.	Bektm., betr. Änderung der Wohnungsdienstanweisung. Vom 1. April 1905	172
81.	Erlaß der Kol. Abt., betr. § 7 der Verpflegungsvorschriften. Vom 5. Juni 1905	160
95.	Erlaß der Kol. Abt., betr. Abänderung der Wohnungsdienstanweisung. Vom 20. Juli 1905	177
109.	R. E., betr. Frachtvergütungen an Beamte und Militärpersonen im Innern des Schutzgebiets. Vom 19. August 1905	243
112.	Verf. wegen Abänderung der Wohnungsdienstanweisung. Vom 2. September 1905	247
149.	R. E., betr. Inanspruchnahme ärztlicher Hilfe bei Erkrankungen. Vom 19. Dezember 1905	283
86.	R. E., betr. die jährliche Bescheinigung über Vollständigkeit des Inventars. Vom 30. Juni 1905	163

III. Rechtspflege.

97.	R. E., betr. die Registrierung von Ehen Eingeborener. Vom 25. Juli 1905	179
10.	V., betr. die Kosten in Zivilsachen und in Angelegenheiten der freiwilligen Gerichtsbarkeit auf dem Gebiet der Eingeborenen-Rechtspflege. Vom 21. Januar 1905	39
11.	Bektm., betr. den Gebührentarif für die Vermessung von Grundstücken. Vom 21. Januar 1905	40

IV. Bezirke (Kommunen) und Stationen.

2.	R. E., betr. die Zusammensetzung der Bezirksräte. Vom 3. Januar 1905	9
51.	Bektm. des Rks., betr. die Bildung eines Kommunalverbandes Ssongea in Deutsch-Ostafrika. Vom 1. April 1905	172
69.	Verf., betr. die Bezirksräte. Vom 26. April 1905	142
101.	R. E. zur Ausführung der V. vom 2. Mai 1901, betr. die Schaffung kommunaler Verbände. Vom 8. August 1905	182

V. Zollwesen.

26.	Bektm., betr. Änderungen und Ergänzungen der Zollverordnung für das deutsch-ostafrikanische Schutzgebiet vom 13. Juni 1903 zufolge der V. vom 28. Februar 1904, betr. das Münzwesen des deutsch-ostafrikanischen Schutzgebiets. Vom 28. Februar 1905	63

Nachlicbes Inhaltsverzeichnis.

		Seite
134.	Ergänzungen der Ausführungsbestimmungen zur ostafrikanischen Zollverordnung. Vom 18. November 1905	271
7.	V., betr. die Zollfreiheit von denaturiertem und konfisziertem Spiritus. Vom 13. Januar 1905	23

VI. Steuerwesen.

14.	Bektm., betr. Gewerbesteuer und Handelsregister in den Bezirken Mnansa und Bukoba. Vom 30. Januar 1905	42
38.	V., betr. die Erhebung einer Häuser- und Hüttensteuer. Vom 22. März 1905	93
39.	Ausführungsbestimmungen an der V., betr. die Erhebung einer Häuser- und Hüttensteuer. Vom 22. März 1905	96
40.	V., betr. die Heranziehung der Eingeborenen zu öffentlichen Arbeiten. Vom 22. März 1905	106
41.	Instruktion zur Ausführung der V., betr. die Heranziehung der Eingeborenen zu öffentlichen Arbeiten. Vom 22. März 1905	108
90.	Bektm des Rks., betr. die Schürfscheingebühr, die Feldessteuer und die Bergwerksabgabe in Deutsch-Ostafrika. Vom 11. Juli 1905	168
118.	Bektm. wegen Abänderung der V. vom 17. September 1903, betr. Besteuerungs- und Retournungsgebühren. Vom 26. September 1905	252

VII. Handel und Verkehr.

100.	Vereinbarung zwischen dem Gouverneur und der Deutsch-Ostafrikanischen Gesellschaft, betr. die Karawanserei der Gesellschaft in Bagamoyo. Vom 2. August 1905	180
117.	Polizei-V., betr. die Karawanserei in Bagamoyo. Vom 22. September 1905	251

VIII. Jagd.

93.	V., betr. Abänderung der Jagdschutzverordnung. Vom 15. Juli 1905	176

IX. Eisenbahnen.

29.	Bektm., betr. den Tarif der Usambara-Eisenbahn. Vom 21. Februar 1905	61
35.	Pachtvertrag zwischen dem Fiskus des deutsch-ostafrikanischen Schutzgebietes und der Deutschen Kolonial-Eisenbahn-Bau- und Betriebs-Gesellschaft zu Berlin. Vom 20./26. März 1905	77
36.	Bektm., betr. den Usambara-Bahntarif. Vom 21. März 1905	83

X. Landwirtschaft.

5.	R. E., betr. Berichterstattung über Wildbrennen, Holzschlagen usw. Vom 9. Januar 1905	32
121.	Anordnung zur Bekämpfung des Küstenfiebers unter dem Rindvieh. Vom 12. Oktober 1905	255

XI. Bergwesen.

84.	V. wegen Aufhebung der Landes- und Bergpolizeiverordnung für die Umgegend von Daressalam vom 12. September 1902. Vom 28. Juni 1905	162
90.	Bektm. des Rks., betr. die Schürfscheingebühr, die Feldesteuer und die Bergwerksabgabe in Deutsch-Ostafrika. Vom 11. Juli 1905	168
144.	Bektm., betr. Ergänzung der Ausführungsbestimmungen vom 7. Februar 1903 zur Bergverordnung. Vom 13. Dezember 1905	278
27.	Bektm. der Kol.-Abt., betr. Erlöschen der Wilkenschen Konzession. Vom 28. Februar 1905	64

XII. Gesellschaften.

76.	Änderung der Satzungen der Deutsch-Ostafrikanischen Gesellschaft, die in der Hauptversammlung der Ges. vom 10. Mai 1905 genehmigt worden sind	150
77.	Beschluss des Bundesrats, betr. die Sisal-Agaven-Gesellschaft in Düsseldorf und Statuten der Gesellschaft. Vom 11. Mai 1905	152
Anl. zu Nr. 8	Satzungen der Deutsch-Ostafrikanischen Bank	20

		Seite
126.	Beschluß des Bundesrats, betr. die Central-Afrikanische Bergwerks-Gesellschaft in Berlin und deren Satzungen. Vom 19. Oktober 1905	257
148.	Beschluß des Bundesrats, betr. die „Ostafrikanische Gasthausgesellschaft Kaiserhof" in Berlin und deren Satzungen. Vom 19. Dezember 1905	280

B. Deutsch-Südwestafrika.

I. Verwaltung.

21.	Verf. der Kol.-Abt., betr. Abänderung der Verf. über Veräußerung und Belastung der Grundstücke der Deutschen Kolonialgesellschaft für Südwestafrika im deutsch-südwestafrikanischen Schutzgebiete. Vom 14. Februar 1905	59
26.	Bestimmungen, betr. Organisation der Landespolizei für das deutsch-südwestafrikanische Schutzgebiet. Vom 1. März 1905	64
34.	Baupolizeiordnung für die Ortschaft Swakopmund. Vom 20. März 1905	73
55.	Erlaß der Kol.-Abt., betr. die Anstellung des Gouvernementspersonals. Vom 12. April 1905	134
82.	V. des Bezirksamtmanns zu Swakopmund wegen Änderung der V. vom 14. Dezember 1904, betr. die Regelung des Abfuhrwesens in Swakopmund. Vom 10. Juni 1905	161
133.	Bekm., betr. das Inkrafttreten der V. des Rk. vom 1. Februar 1905, betr. das Geldwesen der Schutzgebiete. Vom 15. November 1905	271
132.	Bekm., betr. den Gegenwert englischer Pfund- und Schillings-Stücke. Vom 15. November 1905	271
146.	V., betr. die Einwanderung in das Deutsch-Südwestafrikanische Schutzgebiet. Vom 15. Dezember 1905	276

II. Schutztruppe.

45.	Bestimmungen des Rk., betr. die Gewährung von Umzugskosten usw. an Angehörige der südwestafrikanischen Schutztruppe für die Dauer des Eingeborenenaufstandes. Vom 24. März 1905	113
46.	Ausführungsvorschriften der Kol.-Abt. zu dem Erlaß des Rk. vom 24. März 1905, betr. die Gewährung von Umzugskosten usw. an Angehörige der südwestafrikanischen Schutztruppe für die Dauer des Eingeborenenaufstandes. Vom 24. März 1905	114
104.	Bedingungen des Oberkommandos der Schutztruppe für die Vergebung von Lieferungen an die Kaiserliche Schutztruppe für Südwestafrika. Vom 4. August 1905	197
120.	A. H. Ordre, betr. Anrechnung von Kriegsdienstjahren. Vom 12. Oktober 1905	254

III. Gesetzgebung und Rechtspflege.

32.	Verf., betr. die Gebühren der Rechtsanwälte in Nichteingeborenensachen. Vom 10. März 1905	70
49.	Verf. des Oberrichters, betr. die allgemeine Beeidigung von Sachverständigen für gerichtliche Angelegenheiten. Vom 31. März 1905	119
63.	Verf. des Oberrichters, betr. die Einrichtung eines Strafregisters in Deutsch-Südwestafrika. Vom 18. April 1905	138
106.	K. Berg-V. für Deutsch-Südwestafrika. Vom 8. August 1905	221
141.	Verf. zur Ausführung der Berg-V. für Deutsch-Südwestafrika vom 8. August 1905. Vom 3. Dezember 1905	275
151.	Kaiserliche V., betr. Einziehung von Vermögen Eingeborener im südwestafrikanischen Schutzgebiet. Vom 26. Dezember 1905	284

IV. Zollwesen.

72.	Ausführungsbestimmungen zur Zollverordnung für das deutsch-südwestafrikanische Schutzgebiet vom 21. Januar 1903. Vom 20. April 1905	148
79.	V. wegen Abänderung der V. vom 18. Dezember 1900, betr. die Einfuhr und den Vertrieb von geistigen Getränken. Vom 24. Mai 1905	158

V. Bergwesen.

106. Kaiserliche Bergverordnung für Deutsch-Südwestafrika. Vom 8. August 1905 . . 231
141. Verf. der Kol. Abt. zur Ausführung der Kaiserlichen Bergverordnung. Vom 2. Dezember 1905 275
85. Verf. des Rks., betr. Edelsteinbergbau im Süden des deutsch-südwestafrikanischen Schutzgebietes. Vom 30. Juni 1905 162

VI. Eisenbahnen.

9. und Anm. zu Nr. 9. Tarifanzeiger Nr. 29 für die Eisenbahn Swakopmund — Windhuk. Vom 18. Januar 1905 39

VII. Eingeborene.

150. R. E., betr. die Vollziehung von Prügelstrafen. Vom 22. Dezember 1905 . . . 264
151. Kaiserliche V., betr. die Einziehung von Vermögen Eingeborener im südwestafrikanischen Schutzgebiet. Vom 26. Dezember 1905 264

C. Kamerun.

I. Verwaltung.

48. Vertrag zwischen dem Gouvernement von Togo und der Deutsch-Westafrikanischen Bank. Vom 25. März/24. Juli 1905 117
59. Bektm., betr. Umwandlung der Station Janude in ein Bezirksamt. Vom 13. April 1905 132
62. Erlaß der Kol.-Abt., betr. Analegung der Verpflegungsvorschriften. Vom 15. April 1905 133
71. Erlaß der Kol.-Abt., betr. Abänderung der Verpflegungsvorschriften. Vom 20. April 1905 143
80. R. E., betr. Übergabeprotokolle. Vom 25. Mai 1905 159

II. Schutztruppe.

37. Vorschriften des Rks., betr. strafrechtliche und Disziplinarverhältnisse bei den farbigen Mannschaften der Kaiserlichen Schutztruppe für Kamerun. Vom 22. März 1905 85

III. Gerichtswesen.

91. Anordnung des Oberrichters, betr. den Geschäftsverkehr der Bezirksgerichte mit dem Gouvernement. Vom 12. Juli 1905 168

IV. Zollwesen.

136. V. wegen anderweiter Fassung der V. vom 19. Juli 1904, betr. die Verpflichtung der Schiffsführer zur Abgabe von Verzeichnissen über zu löschende oder einzunehmende Ladung. Vom 20. November 1905 272

V. Handel und Verkehr.

60. V., betr. Verbot der Einfuhr von Vorderladern und Handelspulver. Vom 14. April 1905 132
114. V. zur Ausführung der V. vom 14. April 1905, betr. die Einfuhr von Vorderladern und Handelspulver. Vom 10. September 1905 249
Anl. zu Nr. 114. V., betr. die Ergänzung der Ausführungs-V. vom 10. September 1905, betr. die Einfuhr von Vorderladern und Handelspulver 249
115. Bektm., betr. die Einfuhr von Kriegsmaterial und den Handel mit solchem. Vom 10. September 1905 250

Sachliches Inhaltsverzeichnis. XI

VI. Jagd.

130. V., betr. Abänderung der V. vom 15. Februar 1900, betr. das Verbot des Einfuhr von Elefanten. Vom 8. November 1905 270
136. V., betr. Abänderung der V. vom 12. Februar 1900, betr. die Ausübung der Jagd südlich des Sanaga. Vom 20. November 1905 278

VII. Gesellschaften.

3. Beschluß des Bundesrats, betr. die Deutsch-Westafrikanische Bank in Berlin und deren Satzungen. Vom 5. Januar 1905 9

D. Togo.

I. Verwaltung.

- 6. V., betr. den Sprachunterricht in den Schulen des Schutzgebietes. Vom 9. Januar 1905 25
- 43. Vertrag zwischen dem Gouvernement von Togo und der Deutsch-Westafrikanischen Bank. Vom 25. März/24. Juli 1905 117
- 76. V., betr. Bekämpfung der Moskitogefahr. Vom 11. Mai 1905 153
- 99. Verf., betr. Teilung des Bezirksamts Lome. Vom 31. Juli 1905 180

II. Bergwesen.

143. V., betr. die Aufsuchung und Gewinnung von Mineralien. Vom 11. Dezember 1905 277

III. Eisenbahn- und Landungsbetrieb.

105 und Anm. zu Nr. 105. Pachtvertrag zwischen dem Fiskus von Togo und Lenz & Co. Vom 4./10. August 1905 205
9./21. November

IV. Gesellschaften.

3. Beschluß des Bundesrats, betr. die Deutsch-Westafrikanische Bank in Berlin und deren Satzungen. Vom 5. Januar 1905 9

E. Deutsch-Neu-Guinea.

I. Verwaltung und Rechtspflege.

57. Dienstanweisung für die Führung der Lagerverwaltung beim Gouvernement von Deutsch-Neu-Guinea. Erlassen vom Gouverneur am 12. April 1905 . . . 126
58. Dienstanweisung für die Führung der Inventarien beim Gouvernement von Neu-Guinea. Erlassen vom Gouverneur am 12. April 1905 129
70. Erlaß der Kol. Abt., betr. Mitnahme farbiger Diener auf Dienstreisen. Vom 27. April 1905 142
108. V., betr. die Einwanderung mittelloser nichteingeborener Personen. Vom 12. August 1905 242
142. R. E., betr. die Abgabe von Medikamenten aus den Regierungsapotheken und deren Verwaltung. Vom 8. Dezember 1905 276
145. Bektm., betr. Ausnahme von dem Verbot des Fischens mit Sprengstoffen. Vom 18. Dezember 1905 278

II. Zoll- und Steuerwesen.

83. Verf., betr. die Berechnung des Zolles auf alkoholhaltige Getränke bei Flaschenbruch. Vom 23. Juni 1905 162

		Seite
98.	Zusatz-V. zur V., betr. Abänderung des für das Schutzgebiet mit Ausschluß des Inselgebietes der Karolinen, Palau und Marianen gültigen Zolltarifs vom 12./21. September 1904. Vom 25. Juli 1905	180
138.	V., betr. die Öffnung von Simpsonhafen für den Auslandsverkehr. Vom 28. November 1905	274
140.	Bektm., betr. die zollamtliche Behandlung der in Simpsonhafen gelöschten Güter. Vom 1. Dezember 1905	275
147.	V., betr. die Öffnung von Kieta für den Auslandsverkehr. Vom 15. Dezember 1905	279
15.	V., betr. die Erhebung einer Gewerbesteuer. Vom 26. Januar 1905	41
22.	Ausführungsbestimmungen zu der V. vom 26. Januar 1905, betr. die Erhebung einer Gewerbesteuer. Vom 18. Februar 1905	59

III. Eingeborene.

122.	R. E., betr. Arbeiterlöhnung. Vom 14. Oktober 1905	255

F. Karolinen.

65.	V. des Bezirksamtmanns zu Saipan, betr. den Handelsbetrieb auf den Marianen. Vom 25. April 1905	135
113.	V. des Bezirksamtmanns zu Ponape, betr. den Handelsbetrieb in den Ostkarolinen. Vom 7. September 1905	247
Anm. zu Nr. 113.	V. des Bezirksamtmanns zu Ponape wegen Abänderung der V. vom 7. September 1905, betr. den Handelsbetrieb in den Ostkarolinen. Vom 13. November 1905	247
125.	V. des Vizegouverneurs in Ponape, betr. Aufhebung der V. über das Verbot des Trepangfanges auf den Riffen und Bänken der Insel Ponape, vom 10. April 1900. Vom 14. Oktober 1905	256

G. Marschallinseln.

68.	Verf. des Rk., betr. Verträge mit Eingeborenen über unbewegliche Sachen im Schutzgebiete der Marschallinseln. Vom 3. Juli 1905	166
116.	V., betr. den Handelsbetrieb in den Marschallinseln. Vom 14. September 1905	250

H. Samoa.

I. Verwaltung.

1.	Vorschriften der Kol.-Abt. für die Verwaltung der Inventarien und Materialien (einschl. des Proviants und der Munition) beim Gouvernement von Samoa. Vom 1. Januar 1905	2
30.	Abänderung des § 10 der Schulordnung vom 18. Februar 1904. Vom 6. März 1905	70
64.	V., betr. die Einfuhr und den Vertrieb von Opium. Vom 20. April 1905	134
67.	V., betr. die chinesischen Kontraktarbeiter. Vom 25. April 1905	136
68.	Erlaß, betr. den Betrieb des Regierungshospitals. Vom 25. April 1905	141
75.	V., betr. die Versicherung der chinesischen Kontraktarbeiter gegen Krankheit. Vom 4. Mai 1905	149

II. Rechtspflege.

61.	V., betr. die Zwangsversteigerung und die Zwangsverwaltung. Vom 15. April 1905.	132

Dritter Teil: Bestimmungen für das Schutzgebiet Kiautschou.

I. Rechtspflege.

44. Bektm. des Gerichts, betr. Veröffentlichung der gerichtlichen Bekanntmachungen. Vom 16. Dezember 1905 315
45. Gesetz über die Verlängerung der Gültigkeitsdauer des Gesetzes, betr. die militärische Strafrechtspflege im Kiautschougebiete, vom 25. Juni 1900. Vom 21. Dezember 1905 315

II. Allgemeine Verwaltung.

1. Allerhöchste Ordre, betr. Hinterbliebenenversorgung. Vom 5. Dezember 1904 287
2. Bektm. des Kommissars für chinesische Angelegenheiten, betr. Eröffnung von chinesischen Schulen. Vom 2. Januar 1905 288
3. Bektm. des Baudirektors, betr. Wasserabgabe. Vom 4. Januar 1905 288
4. V. des Gouverneurs, betr. Schonzeit der Hasen. Vom 5. Januar 1905 . . . 289
5. Bektm. des Gouverneurs, betr. Numerierung der Häuser in Tsingtau. Vom 25. Januar 1905 289
7. V. des Gouverneurs, betr. Ausladen und Lagern von Sand und Kies am Strande. Vom 25. Januar 1905 289
8. Bektm. des Baudirektors, betr. Wasserabgabe. Vom 26. Januar 1905 . . . 290
9. V. des Gouverneurs, betr. Ausführung von Landmesserarbeiten. Vom 28. Januar 1905 290
12. Bektm. des Zivilkommissars, betr. Katastergebühren. Vom 21. März 1905 . 291
13. Bektm. des Gouverneurs, betr. Gewerbescheine. Vom 25. März 1905 . . . 291
14. V. des Gouverneurs, betr. Motorfahrzeuge. Vom 11. April 1905 292
16. Bektm. des Gouverneurs, betr. Koloradokäfer. Vom 25. April 1905 . . . 292
17. Bektm. des Gouverneurs, betr. Häuserbau im Lao schan. Vom 2. Mai 1905 . 292
18. Bektm. des Staatssekretärs des Reichs-Marine-Amts, betr. Major Christ-Stiftung. Vom 23. Mai 1905 293
23. Bektm. des Baudirektors, betr. Wasserabgaben. Vom 29. Juni 1905 295
24. Alarmordnung für die Freiwillige Feuerwehr, erlassen vom Gouverneur. Vom 31. Juli 1905 296
25. Schulordnung für die Kaiserliche Gouvernementsschule, erlassen vom Zivilkommissar. Vom 8. August 1905 299
26. Bektm. des Kommissars für chinesische Angelegenheiten, betr. die Verwaltung von Tai tung tschen. Vom 16. August 1905 301
27. Bektm. des Gouverneurs, betr. chinesische Gewichte, Wagen, Hohl- und Längenmaße. Vom 18. September 1905 301
29. V. des Gouverneurs, betr. Hasenjagd. Vom 17. Oktober 1905 302
30. Bektm. des Baudirektors, betr. Anschlüsse an die Regen- und Schmutzwasserkanalisation. Vom 21. Oktober 1905 302
33. V. des Gouverneurs, betr. Gewerbescheine. Vom 9. November 1905 . . . 303
34. Vogelschutz-Verordnung, erlassen vom Gouverneur. Vom 9. November 1905 . 304
35. Wildschon-Verordnung, erlassen vom Gouverneur. Vom 9. November 1905 . 305
36. Verf. des Staatssekretärs des Reichs-Marine-Amts, betr. Heranziehung von Familien nach Tsingtau. Vom 10. November 1905 307
39. V. des Gouverneurs, betr. die Einfuhr chinesischer Zehntäschstücke in das Schutzgebiet. Vom 2. Dezember 1905 308
42. Allerhöchste Ordre, betr. Exzellenzprädikat für den Gouverneur des Kiautschougebiets. Vom 9. Dezember 1905 314
43. Verf. des Reichskanzlers, betr. Zivilversorgungsscheine für Unterbeamte der Polizeitruppe im Kiautschongebiet. Vom 16. Dezember 1905 315

III. Militärverwaltung.

19. Allerhöchste Ordre, betr. Organisatorische Bestimmungen für die Besatzung des Schutzgebiets Kiautschou und deren Stamm-Marineteile. Vom 31. Mai 1905 . 293
20. Allerhöchste Ordre, betr. Fortifikation in Tsingtau. Vom 31. Mai 1905 . . . 294

IV. Gesundheitswesen.

21. Bektm. des Zivilkommissars, betr. gesundheitspolizeiliche Kontrolle der Schiffe. Vom 3. Juni 1905 295
31. Bektm. des Zivilkommissars, betr. Aufhebung der gesundheitspolizeilichen Kontrolle der Schiffe. Vom 24. Oktober 1905 303

V. Schiffahrt, Handel und Verkehr.

6. Bektm. für Seefahrer, betr. Hafeneinfahrtsfeuer, erlassen vom Hafenamt. Vom 16. Januar 1905 289
10. Bektm. des Gouverneurs, betr. Ausweichen der Boote. Vom 1. Februar 1905 . 290
11. Bektm. für Seefahrer, betr. Tsingtauer Rifftonne, erlassen vom Hafenamt. Vom 14. Februar 1905 291
15. Bektm. der meteorologischen Station, betr. Fallen des Zeitballs. Vom 26. April 1905 292
22. Bektm. für Seefahrer, betr. Leitfeuer der Einfahrt in den grofsen Hafen, erlassen vom Hafenamt. Vom 13. Juni 1905 295
29. Bektm. für Seefahrer, betr. Glockentonne am grofsen Hafen, erlassen vom Hafenamt. Vom 18. September 1905 302
32. Bektm. für Seefahrer, betr. Leuchtfeuer auf der Insel Tscha lien tau, erlassen vom Hafenamt. Vom 27. Oktober 1905 303
37. V. des Gouverneurs, betr. Laden und Löschen von Kauffahrteischiffen. Vom 11. November 1905 305
38. Bektm. für Seefahrer, betr. Winterseezeichen, erlassen vom Hafenamt. Vom 23. November 1905 306

VI. Zollwesen.

40. V. des Gouverneurs, betr. das Verzollungsverfahren im Schutzgebiete von Kiantschou. Vom 2. Dezember 1905 309
41. V. des Gouverneurs, betr. Übergangsbestimmungen bei Eröffnung des Freigebietes auf Grund der Verordnung vom 2. Dezember 1905. Vom 2. Dezember 1905 314
46. Zollamtliche Bektm. des chinesischen Seezollamts, betr. zollamtliche Behandlung der Postpakete. Vom 29. Dezember 1905 316
47. Bektm. des deutschen Postamts, betr. zollamtliche Behandlung der Postpakete. Vom 1. Januar 1906 317
48. Zollamtliche Bektm. des chinesischen Seezollamts, betr. Ausübung der Zollkontrolle im Freibezirk. Vom 1. Januar 1906 318

Anhang: Allgemeine Bestimmungen von Bedeutung für die Schutzgebiete.

Grundsätze für die Besetzung der Subaltern- und Unterbeamtenstellen bei den Reichs- und Staatsbehörden mit Militäranwärtern. Unter Berücksichtigung des Bundesratsbeschlusses vom 12. Oktober 1905. Zusammengestellt im Deutschen Kolonialblatt vom 15. Dezember 1905 319

Erster Teil.
Allgemeine Bestimmungen für sämtliche Schutzgebiete.

Allerhöchste Ordre, betreffend die gnadenweise Aussetzung oder Teilung der Strafvollstreckung. Vom 4. Februar 1905.

Ich übertrage hierdurch dem Reichskanzler (für Kiautschou, Reichs-Marine-Amt, im übrigen Auswärtiges Amt, Kolonial-Abteilung) sowie den Gouverneuren der Schutzgebiete (für die Marschallinseln dem Landeshauptmann, für das Inselgebiet der Karolinen, Palau und Marianen neben dem Gouverneur von Deutsch-Neu-Guinea auch den von diesem zu bestimmenden Beamten)[*] die Befugnis, über die im § 12 der Verordnung vom 9. November 1900 (Reichs-Gesetzbl. S. 1005) vorgesehene sechsmonatige Frist hinaus im Gnadenwege die Aussetzung oder Teilung der Strafvollstreckung zu bewilligen.

Gegeben Berlin, den 4. Februar 1905.

Wilhelm I. R.

v. Bülow.

An den Reichskanzler.

---

[*] Durch Verfügung des Gouverneurs von Deutsch-Neu-Guinea vom 25. April 1905 ist dem Vizegouverneur in Ponape das hier fragliche Begnadigungsrecht für das gesamte Inselgebiet übertragen worden.

Zweiter Teil.

Bestimmungen für die afrikanischen und die Südsee-Schutzgebiete.

1. Vorschriften der Kolonial-Abteilung des Auswärtigen Amtes für die Verwaltung der Inventarien und Materialien (einschließlich des Proviants und der Munition) beim Gouvernement von Samoa.
Vom 1. Januar 1905.

Unter Wegfall aller bisherigen Einzelverfügungen gelten fortan für die Verwaltung der Inventarien und Materialien, einschließlich des Proviants und der Munition, im Bereiche des Kaiserlichen Gouvernements von Samoa folgende Bestimmungen:

§ 1. Art der zu führenden Konten.

Bei den sämtlichen Dienststellen des Gouvernements ist über die vorhandenen Bestände an Inventarien nach beiliegendem Muster ein Konto zu führen. Getrennt von diesem ist über zur Inventarisation nicht geeignete Gegenstände (Materialien), z. B. Tauschartikel, Bau-, Pack- und Bureaumaterialien, Farbe usw., überhaupt Gegenstände, welche verbraucht werden, ein besonderes Materialienkonto sowie ferner über den vorhandenen Proviant, einschließlich Petroleum, Lichte und Streichhölzer, ein besonderes Proviantkonto und von denjenigen Dienststellen, welche Munition im Bestande haben, hierüber ein weiteres Konto nach demselben Muster zu führen.

§ 2. Führung der Konten.

Die Einnahmen und Ausgaben an Inventarien sowie Materialien, Proviant und Munition sind täglich zu buchen, so daß aus den Konten stets der Sollbestand zu ermitteln ist. Von der Aufnahme in die Konten sind jedoch diejenigen Gegenstände ausgeschlossen, welche sogleich nach der Beschaffung vollständig verwendet werden; in solchen Fällen ist die tatsächliche Verwendung der Gegenstände unter Angabe des dienstlichen Verwendungszweckes seitens des Kaiserlichen Gouvernements auf den betreffenden Geldausgabebelegen zu bescheinigen.

Täglich sich wiederholende Ausgaben an Verpflegungsartikeln, Petroleum usw., können wöchentlich oder tinweise in Ausgabe gestellt werden. Über Verbrauch derselben ist daher bis zur Buchung ein besonderes Notizbuch zu führen, welches bei stattfindenden Revisionen als Unterbeleg dient. Abzuschließen sind die Konten vierteljährlich, und zwar am 30. Juni, 30. September, 31. Dezember und 31. März jeden Jahres. Außerdem sind die Konten beim Wechsel der für die Bestände verantwortlichen Personen (siehe § 4) abzuschließen. Die Seiten der Konten sind fortlaufend zu numerieren; auf dem Titelblatt ist die Anzahl von der Dienststelle zu bescheinigen.

Der Vorschrift entsprechende Konten werden den Dienststellen seitens des Gouvernements geliefert werden.

In den Konten sind die Gegenstände zur besseren Übersicht alphabetisch zu ordnen, zwischen den einzelnen Buchstaben sind für etwa neu hinzutretende Gegenstände im Konto einige Rubriken offen zu lassen.

Die Inventarienkonten sind außerdem titelweise einzuteilen, und zwar im allgemeinen unter:

    Titel I. Die Haus- einschließlich Bureau-Einrichtungsgegenstände.
    Titel II. Die Küchengeräte.
    Titel III. Die Wäsche.
    Titel IV. Verschiedenes Gerät, als Handwerkszeug, Bureaubedarfs-Gegenstände usw.
    Titel V. Bootszubehörstücke.
    Titel VI. Lebendes Vieh

zu führen. Sind zu einem dieser Titel gehörige Geräte nicht vorhanden, so ist der Titel wegzulassen; sind dagegen Geräte vorhanden, die unter den angeführten Titeln nicht aufgeführt werden können, wie z. B. Apothekengeräte, Maschinen, Apparate u. dergl., so sind unter entsprechender Überschrift weitere Titel zu eröffnen.

Rasuren dürfen in den Konten nicht vorkommen, und sind etwaige Irrtümer entweder durch Umbuchungen oder in der Weise zu berichtigen, daß die unrichtige Zahl durchstrichen wird, jedoch noch leserlich bleibt und die richtige event. darüber geschrieben wird.

Die Einnahmen an Inventarien, Materialien, Proviant und Munition sind bezüglich derjenigen Beschaffungen, die aus der Gouvernementskasse oder für Rechnung der Gouvernementskasse bezahlt werden, lediglich durch den Hinweis auf die betreffenden Geldausgabebelege zu begründen. Dagegen sind die Einnahmen der nicht im Schutzgebiet angekauften und von der Legationskasse bezahlten Gegenstände, soweit als möglich, durch die von den Lieferanten ausgestellten Duplikate zu belegen.

Die Vereinnahmungen haben stets in der Weise zu erfolgen, wie voraussichtlich der Verbrauch sein wird, z. B. Bretter nicht stück-, sondern laufend meterweise bzw. genau so, wie dieselben überwiesen werden.

Bei Überweisung von Inventarien, Proviant, Materialien oder Munition seitens einer Dienststelle an eine andere sind zwei Lieferscheine auszustellen, von welchen je einer als Einnahme- bzw. Ausgabebeleg verwendet wird.

Werden unter besonderen Umständen Gegenstände gegen Bezahlung verabfolgt, so ist in dem Konto zu vermerken, welcher Geldbetrag und an welcher Stelle er vereinnahmt ist. Die Verausgabung von Proviant zur Verpflegung eingeborener Polizeisoldaten, Arbeiter, Gefangenen usw. ist mit einer Beköstigungsberechnung zu belegen, in der die Portionszahl und auf Grund der Portionssätze der wöchentliche zulässige Verbrauch an Proviant zu ermitteln ist. Die Portionssätze werden vom Gouvernement festgestellt. Insoweit über die Ausgaben Belege nicht beigebracht werden können, ist der dienstliche Verbrauch ebenso wie das Vorhandensein des nachgewiesenen Bestandes von den Dienststellen unter dem Abschluß des Kontos zu bescheinigen. (Vgl. § 4.)

Die Belege sind in besonderen Belegeheften zu sammeln, die Einnahme- und Ausgabebelege vierteljährlich getrennt von Nr. 1 an fortlaufend zu numerieren und die Inventarienbelege entsprechend zu heften und aufzuwahren, die Materialien- und Proviantbelege sowie diejenigen zum Munitionskonto aber mit den Kontoauszügen — siehe § 3 — dem Gouvernement einzureichen.

§ 3. Rechnungslegung.

Nach Abschluß der Konten — § 2 — haben die Dienststellen in Erfüllung der ihnen obliegenden Rechnungslegung je einen mit dem Bestand des vorausgegangenen Abschlusses beginnenden Auszug aus dem Materialien-, Proviant- und Munitionskonto mit dazu gehörigen Belegen innerhalb des nächsten Monats dem Gouvernement zur Prüfung einzureichen. Die von der beauftragten Dienststelle zu den Kontenauszügen gezogenen Prüfungsbemerkungen sind möglichst umgehend und sachgemäß zu beantworten bzw. zu erledigen.

Über die Verwaltung der Munitionsbestände wird eine den Gesamtbetrieb umfassende Abrechnung beim Gouvernement auf Grund der Kontoauszüge der einzelnen Dienststellen in vierteljährlichen Abschnitten aufgestellt.

Die Kontrolle über die Materialienbestände erfolgt für jede Dienststelle besonders an der Hand der bei ihr zu führenden Konten. Die oben erwähnten belegten Auszüge aus dem letzteren — Materialien- und Proviantrechnungen sowie die Munitionsabrechnungen — werden seitens des Gouvernements mit den dieselbe Periode umfassenden Geldabrechnungen dem Auswärtigen Amt eingereicht. Werden infolge der Prüfungsbemerkungen des Gouvernements Ausgleiche notwendig, deren Erledigung vorbehalten bleiben muß, so ist darüber bei dem Gouvernement eine Nachweisung aufzustellen und der Geldabrechnung beizufügen oder nachträglich möglichst bald dem Auswärtigen Amt vorzulegen.

Hinsichtlich der Inventarien ist die Anfertigung von Kontenauszügen bis auf weiteres nicht erforderlich. Dagegen sind die Inventarienkonten selbst mit den Belegen alljährlich nach näherer Bestimmung des Gouvernements diesem zur Prüfung einzureichen, nachdem die rechnungsmäßigen Bestände in die Konten für das neue Rechnungsjahr übertragen sind. Auf Grund der Prüfung ist von dem Gouvernement eine möglichst bis zum Ende des auf den Abschluß folgenden Rechnungsjahres dem Auswärtigen Amt vorzulegende Bescheinigung darüber auszustellen,

„daß sämtliche Inventarienkonten für das Rechnungsjahr . . . . . ordnungsmäßig geführt und daß die Bestände der . . . . (hier näher zu bezeichnenden Dienststellen) . . . . . . bei den im Rechnungsjahre . . . . vorgenommenen örtlichen Prüfungen richtig vorgefunden worden sind".

§ 4. Haftbarkeit für die Bestände.

Für die Verwaltung des Inventars, der Materialien, des Proviants und der Munition usw., also für die richtige Empfangnahme, für das richtige Vorhandensein der Bestände, für deren zweck- und vorschriftsmäßige Aufbewahrung, Instandhaltung, Benutzung und Ergänzung, für Sparsamkeit und Wirtschaftlichkeit beim Verbrauch, endlich für die richtige und vorschriftsmäßige Buchführung und Rechnungslegung ist bei den einzelnen Dienststellen der Vorsteher derselben verantwortlich. Bei denjenigen Dienststellen, welchen ein besonderer Verwaltungsbeamter zur Wahrnehmung der Geschäfte desselben beigegeben ist, ist dieser gleichmäßig mit verantwortlich.

Beim Wechsel in den verantwortlichen Personen sind daher die Bestände nach den abgeschlossenen Konten und den Belegen zu übergeben bzw. zu übernehmen. Die über die Übergabe aufzunehmende Verhandlung ist dem Gouvernement abschriftlich einzureichen. Die richtige Übernahme bzw. Übergabe der Bestände ist seitens der Übernehmenden bzw. Übergebenden auch in den verschiedenen Konten zu bescheinigen.

Auch sind die Bestände mindestens nach jedesmaligem Abschluß der Konten genau nach diesen zu prüfen; die Richtigkeit in den Konten ist, wie folgt, zu bescheinigen:

    Das richtige Vorhandensein der nach vorstehendem Abschluß sich ergebenden Bestände bescheinigen
    N., den . . . . . .
                    N. N.   N. N.

Ergibt sich bei der Bestandsaufnahme ein Fehlbetrag, so ist dieser, wenn es sich nicht um nur geringfügige Differenzen handelt, unter Angabe der mutmaßlichen Gründe umgehend dem Gouvernement zur weiteren Veranlassung mitzuteilen, in den Konten ist der Fehlbetrag auf Grund einer den Belegen einzuverleibenden entsprechenden Bescheinigung in Ausgabe zu stellen. Ein etwaiger Überschuß ist unter Beifügung eines entsprechenden Beleges in Einnahme zu stellen.

Kann in Fällen von Erkrankung, Tod usw. eine Übergabe nicht stattfinden, so ist es Sache der Nachfolger, die Bestände nach den abgeschlossenen Konten, wenn möglich in Gegenwart einer einwandfreien dritten Person, zu übernehmen und im übrigen, wie oben — 2. Absatz — angeordnet, zu verfahren.

§ 5. Bestände außerhalb der Magazine.

Die nicht in den Magazinen, sondern in besonderen Räumen, als: Dienstwohnungen, Wache, Kasino usw., befindlichen Gegenstände sind gleichfalls in den Hauptkonten der betreffenden Dienststellen nachzuweisen.

Es empfiehlt sich jedoch, über solche Gegenstände außer dem Hauptinventarienkonto ein Spezialkonto zu führen, in welchem die Inventarien nach den einzelnen zu ihrer Aufnahme bestimmten Häusern aufgeführt sind.

Außerdem ist in jedem Raume eine von dem Vorsteher der betreffenden Dienststelle sowie von dem Verwaltungsbeamten, wenn ein solcher vorhanden, unterschriebene Tafel aufzuhängen, auf welcher sämtliche in dem Raume befindliche Inventarien usw. verzeichnet sind.

Veränderungen — Zu- und Abgang — an dem Inventar sind auch von diesen Beamten auf der Tafel zu bemerken. Bei einem Wechsel des Wohnungsinhabers erfolgt die Übergabe des Inventars auf Grund dieser Tafeln. In Apia hat bei einem Wechsel des Wohnungsinhabers die Übergabe bzw. Übernahme des

Inventare an den Materialienverwalter bzw. aus dessen Händen zu erfolgen. Beim Wechsel in der Person des Materialienverwalters sind die Hausinventarienkonten abzuschließen. Die Übergabe bzw. Übernahme der Inventarien ist in ihnen zu bescheinigen, über etwaige Differenzen ist an das Gouvernement zu berichten.

§ 6. Dienstwohnungs-Inventarien.

Für Inventarien, welche an Beamte zur Ausstattung der Dienstwohnungen verabfolgt werden, haften die Wohnungsinhaber von der Übergabe der Wohnung durch die Dienststellen bzw. den Materialienverwalter ab bis zur Räumung persönlich.

Stellt sich daher bei Räumung einer Wohnung ein ungewöhnliches Abnutzen oder eine gewaltsame Beschädigung der benutzten Sachen oder ein Fehlen von solchen heraus, so ist dies seitens der Dienststellen bzw. des Materialienverwalters sofort unter ungefährer Angabe der Entwertung bzw. des Wertes dem Gouvernement zur Einziehung des Betrages von dem Schuldigen zu melden.

Kosten für Reinigung von Wäsche in den Dienstwohnungen dürfen nicht entstehen. Die Wohnungsinhaber haben vielmehr beim Verlassen einer Wohnung den Betrag für Reinigung etwa vorhandener schmutziger Wäsche dem Nachfolger oder dem Materialienverwalter zu übergeben. Dieser hat alsdann die Reinigung zu veranlassen.

Für die Dauer einer längeren dienstlichen oder außerdienstlichen Abwesenheit des Wohnungsinhabers ist wegen der Beaufsichtigung bzw. Aufbewahrung des Inventariums von den Dienststellen das Erforderliche anzuordnen.

§ 7. Stempelung.

Die Inventarien werden den Dienststellen, soweit als angängig, gestempelt überwiesen. Bei Selbstbeschaffung haben dieselben die Stempelung selbst vorzunehmen. Der Stempel besteht in den Buchstaben K. G.

§ 8. Revisionen.

Das Gouvernement hat die Inventarien- und Materialien- usw. Bestände sowie die hierüber geführten Konten mit Belegen mindestens jährlich einmal an Ort und Stelle prüfen zu lassen; ebenso sind die Inventarien in den Dienstgebäuden nach den geführten Konten mindestens jährlich einmal zu prüfen.

§ 9. Beschaffungen.

In Höhe der ihnen für diesen Zweck zur Verfügung gestellten Mittel können die Dienststellen kleinere Anschaffungen und Instandsetzungen an Inventarien und Materialien ohne weiteres bewirken. Soweit jene Mittel nicht reichen, bedarf es der vorherigen Genehmigung des Gouvernements.

Anträge auf Inventarien und Materialien sind seitens der Dienststellen, außer in dringenden Fällen, halbjährlich, und zwar in der ersten Hälfte der Monate Oktober und April, an das Gouvernement zu stellen, damit die Beschaffung im ganzen und zu möglichst einheitlichen und vorteilhaften Preisen erfolgen kann.

In den Anmeldungen ist der noch vorhandene Bestand anzugeben und der angeforderte Bedarf zu begründen.

Den Betrag von 500 Mk. übersteigende Beschaffungen sind seitens der Dienststellen, wenn Konkurrenz vorhanden und die freihändige Beschaffung erfahrungsgemäß nicht vorteilhafter ist, außer in sehr dringenden Fällen, stets in öffentlicher oder beschränkter Submission zu vergeben. Zwischen Aufforderung und Einreichung der Angebote muß hierbei, wenn irgend möglich, ein Zeitraum von mindestens 14 Tagen und zwischen Zuschlag und Lieferungstermin ein solcher von 4 Wochen liegen. Der Zuschlag zu jeder Submission ist in der Regel dem Gouvernement vorzubehalten, welchem zu diesem Zwecke die Submissionsverhandlungen einzureichen sind. Rechnungen über beschaffte Inventarien und Materialien usw. sind vor der Zahlungsanweisung stets mit einem Vermerk über die erfolgte Vereinnahmung der Inventarien und Materialien usw. in den betreffenden Konten zu versehen. Auch ist auf den Rechnungen die die Beschaffung genehmigende Verfügung anzugeben und die Richtigkeit zu bescheinigen.

§ 10. Verfahren bei Unbrauchbarkeit und Reparaturbedürftigkeit.

Inventarien, deren Instandsetzung am Orte nicht angängig, aber mit Vorteil anderswo noch ausführbar ist, sind dem Gouvernement zu überweisen, von den entlegenen Stationen jedoch nur dann, wenn der Wert der Gegenstände im Verhältnis zu den etwa entstehenden Transportkosten steht. Das Gouvernement läßt die Inventarien instandsetzen und stellt sie den betroffenen Dienststellen dann wieder zu. Als Ausweis für die Ab- bzw. Rückgabe gilt der Lade- bzw. Begleitschein.

Vollkommen unbrauchbare bzw. unverwendbare Inventarien und Materialien, bzw. solche, deren Instandsetzung sich nicht mehr lohnt oder nicht mehr angängig ist, sind seitens der Dienststellen in den bezüglichen Konten auf Grund einer entsprechenden Bescheinigung des Vorstandes abzusetzen und, wo gegen Wertlosigkeit eine Versteigerung nicht angängig ist, zu vernichten. Eintretendenfalls ist der Erlös auf Grund der Versteigerungsverhandlung in der Kassenabrechnung in Einnahme nachzuweisen.

Die Versteigerungen sind 8 Tage vorher in ortsüblicher Weise bekannt zu machen.

Finden Beschädigungen oder Verluste von Inventarien und Materialien durch höhere Gewalt oder Diebstahl statt, so ist der Sachverhalt protokollarisch aufzunehmen, der Verlust zu ermitteln und hierüber eine Vorhandlung dem Gouvernement einzureichen, auch sind die erforderlich erscheinenden Sicherheitsmaßregeln zu treffen bzw. zu beantragen und im Falle des Diebstahls die zur Wiedererlangung der gestohlenen Gegenstände geeigneten Schritte zu tun.

Zur endgültigen Inabgangstellung derartiger Verluste ist die Genehmigung des Gouvernements erforderlich, welchem auch die Feststellung derselben vorbehalten bleibt.

§ 11. Verwaltung der Bestände.

Die Vorsteher der Dienststellen haben darauf zu achten, daß die dienstlichen Bestände an Inventarien und Materialien usw. möglichst schonend und sachgemäß behandelt werden.

Für Schäden an Inventarien und Materialien usw., welche nicht auf natürlichen Verschleiß zurückzuführen sind, sondern durch schlechte Behandlung oder Aufbewahrung entstehen, wird die Dienststelle bzw. der von dieser als der nachweisbar Schuldige dem Gouvernement Angegebene haftbar gemacht.

Allgemeine Bestimmungen über Behandlung der Inventarien und Materialien usw. lassen sich nicht geben, es muß vielmehr den Dienststellen überlassen werden, die nötigen Anordnungen, welche sich hauptsächlich nach den örtlichen Verhältnissen sowie der Art und Beschaffenheit des Gegenstandes selbst richten, zu treffen.

Angeführt sei hier nur, daß die Bestände, wenn irgend angängig, stets in verschließbaren und vor der Witterung geschützten Räumen ordnungsmäßig und zählbar lagern, die Eisenteile durch öfteres Reinigen und leichtes Einölen rostfrei gehalten, die Magazinräume selbst durch öfteres gründliches Reinigen möglichst von Ungeziefer frei gehalten werden müssen und leicht verderbliche Gegenstände nicht in zu großen Mengen lagern dürfen.

Salz, Reis usw. müssen, namentlich in feuchten Räumen, stets auf Unterlagen und nicht in der Nähe der Mauer lagern. Auch dürfen die Verpflegungsgegenstände mit Petroleum, Öl usw., welche tunlichst in besonderen Räumen unterzubringen sind, nicht in Berührung kommen.

Die Bestände an Schießpulver sind zur besseren Erhaltung mindestens halbjährlich einmal zu sonnen.

Von Ameisen usw. beschädigte Pulverfässer sind, wenn noch angängig, möglichst zuerst zu verkaufen, event. nach vorheriger Genehmigung des Gouvernements zu versteigern. Vollständig unbrauchbares Pulver kann auf Grund einer entsprechenden Bescheinigung von den Beständen abgesetzt und vernichtet werden.

Die Magazine sind mindestens halbjährlich einmal gründlich zu reinigen.

§ 12. **An einzelne Gouvernementsangehörige und Expeditionen vorübergehend abgegebene Gegenstände.**

Die an Angehörige des Gouvernements vorübergehend aus Dienstbeständen zu verabfolgenden Inventarien und Materialien sind stets nur gegen Anweisung des Gouvernements und Empfangsbescheinigung abzugeben. Bei Rückgabe dieser Gegenstände an die zur Empfangnahme bestimmte Dienststelle ist seitens der letzteren darauf zu achten, daß die Sachen vollzählig und in ordnungsmäßem Zustande zurückgegeben worden. Soweit der zur Rückgabe Verpflichtete hierzu nicht in der Lage ist und den dienstlichen Verbrauch oder einen anderweitigen außerhalb seines Verschuldens liegenden Abgang der fehlenden Stücke nicht nachweisen kann, hat er dem Gouvernement vollen Ersatz für dieselben aus seinen Privatmitteln zu leisten.

Ist es augenscheinlich, daß der Empfänger die ihm ausgehändigten Sachen infolge schlechter Behandlung außergewöhnlich abgenutzt oder verbraucht hat, so muß er Schadenersatz leisten, dessen Höhe in zweifelhaften Fällen durch das Gouvernement festgesetzt wird.

Nach Rückgabe bzw. Ersatz der übergebenen Gegenstände ist seitens der betreffenden Dienststelle Empfangsbescheinigung zu erteilen.

Die vorstehenden Bestimmungen finden auch Anwendung bei Ausrüstung von Expeditionen.

Die Rückgabe der empfangenen Sachen hat im allgemeinen an die Dienststelle zu geschehen, welche die Inventarien, den Proviant und die Materialien verausgabt hat. Nur in Ausnahmefällen soll es nachgelassen sein, auch an eine andere Dienststelle die Sachen zurückzugeben. Wenn z. B. Expeditionen, ohne nach dem Ausgangspunkte zurückzukehren, an anderen Orten sich auflösen, so ist die daselbst befindliche Dienststelle zur Abnahme der von der Expedition zurückgebrachten Sachen verpflichtet. Alsdann sind die Gegenstände auf Grund der dem Expeditionsführer übergebenen Verzeichnisse der empfangenen Gegenstände ordnungsmäßig zu vereinnahmen, und es ist der Dienststelle, welche die Ausrüstung der Expedition bewirkt hat, hiervon Mitteilung zu machen, damit eine Richtigstellung der Inventarienkonten erfolgen kann.

Die Expeditionsführer sind dafür verantwortlich, daß eine Auflösung der Expedition nicht eher stattfindet, bevor nicht die Rückgabe der empfangenen Sachen ordnungsgemäß erfolgt ist.

§ 13. **Schriftverkehr und Aufbewahrung der Belege.**

Von allen Schriftstücken, welche Proviant, Inventarien, Materialien und Munition betreffen, haben die betreffenden Dienststellen einen Entwurf bei den Akten zurückzubehalten, sofern nicht eine einfache Notiz über die Art der Erledigung genügt. Die Belege und Konten müssen sorgfältig in den Geschäftsstuben aufbewahrt werden.

Berlin, den 1. Januar 1905.

Auswärtiges Amt. Kolonial-Abteilung.
I. V. Hellwig.

2. Auszug aus dem Runderlasse des Gouverneurs von Deutsch-Ostafrika an die Kommunalverwaltungen, betreffend die Zusammensetzung der Bezirksräte. Vom 3. Januar 1905.

Bei Erneuerung der Bezirksräte gemäß § 4, Absatz 2 der Verordnung des Herrn Reichskanzlers, betreffend die Schaffung kommunaler Verbände in Deutsch-Ostafrika, vom 20. März 1901,*) bitte ich bei Einbringung der dortseitigen Vorschläge darauf zu achten, daß künftig möglichst ausschließlich die erwerbenden Bevölkerungsklassen, der Landwirtschaft, des Handels und der Industrie, im Bezirksrat vertreten sind.

Daressalam, den 8. Januar 1905.

Der Kaiserliche Gouverneur.
I. V. Stuhlmann.

3. Beschluß des Bundesrats, betreffend die Deutsch-Westafrikanische Bank in Berlin. Vom 5. Januar 1905.

(Kol. Bl. S. 63, Reichsanz. vom 2. Februar 1905.)

In Gemäßheit des § 11 des Schutzgebietsgesetzes (Reichs-Gesetzbl. 1900, S. 813) wird nachstehendes zur öffentlichen Kenntnis gebracht:

Der Bundesrat hat in seiner Sitzung vom 5. Januar d. Js. beschlossen, der Deutsch-Westafrikanischen Bank mit dem Sitze in Berlin auf Grund ihrer vom

---

*) D. Kol. Gesetzgeb. VI, Nr. 203.

Reichskanzler genehmigten Satzungen die Fähigkeit beizulegen, unter ihrem Namen Rechte, insbesondere Eigentum und andere dingliche Rechte, an Grundstücken zu erwerben, Verbindlichkeiten einzugehen, vor Gericht zu klagen und verklagt zu werden.

Satzungen der Deutsch-Westafrikanischen Bank.

I. Allgemeine Bestimmungen.

§ 1. Unter der Firma „Deutsch-Westafrikanische Bank" wird auf Grund des § 11 des Schutzgebietsgesetzes (Reichs-Gesetzbl. 1900, S. 813) eine Kolonialgesellschaft errichtet.

§ 2. Die Gesellschaft hat den Zweck, die Zahlungsausgleichungen in den Schutzgebieten Togo und Kamerun sowie den Geldverkehr dieser Schutzgebiete mit Deutschland und dem Auslande zu erleichtern, ferner folgende Bankgeschäfte nach Maßgabe der zu erlassenden Geschäftsanweisungen zu betreiben:

1. Gold und Silber in Barren und Münzen zu kaufen und zu verkaufen;
2. Wechsel und wechselähnliche Papiere mit einer Laufzeit von höchstens sechs Monaten zu diskontieren, zu kaufen und zu verkaufen; aus diesen Papieren müssen jedoch, soweit sie nicht von Kaiserlichen Behörden ausgestellt sind, entweder mindestens zwei als zahlungsfähig bekannte Verpflichtete haften, oder es muß die zweite Unterschrift für den Fall der Vorlegung des Wechsels zum Akzept sichergestellt sein, oder es müssen den mit nur einer Unterschrift versehenen Wechseln die Seeverschiffungspapiere derjenigen Waren, auf deren Valuta der Wechsel gezogen ist, beigegeben sein;
3. zinsbare Darlehen auf nicht länger als sechs Monate gegen Verpfändung von Papieren der unter Ziffer 2 genannten Art, und auf nicht länger als vier Monate gegen sonstige bewegliche Pfänder zu erteilen;
4. Schuldverschreibungen des Reiches, eines deutschen Staates, eines deutschen Schutzgebietes oder einer kommunalen Korporation der westafrikanischen Schutzgebiete sowie Schuldverschreibungen, deren Verzinsung vom Reiche oder einem deutschen Staate garantiert, oder die vom Bundesrate auf Grund des § 1807, Absatz 1, Nr. 4, des Bürgerlichen Gesetzbuches zur Anlegung von Mündelgeldern für geeignet erklärt sind, zu kaufen und zu verkaufen;
5. für Rechnung von Privatpersonen, Anstalten und Behörden Inkassos zu besorgen und gegen Deckung Zahlungen zu leisten und Anweisungen oder Überweisungen auf ihre Zweiganstalten, Agenturen oder Korrespondenten auszustellen;
6. für fremde Rechnung Effekten aller Art sowie Edelmetalle gegen Deckung zu kaufen und nach vorheriger Überlieferung zu verkaufen;
7. verzinsliche und unverzinsliche Gelder im Kontokorrent- und Depositengeschäft sowie im Giroverkehr anzunehmen;
8. Wertgegenstände in Verwahrung und Verwaltung zu nehmen;
9. mit Genehmigung des Reichskanzlers sich bis zur Höhe eines Drittels des eingezahlten Grundkapitals an Unternehmungen mit gleichartigen Betriebsvorschriften zu beteiligen.

§ 3. Die Gesellschaft hat ihren Sitz und allgemeinen Gerichtsstand in Berlin. Sie ist berechtigt, überall in den Schutzgebieten Togo und Kamerun sowie mit Zustimmung des Reichskanzlers in anderen Territorien Zweiganstalten oder Agenturen zu errichten.

§ 4. Die Dauer der Gesellschaft ist nicht beschränkt.

§ 5. Die Organe der Gesellschaft sind:
der Vorstand,
der Verwaltungsrat,
die Hauptversammlung.

§ 6. Die Bekanntmachungen der Gesellschaft erfolgen rechtswirksam durch einmalige Veröffentlichung im „Deutschen Reichs-Anzeiger". Die Gesellschaft behält sich jedoch vor, ihre Bekanntmachungen außerdem durch andere vom Verwaltungsrate zu bestimmende Blätter zu veröffentlichen, ohne daß von dieser Veröffentlichung die Rechtswirksamkeit der Bekanntmachung abhängt. Bei bekannt gemachten Fristen wird der Tag der Ausgabe des Blattes mitgerechnet.

II. Grundkapital.

§ 7. Das Grundkapital der Gesellschaft beträgt eine Million Mark, eingeteilt in 2000 Anteile von je 500 Mk. Auf die Anteile werden bei Errichtung der Gesellschaft 25 Prozent eingezahlt; weitere Einzahlungen oder die Vollzahlung kann der Vorstand auf Beschluß des Verwaltungsrats mit vierwöchiger Frist einfordern.

Wird die Zahlung in der festgesetzten Frist nicht geleistet, so kann der Säumige zur Zahlung der fälligen Beträge nebst 5 Prozent Zinsen vom Fälligkeitstermin ab im Rechtsweg angehalten werden. Statt dessen kann nach zweimaliger Zahlungsaufforderung, welche in gleicher Frist und unter Androhung des Ausschlusses stattzufinden hat, durch Beschluß des Verwaltungsrats der Säumige seines Anteils zugunsten der Gesellschaft für verlustig und der über den Anteil ausgestellte Schein für kraftlos erklärt werden. Diese Erklärung wird ihm schriftlich mitgeteilt und der für verfallen erklärte Anteil der Gesellschaft zugeschrieben; die letztere ist berechtigt, ihr zugeschriebene Anteile zu verwerten. Die Geltendmachung eines weiteren Schadens ist nicht ausgeschlossen.

§ 8. Die Gesellschaft ist berechtigt, ihr Grundkapital durch Ausgabe weiterer Anteile von je 500 Mk. zu erhöhen. Zu einer Erhöhung des Grundkapitals ist ein Beschluß der Hauptversammlung erforderlich. Ein solcher Beschluß bedarf, falls das Grundkapital über den Betrag von fünf Millionen Mark erhöht werden soll, der Bestätigung des Reichskanzlers. Ist eine Erhöhung des Grundkapitals beschlossen, so werden der Betrag und die Modalitäten der Einzahlungen vom Vorstande auf Grund eines Beschlusses des Verwaltungsrates festgesetzt. Die Ausgabe neuer Anteilscheine darf erst erfolgen, nachdem auf die alten Anteilscheine die volle Einzahlung geleistet ist. Die Ausgabe von Anteilen zu einem höheren Betrage als dem Nennbetrage ist statthaft.

§ 9. Die Zeichner der Anteile und demnächst deren Rechtsnachfolger bilden die Gesellschaft. Die Anteile sind unteilbar, sie haben die Eigenschaft von beweglichen Sachen. Einzelne Mitglieder können nicht auf Teilung klagen.

§ 10. Für die Verbindlichkeiten der Gesellschaft haftet den Gläubigern nur das Gesellschaftsvermögen.

Beschluß d. Bundesrats, betr. d. Deutsch-Westafrikanische Bank in Berlin. 5. Jan.

§ 11. Der Zeichner eines Anteiles ist für die Zahlung des vollen Nennbetrages sowie des etwa festgesetzten Agios verhaftet.

Darüber hinaus haben die Mitglieder der Gesellschaft keine Verpflichtung. Die Zeichner von Anteilen und deren Rechtsnachfolger können von den ihnen obliegenden Leistungen nicht befreit werden und sind nicht befugt, gegen das Recht auf diese Leistung eine Forderung an die Gesellschaft aufzurechnen.

§ 12. Die Urkunden über die Anteile der Gesellschaft (Anteilscheine) lauten, solange dieselben nicht voll eingezahlt sind, auf den Namen und werden mit Angabe der Eigentümer nach Namen, Stand und Wohnort in die Stammbücher der Gesellschaft eingetragen. Nach der Vollzahlung lauten die Anteilscheine auf den Inhaber, können aber auch auf den Namen umgeschrieben werden und sind dann in die Stammbücher der Gesellschaft einzutragen.

§ 13. Mit den Anteilscheinen erhält der Eigentümer zugleich die Dividendenscheine für die nächsten zehn Jahre und einen Erneuerungsschein zur Abhebung neuer Dividendenscheine nach Ablauf des zehnjährigen Zeitraums. Die Dividendenscheine und Erneuerungsscheine lauten auf den Inhaber.

§ 14. Solange die Anteile nicht voll eingezahlt sind, gelten nur die in den Anteilsbüchern Eingetragenen der Gesellschaft gegenüber als Mitglieder.

Wenn das Eigentum eines Anteils vor der Vollzahlung auf einen anderen übergeht, so ist dies unter Vorlegung des Anteilscheines bei der Gesellschaft anzumelden und in den Stammbüchern sowie auf dem Anteilscheine zu vermerken. Miteigentümer eines Anteils sind erst dann als Mitglieder legitimiert, wenn sie die Eintragung eines gemeinschaftlichen Bevollmächtigten im Anteilsbuche bewirkt haben.

§ 15. Durch Zeichnung oder Erwerb von Anteilen unterwerfen sich die Mitglieder für alle Streitigkeiten mit der Gesellschaft aus dem Gesellschaftsverhältnisse dem in Berlin zuständigen Gerichte erster Instanz.

III. Bilanz, Ermittlung und Verwendung des Ertrags, Reservefonds.

§ 16. Das Geschäftsjahr ist das Kalenderjahr. Das erste Geschäftsjahr umfaßt die Zeit von der Errichtung der Gesellschaft bis zum 31. Dezember 1905. Auf den 31. Dezember ist von dem Vorstande die Bilanz für das abgelaufene Geschäftsjahr zu ziehen. Diese muß mit der Gewinn- und Verlustrechnung und mit einem den Vermögensstand und die Verhältnisse entwickelnden Berichte des Vorstandes sowie mit dem von dem Verwaltungsrat zu erstattenden Revisionsberichte der Hauptversammlung alljährlich vor dem 30. Juni vorgelegt werden.

Der Hauptversammlung ist die Genehmigung der Bilanz sowie die Erteilung der Entlastung für die Geschäftsführung des Vorstandes und Verwaltungsrates vorbehalten.

§ 17. Auf Vorschlag des Verwaltungsrats beschließt die Hauptversammlung über die Höhe der vorzunehmenden Abschreibungen und der für besondere Rücklagen zu reservierenden Beträge.

Aus dem nach Abzug der Abschreibungen und der für besondere Rücklagen reservierten Beträge verbleibenden Reingewinn ist ein Reservefonds dergestalt zu bilden, daß letzterem mindestens 10 Prozent des Reingewinns zugewiesen werden, solange er 25 Prozent des eingezahlten Grundkapitals nicht überschreitet. Eine weitere Erhöhung des Reservefonds ist auf Beschluß der Hauptversammlung zulässig.

Alsdann wird den Anteilseignern eine ordentliche Dividende bis zu 4 Prozent des eingezahlten Grundkapitals berechnet.

Von dem alsdann verbleibenden Überschusse werden

1. ein Betrag von 10 Prozent als Tantieme an den Verwaltungsrat gewährt,
2. diejenigen Gewinnanteile gekürzt, welche den Vorstandsmitgliedern und Beamten gemäß der mit ihnen geschlossenen Verträge zukommen, während
3. der Rest, soweit nicht die Hauptversammlung Übertragung auf das nächste Jahr beschließt, als Dividende an die Anteilseigner zu verteilen ist.

Erreicht die sich für die Anteilseigner ergebende Dividende nicht 3 Prozent des eingezahlten Grundkapitals, so kann das Fehlende aus dem Reservefonds ergänzt werden, soweit derselbe 10 Prozent des Grundkapitals übersteigt.

Das bei der Begebung von Anteilscheinen der Gesellschaft etwa zu gewinnende Aufgeld fließt dem Reservefonds zu.

Die Zahlung der zur Verteilung gelangenden Beträge erfolgt spätestens am 1. Juli nach dem abgelaufenen Geschäftsjahre.

Die Hauptversammlung kann die Abschreibungen und die für besondere Rücklagen bestimmten Beträge nicht geringer, den zu verteilenden Reingewinn nicht höher festsetzen, als der Verwaltungsrat vorschlägt.

§ 18. Der Reservefonds dient zur Deckung eines aus der Bilanz sich ergebenden Verlustes sowie zur Dividendenergänzung gemäß § 17. Über die ausnahmsweise Verwendung des Reservefonds zu andern Zwecken beschließt der Verwaltungsrat. Der Beschluß bedarf der Genehmigung des Reichskanzlers.

IV. Verwaltung.

a. Der Vorstand.

§ 19. Der Vorstand hat seinen Sitz in Berlin und vertritt die Gesellschaft nach außen in allen gerichtlichen und außergerichtlichen Angelegenheiten einschließlich derjenigen, welche nach den Gesetzen eine Spezialvollmacht erfordern. Er führt die Geschäfte der Gesellschaft nach Maßgabe dieser Satzungen und nach den ihm vom Verwaltungsrat zu erteilenden Instruktionen. Dritten gegenüber ist jedoch eine Beschränkung der Vertretungsbefugnis des Vorstandes unwirksam.

§ 20. Der Vorstand besteht aus zwei oder mehreren Mitgliedern, von denen eins seinen Wohnsitz in Berlin haben muß. Die Mitglieder werden von dem Verwaltungsrat gewählt. Ihre Wahl unterliegt der Bestätigung des Reichskanzlers. Die Mitglieder müssen die deutsche Reichsangehörigkeit besitzen. Sie können durch den Verwaltungsrat jederzeit abberufen werden, jedoch unbeschadet etwaiger Entschädigungsansprüche aus den mit ihnen abgeschlossenen Verträgen.

§ 21. Alle die Gesellschaft verpflichtenden Erklärungen müssen von zwei zeichnungsberechtigten Personen abgegeben werden. Zu diesen gehören die Vorstandsmitglieder, die Prokuristen und die Handlungsbevollmächtigten. Der Verwaltungsrat ist jedoch berechtigt, für die Leitung der Niederlassungen an den westafrikanischen Plätzen Bevollmächtigte zu ernennen, welche auf Grund der ihnen zu erteilenden Vollmacht die Gesellschaft allein vertreten können.

§ 22. Der Vorstand ernennt und erläßt, von der in § 21 vorgesehenen Ausnahme abgesehen, die Beamten der Gesellschaft; für die Ernennung von Prokuristen und Handlungsbevollmächtigten hat der Vorstand die Genehmigung des Verwaltungsrats einzuholen. Die Vollmacht der Beamten der Gesellschaft erstreckt sich im Zweifel auf alle Rechtshandlungen, welche die Ausführung der dem Beamten oder Bevollmächtigten aufgetragenen Geschäfte gewöhnlich mit sich bringt, soweit es nicht nach den zur Anwendung kommenden Gesetzen einer ausdrücklichen Vollmacht bedarf.

Die oberen Vertreter der Gesellschaft in Westafrika müssen Angehörige des Deutschen Reiches sein; der Reichskanzler kann Ausnahmen zulassen.

§ 23. Die Bestellung der Vorstandsmitglieder, der Prokuristen und Handlungsbevollmächtigten geschieht zu notariellem Protokoll und ist bekannt zu machen. Das Protokoll dient als Legitimation.

b. Der Verwaltungsrat.

§ 24. Der Verwaltungsrat besteht aus mindestens drei Mitgliedern; die Mitglieder müssen Reichsangehörige sein, soweit nicht der Reichskanzler im einzelnen Falle Ausnahmen zuläßt. Die Mitglieder des Verwaltungsrates können nicht zugleich Mitglieder des Vorstandes oder dauernde Stellvertreter von Vorstandsmitgliedern sein. Nur für einen im voraus begrenzten Zeitraum kann der Verwaltungsrat einzelne seiner Mitglieder zu Stellvertretern behinderter Vorstandsmitglieder bestellen; während dieses Zeitraumes und bis zur Entlastung des Vertreters darf der letztere eine Tätigkeit als Mitglied des Verwaltungsrates nicht ausüben.

Die Mitglieder werden aus den Mitgliedern der Gesellschaft durch die Hauptversammlung gewählt. Ihre Wahl erfolgt auf drei Jahre. Von den gewählten Mitgliedern scheidet jährlich ein Drittel aus. In den ersten drei Jahren entscheidet über den Austritt das Los, später die Reihenfolge des Eintritts. Die Ausscheidenden sind wieder wählbar.

Die Wahl zum Mitgliede des Verwaltungsrats kann auch vor Ablauf des Zeitraumes, für welchen die Wahl erfolgt ist, durch die Hauptversammlung mit einer Mehrheit von drei Vierteln der vertretenen Stimmen widerrufen werden.

Scheiden Aufsichtsratsmitglieder vor Ablauf ihrer Amtsdauer aus, so bedarf es nur dann der Einberufung einer besonderen Hauptversammlung zur Vornahme der Ersatzwahl, wenn nicht noch mindestens drei Mitglieder vorhanden sind.

Werden Mitglieder durch eine außerordentliche Hauptversammlung gewählt, so gilt hinsichtlich der Amtsdauer der so Gewählten die Zeit von der Wahl bis zum Schlusse der nächsten ordentlichen Hauptversammlung als ein Amtsjahr.

Über die Wahlen zum Verwaltungsrat ist ein notarielles Protokoll aufzunehmen.

§ 25. Die Mitglieder des Verwaltungsrates können Ersatz der durch Erfüllung ihrer Amtspflichten entstandenen Auslagen beanspruchen. Über die Verteilung der ihnen nach § 17 zustehenden Tantieme entscheidet der Verwaltungsrat.

§ 26. Der Verwaltungsrat wählt jährlich in seiner ersten Sitzung nach der ordentlichen Hauptversammlung einen Vorsitzenden und mindestens einen Stellvertreter desselben. Der Vorsitzende und seine Stellvertreter müssen Reichsangehörige sein.

Der Verwaltungsrat hält seine Sitzungen in Berlin ab und wird von dem Vorsitzenden durch eingeschriebene Briefe unter Angabe der Beratungsgegenstände mit mindestens siebentägiger Frist so oft berufen, als die Geschäfte es erfordern, mindestens aber zweimal in jedem Jahre. Er muß außerdem binnen

14 Tagen berufen werden, wenn es von wenigstens zwei Mitgliedern oder dem Vorstande schriftlich beantragt wird.

Die Mitglieder des Vorstandes können mit beratender Stimme an den Sitzungen des Verwaltungsrats teilnehmen; sie sind auf Beschluß des Verwaltungsrats zu einer solchen Teilnahme verpflichtet.

Auf Aufforderung des Vorsitzenden kann der Verwaltungsrat, auch ohne zu einer Sitzung berufen zu werden, durch schriftliche Stimmabgabe beschließen; jedoch sind solche Beschlüsse nur wirksam, wenn sie von allen Mitgliedern übereinstimmend gefaßt werden.

§ 27. Der Verwaltungsrat ist beschlußfähig, wenn mindestens die Hälfte seiner Mitglieder anwesend ist.

Die Mitglieder haben gleiches Stimmrecht, bei Stimmengleichheit entscheidet der Vorsitzende.

Vorbehaltlich der im 4. Absatz des § 20 getroffenen Bestimmungen werden die Beschlüsse mit Stimmenmehrheit gefaßt.

§ 28. Der Verwaltungsrat beschließt seine Geschäftsordnung.

§ 29. Die Erklärungen des Verwaltungsrates sind rechtsgültig vollzogen, wenn sie die Unterschrift „Der Verwaltungsrat der Deutsch-Westafrikanischen Bank" und die Namensunterschrift des Vorsitzenden oder seines Stellvertreters und eines weiteren Mitgliedes des Verwaltungsrates tragen. Die Legitimation des Verwaltungsrates wird durch ein auf Grund der Wahlverhandlungen ausgefertigtes notarielles Zeugnis erbracht.

§ 30. Der Verwaltungsrat überwacht die gesamte Geschäftsführung in allen Zweigen der Verwaltung und unterrichtet sich zu diesem Zweck von dem Gange der Angelegenheiten der Gesellschaft. Er kann jederzeit Berichterstattung über dieselben von dem Vorstande verlangen und durch seinen Vorsitzenden oder durch einzelne von dem Verwaltungsrat zu bestimmende Mitglieder die Bücher und Schriften der Gesellschaft einsehen sowie den Bestand der Gesellschaftskasse und die Bestände an Wertpapieren, Handelspapieren und Waren untersuchen.

§ 31. Der Verwaltungsrat beschließt insbesondere:
1. über die Grundsätze, nach welchen die Gesellschaft unter Berücksichtigung dieser Satzungen Bankgeschäfte betreiben darf;
2. über die Errichtung von Zweigniederlassungen und Agenturen;
3. über die Bestellung der Vorstandsmitglieder (§ 20) und der mit der Leitung der Niederlassungen in Westafrika zu betrauenden Bevollmächtigten (§ 21), über die Genehmigung der vom Vorstande zu bewirkenden Ernennung der Prokuristen und Handlungsbevollmächtigten (§ 22), über die mit ihnen einzugehenden Verträge und die ihnen zu erteilenden Vollmachten, desgleichen über die Geschäftsordnung des Vorstandes, die von demselben vorzuschlagenden Verwaltungsgrundsätze bezüglich des ganzen Unternehmens und die den Handlungsbevollmächtigten in Westafrika zu erteilenden allgemeinen Vorschriften;
4. über die Wahl der Bankverbindungen und den Abschluß von Verträgen, durch welche dauernde Rechte oder Verpflichtungen begründet werden;
5. über die Einforderung weiterer Einzahlungen auf die Anteile bis zur Vollzahlung (§ 7 Absatz 1);
6. über Anträge an die Hauptversammlung, betreffend die Ausgabe weiterer Anteilscheine nach Maßgabe der Vorschriften des § 8;

7. über die Grundsätze für die Aufstellung der Jahresbilanz sowie deren Vorlegung an die Hauptversammlung und über die Vorschläge bezüglich der Verwendung und Verteilung von Überschüssen;
8. über andere Vorlagen an die Hauptversammlung;
9. über die Kraftloserklärung von Anteilscheinen (§ 7 Absatz 2);
10. über den Erwerb, die Belastung und Veräußerung von Geschäftsgrundstücken;
11. über die Anlegung und Verwendung des Reservefonds (§ 18);
12. über die alljährlich der Verwaltung in Westafrika zu erteilende Entlastung.

§ 32. Über die Verhandlungen und Beschlüsse des Verwaltungsrates ist ein von dem Vorsitzenden und mindestens einem zweiten Mitgliede zu unterzeichnendes Protokoll zu führen.

c. Die Hauptversammlung.

§ 33. Die Hauptversammlung vertritt die Gesamtheit der Gesellschaftsmitglieder. Ihre Beschlüsse und Wahlen sind für alle Mitglieder verbindlich.

§ 34. Die Hauptversammlungen werden in Berlin abgehalten. Sie werden von dem Verwaltungsrat oder von dem Vorsitzenden desselben oder von dem Vorstande berufen. Die Einladung zur Hauptversammlung geschieht durch einmalige Einrückung in den Deutschen Reichs-Anzeiger und die etwaigen Gesellschaftsblätter (§ 6) unter Angabe der zu verhandelnden Gegenstände wenigstens 17 Tage vor dem anberaumten Tage. In diesen 17 Tagen sind die Tage der Einladung und Hauptversammlung einbegriffen.

Ein Mitglied kann, soweit nicht gesetzliche Vertretung oder Vertretung durch einen Handlungsbevollmächtigten oder die Vertretung von Ehefrauen durch ihre Ehemänner und von Witwen durch ihre großjährigen Söhne in Frage kommt, nur durch ein anderes an der Hauptversammlung teilnehmendes Mitglied vertreten werden. Die Vollmacht bedarf der schriftlichen Form. Sie ist spätestens am Tage vor der Hauptversammlung dem Vorstande zur Prüfung vorzulegen, welcher eine amtliche oder sonst ihm genügende Beglaubigung der Unterschrift zu verlangen berechtigt ist.

§ 35. In der Hauptversammlung berechtigt jeder Anteil zu einer Stimme. Nach Vollzahlung der Anteile können nur solche Mitglieder in der Hauptversammlung das Stimmrecht ausüben, deren Anteile auf den Namen umgeschrieben und in die Stammbücher der Gesellschaft eingetragen sind (§ 12), oder welche ihre auf den Inhaber lautenden Anteile wenigstens fünf Tage vor dem Tage der Hauptversammlung bei dem Vorstande oder bei denjenigen Stellen, welche in der Bekanntmachung (§ 34 Absatz 1) bezeichnet worden sind, gegen Bescheinigung hinterlegt haben und sie bis zur Beendigung der Hauptversammlung daselbst belassen.

§ 36. Den Vorsitz in der Hauptversammlung führt der Vorsitzende des Verwaltungsrates oder, im Falle seiner Verhinderung, sein Stellvertreter oder, wenn auch dieser verhindert ist, ein anderes der anwesenden Mitglieder des Verwaltungsrates, von denen immer das an Jahren älteste Mitglied vor den übrigen das Vorrecht hat. Der Vorsitzende leitet die Verhandlungen, bestimmt die Reihenfolge der Gegenstände der Tagesordnung und ernennt die Stimmzähler.

Über Gegenstände, welche nicht auf die Tagesordnung gesetzt worden sind, können Beschlüsse nicht gefaßt werden; hiervon ist jedoch der Beschluß über den in einer Hauptversammlung gestellten Antrag auf Berufung einer außerordentlichen Hauptversammlung ausgenommen.

Mitglieder, welche in der Hauptversammlung zusammen mindestens den zehnten Teil des Gesamtbetrages der Stimmen zu führen berechtigt sind, können in einer von ihnen unterzeichneten Eingabe verlangen, daß Gegenstände, die zur Zuständigkeit der Hauptversammlung gehören, zur Beschlußfassung angekündigt werden. Diese Gegenstände sind auf die Tagesordnung der nächsten Hauptversammlung zu setzen.

Wird das Verlangen nach erfolgter Einberufung der Hauptversammlung gestellt, so müssen solche Anträge auf Erweiterung der Tagesordnung mindestens eine Woche vor dem Versammlungstage bei dem Vorstande eingereicht sein. Sie sind alsdann nachträglich auf die Tagesordnung der anberaumten Hauptversammlung zu setzen, und es ist dies mindestens vier Tage vor dem Versammlungstage bekannt zu machen.

§ 37. In jedem Jahre findet eine ordentliche Hauptversammlung vor Ablauf des Monats Juni statt. Eine außerordentliche Hauptversammlung wird berufen, so oft es im Interesse der Gesellschaft erforderlich erscheint, und außerdem:

1. wenn von einer Hauptversammlung ein dahingehender Beschluß gefaßt ist (§ 36 Absatz 2);
2. wenn Mitglieder, welche zusammen wenigstens den vierten Teil des Gesamtbetrages der jeweilig ausgegebenen Anteile besitzen, die Einberufung fordern und dem Vorstande zur Vorlage an die Hauptversammlung einen schriftlichen Antrag einreichen, dessen Gegenstand innerhalb der Zuständigkeit der Hauptversammlung liegt;
3. wenn über die Auflösung der Gesellschaft oder deren Verschmelzung mit einer anderen Gesellschaft oder die Umwandlung ihrer rechtlichen Form zu beschließen ist.

§ 38. In der ordentlichen Hauptversammlung (§ 37) werden der Geschäftsbericht des Vorstandes und die Bemerkungen des Verwaltungsrates über den Abschluß des abgelaufenen Rechnungsjahres zur Erörterung gebracht und wird über die Genehmigung des Hauptabschlusses und über die hieran sich knüpfenden Vorschläge (§§ 10 und 17) Beschluß gefaßt. Sodann werden die fälligen Wahlen (§ 24 Absatz 2) vollzogen.

Die Bilanz nebst Gewinn- und Verlustrechnung mit dem Geschäftsberichte des Vorstandes und den Bemerkungen des Verwaltungsrates müssen während zwei Wochen vor der Versammlung in den Geschäftsräumen der Gesellschaft zur Einsicht eines jeden Anteilseigners ausgelegt sein.

Die Hauptversammlung ist berechtigt, wenn die Bilanz nicht sogleich genehmigt wird, einen Ausschuß zur Nachprüfung zu ernennen.

Die Hauptversammlung ist ferner berechtigt, über die Geltendmachung von Ansprüchen der Gesellschaft aus der Verantwortlichkeit der Mitglieder des Vorstandes bzw. des Verwaltungsrates und über die zu diesem Zwecke einzuleitenden Schritte Beschlüsse zu fassen und zur Ausführung derselben Bevollmächtigte zu wählen. Ansprüche dieser Art müssen geltend gemacht werden, wenn es in der Hauptversammlung mit einfacher Stimmenmehrheit beschlossen, oder von einer Minderheit, die mindestens den vierten Teil des Grundkapitals vertritt, verlangt wird.

§ 39. Die Hauptversammlung beschließt ferner über Abänderungen und Ergänzungen der Satzungen einschließlich der Erhöhung und Herabsetzung des Grundkapitals.

Außerdem steht der ordentlichen Hauptversammlung der Beschluß über jede Vorlage zu, welche nicht nach § 37 Ziffer 3, der außerordentlichen Hauptversammlung überwiesen ist.

§ 40. Beschlüsse über einen der im § 37 Ziffer 3 bezeichneten Gegenstände sowie über eine Herabsetzung des Grundkapitals sind nur gültig, wenn wenigstens drei Viertel der jeweilig ausgegebenen Anteile in der Versammlung vertreten sind. Ist dies nicht der Fall, so kann zu gleichem Zwecke innerhalb der nächsten sechs Wochen abermals eine außerordentliche Hauptversammlung berufen werden, in welcher gültig Beschluß gefaßt werden kann, auch wenn weniger als drei Viertel der ausgegebenen Anteile vertreten sind.

Zur Gültigkeit der Beschlüsse über einen der in § 37 Ziffer 3 bezeichneten Gegenstände ist erforderlich, daß sie mit einer Mehrheit von mindestens zwei Dritteln der in der Versammlung vertretenen Stimmen angenommen werden. Dasselbe gilt von Beschlüssen über Abänderungen und Ergänzungen der Satzungen einschließlich der Erhöhung und Herabsetzung des Grundkapitals.

Vorbehaltlich dieser Bestimmung werden die Beschlüsse der Hauptversammlung mit einfacher Stimmenmehrheit gefaßt. Bei Gleichheit der Stimmen gilt der Antrag als abgelehnt.

Die Wahlen finden, falls gegen einen anderen vorgeschlagenen Abstimmungsmodus Widerspruch erhoben wird, durch Abgabe von Stimmzetteln nach absoluter Stimmenmehrheit statt. Ist diese in der ersten Abstimmung nicht erreicht, so findet eine Stichwahl zwischen den beiden Mitgliedern statt, welche die meisten Stimmen erhalten haben. Bei Stimmengleichheit entscheidet das Los.

§ 41. Das Protokoll der Hauptversammlung wird von einem Notar aufgenommen und ist von dem Vorsitzenden und den Stimmzählern zu unterzeichnen. In dasselbe werden nur die Ergebnisse der Verhandlungen aufgenommen.

V. Veröffentlichungen des Standes der Gesellschaft.

§ 42. Die Gesellschaft hat den Stand ihrer Aktiva und Passiva vom letzten jedes Monats durch den Reichsanzeiger auf ihre Kosten zu veröffentlichen.

Die Veröffentlichung muß ergeben:

1. auf seiten der Passiva:

   das Grundkapital,
   den Reservefonds,
   die täglich fälligen Verbindlichkeiten,
   die an eine Kündigungsfrist gebundenen Verbindlichkeiten,
   die sonstigen Passiva;

2. auf seiten der Aktiva:

   den Barbestand,
   den Betrag an Bankguthaben,
   den Bestand an Wechseln,
   den Bestand an Lombardforderungen,
   den Bestand an Effekten,
   den Bestand an sonstigen Aktiven.

Außerdem sind die aus weitergegebenen Wechseln entsprungenen eventuellen Verbindlichkeiten und die seitens der Bank bestellten Sicherheiten ersichtlich zu machen.

§ 43. Die Gesellschaft hat spätestens sechs Monate nach dem Schlusse jedes Geschäftsjahres eine genaue Bilanz ihrer Aktiva und Passiva sowie den Jahresabschluß ihres Gewinn- und Verlustkontos durch den Reichsanzeiger auf ihre Kosten zu veröffentlichen.

In der Jahresbilanz sind folgende Kategorien von Aktiva und Passiva gesondert nachzuweisen:

I. Auf seiten der Passiva:

1. das Grundkapital,
2. der Reservefonds, und zwar, wenn er ein Viertel des eingezahlten Grundkapitals nicht erreicht, unter Angabe
   a) des Bestandes am Schlusse des Vorjahres,
   b) des für das Geschäftsjahr überwiesenen Betrages,
   c) des aus a und b sich ergebenden Bestandes,
3. die etwaigen Rücklagen für zweifelhafte Forderungen,
4. das Guthaben der Giro- und Kontokorrent-Gläubiger,
5. der Betrag der Depositen, und zwar
   a) der verzinslichen,
   b) der unverzinslichen,
6. der Betrag der schuldigen Depositenzinsen,
7. der Betrag des aus dem gleichzeitig zu veröffentlichenden Gewinn- und Verlustkonto sich ergebenden Reingewinns.

II. Auf seiten der Aktiva:

1. der Barbestand,
2. der Betrag an Bankguthaben,
3. die Wechselbestände, ausschließlich der in Ziffer 6 bezeichneten,
4. der Betrag der Lombardforderungen, ausschließlich der in Ziffer 6 bezeichneten,
5. der Bestand an Effekten,
6. der Betrag der fälligen, aber unbezahlt gebliebenen Wechsel und Lombardforderungen,
7. der Betrag der Beteiligungen an anderen Unternehmungen,
8. der Buchwert der der Gesellschaft gehörigen Grundstücke.

Außerdem sind in der Jahresbilanz die aus weitergegebenen Wechseln entsprungenen eventuellen Verbindlichkeiten und die seitens der Bank bestellten Sicherheiten ersichtlich zu machen.

VI. Auflösung und Herabsetzung des Grundkapitals.

§ 44. Ein Beschluß der Hauptversammlung auf Auflösung der Gesellschaft sowie auf Herabsetzung des Grundkapitals bedarf der Genehmigung des Reichskanzlers. Die Genehmigung eines Beschlusses auf Auflösung der Gesellschaft kann nicht versagt werden, wenn das Grundkapital der Gesellschaft sich durch Verluste um ein Drittel verringert hat.

§ 45. Für die Liquidation gelten die Vorschriften der §§ 48, 49 des Bürgerlichen Gesetzbuches. Der nach Tilgung der Verbindlichkeiten der Gesellschaft verbleibende Betrag wird den Mitgliedern nach dem Verhältnisse der von ihnen geleisteten Einzahlungen ausbezahlt.

Die Verteilung darf nicht eher vollzogen werden, als nach Ablauf eines Jahres, von dem Tage an gerechnet, an welchem die Auflösung der Gesellschaft unter Aufforderung der Gläubiger, sich bei ihr zu melden, im Deutschen Reichsanzeiger bekannt gemacht ist. Bekannte Gläubiger sind auch dann zu befriedigen, wenn sie sich nicht melden.

Im übrigen wird nach § 52 des Bürgerlichen Gesetzbuchs verfahren.

§ 46. Auf Grund einer Herabsetzung des Grundkapitals dürfen Zahlungen an die Mitglieder der Gesellschaft nicht eher erfolgen als nach Ablauf eines Jahres, von dem Tage an gerechnet, an welchem der Beschluß auf Herabsetzung des Grundkapitals unter Aufforderung der Gläubiger der Gesellschaft, sich bei ihr zu melden, im Reichsanzeiger bekannt gemacht ist und nachdem die Gläubiger, die sich gemeldet haben, befriedigt oder sichergestellt worden sind. Eine durch Herabsetzung des Grundkapitals bezweckte Befreiung der Mitglieder von der Verpflichtung zur Leistung von Einzahlungen auf die von ihnen übernommenen Anteile tritt nicht vor dem bezeichneten Zeitpunkte in Wirksamkeit.

VII. Aufsichtsbehörde.

§ 47. Die Aufsicht über die Gesellschaft wird von dem Reichskanzler geführt.

Derselbe wird zu diesem Behufe einen Kommissar bestellen. Der Kommissar ist berechtigt, an den Sitzungen des Verwaltungsrates und den Hauptversammlungen teilzunehmen, von dem Vorstand jederzeit Berichterstattung über die Angelegenheiten der Gesellschaft zu verlangen, auch die Bücher und Schriften derselben einzusehen sowie auf Kosten der Gesellschaft, wenn dem Verlangen dazu berechtigter Mitglieder der Gesellschaft auf Berufung der Hauptversammlung in Gemäßheit des § 37 Ziffer 2 nicht entsprochen wird, oder aus sonstigen wichtigen Gründen eine außerordentliche Hauptversammlung zu berufen.

Außer dem vom Reichskanzler zu bestellenden Kommissar werden die Gouverneure der Schutzgebiete, in denen sich eine Niederlassung der Gesellschaft befindet, je einen Beamten als Kommissar zur Beaufsichtigung des Geschäftsbetriebes der Gesellschaft in dem ihrer Verwaltung unterstellten Schutzgebiet ernennen. Dieser Beamte ist insbesondere befugt, in den gewöhnlichen Geschäftsstunden und im Beisein eines Beamten der Gesellschaft von dem Gange der Geschäfte Kenntnis zu nehmen, die Bücher und Schriften, Portefeuilles und Kassenbestände einzusehen sowie den ordentlichen und außerordentlichen Kassenrevisionen beizuwohnen.

§ 48. Die Aufsicht wird darauf gerichtet, daß die Geschäftsführung der Gesellschaft dem in § 2 bezeichneten Zwecke und den übrigen Bestimmungen der Satzungen entspricht und im Einklange mit den gesetzlichen Vorschriften erfolgt.

Insbesondere sind der Genehmigung der Aufsichtsbehörde unterworfen:

1. die Wahl der Mitglieder des Vorstandes (§ 20);
2. die Beschlüsse der Gesellschaft, nach welchen eine Änderung der Satzungen erfolgen (§ 39) oder die Gesellschaft aufgelöst oder mit einer anderen vereinigt werden (§ 37 Ziffer 3) soll; zu einer Erhöhung des Grundkapitals ist jedoch die Genehmigung des Reichskanzlers nur erforderlich, falls dasselbe auf einen Betrag von mehr als fünf Millionen Mark erhöht werden soll (§ 8);

3. die allgemeinen Geschäftsanweisungen und Dienstinstruktionen (§ 31, Ziffer 1).

Übergangsbestimmungen.

§ 49. Die sämtlichen zunächst auszugebenden 2000 Anteile sind von den nachbenannten Gründern der Gesellschaft zu ihrem Nennwerte übernommen worden, und zwar:

1. von der Dresdener Bank 1494 (Eintausendvierhundertvierundneunzig) Anteile zum Nennbetrage von (Siebenhundertsiebenundvierzigtausend) . . . . 747 000 Mk.
2. von der Deutsch-Westafrikanischen Handelsgesellschaft 494 (Vierhundertvierundneunzig) Anteile zum Nennbetrage von (Zweihundertsiebenundvierzigtausend) . . 247 000 „
3. von Herrn Direktor Henry Nathan 2 (zwei) Anteile zum Nennbetrage von (Eintausend) . . . . 1 000 „
4. von Herrn Direktor Albert Friedrich Dalchow 2 (zwei) Anteile zum Nennbetrage von (Eintausend) . . . . 1 000 „
5. von Herrn Direktor Dr. Warner-Poelchau 2 (zwei) Anteile zum Nennbetrage von (Eintausend) . . . . . . 1 000 „
6. von Herrn Direktor Fritz Bodo Clausen 2 (zwei) Anteile zum Nennbetrage von (Eintausend) . . . . 1 000 „
7. von Herrn Kaufmann Hugo Preuß 2 (zwei) Anteile zum Nennbetrage von (Eintausend) . . . . 1 000 „
8. von Herrn Hermann Münster-Schultz, vertreten durch Herrn Hugo Preuß, 2 (zwei) Anteile zum Nennbetrage von (Eintausend) . . . . 1 000 „

2000 Anteile = 1 000 000 Mk.

Auf die vorbezeichneten, von den Gründern übernommenen Anteile ist von ihnen eine Einzahlung von 25 Prozent geleistet, und zwar auf jeden Anteil 125 Mk.

§ 50. Der erste Verwaltungsrat wird in der konstituierenden Hauptversammlung aus den Mitgliedern der Gesellschaft gewählt. Er fungiert bis zur ersten Hauptversammlung nach Verleihung der in § 11 des Schutzgebietsgesetzes bezeichneten Rechte durch den Bundesrat.

Auf den ersten Verwaltungsrat finden die Bestimmungen des § 24, Absatz 1, 3 der Satzungen Anwendung.

Der erste Verwaltungsrat wählt sofort nach Abhaltung der konstituierenden Hauptversammlung seinen Vorsitzenden und dessen Stellvertreter, er beschließt über die Zusammensetzung des Vorstandes und wählt dessen Mitglieder. Alles dieses geschieht gültig durch die in der Hauptversammlung anwesenden Mitglieder, ohne daß es der Zustimmung der abwesenden und der Erklärung über die Annahme der Wahl bedarf, und zwar auch dann, wenn weniger als die Hälfte der Mitglieder des Verwaltungsrates anwesend sein sollten.

§ 51. Der Vorsitzende des Verwaltungsrates und sein Stellvertreter werden ermächtigt, die Genehmigung dieser Satzungen bei dem Reichskanzler und die Verleihung der im § 11 des Schutzgebietsgesetzes vorgesehenen Rechte nachzusuchen und die etwa von den Reichsbehörden geforderten Ergänzungen und Änderungen dieser Satzungen mit verbindlicher Kraft für die Gesellschaft und die sämtlichen Gründer und Anteilseigner derselben zu beschließen.

4. Auszug aus dem Runderlasse des Gouverneurs von Deutsch-Ostafrika, betreffend die Einführung der Hundertteilung der Rupie.

Vom 6. Januar 1905.

Behufs Einführung der Hundertteilung der Rupie in die amtliche Kassen- und Buchführung wird folgendes bestimmt:

1. Die vom 1. April 1905 ab etwa noch eingehenden, über Rupie und Pesa lautenden Rechnungen sind in Rupie und Heller nach dem Wertverhältnis von 1 Pesa = $1^9/_{16}$ Heller umzurechnen.

2. Alle amtlichen Gebührenaufstellungen, Kostenberechnungen usw. in der Landeswährung haben vom 1. April 1905 ab über Rupie und Heller zu lauten. Die Tarife für Gebühren und Abgaben, welche von den Verwaltungsbehörden unter amtlicher Aufsicht oder nach behördlicher Festsetzung erhoben werden, sind in die Hellerwährung, und zwar ebenfalls nach dem Satze von 1 Pesa = $1^9/_{16}$ Heller, in Heller umzurechnen, insoweit nicht bis zum 1. April 1905 die Sätze von hier aus anderweit festgesetzt werden.

3. Soweit von den amtlichen Kassen des Schutzgebietes Kupfermünzen ausgegeben werden, sollen Zahlungen, wenn irgend tunlich, nur noch in Ein- und Einhalbhellerstücken geleistet werden.

4. Gehälter, Remunerationen, Gebühren, Kosten usw., welche in der Markwährung feststehen und bisher in Rupie und Pesa umzurechnen waren, sind vom 1. April 1905 ab in Rupien und Heller zu begleichen.

5. Über die Gebührnisse Farbiger und über sonstige vom Gouvernement durch Runderlaß getroffene Festsetzungen, welche infolge der Hundertteilung der Rupie einer Neuregelung bedürfen, ergeht demnächst besondere Bestimmung. Insoweit dies nicht der Fall ist, sind die noch in der Pesawährung feststehenden Sätze an der Hand der Tabelle A*) umzurechnen.

Daressalam, den 6. Januar 1905.

Der Kaiserliche Gouverneur.
I. V. Stuhlmann.

5. Runderlaß des Gouverneurs von Deutsch-Ostafrika, betreffend Berichterstattung über Wildbrennen, Holzschlagen usw.

Vom 9. Januar 1905.

Die im Runderlaß vom 20. November 1897**) am 1. Oktober jeden Jahres angeordnete Berichterstattung über Wildbrennen, Holzschlagen und Pflanzen von Kokosnüssen kann künftighin unterbleiben, dagegen ist das Nötige über diesen Gegenstand im Jahresbericht niederzulegen.

Daressalam, den 9. Januar 1905.

Der Kaiserliche Gouverneur.
I. V. Stuhlmann.

---

*) Nicht abgedruckt.
**) D. Kol. Gesetzgeb. VI, Nr. 86.

6. **Verordnung des Gouverneurs von Togo, betreffend den Sprachunterricht in den Schulen des Schutzgebietes. Vom 9. Januar 1905.**

(Kol. Bl. S. 163.)

Auf Grund des § 15 des Schutzgebietsgesetzes in Verbindung mit § 5 der Verfügung des Reichskanzlers vom 27. September 1903 (Kol. Bl. S. 509) wird folgendes verordnet:

§ 1. In allen Schulen des Schutzgebietes ist als Gegenstand des Sprachunterrichts außer der Landessprache keine andere lebende Sprache zugelassen als die deutsche.

§ 2. Schulen, in welchen eine nicht zugelassene Sprache gelehrt wird, können durch Verfügung des Gouvernements geschlossen werden. Auch kann Lehrern, welche in einer nicht zugelassenen Sprache Unterricht erteilen, die Lehrtätigkeit untersagt werden.

Die zur Erteilung des Unterrichts in der nicht zugelassenen Sprache verwendeten Lehrmittel können eingezogen werden.

§ 3. Diese Verordnung tritt am 1. Januar 1906 in Kraft.

Lome, den 9. Januar 1905.

Der Kaiserliche Gouverneur.
I. V. Graf Zech.

7. **Verordnung des Gouverneurs von Deutsch-Ostafrika, betreffend die Zollfreiheit von denaturiertem und konsistentem Spiritus. Vom 13. Januar 1905.**

Auf Grund des § 6 Absatz 6 der Zollverordnung vom 13. Juni 1903*) wird hiermit nach Einholung der Genehmigung des Reichskanzlers (Auswärtiges Amt, Kolonial-Abteilung) verordnet, was folgt:

§ 1. Die Bemerkungen „Zu 1" des Zolltarifs. A. Einfuhrzölle erhalten folgenden Zusatz:

„Zum menschlichen Genuß unbrauchbar gemachter (denaturierter) Spiritus und Spiritus in konsistenter Form ist zollfrei."

§ 2. Diese Verordnung tritt mit dem Tage der Veröffentlichung in Kraft.

Daressalam, den 13. Januar 1905.

Der Kaiserliche Gouverneur.
I. V. Stuhlmann.

8. **Konzession der Deutsch-Ostafrikanischen Bank. Erteilt vom Reichskanzler am 15. Januar 1905.**

(Kol. Bl. S. 132. Reichs-Anz. vom 3. März 1905.)

Nachdem das zur Gründung einer Gesellschaft unter der Firma

Deutsch-Ostafrikanische Bank

gebildete Syndikat den Antrag gestellt hat, dieser Gesellschaft die Konzession zur Errichtung einer mit dem Rechte der Notenausgabe in Deutsch-Ostafrika aus-

---

*) D. Kol. Gesetzgeb. VII, Nr. 132.

24 Konzession der Deutsch-Ostafrikanischen Bank. Erteilt vom Reichskanzler. 15. Jan.

gestatteten Bank zu verleihen, wird diese Konzession auf Grund der Kaiserlichen Verordnung, betreffend die Ausgabe von Banknoten in den Schutzgebieten, vom 30. Oktober 1904.*) unter den nachstehenden Bedingungen erteilt:

§ 1. Das Syndikat bildet auf Grund des anliegenden Gesellschaftsvertrages eine Kolonialgesellschaft mit dem Sitze in Berlin. Diese wird innerhalb einer Frist von einem Jahre vom Tage der Erteilung der Konzession im deutsch-ostafrikanischen Schutzgebiete eine Bank errichten und in Betrieb nehmen, welche die Aufgabe hat, den Geldumlauf und die Zahlungsausgleichungen im Schutzgebiete sowie den Geldverkehr des Schutzgebietes mit Deutschland und dem Auslande zu regeln und zu erleichtern, ferner Bankgeschäfte nach Maßgabe der in dieser Konzession enthaltenen Bestimmungen zu betreiben.

§ 2. Das Grundkapital der Deutsch-Ostafrikanischen Bank besteht aus zwei Millionen Mark (= einer Million fünfhunderttausend Rupien), eingeteilt in viertausend Anteile von je fünfhundert Mark.

Auf die Anteile sind bei Errichtung der Gesellschaft 25 Prozent einzuzahlen.

Die Gesellschaft ist berechtigt, auf Grund eines Beschlusses der Hauptversammlung der Anteilseigner das Grundkapital durch die Ausgabe neuer Anteilscheine zu erhöhen.

§ 3. Der Bestätigung des Reichskanzlers bedürfen:
1. der Gesellschaftsvertrag sowie alle Abänderungen desselben, jedoch mit der Maßgabe, daß zur Erhöhung des Grundkapitals bis zur Höhe von 10 Millionen Mark eine Genehmigung des Reichskanzlers nicht erforderlich ist;
2. die von dem Verwaltungsrate vorzunehmende Wahl des Vorstandes;
3. die allgemeinen Geschäftsanweisungen und Dienstinstruktionen;
4. ein Beschluß auf Auflösung der Gesellschaft.

Die Genehmigung kann im Falle von Ziffer 4 nicht versagt werden, wenn das Grundkapital der Gesellschaft sich durch Verluste um ein Drittel vermindert hat.

§ 4. Außer dem vom Reichskanzler zu bestellenden Kommissar wird der Gouverneur des deutsch-ostafrikanischen Schutzgebietes einen Beamten als Kommissar zur Beaufsichtigung des Geschäftsbetriebes der Gesellschaft im Schutzgebiete ernennen.

Dieser Kommissar ist insbesondere befugt, in den gewöhnlichen Geschäftsstunden und im Beisein eines Beamten der Bank von dem Gange der Geschäfte Kenntnis zu nehmen, die Bücher, Portefeuilles und Kassenbestände der Bank einzusehen, sowie den ordentlichen und außerordentlichen Kassenrevisionen beizuwohnen.

§ 5. Die Gesellschaft ist berechtigt, überall im deutsch-ostafrikanischen Schutzgebiete sowie mit der Zustimmung des Reichskanzlers in anderen Territorien Zweiganstalten oder Agenturen zu errichten. Der Reichskanzler kann im Falle eines vorhandenen Bedürfnisses die Errichtung von Zweiganstalten an größeren Plätzen des Schutzgebietes anordnen.

§ 6. Die Gesellschaft ist befugt, folgende Geschäfte nach Maßgabe der zu erlassenden Geschäftsanweisungen (§ 3 Ziffer 3) zu betreiben:
1. Gold und Silber in Barren und Münzen zu kaufen und zu verkaufen;
2. Wechsel und wechselähnliche Papiere mit einer Laufzeit von höchstens

---
*) D. Kol. Gesetzgeb. VIII, Teil I, Nr. 1.

sechs Monaten zu diskontieren, zu kaufen und zu verkaufen; aus diesen Papieren müssen jedoch, soweit sie nicht von Kaiserlichen Behörden ausgestellt sind, entweder mindestens zwei als zahlungsfähig bekannte Verpflichtete haften, oder es muß die zweite Unterschrift für den Fall der Vorlegung des Wechsels zum Akzept sichergestellt sein, oder es müssen den mit nur einer Unterschrift versehenen Wechseln die Seeverschiffungspapiere derjenigen Waren, auf deren Valuta der Wechsel gezogen ist, beigegeben sein;

3. einsbare Darlehen auf nicht länger als sechs Monate gegen Verpfändung von Papieren der unter Ziffer 2 genannten Art, und auf nicht länger als vier Monate gegen sonstige bewegliche Pfänder zu erteilen;

4. Schuldverschreibungen des Reiches, eines deutschen Staates, eines deutschen Schutzgebietes oder einer kommunalen Korporation des ostafrikanischen Schutzgebietes, sowie Schuldverschreibungen, deren Verzinsung vom Reiche oder einem deutschen Staate garantiert oder die vom Bundesrate auf Grund des § 1807, Absatz 1, Nr. 4 des Bürgerlichen Gesetzbuches zur Anlegung von Mündelgeldern für geeignet erklärt sind, zu kaufen und zu verkaufen;

5. für Rechnung von Privatpersonen, Anstalten und Behörden Inkassos zu besorgen und gegen Deckung Zahlungen zu leisten und Anweisungen oder Überweisungen auf ihre Zweiganstalten, Agenturen oder Korrespondenten auszustellen;

6. für fremde Rechnung Effekten aller Art sowie Edelmetalle gegen Deckung zu kaufen und nach vorheriger Überlieferung zu verkaufen;

7. verzinsliche und unverzinsliche Gelder im Kontokorrent- und Depositengeschäft sowie im Giroverkehr anzunehmen;

8. Wertgegenstände in Verwahrung und Verwaltung zu nehmen;

9. mit Genehmigung des Reichskanzlers sich bis zur Höhe eines Drittels des eingezahlten Grundkapitals an Unternehmungen mit gleichartigen Betriebsvorschriften zu beteiligen.

§ 7. Die Gesellschaft hat das Recht, nach Bedürfnis ihres Verkehrs auf Rupien lautende Noten bis zum dreifachen Betrage des eingezahlten Grundkapitals auszugeben. Die Noten dürfen nur auf Beträge von 5, 10, 20, 50, 100 Rupien oder ein Vielfaches von 100 Rupien lauten und müssen im Schutzgebiet ausgestellt werden.

§ 8. Die Gesellschaft ist verpflichtet, für den Betrag ihrer im Umlauf befindlichen Banknoten jederzeit mindestens ein Drittel in deutsch-ostafrikanischen Landessilbermünzen, in indischen Rupien, in Reichsgoldmünzen, in fremden Goldmünzen, in Reichskassenscheinen oder in Reichsbanknoten in ihren Kassen im ostafrikanischen Schutzgebiet als Deckung bereit zu halten; die Deckung für den Rest hat in diskontierten Wechseln und wechselähnlichen Papieren, welche den Anforderungen des § 6 Ziffer 2 entsprechen, sowie in täglich rückzahlbaren Guthaben bei der Reichsbank, der Königlichen Seehandlungssozietät sowie mit Genehmigung des Reichskanzlers bei anderen Banken zu bestehen.

Der Reichskanzler kann bis auf weiteres bestimmen, ob und bis zu welcher Höhe an Stelle der in Absatz 1 bezeichneten wechselmäßigen Notendeckung eine Deckung durch Schuldverschreibungen des Deutschen Reiches oder eines deutschen Staates, die bei der Legationskasse in Berlin zu hinterlegen sind, treten kann.

§ 9. Falls der Notenumlauf der Gesellschaft sich auf mehr als den doppelten Betrag ihres in § 8 Abs. 1 bestimmten Barvorrats beläuft, hat sie von der Mehrausgabe von Banknoten eine Steuer von jährlich fünf vom Hundert an den Fiskus des deutsch-ostafrikanischen Schutzgebietes zu zahlen.

Diese Steuer wird nicht erhoben, solange der gesamte Notenumlauf der Gesellschaft den Betrag von fünfhunderttausend Rupien nicht übersteigt; die etwa fällige Steuer wird nur von dem Notenumlauf berechnet, der die Summe von fünfhunderttausend Rupien überschreitet.

Zum Zwecke der Feststellung der Steuer hat die Verwaltung der Bank am letzten jedes Monats den Betrag des Barvorrats und der umlaufenden Noten der Bank festzustellen und diese Feststellung an die Aufsichtsbehörde einzureichen. Am Schlusse des Jahres wird von der Aufsichtsbehörde auf Grund dieser Nachweisungen die von der Bank zu zahlende Steuer in der Weise festgestellt, daß von dem sich aus jeder dieser Nachweisungen ergebenden steuerpflichtigen Überschusse des Notenumlaufs $5/_{12}$ Prozent als Steuersoll berechnet werden. Die Summe dieser für jede einzelne Nachweisung als Steuersoll berechneten Beträge ergibt die von der Bank spätestens am 31. März des folgenden Jahres an den Landesfiskus des ostafrikanischen Schutzgebietes abzuführende Steuer.

§ 10. Die Gesellschaft ist verpflichtet, ihre Noten dem Inhaber gegen Münzen, die im ostafrikanischen Schutzgebiet als gesetzliches Zahlungsmittel anerkannt sind, einzulösen, und zwar bei ihrer Hauptkasse in Daressalam sofort auf Präsentation, bei ihren Zweiganstalten, soweit es deren Barbestände und Geldbedürfnisse gestatten. Desgleichen ist die Gesellschaft verpflichtet, ihre Noten sowohl an ihrer Hauptkasse in Daressalam als auch bei ihren Zweiganstalten und Agenturen jederzeit zu ihrem vollen Nennwert in Zahlung zu nehmen.

§ 11. Für beschädigte Noten hat die Gesellschaft Ersatz zu leisten, sofern der Inhaber entweder einen Teil der Note einreicht, der größer ist als die Hälfte, oder den Nachweis führt, daß der Rest der Note, von welcher er nur die Hälfte oder einen kleineren Teil als die Hälfte präsentiert, vernichtet sei.

Für vernichtete oder verloren gegangene Noten Ersatz zu leisten, ist die Gesellschaft nicht verpflichtet.

§ 12. Der Aufruf und die Einziehung der von der Gesellschaft ausgegebenen Noten darf nur auf Anordnung oder mit Genehmigung des Reichskanzlers erfolgen; der Reichskanzler schreibt die Art, die Zahl und die Fristen der über den Aufruf der Noten zu erlassenden Bekanntmachungen, den Zeitraum, innerhalb dessen und die Stellen, an welchen die Noten eingelöst werden sollen, die Maßgaben, unter denen nach Ablauf der Fristen eine Einlösung der aufgerufenen Noten noch stattzufinden hat, und die zur Sicherung der Noteninhaber sonst erforderlichen Maßregeln vor.

§ 13. Die Gesellschaft hat den Stand ihrer Aktiva und Passiva vom letzten jedes Monats durch eine vom Gouverneur des ostafrikanischen Schutzgebietes zu bezeichnende Zeitung auf ihre Kosten zu veröffentlichen.

Diese Veröffentlichung muß ergeben:
1. auf Seiten der Passiva:
    das Grundkapital,
    den Reservefonds,
    den Betrag der umlaufenden Noten,
    die sonstigen täglich fälligen Verbindlichkeiten,
    die an eine Kündigungsfrist gebundenen Verbindlichkeiten,
    die sonstigen Passiva;

2. auf der Seite der Aktiva:
   den Barbestand (§ 8),
   den Bestand an Wechseln,
   den Bestand an Lombardforderungen,
   den Bestand an Effekten,
   den Bestand an sonstigen Aktiven.

Außerdem sind die aus weitergegebenen Wechseln entsprungenen eventuellen Verbindlichkeiten und die seitens der Bank bestellten Sicherheiten ersichtlich zu machen.

§ 14. Die Gesellschaft hat spätestens sechs Monate nach dem Schlusse jedes Geschäftsjahres eine genaue Bilanz ihrer Aktiva und Passiva sowie den Jahresabschluß ihres Gewinn- und Verlustkontos durch den Reichsanzeiger und eine vom Gouverneur des ostafrikanischen Schutzgebietes zu bezeichnende Zeitung auf Ihre Kosten zu veröffentlichen.

In der Jahresbilanz sind folgende Kategorien von Aktiva und Passiva gesondert nachzuweisen:

I. **Auf seiten der Passiva:**

1. das Grundkapital;
2. der Reservefonds, und zwar — sofern dieser die vorgeschriebene Höhe (§ 15 Abs. 1) noch nicht erreicht hat — unter Angabe
   a) des Bestandes am Schlusse des Vorjahres,
   b) des für das Geschäftsjahr überwiesenen Betrages,
   c) des aus a und b sich ergebenden Bestandes;
3. die etwaigen Rücklagen für zweifelhafte Forderungen;
4. der Gesamtbetrag der ausgegebenen Banknoten, und zwar unter Angabe der Beträge, die auf die einzelnen Notenabschnitte entfallen;
5. das Guthaben der Giro- und Kontokorrent-Gläubiger;
6. der Betrag der Depositen, und zwar
   a) der verzinslichen,
   b) der unverzinslichen;
7. der Betrag der schuldigen Depositenzinsen;
8. der Betrag des aus dem gleichzeitig zu veröffentlichenden Gewinn- und Verlustkonto sich ergebenden Reingewinns.

II. **Auf seiten der Aktiva:**

1. der Barbestand;
2. die Wechselbestände, ausschließlich der in Ziffer 5 bezeichneten;
3. der Betrag der Lombardforderungen, ausschließlich der in Ziffer 5 bezeichneten;
4. der Bestand an Effekten;
5. der Betrag der fälligen, aber unbezahlt gebliebenen Wechsel und Lombardforderungen;
6. der Buchwert der der Gesellschaft gehörigen Grundstücke.

Außerdem sind in der Jahresbilanz die aus weitergegebenen Wechseln entsprungenen eventuellen Verbindlichkeiten und die seitens der Bank bestellten Sicherheiten ersichtlich zu machen.

§ 15. Aus dem beim Jahresabschlusse sich ergebenden Reingewinn der Gesellschaft wird der zwanzigste Teil dem Reservefonds zugeschrieben, solange derselbe nicht ein Drittel des eingezahlten Grundkapitals überschreitet; sodann wird den Anteilseignern eine ordentliche Dividende bis zu vier Prozent des eingezahlten Grundkapitals berechnet, von dem verbleibenden Überschuß erhält der Verwaltungsrat zehn Prozent als Tantième; alsdann erhalten die Anteilseigner ein weiteres Prozent des eingezahlten Grundkapitals. Der etwa verbleibende Überrest wird zur Hälfte an die Anteilseigner, zur Hälfte an den Landesfiskus des deutsch-ostafrikanischen Schutzgebietes gezahlt.

Erreicht die sich für die Anteilseigner ergebende Dividende nicht drei Prozent des eingezahlten Grundkapitals, so ist das Fehlende aus dem Reservefonds zu ergänzen, soweit derselbe zehn Prozent des eingezahlten Grundkapitals übersteigt.

Das bei der Begebung von Anteilscheinen der Gesellschaft etwa zu gewinnende Aufgeld fließt dem Reservefonds zu.

§ 16. Das in dieser Konzession erteilte Recht der Notenausgabe wird im Falle des Konkurses durch Eröffnung des Verfahrens gegen die Gesellschaft verwirkt.

Die Konzession kann durch den Reichskanzler für verwirkt erklärt werden:
1. wenn die Vorschriften dieser Konzession über die Deckung für die umlaufenden Noten (§ 8) verletzt worden sind oder der Notenumlauf die in dieser Konzession festgesetzte Grenze (§ 7) überschritten hat;
2. wenn die Gesellschaft die Einlösung präsentierter Noten bei ihrer Hauptkasse in Daressalam nicht am Tage der Präsentation bewirkt (§ 10);
3. wenn die Gesellschaft Geschäfte betreibt, die ihr in dieser Konzession nicht gestattet sind;
4. wenn das Grundkapital der Gesellschaft sich durch Verluste um ein Drittel vermindert hat.

§ 17. Im Falle der Verwirkung des Rechts der Notenausgabe wird die Einziehung der von der Gesellschaft ausgegebenen Banknoten vom Reichskanzler nach Maßgabe des § 12 angeordnet.

§ 18. Der Reichskanzler behält sich das Recht vor, zuerst zum 31. Dezember 1934, alsdann aber von 10 zu 10 Jahren nach vorausgegangener einjähriger Ankündigung entweder
1. die auf Grund dieser Konzession errichtete Deutsch-Ostafrikanische Bank aufzuheben und die Grundstücke derselben in Deutsch-Ostafrika für den deutsch-ostafrikanischen Landesfiskus gegen Erstattung des Buchwertes zu erwerben, oder
2. die sämtlichen Anteile der Gesellschaft zum Nennwert für den deutsch-ostafrikanischen Landesfiskus zu erwerben.

In beiden Fällen geht der Reservefonds, soweit er nicht zur Deckung von Verlusten in Anspruch zu nehmen ist, zur einen Hälfte an die Anteilseigner, zur anderen Hälfte an den Fiskus des deutsch-ostafrikanischen Schutzgebietes über.

Abgesehen von den in Abs. 1 vorgesehenen Kündigungsterminen kann der Reichskanzler von dem in Abs. 1 Ziffer 2 bezeichneten Rechte Gebrauch machen, sobald die Hauptversammlung die Auflösung der Gesellschaft beschlossen hat, und zwar innerhalb einer Frist von vier Wochen.

Berlin, den 15. Januar 1905.

Anlage zu Nr. 8.

Satzungen der Deutsch-Ostafrikanischen Bank.

I. Allgemeine Bestimmungen.

§ 1. Unter der Firma „Deutsch-Ostafrikanische Bank" wird auf Grund des § 11 des Schutzgebietsgesetzes (Reichs-Gesetzbl. 1900, S. 813) eine Kolonialgesellschaft errichtet.*)

§ 2. Die Gesellschaft hat den Zweck, den Geldumlauf und die Zahlungsausgleichungen in Deutsch-Ostafrika sowie den Geldverkehr dieses Schutzgebiets mit Deutschland und dem Auslande zu regeln und zu erleichtern, ferner Bankgeschäfte einschließlich der Notenausgabe nach Maßgabe der ihr erteilten Konzession zu betreiben.

§ 3. Die Gesellschaft hat ihren Sitz und allgemeinen Gerichtsstand in Berlin. Sie ist berechtigt, überall im deutsch-ostafrikanischen Schutzgebiet sowie mit Zustimmung des Reichskanzlers in anderen Territorien Zweiganstalten oder Agenturen zu errichten. Der Reichskanzler kann im Falle eines vorhandenen Bedürfnisses die Errichtung von Zweiganstalten an größeren Plätzen des Schutzgebietes anordnen.

§ 4. Die Dauer der Gesellschaft ist nicht beschränkt, jedoch hat der Reichskanzler sich das Recht vorbehalten, zuerst zum 31. Dezember 1934, alsdann aber von 10 zu 10 Jahren nach vorausgegangener einjähriger Ankündigung entweder

1. die Deutsch-Ostafrikanische Bank aufzuheben und die Grundstücke derselben in Deutsch-Ostafrika für den deutsch-ostafrikanischen Landesfiskus gegen Erstattung des Buchwertes zu erwerben, oder
2. die sämtlichen Anteile der Gesellschaft zum Nennwert für den deutsch-ostafrikanischen Landesfiskus zu erwerben.

In beiden Fällen geht der Reservefonds, soweit er nicht zur Deckung von Verlusten in Anspruch zu nehmen ist, zur einen Hälfte an die Anteilseigner, zur anderen Hälfte an den Fiskus des deutsch-ostafrikanischen Schutzgebietes über.

§ 5. Die Organe der Gesellschaft sind:
  der Vorstand,
  der Verwaltungsrat,
  die Hauptversammlung.

§ 6. Die Bekanntmachungen der Gesellschaft erfolgen rechtswirksam, soweit in der Konzession oder in diesen Satzungen nicht ein anderes bestimmt ist, durch einmalige Veröffentlichung im „Deutschen Reichs-Anzeiger". Die Gesellschaft behält sich jedoch vor, ihre Bekanntmachungen außerdem durch andere, vom Verwaltungsrate zu bestimmende Blätter zu veröffentlichen, ohne daß von dieser Veröffentlichung die Rechtswirksamkeit der Bekanntmachung abhängt. Bei bekannt gemachten Fristen wird der Tag der Ausgabe des Blattes mitgerechnet.

---

*) Beschluß des Bundesrats, betreffend die Deutsch-Ostafrikanische Bank in Berlin. Vom 9. Februar 1905. In Gemäßheit des § 11 des Schutzgebietsgesetzes (Reichs-Gesetzbl. 1900, S. 813) wird Nachstehendes zur öffentlichen Kenntnis gebracht: Der Bundesrat hat in seiner Sitzung vom 9. Februar d. Js. beschlossen, der Deutsch-Ostafrikanischen Bank mit dem Sitze in Berlin auf Grund ihrer vom Reichskanzler genehmigten Satzungen die Fähigkeit beizulegen, unter ihrem Namen Rechte, insbesondere Eigentum und andere dingliche Rechte an Grundstücken zu erwerben, Verbindlichkeiten einzugehen, vor Gericht zu klagen und verklagt zu werden.

II. Grundkapital.

§ 7. Das Grundkapital der Gesellschaft besteht aus 2 Millionen Mark (= 1½ Millionen Rupien), eingeteilt in 4000 Anteile von je 500 Mark. Auf die Anteile werden bei Errichtung der Gesellschaft 25 Prozent eingezahlt; weitere Einzahlungen oder die Vollzahlung kann der Vorstand mit Genehmigung des Verwaltungsrats mit mindestens vierwöchiger Frist einfordern.

Wird die Zahlung in der festgesetzten Frist nicht geleistet, so kann der Säumige zur Zahlung der fälligen Beträge nebst 5 Prozent Zinsen vom Fälligkeitstermin ab im Rechtsweg angehalten werden. Statt dessen kann nach zweimaliger Zahlungsaufforderung, welche in gleicher Frist und unter Androhung des Ausschlusses stattzufinden hat, durch Beschluß des Verwaltungsrats der Säumige seines Anteils zugunsten der Gesellschaft für verlustig und der über den Anteil ausgestellte Schein für kraftlos erklärt werden. Diese Erklärung wird ihm schriftlich mitgeteilt und der für verfallen erklärte Anteil der Gesellschaft zugeschrieben; die letztere ist berechtigt, ihr zugeschriebene Anteile zu verwerten. Die Geltendmachung eines weiteren Schadens ist nicht ausgeschlossen.

§ 8. Die Gesellschaft ist berechtigt, ihr Grundkapital durch Ausgabe weiterer Anteile von je 500 Mark zu erhöhen. Zu einer Erhöhung des Grundkapitals ist ein Beschluß der Hauptversammlung erforderlich. Ein solcher Beschluß bedarf, falls das Grundkapital über den Betrag von 10 Millionen Mark erhöht werden soll, der Bestätigung des Reichskanzlers. Die Ausgabe neuer Anteilscheine darf erst erfolgen, nachdem auf die alten Anteile die volle Einzahlung geleistet ist.

§ 9. Die Zeichner der auszugebenden Anteile sowie demnächst deren Rechtsnachfolger bilden die Gesellschaft. Die Anteile sind unteilbar. Einzelne Mitglieder können nicht auf Teilung klagen.

§ 10. Für die Verbindlichkeiten der Gesellschaft haftet den Gläubigern nur das Gesellschaftsvermögen.

§ 11. Der Zeichner eines Anteils ist für die Zahlung des vollen Nennbetrags sowie des etwa festgesetzten Agios verhaftet.

Darüber hinaus haben die Mitglieder der Gesellschaft keine Verpflichtung.

Die Zeichner von Anteilen und deren Rechtsnachfolger können von den ihnen obliegenden Leistungen nicht befreit werden und sind nicht befugt, gegen das Recht auf diese Leistungen eine Forderung an die Gesellschaft aufzurechnen.

§ 12. Die Urkunden über die Anteile der Gesellschaft (Anteilscheine) lauten, solange dieselben nicht voll eingezahlt sind, auf den Namen und werden mit Angabe der Eigentümer nach Namen, Stand und Wohnort in die Stammbücher der Gesellschaft eingetragen. Nach der Vollzahlung lauten die Anteilscheine auf den Inhaber, können aber auch auf den Namen umgeschrieben werden und sind dann in die Stammbücher der Gesellschaft einzutragen.

§ 13. Mit den Anteilscheinen erhält der Eigentümer zugleich die Dividendenscheine für die nächsten 10 Jahre und einen Erneuerungsschein zur Abhebung neuer Dividendenscheine nach Ablauf des zehnjährigen Zeitraums. Die Dividendenscheine und Erneuerungsscheine lauten auf den Inhaber.

§ 14. Solange die Anteile nicht voll eingezahlt sind, gelten nur die in den Anteilsbüchern Eingetragenen der Gesellschaft gegenüber als Mitglieder.

Wenn das Eigentum eines Anteils vor der Vollzahlung auf einen anderen übergeht, so ist dies unter Vorlegung des Anteilscheines bei der Gesellschaft anzumelden und in den Stammbüchern sowie auf dem Anteilscheine zu vermerken.

Miteigentümer eines Anteils sind erst dann als Mitglieder legitimiert, wenn sie die Eintragung eines gemeinschaftlichen Bevollmächtigten im Anteilsbuche bewirkt haben.

§ 15. Durch Zeichnung oder Erwerb von Anteilen unterwerfen sich die Mitglieder für alle Streitigkeiten mit der Gesellschaft aus dem Gesellschaftsverhältnisse dem in Berlin zuständigen Gerichts erster Instanz.

III. Bilanz, Ermittlung und Verwendung des Ertrags, Reservefonds.

§ 16. Das Geschäftsjahr ist das Kalenderjahr. Das erste Geschäftsjahr umfaßt die Zeit von der Errichtung der Gesellschaft bis zum 31. Dezember 1905. Auf den 31. Dezember ist von dem Vorstande die Bilanz für das abgelaufene Geschäftsjahr zu ziehen. Diese muß mit der Gewinn- und Verlustrechnung und mit einem den Vermögensstand und die Verhältnisse entwickelnden Berichte des Vorstandes sowie mit dem von dem Verwaltungsrat zu erstattenden Revisionsberichte der Hauptversammlung alljährlich vor dem 30. Juni vorgelegt werden.

Der Hauptversammlung ist die Genehmigung der Bilanz sowie die Erteilung der Entlastung für die Geschäftsführung des Vorstandes und Verwaltungsrats vorbehalten.

§ 17. Auf Vorschlag des Verwaltungrats beschließt die Hauptversammlung über die Höhe der vorzunehmenden Abschreibungen. Der nach Abzug der Abschreibungen sich ergebende Reingewinn ist in folgender Weise zu verteilen:

1. Zunächst wird der zwanzigste Teil dem Reservefonds zugeschrieben, solange derselbe nicht ein Drittel des eingezahlten Grundkapitals überschreitet;
2. alsdann wird den Anteilseignern eine ordentliche Dividende bis zu 4 Prozent des eingezahlten Grundkapitals berechnet;
3. von dem verbleibenden Überschuß erhält der Verwaltungsrat 10 Prozent als Tantieme (vgl. auch § 25 Abs. 2);
4. alsdann erhalten die Anteilseigner ein weiteres Prozent des eingezahlten Grundkapitals;
5. der etwa verbleibende Überrest wird zur Hälfte an die Anteilseigner, zur Hälfte an den Landesfiskus des deutsch-ostafrikanischen Schutzgebiets gezahlt.

Erreicht die sich für die Anteilseigner ergebende Dividende nicht drei Prozent des eingezahlten Grundkapitals, so ist das Fehlende aus dem Reservefonds zu ergänzen, soweit derselbe zehn Prozent des Grundkapitals übersteigt.

Das bei der Begebung von Anteilscheinen der Gesellschaft etwa zu gewinnende Aufgeld fließt dem Reservefonds zu.

Die Zahlung der zur Verteilung gelangenden Beträge erfolgt spätestens am 1. Juli nach dem abgelaufenen Geschäftsjahre.

Die Hauptversammlung kann die Abschreibungen nicht geringer, den zu verteilenden Reingewinn nicht höher festsetzen, als der Verwaltungsrat vorschlägt.

§ 18. Der Reservefonds dient zur Deckung eines aus der Bilanz sich ergebenden Verlustes sowie zur Dividendenergänzung gemäß § 17. Über die ausnahmsweise Verwendung des Reservefonds zu andern Zwecken beschließt der Verwaltungsrat. Der Beschluß bedarf der Genehmigung des Reichskanzlers.

IV. Verwaltung.
a. Der Vorstand.

§ 19. Der Vorstand hat seinen Sitz in Berlin und vertritt die Gesellschaft nach außen in allen Rechtsgeschäften und sonstigen Angelegenheiten, einschließlich derjenigen, welche nach den Gesetzen eine Spezialvollmacht erfordern; er führt die Verwaltung selbständig, soweit nicht nach diesen Satzungen der Verwaltungsrat oder die Hauptversammlung mitzuwirken haben. Dritten gegenüber ist jedoch eine Beschränkung der Vertretungsbefugnis des Vorstandes unwirksam.

§ 20. Der Vorstand kann aus mehreren Mitgliedern bestehen. Die Mitglieder werden von dem Verwaltungsrate gewählt. Ihre Wahl unterliegt der Bestätigung des Reichskanzlers. Die Mitglieder müssen die deutsche Reichsangehörigkeit besitzen. Die Mitglieder des Vorstandes können durch den Verwaltungsrat jederzeit abberufen werden, jedoch unbeschadet der Entschädigungsansprüche aus den mit ihnen geschlossenen Verträgen.

§ 21. Urkunden und Erklärungen des Vorstandes sind für die Gesellschaft verbindlich, wenn sie unter dem Namen „Deutsch-Ostafrikanische Bank" von einem Mitgliede des Vorstandes oder von zwei Prokuristen vollzogen sind.

§ 22. Die Bestellung der Vorstandsmitglieder und der Prokuristen der Gesellschaft geschieht zu notariellem Protokoll und ist bekannt zu machen. Das Protokoll dient als Legitimation.

§ 23. Der Vorstand ernennt und entläßt die Beamten der Gesellschaft mit Ausnahme der oberen Vertreter in Ostafrika und in anderen Territorien (§ 30 Ziffer 3); für die Ernennung von Prokuristen hat der Vorstand die Genehmigung des Verwaltungsrats einzuholen. Die Vollmacht der Beamten der Gesellschaft erstreckt sich im Zweifel auf alle Rechtshandlungen, welche die Ausführung der dem Beamten oder Bevollmächtigten aufgetragenen Geschäfte gewöhnlich mit sich bringt, soweit es nicht nach den zur Anwendung kommenden Gesetzen einer ausdrücklichen Vollmacht bedarf.

Die oberen Vertreter der Gesellschaft in Ostafrika müssen Angehörige des Deutschen Reiches sein; der Reichskanzler kann Ausnahmen zulassen.

b. Der Verwaltungsrat.

§ 24. Der Verwaltungsrat besteht aus mindestens fünf Mitgliedern; die Mitglieder müssen Reichsangehörige sein, soweit nicht der Reichskanzler im einzelnen Falle Ausnahmen zuläßt. Die Mitglieder des Verwaltungsrats können nicht zugleich Mitglieder des Vorstandes oder dauernde Stellvertreter von Vorstandsmitgliedern sein. Nur für einen im voraus begrenzten Zeitraum kann der Verwaltungsrat einzelne seiner Mitglieder zu Stellvertretern behinderter Vorstandsmitglieder bestellen; während dieses Zeitraums und bis zur Entlastung des Vertreters darf der letztere eine Tätigkeit als Mitglied des Verwaltungsrats nicht ausüben.

Die Mitglieder werden aus den Mitgliedern der Gesellschaft durch die Hauptversammlung gewählt. Ihre Wahl erfolgt auf fünf Jahre. Von den gewählten Mitgliedern scheidet jährlich ein Fünftel aus. In den ersten fünf Jahren entscheidet über den Austritt das Los, später die Reihenfolge des Eintritts. Die Ausscheidenden sind wieder wählbar.

Die Wahl zum Mitgliede des Verwaltungsrats kann auch vor Ablauf des Zeitraumes, für welchen die Wahl erfolgt ist, durch die Hauptversammlung mit einer Mehrheit von drei Vierteln der vertretenen Stimmen widerrufen werden.

Über die Wahlen zum Verwaltungsrat ist ein notarielles Protokoll aufzunehmen.

§ 25. Der Verwaltungsrat wählt jährlich in seiner ersten Sitzung nach der ordentlichen Hauptversammlung seinen Vorsitzenden und mindestens einen Stellvertreter desselben. Der Vorsitzende und seine Stellvertreter müssen Reichsangehörige sein. Der Verwaltungsrat hält seine Sitzungen in Berlin ab und wird von dem Vorsitzenden durch eingeschriebene Briefe unter Angabe der Beratungsgegenstände mit mindestens siebentägiger Frist so oft berufen, als die Geschäfte es erfordern, mindestens aber zweimal in jedem Jahre. Er muß außerdem binnen 14 Tagen berufen werden, wenn es von wenigstens drei Mitgliedern oder dem Vorstand schriftlich beantragt wird.

Den außerhalb Berlins wohnenden Mitgliedern des Verwaltungsrats werden die Reise- und Aufenthaltskosten vergütet. Den Mitgliedern des Verwaltungsrats ist für ihre Mühewaltung eine Gesamtentschädigung von 4000 Mark, die als Unkosten verbucht werden, zu zahlen. Falls nach § 17 Ziffer 3 dem Verwaltungsrat eine Tantieme zufällt, ist auf dieselbe der für das betreffende Geschäftsjahr gezahlte Betrag von 4000 Mark in Anrechnung zu bringen. Die Mitglieder des Vorstandes können an den Sitzungen des Verwaltungsrats mit beratender Stimme teilnehmen; sie sind auf Beschluß des Verwaltungsrats zu einer solchen Teilnahme verpflichtet.

Auf Aufforderung des Vorsitzenden kann der Verwaltungsrat, auch ohne zu einer Sitzung berufen zu werden, durch schriftliche Stimmabgabe beschließen; jedoch sind solche Beschlüsse nur wirksam, wenn sie von allen Mitgliedern übereinstimmend gefaßt worden.

§ 26. Der Verwaltungsrat ist beschlußfähig, wenn mindestens die Hälfte seiner Mitglieder anwesend ist.

Die Mitglieder haben gleiches Stimmrecht, bei Stimmengleichheit entscheidet der Vorsitzende.

Vorbehaltlich der im dritten Absatz des § 25 getroffenen Bestimmungen werden die Beschlüsse mit Stimmenmehrheit gefaßt.

§ 27. Der Verwaltungsrat beschließt seine Geschäftsordnung.

§ 28. Die Erklärungen des Verwaltungsrats sind rechtsgültig vollzogen, wenn sie die Unterschrift „Der Verwaltungsrat der Deutsch-Ostafrikanischen Bank" und die Namensunterschrift des Vorsitzenden oder seines Stellvertreters und eines weiteren Mitglieds des Verwaltungsrats tragen. Die Legitimation des Verwaltungsrats wird durch ein auf Grund der Wahlverhandlung ausgefertigtes notarielles Attest erbracht.

§ 29. Der Verwaltungsrat überwacht die gesamte Geschäftsführung in allen Zweigen der Verwaltung und unterrichtet sich zu diesem Zweck von dem Gange der Angelegenheiten der Gesellschaft. Er kann jederzeit über dieselben Berichterstattung von dem Vorstand verlangen und durch seinen Vorsitzenden oder durch einzelne von dem Verwaltungsrate zu bestimmende Mitglieder die Bücher und Schriften der Gesellschaft einsehen sowie den Bestand der Gesellschaftskasse und die Bestände an Wertpapieren, Handelspapieren und Waren untersuchen.

§ 30. Der Verwaltungsrat beschließt insbesondere:
1. über die Grundsätze, nach welchen die Gesellschaft unter Berücksichtigung der Konzession Bankgeschäfte betreiben darf;
2. über die Errichtung von Zweigniederlassungen und Agenturen;
3. über die Anstellung und Besoldung der Mitglieder des Vorstandes (§ 20), die Genehmigung der Bestellung von Prokuristen (§ 23); ferner

über die Ernennung der oberen Vertreter der Gesellschaft in Deutsch-Ostafrika und in anderen Territorien, über die mit den genannten Beamten einzugehenden Verträge und die ihnen zu erteilenden Vollmachten sowie über ihre Entlassung; desgleichen über die Geschäftsordnung des Vorstandes, die von demselben vorzuschlagenden Verwaltungsgrundsätze bezüglich des ganzen Unternehmens und die den oberen Vertretern in Ostafrika zu erteilenden allgemeinen Vorschriften;

4. über die Wahl der Bankverbindungen und den Abschluß von Verträgen, durch welche dauernde Rechte oder Verpflichtungen begründet werden;
5. über die Einforderung weiterer Einzahlungen auf die Anteile bis zur Vollzahlung (§ 7 Abs. 1);
6. über Anträge an die Hauptversammlung, betreffend die Ausgabe weiterer Anteilscheine nach Maßgabe der Vorschriften des § 8;
7. über die Grundsätze für die Aufstellung der Jahresbilanz sowie deren Vorlegung an die Hauptversammlung und über die Vorschläge bezüglich der Verwendung und Verteilung von Überschüssen;
8. über andere Vorlagen an die Hauptversammlung;
9. über die Kraftloserklärung von Anteilscheinen (§ 7 Abs. 2);
10. über den Erwerb, die Belastung und Veräußerung von Geschäftsgrundstücken;
11. über die Anlegung und Verwendung des Reservefonds (§ 18);
12. über die alljährlich der Verwaltung in Ostafrika zu erteilende Entlastung.

§ 31. Über die Verhandlungen und Beschlüsse des Verwaltungsrats ist ein von dem Vorsitzenden und mindestens einem zweiten Mitgliede zu unterzeichnendes Protokoll zu führen.

c. Die Hauptversammlung.

§ 32. Die Hauptversammlung vertritt die Gesamtheit der Gesellschaftsmitglieder. Ihre Beschlüsse und Wahlen sind für alle Mitglieder verbindlich.

§ 33. Die Hauptversammlungen werden in Berlin abgehalten. Sie werden von dem Verwaltungsrat oder von dem Vorsitzenden desselben oder von dem Vorstande berufen. Die Einladung zur Hauptversammlung geschieht durch einmalige Einrückung in den „Deutschen Reichsanzeiger" und die etwaigen Gesellschaftsblätter (§ 6) unter Angabe der zu verhandelnden Gegenstände wenigstens 17 Tage vor dem anberaumten Tage. In diesen 17 Tagen sind die Tage der Einladung und Hauptversammlung einbegriffen.

Ein Mitglied kann, soweit nicht gesetzliche Vertretung oder Vertretung durch einen Handlungsbevollmächtigten oder die Vertretung von Ehefrauen durch ihre Ehemänner und von Witwen durch ihre großjährigen Söhne in Frage kommt, nur durch ein anderes an der Hauptversammlung teilnehmendes Mitglied vertreten werden. Die Vollmacht bedarf der schriftlichen Form. Sie ist spätestens am Tage vor der Hauptversammlung dem Vorstande zur Prüfung vorzulegen, welcher eine amtliche oder sonst ihm genügende Beglaubigung der Unterschrift zu verlangen berechtigt ist.

§ 34. Nach Vollzahlung der Anteile können nur solche Mitglieder in der Hauptversammlung das Stimmrecht ausüben, deren Anteile auf den Namen umgeschrieben und in die Stammbücher der Gesellschaft eingetragen sind (§ 12) oder welche ihre auf den Inhaber lautenden Anteile wenigstens fünf Tage vor dem Tage der Hauptversammlung bei dem Vorstande oder bei denjenigen Stellen, welche in der Bekanntmachung (§ 33 Abs. 1) bezeichnet worden sind, gegen Bescheinigung hinterlegt haben und sie bis zur Beendigung der Generalversammlung daselbst belassen.

§ 35. In der Hauptversammlung berechtigt jeder Anteil zu einer Stimme.

§ 36. Den Vorsitz in der Hauptversammlung führt der Vorsitzende des Verwaltungsrates oder, im Falle seiner Verhinderung, sein Stellvertreter oder, wenn auch dieser verhindert ist, ein anderes der anwesenden Mitglieder des Verwaltungsrats, von denen immer das an Jahren älteste Mitglied vor den übrigen das Vorrecht zur Übernahme des Vorsitzes hat. Der Vorsitzende leitet die Verhandlungen, bestimmt die Reihenfolge der Gegenstände der Tagesordnung sowie die Art der Abstimmung und ernennt die Stimmzähler.

Über Gegenstände, welche nicht auf die Tagesordnung gesetzt worden sind, können Beschlüsse nicht gefaßt werden; hiervon ist jedoch der Beschluß über den in einer Hauptversammlung gestellten Antrag auf Berufung einer außerordentlichen Hauptversammlung ausgenommen.

Mitglieder, welche in der Hauptversammlung zusammen mindestens den zehnten Teil des Gesamtbetrags der Stimmen zu führen berechtigt sind, können in einer von ihnen unterzeichneten Eingabe verlangen, daß Gegenstände, die zur Zuständigkeit der Hauptversammlung gehören, zur Beschlußfassung angekündigt werden. Diese Gegenstände sind auf die Tagesordnung der nächsten Hauptversammlung zu setzen.

Wird das Verlangen nach erfolgter Einberufung der Hauptversammlung gestellt, so müssen solche Anträge auf Erweiterung der Tagesordnung mindestens eine Woche vor dem Versammlungstage bei dem Vorstande eingereicht sein. Sie sind alsdann nachträglich auf die Tagesordnung der anberaumten Hauptversammlung zu setzen, und es ist dies mindestens vier Tage vor dem Versammlungstage bekannt zu machen.

§ 37. In jedem Jahre findet eine ordentliche Hauptversammlung vor Ablauf des Monats Juni statt. Eine außerordentliche Hauptversammlung wird berufen, so oft es im Interesse der Gesellschaft erforderlich erscheint und außerdem:
1. wenn von einer Hauptversammlung ein dahingehender Beschluß gefaßt ist (§ 36 Abs. 2);
2. wenn Mitglieder, welche zusammen wenigstens den vierten Teil des Gesamtbetrages der jeweilig ausgegebenen Anteile besitzen, die Einberufung fordern und dem Vorstande zur Vorlage an die Hauptversammlung einen schriftlichen Antrag einreichen, dessen Gegenstand innerhalb der Zuständigkeit der Hauptversammlung liegt;
3. wenn über die Auflösung der Gesellschaft oder deren Verschmelzung mit einer anderen Gesellschaft oder die Umwandlung ihrer rechtlichen Form zu beschließen ist.

§ 38. In der ordentlichen Hauptversammlung (§ 37) werden der Geschäftsbericht des Vorstandes und die Bemerkungen des Verwaltungsrats über den Abschluß des abgelaufenen Rechnungsjahres zur Erörterung gebracht und wird über die Genehmigung des Hauptabschlusses und über die hieran sich knüpfenden Vorschläge (§§ 16 und 17) Beschluß gefaßt. Sodann werden die fälligen Wahlen (§ 24 Abs. 2) vollzogen.

Die Bilanz nebst Gewinn- und Verlustrechnung mit dem Geschäftsberichte des Vorstandes und den Bemerkungen des Verwaltungsrates müssen während zwei Wochen vor der Versammlung in den Geschäftsräumen der Gesellschaft zur Einsicht eines jeden Anteilseigners ausgelegt sein.

Die Hauptversammlung ist berechtigt, wenn die Bilanz nicht sogleich genehmigt wird, einen Ausschuß zur Nachprüfung zu ernennen.

Die Hauptversammlung ist ferner berechtigt, über die Geltendmachung von Ansprüchen der Gesellschaft aus der Verantwortlichkeit der Mitglieder des Vorstandes bzw. des Verwaltungsrats und über die zu diesem Zwecke einzuleitenden Schritte Beschlüsse zu fassen und zur Ausführung derselben Bevollmächtigte zu wählen. Ansprüche dieser Art müssen geltend gemacht werden, wenn es in der Hauptversammlung mit einfacher Stimmenmehrheit beschlossen, oder von einer Minderheit, die mindestens den vierten Teil des Grundkapitals vertritt, verlangt wird.

§ 39. Die Hauptversammlung beschließt ferner über Abänderungen und Ergänzungen der Satzungen einschließlich der Erhöhung und Herabsetzung des Grundkapitals.

Außerdem steht der ordentlichen Hauptversammlung der Beschluß über jede Vorlage zu, welche nicht nach § 37 Ziffer 3 der außerordentlichen Hauptversammlung überwiesen ist.

§ 40. Beschlüsse über einen der in § 37 Ziffer 3 bezeichneten Gegenstände sowie über eine Herabsetzung des Grundkapitals sind nur gültig, wenn wenigstens drei Viertel der jeweilig ausgegebenen Anteile in der Versammlung vertreten sind. Ist dies nicht der Fall, so kann zu gleichem Zwecke innerhalb der nächsten sechs Wochen abermals eine außerordentliche Hauptversammlung berufen werden, in welcher gültig Beschluß gefaßt werden kann, auch wenn weniger als drei Viertel der ausgegebenen Anteile vertreten sind.

Zur Gültigkeit der Beschlüsse über einen der in § 37 Ziffer 3 bezeichneten Gegenstände ist erforderlich, daß sie mit einer Mehrheit von mindestens zwei Dritteln der in der Versammlung vertretenen Stimmen angenommen werden. Dasselbe gilt von Beschlüssen über Abänderungen und Ergänzungen der Satzungen einschließlich der Erhöhung und Herabsetzung des Grundkapitals.

Vorbehaltlich dieser Bestimmung werden die Beschlüsse der Hauptversammlung mit einfacher Stimmenmehrheit gefaßt. Bei Gleichheit der Stimmen gilt der Antrag als abgelehnt.

Die Wahlen finden, falls gegen einen anderen vorgeschlagenen Abstimmungsmodus Widerspruch erhoben wird, durch Abgabe von Stimmzetteln nach absoluter Stimmenmehrheit statt. Ist diese in der ersten Abstimmung nicht erreicht, so findet eine Stichwahl zwischen den beiden Mitgliedern statt, welche die meisten Stimmen erhalten haben. Bei Stimmengleichheit entscheidet das Los.

§ 41. Das Protokoll der Hauptversammlung wird von einem Notar aufgenommen und ist von dem Vorsitzenden und den Stimmzählern zu unterzeichnen. In dasselbe werden nur die Ergebnisse der Verhandlungen aufgenommen.

V. Auflösung und Herabsetzung des Grundkapitals.

§ 42. Ein Beschluß der Hauptversammlung auf Auflösung der Gesellschaft sowie auf Herabsetzung des Grundkapitals bedarf der Genehmigung des Reichskanzlers. Die Genehmigung eines Beschlusses auf Auflösung der Gesellschaft kann nicht versagt werden, wenn das Grundkapital der Gesellschaft sich durch Verluste um ein Drittel verringert hat.

Sobald die Hauptversammlung die Auflösung der Gesellschaft beschlossen hat, kann der Reichskanzler innerhalb einer Frist von vier Wochen erklären, daß er — vorbehaltlich der innerhalb einer angemessenen Zeit herbeizuführenden Zustimmung der gesetzgebenden Körperschaften — die sämtlichen Anteile der Gesellschaft zum Nennwert für den deutsch-ostafrikanischen Landesfiskus erwirbt, wobei der Reservefonds, soweit er nicht zur Deckung von Verlusten in Anspruch zu nehmen ist, zur Hälfte an den Landesfiskus des ostafrikanischen Schutzgebiets, zur Hälfte an die Anteilseigner übergeht.

§ 43. Für die Liquidation gelten die Vorschriften der §§ 48, 49 des Bürgerlichen Gesetzbuchs. Der nach Tilgung der Verbindlichkeiten der Gesellschaft verbleibende Betrag wird den Mitgliedern nach dem Verhältnis der von ihnen geleisteten Einzahlungen ausbezahlt.

Übersteigt der auf die einzelnen Anteile entfallende Betrag den Nennwert der auf dieselben geleisteten Einzahlungen, so ist der Überschuß bis zur Höhe des Reservefonds zwischen dem Landesfiskus des ostafrikanischen Schutzgebiets und den Anteilseignern zu gleichen Hälften zu teilen. Ein weiter etwa vorhandener Überschuß fällt ausschließlich dem Landesfiskus des ostafrikanischen Schutzgebiets zu.

§ 44. Die Verteilung darf nicht eher vollzogen werden, als nach Ablauf eines Jahres, von dem Tage an gerechnet, an welchem die Auflösung der Gesellschaft unter Aufforderung der Gläubiger, sich bei ihr zu melden, im „Deutschen Reichsanzeiger" und in den Gesellschaftsblättern bekannt gemacht ist. Bekannte Gläubiger sind auch dann zu befriedigen, wenn sie sich nicht melden. Im übrigen wird nach § 52 des Bürgerlichen Gesetzbuchs verfahren.

§ 45. Auf Grund einer Herabsetzung des Grundkapitals dürfen Zahlungen an die Mitglieder der Gesellschaft nicht eher erfolgen, als nach Ablauf eines Jahres, von dem Tage an gerechnet, an welchem der Beschluß auf Herabsetzung des Grundkapitals unter Aufforderung der Gläubiger der Gesellschaft, sich bei ihr zu melden, im Reichsanzeiger und in den Gesellschaftsblättern bekannt gemacht ist und nachdem die Gläubiger, die sich gemeldet haben, befriedigt oder sichergestellt worden sind. Eine durch Herabsetzung des Grundkapitals bezweckte Befreiung der Mitglieder von der Verpflichtung zur Leistung von Einzahlungen auf die von ihnen übernommenen Anteile tritt nicht vor dem bezeichneten Zeitpunkte in Wirksamkeit.

VI. Aufsichtsbehörde.

§ 46. Die Aufsicht über die Gesellschaft wird von dem Reichskanzler geführt.

Derselbe wird zu diesem Behufe einen Kommissar bestellen. Dieser Kommissar ist berechtigt, an den Sitzungen des Verwaltungsrates und an den Hauptversammlungen teilzunehmen, von dem Vorstande jederzeit Berichterstattung über die Angelegenheiten der Gesellschaft zu verlangen, auch die Bücher und Schriften derselben einzusehen sowie auf Kosten der Gesellschaft, wenn dem Verlangen dazu berechtigter Mitglieder der Gesellschaft auf Berufung der Hauptversammlung in Gemäßheit der § 37 Ziffer 2 nicht entsprochen wird, oder aus sonstigen wichtigen Gründen eine außerordentliche Hauptversammlung zu berufen.

Außer dem vom Reichskanzler zu bestellenden Kommissar wird der Gouverneur des deutsch-ostafrikanischen Schutzgebiets einen Kommissar zur Beaufsichtigung des Geschäftsbetriebes der Gesellschaft im Schutzgebiet ernennen. Dieser Kommissar ist insbesondere befugt, in den gewöhnlichen Geschäftsstunden und im Beisein eines Beamten der Bank von dem Gang der Geschäfte Kenntnis zu nehmen, die Bücher, Portefeuilles und Kassenbestände der Bank einzusehen sowie den ordentlichen und außerordentlichen Kassenrevisionen beizuwohnen.

§ 47. Die Aufsicht wird darauf gerichtet, daß die Geschäftsführung der Gesellschaft dem in § 2 bezeichneten Zwecke und den übrigen Bestimmungen der Satzungen entspricht und im Einklange mit den gesetzlichen Vorschriften und den Vorschriften der Konzession erfolgt.

Insbesondere sind der Genehmigung der Aufsichtsbehörde unterworfen:
1. die Wahl der Mitglieder des Vorstandes (§ 20);
2. die Beschlüsse der Gesellschaft, nach welchen eine Änderung der Satzungen erfolgen (§ 39) oder die Gesellschaft aufgelöst oder mit einer anderen vereinigt werden (§ 37 Ziffer 3) soll; zu einer Erhöhung des Grundkapitals ist jedoch die Genehmigung des Reichskanzlers nur erforderlich, falls dasselbe auf einen Betrag von mehr als 60 Millionen Mark erhöht werden soll (§ 8);
3. die allgemeinen Geschäftsanweisungen und Dienstinstruktionen.

VII. Übergangsbestimmungen.

§ 48. Die sämtlichen zunächst auszugebenden 4000 Anteile sind von den nachbenannten Gründern der Gesellschaft zu ihrem Nennwerte übernommen worden, und zwar:

Deutsch-Ostafrikanische Gesellschaft, Berlin	2800
Deutsche Bank, Berlin	250
Direktion der Diskonto-Gesellschaft, Berlin	250
S. Bleichröder, Berlin	100
Delbrück Leo & Co., Berlin	100
Hansing & Co., Hamburg	100
von der Heydt & Co., Berlin	100
Mendelssohn & Co., Berlin	100
Sal. Oppenheim jr. & Co., Köln	100
Robert Warschauer & Co., Berlin	100
	4000

Auf die vorbezeichneten, von den Gründern übernommenen Anteile ist von ihnen eine Einzahlung von 25 Prozent geleistet, und zwar auf jeden Anteil 125 Mk.

§ 49. Der erste Verwaltungsrat wird in der konstituierenden Hauptversammlung aus den Mitgliedern der Gesellschaft gewählt. Er fungiert bis zur ersten Hauptversammlung nach Verleihung der im § 11 des Schutzgebietsgesetzes bezeichneten Rechte durch den Bundesrat.

Auf den ersten Verwaltungsrat finden die Bestimmungen des § 24 Absatz 1, 3 der Satzungen Anwendung.

Der erste Verwaltungsrat wählt sofort nach Abhaltung der konstituierenden Hauptversammlung seinen Vorsitzenden und dessen Stellvertreter, er beschließt über die Zusammensetzung des Vorstandes und wählt dessen Mitglieder. Alles dies geschieht gültig durch die in der Hauptversammlung anwesenden Mitglieder, ohne daß es der Zuziehung der abwesenden und der Erklärung über die Annahme der Wahl bedarf, und zwar auch dann, wenn weniger als die Hälfte der Mitglieder des Verwaltungsrats anwesend sein sollten.

§ 50. Der Vorsitzende des Verwaltungsrats und sein Stellvertreter werden ermächtigt, die Genehmigung dieser Satzungen bei dem Reichskanzler und die Verleihung der im § 11 des Schutzgebietsgesetzes vorgesehenen Rechte nachzusuchen und die etwa von den Reichsbehörden geforderten Ergänzungen und Änderungen dieser Satzungen mit verbindlicher Kraft für die Gesellschaft und die sämtlichen Gründer und Anteilseigner derselben zu beschließen.

9. **Tarifanzeiger Nr. 29 für die Eisenbahn Swakopmund—Windhuk. Vom 18. Januar 1905.**

Der Eisenbahntarif vom 1. Juli 1900*) erhält unter „Abschluß des Frachtvertrages" bei laufender Nummer 1 folgenden Zusatz:

Bei der Aufgabe von Gütern ist es zulässig, eine mit den beiden vorerwähnten Frachtbriefausfertigungen genau übereinstimmende, als Triplikat bezeichnete dritte Ausfertigung des Frachtbriefes vorzulegen, welche nach Prüfung gleichfalls mit dem Tagesstempel der Abfertigungsstelle versehen und dem Aufgeber als Ausweis über den Empfang des Frachtgutes wieder behändigt wird.

Das Triplikat hat nicht die Bedeutung des Originalfrachtbriefes und ebensowenig diejenige eines Konnossements (Ladescheines). Als Beweis über den Frachtvertrag dient der mit dem Stempel versehene Originalfrachtbrief.**) Jedoch machen bezüglich derjenigen Güter, deren Aufladen von dem Absender besorgt wird, die Angaben des Frachtbriefes über das Gewicht und die Anzahl der Stücke gegen die Eisenbahn keinen Beweis, sofern nicht die Nachwägung oder Nachzählung seitens der Eisenbahn erfolgt und dies auf dem Frachtbriefe beurkundet ist. (Vgl. § 54 der Verkehrs-Ordnung für die Eisenbahnen Deutschlands.)

Ob einem — im Frachtbriefe schriftlich anzubringenden — Auftrage auf Nachwägung oder Nachzählung von Wagenladungsgütern seitens der Eisenbahn stattgegeben wird, hängt von den vorhandenen Betriebseinrichtungen ab. Eine Verpflichtung, dem bezüglichen Ansuchen stattzugeben, besteht für die Eisenbahn nicht.

Windhuk, den 18. Januar 1905.

Kaiserliche Eisenbahn-Verwaltung.
I. V. Salomon.

10. **Verordnung des Gouverneurs von Deutsch-Ostafrika, betreffend die Kosten in Zivilsachen und in Angelegenheiten der freiwilligen Gerichtsbarkeit auf dem Gebiet der Eingeborenen-Rechtspflege. Vom 21. Januar 1905.**
(Kol. Bl. S. 179.)

§ 1. Bei der Berechnung der Gebühren in bürgerlichen Rechtsstreitigkeiten und in Angelegenheiten der freiwilligen Gerichtsbarkeit werden Hellerbeträge, die ohne Bruch nicht durch 10 teilbar sind, auf den nächsthöheren, durch 10 teilbaren Betrag abgerundet.

§ 2. Diese Verordnung tritt am 1. April 1905 in Kraft.

Daressalam, den 21. Januar 1905.

Der Kaiserliche Gouverneur.
I. V. Stuhlmann.

---

*) D. Kol. Gesetzgeb. V, Nr. 73.
**) Auszug aus dem Tarifanzeiger Nr. 29a: Der Tarifanzeiger Nr. 29 erhält im dritten Absatz am Schluß der Bestimmung: „Das Triplikat hat nicht die Bedeutung des Originalfrachtbriefes und ebensowenig diejenige eines Konnossements (Ladescheins)", folgenden Zusatz: „oder eines Frachtbriefduplikates im Sinne der Verkehrsordnung für die Eisenbahnen Deutschlands, sondern hat nur die Wirkung einer Quittung der Eisenbahn über den Empfang des Gutes. Letzteres bei Wagenladungen vorbehaltlich der nachfolgenden Bestimmungen". Windhuk, den 26. Juli 1906. Kaiserliche Eisenbahnverwaltung. Hennig.

11. Bekanntmachung des Gouverneurs von Deutsch-Ostafrika, betreffend Gebührentarif für die Vermessung von Grundstücken. Vom 21. Januar 1905.

(Kol. Bl. S. 180.)

Infolge Einführung der Hellerwährung tritt an Stelle des bisherigen*) der nachstehende Gebührentarif vom 1. April 1905 ab in Kraft:

Gebührentarif für die Vermessung von Grundstücken.

I. Häusliche Bearbeitung	II. Messung	III. Handzeichnung	IV. Auszug	V. Fläche von / bis	VI. Vermarkung	VII. Mehrarbeit
Rupien	Rupien	Rupien				
5	5	2	Pro Satz 50 Heller	0 ar 50 ar	a) Für Grenzsteine, die vom Gouvernement geliefert wurden, pro Stein 2 Rupien, einschließlich des Setzens derselben. b) Für das Setzen der von den Beteiligten gelieferten Steine pro Stein 25 Heller. c) Grenzpfähle: kleiner 15 Heller, größer 25 Heller pro Stück.	Für Freimachen der Grenzen von Sträuchern usw., welche das Visieren und die Lattenmessung verhindern, ist eine für jeden Fall festzusetzende Entschädigung bis zu 33⅓ v. H. der Gesamtsumme zulässig.
7	10	3		50 „ 100 „		
9	15	5		1 ha 2 ha		
12	22	6		2 „ 5 „		
15	30	8		5 „ 10 „		
20	40	10		10 „ 25 „		
30	60	15		25 „ 50 „		
50	100	20		50 „ 100 „		
75	150	30		100 „ 200 „		
100	200	40		200 „ 300 „		
150	300	50		300 „ 500 „		

VIII. Bei größeren Flächen als 500 ha sind die Vermessungskosten in jedem Falle nach Erledigung der Arbeiten festzusetzen. Dasselbe kann auch bei Flächen unter 500 ha geschehen, wenn dieselben nur provisorisch aufgenommen und berechnet werden.

IX. Kostenvorschuß ist nach Ermessen des Vermessungsbeamten von dem Antragsteller bei der Hauptkasse niederzulegen.

X. Bei Bestellung von Karten, Handzeichnungen usw., wo eine örtliche Vermessung nicht erforderlich ist, können Sätze unter III bis zu 33⅓ v. H. des Betrages ermäßigt werden.

XI. Bei auswärtigen Arbeiten in größerer Entfernung als 2 km, vom Sitze des Bezirksamtes gerechnet, steht dem Vermessungsbeamten eine sogenannte Feldzulage von 3 Rupien pro Tag zu, welche von den Interessenten mit den Vermessungskosten einzuziehen sind.

XII. Vorstehender Tarif tritt am 1. April 1905 in Kraft.

Daressalam, den 21. Januar 1905.

Der Kaiserliche Gouverneur.
I. V. Stuhlmann.

*) D. Kol. Gesetzgeb. VI, No. 142.

12. Verfügung des Gouverneurs von Deutsch-Ostafrika, betreffend Abänderung der Betriebsordnung des Lienhardt-Sanatoriums. Vom 26. Januar 1905.

Die Ziffer 2 des § 29 der Betriebsordnung für das Lienhardt-Sanatorium*) in Wugiri wird hierdurch folgendermaßen abgeändert:

„Auf die Dauer von fünf hintereinander folgenden Wochen den im § 2 unter 1 bezeichneten Angehörigen des Gouvernements und der Kaiserlichen Post, denen auf Ansuchen eine freiwillige Verlängerung ihrer Dienstperiode um mindestens ein Jahr genehmigt worden ist, sowie deren Ehefrauen, Kindern und sonstigen Familienmitgliedern (weißen Dienstboten u. dgl.), auch wenn diese allein das Sanatorium aufsuchen. Den Gouvernementsangehörigen wird in diesem Falle innerhalb der verlängerten Verpflichtungszeit ein Urlaub von fünf hintereinander folgenden Wochen plus Reisezeit sowie freie Reise nach den hierfür maßgebenden Bestimmungen nach und von Wugiri vom Gouvernement gewährt. Für Familienmitglieder ist jedoch die Vergünstigung der freien Reise usw. in keinem Falle zuständig."

Daressalam, den 26. Januar 1905.

Der Kaiserliche Gouverneur.
I. V. Stuhlmann.

13. Verordnung des Gouverneurs von Deutsch-Neuguinea, betreffend die Erhebung einer Gewerbesteuer. Vom 26. Januar 1905.

(Kol. Bl. S. 691.)

Auf Grund des § 5 der Verfügung des Reichskanzlers, betreffend die seemannsamtlichen und konsularischen Befugnisse der Behörden in den Schutzgebieten, vom 27. September 1903, wird für das Schutzgebiet Deutsch-Neu-Guinea mit Ausschluß des Inselgebiets der Karolinen, Palau und Marianen folgendes bestimmt:

§ 1. I. Personen, welche innerhalb des Schutzgebietes Handelsgeschäfte, ein Handwerksgewerbe oder das Gastwirt- und Schankgewerbe selbständig betreiben, haben eine jährliche Steuer zu entrichten. Diese kommt in drei Abteilungen zur Erhebung.

II. Die erste Abteilung umfaßt sechs Stufen von 40, 60, 80, 100, 120, 150 Mk. Ihr gehören die kleinen Geschäftsbetriebe an.

III. Die zweite Abteilung umfaßt sechs Stufen von 200, 400, 600, 800, 1000, 1200 Mk. Ihr gehören die mittleren Geschäftsbetriebe an.

IV. Die dritte Abteilung umfaßt vier Stufen von 1500, 2000, 3000, 4000 Mk. Ihr gehören die Großbetriebe an.

V. Die Einstellungen in die einzelnen Abteilungen und Stufen geschehen nach dem Umfange des Geschäftes oder Betriebes.

§ 2. I. Das Steuerjahr läuft vom 1. April bis 31. März.

Die Steuerpflichtigen werden alljährlich von den damit Beauftragten (Einschätzungskommission) in eine der angegebenen Abteilungen und Stufen eingeschätzt.

---

*) D. Kol. Gesetzgeb. VIII, No. 119.

II. Gegen die Einschätzung steht Berufung an den Gouverneur zu. Dieselbe ist mit ausschließender Wirkung binnen zwei Monaten nach Empfang der Benachrichtigung bei der Behörde einzulegen (Bezirksamt, Station), in deren Bezirk die steuerpflichtige Person ihren Wohnsitz oder ihre Hauptniederlassung hat. Die Berufung hat keine aufschiebende Wirkung. Die Entscheidung des Gouverneurs ist endgültig.

§ 3. I. Die Steuer ist vierteljährlich im voraus an die Kasse der Behörde zu zahlen, in deren Bezirk die steuerpflichtige Person ihren Wohnsitz oder ihre Hauptniederlassung hat. Vorauszahlungen für längere Zeiträume sind zulässig.

II. Wird die Zahlung nicht innerhalb des ersten Monats des Vierteljahres, für welches sie fällig wird, geleistet, so erhält der Säumige auf seine Kosten eine Mahnung, die schuldige Summe binnen 14 Tagen mit sechs Prozent Strafzinsen vom ersten Tage des Vierteljahres ab zu zahlen. Nach fruchtlosem Ablauf der Frist tritt Zwangsvollstreckung auf Kosten des Schuldners ein.

§ 4. Die Verordnung der Neu-Guinea-Kompagnie, betreffend die Erhebung einer Gewerbe- und Einkommensteuer, vom 30. Juni 1888,*) und die Ausführungsbestimmungen des Landeshauptmanns zu dieser Verordnung vom 6. September 1888**) werden aufgehoben.

§ 5. Diese Verordnung tritt am 1. April 1905 in Kraft.

Herbertshöhe, den 26. Januar 1905.

Der Kaiserliche Gouverneur.
Hahl.

14. Bekanntmachung des Gouverneurs von Deutsch-Ostafrika, betreffend Gewerbesteuer und Handelsregister in den Bezirken Muansa und Bukoba. Vom 30. Januar 1905.

(Kol. Bl. S. 181.)

§ 1. Die Verordnung des Gouverneurs, betreffend die Erhebung einer Gewerbesteuer, vom 22. Februar 1899***) nebst den dazu erlassenen Ausführungs- und Ergänzungsbestimmungen wird hiermit gemäß § 15 Absatz 2 a. a. O. mit dem 1. April 1905 auf die Bezirke Muansa und Bukoba ausgedehnt, jedoch mit der Maßgabe, daß sämtliche nach dieser Verordnung zur Erhebung gelangenden Gebühren, Steuern und Strafen voll zur Gouvernementskasse fließen.

§ 2. Mit dem gleichen Tage und der gleichen Maßgabe wird der Runderlaß, betreffend die Einführung eines Handelsregisters in Deutsch-Ostafrika, vom 5. Januar 1897†) nebst der dazu gehörigen Verordnung, betreffend die Einführung eines Handelsregisters, für die Bezirke Muansa und Bukoba in Kraft gesetzt.

§ 3. Als Handelsgerichte im Sinne der letztgenannten Verordnung gelten in den Bezirken Muansa und Bukoba die betreffenden Militärstationen.

*) D. Kol. Gesetzgeb. I, Nr. 202.
**) Nicht abgedruckt.
***) D. Kol. Gesetzgeb. VI, No. 109.
†) Ebenda II, No. 248.

§ 4. Soweit nach den für die Bezirke Muansa und Bukoba hiermit neu eingeführten Bestimmungen dem Bezirksamt, dem Bezirksamtmann, Bezirksvorstand usw. gewisse Befugnisse übertragen sind, tritt an Stelle derselben dortselbst die betreffende Militärstation bzw. der Chef derselben.

Daressalam, den 30. Januar 1905.

Der Kaiserliche Gouverneur.
I. V. Stuhlmann.

15. Verordnung des Reichskanzlers, betreffend das Geldwesen der Schutzgebiete aufser Deutsch-Ostafrika und Kiautschou.
Vom 1. Februar 1905.
(Kol. Bl. S. 103, Reichsanz. vom 16. Februar 1905.)

Auf Grund des § 15 des Schutzgebietsgesetzes (Reichs-Gesetzbl. 1900, S. 813) wird für die Schutzgebiete, mit Ausnahme von Deutsch-Ostafrika und Kiautschou, unter Aufhebung aller bisher über das Geldwesen erlassenen Bestimmungen, verordnet, was folgt:

§ 1. In den Schutzgebieten, außer Deutsch-Ostafrika und Kiautschou, gilt die Reichsmarkrechnung.

§ 2. Gesetzliches Zahlungsmittel sind die sämtlichen Münzen, die auf Grund reichsgesetzlicher Bestimmungen im Reichsgebiete gesetzliches Zahlungsmittel sind,*) jedoch mit der Maßgabe, daß neben den Reichsgoldmünzen und den Talern auch die Reichssilbermünzen für jeden Betrag in Zahlung genommen werden müssen und daß die Nickel- und Kupfermünzen sowohl im Privatverkehr als auch im Verkehr mit den amtlichen Kassen gesetzliches Zahlungsmittel bis zum Betrage von fünf Mark sind.

§ 3. Die von den Gouverneuren (in den Marschall-Inseln dem Landeshauptmann) zu bezeichnenden Kassen werden nach ihrer Wahl Gold- oder Silbermünzen auf Verlangen gegen Einzahlung von Nickel- und Kupfermünzen in Beträgen von mindestens 100 Mk. verabfolgen. Die Gouverneure setzen die Bedingungen des Umtausches fest.

§ 4. Die Verpflichtung zur Annahme (§ 2) und zum Umtausch (§ 3) findet auf durchlöcherte und andere als durch den gewöhnlichen Umlauf im Gewichte verringerte, desgleichen auf verfälschte Münzstücke keine Anwendung.

§ 5. Reichsgoldmünzen, deren Gewicht um nicht mehr als fünf Tausendteile hinter dem Normalgewicht (7,96495 g für die Doppelkrone, 3,98248 g für die Krone) zurückbleibt, mithin mindestens 7,9251 g für die Doppelkrone und 3,9626 g für die Krone beträgt (Passiergewicht) und welche nicht durch gewaltsame und gesetzwidrige Beschädigung am Gewicht verringert sind, sollen bei allen Zahlungen als vollwichtig gelten.

*) Diese Münzen sind zur Zeit folgende:
a) Goldmünzen: Das Zwanzigmarkstück und das Zehnmarkstück;
b) Silbermünzen: Das Fünfmarkstück, das Zweimarkstück, das Einmarkstück, das Fünfzigpfennigstück sowie die Eintalerstücke deutschen Gepräges;
c) Nickel- und Kupfermünzen: Das Zehnpfennigstück, das Fünfpfennigstück, das Zweipfennigstück, das Einpfennigstück.

(§§ 1 bis 5 des Gesetzes, betreffend die Ausprägung von Reichsgoldmünzen, vom 4. Dezember 1871, Reichs-Gesetzbl. S. 404; Art. 5, 15 des Münzgesetzes vom 9. Juli 1873, Reichs-Gesetzbl. S. 233, in der Fassung des Gesetzes vom 1. Juni 1900, Reichs-Gesetzbl. S. 250.)

Reichsgoldmünzen, welche das vorgedachte Passiergewicht nicht erreichen, desgleichen Reichs-Silber-, Nickel- und Kupfermünzen, welche infolge längeren Umlaufs und natürlicher Abnutzung an Gewicht und Erkennbarkeit erheblich eingebüßt haben, sind zwar von den amtlichen Kassen zu ihrem vollen Nennwerte anzunehmen, dürfen aber von diesen Kassen nicht wieder ausgegeben werden, sondern sind dem Gouvernement behufs Einziehung einzuliefern.

§ 6. Die Reichskassenscheine sind bei allen amtlichen Kassen zu ihrem Nennwert in Zahlung zu nehmen. Im Privatverkehr findet ein Zwang zu ihrer Annahme nicht statt.

§ 7. Die amtlichen Kassen sind ermächtigt, die von der Reichsbank ausgegebenen Noten in Zahlung zu nehmen.

§ 8. Die Gouverneure (in den Marshall-Inseln der Landeshauptmann) sind befugt:

1. die zur Aufrechterhaltung eines geregelten Geldumlaufs erforderlichen polizeilichen Vorschriften zu erlassen;
2. den Wert zu bestimmen, über welchen hinaus fremde Münzen nicht in Zahlung angeboten und gegeben werden dürfen, sowie den Umlauf fremder Münzen gänzlich zu untersagen;
3. zu bestimmen, ob fremde Münzen von den amtlichen Kassen zu einem öffentlich bekannt zu machenden Kurse in Zahlung genommen werden dürfen sowie in solchem Falle den Kurs festzusetzen;
4. fremden Goldmünzen gesetzliche Zahlungskraft in einem bestimmten Kursverhältnis zur Reichsmark beizulegen;
5. den Zeitpunkt des Inkrafttretens dieser Verordnung in den ihrer Verwaltung unterstehenden Schutzgebieten durch öffentliche Bekanntmachung festzusetzen.

Berlin, den 1. Februar 1905.

Der Reichskanzler.
Graf v. Bülow.

16. **Auszug aus dem Runderlasse des Gouverneurs von Deutsch-Ostafrika, betreffend die Umrechnung von Pesas in Heller.**
Vom 4. Februar 1905.

Aus Anlaß der Einführung der Hundertteilung der Rupie werden die nachstehend verzeichneten Erlasse und Verfügungen des Gouvernements mit Wirkung vom 1. April 1905 ab bis auf weiteres dahin geändert, daß an die Stelle der bisher darin enthaltenen Pesabeträge die nachstehend angegebenen Hellerwerte treten. Es hat zu lauten:

V. Im Runderlaß, betreffend die Gefangenenverpflegung vom 11. Juni 1903.[*]) Absatz 2, letzter Satz, statt der Worte „im Rahmen des bisherigen Verpflegungssatzes von 7 Pesa" künftig „im Rahmen des Verpflegungssatzes von 10 Heller".

Falls es während der Übergangszeit vorkommen sollte, daß für eine Zahlung die nötigen Münzen der Hellerwährung nicht vorhanden sind und infolgedessen ausnahmsweise die Zahlung in Pesastücken geschehen muß, so treten für diesen Fall in den oben erwähnten Erlassen und Verfügungen die bisherigen

*) D. Kol. Gesetzgeb. VII, No. 63.

Pesasätze wieder in Kraft. Es sind z. B. also Poscho nicht 6 Pesa (= 10 Heller), sondern wie bisher 8 Pesa zu zahlen. Auf den Belegen ist eine entsprechende Bescheinigung abzugeben.

Daressalam, den 4. Februar 1905.

Der Kaiserliche Gouverneur.
I. V. Stuhlmann.

17. **Bestimmungen der Kolonial-Abteilung des Auswärtigen Amtes über die Behandlung der bei den amtlichen Kassen der Schutzgebiete, aufser Deutsch-Ostafrika und Kiautschou, eingehenden nachgemachten, verfälschten oder nicht mehr umlaufsfähigen Reichsmünzen, Reichskassenscheine und Reichsbanknoten. Vom 6. Februar 1905.**

(Kol. Bl. S. 104.)

§ 1. Die amtlichen Kassen haben die bei ihnen eingehenden nachgemachten oder verfälschten Reichsmünzen (§§ 146 bis 148 des Strafgesetzbuchs) anzuhalten.

Wird ein eingehendes Falschstück als solches von den Kassenbeamten ohne weiteres erkannt, so ist unter Vorlegung des Falschstücks und einer über die Einzahlung aufzunehmenden kurzen Verhandlung sofort dem Gouvernement Anzeige zu machen.

Erscheint die Unechtheit des Stückes zweifelhaft, so ist dasselbe, nachdem dem bisherigen Inhaber eine Bescheinigung erteilt worden ist, dem Gouvernement behufs Veranlassung der technischen Untersuchung einzureichen.

§ 2. Durch gewaltsame oder gesetzwidrige Beschädigung im Gewichte verringerte echte Reichsmünzen (§ 160 des Strafgesetzbuchs) sind von den amtlichen Kassen gleichfalls anzuhalten.

Liegt der Verdacht eines Münzvergehens gegen eine bestimmte Person vor, so ist in der unter § 1 Absatz 2 vorgeschriebenen Weise zu verfahren.

Liegt ein solcher Verdacht nicht vor, so ist das Münzstück durch Zerschlagen oder Einschneiden für den Umlauf unbrauchbar zu machen und alsdann dem Einzahler zurückzugeben.

§ 3. Mit gewaltsam beschädigten, aber vollwichtig gebliebenen echten Reichsmünzen ist nach der Bestimmung des § 2 Absatz 3 zu verfahren.

§ 4. Die Bestimmungen in § 2 Absatz 3 und § 3 finden keine Anwendung:
1. auf Münzen, welche von Eingeborenen zum Zweck der Verwendung als Schmuckstücke durchlöchert worden sind und von denselben in Unkenntnis der bestehenden Vorschriften bei den amtlichen Kassen als Zahlungsmittel angeboten werden;
2. auf Münzen, deren schadhafte Beschaffenheit von Mängeln der Ausprägung herrührt;
3. auf Münzen, deren Beschädigung so geringfügig ist, daß hierdurch ihre Umlaufsfähigkeit nicht beeinträchtigt wird.

Die unter Ziffer 1 aufgeführten Münzen sind dem Einlieferer zurückzugeben, die unter Ziffer 2 aufgeführten Münzen sind an das Gouvernement abzuführen, die unter Ziffer 3 aufgeführten Münzen dürfen wieder verausgabt werden.

§ 5. Unter das Passiergewicht abgenutzte Reichsgoldmünzen sowie an Gewicht und Erkennbarkeit durch Abnutzung erheblich verringerte Silber-, Nickel- und Kupfermünzen sind an das Gouvernement abzuführen.

§ 6. Die amtlichen Kassen haben die ihnen bei Zahlungen angebotenen beschädigten oder unbrauchbar gewordenen (einschließlich der geklebten und der beschmutzten) Reichskassenscheine, wenn das vorgelegte Stück zu einem echten Reichskassenschein gehört und mehr als die Hälfte eines solchen beträgt, anzunehmen. Solche Reichskassenscheine sind jedoch nicht wieder zu verausgaben, sondern an das Gouvernement abzuführen.

Von der Ermächtigung, Reichsbanknoten in Zahlung zu nehmen (§ 7 der Verordnung des Reichskanzlers, betreffend das Geldwesen der Schutzgebiete, außer Deutsch-Ostafrika und Kiautschou, vom 1. Februar 1905)*) haben die amtlichen Kassen in der Regel Gebrauch zu machen. Auf die Annahme beschädigter oder unbrauchbar gewordener Reichsbanknoten finden die in Absatz 1 für die Reichskassenscheine gegebenen Vorschriften entsprechende Anwendung. Personen, die für Reichsbanknoten oder Reichskassenscheine, von welchen nur die Hälfte oder weniger vorhanden ist, Ersatz beanspruchen, sind an die Reichsschuldenverwaltung bzw. das Reichsbank-Direktorium zu Berlin zu verweisen.

§ 7. Sämtliche amtlichen Kassen haben die bei ihnen eingehenden nachgemachten oder verfälschten Reichskassenscheine und Reichsbanknoten (§§ 146 bis 149 des Strafgesetzbuchs) anzuhalten. Mit denselben ist nach den Vorschriften des § 1 Absatz 2 und 3 zu verfahren.

Berlin, den 6. Februar 1905.

Auswärtiges Amt. Kolonial-Abteilung.
Stuebel.

18. Runderlaß der Kolonial-Abteilung des Auswärtigen Amtes, betreffend den Ankauf von Mobilien Beamter und Militärpersonen. Vom 6. Februar 1905.

Nach nochmaliger Erwägung der Frage wegen der Vornahme von amtlichen Ankäufen aus dem Privatbesitz von Militärpersonen, Beamten oder sonstigen Angestellten in den Schutzgebieten**) will ich die gouvernementsseitige Erwerbung von Möbeln und sonstigen beweglichen Gegenständen aus dem Privatbesitz von Gouvernementsbeamten usw. auch ohne vorherige Einholung der diesseitigen Zustimmung unter der Voraussetzung genehmigen, daß

1. derartige Beschaffungen innerhalb des Rahmens der jeweiligen Bedürfnisse liegen;
2. die zu erwerbenden Gegenstände den in bezug auf Einfachheit und Zweckmäßigkeit zu stellenden Anforderungen entsprechen;
3. die Angemessenheit des vom Verkäufer verlangten Preises durch Originalrechnungen oder in Ermanglung von solchen durch eine pflichtmäßige Erklärung des Verkäufers in erschöpfender und einwandsfreier Weise nachgewiesen wird;
4. fragliche Anschaffungen aus den verfügbaren etatsmäßigen Mitteln angängig, d. h. keine Etatsüberschreitungen dabei zu besorgen sind.

Berlin, den 6. Februar 1905.

Auswärtiges Amt. Kolonial-Abteilung.
Hellwig.

---

*) Vorstehend No. 15.
**) Vgl. D. Kol. Gesetzgeb. VIII, No. 68.

19. Beschluß des Bundesrats, betreffend die Deutsche Kolonial-Eisenbahn-Bau- und Betriebs-Gesellschaft in Berlin. Vom 9. Februar 1905.

(Kol. Bl. S. 143, Reichsanz. vom 3. März 1905.)

In Gemäßheit des § 11 des Schutzgebietsgesetzes (Reichs-Gesetzbl. 1900, S. 813) wird nachstehendes zur öffentlichen Kenntnis gebracht:

Der Bundesrat hat in seiner Sitzung vom 9. Februar d. Js. beschlossen, der Deutschen Kolonial-Eisenbahn-Bau- und Betriebs-Gesellschaft in Berlin auf Grund ihrer vom Reichskanzler genehmigten Satzungen die Fähigkeit beizulegen, unter ihrem Namen Rechte, insbesondere Eigentum und andere dingliche Rechte an Grundstücken zu erwerben, Verbindlichkeiten einzugehen, vor Gericht zu klagen und verklagt zu werden.

Satzungen der Deutschen Kolonial-Eisenbahn-Bau- und Betriebs-Gesellschaft.

I. Allgemeine Bestimmungen.

§ 1. Unter der Firma:

„Deutsche Kolonial-Eisenbahn-Bau- und Betriebs-Gesellschaft"

wird auf Grund des § 11 des Schutzgebietsgesetzes (Reichs-Gesetzbl. 1900, S. 813) eine Kolonialgesellschaft errichtet.

§ 2. Der Gegenstand des Unternehmens ist der Bau und die Errichtung sowie der Betrieb von Eisenbahnen, Kleinbahnen und Hafenanlagen in den deutschen Schutzgebieten. Zur Erfüllung dieser Zwecke ist die Gesellschaft berechtigt:

1. Konzessionen zu erwerben und zu veräußern.
2. Eisenbahnen und Kleinbahnen mit mechanischer oder animalischer Triebkraft in den deutschen Schutzgebieten für eigene oder fremde Rechnung zu bauen oder durch Vergebung des Baues an andere bauen zu lassen, zu betreiben oder durch Überlassung des Betriebes an andere betreiben zu lassen, den Betrieb der Bahnen anderer zu übernehmen, Bahnen zu pachten und zu verpachten, zu erwerben und zu veräußern.
3. Unbewegliche und bewegliche Sachen sowie Rechte zu erwerben und auszunutzen, auch Anlagen und Geschäfte im Wirtschaftsgebiet der Bahnen zu errichten und zu betreiben, welche zur Erreichung der erwähnten Gesellschaftszwecke erforderlich und dienlich sind, sowie auch solche Sachen, Rechte und Anlagen wieder zu veräußern, endlich sich an derartigen Unternehmungen anderer zu beteiligen.
4. Zweigniederlassungen im Deutschen Reiche und in den deutschen Schutzgebieten zu errichten.

§ 3. Die Gesellschaft hat ihren Sitz und allgemeinen Gerichtsstand in Berlin.

§ 4. Die Dauer der Gesellschaft ist nicht beschränkt.

§ 5. Die Organe der Gesellschaft sind:

der Vorstand,
der Aufsichtsrat,
die Hauptversammlung.

§ 6. Die Bekanntmachungen der Gesellschaft erfolgen rechtswirksam, soweit diese Satzung nicht ein anderes bestimmt, durch einmalige Veröffentlichung im Deutschen Reichsanzeiger und im Deutschen Kolonialblatt.

Die Gesellschaft behält sich jedoch vor, ihre Bekanntmachungen außerdem durch andere vom Aufsichtsrat zu bestimmende Blätter zu veröffentlichen, ohne daß von dieser Veröffentlichung die Rechtswirksamkeit der Bekanntmachung abhängt.

Bei bekanntgemachten Fristen wird der Tag der Ausgabe des Blattes mitgerechnet.

II. Grundkapital.

§ 7. Das Grundkapital der Gesellschaft beträgt vier Millionen Mark, eingeteilt in viertausend Anteile über je tausend Mark. Auf die Anteile werden bei Errichtung der Gesellschaft 25 v. H. eingezahlt; weitere Einzahlungen oder die Vollzahlung kann der Vorstand mit Genehmigung des Aufsichtsrats mit mindestens vierwöchentlicher Frist einfordern.

Wird die Zahlung in der festgesetzten Frist nicht geleistet, so kann der Säumige zur Zahlung der fälligen Beträge nebst 5 v. H. Zinsen vom Fälligkeitstermine ab im Rechtsweg angehalten werden. Statt dessen kann nach zweimaliger Zahlungsaufforderung, welche in gleicher Frist und unter Androhung des Ausschlusses stattzufinden hat, durch Beschluß des Aufsichtsrats der Säumige seines Anteils zugunsten der Gesellschaft für verlustig und der etwa über den Anteil ausgestellte Schein für kraftlos erklärt werden. Diese Erklärung wird ihm schriftlich mitgeteilt und der für verfallen erklärte Anteil der Gesellschaft zugeschrieben; die letztere ist berechtigt, ihr zugeschriebene Anteile zu verwerten. Die Geltendmachung eines weiteren Schadens ist nicht ausgeschlossen.

Die ersten Übernehmer der Anteile haben außerdem mit der ersten Einzahlung eine fernere auf die weiteren Einzahlungen in Höhe von 75 v. H. des Nennwerts der Anteile nicht anzurechnende Summe von 10 v. H. des Nennwerts der Anteile in barem Gelde zu leisten. Diese besondere Leistung von insgesamt 400 000 Mk. wird zur Beschaffung eines Betriebsreservefonds verwandt.

§ 8. Die Zeichner der auszugebenden Anteile sowie demnächst deren Rechtsnachfolger bilden die Gesellschaft. Die Anteile sind unteilbar. Einzelne Mitglieder können nicht auf Teilung klagen.

§ 9. Für die Verbindlichkeiten der Gesellschaft haftet den Gläubigern nur das Gesellschaftsvermögen.

§ 10. Der Zeichner eines Anteils ist für die Zahlung des vollen Nennbetrages sowie des etwa festgesetzten Aufgeldes verhaftet.

Darüber hinaus haben die Mitglieder der Gesellschaft keine Verpflichtung.

Die Zeichner von Anteilen und deren Rechtsnachfolger können von den ihnen obliegenden Leistungen nicht befreit werden und sind nicht befugt, gegen das Recht auf diese Leistungen eine Forderung an die Gesellschaft aufzurechnen.

§ 11. Die Urkunden über die Anteile der Gesellschaft (Anteilscheine) lauten, solange dieselben nicht voll eingezahlt sind, auf den Namen und werden mit Angabe der Eigentümer nach Namen, Stand und Wohnort in das Stammbuch der Gesellschaft eingetragen.

Nach der Vollzahlung lauten die Anteilscheine auf den Inhaber, können aber auch auf den Namen umgeschrieben werden und sind dann in das Stammbuch der Gesellschaft einzutragen.

Die Ausfertigung von Anteilscheinen kann unterbleiben. Wenn jedoch ein Mitglied die Ausfertigung von Anteilscheinen über seine Anteile verlangt, so muß die Ausfertigung der Anteilscheine über die Anteile dieses Mitgliedes erfolgen. Mitglieder, für deren Anteile Anteilscheine nicht ausgefertigt worden sind, weisen sich als solche durch die Eintragung ihrer Anteile auf ihren Namen im Stammbuch der Gesellschaft aus.

§ 12. Mit den Anteilscheinen erhält der Eigentümer zugleich die Gewinnanteilscheine für die nächsten zehn Jahre und einen Erneuerungsschein zur Abhebung neuer Gewinnanteilscheine nach Ablauf des zehnjährigen Zeitraumes. Die Gewinnanteilscheine und die Erneuerungsscheine lauten stets auf den Inhaber.

§ 13. Solange die Anteile nicht vollgezahlt sind, gelten nur die in dem Stammbuch der Gesellschaft Eingetragenen der Gesellschaft gegenüber als Mitglieder.

Wenn das Eigentum eines Anteils vor der Vollzahlung auf einen anderen übergeht, so ist dies unter Vorlegung des Anteilscheines, sofern ein solcher ausgefertigt worden ist, bei der Gesellschaft anzumelden und in dem Stammbuche sowie auf dem Anteilscheine zu vermerken. Miteigentümer eines Anteils werden erst dann als Mitglieder anerkannt, wenn sie die Eintragung eines gemeinschaftlichen Bevollmächtigten in dem Anteilsbuche bewirkt haben.

§ 14. Durch Zeichnung oder Erwerb von Anteilen unterwerfen sich die Mitglieder für alle Streitigkeiten mit der Gesellschaft aus dem Gesellschaftsverhältnisse dem in Berlin zuständigen Gerichte erster Instanz.

III. Bilanz, Ermittlung und Verwendung des Ertrags, Reservefonds.

§ 15. Das Geschäftsjahr ist das Kalenderjahr. Das erste Geschäftsjahr umfaßt die Zeit vom 1. Januar 1905 bis zum 31. Dezember 1905. Auf den 31. Dezember ist von dem Vorstand die Bilanz für das abgelaufene Geschäftsjahr zu ziehen. Diese muß mit der Gewinn- und Verlustrechnung und mit einem den Vermögensstand und die Verhältnisse der Gesellschaft entwickelnden Berichte des Vorstandes sowie mit dem von dem Aufsichtsrat zu erstattenden Revisionsberichte der Hauptversammlung alljährlich vor dem 30. Juni vorgelegt werden. Der Hauptversammlung ist die Genehmigung der Bilanz sowie die Erteilung der Entlastung für die Geschäftsführung des Vorstandes und des Aufsichtsrats vorbehalten.

§ 16. Auf Vorschlag des Aufsichtsrats beschließt die Hauptversammlung über die Höhe der vorzunehmenden Abschreibungen und sonstigen Rücklagen. Der nach Abzug der Abschreibungen und sonstigen Rücklagen sich ergebende Reingewinn wird, wie folgt, verwendet:

a) 5 vom Hundert werden dem ordentlichen Reservefonds zugeführt.
b) Alsdann wird auf die Anteile ein Gewinnanteil bis zu 4 vom Hundert verteilt.
c) Von dem Überschuß beziehen die Mitglieder des Vorstandes und die Angestellten der Gesellschaft die etwaigenfalls ihnen vertraglich zugesicherten Gewinnanteile.
d) Der verbleibende Überschuß wird auf die Anteile als nachträglicher Gewinnanteil verteilt, sofern nicht die Hauptversammlung beschließt, ihn zu außerordentlichen Abschreibungen und Rücklagen, zum Vortrage auf neue Rechnung oder zu Wohlfahrts- und gemeinnützigen Zwecken zu verwenden. Vorträge auf neue Rechnung sind frei von den zu a und c erwähnten Verwendungen.

Die Verteilung des Gewinns auf die Anteile erfolgt nach Maßgabe der geleisteten Einzahlungen. Ist eine Einzahlung im Laufe des Geschäftsjahres eingefordert worden, so entfällt auf den eingezahlten Betrag der Gewinnanteil nur nach Verhältnis der Zeit von der Einzahlung bis zum Ablaufe des Geschäftsjahres.

Die Auszahlung der Gewinnanteile erfolgt spätestens am 1. Juli nach dem abgelaufenen Geschäftsjahre.

§ 17. Der ordentliche Reservefonds dient zur Deckung eines aus der Bilanz sich ergebenden Verlustes am Gesellschaftskapital sowie zur Bestreitung von anderen unvorhergesehenen oder außerordentlichen Bedürfnissen der Gesellschaft. Die Überweisungen an den Reservefonds hören auf, sobald und so oft er die Höhe von 15 v. H. des Grundkapitals erreicht hat.

Eine besondere Anlegung des Betrags des ordentlichen Reservefonds ist nicht erforderlich.

Das bei der Ausgabe neuer Anteilscheine der Gesellschaft etwa zu gewinnende Aufgeld fließt dem ordentlichen Reservefonds zu.

§ 18. Der gemäß § 7 Absatz 3 geschaffene Betriebsreservefonds dient ausschließlich zur Deckung von Verlusten, welche bei pachtweise geführten Betrieben von Eisenbahnen in den Schutzgebieten entstanden sind.

Der Betrag des Betriebsreservefonds ist in Schuldverschreibungen des Deutschen Reiches oder eines deutschen Bundesstaates oder durch Ausleihung an erste deutsche Bankfirmen anzulegen. Eine andere Anlegung ist nur mit Genehmigung der Aufsichtsbehörde zulässig.

Ist der Betriebsreservefonds durch eine Entnahme bei einem Jahresabschlusse verringert worden, so sind alle reinen Überschüsse, welche bei pachtweise geführten Betrieben von Eisenbahnen in den Schutzgebieten in den folgenden Jahren der Gesellschaft zufließen, zunächst zur Ergänzung des Fonds bis zur ursprünglichen Höhe von 400 000 Mk. zu verwenden.

§ 19. Wenn die Gesellschaft Eisenbahnen als Eigentümerin besitzt, muß zur Bestreitung der Kosten der regelmäßig wiederkehrenden Erneuerung des Oberbaues und der rollenden Eisenbahnbetriebsmittel ein besonderer Erneuerungsfonds geschaffen werden. Die Zuschüsse zu dem Erneuerungsfonds sind aus den Betriebseinnahmen zu leisten und werden von dem Aufsichtsrat mit Genehmigung der Aufsichtsbehörde nach Bedürfnis von drei zu drei Jahren in Hundertsätzen vom Werte der vorhandenen rollenden Eisenbahnbetriebsmittel sowie des Oberbaues festgesetzt. Dem Erneuerungsfonds sind auch die Erlöse aus den entsprechenden abgängigen Materialien sowie die Zinsen des Erneuerungsfonds selbst zu überweisen. Übersteigt der Erneuerungsfonds den fünften Teil des für die Festsetzung des jährlichen Zuschusses ermittelten Kapitalwerts, so unterbleibt für dieses Jahr nicht nur der Zuschuß, sondern es werden auch die Erlöse aus den abgängigen Materialien sowie die Zinsen des Erneuerungsfonds den Betriebseinnahmen zugeführt.

Der Betrag des Erneuerungsfonds ist in gleicher Weise wie der des Betriebsreservefonds anzulegen.

§ 20. Wenn die Gesellschaft Eisenbahnen als Eigentümerin besitzt, so muß ferner zur Bestreitung von Ausgaben, die durch außergewöhnliche Elementarereignisse und größere Unfälle hervorgerufen werden, ein Spezialreservefonds geschaffen werden. Die Zuschüsse zu diesem Spezialreservefonds sind aus dem Reingewinn zu leisten und werden vom Aufsichtsrat mit Genehmigung der Aufsichtsbehörde nach Bedürfnis von drei zu drei Jahren festgesetzt. Ihm fließen außerdem die Zinsen des Spezialreservefonds selbst zu. Erreicht der Spezialreservefonds eine vom Aufsichtsrat mit Genehmigung der Aufsichtsbehörde

zu bestimmende Höhe des Wertes der Bahnanlagen, so können für die Dauer dieses
Bestandes weitere Zuschüsse unterbleiben.

Der Betrag des Spezialreservefonds ist in gleicher Weise wie der des Betriebsreservefonds anzulegen.

IV. Verwaltung.

a. Der Vorstand.

§ 21. Der Vorstand vertritt die Gesellschaft nach außen in allen Rechtsgeschäften und sonstigen Angelegenheiten. Er führt die Verwaltung selbständig, soweit nicht nach dieser Satzung der Aufsichtsrat oder die Hauptversammlung mitzuwirken haben. Dritten gegenüber ist eine Beschränkung der Vertretungsbefugnis des Vorstandes unwirksam.

Der Vorstand hat seinen Sitz in Berlin.

§ 22. Der Vorstand wird vom Aufsichtsrat zu notariellem Protokoll bestellt. Eine Ausfertigung des notariellen Protokolls dient als Ausweis.

Zum Mitgliede des Vorstandes können nur Personen männlichen Geschlechts, welche die deutsche Reichsangehörigkeit haben, bestellt werden.

Die Bestellung zum Mitgliede des Vorstandes ist jederzeit widerruflich, unbeschadet des Anspruchs auf die vertragsmäßige Vergütung.

§ 23. Der Vorstand besteht aus einem oder mehreren Mitgliedern. Wenn der Vorstand aus mehreren Mitgliedern besteht, muß der Aufsichtsrat zu notariellem Protokoll eines der Mitglieder zum Vorsitzenden des Vorstandes ernennen.

Wenn der Vorstand nur aus einem Mitgliede besteht, so bedarf dessen Bestellung, bei mehreren Mitgliedern die Ernennung des einen zum Vorsitzenden des Vorstandes, der Bestätigung durch die Aufsichtsbehörde.

§ 24. Alle Willenserklärungen, welche für die Gesellschaft verbindlich sein sollen, und alle Bekanntmachungen der Gesellschaft sind, wenn der Vorstand nur aus einem Mitgliede besteht, von diesem allein, wenn der Vorstand aus mehreren Mitgliedern besteht, von dem Vorsitzenden des Vorstandes allein, von den übrigen Mitgliedern des Vorstandes von je zwei gemeinschaftlich oder von einem der übrigen Mitglieder gemeinschaftlich mit einem Prokuristen abzugeben und zu erlassen. Außerdem können in allen Fällen Willenserklärungen der Gesellschaft durch zwei Prokuristen gemeinschaftlich abgegeben werden.

Die Firma der Gesellschaft wird in der Weise gezeichnet, daß die Zeichnungsberechtigten der geschriebenen oder auf mechanischem Wege hergestellten Firma der Gesellschaft ihre Namensunterschrift hinzufügen, und zwar die Prokuristen mit einem das Prokuraverhältnis andeutenden Zusatze.

Ist eine Willenserklärung gegenüber der Gesellschaft abzugeben, so genügt immer die Abgabe gegenüber einem Mitgliede des Vorstandes.

§ 25. Der Vorstand ernennt und entläßt die Beamten der Gesellschaft. Zur Erteilung einer Prokura oder einer Gesamthandlungsvollmacht bedarf er der Zustimmung des Aufsichtsrats. Diese Beschränkung hat Dritten gegenüber keine Wirkung.

b. Aufsichtsrat.

§ 26. Der Aufsichtsrat besteht aus mindestens fünf und höchstens sieben Mitgliedern. Die Mitglieder müssen Angehörige des Deutschen Reiches sein, soweit nicht die Aufsichtsbehörde im einzelnen Falle Ausnahmen zuläßt. Die Mitglieder des Aufsichtsrats können nicht zugleich Mitglieder des Vorstandes oder dauernd Stellvertreter von Vorstandsmitgliedern sein. Nur für einen im voraus begrenzten Zeitraum kann der Aufsichtsrat einzelne seiner Mitglieder zu Stellvertretern behinderter Vorstandsmitglieder bestellen; während dieses Zeitraumes und bis zur Entlastung des Vertreters darf dieser eine Tätigkeit als Mitglied des Aufsichtsrats nicht ausüben.

Die Mitglieder des Aufsichtsrats werden aus den Mitgliedern der Gesellschaft durch die Hauptversammlung gewählt. Ihre Wahl erfolgt auf sechs Jahre. In jeder ordentlichen Hauptversammlung scheiden jedesmal so viel Mitglieder aus, daß die Amtsdauer jedes einzelnen Mitgliedes spätestens in der sechsten ordentlichen Hauptversammlung nach seiner Wahl ein Ende erreicht. Bis die Reihe des Austritts durch die Amtsdauer bestimmt ist, entscheidet darüber das Los. Die Ausscheidenden sind wieder wählbar.

Scheidet vor Ablauf der Wahlzeit ein Mitglied aus irgend einem Grunde aus, so können die verbleibenden Mitglieder eine bis zur nächsten ordentlichen Hauptversammlung gültige Zuwahl treffen. Die endgültige Zuwahl erfolgt durch die Hauptversammlung für den Rest der Wahlzeit des ausgeschiedenen Mitgliedes.

Eine Neuwahl und eine Ersatzwahl ist nicht erforderlich, wenn fünf Mitglieder noch vorhanden sind.

Jedes Mitglied des Aufsichtsrats ist berechtigt, sein Amt jederzeit durch Erklärung an den Vorstand niederzulegen. Die Hauptversammlung kann die Wahl eines Aufsichtsratsmitgliedes auch vor Ablauf des Zeitraums, für welchen die Wahl erfolgt ist, durch einen Beschluß, welcher einer Mehrheit von drei Vierteln der bei der Abstimmung abgegebenen Stimmen bedarf, widerrufen.

Über die Wahlen zum Aufsichtsrat ist ein notarielles Protokoll aufzunehmen.

§ 27. Der Aufsichtsrat wählt jährlich aus seiner Mitte einen Vorsitzenden und mindestens einen Stellvertreter, und zwar unmittelbar nach der ordentlichen Hauptversammlung durch die an deren Schluß anwesenden Mitglieder des Aufsichtsrats, ohne daß es dazu der Einberufung einer besonderen Sitzung des Aufsichtsrats bedarf. Der Vorsitzende und seine Stellvertreter müssen Angehörige des Deutschen Reiches sein.

Bei Erledigung eines der Ämter im Laufe des Jahres ist unverzüglich zu einer Neuwahl zu schreiten.

Der Aufsichtsrat hält seine Sitzungen in Berlin ab und wird von dem Vorsitzenden. durch eingeschriebene Briefe unter Angabe der Beratungsgegenstände so oft berufen, als die Geschäfte es erfordern, mindestens aber zweimal in jedem Jahr. Er muß binnen einer Woche berufen werden, wenn es von wenigstens drei Mitgliedern oder dem Vorstand schriftlich beantragt wird.

Die Mitglieder des Vorstandes können an den Sitzungen des Aufsichtsrats mit beratender Stimme teilnehmen. Auf Beschluß des Aufsichtsrats sind sie zur Teilnahme verpflichtet oder von der Teilnahme ausgeschlossen.

Auf Aufforderung des Vorsitzenden kann der Aufsichtsrat, auch ohne zu einer Sitzung berufen zu werden, durch schriftliche Stimmabgabe beschließen; jedoch sind solche Beschlüsse nur wirksam, wenn sie von allen Mitgliedern übereinstimmend gefaßt werden.

§ 28. Der Aufsichtsrat ist beschlußfähig, wenn mindestens die Hälfte seiner Mitglieder anwesend ist, und zwar auch dann, wenn die außerhalb der Grenzen des Deutschen Reiches oder an unbekanntem Aufenthaltsort befindlichen Mitglieder nicht rechtzeitig haben eingeladen werden können.

Die Mitglieder haben gleiches Stimmrecht. Bei Stimmengleichheit entscheidet der Vorsitzende. Die Beschlüsse werden vorbehaltlich der im fünften Absatz des § 27 getroffenen Bestimmungen mit Stimmenmehrheit gefaßt.

§ 29. Der Aufsichtsrat beschließt seine Geschäftsordnung.

§ 30. Die Erklärungen des Aufsichtsrats sind rechtsgültig vollzogen, wenn sie den Namen der Gesellschaft und die Worte „Der Aufsichtsrat" unter Beifügung der Namensunterschrift des Vorsitzenden oder seines Stellvertreters und eines weiteren Mitgliedes des Aufsichtsrats tragen. Der Aufsichtsrat weist sich durch ein auf Grund der Wahlhandlung ausgefertigtes notarielles Zeugnis aus.

§ 31. Der Aufsichtsrat überwacht die gesamte Geschäftsführung in allen Zweigen der Verwaltung und unterrichtet sich zu diesem Zweck von dem Gange der Angelegenheiten der Gesellschaft. Er kann jederzeit über dieselben Berichterstattung von dem Vorstand verlangen und durch den Vorsitzenden oder durch einzelne von ihm zu bestimmende Mitglieder oder auch durch dritte Sachverständige die Bücher und Schriften der Gesellschaft einsehen und prüfen, sowie den Bestand der Gesellschaftskasse, alle sonstigen Bestände an Wertpapieren, Handelspapieren und Waren, endlich die Betriebe in den Schutzgebieten an Ort und Stelle untersuchen.

§ 32. Dem Aufsichtsrat liegt insbesondere ob:

a) die Prüfung der Bilanz und der Gewinn- und Verlustrechnung, sowie des Geschäftsberichts,

b) die Feststellung der Grundsätze, nach welchen die Bilanz aufzustellen ist, sowie die Feststellung der Höhe der Abschreibungen und der Rücklagen nach Maßgabe der §§ 18, 19, 20 der Satzung,

c) die Genehmigung zum Abschluß von Verträgen betreffend Bau, Pachtung und Betrieb von Eisenbahnen und die Genehmigung der Grundsätze des Baues und Betriebes,

d) die Genehmigung der Verträge bei Erwerb, Veräußerung oder Belastung von Grundstücken und Bergwerken, sofern der Gegenstand den Wert von 5000 Mark übersteigt, und die Genehmigung der Grundsätze für die Ausnutzung solcher Liegenschaften,

e) die Genehmigung zum Abschluß von Pacht- und Mietsverträgen auf länger als ein Jahr und zu einem den Betrag von 5000 Mark übersteigenden jährlichen Zins,

f) die Genehmigung zur Erteilung der Prokura und einer Gesamthandlungsvollmacht sowie zur Anstellung und Entlassung von Beamten mit einem Jahresgehalt über 5000 Mark oder mit einem Anteil vom Reingewinn,

g) die Entscheidung über die Anlegung des Betriebsreservefonds, des Erneuerungsfonds, des Spezialreservefonds (§§ 18, 19, 20) und von Geldern, die zum Geschäftsbetriebe nicht erforderlich sind,

h) die Genehmigung aller sonstigen Verträge, welche der Gesellschaft Verpflichtungen für eine längere Zeit als drei Jahre auferlegen,

i) die Überwachung und Entlastung der im Schutzgebiete tätigen Angestellten der Gesellschaft und die Genehmigung allgemeiner Vorschriften für die Verwaltung, insbesondere das Kassen- und Rechnungswesen der Betriebe in den Schutzgebieten,

k) der Erlaß einer Geschäftsordnung für den Vorstand,

l) die Genehmigung der vom Vorstande vorzulegenden Voranschläge für die Einnahmen und Ausgaben der Verwaltung,

m) die Befugnis, die Hauptversammlung zu berufen und deren Tages-

n) die Genehmigung zur Errichtung von Zweigniederlassungen, Stationen und Pflanzungen.

§ 33. Die Mitglieder des Aufsichtsrats sind im Ehrenamte tätig. Sie erhalten lediglich Ersatz der ihnen bei Erfüllung ihres Amtes erwachsenden Auslagen; insbesondere erhalten die außerhalb Berlins wohnenden Mitglieder des Aufsichtsrats den Ersatz der Reise- und Aufenthaltskosten.

§ 34. Über die Verhandlungen und Beschlüsse des Aufsichtsrats ist ein von dem Vorsitzenden und mindestens einem zweiten Mitgliede zu unterzeichnendes Protokoll zu führen.

c. Die Hauptversammlung.

§ 35. Die Hauptversammlung vertritt die Gesamtheit der Gesellschaftsmitglieder. Ihre Beschlüsse und Wahlen sind für alle Mitglieder verbindlich.

§ 36. Die Hauptversammlungen werden in Berlin abgehalten. Sie werden von dem Aufsichtsrat oder von dessen Vorsitzenden oder von dem Vorstande berufen. Die Einladung zur Hauptversammlung geschieht durch einmalige Bekanntmachung im Deutschen Reichsanzeiger und in etwaigen anderen Gesellschaftsblättern unter Angabe der zu verhandelnden Gegenstände. Die Bekanntmachung muß spätestens am achtzehnten Tage vor dem Tage der Hauptversammlung, sofern aber dieser Tag ein Sonntag oder staatlich anerkannter Feiertag ist, spätestens an dem diesem vorangehenden Werktage erlassen werden.

Mängel der Form und Frist der Berufung gelten als geheilt, sofern sämtliche Anteile in der Hauptversammlung vertreten sind und die Mängel nicht von einem anwesenden Mitgliede ausdrücklich gerügt werden.

Handelsregisterlich eingetragene Firmen, welche Mitglieder sind, werden durch eine der handelsregisterlich zu ihrer Vertretung befugten Personen in der Hauptversammlung vertreten, auch wenn sonst diese laut handelsregisterlicher Eintragung nur gemeinschaftlich mit einer anderen Person zur Vertretung befugt ist.

Ein Mitglied kann, soweit nicht gesetzliche Vertretung oder Vertretung durch einen Handlungsbevollmächtigten oder die Vertretung von Ehefrauen durch ihre Ehemänner und von Witwen durch ihre volljährigen Söhne in Frage kommt, nur durch ein anderes an der Hauptversammlung teilnehmendes Mitglied vertreten werden. Die Vollmacht bedarf der schriftlichen Form. Sie ist spätestens am Tage vor der Hauptversammlung dem Vorstande zur Prüfung vorzulegen, welcher eine amtliche oder sonst ihm genügende Beglaubigung der Unterschrift zu verlangen berechtigt ist.

§ 37. Nach Vollzahlung der Anteile können nur solche Mitglieder in der Hauptversammlung das Stimmrecht ausüben, deren Anteile auf den Namen umgeschrieben und in das Stammbuch der Gesellschaft eingetragen sind (§ 11), oder welche ihre auf den Inhaber lautenden Anteilscheine spätestens am fünften Tage vor dem Tage der Hauptversammlung bis 4 Uhr nachmittags, sofern aber dieser Tag ein Sonntag oder staatlich anerkannter Feiertag ist, spätestens an dem diesem vorangehenden Werktage, bei dem Vorstande oder bei anderen vom Aufsichtsrat zu bestimmenden und in der öffentlichen Bekanntmachung zu bezeichnenden Stellen unter Beifügung eines doppelt ausgefertigten arithmetisch geordneten Verzeichnisses der Nummern der Anteilscheine hinterlegt haben und die Anteilscheine bis zur Beendigung der Hauptversammlung daselbst belassen.

§ 38. In der Hauptversammlung berechtigt jeder Anteil zu einer Stimme.

§ 39. Den Vorsitz in der Hauptversammlung führt der Vorsitzende des Aufsichtsrats oder, im Falle seiner Verhinderung, sein Stellvertreter oder, wenn auch dieser verhindert ist, ein anderes der anwesenden Mitglieder des Aufsichtsrats, von denen immer das an Jahren älteste Mitglied vor den übrigen das Vorrecht zur Übernahme des Vorsitzes hat. Der Vorsitzende leitet die Verhandlungen, bestimmt die Reihenfolge der Gegenstände der Tagesordnung sowie die Art der Abstimmung und ernennt die Stimmzähler.

Über Gegenstände, welche nicht auf die Tagesordnung gesetzt worden sind, können Beschlüsse nicht gefaßt werden; hiervon ist jedoch der Beschluß über den in einer Hauptversammlung gestellten Antrag auf Berufung einer außerordentlichen Hauptversammlung ausgenommen.

Mitglieder, welche in der Hauptversammlung zusammen mindestens den zehnten Teil des Gesamtbetrags der Stimmen zu führen berechtigt sind, können in einer von ihnen unterzeichneten Eingabe verlangen, daß Gegenstände, die zur Zuständigkeit der Hauptversammlung gehören, zur Beschlußfassung angekündigt werden. Diese Gegenstände sind auf die Tagesordnung der nächsten Hauptversammlung zu setzen.

Wird das Verlangen nach erfolgter Einberufung der Hauptversammlung gestellt, so müssen solche Anträge auf Erweiterung der Tagesordnung mindestens eine Woche vor dem Tage der Hauptversammlung bei dem Vorstande eingereicht sein. Sie sind alsdann nachträglich auf die Tagesordnung der anberaumten Hauptversammlung zu setzen, und es ist dies mindestens am vierten Tage vor dem Tage der Hauptversammlung, sofern dieser Tag ein Sonntag oder staatlich anerkannter Feiertag ist, am nächst vorhergehenden Werktage bekanntzumachen.

§ 40. In jedem Jahre findet eine ordentliche Hauptversammlung vor Ablauf des Monats Juni statt. Eine außerordentliche Hauptversammlung wird berufen, so oft es im Interesse der Gesellschaft erforderlich ist. Sie muß jedenfalls berufen werden,

1. wenn von einer Hauptversammlung ein dahingehender Beschluß gefaßt ist (§ 39 Absatz 2);
2. wenn Mitglieder, deren Anteile zusammen den zwanzigsten Teil des Grundkapitals erreichen und welche diese Anteile bei dem Vorstande hinterlegt haben, die Einberufung fordern und dem Vorstande zur Vorlage an die Hauptversammlung einen schriftlichen Antrag einreichen, dessen Gegenstand innerhalb der Zuständigkeit der Hauptversammlung liegt;
3. wenn die Abänderung des Gegenstandes des Unternehmens, die Auflösung der Gesellschaft oder die Verwertung des Gesellschaftsvermögens durch Veräußerung des Vermögens im ganzen beschlossen werden soll.

§ 41. In der ordentlichen Hauptversammlung werden der Geschäftsbericht des Vorstandes und die Bemerkungen des Aufsichtsrats über den Abschluß des abgelaufenen Rechnungsjahres zur Erörterung gebracht. Alsdann wird über die Genehmigung des Abschlusses und über die Vorschläge über die Verteilung eines Reingewinns Beschluß gefaßt. Sodann werden die fälligen Wahlen vollzogen.

Die Bilanz nebst Gewinn- und Verlustrechnung mit dem Geschäftsberichte des Vorstandes und den Bemerkungen des Aufsichtsrats muß während zwei Wochen vor der Versammlung in den Geschäftsräumen der Gesellschaft zur Einsicht eines jeden Mitgliedes ausgelegt werden.

Die Hauptversammlung ist berechtigt, wenn die Bilanz nicht sogleich genehmigt wird, einen Ausschuß zur Nachprüfung zu ernennen.

Die Hauptversammlung ist ferner berechtigt, über die Geltendmachung von Ansprüchen der Gesellschaft aus der Verantwortlichkeit der Mitglieder des

Vorstandes oder der Mitglieder des Aufsichtsrats und über die zu diesem Zwecke einzuleitenden Schritte Beschlüsse zu fassen und zu deren Ausführung bevollmächtigte Vertreter zu wählen. Ansprüche dieser Art müssen geltend gemacht werden, wenn es in der Hauptversammlung mit einfacher Stimmenmehrheit beschlossen oder von einer Minderheit, die mindestens den vierten Teil des Grundkapitals vertritt, verlangt wird.

§ 42. Die Hauptversammlung beschließt ferner über Abänderungen und Ergänzungen der Satzung, insbesondere über die Erhöhung und Herabsetzung des Grundkapitals.

Außerdem steht der ordentlichen Hauptversammlung der Beschluß über jede Vorlage zu, welche nicht nach § 40 Nr. 3 der außerordentlichen Hauptversammlung überwiesen ist.

§ 43. Die Beschlüsse der Hauptversammlung bedürfen der Mehrheit der bei der Abstimmung abgegebenen Stimmen (einfache Stimmenmehrheit); bei Stimmengleichheit gilt der gestellte Antrag als abgelehnt.

Die Abänderung des Gegenstandes des Unternehmens, die Auflösung der Gesellschaft, die Verwertung des Gesellschaftsvermögens durch Veräußerung des Vermögens im ganzen, sowie die Herabsetzung des Grundkapitals bedarf einer Mehrheit von wenigstens drei Vierteln der bei der Abstimmung abgegebenen Stimmen.

Sonstige Abänderungen und Ergänzungen der Satzung, insbesondere die Erhöhung des Grundkapitals, bedürfen einer Mehrheit von wenigstens zwei Dritteln der bei der Abstimmung abgegebenen Stimmen.

Die Wahlen finden, sofern sie nicht durch Zuruf einstimmig erfolgen, mittels Abgabe von Stimmzetteln nach einfacher Stimmenmehrheit statt. Ist diese bei der ersten Wahlhandlung nicht zu erreichen, so findet eine engere Wahl unter denjenigen statt, welchen die beiden höchsten Stimmenzahlen zugefallen sind. Bei gleicher Stimmenzahl in der engeren Wahl entscheidet das Los.

§ 44. Das Protokoll der Hauptversammlung wird von einem Notar aufgenommen und ist von dem Vorsitzenden und den Stimmzählern zu unterzeichnen. In dasselbe werden nur die Ergebnisse der Verhandlungen aufgenommen.

V. Auflösung und Herabsetzung des Grundkapitals.

§ 45. Ein Beschluß der Hauptversammlung auf Auflösung der Gesellschaft oder auf Herabsetzung des Grundkapitals bedarf der Genehmigung des Reichskanzlers. Die Genehmigung eines Beschlusses auf Auflösung der Gesellschaft kann nicht versagt werden, wenn das Grundkapital der Gesellschaft sich durch Verluste um ein Drittel verringert hat.

§ 46. Für die Liquidation gelten die Vorschriften der §§ 48, 49 des Bürgerlichen Gesetzbuchs.

Der nach Tilgung der Verbindlichkeiten der Gesellschaft verbleibende Betrag wird den Mitgliedern nach Verhältnis der von ihnen geleisteten Einzahlungen ausgezahlt.

§ 47. Die Verteilung darf nicht eher vollzogen werden, als nach Ablauf eines Jahres von dem Tage an gerechnet, an welchem die Auflösung der Gesellschaft unter Aufforderung der Gläubiger, sich bei ihr zu melden, im Deutschen Reichsanzeiger und in den übrigen Gesellschaftsblättern bekannt gemacht worden ist. Bekannte Gläubiger sind auch dann zu befriedigen, wenn sie sich nicht melden. Im übrigen wird nach § 52 des Bürgerlichen Gesetzbuchs verfahren.

§ 48. Auf Grund einer Herabsetzung des Grundkapitals dürfen Zahlungen an die Mitglieder der Gesellschaft nicht eher erfolgen, als nach Ablauf eines Jahres von dem Tage an gerechnet, an welchem der Beschluß auf Herabsetzung des Grundkapitals unter Aufforderung der Gläubiger der Gesellschaft, sich bei ihr zu melden, im Reichsanzeiger und in den Gesellschaftsblättern bekannt gemacht ist und nachdem die Gläubiger, die sich gemeldet haben, befriedigt oder sichergestellt worden sind. Eine durch Herabsetzung des Grundkapitals bezweckte Befreiung der Mitglieder von der Verpflichtung zur Leistung von Einzahlungen auf die von ihnen übernommenen Anteile tritt nicht vor dem bezeichneten Zeitpunkte in Wirksamkeit.

VI. Aufsichtsbehörde.

§ 49. Die Aufsicht über die Gesellschaft wird von dem Reichskanzler (Auswärtiges Amt, Kolonial-Abteilung) geführt, der zu diesem Behufe einen oder mehrere Kommissare bestellen wird. Der oder die Kommissare sind berechtigt, an den Sitzungen des Aufsichtsrats und an den Hauptversammlungen teilzunehmen, von dem Vorstande jederzeit Berichterstattung über die Angelegenheiten der Gesellschaft zu verlangen, auch deren Bücher und Schriften einzusehen, sowie auf Kosten der Gesellschaft, wenn dem Verlangen dazu berechtigter Mitglieder der Gesellschaft auf Berufung der Hauptversammlung gemäß § 40 Nr. 2 nicht entsprochen wird, oder aus sonstigen wichtigen Gründen, eine außerordentliche Hauptversammlung zu berufen.

§ 50. Die Aufsicht wird darauf gerichtet, daß die Geschäftsführung der Gesellschaft dem im § 2 bezeichneten Zwecke und den übrigen Bestimmungen der Satzung entspricht und im Einklange mit den gesetzlichen Vorschriften erfolgt. Die Genehmigung der Aufsichtsbehörde ist, abgesehen von den sonstigen in dieser Satzung vorgeschriebenen Fällen, erforderlich:
1. zur Aufnahme von Anleihen und zur Ausgabe von Schuldverschreibungen, zu allen Änderungen der Satzung, zur Auflösung des Unternehmens sowie zur Verwertung des Gesellschaftsvermögens durch Veräußerung des Vermögens im ganzen,
2. zu allen Verträgen über den Bau, die Pachtung und den Betrieb von Eisenbahnen in den Schutzgebieten, welche nicht mit der Deutschen Reichsregierung als Gegenpartei abgeschlossen werden.

VII. Übergangsbestimmungen.

§ 51. Die sämtlichen auszugebenden nominal vier Millionen Mark Anteile sind von den nachbenannten Gründern der Gesellschaft übernommen und gemäß § 7 Absatz 1 zu 25 v. H. des Nennwerts der Anteile eingezahlt worden. Außerdem haben die Gründer die besondere Leistung von 10 v. H. des Nennwerts der Anteile im Gesamtbetrage von vierhunderttausend Mark zur Schaffung des Betriebsreservefonds bewirkt.

Berliner Handels-Gesellschaft	nominal 150 000	Mark,
Aktiengesellschaft für Verkehrswesen . . .	„ 3 800 000	„
Bankier Karl Fürstenberg	„ 10 000	„
Bankier Dr. Walter Rathenau	„ 10 000	„
Bankier Gerichtsassessor a. D. Dr. Eduard Mosler	„ 10 000	„
Geheimer Kommerzienrat Friedrich Lenz . .	„ 10 000	„
Generalkonsul Dr. Paul Schwabach	„ 10 000	„

§ 52. Der erste Aufsichtsrat wird in der Hauptversammlung, welche die Satzung festatellt, aus den Mitgliedern der Gesellschaft gewählt. Er bleibt im Amt bis zur ersten Hauptversammlung nach Verleihung der im § 11 des Schutzgebietsgesetzes bezeichneten Rechte durch den Bundesrat. Auf den ersten Aufsichtsrat finden die Bestimmungen des § 26 Absatz 1 und Absatz 5 der Satzung Anwendung. Der erste Aufsichtsrat wählt sofort nach der Hauptversammlung, welche die Satzung feststellt, seinen Vorsitzenden und dessen Stellvertreter und beschließt über die Zusammensetzung des Vorstandes und bestellt dessen Mitglieder. Alles dies geschieht gültig durch die in jener Hauptversammlung anwesenden Mitglieder, ohne daß es der Zuziehung der abwesenden und der Erklärung über die Annahme der Wahl bedarf, und zwar auch dann, wenn weniger als die Hälfte der Mitglieder des Aufsichtsrats anwesend sein sollten.

§ 53. Der Vorsitzende des Aufsichtsrats und sein Stellvertreter werden ermächtigt, die Genehmigung dieser Satzung bei dem Reichskanzler und die Verleihung der im § 11 des Schutzgebietsgesetzes vorgesehenen Rechte nachzusuchen und die etwa von den Reichsbehörden geforderten Ergänzungen und Änderungen dieser Satzung mit verbindlicher Kraft für die Gesellschaft und deren sämtliche Gründer und Anteilseigner zu beschließen.

20. **Auszug aus dem Runderlasse der Kolonial-Abteilung des Auswärtigen Amtes, betreffend die gnadenweise Aussetzung oder Teilung der Strafvollstreckung. Vom 14. Februar 1905.**

Nach § 12 der am 9. November 1900 erlassenen Verordnung, betreffend die Rechtsverhältnisse in den deutschen Schutzgebieten (Reichs-Gesetzbl. S. 1005),[*] „ist der Gouverneur (Landeshauptmann) befugt, im Gnadenwege einen Strafaufschub bis zu 6 Monaten zu bewilligen".

Die Erfahrung hat ergeben, daß diese Frist bei den vielfach unentwickelten Verkehrsverhältnissen in den Schutzgebieten und ihrer langsamen, in den meisten Teilen der Südsee auch nur seltenen Postverbindung mit dem Mutterlande nicht völlig ausreicht. Insbesondere gilt dies für den Fall der Gewährung von Stundungen oder Teilzahlungen bei Geldstrafen.

Sodann aber ist auch noch nicht ausdrücklich vorgesehen, daß der Gouverneur Strafgefangenen eine Unterbrechung ihrer bereits angetretenen Freiheitsstrafe gestatten darf.

In Preußen ist laut Allerhöchstem Erlaß vom 23. November 1853 der Justizminister zur Aussetzung oder Unterbrechung rechtskräftig erkannter Freiheitsstrafen sowie zur Stundung von Geldstrafen oder Bewilligung von Teilzahlungen ohne zeitliche Begrenzung ermächtigt.

Unter diesen Umständen hat der Herr Reichskanzler die in beglaubigter Abschrift beigefügte Allerhöchste Ordre vom 4. d. Mts.[**]) erwirkt.

Die besondere Allerhöchste Ermächtigung auf dem Gebiete des Zoll-, Steuer- und Abgabenwesens vom 1. Juli 1902 ist nicht mit in den Kreis der Verhandlungen über die gegenwärtige Allerhöchste Ordre einbezogen worden und deshalb nicht als durch letztere berührt zu erachten.

Berlin, den 14. Februar 1905.

Auswärtiges Amt. Kolonial-Abteilung.
I. V. Hellwig.

21. **Verfügung der Kolonial-Abteilung des Auswärtigen Amtes, betreffend Abänderung der Verfügung über Veräufserung und Belastung der Grundstücke der Deutschen Kolonialgesellschaft für Südwestafrika im deutsch-südwestafrikanischen Schutzgebiete. Vom 14. Februar 1905.**
(Kol. Bl. S. 151.)

In Abänderung meiner Verfügung vom 17. November 1903,*) betreffend Veräußerung und Belastung der Grundstücke der Deutschen Kolonialgesellschaft für Südwestafrika, wird die genannte Gesellschaft auf ihren Antrag unter dem Vorbehalte des Widerrufs von Aufsichts wegen allgemein ermächtigt, städtische Grundstücke in Swakopmund und Lüderitzbucht zu veräußern oder zu belasten, sofern es sich im Einzelfalle nicht um einen höheren Veräußerungs- oder Belastungswert als zehntausend Mark handelt.

Berlin, den 14. Februar 1905.

Auswärtiges Amt. Kolonial-Abteilung.

Stuebel.

22. **Ausführungsbestimmungen des Gouverneurs von Deutsch-Neu-Guinea zu der Verordnung vom 26. Januar 1905, betreffend die Erhebung einer Gewerbesteuer.**) Vom 18. Februar 1905.**
(Kol. Bl. S. 692.)

Zur Steuerpflicht herangezogen sind vier gewerbliche Erwerbsarten: das Handelsgeschäft, das Handwerk, das Gastwirt- und Schankgewerbe. Die letzten beiden Gewerbe, jedes für sich oder beide zusammen betrieben, unterliegen nach § 1 h der Verordnung, betreffend die Erlaubnis zur Ausübung einiger Gewerbebetriebe, vom 14. März 1903, der behördlichen Genehmigung. Nach der bisherigen Übung wird diese dauernd unter dem Vorbehalt des Widerrufs bei Mißbrauch ohne Erhebung einer Abgabe erteilt. Das Gewerbe muß selbständig betrieben werden. Nebenbetriebe, auch solche, die lediglich dazu bestimmt sind, das eigentliche Erwerbsgeschäft zu ermöglichen oder zu vervollkommen, sind daher gesondert zur Steuer nicht heranzuziehen. Mehrere, voneinander unabhängige, verschiedenartige Betriebe derselben Person sind dagegen jeder für sich zu veranlagen, z. B. die Personenbeförderung über See, ein Zimmermannsgeschäft, eine Gastwirtschaft nebeneinander von demselben Unternehmer betrieben, dagegen: die Übernahme, Vertretung dritter (Agentur) seitens eines Kaufmanns, die Anfertigung der Stärke für den Bedarf des eigenen Geschäftes seitens eines Wäschers.

Die Verordnung unterscheidet zwischen kleinem, mittlerem und großem Betriebe und sieht dementsprechend drei Abteilungen vor. Die Einschätzungskommission hat die zur Veranlagung heranzuziehenden Betriebe daher zunächst einer dieser Abteilungen zuzuweisen. Maßgebend hierfür ist der Umfang des Geschäftes oder Betriebes. Dieser wird nach den wahrnehmbaren Merkmalen festgestellt, z. B. Lage der Niederlassung, Zahl und Lage der Außenstationen oder der Zweigniederlassungen, Zahl und Art der Fahrzeuge, Zahl der Gehilfen und Arbeiter, Höhe des Umsatzes. Die Unterscheidung von Steuerstufen ermöglicht eine gerechtere Belastung nach der Leistungsfähigkeit auch noch innerhalb der Abteilungen. Die Veranlagung zur Steuer erfolgt bei der Behörde, in deren Bezirk die steuerpflichtige Person ihren Wohnsitz hat oder die Hauptniederlassung sich befindet. Die Veranlagung geschieht auf ein ganzes Steuer- (Rechnungs-) Jahr. Neu entstehende Betriebe werden steuerpflichtig mit dem nächsten auf die Betriebseröffnung folgenden Vierteljahresanfang und haben die der Steuerpflicht unterworfenen Personen je bis zu diesem Zeitpunkt die Betriebe bei der Behörde zur Anmeldung zu bringen.

Die Mitglieder der Einschätzungskommission und erforderlichenfalls deren Ersatzmänner werden alljährlich von dem Vorstande der Behörde ernannt, für deren Bezirk sie die Einschätzungen vorzunehmen hat.

Die Veranlagung der Steuerpflichtigen im Bezirk der Station Namatanai erfolgt bis auf weiteres durch die Kommission bei dem Bezirksamt Herbertshöhe. Die Mitglieder der Einschätzungskommission haben sich über die Verhältnisse der Steuerpflichtigen dauernd unterrichtet zu halten. Die Kommission ist berechtigt, Zeugen und Sachverständige zu hören. Sie entscheidet nach Stimmenmehrheit.

Die Kommission wird alljährlich von dem Vorstande der Behörde im Monat Dezember einberufen. Den Vorsitz führt der einberufende Beamte oder ein von ihm bezeichneter Stellvertreter. Die Beratungen erfolgen auf Grund einer von dem Vorstande der Behörde aufzustellenden Liste der steuerpflichtigen Personen des Bezirks (Steuerliste).

Die beschlossenen Steuerveranlagungen werden unter fortlaufender Nummer in ein besonderes Verzeichnis nach anliegendem Muster eingetragen. Auf Grund dieses Verzeichnisses kommen die Steuern zur Erhebung (Heberolle). Das Verzeichnis ist von sämtlichen Mitgliedern der Kommission zu unterzeichnen. Die Einsicht in die Heberolle ist jeder zur Steuer herangezogenen Person gestattet.

Die Steuerpflichtigen sind von dem Vorsitzenden der Kommission alsbald nachweislich von der sie treffenden Veranlagung in Kenntnis zu setzen.

Herbertshöhe, den 18. Februar 1905.

Der Kaiserliche Gouverneur.

Hahl.

Anlage zu Nr. 22.

Heberolle für das Steuerjahr 1905.

Laufende Nummer	Name oder Firma der steuerpflichtigen Person	Wohnsitz oder Hauptniederlassung	Veranlagt in		Geldbetrag Mark	Bemerkungen
			Abteilung	Stufe		

23. Bekanntmachung des Gouverneurs von Deutsch-Ostafrika, betreffend den Tarif der Usambara-Eisenbahn. Vom 21. Februar 1905.
(Kol. Bl. S. 229.)

Die Beförderung von Schnittholz auf der Usambara-Eisenbahn von einer Innenstation nach Tanga erfolgt unter Zugrundelegung der Frachtsätze des Spezialtarifs II des Tarifs der Usambara-Eisenbahn.*)

Daressalam, den 21. Februar 1905.

Der Kaiserliche Gouverneur.
I. V. Stuhlmann.

24. Erlaß der Kolonial-Abteilung des Auswärtigen Amtes an den Gouverneur von Deutsch-Ostafrika, betreffend Ergänzung der Wohnungs-Dienstanweisung. Vom 24. Februar 1905.

Dem gestellten Antrage entsprechend, will ich nach Benehmen mit der Reichsfinanzverwaltung genehmigen, daß der § 5 der Wohnungs-Dienstanweisung vom 25. August 1903**) folgenden Zusatz erhält:

„Verheiratete, welche den Umständen nach zu einer Begleitung durch ihre Familie genötigt sind, erhalten an Wohnungsgeld ein Drittel mehr als die ihrer Klasse angehörenden unverheirateten Personen."

Berlin, den 24. Februar 1905.

Auswärtiges Amt. Kolonial-Abteilung.
I. V. Hellwig.

25. Vertrag zwischen dem Kaiserlichen Gouvernement von Deutsch-Ostafrika und der Deutsch-Ostafrikanischen Bank. Vom 25. Februar 1905.***)

1. Die Bank ist verpflichtet, im Schutzgebiet Deutsch-Ostafrika ohne Entgelt für Rechnung des Gouvernements Zahlungen anzunehmen und bis auf Höhe des Gouvernements-Guthabens zu leisten. Alle seitens des Gouvernements oder für das Gouvernement bewirkten Einzahlungen fließen dem Gouvernements-Guthaben zu.

2. Das Gouvernement kann über sein Guthaben jederzeit in beliebigen Teilbeträgen verfügen, und zwar durch Ausstellung von Schecks auf Formularen, die von der Bank zu liefern sind.

Bare Abhebungen erfolgen durch weiße Schecks, welche auf das Gouvernement selbst oder auf eine bestimmte Person oder Firma mit dem Zusatz „oder Überbringer" lauten. Die Bank zahlt den Betrag an den Überbringer ohne Legitimationsprüfung aus.

Übertragungen auf Konten von Personen und Firmen, die bei einer Niederlassung der Bank im Schutzgebiete Deutsch-Ostafrika gleichfalls ein Guthaben

---

*) D. Kol. Gesetzgeb. VII, Nr. 97.
**) D. Kol. Gesetzgeb. VII, Nr. 102.
***) Vgl. den Vertrag zwischen Kolonial-Abteilung und Bank vom 4. März 1906, unten abgedruckt.

unterhalten, werden durch rote Schecks bewirkt, die auf den Namen lauten und nicht übertragbar sind.

3. Bare Auszahlungen aus dem Guthaben an das Gouvernement selbst oder an Dritte für Rechnung des Gouvernements sind in Daressalam in jedem Betrage, bei den Zweiganstalten außerhalb Daressalam bis zur Höhe von 25 000 Rupien sofort auf Präsentation des Schecks zu leisten. Sollen bei den Zweiganstalten der Bank außerhalb Daressalams bare Auszahlungen aus dem Gouvernementsguthaben in Beträgen von mehr als 25 000 Rupien stattfinden, so ist dies der Bank in Daressalam 14 Tage vorher anzukündigen.

4. Die Scheckformulare werden dem Gouvernement nach Bedarf in Heften von mindestens 100 Stück von der Bank gegen Quittung geliefert. Von dem Abhandenkommen von Formularen ist die Bank rechtzeitig zu benachrichtigen, um einer mißbräuchlichen Benutzung der Formulare vorzubeugen.

5. Die Bank darf Auszahlungen oder Übertragungen aus dem Gouvernements-Guthaben nur bewirken gegen Schecks, die unterzeichnet sind

in Daressalam gemeinsam von dem Kassenvorstand oder dessen Stellvertreter und dem Finanzdirektor oder dessen Stellvertreter;

bei den Bezirksämtern und Stationen: gemeinsam von dem die Kasse führenden Beamten oder dessen Stellvertreter und dem Bezirksamtmann bzw. Stationsleiter oder deren Stellvertreter.

Schecks, die auf mehr als 10 000 Rupien lauten, müssen unter allen Umständen die Unterschrift oder das Visum des Kassenvorstandes in Daressalam oder dessen Stellvertreters tragen.

Die Namen der zur Leistung von Unterschriften bevollmächtigten Beamten sowie die Züge ihrer Unterschrift sind der Bank mitzuteilen.

6. Über die baren Einzahlungen, welche seitens des Gouvernements selbst oder von Dritten für das Gouvernements-Guthaben geleistet werden, stellt die Bank Quittungen aus. Die Namen der zur Leistung von Unterschriften bevollmächtigten Angestellten sowie die Züge ihrer Unterschrift sind dem Gouvernement mitzuteilen.

7. Das Gouvernement wird die von vertrauenswürdigen Personen und Firmen, die bei der Bank ein Guthaben unterhalten, auf die Bank gezogenen Schecks an Zahlungsstatt annehmen.

8. Bare Einzahlungen, bei der Bank zahlbare Schecks und Wechsel, desgleichen von der Bank angekaufte Wechsel und etwa gewährte Darlehen werden dem Gouvernement auf seinem Guthaben sofort gutgeschrieben. Für die der Bank zur Einziehung übergebenen Wechsel, Anweisungen, Rechnungen und sonstigen Papiere erfolgt die Gutschrift nach Eingang, in der Regel aber noch an dem zur Einziehung bestimmten Tage. Unbezahlt gebliebene Papiere sind dem Gouvernement gegen Quittung des Kassenvorstandes oder des Gouverneurs bzw. ihrer Stellvertreter sofort wieder zuzustellen.

9. Die Bank übernimmt die provisionsfreie Vermittlung des Geldverkehrs zwischen dem Gouvernement und der Legationskasse in Berlin. Die Bank wird die bei ihrer Geschäftsstelle in Berlin seitens der Legationskasse eingezahlten Beträge dem Gouvernementsguthaben in Daressalam zuschreiben und ferner auf Anweisung des Gouvernements durch ihre Geschäftsstelle in Berlin Auszahlungen für Rechnung des Gouvernementsguthabens an die Legationskasse bewirken. Der diesen Transaktionen zugrunde zu legende Kurs ist 100 Mark für 75 Rupien.

10. Die Bank ist verpflichtet, dem Gouvernement am Schlusse eines jeden Monats über den Stand seines Guthabens Rechnung zu legen. Aus der Rechnung muß ersichtlich sein:

1. der Stand des Guthabens zu Beginn des Monats,
2. die einzelnen Zu- und Abgänge während des Monats,
3. der Stand am Schlusse des Monats.

Auch in der Zwischenzeit ist das Gouvernement jederzeit berechtigt, eine solche Rechnung einzufordern.

11. Die Bank wird bei ihren Geschäftsstellen im Schutzgebiete Deutsch-Ostafrika den in § 10 der Verordnung des Reichskanzlers, betreffend das Münzwesen des deutsch-ostafrikanischen Schutzgebiets, vom 28. Februar 1904 vorgesehenen Umtausch von Kupfermünzen gegen Silbermünzen nach den vom Gouverneur noch zu erlassenden näheren Bestimmungen vornehmen.

12. Die Bank ist verpflichtet, an ihren sämtlichen Geschäftsstellen im Schutzgebiet ausländische Münzen nur zu denjenigen Kursen anzunehmen und zu verausgaben, welche denselben in den das Münzwesen des Schutzgebiets regelnden Verordnungen, sei es für den Privatverkehr, sei es für den Verkehr mit den öffentlichen Kassen, beigelegt sind.

13. Die Dampfer des Kaiserlichen Gouvernements befördern Silber- und Kupfermünzen der deutsch-ostafrikanischen Landeswährung zwischen den Geschäftsstellen der Bank frachtfrei.

Berlin, den 25. Februar 1905.

Kaiserl. Gouvernement von Deutsch-Ostafrika. Deutsch-Ostafrikanische Bank.
Graf v. Götzen.   Wernholtz.

26. Bekanntmachung des Gouverneurs von Deutsch-Ostafrika, betreffend Änderungen und Ergänzungen der Zollverordnung für das deutsch-ostafrikanische Schutzgebiet vom 13. Juni 1903 zufolge der Verordnung, vom 28. Februar 1904, betreffend das Münzwesen des deutsch-ostafrikanischen Schutzgebiets. Vom 28. Februar 1905.

(Kol. Bl. S. 231.)

Mit Wirksamkeit vom 1. April 1905 ab treten in dem Wortlaute der Zollverordnung*) folgende Änderungen und Ergänzungen ein:

1. Im § 13, Unterabteilung c, ist hinter „weniger als" zu streichen „20 Pesa" und dafür zu setzen „0,30 Rupien".

2. Im § 44 ist „8 Pesa" zu ersetzen durch „0,125 Rupien".

3. Im Zolltarif unter A. Einfuhrzölle sind die in Pesa ausgeworfenen Zollsätze, wie folgt, zu ersetzen:

3a. 24 Pesa durch „0,35 Rupien".   7. 60 Pesa durch „1,— Rupie".
3b. 16   „   „ „0,25   „   8. 30   „   „   „0,50   „
4a. 8   „   „ „0,10   „   9. 12   „   „   „0,20   „
4b. 8   „   „ „0,10   „   10. 32   „   „   „0,50   „
5. 40   „   „ „0,70   „   11. 24   „   „   „0,40   „
6. 60   „   „ „1,—   „   12. 16   „   „   „0,25   „

4. Im Zolltarif unter B. ist in der letzten Bemerkung Nr. 11 „20 Pesa" durch „0,30 Rupien" zu ersetzen.

5. Im Zolltarif unter C. Ausfuhrzölle ist bei Tarif Nr. 11 c) Hühner „8 Pesa" zu ersetzen durch „0,10 Rupien".

*) D. Kol. Gesetzgeb. VIII, Nr. 132.

6. Ebendaselbst in der letzten Bemerkung Nr. 4 ist „20 Pesa" durch „0,30 Rupien" zu ersetzen. Bei den gemäß § 43 der Zollverordnung in Pesa festgesetzten Gebühren tritt eine Änderung nur ein

    a) bei dem Gebührenbetrag „12 Pesa" für besondere Beaufsichtigungen durch Zolldiener in „0,12 Rupien" und
    b) bei der Schreibgebühr von „15 Pesa" in „0,25 Rupien",
    c) bei den Abrundungsgrenzen (§ 11 Ausführungsbestimmungen) von „47 und 48 Pesa" in „0,74 und 0,75 Rupien".

Alle anderen zur Zeit bestehenden Gebühren und Wertfestsetzungen in Geld erfahren nur die Umrechnung nach den Vorschriften der Verordnung, betreffend das Münzwesen, vom 28. Februar 1904, z. B.:

    Segel-Erlaubnisscheingebühr . . . . in „0,125 Rupien"
    Sandballastgebühr . . . . „ „0,50 „
    Durchfuhrgebühr . . . . „ „0,25 „
    Lagergeld . . . . „ „0,25 „
    Formularverkauf . . . . „ „0,03 „

Bezüglich der im inneren Zolldienste zu verwendenden statistischen Marken wird bei einem etwaigen Neudruck derselben der Umrechnung von „8, 16, 24 und 32 Pesa" in „0,125", „0,25", „0,375" und „0,50" Rupien Rechnung getragen werden.

Daressalam, den 28. Februar 1905.

Der Kaiserliche Gouverneur.
I. V. Stuhlmann.

27. Bekanntmachung der Kolonial-Abteilung des Auswärtigen Amtes, betreffend Erlöschen einer Konzession in Deutsch-Ostafrika. Vom 28. Februar 1905.

(Kol. Bl. S. 179.)

Die in Nummer 10 des Deutschen Kolonialblattes vom 15. Mai 1903 abgedruckte Konzession für den Kaufmann Paul Wilken zur Gewinnung von Mineralien in einigen Flußbetten von Deutsch-Ostafrika vom 6. Februar 1903[a]) ist erloschen.

Berlin, den 28. Februar 1905.

Auswärtiges Amt. Kolonial-Abteilung.
Stuebel.

28. Bestimmungen des Gouverneurs von Deutsch-Südwestafrika, betreffend Organisation der Landespolizei für das deutsch-südwestafrikanische Schutzgebiet. Vom 1. März 1905.

(Kol. Bl. S. 284.)

I. Allgemeines.

§ 1. Disziplinar- und Unterordnungsverhältnisse.

Sämtliche Angehörige der Landespolizei sind Zivilbeamte und den für diese geltenden Disziplinarvorschriften unterworfen. Sie haben sich jedoch im Dienste unter militärischen Formen zu bewegen.

---

[a]) D. Kol. Gesetzgeb. VII, No. 13.

Nächst dem Gouverneur sind die Angehörigen der Landespolizei in allen Beziehungen, auch in disziplinarer Hinsicht, den Bezirksamtmännern und Distriktschefs unterstellt, deren Bezirken sie überwiesen sind. Zwischen ihnen und den Angehörigen der Kaiserlichen Schutztruppen besteht keinerlei Unterordnungsverhältnis, unbeschadet jedoch der Verpflichtung, sich gegenseitig zu unterstützen.

§ 2. Gliederung und Zusammensetzung.

Die Landespolizei setzt sich bis auf weiteres zusammen aus:
1. Polizeiwachtmeistern,
2. Polizeisergeanten,
3. Polizisten.

In den Stellen zu 1 und 2 finden nur Weiße, in den Stellen zu 3 nur Farbige Verwendung.

Die Stärke der Landespolizei und die Anzahl der Dienstgrade richtet sich nach dem Etat.

§ 3. Verteilung und Unterbringung.

Die Verteilung der Landespolizei auf die Bezirke, Distrikte und Stationen ordnet der Gouverneur an.

II. Bestimmungen für weiße Polizeiangestellte.

§ 4. Stellenbesetzung.

Die weißen Angehörigen der Landespolizei werden vom Gouverneur angestellt und entlassen.

§ 5. Anforderungen an die einzustellenden Polizeisergeanten und -Wachtmeister.

1. Als Polizeisergeant darf nur angestellt werden, wer
    a) mindestens 9 Jahre oder, falls geeignete Anwärter mit entsprechender Dienstzeit nicht vorhanden sind, mindestens 6 Jahre in einer Kaiserlichen Schutztruppe, im Reichsheere oder in der Reichsmarine aktiv gedient und den Dienstgrad eines Unteroffiziers (Maaten) erreicht hat,
    b) tropendiensttauglich und von starkem gesunden Körperbau ist,
    c) sich dienstlich und außerdienstlich gut geführt hat, nüchtern und schuldenfrei ist,
    d) geistig gut veranlagt ist, eine ausreichende Schulbildung sowie genügende Reitfertigkeit besitzt.

2. Zu Polizeiwachtmeistern dürfen in der Regel nur Polizeisergeanten ernannt werden, welche sich als besonders pflichttreu und zuverlässig erwiesen haben, ihrem Auftreten nach sich zu einer Stellung als Vorgesetzte anderer Polizeisergeanten eignen und Gewandtheit in der Anfertigung schriftlicher sowie rechnerischer Arbeiten besitzen.

Dem Gouverneur bleibt vorbehalten, zwecks Feststellung der im ersten Absatz zu d und am Schlusse des zweiten Absatzes geforderten Eigenschaften die Vornahme einer Prüfung anzuordnen.

§ 6. Anwärterlisten.

Bewerber um Polizeisergeantenstellen, bei welchen die Voraussetzungen des ersten Absatzes des § 5 vorliegen und welche die etwa geforderte Prüfung bestanden haben, werden zwecks Vormerkung in eine beim Gouvernement geführte Liste eingetragen. Über die Reihenfolge der Einberufungen entscheidet — insofern das dienstliche Interesse nicht entgegensteht — der Zeitpunkt der Eintragung in die Liste.

Die Besetzung der Polizeiwachtmeisterstellen erfolgt unter Berücksichtigung der Bestimmungen des § 5 nach freiem Ermessen des Gouverneurs.

§ 7. Allgemeine Dienstobliegenheiten.

Die weißen Angehörigen der Landespolizei sind dazu berufen, als Organe der mit der Landesverwaltung betrauten Zivilbehörden an der Aufrechterhaltung der öffentlichen Ordnung und Sicherheit mitzuwirken, die Befolgung der zu diesem Zwecke erlassenen Gesetze und Verordnungen zu überwachen sowie die Anordnungen der vorgesetzten Behörden zur Ausführung zu bringen. Sie haben die in den gesetzlichen Bestimmungen, insbesondere der Strafprozeßordnung, den Polizeibeamten beigelegten Rechte und Pflichten.

§ 8. Besondere Dienstbefugnisse der Polizeiwachtmeister.

Die Polizeisergeanten und eingeborenen Polizisten haben den dienstlichen Weisungen der Polizeiwachtmeister ihres Bezirks Folge zu leisten. Sind einem Bezirke oder Distrikte mehrere Polizeiwachtmeister überwiesen, so bestimmt über die Abgrenzung ihres Wirkungskreises der Bezirksamtmann auf Grund der seitens des Gouverneurs darüber erlassenen Anordnungen.

§ 9. Dienstanweisungen.

Die Bezirksamtmänner haben zwecks näherer Bestimmung der Dienstobliegenheiten der ihnen unterstellten Polizeiorgane sowie behufs Belehrung der letzteren über ihre dienstlichen Pflichten und Verhältnisse Dienstanweisungen zu erlassen. Die Dienstanweisungen bedürfen ebenso wie spätere Abänderungen derselben der Genehmigung des Gouverneurs.

§ 10. Rechts- und Anstellungsverhältnisse.

Sämtliche für die Landesbeamten des Schutzgebiets geltenden gesetzlichen und sonstigen Vorschriften finden, soweit nicht ausdrücklich Ausnahmen oder Abweichungen festgesetzt sind, auch auf die weißen Angehörigen der Landespolizei Anwendung.

Die Anstellung geschieht für die ersten vom Diensteintritt ab zu rechnenden sechs Monate probeweise auf jederzeitigen Widerruf, späterhin gegen Kündigung, welche für den Gouverneur und, soweit nicht eine nach Maßgabe der Anstellungsbedingungen oder der Urlaubsvorschriften übernommene Verpflichtung für eine bestimmte Dienstperiode entgegensteht, auch für den Angestellten unter Innehaltung einer dreimonatigen Frist statthaft ist. Dem Gouverneur bleibt vorbehalten, aus besonderen Gründen die Probezeit bis auf die Dauer eines Jahres zu verlängern oder von einer solchen abzusehen.

Die Ausübung des Kündigungsrechts durch den Gouverneur hat zur Voraussetzung, daß einer der Gründe vorliegt, aus welchen das Ausscheiden eines Angehörigen der Kaiserlichen Schutztruppe vor dem Ablauf der übernommenen Dienstverpflichtung verfügt werden kann.

Die Bestimmungen über die Entlassung nach den Disziplinarvorschriften werden hierdurch nicht berührt.

§ 11. Urlaub.

Urlaub nach Deutschland und innerhalb des Schutzgebiets sowie Reisebeihilfen erhalten die weißen Angehörigen der Landespolizei nach den für die übrigen Beamten des Schutzgebiets geltenden Bestimmungen.

Den Bezirksamtmännern wird gemäß § 7 der Vorschriften, betreffend den Urlaub usw. der Landesbeamten, vom 31. Mai 1901, die Befugnis übertragen, den ihnen unterstellten weißen Angehörigen der Landespolizei Urlaub innerhalb des Schutzgebiets bis zu 14 Tagen zu erteilen.

§ 12. Bezüge und Versorgung.

Den weißen Angehörigen der Landespolizei wird ein Diensteinkommen innerhalb der Grenzen des Etats und freie Wohnung nach den für die Landesbeamten des Schutzgebiets geltenden Bestimmungen gewährt. Nach diesen und innerhalb der Grenzen des Etats bemißt sich auch die Versorgung. Wegen Erteilung des Zivilversorgungsscheins an die weißen Angehörigen der Landespolizei wird auf die hierüber bestehenden besonderen Vorschriften verwiesen.

§ 13. Uniformierung, Ausrüstung und Bewaffnung.

Die Uniformierung und Bewaffnung der weißen Angehörigen der Landespolizei erfolgt nach besonderen Bestimmungen.

Den Polizeiwachtmeistern und Polizeisergeanten werden Waffen, Munition und Reitausrüstung aus amtlichen Beständen geliefert. Sie haben diese Gegenstände, welche im Eigentum des Landesfiskus verbleiben, in gutem Zustande zu erhalten und sind für Vernachlässigungen und Beschädigungen verantwortlich. Die Bekleidung haben sie sich selbst zu beschaffen, wofür den Polizeisergeanten bei ihrem Dienstantritt ein Bekleidungsgeld von 140 Mk., den Wachtmeistern ein solches von 150 Mk. gewährt wird. Diese Vergütung ist für die Dauer eines Jahres bemessen. In der Folgezeit erhalten die Polizeisergeanten ein jährliches Bekleidungsgeld von 100 Mk., die Wachtmeister ein solches von 110 Mk.

Die Berechtigung oder Verpflichtung zum Tragen der Uniform regelt sich des näheren nach den Dienstanweisungen. Außerhalb des Schutzgebiets darf die Uniform nur mit Genehmigung des Auswärtigen Amts (Kolonial-Abteilung) angelegt werden.

§ 14. Dienstpferde.

Bestimmungen über Dienstpferde bleiben vorbehalten.

§ 15. Verpflegung.

Die weißen Angehörigen der Landespolizei haben sich selbst zu verpflegen. Hinsichtlich der Entnahme von Bedarfsartikeln aus amtlichen Beständen gelten die allgemeinen Bestimmungen.

III. Bestimmungen für Farbige.

§ 16. Annahme und Rechtsverhältnisse.

Die Annahme farbiger Polizisten findet durch die Bezirksamtmänner oder mit deren Genehmigung durch die Distriktschefs statt. Die Regelung der Rechts- und Dienstverhältnisse der farbigen Polizisten hat nach vom Gouverneur erlassenen Grundsätzen durch die Annahmeverträge zu erfolgen.

Die farbigen Polizisten haben die Aufgabe, die weißen Angehörigen der Landespolizei bei Erfüllung ihrer Dienstobliegenheiten nach Maßgabe der vom Gouverneur erlassenen Bestimmungen zu unterstützen. Polizeisergeanten, denen sie durch dienstliche Anordnung beigegeben worden, treten zu ihnen in das Verhältnis als Vorgesetzte.

Die Regelung und Handhabung der Disziplin der farbigen Polizisten geschieht nach den vom Gouverneur aufgestellten Grundsätzen.

§ 17. Bekleidung, Ausrüstung und Bewaffnung.

Die Bekleidung, Ausrüstung und Bewaffnung der farbigen Polizisten entspricht mit den Maßgaben der Anlage zu § 13 der bisher für die eingeborenen Polizisten des Schutzgebiets vorgeschriebenen Uniform.

Die Bezüge der farbigen Polizisten werden vom Gouvernement auf Vorschlag der Bezirksamtmänner geregelt.

Windhuk, den 1. März 1905.

Der Kaiserliche Gouverneur.
I. V. Tecklenburg.

Anhang zu Nr. 28 (§ 13).

Uniformierung der weißen Angehörigen der Landespolizei des deutsch-südwestafrikanischen Schutzgebiets.

I. Im allgemeinen.

1. Zur Kopfbedeckung dient Hut und Mütze. Ersterer ist aus grauem Filz in der Form der Schutztruppenhüte mit roter schmaler Einfassung. Um das Kopfteil des Hutes liegt ein 2 cm breites rotes Band. Der Hutrand ist an der rechten Seite, wo die Reichskokarde angebracht ist, hochgeklappt.

Die Mütze ist eine Militärschirmmütze aus grauem Kord nach Art der Schutztruppenmütze, jedoch mit der Änderung, daß der Streifen um das Kopfteil aus rotem Tuch ist. Auf der Vorderseite des Streifens befindet sich die Reichskokarde.

2. Der Dienstrock ist ein graues Jackett aus Kord oder Khaki, mit einsetzbaren Reichsadlerknöpfen aus weißem Metall nach Art der Schutztruppenröcke, jedoch ohne Besatz am Kragen. Auf den Schultern werden rote abnehmbare Achselklappen getragen. Die Aufschläge nach schwedischer Art sind von gleichem Stoffe wie der Rock und heben sich vom Ärmel durch eine schmale rote Einfassung ab.

3. Die Reithose ist ohne Biese und aus Kord gefertigt.

4. Die Stiefel sind aus gelbem Leder und mit Anschnallsporen versehen.

5. Der Mantel entspricht dem Militärmantel, ist aus grauem Tuch, hat Reichsadlerknöpfe aus weißem Metall, jedoch am Kragen keine Spiegel.

6. Die Sattelausrüstung entspricht der bei der Schutztruppe gebräuchlichen.

7. Als Bewaffnung führen die weißen Angehörigen der Landespolizei Reitersäbel, Gewehr M/98 nebst dem bei der Schutztruppe üblichen Patronengurt und Revolver mit dazu gehöriger Patrontasche.

Der Säbel ist ein leichter Kavalleriesäbel in einer Lederscheide von der Farbe des Koppels an langen gleichfarbigen Ledertragriemen.

II. Dienstgradzeichen der Polizeisergeanten und Polizeiwachtmeister.

1. Die Polizeisergeanten tragen als Abzeichen am Kordrock um den Kragen sowie an den Ärmelaufschlägen unterhalb der Einfassung eine silberne

Borte. Die Borte entspricht den von der Berliner Schutzmannschaft getragenen Silberborten. Die Säbeltroddel zeigt die Reichsfarben, ist nach unten geschlossen und an einem braunen Lederfansriemen befestigt.

Am Khakirock ist die silberne Borte durch eine waschbare weiße ersetzt.

2. Die Polizeiwachtmeister tragen am Kragen und auf den Ärmelaufschlägen anstatt einfacher Borten doppelte Borten von der gleichen Art, wie sie für die Polizeisergeanten vorgeschrieben sind.

An die Stelle der Troddel tritt ein silbernes Portepee an braunem Lederfaustriemen.

Die Achselklappen haben schmalen silbernen Bortenbesatz.

3. Polizeisergeanten, welche bei ihrem Ausscheiden aus dem Heere, der Marine oder der Kaiserlichen Schutztruppe das Offizierseitengewehr getragen haben, dürfen das Portepee der Polizeiwachtmeister führen. Dem Gouverneur bleibt vorbehalten, die gleiche Vergünstigung auch Polizeisergeanten, bei welchen die erwähnte Voraussetzung nicht zutrifft, dann zu gewähren, wenn dieselben nach ihrem Dienstalter voraussichtlich in der Kaiserlichen Schutztruppe zur Beförderung zum Feldwebel oder Vizefeldwebel an der Reihe sein würden.

III. Bemerkungen.

Wo rote Farbe vorgeschrieben ist, entspricht sie der anliegenden Probe.

29. Vertrag zwischen der Kolonial-Abteilung des Auswärtigen Amtes und der Deutsch-Ostafrikanischen Bank. Vom 4. März 1905.

1. Die Bank wird, soweit es ihre Kassenbestände in Daressalam gestatten, bei ihrer Geschäftsstelle in Daressalam an Private Schecks auf ihre Niederlassung in Daressalam, die auf ostafrikanisches Landesgeld in Beträgen von mindestens 5000 Rupien lauten, verabfolgen, und zwar zu einem Kurse, der 134,25 Mk. für 100 Rupien nicht übersteigt.

2. Die Bank wird ferner in Daressalam gegen Einzahlung von Rupien deutscher Prägung in Beträgen von mindestens 5000 Rupien Schecks auf ihre Geschäftsstelle in Berlin verabfolgen, sobald die Rupien zu einem Kurse von 132½ Mk. für 100 Rupien oder niedriger angeboten werden.

3. Soweit der Geschäftsverkehr der Bank es erforderlich erscheinen läßt, wird die Kolonialverwaltung der Bank gegen Bareinzahlung bei der Legationskasse Münzen der deutsch-ostafrikanischen Rupienwährung, nötigenfalls im Wege von Neuprägungen, zum Kurse von 100 Mk. für 75 Rupien in Daressalam zur Verfügung stellen.

4. Soweit der Restand der Bank an deutsch-ostafrikanischen Landesmünzen den durch die Geschäftslage der Bank bedingten Umfang erheblich überschreitet, wird das Gouvernement den überschüssigen Betrag gegen Sichtwechsel auf die Legationskasse zum Kurse von 100 Mk. für 75 Rupien von der Bank übernehmen.

Berlin, den 4. März 1905.

Auswärtiges Amt. Kolonial-Abteilung. Deutsch-Ostafrikanische Bank.
Stuebel. Warnholtz.

30. Abänderung des § 10 der Schulordnung vom 18. Februar 1904.*) Verfügt vom Gouverneur von Samoa am 6. März 1905.

Vom 1. April 1905 ab werden die notwendigen Lehr- und Lernbücher, welche Eigentum der Schule verbleiben, den Schülern seitens der Schule nur noch zur Benutzung überlassen werden. Hierfür ist vierteljährlich im voraus zu entrichten:

für einen Schüler der I. oder II. Klasse 2,00 Mk.,
für einen Schüler der III. oder IV. Klasse 1,00 Mk.,
für einen Schüler der V. Klasse 0,50 Mk.

Der Preis für Lieferung von Schiefertafeln, Heften, Bleistiften usw. ist in diesen Beträgen mit eingeschlossen.

Für den Fall, daß der Schule gehörige Bücher und Utensilien in Verlust geraten oder mutwillig beschädigt werden, kann von den Eltern oder Vormündern der betreffenden Schüler Ersatz des entstandenen Schadens beansprucht werden.

Apia, den 6. März 1905.

Der Kaiserliche Gouverneur.
I. V. Schultz.

31. Verordnung des Gouverneurs von Deutsch-Ostafrika, betreffend Betreten der Sultanate Ruanda und Urundi. Vom 10. März 1905.

(Kol. Bl. S. 231.)

Auf Grund von § 15 Absatz 3 des Reichsgesetzes vom 7. April 1900**) in Verbindung mit § 5 der Verfügung des Reichskanzlers vom 27. September 1903 ist bis auf weiteres das Betreten der Sultanate Ruanda und Urundi nur von der Militärstation Usumbura aus und nur mit schriftlicher Genehmigung des dortigen Bezirkschefs bzw. dessen Stellvertreters gestattet, der befugt ist, an die Erteilung der Erlaubnis ihm notwendig scheinende Bedingungen (Besuch des Sultans, Kaution usw.) zu knüpfen.

Ausgenommen von dieser Verordnung sind Angehörige oder Beauftragte des Gouvernements und der Missionen sowie Personen, die im Sonderfalle Erlaubnis des Gouvernements erhalten werden.

Zuwiderhandlungen gegen diese Verordnung werden mit Gefängnis bis zu drei Monaten oder mit Geldstrafe bis zu 1000 Rupien bestraft.

Daressalam, den 10. März 1905.

Der Kaiserliche Gouverneur.
I. V. Stuhlmann.

32. Verfügung des Gouverneurs von Deutsch-Südwestafrika, betreffend die Gebühren der Rechtsanwälte in Nichteingeborenensachen. Vom 10. März 1905.

(Kol. Bl. S. 284.)

Auf Grund des § 3 der Verfügung des Reichskanzlers vom 28. November 1901, betreffend die Regelung des gerichtlichen Kostenwesens in den Schutzgebieten Afrikas und der Südsee,***) bestimme ich:

*) Vgl. D. Kol. Gesetzgeb. VIII, Nr. 24.
**) Sollte heißen: „des Schutzgebietsgesetzes" (Reichs-Gesetzbl. 1900, S. 813).
***) D. Kol. Gesetzgeb. VI, Nr. 282.

§ 1. Den bei einer Gerichtsbehörde des Schutzgebiets zugelassenen Rechtsanwälten stehen Gebühren im doppelten Betrage der Sätze zu, welche in den im § 19 des Gesetzes über die Konsulargerichtsbarkeit bezeichneten Vorschriften bestimmt sind.

§ 2. Diese Verfügung tritt am 1. April 1905 mit der Maßgabe in Kraft, daß sie auf die vor diesem Termin den Rechtsanwälten erteilten Aufträge keine Anwendung findet.

Windhuk, den 10. März 1905.

Der Kaiserliche Gouverneur.
I. V. Tecklenburg.

33. Auszug aus der Unterweisung für die Offiziere usw. der Kaiserlichen Schutztruppen, seitens des Oberkommandos der Schutztruppen ergangen am 13. März 1905.

1. Neben der Erhaltung der Schlagfertigkeit der Truppe ist die Förderung der wirtschaftlichen und kulturellen Entwicklung des Schutzgebiets die vornehmste Aufgabe aller daselbst tätigen Offiziere. Der Dienst der Offiziere beschränkt sich nicht auf das militärische Gebiet allein, sondern kann ebensowohl Aufgaben der Zivilverwaltung umfassen. Siehe Schutztr. Ordn. §§ 1 und 2.

2. Den Deutschen und anderen weißen Ansiedlern ist in der Ausübung ihres Berufes und Gewerbes entgegenzukommen und ihnen sowie den christlichen Missionsgesellschaften weitgehendste Unterstützung zu gewähren. Mit den vorerwähnten Kreisen sowie mit den Beamten im Schutzgebiet ist ein gutes Einvernehmen aufrechtzuerhalten.

Die Offiziere müssen stets der Pflichten ihres Standes eingedenk sein und dürfen niemals die erforderliche Ruhe und Besonnenheit verlieren. Dies gilt namentlich für den Fall von Angriffen oder Beleidigungen mit Bezug auf ihre dienstliche Tätigkeit. Wenn irgend möglich, wird die Entscheidung der vorgesetzten Dienststelle über die Art der Erledigung eines derartigen Falles einzuholen sein.

3. Körperliche Züchtigungen gegenüber Eingeborenen dürfen nur von den dazu ermächtigten Personen und in den verordnungsmäßig festgesetzten Grenzen verhängt werden. Siehe anliegenden Auszug aus der Verfügung des Herrn Reichskanzlers vom 22. April 1896 (Anlage 1),[*] wonach unter anderm in Deutsch-Ostafrika die Anwendung körperlicher Züchtigung als Strafmittel gegen Araber und Inder überhaupt ausgeschlossen ist. Zuwiderhandlungen unterliegen der Ahndung im Gemäßheit des Militär-Strafgesetzbuches.

Von größter Wichtigkeit ist die Aufrechterhaltung eines guten Verhältnisses zu den Eingeborenen, was deren Heranziehung zur Arbeit in den Grenzen einer Steuerleistung und soweit der öffentliche Frieden dadurch nicht gefährdet wird, nicht ausschließt. Die Voraussetzung hierfür ist, daß die Eingeborenen mit Ernst und Wohlwollen behandelt, und daß Übergriffe oder Härten, zu welchen Unkenntnis der Sprache und Sitten der Eingeborenen den Offizier leicht verleitet, vermieden werden. Schnelles Erlernen der Eingeborenensprache ist daher erforderlich. Die Überlegenheit des Offiziers und das Verständnis für die kolonialen Bedürfnisse wird nicht durch selbstbewußtes Herabsehen auf die farbige Be-

[*] Nicht abgedruckt. Vgl. D. Kol. Gesetzgeb. II, Nr. 194.

völkerung, sondern durch die Erkenntnis ihrer Wichtigkeit für die Entwicklung der natürlichen Hilfskräfte des Landes und durch entsprechende Behandlung dargetan.

4. . . . .

5. Geschenke von Angehörigen der eingeborenen Bevölkerung dürfen nicht angenommen werden, es sei denn, daß deren Zurückweisung eine Verletzung der Landessitte in sich schließen würde. In diesem Falle sind Geldwert besitzende Gegenstände dem Gouvernement abzuliefern, sofern nicht nach Lage des Falles eine andere Verwertung im fiskalischen Interesse angebracht oder geboten erscheint. Ausnahmen von dieser Bestimmung sind nur mit ausdrücklicher Genehmigung des Oberkommandos zulässig. (Siehe anliegenden Erlaß vom 1. März 1902 — Anlage 2 —, der sinngemäß auch für die Angehörigen der Schutztruppen Geltung hat.°)

6. Ethnographische und naturwissenschaftliche Sammlungen dürfen nur nach vorher eingeholter Genehmigung des Oberkommandos der Schutztruppen verwertet oder veräußert werden; auch von jeder beabsichtigten Schenkung solcher Gegenstände ist dem Oberkommando Meldung zu machen. Es kommt hier die Beobachtung der Vorschriften des beiliegenden Bundesratsbeschlusses vom 21. Februar 1889 (Anlage 3)°°) in Betracht.

Einer gleichen Genehmigung bedarf es zur außerdienstlichen Verwertung kartographischer Aufnahmen.

7. Über die ihnen vermöge ihrer Stellung bekannt gewordenen Angelegenheiten, deren Geheimhaltung ihrer Natur nach erforderlich oder von ihren Vorgesetzten vorgeschrieben ist, haben die Offiziere usw. Verschwiegenheit zu beobachten, auch nachdem sie aus der Schutztruppe ausgeschieden sind. Siehe die anliegende Allerhöchste Kabinetts-Ordre vom 11. Dezember 1900 (Anlage 4). Zu Vorträgen über die Verhältnisse in den Schutzgebieten und zu Veröffentlichungen über dieselben ist vorher die Genehmigung des Oberkommandos der Schutztruppen einzuholen. Auch bei Mitteilungen an Angehörige und Bekannte sowie bei Gesprächen in öffentlichen Lokalen über die Verhältnisse in den Schutzgebieten ist Zurückhaltung geboten, da nicht übersehen werden kann, ob nicht etwa mit solchen Mitteilungen Mißbrauch getrieben wird.

8. Die Offiziere haben für die Begleichung etwa noch schwebender pekuniärer Verbindlichkeiten vor ihrer Abreise Sorge zu tragen, insbesondere auch etwaiger Steuerverpflichtungen.

9. Es empfiehlt sich, bei den Reisen von und nach dem Schutzgebiet Privatgepäck gegen Seegefahr zu versichern, da im Falle des Verlustes ein Ersatz aus Reichsmitteln nicht gewährt werden kann.

10. Sämtliche Offiziere sind gehalten, im Sinne vorstehender Weisungen auf ihre weißen Untergebenen einzuwirken.

Berlin, den 13. März 1905.

Oberkommando der Schutztruppen.

Anlage 1 zu Nr. 22.

Literarische Veröffentlichungen der aktiven und ehemaligen Angehörigen der Schutztruppen.

Ich bestimme, daß Meine Ordre vom 23. Januar 1897, betreffend literarische Veröffentlichungen seitens der im aktiven Dienst befindlichen Offiziere und Beamten des Heeres sowie der zur Disposition stehenden Offiziere, auf die Offiziere, Sanitätsoffiziere und Beamten Meiner Schutztruppen mit der Maßgabe sinngemäße Anwendung zu finden hat, daß den früheren Schutztruppenangehörigen, welche in die Armee bzw. Marine zurückgetreten oder zur Disposition gestellt sind, die Genehmigung zur Veröffentlichung von Mitteilungen aus den Schutzgebieten, in denen sie tätig waren, durch die zuständigen Kommandeure nur dann erteilt werden darf, wenn sich der durch Vermittlung des Kriegsministeriums oder des Staatssekretärs des Reichs-Marine-Amts befragte Reichskanzler (Oberkommando der Schutztruppen) damit einverstanden erklärt hat.

Berlin, den 11. Dezember 1900.

Wilhelm. I. R.

An den Reichskanzler
(Oberkommando der Schutztruppen).

34. **Baupolizeiordnung für die Ortschaft Swakopmund. Erlassen vom Bezirksamtmann daselbst am 20. März 1905.*)**

Auf Grund des § 6 Absatz 1 der Verfügung des Reichskanzlers vom 27. September 1903, betreffend das Verordnungsrecht der Behörden in den Schutzgebieten Afrikas und der Südsee, und der Gouvernementsverfügungen, betreffend den Erlaß polizeilicher und sonstiger die Verwaltung betreffender Vorschriften in Deutsch-Südwestafrika, vom 26. Februar 1901 und vom 23. November 1903, wird für die Ortschaft Swakopmund folgendes hiermit verordnet:

§ 1. Baugenehmigung.

Zur Ausführung von Neubauten sowie von An-, Um-, und Erweiterungsbauten jeder Art bedarf es der schriftlichen polizeilichen Genehmigung.

Als Bauten im Sinne dieser Verordnung gelten alle Bauwerke aus festem Baustoff (Stein, Backstein, Lehm, Wellblech, Holz usw.).

§ 2. Bauvorlagen.

1. Mit dem Antrag auf polizeiliche Genehmigung sind Bauskizzen vorzulegen, welche die Lage des Baugrundstücks sowie die Lage, die Hauptmaße und das Material des Bauwerks, die Entfernungen des beabsichtigten Baues von anderen Gebäuden desselben Grundstücks sowie von den Nachbarstraßen und -Grenzen genau erkennen lassen.

Bei umfangreicheren Bauwerken können genaue Bau- und Lagepläne gefordert werden.

2. Das Grundstück, auf welchem gebaut werden soll, ist möglichst nach Hausgrundbuch- und Flurkartennummer zu bezeichnen.

3. Sämtliche Bauvorlagen sind in drei Exemplaren, von dem Bauherrn und dem verantwortlichen Bauunternehmer unterschrieben, einzureichen.

§ 3. Bauerlaubnisschein.

1. Wird ein Bauantrag polizeilich genehmigt, so erhält der Bauherr unter Rückgabe eines mit dem Genehmigungsvermerk versehenen Exemplars der Bau-

vorlegen einen Bauerlaubnisschein. Vor Aushändigung des Bauerlaubnisscheins darf mit dem Bau nicht begonnen werden.

Mit der Erteilung des Bauerlaubnisscheins wird keinerlei Gewähr für die technische Richtigkeit der Bauanlage übernommen. Vielmehr verbleibt die Verantwortung dafür, daß ein Gebäude in allen seinen Teilen nach den allgemeinen Regeln der Baukunst aus gutem, zweckentsprechendem Material standsicher errichtet wird, dem Bauherrn und dem Bauunternehmer.

2. Die Erteilung des Bauerlaubnisscheins kann davon abhängig gemacht werden, daß die Herrichtung des Straßenkörpers einschließlich des Bürgersteiges nach Maßgabe der geltenden allgemeinen Bestimmungen erfolgt oder gesichert ist.

3. Der Bauerlaubnisschein und die Bauvorlagen müssen während der Bauausführung stets auf der Baustelle bereit gehalten werden.

4. Der erteilte Bauerlaubnisschein verliert seine Gültigkeit, wenn nicht innerhalb Jahresfrist nach seiner Aushändigung der Bau begonnen, oder wenn ein begonnener Bau länger als ein Jahr nicht fortgeführt wird.

§ 4. Bauart.

1. Alle Bauten haben den Anforderungen der öffentlichen Sicherheit, im besonderen denjenigen der Feuer-, Gesundheits- und Verkehrssicherheit, zu entsprechen.

2. Feuerstätten und Schornsteine müssen in allen ihren Teilen aus dichtem unverbrennlichen Material bestehen oder mit solchem feuersicher verkleidet sein.

3. Mehrstöckige Gebäude, in deren obersten Geschossen der Fußboden mehr als 7 m über dem Erdboden liegt, müssen mindestens e i n e unverbrennliche Treppe erhalten. Als oberstes Geschoß ist das Dachgeschoß nicht anzusehen, wenn es keine zum dauernden Aufenthalte von Menschen bestimmten Räume enthält.

4. Jedes selbständige Gebäude muß eine Zufahrt von mindestens 2,50 m lichter Breite von der Straße her haben.

5. Alle zum dauernden Aufenthalt von Menschen bestimmten Räume müssen reichlich Licht und Luft haben.

§ 5. Bauabstände.

1. Zwischen allen nicht zusammengebauten Gebäuden desselben Grundstücks und allen vorspringenden Teilen solcher Gebäude muß durchweg ein freier Raum bleiben:
    a) von mindestens 2,50 m Breite, sofern keine oder nur eine der einander zugekehrten Umfassungswände eine Öffnung erhält;
    b) von mindestens 5 m Breite, sofern mehr als eine der einander zugekehrten Umfassungswände Öffnungen erhalten.

2. Bauten an der Grundstücksgrenze sind entweder unmittelbar a u f der Grenze zu errichten oder sie müssen von ihr durchweg einen Abstand einhalten:
    a) von mindestens 2,50 m, sofern die der Grenze zugekehrte Umfassungswand keine Öffnung dorthin erhält;
    b) von mindestens 5 m, sofern die der Grenze zugekehrte Umfassungswand eine Öffnung dorthin erhält.

Bauten auf der Grenze selbst dürfen keine Öffnung in der Grenzwand haben.

3. Holzbauten, welche nicht mit Wellblech verkleidet sind, haben von jedem anderen Gebäude desselben Grundstücks sowie von den Grundstücksgrenzen durch-

Baupolizeiordnung für die Ortschaft Swakopmund. 20. März. 75

weg mindestens 5 m Abstand zu halten. Sind sie indes mit Wellblech verkleidet, so gelten auch für sie die allgemeinen Vorschriften der Nr. 1 und 2.

4. Als einander zugekehrt gelten alle Wände, Gebäudeteile und Grenzen, deren Richtungsabweichung den Winkel von 75 Grad nicht überschreitet.

§ 6. Bausicherung.

Bei Ausführung von Bauten sind die zur Sicherung der Nachbargebäude und des öffentlichen Verkehrs notwendigen Vorkehrungen zu treffen. Im besonderen sind die Baustellen während der Dunkelheit zu beleuchten und abzusperren, soweit dies zur Verhütung von Unglücksfällen erforderlich ist.

§ 7. Bauabnahme.

1. Wenn ein Bau vollendet ist, so liegt es dem Bauherrn ob, bei der Polizeibehörde die Abnahme zu beantragen. Zu dem dann anzuberaumenden Termine muß der Bauherr auf Vorladung entweder persönlich erscheinen oder in geeigneter Weise vertreten sein.

2. Ergeben sich bei der polizeilichen Prüfung Mängel, so hat sie der Bauherr abzustellen und demnächst eine neue Abnahme zu beantragen.

3. Nach vorschriftsmäßiger Ausführung wird durch eine Bescheinigung der Polizeibehörde die Abnahme des Baues ausgesprochen.

4. Anträge auf vorläufige Abnahme einzelner Bauarbeiten und Bauteile werden nur ausnahmsweise berücksichtigt.

§ 8. Bauabbruch.

Mit dem Abbruch eines Gebäudes darf nicht begonnen werden, bevor nicht der Polizeibehörde schriftlich Anzeige gemacht ist. Im Falle des Abbruchs findet § 6 sinngemäße Anwendung.

§ 9. Abort- und Abfallanlagen.

1. Auf jedem bewohnten oder zur regelmäßigen Arbeits- oder Versammlungsstätte von Menschen dienenden Grundstücke sind Abortanlagen und Mülllagerstätten von solchem Umfange zu errichten, daß sie ohne Entleerung dem regelmäßigen Bedarf der Nutzungsberechtigten für wenigstens eine Woche genügen; mindestens aber sind zu errichten:

a) je 1 Abortsitz für
   I. Weiße,
   II. Eingeborene,
   III. jede auf dem Grundstück betriebene Schanklizenz oder Herbergswirtschaft;
b) je ein Pissoir für jede auf dem Grundstück betriebene Schanklizenz oder Herbergswirtschaft;
c) je eine Müllagerstätte.

2. Jedes der in Nr. 1 bezeichneten Grundstücke ist mit einer Sickeranlage für Wirtschaftsabwässer zu versehen.

3. Die Aborte müssen eine Grundfläche von mindestens 1 qm für jeden Abortsitz haben und mit einem wasserdichten, leicht herausnehmbaren Metallbehälter versehen sein.

Fäkalien und Urin dürfen nur in die Abortanlagen entleert werden.

4. Die Mühlagerstätten haben aus einer festen feuersicheren Unterlage und einer hinreichenden Anzahl fester Behälter zu bestehen. Die Behälter müssen

so beschaffen sein, daß zwei bis vier Menschen sie in gefülltem Zustande unschwer eine Strecke weit fortbewegen können.

Müll, Abfälle jeder Art und Asche dürfen nur in den Müllagerstätten gelagert werden. Speiseabfälle sind innerhalb der Müllagerstätten in einem besonderen wasserdichten, mit Deckel versehenen Behälter zu lagern.

5. Die Sickeranlagen haben aus zugedeckten Sickertonnen oder gleichwertigen Vorrichtungen zu bestehen. Die Sickertonnen sind aus einem oder mehreren übereinander in einem Erdschacht von mindestens 1,50 m Tiefe und ½ m Breite versenkten, bodenlosen Gefäßen herzustellen, welche auf einer Hohlunterlage aus Flaschen oder dergleichen ruhen und oben mit einem herausnehmbaren Drahtsieb sowie darüber mit einem Deckel versehen sind.

Wirtschaftsabwässer, welche nicht unschädlich zum Gartenbau verwendet werden, dürfen nur in die Sickeranlagen entleert werden.

Befreiung von der Pflicht zur Herstellung einer Sickeranlage tritt auf Antrag ein, wo der Untergrund in geringer Tiefe felsig ist und anderweitige Gewähr für unschädliche Beseitigung der Wirtschaftsabwässer geboten wird.

6. Die Benutzung von Gruben zu Aborten und Müllagerstätten sowie zur Aufnahme von Wirtschaftsabwässern ist verboten.

7. Vorhandene Aborte, Müllagerstätten und Sickeranlagen dürfen ohne polizeiliche Genehmigung nicht geschlossen werden.

8. In Kraft befindliche weitergehende Vorschriften über die Abort- und Abfallanlagen bleiben unberührt.

9. Der Polizeibehörde bleibt vorbehalten, die Bestimmungen in Nr. 3 bis 5 im Wege der Bekanntmachung zu ändern.

§ 10. Hausnummern.

Soweit die Straßen in Swakopmund amtlich mit Namenschildern versehen werden, sind die Eigentümer der anliegenden Grundstücke verpflichtet, polizeilich zu bestimmende Hausnummern anzubringen. Die Art der Anbringung und die Form der Nummernschilder unterliegen der polizeilichen Genehmigung.

§ 11. Zuwiderhandlungen.

Zuwiderhandlungen gegen die Vorschriften dieser Verordnung werden mit Geldstrafe bis zu 150 Mk., im Nichtbeitreibungsfalle mit Haft bis zu sechs Wochen bestraft. Daneben bleibt die Polizeibehörde befugt, die Herstellung vorschriftsmäßiger Zustände auf Kosten des Zuwiderhandelnden herbeizuführen.

§ 12. Übergangsbestimmungen.

Diese Verordnung tritt einen Monat nach dem Tage ihrer Verkündung in Kraft.

Die bis dahin erteilten Bauerlaubnisscheine behalten mit der Maßgabe des § 3 Ziffer 4 ihre Gültigkeit.

Auf Veränderungen und Ausbesserungen vorhandener Bauten finden die Vorschriften dieser Verordnung Anwendung, soweit nicht die Polizeibehörde eine Ausnahme schriftlich genehmigt.

Swakopmund, den 20. März 1905.

Der Kaiserliche Bezirksamtmann.

Dr. Fuchs.

35. Pachtvertrag zwischen dem Fiskus des deutsch-ostafrikanischen Schutzgebietes und der Deutschen Kolonial-Eisenbahn-Bau- und Betriebs-Gesellschaft zu Berlin. Vom 20./28. März 1905.

§ 1. Der Landesfiskus des deutsch-ostafrikanischen Schutzgebiets verpachtet die ihm gehörige ostafrikanische Usambara-Eisenbahn von Tanga nach Mombo vom 1. April 1905 ab an die Deutsche Kolonial-Eisenbahn-Bau- und Betriebs-Gesellschaft. Der Verpächter ist befugt, den Vertrag mit dem Schluß eines jeden Betriebsjahres unter Innehaltung einer Kündigungsfrist von sechs Monaten aufzuheben. Der Pächterin steht ein Kündigungsrecht zum Ende des dritten, sechsten und des neunten Betriebsjahres unter Innehaltung einer einjährigen Kündigungsfrist zu. Erfolgt keine Kündigung, so endigt das Pachtverhältnis mit dem 31. März 1917.

Während der Dauer des Vertrages führt die Pächterin den Betrieb der Bahn unter den nachstehenden Bedingungen selbständig und auf eigene Rechnung.

§ 2. Die Pächterin verpflichtet sich, die Eisenbahn während der Dauer des Pachtverhältnisses unter sinngemäßer Anwendung der preußischen Betriebsvorschriften für Kleinbahnen vom 13. August 1898 (Zeitschrift für Kleinbahnen 1898, Seite 452 ff.) ordnungsgemäß und nach Maßgabe des Verkehrsbedürfnisses zu betreiben und dabei die zur Zeit bestehenden Vorschriften zu befolgen, insbesondere die Bahnordnung für die Usambarabahn und die Feststellung über das Verhältnis der Usambarabahn zur Reichspost- und Reichstelegraphen-Verwaltung.

Diese Vorschriften können durch Vereinbarung zwischen beiden Vertragsparteien geändert werden.

§ 3. Die Pächterin ist verpflichtet, die gesamte Eisenbahnanlage, insbesondere den Unter- und Oberbau, die zum Bahnbetriebe gehörigen Baulichkeiten, die Betriebsmittel, die Ausrüstungsgegenstände und die Inventarienstücke in gebrauchsfähigem und betriebssicherem Zustande zu erhalten und die nötigen Erneuerungen nach den heimischen Grundsätzen zu bewirken, sowie die erforderlichen Ergänzungen vorzunehmen, so daß jede Strecke der Bahn ohne Gefahr mit einer Geschwindigkeit von 40 km in der Stunde befahren werden kann.

Über die während der Pachtzeit abgehenden und zugehenden Gegenstände sind genaue Aufstellungen und Verzeichnisse von der Pächterin zu führen.

§ 4. Mit dem 1. April 1905 sind der Pächterin die ganze Eisenbahn sowie sämtliche zum Bahnbetriebe gehörigen Baulichkeiten, Betriebsmittel, Materialvorräte, Ausrüstungsgegenstände und Inventarienstücke in gutem und leistungsfähigem Zustande zu übergeben.

Bei der Übergabe ist von den Vertretern beider Teile über die Betriebsmittel, Materialvorräte, Ausrüstungsgegenstände und Inventarstücke ein Verzeichnis nebst Wertschätzung aufzunehmen und mit einer Nachweisung des Bestandes an Gleisen und baulichen Anlagen zu vollziehen. Dieses bildet die Grundlage für die Rückgabeverpflichtung der Pächterin bei Ablauf des Pachtverhältnisses. Gegenstände, welche in dem Verzeichnis nicht aufgeführt worden sind, gelten nicht als der Pächterin übergeben.

§ 5. Die Pächterin erklärt sich bereit, das gesamte vom Kaiserlichen Gouvernement an der Usambarabahn angestellte Personal auf Grund der mit jenem Personal bestehenden Abmachungen bis zu deren Ablauf zu übernehmen. Die Bezüge, welche für die Bahnangestellten nach Beendigung der Tätigkeit im Schutzgebiet auf Grund der jetzigen Abmachungen mit ihnen fällig werden, werden jedoch von dem Verpächter gezahlt.

§ 6. Sämtliche bestehenden Verträge, betreffend den Eisenbahnbetrieb, hat die Pächterin an Stelle des Verpächters zu erfüllen. Sie ist berechtigt, alle darin dem Verpächter oder einem seiner Vertreter eingeräumten Rechte selbst auszuüben. Soweit die Ausübung dieser Rechte nur auf den Namen der früheren Eisenbahnverwaltung oder des Gouvernements geschoben kann, ist der Pächterin rechtzeitig eine Vollmacht auszustellen. Soweit auf Lieferungen oder Arbeiten, welche im Interesse des Betriebs der einzelnen Strecken erst nach deren Übergang an die Pächterin ausgeführt werden und nach diesem Vertrage als Betriebsausgaben gebucht werden müssen, seitens der Kolonial-Verwaltung Vorschüsse gezahlt worden sind, hat die Pächterin diese zu Lasten ihrer Betriebsfonds zu erstatten und als Betriebsausgabe zu buchen.

§ 7. Zur Ansammlung der Mittel, die für die regelmäßig wiederkehrende Erneuerung des Oberbaus (außer der Bettung) und der Betriebsmittel auch bei sorgfältiger Unterhaltung erforderlich werden, dient der bereits bestehende Erneuerungsfonds der Usambarabahn. Es sind hieraus jedoch von den Betriebsmitteln nur die Kosten ganzer Lokomotiven und Wagen, von den Oberbaumaterialien auch die Kosten einzelner Stücke zu bestreiten.

Der Ersatz einzelner Teile der Betriebsmittel muß zu Lasten des Betriebes erfolgen.

§ 8. Der Erneuerungsfonds ist in Schuldverschreibungen oder in verzinslichen Schatzanweisungen des Deutschen Reichs oder deutscher Bundesstaaten anzulegen.

In den Erneuerungsfonds fließen:
a) der Erlös aus den entsprechenden abgängigen Materialien,
b) die Zinsen des Fonds,
c) eine den Betriebseinnahmen zu entnehmende jährliche Rücklage von 75 850 Mk.

Dieser Betrag, der mit 3 Prozent für Schienen, eiserne Schwellen, Weichen und Kleineisenzeug, 6 Prozent für hölzerne Schwellen, 5 Prozent für Lokomotiven und 3 Prozent für Wagen nach Maßgabe der Anschaffungswerte berechnet ist, erhöht sich im Falle einer Vermehrung der Oberbaumaterialien oder der Fahrzeuge in dem dieser Vermehrung entsprechenden Verhältnisse.

Die Rücklage kann, sobald die Erfahrung späterer Jahre es gestattet, im Einverständnis mit dem Verpächter vermindert werden.

§ 9. Die Materialienerlöse und Rücklagen in den Erneuerungsfonds sind nach Abzug der gemäß § 7 etwa in Anrechnung zu bringenden und im einzelnen anzugebenden Kosten binnen sechs Monaten nach Schluß jedes Betriebsjahres an die Legationskasse des Auswärtigen Amtes abzuführen. Sie gehen ins Eigentum des Landesfiskus über und fließen dem bereits bestehenden Erneuerungsfonds der Usambarabahn zu.

Die Pächterin darf in jedem Jahre bis zu 5000 Mk. Aufwendungen zu Lasten des Erneuerungsfonds ohne besondere Genehmigung des Verpächters machen. Weitere Aufwendungen unterliegen der Genehmigung des Verpächters.

Reichen in einem Betriebsjahre die nach § 8 a und c fälligen Summen zur Bestreitung der gemäß § 7 erforderlichen Aufwendungen nicht aus, so ist der fehlende Betrag der Pächterin aus dem Erneuerungsfonds der Usambarabahn zu ersetzen.

§ 10. Für die Bestreitung von Ausgaben, die durch außergewöhnliche Elementarereignisse und größere Unfälle, Tötungen und Körperverletzungen von Personen sowie Beschädigungen der Bahn nebst Zubehör und fremder Sachen durch den Eisenbahnbetrieb hervorgerufen werden, wird ein Spezialreservefonds gebildet. Ersatzleistungen für Schäden von weniger als 1000 Mk. Kapitalwert sowie etwaige Beiträge für Versicherungen gelten als Betriebsausgaben und gehen nicht zu Lasten des Spezialreservefonds. Von Ereignissen, auf Grund deren die Mittel des Spezialreservefonds in Anspruch genommen werden sollen, ist dem Gouvernement alsbald nach deren Eintritt Anzeige zu erstatten.

§ 11. Der Spezialreservefonds ist in Schuldverschreibungen oder in verzinslichen Schatzanweisungen des Deutschen Reichs oder deutscher Bundesstaaten anzulegen.

In den Spezialreservefonds fließen:
a) die Zinsen des Fonds,
b) eine den Betriebseinnahmen zu entnehmende jährliche Rücklage zwischen 3000 und 7000 Mk.

Die Rücklage wird bemessen nach dem auf volle Mark nach oben abgerundeten Jahresdurchschnitte des Kapitalwertes der Leistungen, die infolge entsprechender Ereignisse der drei letzten vorangegangenen Betriebsjahre zu Lasten des Spezialreservefonds nötig geworden sind. Für das zweite Betriebsjahr wird sinngemäß das Ergebnis des ersten und für das dritte Betriebsjahr desjenige der beiden ersten Betriebsjahre zugrunde gelegt. Ist der so berechnete Durchschnitt niedriger als 3000 Mk., so beträgt die Rücklage 3000 Mk., ist er höher als 7000 Mk., so beträgt sie 7000 Mk. In allen anderen Fällen soll sie ihm gleich sein. Für das erste Betriebsjahr wird die Rücklage auf 3000 Mk. festgesetzt.

Die Rücklagen sind nach Abzug der gemäß § 10 etwa in Anrechnung zu bringenden und im einzelnen anzugebenden Kosten binnen sechs Monaten nach Schluß jedes Betriebsjahres an die Legationskasse des Auswärtigen Amts abzuführen und gehen ins Eigentum des Landesfiskus über. Sind jene Kosten größer als die Rücklage, so erhält die Pächterin den Unterschied aus dem Spezialreservefonds ersetzt.

§ 12. Für die Bestreitung von Ausgaben für Neuanschaffungen und Neuanlagen, welche als Substanzvermehrung oder Verbesserung und somit nach kaufmännischer und betriebstechnischer Auffassung als Vermögenszuwachs anzusehen sind, wird ein Reservebaufonds gebildet. Die hierher gehörigen Ausgaben haben sich im Rahmen der verfügbaren Mittel zu halten.

Der Fonds ist in Schuldverschreibungen oder in verzinslichen Schatzanweisungen des Deutschen Reichs oder deutscher Bundesstaaten anzulegen.

In den Reservebaufonds fließen:
a) bis derselbe die Höhe von 100 000 Mk. erreicht oder wiedererreicht hat, der Anteil des deutsch-ostafrikanischen Landesfiskus an dem Betriebsüberschuß,
b) die Zinsen des Fonds.

§ 13. Der Erneuerungs-, der Spezialreserve- und der Reservebaufonds stehen im Eigentum des deutsch-ostafrikanischen Schutzgebiets.

§ 14. Mit Ausnahme der Rücklagen in den Reservebaufonds und der Ausgaben, welche zu Lasten der in den §§ 7 bis 12 bezeichneten Fonds gehen, und mit Ausnahme der diesen Fonds zufließenden Zinsen und der in den Erneuerungsfonds fließenden Erlöse von Materialien sind sämtliche Ausgaben und Einnahmen, welche das Unternehmen verursacht, Betriebsausgaben und Betriebseinnahmen. Diese bilden den Betriebsetat, welcher von der Pächterin verwaltet wird.

§ 15. Für die allgemeinen persönlichen und sachlichen Kosten der betriebs-, bau-, maschinen-, verkehrstechnischen und kaufmännischen Oberleitung des Betriebes von Deutschland aus ist die Pächterin berechtigt, sich die Summe von 8000 Mk. jährlich zu berechnen und sie als Betriebsausgabe zu verbuchen. In dieser Summe sind auch die Kosten der Revisionsreisen von Deutschland aus einbegriffen.

§ 16. Das Betriebsjahr rechnet vom 1. April eines Jahres bis zum 31. März des nächsten Jahres.

§ 17. Die Pächterin hat die Einnahmen und Ausgaben des Betriebes nach dem Normalbuchungsformular der Eisenbahnen Deutschlands zu verbuchen, falls die Kolonial-Abteilung nicht einer anderen Buchungsmethode zustimmt.

Die Pächterin hat nach Ablauf eines jeden Kalendervierteljahres vor Ablauf des nächsten Kalendervierteljahres dem Gouvernement eine Übersicht über die Betriebseinnahmen zuzusenden.

Innerhalb von sechs Monaten nach Schluß jedes Betriebsjahres hat die Pächterin dem Verpächter einen ordnungsmäßig aufgestellten Betriebsabschluß zu übersenden. Aus diesem Abschluß müssen auch ersichtlich sein: die Einnahmen und Ausgaben im einzelnen, welche den Erneuerungsfonds, den Spezialreservefonds und den Reservebaufonds betreffen.

Zur Prüfung des Abschlusses steht es dem Verpächter frei, durch von ihm zu entsendende Vertreter Einsicht in die Bücher der Pächterin und in sämtliche Einnahme- und Ausgabebelege zu nehmen.

Erinnerungen gegen die Einstellung der Ausgaben und Einnahmen sind nur bezüglich ihrer rechnerischen Richtigkeit und ihrer Verrechnungsstelle zulässig.

§ 18. Von dem Überschuß, um welchen die Betriebseinnahmen des Bahnunternehmens die Betriebsausgaben übersteigen, bildet die Hälfte den Gewinnanteil des deutsch-ostafrikanischen Landesfiskus. Diese Hälfte geht als Rücklage in den Reservebaufonds, bis derselbe die Höhe von 100 000 Mk. erreicht oder wiedererreicht hat. Die andere Hälfte verbleibt der Pächterin. Die Abführung des danach dem Verpächter gebührenden Gewinnanteils hat spätestens bis zum 15. November jedes Jahres an die von dem Verpächter zu bestimmende Kasse ohne Zinsberechnung zu erfolgen.

Sofern die Betriebsausgaben in einem Betriebsjahre die Einnahmen übersteigen, hat die Pächterin die fehlende Summe aus eigenen Mitteln zu tragen. Ergibt sich alsdann in den folgenden Betriebsjahren ein Überschuß der Einnahmen über die Ausgaben, so gebührt dieser in voller Höhe so lange der Pächterin, bis die aus dem Übersteigen der Ausgaben über die Einnahmen in den früheren Betriebsjahren entstandenen Ausfälle der Pächterin voll ausgeglichen worden sind. Bei Berechnung dieser Ausfälle findet eine Zinsberechnung nicht statt.

§ 19. Sofern die Mittel des Spezialreservefonds zu den aus demselben zu bestreitenden Ausgaben in einem Jahre nicht ausreichen, hat die Pächterin den erforderlichen Betrag vorzuschießen.

Ein derartig vorgeschossener Betrag ist aus später verfügbaren Mitteln des Spezialreservefonds unter vierprozentiger Verzinsung vom Schlusse des Rechnungsjahres ab, in dem die Zahlung geleistet wurde, spätestens jedoch zwei Jahre nach Ablauf dieses Vertrages, unbeschadet der im § 27 getroffenen Bestimmungen, von dem Verpächter der Pächterin zu erstatten.

Die Rückzahlung solcher Vorschüsse gilt nicht als Leistung zu Lasten des Spezialreservefonds im Sinne des vorletzten Absatzes des § 11, wohl aber die mit jenen Vorschüssen erfüllte Leistung.

Sofern Ansprüche aus Tötungen und Körperverletzungen von Personen oder Beschädigungen fremder Sachen durch den Eisenbahnbetrieb herbeigeführt werden, fallen sie für die Zeit nach Auflösung des Vertrages dem Verpächter zur Last.

§ 20. Die Pächterin ist verpflichtet, einen zu ihrer Vertretung im vollen Umfang berechtigten, technisch gebildeten und im Betriebsdienste erfahrenen Betriebsleiter und einen Stellvertreter für diesen zu ernennen, die ihren Wohnsitz in Tanga zu nehmen haben. Die sonstigen bei der Bahnunterhaltung und im Betriebe beschäftigten Angestellten müssen eine ihrer Verwendung entsprechende Vorbildung (die weißen Lokomotivführer gemäß den Bestimmungen des Bundesrats über die Befähigung von Eisenbahnbetriebsbeamten, vom 5. Juli 1892, und den zugehörigen Nachträgen, die anderen weißen Angestellten gemäß den Betriebsvorschriften für Kleinbahnen mit Maschinenbetrieb vom 13. August 1898) und guten Leumund besitzen.

Der Betriebsleiter und sein Vertreter müssen Angehörige des Deutschen Reichs sein. Untüchtige und übel beleumundete Angestellte sind auf Verlangen des Gouvernements sofort zu entfernen.

Das Gouvernement ist jederzeit berechtigt, durch von ihm zu bestellende Vertreter die Bahnstrecke zu besichtigen. Die Pächterin ist berechtigt, zu verlangen, daß bei derartigen Besichtigungen ein von ihr zu bestimmender Beamter zugegen ist und daß etwaige Mängel unter seiner Mitwirkung festgestellt werden.

Die Vertreter des Gouvernements, welche in ihrer aufsichtsbehördlichen Diensttätigkeit in bezug auf das Bahnunternehmen auf der Bahnstrecke verkehren, sind von der Pächterin mit ihrem Gepäck gebührenfrei zu befördern.

§ 21. Die Pächterin hat eine den jeweiligen Verkehrsverhältnissen entsprechende Anzahl von Zügen, mindestens aber wöchentlich drei durchgehende Züge in jeder Richtung zu fahren. Die Reisegeschwindigkeit der Züge darf gegen die der jetzt auf der Bahn verkehrenden Züge nicht zurückstehen. Die Pächterin setzt den Fahrplan unter Befolgung dieser Verpflichtung fest. Zu Änderungen des Fahrplans muß die vorherige Genehmigung des Gouvernements eingeholt werden.

§ 22. Als Maximaltarife gelten für die Pächterin die bei Beginn der Pacht für die Usambarabahn eingeführten Tarife. Die Kolonial-Abteilung kann diese Maximaltarife auf Antrag der Pächterin erhöhen, im übrigen bedürfen Tarifänderungen der Zustimmung des Gouvernements.

§ 23. Der Fahrplan und die Beförderungspreise, sowie deren Änderungen sind vor ihrer Einführung öffentlich bekannt zu machen.

Die angesetzten Beförderungspreise haben gleichmäßig für alle Personen oder Güter Anwendung zu finden.

Ermäßigungen der Beförderungspreise, welche nicht unter Erfüllung der gleichen Bedingungen jedermann zugute kommen, sind unzulässig.

§ 24. Der Verpächter hat das Recht, den Anschluß an die Bahn mit Privatanschlußgleisen oder Anschlußbahnen zu gestatten oder selbst herzustellen, sofern der Pächterin die dieser daraus erwachsenden unmittelbaren Kosten ersetzt werden.

Die Pächterin ist verpflichtet, auf den Privatanschlußgleisen den Betrieb gegen angemessene Vergütung zu übernehmen und ferner den Übergang geeigneter Fahrzeuge der Anschlußbahnen ebenfalls gegen angemessene Vergütung zu gestatten.

§ 25. Falls fiskalische Bauten zur Erweiterung der Bahnanlagen oder zur Einrichtung von Anschlußgleisen oder Anschlußbahnen ausgeführt werden, hat die Pächterin die hierzu erforderlichen Baumaterialien zu Frachtsätzen zu befördern, welche über die Selbstkosten nicht hinausgehen dürfen. Die Höhe dieser Sätze hat das Gouvernement nach Anhörung der Pächterin festzusetzen.

§ 26. Die landespolizeiliche und eisenbahntechnische Aufsicht liegt dem Gouvernement durch seine Beamten ob.

Beförderungen im öffentlichen Interesse, insbesondere von Truppenteilen, gehen allen anderen vor und sind nach Möglichkeit gemäß den Wünschen des Gouvernements vorzunehmen.

§ 27. Macht der Verpächter von seinem Kündigungsrechte Gebrauch, so ist er verpflichtet, die durch Überwiegen der Betriebsausgaben über die Betriebseinnahmen der Pächterin in den abgelaufenen Betriebsjahren entstandenen Ausfälle, soweit sie in den nachfolgenden Betriebsjahren aus Einnahmeüberschüssen noch nicht gedeckt worden sind, ohne Zinsvergütung zu ersetzen.

Diese Ersatzpflicht entfällt, wenn die Kündigung erfolgt, weil die Pächterin ihre Vertragspflicht in grob fahrlässiger Weise verletzt hat. Soll die Ersatzpflicht auf Grund dieser Bestimmung ausgeschlossen werden, so hat der Verpächter unter Angabe der die Ersatzpflicht ausschließenden Tatsachen bei der Kündigung dies der Pächterin mitzuteilen.

Macht die Pächterin von ihrem Kündigungsrechte Gebrauch, so hat sie keinen Anspruch auf Ersatz der im ersten Absatze dieses § 27 erwähnten Ausfälle, unbeschadet der im § 19 getroffenen Bestimmungen.

§ 28. Bei Beendigung des Pachtverhältnisses findet die Rückgabe aller gepachteten Gegenstände auf Grund des bei Beginn des Pachtverhältnisses gemäß § 4 aufgenommenen Verzeichnisses und der gemäß § 3 geführten Aufstellung über abgegangene und zugegangene Gegenstände statt. Die Gegenstände müssen sich in betriebsfähigem und ordnungsmäßigem Zustande befinden.

Die der Pächterin bei der Auseinandersetzung entstehenden Kosten sind mit Ausnahme der im folgenden § 29 bezeichneten Kosten als Betriebsausgaben des letzten Betriebsjahres anzusehen und zu verbuchen. Hierzu gehören insbesondere auch Auslagen, die dadurch entstehen, daß Beamte oder Angestellte der Pächterin über die Dauer des Pachtverhältnisses hinaus zur Durchführung der Auseinandersetzung in Afrika verbleiben müssen. Die bei dem ohne Kündigung eintretenden Ablaufe des Vertrags (am 1. April 1917) noch ungedeckt gebliebenen Betriebsausfälle aus der Vorzeit und ein etwaiger Betriebsausfall des letzten Jahres bleiben — unbeschadet der Vorschrift in § 19 — zu Lasten der Pächterin.

§ 29. Die Übergabe bei Beginn und die Abnahme bei Beendigung der Pachtzeit erfolgt durch eine Kommission, bestehend aus einem Vertreter der Pächterin, einem technischen Vertreter des Verpächters und dem Bezirksamtmann in Tanga oder dessen Vertreter.

Durch eine ebenso zusammengesetzte Kommission soll im 4. Quartal jedes Kalenderjahres der Zustand der Bahn revidiert, und es soll über diese Revision ein Protokoll aufgenommen werden, in dem die im Interesse der Regelmäßigkeit und Sicherheit des Betriebes sowie der guten Erhaltung der Bahn und ihres Zubehörs für nötig erachteten Ausführungen und die für deren Fertigstellung zu vereinbarenden Fristen verzeichnet werden und in dem zugleich festgestellt wird, ob oder wieweit die bei früheren Revisionen für nötig befundenen Arbeiten ausgeführt worden sind.

Findet eine Einigung der Kommissare über einzelne Punkte nicht statt, so sind diese Punkte im Protokoll auszuscheiden. Die Sondergutachten der Kommissare sind dem Protokoll beizufügen.

Die Kosten der Tätigkeit dieser in den drei vorstehenden Absätzen bezeichneten Kommissionen trägt jede Partei an ihrem Teile außerhalb dieses Vertrages.

§ 30. Alle Meinungsverschiedenheiten zwischen der Pächterin und dem Verpächter hinsichtlich der Rechte und Pflichten aus diesem Vertrage, so namentlich auch nach Beendigung des Pachtverhältnisses, werden unter Ausschluß des ordentlichen Rechtsweges durch ein Schiedsgericht geschlichtet. Der Teil, welcher ein Schiedsgericht anrufen will, hat dem anderen Teil eine darauf hinzielende Erklärung zugehen zu lassen, in welcher er selbst einen Schiedsrichter benennt. Innerhalb zweier Wochen nach Empfang hat der andere Teil einen zweiten Schiedsrichter zu benennen. Diese Frist wird auf 8 Wochen verlängert, sofern sich die zur Ernennung der Schiedsrichter nach dem Vertrage oder kraft besonderer Vollmacht berufenen Vertreter der beiden Parteien nicht im selben Erdteile befinden. Läßt der andere Teil die Frist verstreichen, ohne sich zu erklären, so ist der erste Teil befugt, den Präsidenten des Hanseatischen Oberlandesgerichtes zu Hamburg um Ernennung eines zweiten Schiedsrichters für den anderen Teil anzugehen. Die beiden benannten Schiedsrichter haben sich alsbald über einen dritten Schiedsrichter, welcher zugleich die Stellung eines Obmanns einnehmen soll, zu einigen. Sofern sie sich nicht einigen können, hat der Präsident des Hanseatischen Oberlandesgerichtes zu Hamburg den Obmann zu ernennen.

Die Schiedsrichter sind berechtigt, Erhebungen anzustellen, auch Sachverständige und Zeugen zu vernehmen. Den Erhebungen und Vernehmungen der Sachverständigen und Zeugen können Vertreter beider Teile beiwohnen. Der Schiedsspruch, der auch über die Kosten des Verfahrens und ihre Verteilung zu entscheiden hat, ist schriftlich abzufassen und von den drei Schiedsrichtern zu vollziehen. Das schiedsrichterliche Verfahren regelt sich im übrigen nach den Vorschriften der Zivilprozeßordnung.

§ 31. Die Kosten des Abschlusses dieses Vertrages sowie etwaige Stempelsteuergebühren hat die Pächterin zu tragen.

§ 32. Dieser Vertrag wird in einer Hauptausfertigung für den Verpächter und einer Nebenausfertigung für die Pächterin abgeschlossen, und zwar vorbehaltlich der Zustimmung des Bundesrates und des Reichstages zu den aus ihm erwachsenden finanziellen Leistungen des deutsch-ostafrikanischen Landesfiskus.

Berlin, den 20. März 1905.　　　　Berlin, den 28. März 1905.

Auswärtiges Amt.　　　　　　　　Deutsche Kolonial-Eisenbahn-Bau-
Kolonial-Abteilung.　　　　　　　und Betriebs-Gesellschaft.

Stuebel.　　　　　　　　　　　　Lenz.

36. Bekanntmachung des Gouverneurs von Deutsch-Ostafrika, betreffend den Usambara-Bahntarif. Vom 21. März 1905.

Im Hinblick auf die Einführung der Hellerrechnung wird der gegenwärtig in Geltung befindliche Tarif der Usambara-Eisenbahn mit Wirkung vom 1. April 1905 ab wie folgt geändert:

I.
a. Personenverkehr.

	Einfache Fahrt		Hin und Rück abrt	Bemerkungen
	2. Kl. f. d. Km. Heller	3. Kl. f. d. Km. Heller	2. Kl. L d. Km. Heller	
Für Weiße	9,5	—	14	Fahrkarten 2. Kl. und Rückfahrten 3. Kl. für Farbige und Halbfarbige werden nicht ausgegeben.
Für Farbige und Halbfarbige	—	1	—	

b. Gepäckverkehr und c. Beförderung von Hunden.

Der Einheitssatz für Reisegepäck wird für den Kilometer und 100 kg auf je 3 Heller, der Einheitssatz für Hunde gleichfalls auf 3 Heller für den Kilometer festgesetzt.

II.
Güterverkehr.
Stückgut.

Allgemeine Stückgutklasse	Spezialtarif I	Spezialtarif II
Für 100 kg und 1 km Heller	Für 100 kg und 1 km Heller	Für 100 kg und 1 km Heller
3	1,5	0,75

Wagenladung.

Allgemeine Wagenladungsklasse	Spezialtarif I	Spezialtarif II
Für 100 kg und 1 km Heller	Für Güter des Spezialtarifs I der Stückgutklasse für 100 kg und 1 km Heller	Für Güter des Spezialtarifs II der Stückgutklasse für 100 kg und 1 km Heller
2,5	1,25	0,6

1. Grundzüge für die Frachtberechnung.

a) Die Fracht wird auf die nächste durch 5 teilbare Hellersumme nach oben abgerundet.

b) Der Mindestbetrag für jede Frachtsendung beträgt unabhängig vom Gewicht bei Entfernungen

```
            bis zu 20 km . . . . . . . 15 Heller
über 20 km  „   „ 40  „  . . . . . . . 30   „
  „  40  „  „   „ 60  „  . . . . . . . 45   „
```

und so fort für jede angefangene Strecke von 20 Kilometern 15 Heller mehr.

Bektm. d. Gouverneurs v. Deutsch-Ostafrika, betr. den Usambara-Bahntarif. 21. März.

2. Nebengebühren.

Es sind überall zu setzen

für 1 Pesa	2 Heller	für 5 Pesa	8 Heller
" 2 "	3 "	" 10 "	16 "
" 4 "	6 "	" 32 "	50 "

Demzufolge erhält Ziffer 9 folgende Fassung:

„Der Verkaufspreis der Frachtbriefe beträgt pro Stück 2 Heller, bei Abnahme von mehr als 50 Stück für je 100 Stück 1 Rupie."

3. Geldbeförderung.

Einheitssatz für je 100 Rupien Silber- oder Goldgeld 10 Heller.

III.
Viehverkehr.

Bezeichnung	Gewöhnlicher Tarifsatz für 1 Stück und km Heller	Wagenladungssatz für 1 Stück und km Heller	Mindestsatz bei Einzelsendungen Rp.
1. Pferde und europäische Zuchttiere	15,5	7,5	3
2. Rindvieh, Maultiere und Maulesel	9,5	4,5	2
3. Esel, Füllen, Kälber	6	3	1
4. Kleinvieh bis 50 kg	1,5	0,75	1
5. Kleinvieh bis 90 kg	3	1,5	1
6. Kleinvieh über 90 kg	4,5	2,5	1

IV.
Depeschenverkehr.

Für zehn oder weniger Worte 50 Heller, für jedes weitere Wort 5 Heller.

Im übrigen verbleibt es bis auf weiteres bei den bisher in Kraft befindlichen Bestimmungen.

Daressalam, den 21. März 1905.

Der Kaiserliche Gouverneur.
L V. Stuhlmann.

97. Vorschriften des Reichskanzlers, betreffend strafrechtliche und Disziplinarverhältnisse bei den farbigen Mannschaften der Kaiserlichen Schutztruppe für Kamerun. Vom 22. März 1905.

Abschnitt I.
Militär-Strafgerichtsordnung.

§ 1. Das strafgerichtliche Verfahren gegen farbige Mannschaften der Schutztruppe richtet sich, soweit nicht in nachstehendem abweichende Bestimmungen getroffen sind, nach den sinngemäß anzuwendenden Grundsätzen

1. der Schutztruppen-Ordnung Abschnitt III § 33,
2. der Verfügung des Reichskanzlers vom 22. April 1896,
3. des Strafgesetzbuches für das Deutsche Reich,
4. des Militär-Strafgesetzbuches vom 20. Juni 1872.

§ 2. Die strafbaren Handlungen sind den hiesigen Verhältnissen gemäß derartig zu beurteilen, daß die freieste Auffassung der gesetzlichen Bestimmungen Platz greift. Insbesondere wird bei zahlreichen durch das Militär-Strafgesetzbuch mit Strafe bedrohten Handlungen eine weitgehende Milde anzuwenden sein, da die strengen, auf den heimischen Voraussetzungen einer entwickelten Soldatenehre und Untertanentreue beruhenden Bestimmungen des Militär-Strafgesetzbuches auf den farbigen Söldner nur sehr bedingt übertragbar sind.

§ 3. Das Urteil hat auf eine in den Strafgesetzbüchern erwähnte Strafart zu lauten. Hierbei ist zu setzen:
statt Zuchthaus: Kettenhaft,
statt Gefängnis, Festungshaft oder Haft: Gefängnis mit Zwangsarbeit.

§ 4. Neben Gefängnisstrafe unter sechs Wochen kann, neben Gefängnis über sechs Wochen oder Zuchthaus (Kettenhaft) muß bei Unteroffizieren und Gefreiten auf Degradation bzw. Entfernung von dem Dienstgrade erkannt werden.

Neben Gefängnis kann, neben Zuchthaus (Kettenhaft) muß auf Entfernung aus der Truppe erkannt werden.

§ 5. Liegen gegen einen Abwesenden die Voraussetzungen der Fahnenflucht vor, so kann durch einen vom Gerichtsherrn (Vorsitzenden des zuständigen Kompagnie- usw. Gerichts) aufzusetzenden Beschluß der Abwesende für fahnenflüchtig erklärt und sein Guthaben mit Beschlag belegt werden.

Als abwesend gilt ein Beschuldigter, wenn sein Aufenthalt unbekannt ist, oder wenn er sich in außerdeutschem Gebiet aufhält und seine Gestellung vor das zuständige Kompagnie- usw. Gericht nicht ausführbar erscheint.

§ 6. Unter Offizieren im Sinne dieser Verordnung sind auch die Sanitätsoffiziere und oberen Militärbeamten der Schutztruppen zu verstehen.

§ 7. Bei jeder Kompagnie, durch einen Offizier befehligten selbständigen Station (Posten) und Expedition wird ein Gericht gebildet, dessen Vorsitzender der Kompagnieführer, Stationschef (Postenführer) oder Expeditionsführer ist. Diese Gerichte sind zuständig für alle farbigen Soldaten ihres Befehlsbereichs.

§ 8. Wenn eine strafbare Handlung, welche gerichtlich zu ahnden ist, zur Kenntnis des Vorsitzenden des Gerichts gelangt, so hat er die notwendigen Ermittlungen entweder selbst anzustellen oder einen Offizier damit zu beauftragen. Diese Erhebungen sind in der Regel mündlich anzustellen, schriftlich nur dann, wenn ein Verbrechen den Gegenstand der Untersuchung bildet. Unter Verbrechen in diesem Sinne sind nur solche Handlungen zu verstehen, die mit dem Tode oder mit Zuchthaus bedroht sind.

§ 9. Nach den gemachten Erhebungen hat der Vorsitzende zu bestimmen:
1. ob das Verfahren einzustellen ist,
2. ob der Fall disziplinarisch zu ahnden ist,
3. ob zur Hauptverhandlung zu schreiten ist.

Soll zur Hauptverhandlung geschritten werden, so ist dem Angeschuldigten von dieser Anordnung Kenntnis zu geben und er aufzufordern, etwaige Verteidigungsanträge (Namhaftmachung von Zeugen usw.) zu stellen.

Über diese Vorgänge sind Vermerke zu den Akten zu nehmen.

§ 10. Der Vorsitzende befiehlt hierauf den Zusammentritt des Gerichts. Das Gericht setzt sich zusammen aus:

1. dem Vorsitzenden,
2. zwei europäischen Offizieren oder Unteroffizieren, die durch Sanitätsoffiziere oder Sanitätsunteroffiziere ersetzt werden können,
3. zwei farbigen Dienstgraden.

Das Personal zu 2 und 3 bildet die Beisitzer des Gerichts. Können mangels an europäischem Personal zwei Beisitzer nicht hinzugezogen werden, so genügt in dringlichen Fällen ein europäischer Beisitzer.

Farbige, die in der Strafsache als Kläger oder Zeugen aufgetreten sind, dürfen nicht als Beisitzer verwendet werden. Auch bei Europäern ist dies, soweit ausreichend Personal vorhanden, zu vermeiden.

§ 11. In der Hauptverhandlung leitet der Vorsitzende die Verhandlung.

Zunächst werden die Personalien des Angeschuldigten bekannt gemacht und ihm eröffnet, welcher strafbaren Handlungen er beschuldigt sei.

Dann folgt die Vernehmung des Angeschuldigten, der Zeugen sowie die Verlesung der etwa vorhandenen Akten. Der Angeklagte wird hierauf gefragt, ob er zu seiner Verteidigung oder zur Sache noch etwas anzuführen habe. Darauf wird die Beweisaufnahme geschlossen.

Nach Abführung des Angeklagten und der Zeugen hält der Vorsitzende über den Fall Vortrag, liest die einschlägigen Gesetzesparagraphen vor und erklärt sich für Freisprechung oder eine bestimmte Strafe.

Die Beisitzer bringen hierauf jeder einzeln zur Sprache, inwieweit sie in bezug auf Anwendung der Gesetzesparagraphen, Art und Höhe der Strafe von der Ansicht des Vorsitzenden abweichen bzw. mit ihm übereinstimmen.

Nach Anhörung der Beisitzer erklärt der Vorsitzende, ob und inwieweit er den abweichenden Ansichten der Beisitzer nachgibt, und verkündet dann das Urteil. Das Urteil wird, soweit es nicht der Bestätigung durch den Kommandeur oder Gouverneur bedarf, sofort rechtskräftig.

§ 12. Über die Verhandlung ist ein Protokoll aufzunehmen. Die Niederschrift erfolgt entweder durch den Vorsitzenden selbst oder nach seinem Diktat durch einen der europäischen Beisitzer. Das Protokoll muß enthalten:
1. Ort und Tag der Verhandlung,
2. Namen des Angeschuldigten mit Angabe des Dienstgrades, der Nummer der Erkennungsmarke, des Stammes, der Kompagnie, Führung sowie der gerichtlichen und Disziplinarstrafen,
3. Namen der vernommenen Zeugen, Sachverständigen usw.,
4. Gang und Ergebnis der Hauptverhandlung, Festsetzung der Strafe durch den Vorsitzenden, abweichende oder zustimmende Ansichten der Beisitzer und das vom Vorsitzenden endgültig gefällte Urteil,
5. am Schluß die Unterschriften des Vorsitzenden und der Beisitzer.

§ 13. Das Urteil wird vom Vorsitzenden gefällt, der ausschließlich und allein dafür verantwortlich ist. Die Beisitzer haben lediglich beratende Stimme, jedoch das Recht und die Pflicht, ihre Ansichten zu äußern. Wesentliche Meinungsverschiedenheiten zwischen den Beisitzern und dem Vorsitzenden sind vollinhaltlich in der Verhandlung zu vermerken.

Glaubt einer der Beisitzer, daß der Gang des Verfahrens oder das Urteil eine Rechtsverletzung enthalte, so hat er dies mit Namensunterschrift zu Protokoll zu geben.

§ 14. Über jedes gefällte Urteil ist durch den Vorsitzenden ein Erkenntnis auszufertigen. Dies muß enthalten:
1. als Kopf den Namen des Gerichts,

2. Namen des Angeschuldigten usw. wie unter § 12, 2,
3. Erkenntnisformel, in der die Straftat, die einschlägigen Gesetzesparagraphen und, im Falle der Verurteilung, die Art und Dauer der Strafe anzugeben ist. Ist auf Freisprechung erkannt, so ist dies anzugeben,
4. als Unterschrift den Namen des Vorsitzenden des Gerichts.

§ 15. Werden in einer Hauptverhandlung mehrere Angeklagte wegen einer und derselben strafbaren Handlung abgeurteilt, so ist im Verhandlungsprotokoll und im Erkenntnis jeder einzelne namentlich zu erwähnen, auch die Verhandlung, soweit als nötig, für jeden einzelnen getrennt zu führen.

§ 16. Das Urteil wird sofort rechtskräftig, wenn auf Freisprechung erkannt ist oder die Strafe sechs Monate Gefängnis nicht übersteigt. Bei Strafen über sechs Monate Gefängnis bedarf das Urteil der Bestätigung durch den Kommandeur.

Dieser ist befugt, das Urteil umzustoßen oder ein anderes Gericht zur Aburteilung einzusetzen, auch im Gnadenwege einen Teil der Strafe oder die ganze Strafe zu erlassen oder die Strafart zu mildern.

Die Herbeiführung der Bestätigung der Todesstrafe über farbige Angehörige der Schutztruppe durch den Gouverneur sowie die nachträgliche Einreichung des Todesurteils an den Gouverneur in Fällen, in denen die sofortige Vollstreckung nicht zu vermeiden ist (Sch. O. § 23), hat durch Vermittlung des Kommandos auf dem Dienstwege zu erfolgen. Dem Gouverneur steht dessen allgemeiner Vertreter gleich.

Die Vollstreckung gerichtlich verhängter Freiheitsstrafen erleidet durch Einholung der Bestätigung keinen Aufschub.

§ 17. Über jedes gerichtliche Urteil sind dem Kommando sofort einzureichen:
1. das Protokoll der Hauptverhandlung,
2. das Erkenntnis.

Auf letzterem ist durch den Vorsitzenden zu vermerken, ob das Urteil sofort rechtskräftig geworden ist, und wann die Strafe angetreten bzw. an welchem Tage eine vom Gericht verhängte noch zu bestätigende Freiheitsstrafe vorläufig vollstreckt worden ist.

§ 18. Bedurfte das Urteil der Bestätigung, so wird diese durch den Kommandeur auf das Erkenntnis gesetzt bzw. durch das Kommando beim Gouverneur erbeten. Die bestätigten Erkenntnisse werden der betreffenden Kompagnie usw. zur Veröffentlichung zurückgesandt.

§ 19. Die Wiederaufnahme eines rechtskräftig abgeschlossenen Verfahrens kann jederzeit durch das Kommando befohlen werden. Es wird hierbei besonders bestimmt, ob dasselbe Gericht erneut zu urteilen hat oder ob ein anderes zusammengesetzt werden soll.

§ 20. Über die gerichtlich erkannten Strafen führt das Kommando ein Strafbuch, in dem angegeben ist:
1. laufende Nummer,
2. Dienstgrad,
3. Namen,
4. Nummer der Erkennungsmarke,   } des Bestraften,
5. Stamm,
6. Kompagnie-Nummer,
7. Straftat
8. Tag des Urteils,

9. Strafe,
10. Namen des Vorsitzenden des Gerichts,
11. Bemerkungen über Strafvollstreckung usw.

§ 21. Der Zutritt zu den Gerichtsverhandlungen kann jedem im Besitz der bürgerlichen Ehrenrechte befindlichen Europäer gestattet werden.

Abschnitt II.
Disziplinarstrafordnung.

§ 1. Für die Ausübung der Disziplinarstrafgewalt gelten, soweit nachstehend nicht anders bestimmt, die in den §§ 1, 4 bis 7, 15, 19, 39 bis 46 der Disziplinarstrafordnung für das Heer vom 31. Oktober 1872 ausgesprochenen Grundsätze.

Mangels an Offizieren geht die Disziplinarstrafgewalt auf den Stellvertreter im Kommando auch dann über, wenn er Sanitätsoffizier ist.

Die Disziplinarbestrafung ist innerhalb der den einzelnen Vorgesetzten zustehenden Grenzen der gerichtlichen Bestrafung stets dann vorzuziehen, wenn dies gemäß § 1, 2 der Disziplinarstrafordnung gestattet ist.

Über sämtliche verhängten Disziplinarstrafen ist von den Kompagnien und selbständigen Abteilungen ein Strafbuch nach dem festgesetzten Schema zu führen. Dem Kommando ist monatlich eine Nachweisung über die verhängten Disziplinarstrafen einzureichen.

§ 2. Zuständigkeit zur Verhängung von Disziplinarstrafen.

Es können verhängen:

I. Der Kommandeur.

1. gegen farbige Unteroffiziere:
    a) Strafdienst,
    b) Geldstrafen bis zum ½ Monatsgehalt,
    c) Mittelarrest bis zu vier Wochen,
    d) strengen Arrest bis zu drei Wochen,
    e) Degradation;
2. gegen Gefreite und Gemeine:
    a) Strafdienst,
    b) Geldstrafen bis zum ½ Monatsgehalt,
    c) Mittelarrest bis zu sechs Wochen,
    d) strengen Arrest bis zu vier Wochen,
    e) Prügelstrafe bis zu zweimal 25 Hieben (mit Ausnahme der Gefreiten),
    f) gegen Gefreite: Entfernung von dem Dienstgrade.

Außerdem kann der Kommandeur die Einstellung eines Mannes in die Strafabteilung (bei Unteroffizieren und Gefreiten erst nach erfolgter Degradation bzw. Entfernung von dem Dienstgrade) verfügen.

II. Der Kompagniechef bzw. Führer:

1. gegen farbige Unteroffiziere:
    a) Strafdienst,
    b) Geldstrafen bis zum ½ Monatsgehalt,
    c) Mittelarrest bis zu drei Wochen,
    d) strengen Arrest bis zu 14 Tagen;

2. gegen Gefreite und Gemeine:
   a) Strafdienst,
   b) Geldstrafen bis zum ½ Monatsgehalt,
   c) Mittelarrest bis zu vier Wochen,
   d) strengen Arrest bis zu drei Wochen,
   e) Prügelstrafe bis zu zweimal 25 Hieben (mit Ausnahme der Gefreiten),
   f) gegen Gefreite: Entfernung von dem Dienstgrade.

III. Der detachierte Leutnant bzw. Oberleutnant, welcher nicht Kompagnieführer ist:
1. gegen farbige Unteroffiziere:
   a) Strafdienst,
   b) Geldstrafen bis zum ½ Monatsgehalt,
   c) Mittelarrest bis zu 14 Tagen,
   d) strengen Arrest bis zu 10 Tagen;
2. gegen Gefreite und Gemeine:
   a) Strafdienst,
   b) Geldstrafe bis zum ½ Monatsgehalt,
   c) Mittelarrest bis zu drei Wochen,
   d) strengen Arrest bis zu 14 Tagen,
   e) Prügelstrafe bis zu zweimal 25 Hieben (mit Ausnahme der Gefreiten),

IV. Der detachierte Unteroffizier:
1. gegen farbige Unteroffiziere:
   a) Strafdienst,
   b) Geldstrafen bis zum ⅓ Monatsgehalt,
   c) Mittelarrest bis zu 7 Tagen,
   d) strengen Arrest bis zu 3 Tagen;
2. gegen Gefreite und Gemeine:
   a) Strafdienst,
   b) Geldstrafen bis zum ⅓ Monatsgehalt,
   c) Mittelarrest bis zu 10 Tagen,
   d) strengen Arrest bis zu 5 Tagen,
   e) Prügelstrafe bis zu 15 Hieben (mit Ausnahme der Gefreiten).*)

Abschnitt III.
Militär-Strafvollstreckungsvorschrift.

§ 1. Todesstrafe.
a. Wegen eines militärischen Verbrechens.
Die Vollstreckung geschieht unter sinngemäßer Anwendung des § 2 der Militär-Strafvollstreckungsvorschrift vom 9. Februar 1888 durch Erschießen.

b. Wegen eines gemeinen Verbrechens.
Der Verurteilte wird nach Entfernung aus der Truppe dem nächsten Bezirksamt oder der nächsten Station zur Hinrichtung durch den Strang überwiesen.

---

*) 1. Gefreite sind nie, dekorierte Gemeine nur ausnahmsweise mit Hieben zu bestrafen. — 2. Degradation und Entfernung von dem Dienstgrade können neben Arreststrafen, Hiebe neben Arrest- und Geldstrafen verhängt werden, jedoch niemals Arreststrafen neben Geldstrafen. — 3. Über Vollstreckung der Arrest-, Ehren-, Geldstrafen sowie der Prügelstrafe siehe Abschnitt III dieser Vorschrift: Militär-Strafvollstreckungsvorschrift.

In den Fällen, wo eine solche Überweisung nicht durchführbar ist, erfolgt die Vollstreckung durch Erschießen. Betreffs Genehmigung des Gouverneurs bei Verhängung der Todesstrafe s. Sch. O. Abschnitt VIII § 33 und Verfügung des Reichskanzlers vom 22. April 1896.

§ 2. Freiheitsstrafen.

Die zulässigen Freiheitsstrafen sind Kettenhaft, Gefängnis mit Zwangsarbeit und Arrest. Die Kettenhaft entspricht der Zuchthausstrafe. Die Kettenhaft ist eine lebenslängliche oder eine zeitige. Der Höchstbetrag der zeitigen Kettenhaft ist 15 Jahre, der Mindestbetrag ein Jahr. Vgl. Reichs-Strafgesetzbuch § 14.

Alle anderen gerichtlichen Freiheitsstrafen werden als Gefängnis mit Zwangsarbeit verbüßt, soweit nicht dem Gesetz gemäß auf Arrest erkannt wird.

a. Kettenhaft.

Zur Verbüßung der Kettenhaft sind die Bestraften baldmöglichst dem nächsten Bezirksamt unter Beifügung des Urteils zur Vollstreckung zu überweisen.

Kettengefangene bleiben auch auf dem Marsche gefesselt. An der Kette zurückgelegte Märsche werden auf die Strafzeit angerechnet.

b. Gefängnis mit Zwangsarbeit.

Ist neben Gefängnis mit Zwangsarbeit auf Entfernung aus der Truppe erkannt worden, so erfolgt die Überweisung an das nächste Bezirksamt sinngemäß wie unter a. Ist nicht auf Entfernung aus der Truppe erkannt worden, so ist der Verurteilte nach Ermessen des Kompagnie- usw. Führers entweder dem Kommando zur Einstellung in die Strafabteilung oder der nächsten Station zur Strafverbüßung zu überweisen. Es richtet sich nach der Dauer der Strafe und nach der Entfernung des Gerichtsortes vom Kommandositz.

Strafen, die sechs Monate Gefängnis übersteigen, bedürfen der Bestätigung durch den Kommandeur. Die Vollstreckung der Strafe erleidet dadurch keinen Aufschub.

Gefängnisstrafen von kurzer Dauer (bis zu sechs Wochen) dürfen ausnahmsweise nach Ermessen des Kompagnie- usw. Führers als Mittelarrest verbüßt werden.

Auf Expeditionen usw. mit Gefängnis Bestrafte marschieren stets unter Aufsicht. Im Lager halten sie sich auf Wache auf und verrichten Arbeitsdienst.

Sämtlichen Gefangenen ist der Genuß von Tabak und geistigen Getränken verboten. Löhnung wird während der Dauer einer Gefängnisstrafe nicht gezahlt.

c. Arreststrafen.

Der Arrest ist Einzelhaft, d. h. der Bestrafte wird in einem kleinen Raume eingeschlossen. Bei Tage kann der Arrestant zu Arbeiten unter Aufsicht herangezogen werden. Während der Dauer einer Arreststrafe wird kein Lohn gezahlt, der Genuß von Tabak und geistigen Getränken ist verboten.

Die mildere Arrestform heißt Mittelarrest, die strengere strenger Arrest.

Strenger Arrest wird in Eisen verbüßt. Die Verpflegung ist um das Fleisch zu kürzen. Sind keine Eisen vorhanden, so wird der Arrestant täglich zwei Stunden aufrecht stehend angebunden; hierbei ist alles zu vermeiden, was die Strafe als grausam erscheinen lassen könnte. Auf dem Marsche, auf Expeditionen usw.

und überall, wo kein geeignetes Arrestlokal vorhanden ist, tut der Arrestant den Dienst der übrigen Leute, hat sich aber während der dienstfreien Zeit auf Wache aufzuhalten.

Hiermit ist verbunden:
1. bei Mittelarrest: Die Heranziehung zu beschwerlichen Dienstverrichtungen außer der Reihe,
2. bei strengem Arrest: Anbinden, täglich zwei Stunden.

d. Untersuchungshaft.

Verbüßung wie Mittelarrest: Bei Einstellung des Verfahrens oder Freisprechung wird die Löhnung nachgezahlt. Auf Expedition usw. marschieren Untersuchungsgefangene unter Aufsicht. In besonderen Fällen ist Fesselung des Untersuchungsgefangenen statthaft.

§ 3. Prügelstrafe.

Die Vollstreckung der Prügelstrafe erfolgt nach der Verfügung des Reichskanzlers vom 22. April 1896 unter Ausschluß der Öffentlichkeit an einem den Blicken Unbefugter entzogenen Orte und mit einem, dem vom Kommando der Schutztruppe auszugebenden Muster entsprechenden Instrumente.

§ 4. Ehrenstrafen.

a. Entfernung aus der Truppe.

Die Entfernung aus der Truppe hat den Verlust der Ehrenzeichen zur Folge.

b. Degradation und Entfernung von dem Dienstgrade.

Degradation und Entfernung von dem Dienstgrade werden ohne besondere Förmlichkeit vorgenommen.

c. Einstellung in eine Strafabteilung.

Bei fortgesetzt schlechter Führung und fruchtloser Anwendung von Disziplinarstrafen können Dienstgrade und Gemeine, erstere nach erfolgter Degradation bzw. Entfernung vom Dienstgrad, auf Antrag des betreffenden Kompagnieusw. Führers der in Duala formierten Strafabteilung bis zur vollständigen Ableistung ihrer vertragsmäßigen Dienstzeit überwiesen werden.

Diese Leute werden zu Arbeiten bei den Kasernements in Duala herangezogen. Sie erhalten zur Beschaffung kleiner Bedürfnisse monatlich 5 Mk., außerdem die Verpflegung der übrigen Leute.

Bekleidet werden die Angehörigen der Strafabteilung mit der gewöhnlichen Kopfbedeckung der Soldaten ohne Adler, mit Hemd und mit Hose.

Die einer Strafabteilung überwiesenen Mannschaften sind mit nächster Europäergelegenheit nach Duala in Marsch zu setzen.

Die Absendung kann geschehen, bevor der Antrag auf Einstellung in die Strafabteilung seitens des Kommandos genehmigt ist.

§ 5. Strafdienst.

Bei Verhängung von Strafdienst gegen farbige Unteroffiziere ist darauf zu achten, daß dadurch die Disziplin nicht geschädigt wird. Als Strafdienst eignen sich besonders Strafwachen, Beaufsichtigung von Arbeitsdienst außerhalb der gewöhnlichen Dienstzeit und von Nachexerzieren. Soldaten können mit Strafwachen, Nachexerzieren, Strafrapporten usw. bestraft werden.

§ 6. Geldstrafen.

Bei gerichtlich erkannten Geldstrafen finden die Bestimmungen des § 28, 29 des Reichs-Strafgesetzbuches sinngemäße Anwendung. Disziplinarisch verhängte Geldstrafen dürfen in einem Monate insgesamt zwei Drittel des Monatsgehaltes nicht übersteigen.

Berlin, den 22. März 1903.

Der Reichskanzler.
Graf v. Bülow.

38. Verordnung des Gouverneurs von Deutsch-Ostafrika, betreffend die Erhebung einer Häuser- und Hüttensteuer. Vom 22. März 1905.
(Kol. Bl. S. 272.)

Auf Grund des § 15 des Schutzgebietsgesetzes vom 10. September 1900 (L. G. Nr. 113) und der Verfügung des Reichskanzlers vom 27. September 1903 (L. G. II. Nachtrag Nr. 34) wird hiermit verordnet, was folgt:

§ 1. Alle Wohngebäude unterliegen, soweit der friedliche Machtbereich der lokalen Verwaltungsbehörden reicht, einer Häuser- und Hüttensteuer nach Maßgabe der nachstehenden Bestimmungen.

Ausgenommen sind die Gebäude des Fiskus, sofern sie zu einem öffentlichen Dienst oder Gebrauche bestimmt sind, insonderheit die zum Gebrauche öffentlicher Behörden oder zu Dienstwohnungen bestimmten Gebäude.

§ 2. Als Steuerpflichtiger im Sinne dieser Verordnung ist, soweit nicht die §§ 15 bis 17 in Anwendung kommen, der jeweilige Haus- und Hüttenbesitzer anzusehen.

§ 3. Die Steuer wird durch die lokalen Verwaltungsbehörden festgesetzt und durch deren Organe erhoben.

§ 4. Die steuerpflichtigen Gebäude (§ 1) zerfallen in folgende Klassen:
 I. Wohnhäuser nach Europäer-, Inder- oder Araberart:
   a) in städtischen Ortschaften,
   b) in ländlichen Ortschaften;
 II. Häuser und Hütten nach Eingeborenenart:
   a) in städtischen Ortschaften,
   b) in ländlichen Ortschaften.

§ 5. Welche Ortschaften als städtische anzusehen sind, bestimmt der Gouverneur.

§ 6. In Klasse Ia dient der Mietswert als Grundlage der Besteuerung.

Als Mietswert gilt die durchschnittlich als Verzinsung des in den Häusern angelegten Kapitals anzunehmende Summe unter Berücksichtigung etwa vorliegender besonderer Verhältnisse.

Der Steuersatz beträgt 5 v. H. des hiernach ermittelten Mietswertes, jedoch nicht weniger als 13 und nicht mehr als 100 Rupien.

§ 7. Die nach der Klasse Ib steuerpflichtigen Gebäude unterliegen einem sich nach ihrem Werte abstufenden Steuersatze von 30, 20 und 10 Rupien.

§ 8. In Klasse IIa werden drei Stufen gebildet, für die erste Stufe gelangen 12, für die zweite 9, für die dritte 6 Rupien Steuer zur Erhebung.

§ 9. In der Klasse IIb werden pro Hütte 3 Rupien erhoben.

§ 10. Bei jeder lokalen Verwaltungsbehörde wird eine Kommission zur Feststellung des Mietswertes und der danach zu normierenden Steuer (§ 6) sowie der nach § 7 vorzunehmenden Klassifizierung gebildet.

Die Kommission besteht aus dem Chef der lokalen Verwaltungsbehörde und aus vier von demselben zu berufenden Mitgliedern. Sie tritt spätestens am 15. Februar unter dem Vorsitze des Chefs der lokalen Verwaltungsbehörde zusammen.

Auf den Innenstationen kann von der Bildung der Kommission abgesehen werden. Jedoch hat der Stationschef dann vor seiner Entscheidung den Wali bzw. Jumben zu hören.

§ 11. Gegen die Entscheidung der Kommission bzw. des Stationschefs ist Beschwerde an das Gouvernement zulässig. Dieselbe ist bei dem Vorsitzenden bzw. Stationschef binnen einer Frist von vier Wochen nach Erhalt des Steuerzettels oder der öffentlichen Auslegung der Steuerliste oder der mündlichen Mitteilung über die Höhe der Steuer anzubringen und hat keine aufschiebende Wirkung.

Die Entscheidung des Gouvernements über die Beschwerde ist endgültig.

§ 12. Zur Gewährung von Steuernachlässen sind die lokalen Verwaltungsbehörden nicht befugt.

§ 13. Das Steuerjahr reicht vom 1. April bis 31. März.

Innerhalb des Steuerjahres errichtete Gebäude der Klassen Ia und b und IIa werden mit dem Beginn des auf die Fertigstellung (§ 1) folgenden Vierteljahres steuerpflichtig, desgleichen erlischt die Steuerpflicht mit dem Schlusse des Vierteljahres, in welchem die Voraussetzungen des § 1 in Wegfall gelangen.

Die in diesen Fällen zur Erhebung gelangende Steuer ist so zu berechnen, daß auf jedes Vierteljahr ¼ der Gesamtsteuer entfällt.

Innerhalb des Steuerjahres errichtete Gebäude der Klasse IIb unterliegen der Steuerpflicht nur dann, wenn die Voraussetzungen des § 1 vor dem 1. Oktober des betreffenden Steuerjahres eintreten.

Die Steuerpflicht für diese Gebäude erlischt mit dem Wegfall der Voraussetzungen des § 1 ohne Rücksicht auf die bereits gezahlten oder fälligen Steuerbeträge.

Die Grundsätze der Absätze 3 und 4 greifen auch bei einem Wechsel in der Person des Steuerpflichtigen (§ 2) Platz.

§ 14. Die Erhebung der Steuer erfolgt nach Maßgabe der örtlichen Verhältnisse in vierteljährlichen oder halbjährlichen Raten oder in voller Summe auf einmal.

§ 15. Die auf den privaten land- und forstwirtschaftlichen Unternehmungen von Europäern angesiedelten in Häusern der Pflanzung usw. untergebrachten erwachsenen männlichen farbigen Arbeiter zahlen eine monatliche Kopfsteuer von 12½ Heller mit Ausnahme der Arbeiter, die mehr als sechs Monate hintereinander in demselben Betriebe gearbeitet haben. Den Unternehmungen liegt die Ablieferung der hiernach zu erhebenden Kopfsteuer an die zuständige lokale Verwaltungsbehörde ob, welche befugt ist, in die Lohnlisten Einsicht zu nehmen.

Die zu dem Unternehmen gehörigen Häuser, welche lediglich den farbigen Arbeitern zu Wohnung dienen, sind steuerfrei.

§ 16. Im Binnenlande kann die Steuer der Klasse IIb durch Vermittlung des Jumben, Sultans oder Häuptlings als Gesamtleistung der Ortschaft verlangt werden.

§ 17. Im Binnenlande ist an Stelle der Hüttensteuer der Klasse IIb eine Kopfsteuer von 3 Rupien für jeden erwachsenen arbeitsfähigen Mann zulässig. Die gleiche Kopfsteuer kann in den Küstendistrikten im Einzelfalle als Maßregel gegen Steuerhinterziehungen eingeführt werden. Unter besonderen Verhältnissen kann diese Kopfsteuer bis auf 1 Rupie herabgesetzt werden.

Die Einführung der Kopfsteuer bedarf der Genehmigung des Gouvernements, desgleichen die Herabsetzung des Steuersatzes.

§ 18. In Klasse II kann die Erhebung der Steuern in natura festgesetzt werden (§ 3).

Als Naturalleistung sind zugelassen: Ölfrüchte wie Erdnüsse, Sesam usw., Baumwolle, Kopra, Kautschuk, Elfenbein und Bienenwachs. Auf den Innenstationen können auch zur Verpflegung der Besatzung sowie der Gefangenen und der durchziehenden Karawanen verwendbare Getreidearten und Vieh als Naturalleistung nach Ermessen des Stationschefs angenommen werden.

Die Annahme von Getreide und Vieh darf nur insoweit erfolgen, als die alsbaldige Verwertung desselben ohne die Gefahr des Verderbens gewährleistet ist.

§ 19. Als Naturalleistung abgelieferte Ölfrüchte usw. und Getreide hat die lokale Verwaltungsbehörde in Empfang zu nehmen, zu verwerten und den Erlös bei der zuständigen Kasse zu verrechnen.

§ 20. Zu Beginn des Steuerjahres werden Voranschläge über die nach der Anzahl der vorhandenen Hütten bzw. kopfsteuerpflichtigen Personen zu erwartenden Steuern in Gestalt von Steuerheberollen aufgestellt. In diese Steuerheberollen sind die Festsetzungen der Steuerkommission (§ 10) unter Berücksichtigung der auf etwaige Beschwerden erfolgten Entscheidungen des Gouvernements einzutragen, desgleichen, soweit nach Lage der Verhältnisse zu ermitteln, die Anzahl der Hütten der Klasse IIb bzw. der kopfsteuerpflichtigen Männer (§ 17) nach Ortschaften oder Landschaften geordnet. Soweit genaue Zählungen nicht vorliegen, sind die Feststellungen des Vorjahres bzw. Neuschätzungen unter Beifügung eines diesbezüglichen Vermerkes aufzunehmen.

Bei der Besteuerung der kopfsteuerpflichtigen Plantagenarbeiter (§ 15) ist die Einführung eines abweichenden Verfahrens zulässig.

Die Steuerheberollen sind vier Monate nach Schluß des Steuerjahres (§ 13) abzuschließen.

Eine Verwaltung von Steuerrückständen sowie ein Nachweis über unbeibringliche Steuerbeträge findet bezüglich der Klasse II der steuerpflichtigen Häuser und Hütten sowie der Kopfsteuer nicht statt.

§ 21. In denjenigen Bezirken, deren Wohnplätze auf Grund der Kaiserlichen Verordnung vom 3. Juli 1899 (R. G. Bl. S. 369) zu kommunalen Verbänden vereinigt sind, fließen 50 v. H. der eingehenden Steuerbeträge diesen kommunalen Verbänden zu. Die betreffenden Kommunalverbände tragen jedoch die besonderen Kosten der Steuerveranlagung und Erhebung.

§ 22. In den übrigen Bezirken können bis zu 10 v. H. der in bar abgelieferten Steuer zuzüglich des Erlöses der verwerteten Naturalien zur Remuneration von Sultanen, Häuptlingen und Jumben und sonstigem Unterpersonal vorweg in Abzug gebracht werden.

§ 23. Bei Nichtentrichtung der Steuer hat die lokale Verwaltungsbehörde dieselbe, soweit nicht hierdurch eine Gefährdung der wirtschaftlichen Existenz des Steuerpflichtigen hervorgerufen wird und soweit dadurch keine nicht im Verhältnis zu der Steuerleistung stehenden Kosten verursacht werden, zwangsweise beizutreiben. Bis zum Erlaß besonderer Vorschriften über das Verwaltungszwangsverfahren erfolgt die Beitreibung in sinngemäßer Anwendung der entsprechenden heimischen Bestimmungen.

§ 24. In Distrikten, deren Zugehörigkeit zum friedlichen Machtbereich der lokalen Verwaltungsbehörde nicht völlig außer Zweifel steht, sowie in den Gebieten an den Grenzen der Nachbarkolonien erfolgt die Anwendung der vorstehenden Vorschriften nach Maßgabe der örtlichen Verhältnisse und dem pflichtmäßigen Ermessen der lokalen Verwaltungsbehörden.

§ 25. Die nach den vorstehenden Vorschriften zu zahlenden Steuern der Klasse I der steuerpflichtigen Gebäude verjähren in fünf Jahren, von dem Ablaufe des Rechnungsjahres an gerechnet, in welches ihr Zahlungstermin fällt.

Steuerpflichtige der Klasse I, welche bei der Veranlagung übergangen und demgemäß steuerfrei geblieben sind, sind zur Nachentrichtung der Steuer verpflichtet.

Diese Verpflichtung erstreckt sich auf die drei Steuerjahre zurück, welche dem Steuerjahre, in dem die Nachsteuerpflicht festgestellt worden ist, vorausgegangen sind.

§ 26. In städtischen Ortschaften ist nach besonders zu erlassenden Vorschriften des Gouvernements die Erhebung von kommunalen Zuschlägen zu den Häuser- und Hüttensteuern sowie die Einführung von kommunalen Grundsteuern zulässig.

Die Zuschläge zu den Häuser- und Hüttensteuern dürfen 50 v. H. des zur Erhebung gelangenden Steuersatzes, die Grundsteuern 10 v. H. des Wertes des zu besteuernden Grund und Bodens nicht übersteigen.

Für die in § 1 Absatz 2 bezeichneten Gebäude darf auch keine Grundsteuer erhoben werden.

§ 27. Diese Verordnung tritt mit dem 1. April 1905 in Kraft.

Mit dem gleichen Tage treten sämtliche bisher über die Häuser- und Hüttensteuer erlassenen Vorschriften, insbesondere soweit sie in der L. G. von Nr. 363 bis 368 und 371 bis 375 veröffentlicht sind, sowie des R. E. vom 14. Dezember 1899 J. Nr. 9804 außer Kraft.

Daressalam, den 22. März 1905.

Der Kaiserliche Gouverneur.
I. V. Stuhlmann.

39. Ausführungsbestimmungen zu der Verordnung, betreffend die Erhebung einer Häuser- und Hüttensteuer. Vom 22. März 1905.
(Kol. Bl. S. 274.)

§ 1. Als lokale Verwaltungsbehörden im Sinne der §§ 1 und 3 der Verordnung[*]) gelten die Bezirksämter, Militärstationen und Offizierposten.

§ 2. Organe der lokalen Verwaltungsbehörden sind die den Bezirksämtern zugeteilten Beamten und Polizeiunteroffiziere, einschließlich des farbigen Unterpersonals und der Funktionäre der Bezirksnebenstellen, auf den Militärstationen und Offizierposten sämtliche Angehörige der Kaiserlichen Schutztruppe.

Kommunalbeamte gelten als Organe des Bezirksamts.

---
*) Vorstehend in Nr. 38 abgedruckt.

§ 3. Wohngebäude (§ 1 der Verordnung) umfassen sowohl bewohnte Gebäude wie vorübergehend verlassene, deren baulicher Zustand gestattet, dieselben jederzeit wieder als Wohnung in Benutzung zu nehmen.

§ 4. Gebäude, die ausschließlich dem Gottesdienst und Religionsübungen dienen, sind nach den Vorschriften der Verordnung steuerfrei.

Die zu einer Missionsstation gehörigen Häuser der Klasse I sind als Häuserkomplex zusammen wie ein Haus zu veranlagen, so daß der Höchstbetrag der für einen solchen Häuserkomplex zu entrichtenden Steuer in städtischen Ortschaften 100 Rupien und in ländlichen 30 Rupien beträgt.

Die in Absatz 1 genannten Gebäude sind bei der Veranlagung des Häuserkomplexes außer Betracht zu lassen.

§ 5. Die in § 4 der Verordnung genannte Klasse I (Wohnhäuser nach Europäer-, Inder- oder Araberart) umfaßt sowohl Steinhäuser wie nicht massive Häuser dieser Art (Wellblech- und Holzhäuser).

§ 6. Als Verzinsung des Baukapitals eines einem Farbigen gehörigen Hauses sind 15 v. H. und eines einem Europäer gehörigen Hauses 7½ v. H. anzunehmen, sofern nicht besondere Verhältnisse eine Abweichung von dieser Regel erfordern.

§ 7. Die Bestimmungen des § 7 der Verordnung vom 1. November 1897 sowie diejenigen des Runderlasses vom 10. Oktober 1898 (L. G. Nr. 369) und der Verordnung vom 29. April 1900 (L. G. Nr. 370) sind in die Verordnung nicht aufgenommen worden.

Die Erhebung des in den genannten Vorschriften erwähnten Bodenzinses erfolgt nach den Bestimmungen der Verordnung über die Erhebung von Gebühren für die Benutzung fiskalischen Grund und Bodens zu Ansiedlungen.

§ 8. Alljährlich im Monat Februar haben sämtliche lokalen Verwaltungsbehörden einen Plan aufzustellen und einzureichen, aus welchem sich der friedliche Machtbereich derselben ersehen läßt. Gleichzeitig ist zu berichten, wie hoch der bare Betrag der Steuer und der Wert der als Steuer zuzulassenden Naturalien geschätzt wird.

Dieser Plan ist bei der Aufstellung der Steuerheberollen und der Erhebung der Steuer tunlichst innezuhalten.

§ 9. Die Frage, ob eine an der Grenze eines Bezirks belegene Jumbenschaft zu diesem oder jenem Bezirk zu steuern hat, hat nur das eine wertvolle Interesse, daß Doppelbesteuerungen vermieden werden müssen. Jedenfalls ist sie nicht unter dem Gesichtspunkt zu betrachten, daß es von erheblichem Wert sei, das Steuerquantum, das der Bezirk aufbringt, durch Verteidigung möglichst günstiger Grenzen hochzuhalten.

In Fällen, wo eine Doppelbesteuerung von Grenzbewohnern tatsächlich stattgefunden hat, hat nach Feststellung dieser Tatsache diejenige lokale Verwaltungsbehörde, für welche die Steuer zuletzt erhoben worden ist, diese unverzüglich zurückzuerstatten.

Nachdem dies geschehen, hat eine Vereinbarung zwischen den beteiligten lokalen Verwaltungsbehörden stattzufinden, wobei durch objektiven und beiderseits wohlwollend zu behandelnden Austausch von Vorschlägen, eventuell auch durch Verlosung, die streitigen Grenzbezirke ganz oder geteilt bestimmt abgegrenzt werden.

Von der Grenzfestlegung, die zweckmäßig auf einer gemeinsamen Grenzbereisung zu erledigen sein wird, ist dem Gouvernement sofort Bericht zu erstatten.

Soweit Bezirke in Betracht kommen, deren Wohnplätze auf Grund der Kaiserlichen Verordnung vom 3. Juli 1899 (L. G. Nr. 965) zu kommunalen Verbänden vereinigt sind, ist § 2 der Verordnung vom 29. März 1901 (L. G. Nr. 266) zu beachten.

Gegen Jumben, Akiden und Steuererheber usw., welche sich nach Festlegung der Grenzen Übergriffe zuschulden kommen lassen, oder die nachweislich von der Zweifelhaftigkeit der Grenzen Gebrauch machen, um Steuern zum zweiten Male einzutreiben, ist mit allem Nachdruck einzuschreiten.

§ 10. Bezüglich der Zeit der Erhebung der Steuer ist in § 14 der Verordnung den lokalen Verwaltungsbehörden weiter Spielraum gelassen. Dieselben werden sich nach der Zeit der Ernte, Trägersaison oder sonstigen Verdienstgelegenheiten zu richten haben. Jedoch empfiehlt es sich, einerseits um den Behörden Arbeiten zu ersparen, andererseits um dem Silbergeld mehr Eingang zu verschaffen, die Steuer nicht in zu kleinen Beträgen einzutreiben. Auch ist die Einziehung der Steuer möglichst nicht zu sehr auf den Schluß des Jahres zu legen, damit den Eingeborenen zum Bewußtsein gebracht wird, daß die Steuer kein willkürlich aufgelegter Tribut, sondern eine jährlich wiederkehrende gleichmäßig verteilte Last ist.

§ 11. Bei der Eintreibung der Steuern ist darauf zu achten, daß die wirtschaftliche Existenz der einzelnen Steuerpflichtigen nicht vernichtet wird. Es ist daher nur die Eintreibung alles in Händen der Steuerpflichtigen befindlichen baren Geldes zulässig. Saatgut und ein den Lebensverhältnissen der Steuerpflichtigen entsprechender Viehbestand darf ihnen unter keinen Umständen genommen werden.

§ 12. Die Verwaltung hat kein Interesse daran, von den Eingeborenen eine Steuer in Landesfrüchten einzuziehen und diese Früchte dann unverwertet verderben zu lassen. Eine solche Maßnahme hat keinen erzieherischen Wert, unter Umständen aber den großen Nachteil, die Lebenshaltung der Eingeborenen zu verschlechtern und dieselben wirtschaftlich zu schwächen. Nach diesen Rücksichten muß es dem pflichtmäßigen Ermessen der lokalen Verwaltungsbehörden überlassen werden, das Maß der nach § 16 der Verordnung zuzulassenden Naturalleistungen zu bestimmen.

§ 13. Arbeitsfähigen männlichen Steuerpflichtigen ist im Rahmen der den betroffenden lokalen Verwaltungsbehörden zur Verfügung stehenden Mittel Gelegenheit zur Arbeit zu geben. Von dem zu zahlenden Lohn ist der Steuerbetrag vorweg in Abzug zu bringen und dementsprechend als Barsteuer zu verbuchen.

Desgleichen können solche Personen an Privatunternehmer zur Arbeitsleistung gegen bare Zahlung der fälligen Steuer überwiesen werden. Auch hier ist die gezahlte Summe als Barsteuer zu verbuchen. Die Dauer der Arbeitsleistungen wird von der lokalen Verwaltungsbehörde im Einvernehmen mit dem betroffenden Privatunternehmer festgesetzt.

Kommunalverbände gelten im Sinne der vorstehenden Vorschriften als Privatunternehmer.

§ 14. Auf Grund der nach § 8 dieser Ausführungsbestimmungen aufgestellten Pläne ist die Zahl der vorhandenen Hütten bzw. kopfsteuerpflichtigen Personen in die Steuerheberollen einzutragen (§ 20 der Verordnung). Diese Steuerheberollen dienen zugleich zur Eintragung der Steuerergebnisse.
Als Muster dafür gelten die beigefügten Formulare A bis F.

I. Formular A dient für die in § 22 aufgeführten Stadtbezirke. Wesentlich darin ist, daß die steuerpflichtigen Hausbesitzer in Spalte 5 namentlich aufgeführt sind. Die Verhältnisse in den Städten sind danach angetan, diesen in erster Linie erzieherisch wirkenden Schritt zu tun, um die Steuerpflicht der e i n z e l n e n ein Haus besitzenden Person stärker zu betonen.

II. Um dies auch in den intensiver verwalteten Schambenbezirken in der Nähe der Küstenstädte und an den Stationsorten im Inneren zum Ausdruck zu bringen, kann auf Vorschlag der lokalen Verwaltungsbehörden das Formular C für bestimmte Bezirke bzw. Orte verwendbar erklärt werden.

III. Formular B umfaßt die Wohnhäuser nach Europäer-, Inder- oder Araberart (Klasse Ib) in ländlichen Ortschaften (§ 4 Absatz 2) nach Landschaften geordnet. Solange das Formular C für die Stationsorte im Inneren noch nicht eingeführt ist, sind auch die dort belegenen Wohnhäuser nach Europäer-, Inder- oder Araberart in diese Heberolle aufzunehmen, wobei der Name des Stationsortes in die Spalte 2 zu setzen ist.

IV. Formular D gilt für die Häuser und Hütten nach Eingeborenenart in den Landbezirken. Bezüglich der Annahme von Naturalien und deren Verwertung wird auf § 18 der Verordnung und § 12 dieser Ausführungsbestimmungen verwiesen.

V. Formular E dient für diejenigen Bezirke, in welchen gemäß § 17 der Verordnung eine Kopfsteuer eingeführt wurde.

VI. Formular F dient für die Kopfsteuer der Plantagenarbeiter gemäß § 15 der Verordnung. Die Anzahl der auszugebenden Steuerquittungen richtet sich nach dem ungefähren Bedarf der Plantage. Hiernach ist auch das Jahressoll der Steuer zu schätzen. Die Führung von Hilfsbüchern (Kladden) als Unterlagen der einzelnen Heberollen ist zulässig. Falls eine Aufbewahrung von Naturalien über den Tag der Anlieferung hinaus erforderlich ist, sind die diesbezüglichen Kontrollvermerke in die Kladden aufzunehmen.

§ 15. Auf Grund der einzelnen Heberollen gelangt nach Abschluß eines jeden Vierteljahres ein Heberollenauszug gemäß Formular G zur Aufstellung. Derselbe enthält die vierteljährlichen Ergebnisse der Steuererhebung. In Spalte 2 dieses Auszuges sind nacheinander fortlaufend numeriert einzutragen die Ergebnisse der einzelnen Steuerheberollen, soweit solche in dem betreffenden Bezirke überhaupt in Gebrauch sind:

1. des Stadtbezirkes, Heberolle A;
2. der Landschaft nach Heberolle B. Im Falle der Nr. III § 14 gilt der Name des Stationsortes gleichfalls als Landschaft;
3. des Stationsortes, Heberolle C;
4. der Schambenbezirke, für welche Heberolle C eingeführt ist;
5. der Landschaft (nicht Ortschaft) der Heberolle D bzw., wenn Kopfsteuer eingeführt ist, der Heberolle E.

6. der Plantagenheberolle F.

Die Vorlage des Heberollenauszuges am 1. Juli enthält die Resultate der ersten drei Monate des Steuerjahres, die Vorlage vom 1. Oktober die der ersten sechs Monate, die Vorlage vom 1. Januar die der ersten neun Monate und die Vorlage vom 1. April die des ganzen Steuerjahres.

Nach Abschluß der Steuerheberollen am 31. Juli (§ 20 der Verordnung) ist ein weiterer Heberollenauszug aufzustellen, der die Ergebnisse des ganzen Steuerjahres einschließlich der bis dahin noch eingegangenen Reste enthält.

Später eingehende Reste sind auf die Steuer des laufenden Jahres in Anrechnung zu bringen.

In der Spalte „Bemerkungen" des Heberollenauszuges sind auffällige oder wesentliche Abweichungen von dem Steuersoll kurz zu erläutern.

Unter jeden Heberollenauszug ist eine von dem Stationschef und Rechnungsbeamten zu unterschreibende Bescheinigung der Richtigkeit zu setzen mit dem Bemerken, daß nicht mehr und nicht weniger als die vorbezeichneten Beträge auf Grund der Verordnung, betreffend die Erhebung einer Häuser- und Hüttensteuer, als Steuerbeträge vereinnahmt sind.

§ 16. Sämtliche Heberollen sind mit dem 31. Juli eines jeden Jahres abzuschließen und mit der gleichen Bescheinigung zu versehen. In der Spalte „Bemerkungen" sind die Abweichungen gegenüber dem Jahressoll kurz zu erläutern und eventuell zu begründen.

Die abgeschlossene Heberolle ist dann im Original mit nächster Postgelegenheit an das Gouvernement einzusenden, zu Kontrollzwecken ist dabei eine Übersicht über die in den einzelnen Kassenabrechnungen nachgewiesenen Steuerbeträge mit vorzulegen.

§ 17. Auch Landschaften bzw. Ortschaften in Distrikten, deren Zugehörigkeit zum friedlichen Machtbereich der lokalen Verwaltungsbehörden nicht völlig außer Zweifel steht, sowie in den Grenzgebieten (§ 24 der Verordnung) können in die Heberolle D oder E eingetragen werden. Dabei ist jedoch ein entsprechender Vermerk in der Heberolle zu machen.

Die Anzahl der Hütten bzw. kopfsteuerpflichtigen Personen ist dann schätzungsweise in die einzelnen Spalten einzutragen.

§ 18. Diejenigen Steuern, deren Einziehung bis zum 31. Juli wegen Mangels an Geld oder zugelassenen Naturalien nach den Vorschriften des § 23 der Verordnung nicht möglich war, gelten als nicht beitreibbar.

Die Gewährung von Steuernachlässen, d. h. aus besonderen Gründen erfolgende Nichteinziehung von Steuern, die an sich beitreibbar gewesen wären, ist der Entscheidung des Gouvernements vorbehalten.

Soweit jedoch die Zugehörigkeit eines Distriktes zum friedlichen Machtbereich nicht völlig außer Zweifel steht, oder in Grenzgebieten (§ 26 der Verordnung) ist die Entscheidung über den Umfang der Steuereinziehung dem pflichtmäßigen Ermessen der lokalen Verwaltungsbehörden überlassen, wobei zu berücksichtigen ist, daß kriegerische Verwicklungen unter allen Umständen ebenso zu vermeiden sind wie die Vertreibung im Schutzgebiet ansässiger Eingeborener in die Nachbargebiete.

Zur Vermeidung des Schreibwerks soll von einem Einzelnachweis über die nicht beigetriebenen Steuern abgesehen werden, jedoch ist den abgeschlossenen Steuerheberollen eine von dem Chef der lokalen Verwaltungsbehörde und dem

Rechnungsbeamten unterschriebene Bescheinigung beizulegen, daß die in der Steuerliste als unbeitreibbar verbuchten Steuern tatsächlich nicht beigetrieben und nach Lage der Verhältnisse auch wirklich nicht beitreibbar gewesen sind.

§ 19. In weiterer Verfolgung des in § 14 Nr. I dieser Ausführungsbestimmungen gesteckten Zieles ist die allgemeine Einführung von Steuerquittungen anzustreben. Dieselben werden nach dem von den lokalen Verwaltungsbehörden spätestens drei Monate vor Beginn des Steuerjahres anzumeldenden Bedarf vom Gouvernement, für jedes Steuerjahr verschieden gefärbt, geliefert und sind bezüglich des Steuersatzes je nach Lage der örtlichen Verhältnisse auszufüllen.

Sofern eine Gesamtleistung der Ortschaften nach § 16 der Verordnung verlangt wird, können diese Quittungen als Generalquittungen benutzt werden.

```
Nr.
                    Quittung
       über        Rup. Häuser- und Hüttensteuer.

       Steuerjahr:              Bezirk:
```

In denjenigen Bezirken, auf welche die Verordnung vom 29. März 1901 Anwendung findet, sind die Kosten der Steuerquittungen seitens der Kommunalverbände zu erstatten.

§ 20. Als besondere Kosten der Steuerveranlagung und Erhebung (§ 21 der Verordnung) gelten:

a) die Gehälter der europäischen und farbigen Steuererheber, Steuerrechner, Steuerschreiber usw.;
b) die Belohnungen an die Jumben für Ablieferung von Steuern sowie die Remunerationen an die farbigen Gouvernementsbeamten für ihre Beteiligung am Steuergeschäft;
c) die sächlichen Kosten der Steuerveranlagung und Erhebung, insbesondere die Tagegelder und Reisekosten der Steuererheber usw., die Ausgaben für Beschaffung und Aufstellung der Steuerheberollen, Steuerquittungen und dazu erforderlichen Schreibmaterialien, die Transportkosten der Steuergelder zum Sitze der lokalen Verwaltungsbehörde und die Beschaffung des zur Verpackung der Steuergelder erforderlichen Materials.

§ 21. In § 22 der Verordnung ist den Militärbezirken für die Bestreitung der Kosten, die durch die Veranlagung, Erhebung und Verrechnung der Steuern entstehen, ein Anteil bis zu 10 v. H. der baren Steuererträgnisse zur selbständigen Bewirtschaftung zur Verfügung gestellt. Aus diesem Anteile sind sämtliche Ausgaben der Steuererhebung, insbesondere die den Steuererhebern zugesicherten Vergütungen, die üblichen Zuwendungen an die Jumben für Mitwirkung an der Steuereinziehung sowie ferner alle übrigen im Interesse der Steuererhebung notwendigen Ausgaben der Militärstationen zu bestreiten. Eine Überschreitung des Gesamtbetrages von 10 v. H. der baren Steuern ist unzulässig.

Die in barem Gelde eingehenden Erträgnisse der Steuer sind zum vollen Betrage bei dem Einnahmekapitel 1, Titel 1, in Einnahme zu stellen und davon die aus dem 10prozentigen Steueranteil zu leistenden Ausgaben von Fall zu Fall zurückzurechnen.

Beispiel:

Ein Jumbe bringt in einem Monat 2000 Rupien Steuern. Diese 2000 Rupien sind zunächst voll in Einnahme zu stellen. Die dem Jumben zugesicherten anteiligen Vergütungen und die sonst notwendig entstandenen Auslagen sind unter Angabe der einzelnen Beträge auf besonderem Beleg als Rückrechnung des Einnahmekapitels 1, Titel 1, zu verausgaben und durch Quittung des Jumben und durch die vorgeschriebene Ausgabennachweisung (Form. III 5) in der Monatsrechnung zu belegen. Die Kürzung der Steuereinnahme um 10 v. H. ohne Belegung der Einzelausgaben und die Führung einer abgesonderten Kasse über den 10prozentigen Anteil ist unstatthaft.

Der Höchstbetrag der nach § 22 der Verordnung zu gewährenden Remunerationen beträgt für Sultane usw. 5 v. H. der abgelieferten Steuer.

Unteroffiziere, welche die Zahlmeisteraspiranten in den ihnen obliegenden Steuergeschäften vertreten, können für jeden Tag der Vertretung eine Rupie erhalten, welche gegebenenfalls an der dem vertretenen Zahlmeisteraspiranten zustehenden Vergütung zu kürzen ist. Bezüglich der Zahlmeisteraspiranten bewendet es bei den darüber ergangenen und noch zu erlassenden Vorschriften.

Die Einnahmen der Häuser- und Hüttensteuer aus Naturalien sind, soweit deren Annahme nach § 18 der Verordnung noch zulässig erscheint, in bisheriger Weise im Materialien- und Inventarienkonto nachzuweisen. Die baren Erlöse aus diesen Naturalien sind ohne Abzug von 10 v. H. bei dem Einnahmekapitel 1, Titel 1, zu verrechnen. Etwaige Verkaufskosten (Versteigerungsgebühren oder dergleichen) sind als Rückrechnungen in rot bei dem Einnahmekapitel 1, Titel 1, zu belegen.

Unter besonderen Umständen kann mit Genehmigung des Gouvernements auch von dem baren Erlöse ein Anteil bis zu 10 v. H. dem 10prozentigen Anteil an den Barsteuern gleich behandelt werden.

Werden dagegen die Steuernaturalien zur Verpflegung von Arbeitern bei Bauausführungen, Expeditionen oder zu sonstigen Arbeiten verwendet, so sind die Werte der verwendeten Steuermaterialien bei den betreffenden Ausgabetiteln, Kapitel 4 Titel 2 Position 2, oder Kapitel 2 Titel 4 Position 2, oder Abschnitt II. Kapitel 1 Titel 1 oder 6 in Ausgabe zu stellen und nach Abbuchung in Materialien- oder Inventarienkonto zum gleichen Betrage als Einnahme des Kapitels 1, Titel 1, in der Monatsabrechnung nachzuweisen.

§ 22. Städtische Ortschaften im Sinne des § 5 der Verordnung sind: Tanga, Korogwe, Mombo, Pangani einschließlich Bueni und Klein-Bueni, Sadani, Bugamojo, Daressalam, Chole (Insel), Kilwa-Kivindje, Lindi, Mikindani, Tabora und Muanssa. Alle übrigen Ortschaften gelten als ländliche. Die Grenzen der Stadtbezirke bestimmt der Gouverneur auf Vorschlag der Lokalbehörde.

Daressalam, den 22. März 1905.

Der Kaiserliche Gouverneur.
I. V. Stuhlmann.

Ausführungsbestim. zu d. V., betr. d. Erhebung einer Häuser- u. Hüttensteuer. 22. März. 103

Anlage zu Nr. 38.

Steuerjahr 19...   Bezirksamt: ....
                                                      Militärstation: ....

Heberolle A

für die Häuser- und Hüttensteuer im Stadtbezirke ....
Klasse Ia und IIb.

Lfd. Nr.	Straße Stadtteil	Veranlagt		Name des Hausbesitzers	Bemerkungen über Zu- und Abgänge in dem Voranschlag	Jahressoll des zu entrichtenden Steuerbetrages (Spalte 4 und 6)	Ist-Einnahme						Gegen das Jahressoll bleiben Rest (Spalte 7)	Bemerkungen
		in Klasse	zum Steuersatz von Rp.				I. Vierteljahr	II. Vierteljahr	III. Vierteljahr	IV. Vierteljahr	Reste bis zum 31. Juli	Insgesamt		
						Rp.	Rp. H.	Rp. H.	Rp. H.	Rp. H.	Rp. H.	Rp. H.	Rp. H.	
1	2	3	4	5	6	7	8	9	10	11	12	13	14	15

Steuerjahr 19...   Bezirksamt: ....
                                                      Militärstation: ....

Heberolle B

für die Häuser- und Hüttensteuer für Wohnhäuser nach Europäer-, Inder- oder Araberart.
Klasse Ib.

Jumbe, Akida, Sultan: ....

Landschaft: ....

Lfd. Nr.	Name der Ortschaft vorstehen	Name des Hausbesitzers	Veranlagt		Jahressoll der zu entrichtenden Steuerbeträgen	Ist-Einnahme						Gegen das Jahressoll bleiben Reste (Spalte 8)	Bemerkungen
			in Stufe	zum Steuersatz von Rp.		I. Vierteljahr	II. Vierteljahr	III. Vierteljahr	IV. Vierteljahr	Reste bis 31. Juli	Insgesamt		
					Rp.	Rp. H.	Rp. H.	Rp. H.	Rp. H.	Rp. H.	Rp. H.	Rp. H.	
1	2	3	4	5	6	7	8	9	10	11	12	13	14	15	16

104 Ausführungsbestim. zu d. V., betr. d. Erhebung einer Häuser- u. Hüttensteuer. 22. März.

Steuerjahr 19...

Hebe-
für die Häuser- und Hüttensteuer für Häuser und Hütten nach
Klasse

Lfd. Nr.	Straße, Stadtteil des Stationsorts, Name des Schambenbezirkes	Name des Hausbesitzers	Bemerkungen über Zu- und Abgänge	Jahressoll des zu entrichtenden Steuerbetrages Rp.
1	2	3	4	5

Steuerjahr 19...

Hebe-
für die Häuser- und Hüttensteuer für Häuser und
Klasse

Name der Landschaft: ....

						Ist-Ein-						
Lfd. Nr.	Name der Ortschaft	Name des Ortsvorstehers	Anzahl der Hütten	Bemerkungen über Zu- und Abgänge	Zu entrichtender Steuerbetrag Jahressoll	Barsteuer						
						I. Vierteljahr	II. Vierteljahr	III. Vierteljahr	IV. Vierteljahr	Reste bis 31. Juli	Insgesamt Sp. 7—11
						Rp. H.	Rp. H.	Rp. H.	Rp. H.	Rp. H.	Rp. H.
1	2	3	4	5	6	7	8	9	10	11	12

Steuerjahr 19...

Hebe-
für die Häuser- und Hüttensteuer für Häuser und
Klasse
Kopf-

Name der Landschaft: ....

						Ist-Ein-						
Lfd. Nr.	Name der Ortschaft	Name des Ortsvorstehers	Anzahl der kopfsteuerpflichtigen Männer	Bemerkungen über Zu- und Abgänge	Zu entrichtender Steuerbetrag Jahressoll	Barsteuer						
						I. Vierteljahr	II. Vierteljahr	III. Vierteljahr	IV. Vierteljahr	Reste bis 31. Juli	Insgesamt Sp. 7—11
						Rp. H.	Rp. H.	Rp. H.	Rp. H.	Rp. H.	Rp. H.
1	2	3	4	5	6	7	8	9	10	11	12

Ausführungsbestim. zu d. V., betr. d. Erhebung einer Häuser- u. Hüttensteuer. 22. März. 105

rolle C
Bezirksamt..........
Militärstation.........
Eingeborenenart an Stationsorten im Innern und in Schambenbezirken.
II b.

I. Vierteljahr	II. Vierteljahr	III. Vierteljahr	IV. Vierteljahr	Reste bis 31. Juli	Insgesamt	Gegen das Jahressoll (Spalte 5) bleiben Reste	Bemerkungen
Rp. H.	Rp. H.	Rp. H.	Rp. H.	Rp. H.	Rp. H.	Rp. H.	
6	7	8	9	10	11	12	13

(Spalten 6–11: Ist-Einnahme)

rolle D
Bezirksamt..........
Militärstation.........
Hütten nach Eingeborenenart in den Landbezirken.
II b.
Name des Jumben, Akiden, Sultans:

I. Vierteljahr	II. Vierteljahr	III. Vierteljahr	IV. Vierteljahr	Reste bis 31. Juli	Insgesamt Sp. 13–17	durch Verkauf für	durch Erstattung aus anderen Fonds für	Insgesamt Sp. 19, 20	als unverwertet abgesetzt	Gesamt-Bar-einnahme Spalte 12 u. 21	Reste gegenüber dem Jahressoll	Bemerkungen
Rp. H.	Rp. H.	Rp. H.	Rp. H.	Rp. H.	Rp. H.	Rp. H.	Rp. H.	Rp. H.	Rp. H.	Rp. H.	Rp. H.	
13	14	15	16	17	18	19	20	21	22	23	24	25

(Spalten 13–17: -nahme angenommen zum geschätzten Werte von; Spalten 18–22: Naturalien verwertet*))

*) Eine summarische Ausfüllung ist unzulässig.

rolle E
Bezirksamt..........
Militärstation.........
Hütten nach Eingeborenenart in den Landbezirken.
II b.
steuer
Name des Jumben, Akiden, Sultans:

I. Vierteljahr	II. Vierteljahr	III. Vierteljahr	IV. Vierteljahr	Reste bis 31. Juli	Insgesamt Sp. 13–17	durch Verkauf für	durch Erstattung aus anderen Fonds für	Insgesamt Sp. 19, 20	als unverwertet abgesetzt	Gesamt-Bar-einnahme Spalte 12 u. 21	Reste gegenüber dem Jahressoll	Bemerkungen
Rp. H.	Rp. H.	Rp. H.	Rp. H.	Rp. H.	Rp. H.	Rp. H.	Rp. H.	Rp. H.	Rp. H.	Rp. H.	Rp. H.	
13	14	15	16	17	18	19	20	21	22	23	24	25

(Spalten 13–17: -nahme angenommen zum geschätzten Werte von; Spalten 18–22: Naturalien verwertet*))

106 Ausführungsbestim. zu d. V., betr. d. Erhebung einer Häuser- u. Hüttensteuer. 22. März.

Steuerjahr 19 . . .   Bezirksamt . . . .
  Militärstation . . . .

Heberolle F
für die Häuser- und Hüttensteuer. Kopfsteuer für Plantagenarbeiter.

Laufende Nummer	Name der Plantage	Anzahl der an die Plantage gegebenen Quittungen Jahressoll	Tag der Abgabe	Abgeführter Barbetrag Rp. H.	Zurückgegebene Quittungen	Anzahl der über 6 Monate beschäftigten Arbeiter	Bemerkungen

Steuerjahr 19 . . .

Formular G

umfassend die bei dem Bezirksamt / der Militärstation geführten Heberollen . . . . . . für die Zeit vom 1. April

Lfd. Nr.	Name 1. des Stadtbezirkes, Heberolle A. 2. der Landschaft, B. 3. des Stationsortes 4. des Schambenbezirkes } Heberolle C. 5. der Landschaft, Heberolle D. und E. 6. der Plantage, F.	Voranschlag	Bemerkungen über Zu- und Abgänge	Jahressteuersoll Rp. H.
1	2	3	4	5

40. **Verordnung des Gouverneurs von Deutsch-Ostafrika, betreffend die Heranziehung der Eingeborenen zu öffentlichen Arbeiten.**
Vom 22. März 1905.
(Kol. Bl. S. 279.)

Auf Grund des § 15 des Schutzgebietsgesetzes vom 10. September 1900 (L. G. Nr. 13) und der Verfügung des Reichskanzlers vom 27. September 1903 (L. G. II. Nachtrag Nr. 24) wird hiermit verordnet, was folgt.

§ 1. Die Reinigung und Unterhaltung der nicht befestigten öffentlichen Straßen und Wege liegt den Eingeborenen (Stämmen, Sultanaten, Jumbenschaften und Dörfern) ob.

Daneben können die Eingeborenen von den lokalen Verwaltungsbehörden zu Arbeiten beim Wegebau sowie bei der Reinigung und Unterhaltung der befestigten Straßen und Wege herangezogen werden.

Muster X.

Bezirk: ....

Haus- nummer	Besitzer des Hauses usw.	Besitzer des Grund und Bodens	Jahres- betrag	Prüfungsvermerk des Bezirksamtssekretärs

Bezirksamt ....
Militärstation ....

Heberollen-Auszug

.... bis zum Schluß des .. Vierteljahres — bis zum Abschlusse der Heberollen (31. Juli).

Bar steuer	Naturalien			Gesamt Steuer- leistung	Gesamt- Bar- einnahme (Spalte 6 u. 8)	Be- merkungen
	geschätzter Wert	davon verwertet	noch unverwertet			
Rp. H. 6	Rp. H. 7	Rp. H. 8	Rp. H. 9	Rp. H. 10	Rp. H. 11	12

§ 2. Die Heranziehung hat nur insoweit zu erfolgen, als der friedliche Machtbereich der betreffenden lokalen Verwaltungsbehörde reicht.

§ 3. Die Festsetzung des Umfanges der den Eingeborenen nach Maßgabe des § 1 Absatz 2 obliegenden Verpflichtungen sowie die Art ihrer Erfüllung erfolgt durch die lokale Verwaltungsbehörde.

§ 4. Arbeitspflichtig sind nur die erwachsenen arbeitsfähigen Männer.

§ 5. Mit Genehmigung des Gouvernements können die Eingeborenen (§.1) auch zu anderen als den im § 1 Absatz 2 genannten Arbeiten herangezogen werden.

§ 6. Für die Arbeiten wird im allgemeinen ein Entgelt nicht gewährt. In Fällen besonderer Art, insbesondere für die Ausführung der im § 1 Absatz 1 vorgeschriebenen Arbeiten ist die Gewährung von Belohnungen an die Eingeborenen (Stämme, Sultanate, Jumbenschaften, Dörfer) durch Geld oder sonstige Geschenke zulässig.

§ 7. Die Arbeiter haben sich selbst zu verpflegen. Ist indessen die Entfernung der Arbeitsstelle von den Wohnplätzen so erheblich, daß die Verpflegung durch die Angehörigen mit Schwierigkeiten verbunden ist, so ist ein zur Beschaffung der Nahrungsmittel ausreichendes Verpflegungsgeld zu zahlen. An Stelle des Verpflegungsgeldes kann Naturalverpflegung gewährt werden.

§ 8. Als lokale Verwaltungsbehörde im Sinne dieser Verordnung gelten die Bezirksämter, Militärstationen und Offizierposten.

§ 9. Im Falle der Nichterfüllung der den Eingeborenen nach § 1 obliegenden Verpflichtungen ist, soweit der friedliche Machtbereich der lokalen Verwaltungsbehörden reicht, die Anordnung von Zwangsarbeiten zulässig.

§ 10. Diese Verordnung tritt mit dem 1. April 1905 in Kraft.

Daressalam, den 22. März 1905.

Der Kaiserliche Gouverneur.
L V. Stuhlmann.

41. Instruktion zur Ausführung der Verordnung, betreffend die Heranziehung der Eingeborenen zu öffentlichen Arbeiten. Vom 22. März 1905.

(Kol. Bl. S. 279, 469.)

§ 1. Die lokalen Verwaltungsbehörden haben darüber zu wachen, daß die Eingeborenen der im § 1 Absatz 1 der Verordnung*) festgelegten Verpflichtung nachkommen. Als lokale Verwaltungsbehörden und deren Organe sind die in den §§ 1 und 2 der Ausführungsbestimmungen zu der Verordnung, betreffend die Erhebung einer Häuser- und Hüttensteuer, vom 22. März 1905 bezeichneten Dienststellen usw. anzusehen.

§ 2. Zur Erfüllung der den Eingeborenen (Stämmen, Sultanaten, Jumbenschaften und Dörfern) nach § 1 Absatz 2 der Verordnung obliegenden Verpflichtungen sind in erster Linie diejenigen Personen, Stämme, Sultanate, Jumbenschaften und Dörfer heranzuziehen, welche zur Entrichtung der ihnen nach Maßgabe der Verordnung, betreffend die Erhebung einer Häuser- und Hüttensteuer, obliegenden Steuern nicht imstande sind.

§ 3. Der Umfang der Heranziehung der in § 2 genannten Personen usw. ist, soweit dies nach den örtlichen Verhältnissen möglich ist, so festzusetzen, daß der Wert der Arbeitsleistungen der nicht beitreibbaren Hüttensteuerleistung gleichkommt.

Als Maßstab für die Festsetzung kann dabei sowohl die nach § 16 der Häuser- und Hüttensteuer-Verordnung zugelassene Gesamtleistung der Ortschaft wie die nach § 17 a. a. O. zugelassene Kopfsteuer angenommen werden.

§ 4. Der Wert des Arbeitstages wird seitens der lokalen Verwaltungsbehörde festgesetzt. Muß Verpflegungsgeld gezahlt oder Naturalverpflegung gewährt werden, so ist deren Betrag bzw. Wert von dem Werte des Arbeitstages in Abzug zu bringen.

§ 5. Soweit die Eingeborenen nach Maßgabe der Verordnung vom 1. November 1897 bisher zu anderen Steuerarbeiten als zu Arbeiten an den öffentlichen Wegen herangezogen werden, wird hiermit den lokalen Verwaltungsbehörden die nach § 5 der Verordnung erforderliche Genehmigung zur weiteren Heranziehung erteilt.

*) Vorstehend in Nr. 40 abgedruckt.

§ 6. Personen usw., welche gemäß der Verordnung, betreffend die Erhebung einer Häuser- und Hüttensteuer ihre Steuern entrichtet haben, dürfen zum Wegebau und zu den in § 5 der Verordnung vorgesehenen anderen Arbeiten der Regel nach nicht herangezogen werden.

§ 7. Über die Arbeitsleistungen, welche gemäß § 2 dieser Instruktion bei nicht gezahlter Steuer von den Eingeborenen geleistet werden, haben die lokalen Verwaltungsbehörden besondere Nachweisungen zu führen. Aus diesen sollen sich die Art der geleisteten Arbeiten, die Zahl der Arbeiter und der Arbeitstage sowie der Wert der einzelnen Arbeitstage ergeben. Beiliegendes Formular gibt darüber nähere Auskunft.

§ 8. Die Nachweisungen sind zugleich mit den Steuerheberollen abzuschließen und mit denselben dem Gouvernement einzureichen.

Daressalam, den 22. März 1905.

Der Kaiserliche Gouverneur.
I. V. Stuhlmann.

Bezirksamt............
Militärstation.........

Anlage zu Nr. 41.

Nachweisung
über die an Stelle der nichtbeitreibbaren Hüttensteuer gemachten Arbeitsleistungen.

Lfd. Nr.	Name der Ortschaft oder Landschaft	Name des Jumben, Sultans	Zahl der arbeitspflichtigen Männer	Art der geleisteten Arbeit	Zahl der Arbeitstage	Durchschnittlicher Wert eines Arbeitstages	Gesamtwert der Arbeitsleistung	Bemerkungen

42. Verordnung des Gouverneurs von Deutsch-Ostafrika, betreffend die Erhebung von Gebühren für Benutzung fiskalischen Grund und Bodens zu Ansiedlungen. Vom 22. März 1905.

(Kol. Bl. S. 280.)

Auf Grund des § 15 des Schutzgebietsgesetzes vom 10. September 1900 (L. G. Nr. 113) und des § 5 der Verfügung des Reichskanzlers vom 27. September 1903 (L. G. II. Nachtrag Nr. 24) wird hiermit verordnet, was folgt:

§ 1. Die Ansiedlung auf fiskalischem Grund und Boden bzw. auf Kronland, welches als solches auf Grund der Allerhöchsten Verordnung vom 26. November 1895 (L. G. Nr. 182) für die Regierung in Besitz genommen ist, ist nur mit Genehmigung der lokalen Verwaltungsbehörde gestattet. Als solche sind die in der Verordnung, betreffend die Erhebung einer Häuser- und Hüttensteuer, vom 22. März 1905 und den dazu ergangenen Ausführungsbestimmungen bezeichneten Dienststellen anzusehen.

§ 2. Für jedes auf fiskalischem Grund und Boden sowie auf dem im § 1 genannten Kronlande errichtete Wohngebäude (§ 1 der Verordnung, betreffend die Erhebung einer Häuser- und Hüttensteuer, vom 22. März 1905) ist eine Abgabe zu entrichten, die ausschließlich dem Landesfiskus gebührt.

§ 3. Die nach § 2 zur Erhebung gelangende Gebühr beträgt 50 v. H. des nach der Verordnung, betreffend die Erhebung einer Häuser- und Hüttensteuer, festgesetzten Steuerbetrages, soweit nicht seitens des Gouvernements anderweitige Festsetzungen getroffen sind.

§ 4. Die Gebühr ist ohne Rücksicht auf die Dauer der Benutzung des fiskalischen Grund und Bodens bzw. Kronlandes für jedes auch nur angefangene Steuerjahr in gleicher Weise wie die Häuser- und Hüttensteuer zu entrichten.

§ 5. Über die nach § 1 erteilten Genehmigungen ist ein genaues Verzeichnis nach anliegendem Muster X zu führen, in welchem sich gleichzeitig die Kontrolle über die zu zahlenden Gebühren befindet.

§ 6. Die Vorschriften dieser Verordnung können für solche fiskalischen Grundstücke, welche seitens des Landesfiskus in Pacht oder anderweitige Nutzung gegeben werden, vertragsmäßig ausgeschlossen werden.

§ 7. Diese Verordnung tritt mit dem 1. April 1905 in Kraft.

Mit dem gleichen Tage tritt die Verordnung, betreffend den Bodenzins in den Landbezirken, vom 29. April 1900 (L. G. Nr. 370)*) nebst Runderlaß vom 10. Oktober 1898 (L. G. Nr. 309)**) außer Kraft.

Daressalam, den 22. März 1905.

Der Kaiserliche Gouverneur.
I. V. Stuhlmann.

43. Auszug aus dem Runderlasse des Gouverneurs von Deutsch-Ostafrika, betreffend Abänderung der Löhnungs- und Verpflegungsordnung für die farbigen Schutz- und Polizeitruppen-Angehörigen.

Vom 22. März 1905.

Die Löhnungs- und Verpflegungsordnung für die farbigen Soldaten der Schutztruppe und der Polizeitruppe des ostafrikanischen Schutzgebietes***) wird aus Anlaß der Einführung der Hundertteilung der Rupie, bis eventuell anderweitige Bestimmungen erlassen werden, wie folgt, mit Wirkung vom 1. April 1905 ab abgeändert:

Es hat zu lauten:

In § 12, Ziffer 2, statt 50 Pesa künftig . . 78 Heller,
„   „   „   „ 40   „   „   . . 62   „
„   „   „   „ 30   „   „   . . 47   „
„   „   „   „ 25   „   „   . . 39   „
„   „   „   „ 20   „   „   . . 31   „
daselbst Ziffer 3, Absatz 1, statt 4 Pesa . . 6   „
„   „   3,   „   2,   „ 12   „ . . 19   „
in § 22, letzte Reihe,   „ 10   „ . . 15   „
„ § 23, Satz 2,   „ 40   „ . . 62   „
„ § 24, Absatz 1,   „ 10   „ . . 15   „
„ § 26,   „   3,   „ 12   „ . . 19   „

*) D. Kol. Gesetzgeb. V, No. 67, Anl. 1.
**) Ebenda III, No. 61.
***) Ebenda VIII, No. 2.

ferner im Runderlaß vom 8. August 1904, J. Nr. III. 8539, Ziffer 5 Absatz 3,*) statt 6 Pesa künftig 12 Heller.

Die Löhnungs- und Verpflegungsbestimmungen für die farbigen Offiziere der Schutztruppe des ostafrikanischen Schutzgebietes vom 1. April 1904**) werden mit Wirkung vom 1. April 1905 ab dahin geändert, daß es im § 5 und im § 8 statt 16 Pesa künftig 25 Heller zu lauten hat.

Diejenigen Sudanesen-Askari, welche bisher eine Löhnung von 33 Rupien 44 Pesa (I. G. Nr. 320) bezogen haben, beziehen vom 1. April 1905 ab monatlich 33 Rupien 60 Heller.

Daressalam, den 22. März 1905.

Der Kaiserliche Gouverneur.
I. V. Stuhlmann.

44. **Verordnung des Gouverneurs von Deutsch-Ostafrika, betreffend die anderweite Festsetzung der Marktgebühren für die Bezirke Tanga, Wilhelmstal, Pangani, Bagamojo, Kilwa, Lindi, Daressalam, Morogoro, Rufiyi. Vom 23. März 1905.**

Aus Anlaß der Einführung der Hundertteilung der Rupie wird hiermit auf Grund des § 15 des Schutzgebietsgesetzes (Reichs-Gesetzbl. 1900, S. 812) in Verbindung mit § 5 der Verfügung des Reichskanzlers vom 27. April 1903 (Amtlicher Anzeiger Nr. 3 vom 30. Januar 1904) für die in den nachfolgend genannten Bezirken bereits errichteten oder noch zu errichtenden Markthallen mit Wirkung vom 1. April 1905 verordnet, was folgt:

1. Die Markthallentarife für die Bezirke:***)

    Tanga (Verordnung vom 21. Juli 1903, Amtlicher Anzeiger Nr. 17 vom 25. Juli 1903);

    Wilhelmsthal (Verordnung vom 2. November 1903, Amtlicher Anzeiger Nr. 20 vom 7. November 1903);

    Pangani (Verordnung vom 12. Juni 1903, Amtlicher Anzeiger Nr. 15 vom 27. Juni 1903);

    Bagamojo (Verordnung vom 21. August 1903, Amtlicher Anzeiger Nr. 20 vom 5. September 1903);

    Kilwa (Verordnung vom 30. Januar 1903, Amtlicher Anzeiger Nr. 5 vom 14. Februar 1903);

    Lindi (Verordnung vom 30. Januar 1903, Amtlicher Anzeiger Nr. 5 vom 14. Februar 1903)

werden dahin abgeändert, daß an Stelle von 16 Pesa die Gebühr von 25 Heller, an Stelle des Pesa der Betrag von 1½ Heller tritt.

2. Der Markthallentarif für den Bezirk Daressalam (Verordnung vom 12. Dezember 1903, Amtlicher Anzeiger Nr. 32 vom 24. Dezember 1903) wird dahin abgeändert, daß unter Ziffer 3 c an Stelle von 16 Pesa die Gebühr von 25 Heller, an Stelle des Pesa der Betrag von 1 Heller tritt.

3. Die Markthallentarife für die Bezirke Rufiyi (Verordnung vom 27. August 1903, Amtlicher Anzeiger Nr. 20 vom 5. September 1903) und Moro-

---

*) Nicht abgedruckt.
**) D. Kol. Gesetzgeb. VIII, No. 50.
***) Vgl. D. Kol. Gesetzgeb. VIII, No. 86, 127, 64, 99, 6, 7.

goro (Verordnung vom 21. Juli 1903, Amtlicher Anzeiger Nr. 17 vom 21. Juli 1903) werden, wie folgt, neu festgesetzt:

a) Rufiyi:

Markthallen-Tarif.

I.

Gewerbsmäßige Verkäufer zahlen an Standgeldern für den Tag:
1. für einen Fleischerstand . . . . . 20 Heller,
2. für einen Fischerstand . . . . . 10 „
3. für einen großen Verkaufsstand (2 qm) von allerhand Waren . . . . 5 „
4. für einen kleinen Verkaufsstand (1 qm) von allerhand Waren . . . . 2 „

II.

Gelegentliche Verkäufer bezahlen für jede Rupie des erzielten Erlöses 5 Heller, für jede angefangenen 20 Heller je 1 Heller. Erlöse unter 20 Heller sind frei.

III.

Verkäufer von Vieh entrichten:
1. für ein Stück Großvieh (Rinder, Kamele, Maultiere, Esel) . . . . 100 Heller,
2. für ein Stück Kleinvieh (Ziegen, Schweine, Schafe) . . . . 20 „
3. für eine Ente, Gans oder einen Truthahn . . . . 5 „
4. für ein Huhn oder sonstiges Geflügel 1 „

b) Morogoro:

Markthallen-Tarif.

I.

Gewerbsmäßige Verkäufer zahlen an Standgeldern für den Tag:
1. für einen Fleischerstand . . . . . 25 Heller,
2. für einen großen Verkaufsstand (2 qm) für allerhand Waren . . . . 15 „
3. für einen kleinen Verkaufsstand für allerhand Waren . . . . 5 „

II.

Gelegentliche Verkäufer entrichten für jede Rupie des erzielten Kaufpreises 5 Heller, für jede angefangene Viertelrupie (25 Heller) 2 Heller. Erlöse unter 25 Heller bleiben frei.

III.

Verkäufer von Vieh entrichten:
1. für ein Stück Großvieh (Rinder, Kamele, Maultiere, Esel) . . . . 100 Heller,
2. für eine Ziege . . . . 15 „
3. für ein Schaf . . . . 15 „
4. für eine Ente, Gans oder einen Truthahn . . . . 3 „
5. für ein Huhn oder sonstiges Geflügel 1½ „

Es werden ferner die im § 4 der genannten Verordnung festgesetzten Auktionatorgebühren, wie folgt, abgeändert:
3 Heller für jede Rupie und 1 Heller für jede angefangene halbe Rupie des Erlöses.
Etwa künftig eintretende Änderungen werden von den lokalen Verwaltungsbehörden bekannt gegeben werden.

Daressalam, den 23. März 1905.

Der Kaiserliche Gouverneur.
I. V. Stuhlmann.

45. Bestimmungen, betreffend die Gewährung von Umzugskosten usw. an Angehörige der südwestafrikanischen Schutztruppe für die Dauer des Eingeborenenaufstandes. Vom 24. März 1905.

(Kol. Bl. H. 199.)

Nach eingeholter Allerhöchster Genehmigung Seiner Majestät des Kaisers erlasse ich hiermit die anliegenden Bestimmungen, betreffend die Gewährung von Umzugskosten usw. an Angehörige der südwestafrikanischen Schutztruppe für die Dauer des Eingeborenenaufstandes.

Berlin, den 24. März 1905.

Graf v. Bülow.

Den deutschen Angehörigen der Schutztruppe in Südwestafrika wird für die Dauer des Eingeborenenaufstandes aus Anlaß der Zuteilung zur Schutztruppe oder des Ausscheidens aus ihr neben freier Hin- und Rückbeförderung nach bzw. von dem Schutzgebiet oder der dafür festgesetzten Pauschsumme eine Vergütung für Umzugskosten und Mietsentschädigung usw. lediglich nach Maßgabe der folgenden Bestimmungen gewährt:

1. Die im Offizierrange stehenden Militärpersonen erhalten den Mietzins vergütet, den sie für die an ihrem bisherigen Standort innegehabte Wohnung vom Tage des Abganges von dort bis zu dem Zeitpunkt haben aufwenden müssen, mit dem die Auflösung des Mietsverhältnisses möglich wurde. Diese Vergütung (Mietsentschädigung) wird unter der Voraussetzung, daß die Wohnung tatsächlich leer gestanden hat und nicht anderweit vermietet werden konnte, längstens für einen Zeitraum von neun Monaten gewährt und darf das Doppelte des Betrages nicht übersteigen, der dem Offizier usw. nach seinem Dienstgrad oder seiner Dienststellung in dem verlassenen Standort an Selbstmieterservis nach dem Sommersatze zugestanden hätte. — Anlage I zu § 1 der Servisvorschrift für das preußische Heer.

Die Weiterbenutzung der Wohnung durch die Familie des Offiziers usw. schließt die Gewährung der Mietsentschädigung nicht aus, sofern dadurch weder die Auflösung des Mietsverhältnisses noch die anderweite Vermietung verhindert worden ist.

2. Zu erstatten sind, sofern nicht die Voraussetzungen unter Ziffer 4 vorliegen, die unvermeidlichen Kosten, welche Offizieren usw. für die Dauer der Dienstleistung bei der Schutztruppe durch die Unterbringung ihrer Möbel usw. auf Speichern und dergleichen einschließlich der Verpackung und des Transports

dahin sowie durch die Versicherung entstehen, soweit diese sich nicht auf Feuerschäden bezieht. Auslagen für Eilfracht werden nur zu einem Drittteile vergütet.

3. Rationsberechtigten Offizieren wird die in der heimischen Dienststellung zuständig gewesene Vergütung für Stallservis und Furagerationen bis zum Verkaufe der Pferde, längstens jedoch bis zur Dauer von drei Monaten, weiter gewährt. Eine Pferdegeldvergütung findet nicht statt.

4. Schutztruppenangehörige, deren Familien infolge des Abzuges des Familienhauptes nach dem Schutzgebiet an einen anderen Ort des Inlands verziehen, erhalten außer dem Mietzinse nach Ziffer 1 Umzugskosten nach diesem Ort nach Maßgabe der bei der Heeresverwaltung für Versetzungen im Frieden geltenden Bestimmungen. Dieser Ort gilt im Sinne des § 31, fünfter Absatz, der Schutztruppen-Ordnung als letzter Wohnort nur, wenn der Schutztruppenangehörige den Umzug mitgemacht hat. Bei etwaigem weiteren Umzuge nach einem anderen Orte des Inlands ist diese Vergütung nicht zuständig.

In gleicher Weise werden den Schutztruppenangehörigen bei ihrem Ausscheiden aus der Schutztruppe, sofern sie zur Wiederanstellung im Heere gelangen, für den Umzug ihrer Familien von deren letztgewähltem Wohnort nach dem Standort desjenigen Truppenteils, bei welchem sie eingereiht werden, Umzugskosten vergütet. Dies gilt auch dann, wenn dieser Standort der gleiche ist wie vor dem Übertritt zur Schutztruppe.

5. Die anliegenden Ausführungsvorschriften vom heutigen Tage werden genehmigt.

6. Diese Bestimmungen treten mit Wirkung vom 1. Januar 1904 in Kraft, unbeschadet der auf Grund der früheren Bestimmungen erfolgten bisherigen Bewilligungen, soweit sie für die Beteiligten günstiger sind, und verlieren ihre Gültigkeit mit demjenigen noch später bekannt zu machenden Tage, mit welchem die durch den südwestafrikanischen Aufstand hervorgerufenen außergewöhnlichen Verhältnisse als beseitigt anzusehen sind.

46. Ausführungsvorschriften der Kolonialabteilung des Auswärtigen Amtes zu dem Erlasse des Reichskanzlers vom 24. März 1905, betreffend die Gewährung von Umzugskosten usw. an Angehörige der südwestafrikanischen Schutztruppe für die Dauer des Eingeborenenaufstandes. Vom 24. März 1905.

(Kol. Bl. S. 200.)

Zu Ziffer 1. Zur Begründung des Anspruchs auf Mietsentschädigung sind vorzulegen:

1. die Quittung über die gezahlte Miete,
2. der Mietsvertrag oder — sofern ein schriftlicher Vertrag nicht abgeschlossen worden ist — eine Bescheinigung des Vermieters über die Dauer des Mietsverhältnisses, die vereinbarte Kündigungsfrist oder die Zeit, nach welcher der Mietzins bemessen ist, und die Höhe der verabredeten Miete sowie — falls die Wohnung durch die Familie noch weiter benutzt wurde — darüber, daß dadurch die anderweite Vermietung nicht verhindert worden ist,
3. eine Bescheinigung der Ortspolizeibehörde, daß die Wohnung während der Zeit, für welche Mietsentschädigung gefordert wird, weder ganz noch teilweise anderweit vermietet war, sondern leer gestanden hat oder daß sie nur von Personen des Hausstandes des Mieters bewohnt war.

Zu Ziffer 3. Dem Antrag auf Erstattung von Lager- usw. Kosten für Möbel sind die mit Quittung versehenen Kostenrechnungen über Verpackung, Transport der Möbel nach dem Speicher usw. und Lagermiete beizufügen. Die Belege müssen die genaue Berechnung der Beträge und die dafür im einzelnen in Betracht kommenden Leistungen ersehen lassen; Pauschsätze werden nicht erstattet. Findet die Lagerung der Möbel an dem aufgegebenen Standort des Offiziers nicht statt, so ist die Notwendigkeit der Überführung der Möbel nach einem anderen Ort zum Zweck der Lagerung und die Wahl gerade dieses Orts zu begründen. Zu den erstattungsfähigen Verpackungskosten rechnen die Mietsbeträge, dagegen nicht die Wertbeträge für die zum Transport und zur Lagerung verwendeten Kisten u. dgl.

Zu Ziffer 1 und 4. Zur Familie sind Frau und Kinder, unter Umständen auch sonstige Anverwandte, zu zählen, sofern diese schon bisher dem Hausstand angehört und in letzterem Wohnung und Unterhalt auf Grund einer gesetzlichen oder moralischen Unterstützungsverbindlichkeit erhalten haben. Bezüglich der Anverwandten bleibt dem Oberkommando im Einzelfalle die Entscheidung vorbehalten.

Zu Ziffer 6. Mit der in dieser Bestimmung gegebenen Maßnahme gelten die Vorschriften sowohl für diejenigen Personen, welche der ursprünglichen Schutztruppe angehört haben, als auch für diejenigen, welche zur Verstärkung herangezogen sind.

Berlin, den 24. März 1905.

Auswärtiges Amt. Kolonial-Abteilung.
Stuebel.

47. Vertrag zwischen dem Gouvernement von Kamerun und der Deutsch-Westafrikanischen Bank. Vom 25. März/24. Juli 1905.

1. Die Bank ist verpflichtet, im Schutzgebiet Kamerun ohne Entgelt für Rechnung des Gouvernements Zahlungen anzunehmen und bis auf Höhe des Gouvernementsguthabens zu leisten. Alle seitens des Gouvernements oder für das Gouvernement bewirkten Einzahlungen fließen dem Gouvernementsguthaben zu.

2. Das Gouvernement kann über sein Guthaben jederzeit in beliebigen Teilbeträgen verfügen, und zwar durch Ausstellung von Schecks auf Formularen, die von der Bank zu liefern sind.

Bare Abhebungen erfolgen durch weiße Schecks, welche auf das Gouvernement selbst oder auf eine bestimmte Person oder Firma mit dem Zusatz „oder Überbringer" lauten. Die Bank zahlt den Betrag an den Überbringer ohne Legitimationsprüfung aus.

Übertragungen auf Konten von Personen und Firmen, die bei einer Niederlassung der Bank im Schutzgebiet Kamerun gleichfalls ein Guthaben unterhalten, werden durch rote Schecks bewirkt, die auf den Namen lauten und nicht übertragbar sind.

3. Bare Auszahlungen aus dem Guthaben an das Gouvernement selbst oder an Dritte für Rechnung des Gouvernements sind in Duala in jedem Betrage, bei den Zweiganstalten außerhalb Dualas bis zur Höhe von 25 000 Mk. sofort auf Präsentation des Schecks zu leisten. Sollen bei den Zweiganstalten der Bank

außerhalb Dualas bare Auszahlungen aus dem Gouvernementsguthaben in Beträgen von mehr als 25 000 Mk. stattfinden, so ist dies der Bank in Duala drei Tage vorher anzukündigen.

4. Die Scheckformulare werden dem Gouvernement nach Bedarf in Heften von mindestens 100 Stück von der Bank gegen Quittung geliefert. Von dem Abhandenkommen von Formularen ist die Bank rechtzeitig zu benachrichtigen, um einer mißbräuchlichen Benutzung der Formulare vorzubeugen.

5. Die Bank darf Auszahlungen oder Übertragungen aus dem Gouvernementsguthaben nur bewirken gegen Schecks, die unterzeichnet sind

in Buea: gemeinsam von dem Kassenvorstand oder dessen Stellvertreter und dem Finanzdirektor oder dessen Stellvertreter;

bei den Bezirksämtern und Stationen: gemeinsam von dem die Kasse führenden Beamten oder dessen Stellvertreter und dem Bezirksamtmann bzw. Stationsleiter oder deren Stellvertreter.

Schecks, die auf mehr als 10 000 Mk. lauten, müssen unter allen Umständen die Unterschrift oder das Visum des Kassenvorstandes in Buea oder dessen Stellvertreters tragen.

Die Namen der zur Leistung von Unterschriften bevollmächtigten Beamten sowie die Züge ihrer Unterschrift sind der Bank mitzuteilen.

6. Über die baren Einzahlungen, welche seitens des Gouvernements selbst oder von Dritten für das Gouvernementsguthaben geleistet werden, stellt die Bank Quittungen aus. Die Namen der zur Leistung von Unterschriften bevollmächtigten Angestellten sowie die Züge ihrer Unterschrift sind dem Gouvernement mitzuteilen.

7. Das Gouvernement wird die von vertrauenswürdigen Personen und Firmen, die bei der Bank ein Guthaben unterhalten, auf die Bank gezogenen Schecks an Zahlungsstatt annehmen.

8. Bare Einzahlungen, bei der Bank zahlbare Schecks und Wechsel, desgleichen von der Bank angekaufte Wechsel und etwa gewährte Darlehen werden dem Gouvernement auf seinem Guthaben sofort gutgeschrieben. Für die der Bank zur Einziehung übergebenen Wechsel, Anweisungen, Rechnungen und sonstigen Papiere erfolgt die Gutschrift nach Eingang, in der Regel aber noch an dem zur Einziehung bestimmten Tage. Unbezahlt gebliebene Papiere sind dem Gouvernement gegen Quittung des Kassenvorstandes oder des Gouverneurs bzw. ihrer Stellvertreter sofort wieder zuzustellen.

9. Die Bank übernimmt die provisionsfreie Vermittlung des Goldverkehrs zwischen dem Gouvernement und der Legationskasse in Berlin. Die Bank wird die bei ihrer Geschäftsstelle in Berlin seitens der Legationskasse eingezahlten Beträge dem Gouvernementsguthaben in Duala zuschreiben und ferner auf Anweisung des Gouvernements durch ihre Geschäftsstelle in Berlin Auszahlungen für Rechnung des Gouvernementsguthabens an die Legationskasse bewirken.

10. Die Bank ist verpflichtet, dem Gouvernement am Schlusse eines jeden Monats über den Stand seines Guthabens Rechnung zu legen. Aus der Rechnung muß ersichtlich sein:

1. der Stand des Guthabens zu Beginn des Monats,
2. die einzelnen Zu- und Abgänge während des Monats,
3. der Stand am Schlusse des Monats.

Auch in der Zwischenzeit ist das Gouvernement jederzeit berechtigt, eine solche Rechnung einzufordern.

11. Die Bank wird bei ihren Geschäftsstellen im Schutzgebiete Kamerun den in § 3a der Verordnung des Reichskanzlers, betreffend das Geldwesen der Schutzgebiete außer Deutsch-Ostafrika und Kiautschou, vom 1. Februar 1905 vorgesehenen Umtausch von Nickel- und Kupfermünzen gegen Gold- und Silbermünzen nach den vom Gouverneur noch zu erlassenden näheren Bestimmungen vornehmen.

12. Die Bank ist verpflichtet, an ihren sämtlichen Geschäftsstellen im Schutzgebiet ausländische Münzen nur zu denjenigen Kursen anzunehmen und zu verausgaben, welche denselben in den das Münzwesen des Schutzgebiets regelnden Verordnungen, sei es für den Privatverkehr, sei es für den Verkehr mit den öffentlichen Kassen, beigelegt sind.

Buëa (Kamerun), den 24. Juli 1905.   Berlin, den 25. März 1905.
Der Kaiserliche Gouverneur.   Deutsch-Westafrikanische Bank.
v. Puttkamer.   (Unterschriften.)

48. Vertrag zwischen dem Gouvernement von Togo und der Deutsch-Westafrikanischen Bank. Vom 25. März/24. Juli 1905.

1. Das Gouvernement unterhält bei der Bank ein unverzinsliches Guthaben, das in der Regel nicht unter 200 000 Mk. betragen wird.

2. Die Bank ist verpflichtet, im Schutzgebiet Togo ohne Entgelt für Rechnung des Gouvernements Zahlungen anzunehmen und bis auf Höhe des Gouvernements-Guthabens zu leisten. Alle seitens des Gouvernements oder für das Gouvernement bewirkten Einzahlungen fließen dem Gouvernementsguthaben zu.

3. Das Gouvernement kann über sein Guthaben jederzeit in beliebigen Teilbeträgen verfügen, und zwar durch Ausstellung von Schecks auf Formularen, die von der Bank zu liefern sind.

Bare Abhebungen erfolgen durch weiße Schecks, welche auf das Gouvernement selbst oder auf eine bestimmte Person oder Firma mit dem Zusatz „oder Überbringer" lauten. Die Bank zahlt den Betrag an den Überbringer ohne Legitimationsprüfung aus.

Übertragungen auf Konten von Personen und Firmen, die bei einer Niederlassung der Bank im Schutzgebiet Togo gleichfalls ein Guthaben unterhalten, werden durch rote Schecks bewirkt, die auf den Namen lauten und nicht übertragbar sind.

4. Bare Auszahlungen aus dem Guthaben an das Gouvernement selbst oder an Dritte für Rechnung des Gouvernements sind in Lome in jedem Betrage, bei den Zweiganstalten außerhalb Lomes bis zur Höhe von 25 000 Mk. sofort auf Präsentation des Schecks zu leisten. Sollen bei den Zweiganstalten der Bank außerhalb Lomes bare Auszahlungen aus dem Gouvernementsguthaben in Beträgen von mehr als 25 000 Mk. stattfinden, so ist dies der Bank in Lome drei Tage vorher anzukündigen.

5. Die Scheckformulare werden dem Gouvernement nach Bedarf in Heften von mindestens 100 Stück von der Bank gegen Quittung geliefert. Von dem Abhandenkommen von Formularen ist die Bank rechtzeitig zu benachrichtigen, um einer mißbräuchlichen Benutzung der Formulare vorzubeugen.

6. Die Bank darf Auszahlungen oder Übertragungen aus dem Gouvernementsguthaben nur bewirken gegen Schecks, die unterzeichnet sind

in Lome: gemeinsam von dem Kassenvorstand oder dessen Stellvertreter und dem Gouverneur oder dessen Stellvertreter;

bei den Bezirksämtern und Stationen: gemeinsam von dem die Kasse führenden Beamten oder dessen Stellvertreter und dem Bezirksamtmann bzw. Stationsleiter oder deren Stellvertreter.

Schecks, die auf mehr als 10 000 Mk. lauten, müssen unter allen Umständen die Unterschrift oder das Visum des Kassenvorstandes in Lome oder dessen Stellvertreters tragen.

Die Namen der zur Leistung von Unterschriften bevollmächtigten Beamten sowie die Züge ihrer Unterschrift sind der Bank mitzuteilen.

7. Über die baren Einzahlungen, welche seitens des Gouvernements selbst oder von Dritten für das Gouvernementsguthaben geleistet werden, stellt die Bank Quittungen aus. Die Namen der zur Leistung von Unterschriften bevollmächtigten Angestellten sowie die Züge ihrer Unterschrift sind dem Gouvernement mitzuteilen.

8. Das Gouvernement wird die von vertrauenswürdigen Personen und Firmen, die bei der Bank ein Guthaben unterhalten, auf die Bank gezogenen Schecks an Zahlungsstatt annehmen.

9. Bare Einzahlungen, bei der Bank zahlbare Schecks und Wechsel, desgleichen von der Bank angekaufte Wechsel und etwa gewährte Darlehen werden dem Gouvernement auf seinem Guthaben sofort gutgeschrieben. Für die der Bank zur Einziehung übergebenen Wechsel, Anweisungen, Rechnungen und sonstigen Papiere erfolgt die Gutschrift nach Eingang, in der Regel aber noch an dem zur Einziehung bestimmten Tage. Unbezahlt gebliebene Papiere sind dem Gouvernement gegen Quittung des Kassenvorstandes oder des Gouverneurs bzw. ihrer Stellvertreter sofort wieder zuzustellen.

10. Die Bank übernimmt die provisionsfreie Vermittlung des Geldverkehrs zwischen dem Gouvernement und der Legationskasse in Berlin. Die Bank wird die bei ihrer Geschäftsstelle in Berlin seitens der Legationskasse eingezahlten Beträge dem Gouvernementsguthaben in Lome zuschreiben und ferner auf Anweisung des Gouvernements durch ihre Geschäftsstelle in Berlin Auszahlungen für Rechnung des Gouvernementsguthabens an die Legationskasse bewirken.

11. Die Bank ist verpflichtet, dem Gouvernement am Schlusse eines jeden Monats über den Stand seines Guthabens Rechnung zu legen. Aus der Rechnung muß ersichtlich sein:

1. der Stand des Guthabens zu Beginn des Monats,
2. die einzelnen Zu- und Abgänge während des Monats,
3. der Stand am Schlusse des Monats.

Auch in der Zwischenzeit ist das Gouvernement jederzeit berechtigt, eine solche Rechnung einzufordern.

12. Die Bank ist verpflichtet, an ihren sämtlichen Geschäftsstellen im Schutzgebiet ausländische Münzen nur zu denjenigen Kursen anzunehmen und zu verausgaben, welche denselben in den das Münzwesen des Schutzgebiets regelnden Verordnungen, sei es für den Privatverkehr, sei es für den Verkehr mit den öffentlichen Kassen, beigelegt sind.

(Datum und Unterschriften.)

49. Verfügung des Oberrichters von Deutsch-Südwestafrika, betreffend die allgemeine Beeidigung von Sachverständigen für gerichtliche Angelegenheiten. Vom 31. März 1905.

(Kol. Bl. S. 318.)

Auf Grund des § 1 Ziffer 7 Abs. 4 der Verfügung des Reichskanzlers vom 25. Dezember 1900, betreffend die Ausübung der Gerichtsbarkeit in den Schutzgebieten Afrikas und der Südsee (Kol. Bl. 1901, Seite 1),[*]) wird für die Gerichtsbehörden des Schutzgebietes Deutsch-Südwestafrika hiermit folgendes angeordnet:

§ 1. Die Bezirksrichter — in Windhuk der mit der Dienstaufsicht betraute Bezirksrichter — werden ermächtigt, Sachverständige für gerichtliche Angelegenheiten im allgemeinen zu beeidigen.

Die Vornahme der Beeidigung kann gemäß § 1 Ziffer 4 der erwähnten Verfügung vom 25. Dezember 1900 einer anderen geeigneten Person übertragen werden.

§ 2. Die Auswahl der gemäß § 1 zu beeidigenden Sachverständigen geschieht durch die zuständigen Bezirksrichter. Sie bedarf der Zustimmung des Oberrichters.

Die Beeidigung gilt für alle im Schutzgebiete zu erstattenden gerichtlichen Gutachten.

§ 3. Der Eid ist von dem Sachverständigen dahin zu leisten, daß er die im Schutzgebiete Deutsch-Südwestafrika von ihm erforderten gerichtlichen Gutachten über .... unparteiisch und nach bestem Wissen und Gewissen erstatten werde.

In der Eidesformel ist hinter „über" der Kreis der zu erstattenden Gutachten zu bezeichnen.

§ 4. Vor der Beeidigung ist dem Sachverständigen zu eröffnen:

daß er durch die Beeidigung die Eigenschaft eines öffentlich bestellten Sachverständigen nicht erlange, daß vielmehr nur bei seiner Vernehmung im Einzelfalle nach richterlichem Ermessen statt der Eidesleistung die Berufung auf den allgemeinen Eid genüge,

daß es ihm freistehe, sich als „gerichtlich beeidigter Sachverständiger" zu bezeichnen.

Ferner hat sich der Sachverständige vor der Beeidigung zu verpflichten, daß er Veränderungen seines Wohnsitzes unverzüglich dem zuständigen Kaiserlichen Bezirksrichter anzeigen, und daß er im Falle seiner Streichung in der Sachverständigenliste den ihm erteilten Ausweis über seine Beeidigung unverzüglich zurückreichen und die ihm nach Abs. 1 gestattete Bezeichnung unterlassen werde.

§ 5. Über die Beeidigung ist ein Protokoll aufzunehmen, welches die Eidesformel (§ 3), die Eröffnung (§ 4 Abs. 1) und die Verpflichtung (§ 4 Abs. 2) ihrem Wortlaute nach zu enthalten hat.

§ 6. Bei jedem Kaiserlichen Bezirksgericht ist ein Verzeichnis der im allgemeinen beeidigten Sachverständigen zu führen, dessen Einsicht jedermann gestattet ist. Änderungen, welche die Person eines Sachverständigen betreffen, sind in dem Verzeichnis nachzutragen. Eine Veröffentlichung der Eintragungen findet nicht statt.

*) D. Kol. Gesetzgeb. V, Nr. 169.

§ 7. Der Name des Sachverständigen ist in dem Verzeichnisse durch den zuständigen Kaiserlichen Bezirksrichter zu streichen
1. im Falle des Todes des Sachverständigen,
2. auf Antrag des Sachverständigen,
3. wenn sich der Sachverständige als unzuverlässig erweist oder wenn sich erhebliche Bedenken gegen seine Sachkunde ergeben.

Nach Streichung des Sachverständigen ist dessen Ausweis (§ 5 Abs. 2) zurückzufordern. Wird der Ausweis nicht zurückgegeben, so ist die Streichung durch Aushang bekannt zu machen. Im übrigen findet eine Veröffentlichung der Streichung nicht statt.

§ 8. Diese Verfügung tritt sofort in Kraft.

Windhuk, den 31. März 1905.

Der Kaiserliche Oberrichter.
I. V. Gerstmeyer.

50. Denkschrift zum Haushaltsetat der Schutzgebiete auf das Rechnungsjahr 1905. Mit Geltung vom 1. April 1905 ab.

I. Den etatsmäßigen Beamten der Schutzgebiete steht für den Fall eintretender Dienstunfähigkeit unter gewissen Voraussetzungen in Gemäßheit der Bestimmungen des Reichsbeamtengesetzes ein Anspruch auf lebenslängliche Pension zu; neben dieser kann ihnen — ein Rechtsanspruch besteht nicht — eine Pensionserhöhung nach Maßgabe der Denkschriften zu den Etats für 1899 (Beilage A)[*] und 1900 (Anlage unter II)[**] widerruflich gewährt werden.

Gleiche Vergünstigungen bestehen für die unter dem Vorbehalte des Widerrufs oder der Kündigung angestellten Beamten nicht. Ein Anspruch auf Pension steht ihnen in der Regel nicht zu, doch bietet der auch auf die Schutzgebietsbeamten anwendbare § 37 des Reichsbeamtengesetzes die Möglichkeit, ihnen bei ihrer Versetzung in den Ruhestand eine Pension bis auf Höhe der durch das Reichsbeamtengesetz bestimmten Sätze zu bewilligen. Ihnen eine Pensionserhöhung zu gewähren, ist die Kolonialverwaltung nach den geltenden Bestimmungen nicht in der Lage. Es sind indessen bereits mehrfach Fälle vorgekommen, in denen der Betrag der nach § 37 des Reichsbeamtengesetzes zulässigen Pension nicht ausreichte, um einen im Kolonialdienst erwerbsunfähig gewordenen Beamten und seine Familie vor dringender Not zu schützen. In solchen Fällen ist zwar im Wege der Allerhöchsten Gnade Abhilfe geschaffen worden. Da die hierfür bestimmten Fonds indes stark belastet sind und da es sich um ein dauerndes Bedürfnis handelt, so empfiehlt es sich, die Kolonialverwaltung in den Stand zu setzen, diesen Beamten auch eine Pensionserhöhung bis auf die Höhe derjenigen zu bewilligen, welche den etatsmäßigen Beamten gewährt werden kann. Ein Anspruch auf diese Pensionserhöhung soll nicht eingeräumt werden, sie soll nur widerruflich auf bestimmte Zeit und nur denjenigen Beamten gewährt werden, die für diese Zeit nach ärztlichem Gutachten eine ihren Fähigkeiten entsprechende Beschäftigung im öffentlichen oder privaten Dienste nicht auszuüben vermögen.

Es ist sehr häufig der Fall, daß ein nicht mehr tropendienstfähiger Beamter für die Heimat noch ganz oder teilweise erwerbsfähig ist. Auch aus

[*] D. Kol. Gesetzgeb. VI, Nr. 96.
[**] Ebenda VI, Nr. 152.

diesem Grunde empfiehlt es sich nicht, die Anzahl der etatsmäßigen Stellen mit Pensionsanspruch allzusehr zu vermehren; es muß indes andererseits der Verwaltung die Möglichkeit gegeben werden, für gänzlich oder größtenteils dienstunfähige Beamte in ausreichender Weise zu sorgen. Die Grundsätze für die Bewilligungen und die Höhe der maßgebenden pensionsfähigen Bezüge werden seitens der Kolonialverwaltung mit der Reichsfinanzverwaltung vereinbart.

II. Was von der Fürsorge für nicht etatsmäßig angestellte Beamte gilt, trifft auch für ihre Hinterbliebenen zu. Es stehen in der Regel keine Mittel zu Gebote, um den Hinterbliebenen die notwendige Fürsorge angedeihen zu lassen. Der Verwaltung muß aber die Möglichkeit gegeben werden, der Witwe und den ehelichen Nachkommen des Verstorbenen und, wenn letzterer Eltern, Geschwister, Geschwisterkinder oder Pflegekinder, deren Lebensunterhalt ganz oder überwiegend von ihm bestritten war, in Bedürftigkeit hinterläßt, auch diesen den durch den Tod des Ernährers gebotenen Übergang in neue Verhältnisse zu erleichtern, da gerade dann, wenn dessen Fürsorge plötzlich aufhört und eine Einschränkung der ganzen Lebenshaltung erforderlich wird, das Bedürfnis nach Unterstützung am dringlichsten hervortritt. Auch hier soll ein Rechtsanspruch nicht eingeräumt, der Verwaltung jedoch die Befugnis gegeben werden, im Falle der Bedürftigkeit bis zur Dauer von drei Monaten nach Ablauf des Sterbemonats die Vergütung des Verstorbenen den Hinterbliebenen zu gewähren. In gleicher Weise können den Witwen verstorbener nicht etatsmäßiger Schutzgebietsbeamten Witwengeld und Witwenbeihilfen, den hinterlassenen Kindern Waisengeld und Erziehungsbeihilfen und den Eltern und Voreltern Beihilfen bis zur Höhe derjenigen Beträge gewährt werden, wie sie den Hinterbliebenen der etatsmäßigen Schutzgebietsbeamten nach den gesetzlichen Bestimmungen zustehen bzw. nach der Denkschrift zum Etat für 1899 (Beilage A unter II)*) bewilligt werden können.

III. Die etatsmäßigen Schutzgebietsbeamten erhalten für die Ausreise nach dem Schutzgebiete beim Dienstantritte, bei einer Versetzung in ein anderes Schutzgebiet oder für die Heimreise beim Austritt aus dem Schutzgebietsdienste gemäß § 13 der für sie in dieser Hinsicht maßgebenden Allerhöchsten Verordnung vom 23. April 1879, betreffend die Tagegelder, die Fuhrkosten und die Umzugskosten der gesandtschaftlichen und Konsularbeamten (Reichs-Gesetzbl. S. 127),**) für jedes mitgenommene Familienmitglied eine Vergütung, welche nach der Anzahl der zurückgelegten Kilometer bemessen ist. Die nicht etatsmäßigen Beamten erhalten nur Reisekostenvergütung für ihre Person. Es erscheint nur billig, auch den nicht etatsmäßigen Beamten sowie den etatsmäßigen Beamten, soweit den letzteren ein Anspruch nicht zusteht, in den Fällen der Ausreise nach dem Schutzgebiete, der Heimreise beim Austritt aus dem Schutzgebiet und der Versetzung nach einem anderen Schutzgebiete bei Mitnahme ihrer Familienmitglieder für letztere Beihilfen zur Deckung der wirklich entstandenen Beförderungskosten, höchstens indessen die für etatsmäßige Beamte mit Familien zulässigen Beträge zu gewähren. Soweit später für die betreffenden Umzugsreisen der Familien spezielle Umzugskosten zuständig werden, ist auf den Betrag derselben die für Mitnahme der Familien gewährte Beihilfe in Anrechnung zu bringen. Beim Mangel besonderer Fonds sind die Beihilfen dieser Art bisher aus den Fonds zu Unterstützungen gezahlt worden. Es erscheint jedoch richtig, dieselben, ihrer Bestimmung entsprechend, künftig auf die Fonds zu Dienstreisen, Umzugskosten usw. zu übernehmen.

*) D. Kol. Gesetzgeb. VI, Nr. 96. — **) Ebenda I, Nr. 11.

51. Bekanntmachung des Reichskanzlers, betreffend die Bildung eines Kommunalverbandes Ssongea in Deutsch-Ostafrika. Vom 1. April 1905.

(Kol. Bl. S. 393.)

Auf Grund der Kaiserlichen Verordnung, betreffend die Vereinigung von Wohnplätzen in den Schutzgebieten zu kommunalen Verbänden, vom 3. Juli 1899 wird hierdurch folgendes bestimmt:

§ 1. Die Wohnplätze im Bezirk der bisherigen Militärstation Ssongea, die am 1. April d. Js. in ein Bezirksamt umgewandelt, werden zu einem kommunalen Verbande vereinigt, welcher den Namen „Bezirk Ssongea" zu führen hat.

§ 2. Die Verordnung des Reichskanzlers, betreffend die Schaffung kommunaler Verbände in Deutsch-Ostafrika, vom 20. März 1901*) findet auf den Bezirk Ssongea Anwendung.

Berlin, den 1. April 1905.   Der Reichskanzler.
                              Graf v. Bülow.

52. Bekanntmachung des Gouverneurs von Deutsch-Ostafrika, betreffend Änderung der Wohnungsdienstanweisung. Vom 1. April 1905.

Mit Genehmigung des Auswärtigen Amtes, Kolonial-Abteilung, erhält § 5 der Wohnungs-Dienstanweisung vom 25. August 1903**) folgenden Zusatz:

„Verheiratete, welche den Umständen nach zu einer Begleitung durch ihre Familie genötigt sind, erhalten an Wohnungsgeld ein Drittel mehr als die ihrer Klasse angehörenden unverheirateten Personen."

Daressalam, den 1. April 1905.
                              Der Kaiserliche Gouverneur.
                              I. V. Stuhlmann.

53. Runderlaß der Kolonial-Abteilung des Auswärtigen Amtes, betreffend die Materialien- und Proviantverwaltung. Vom 7. April 1905.

Der Kaiserliche Gouverneur von Deutsch-Südwestafrika hat sich behufs Sicherstellung eines ordnungsmäßigen Betriebes im Bereiche der Materialien- und Proviantverwaltung zum Erlaß der beifolgenden Bekanntmachung vom 27. September v. Js. veranlaßt gesehen. Die darin aufgestellten Grundsätze bitte ich auch im dortigen Schutzgebiet gefälligst zur Richtschnur zu nehmen.

Berlin, den 7. April 1905.
                              Auswärtiges Amt. Kolonial-Abteilung.
                              I. V. Hellwig.

Anlage zu Nr. 53.

Bekanntmachung.

Die Angehörigen der Schutztruppe sowie die Angestellten des Gouvernements einschließlich der des Hafenamts und der Eisenbahnverwaltung dürfen die amtlich gelieferten Materialien, Proviant und dergleichen nur der bestimmten

---

*) D. Kol. Gesetzgeb. VI, Nr. 203.
**) Ebenda VII, Nr. 102.

Verwendung gemäß, insbesondere Proviant (selbstverständlich die Berechtigung zu freier Verpflegung vorausgesetzt) nur zum eigenen Verbrauch oder zur Beköstigung von dienstlichem Personal verwenden; dagegen ist ein Verkauf, Umtausch, Verleihen oder eine sonstige Abgabe an andere Personen ausdrücklich verboten.

Die ein Magazin verwaltenden Beamten usw. dürfen niemals darüber unklar sein, daß die gesamten Proviant- und Materialienbestände der Stationen fiskalisches Eigentum sind und das Soll und Ist sich in steter Übereinstimmung befinden müssen. Entsteht infolge unaufgeklärter Umstände eine Differenz, so ist der Fehlbetrag zu ersetzen, während ein Überschuß in den Büchern zu vereinnahmen ist. Besonders wird darauf hingewiesen, daß sämtliche durch Tausch und bei Proviant durch Ersparnisse etwa entstehenden Bestandsveränderungen in den Büchern in Ausgabe oder Einnahme erscheinen müssen, und daß ferner beim Kauf oder Verkauf von Proviant, Materialien und Inventarien die Geldbeträge als verausgabt oder vereinnahmt nachzuweisen sind. Die mit der Revision der Magazine betrauten Beamten oder Militärpersonen haben auf die Innehaltung vorstehender Bestimmungen ihr besonderes Augenmerk zu richten.

Diese Verfügung ist auf allen Stationen, Kassenzimmern und Magazinen anzuschlagen.

Windhuk, den 27. September 1904.

Der Kaiserliche Gouverneur.
Leutwein.

54. Bekanntmachung des Gouverneurs von Deutsch-Ostafrika, betreffend den Verkehr mit Goldmünzen der ehemaligen Südafrikanischen Republik. Vom 11. April 1905.

Auf Grund des § 15 der Verordnung des Reichskanzlers, betreffend das Münzwesen des ostafrikanischen Schutzgebiets, vom 28. Februar 1904*) wird der Wert, über welchen hinaus Goldmünzen der ehemaligen Südafrikanischen Republik nicht in Zahlung angeboten und gegeben werden dürfen, hiermit auf 15 Rupien für ein Pfund Sterling und auf 7½ Rupien für das halbe Pfund Sterling bestimmt.

Die öffentlichen Kassen des Schutzgebietes sind ermächtigt, die genannten Goldmünzen zu dem oben bezeichneten Kurse bis auf weiteres in Zahlung zu nehmen.

Bei dieser Gelegenheit wird in Erinnerung gebracht, daß im amtlichen Verkehr mit den etwa eingehenden Goldstücken gemäß Ziffer 3 des Runderlasses vom 21. Mai 1904**) zu verfahren ist.

Daressalam, den 11. April 1905.

Der Kaiserliche Gouverneur.
I. V. Stuhlmann.

*) D. Kol. Gesetzgeb. VIII, Nr. 31.
**) Ebenda, Nr. 80.

55. Auszug aus dem Erlasse der Kolonial-Abteilung des Auswärtigen Amts an den Gouverneur von Deutsch-Südwestafrika, betreffend die Anstellung des Gouvernementspersonals. Vom 12. April 1905.

Der Runderlaß vom 30. September v. J.*) bestimmt, daß in der Regel allen weißen Angestellten des Gouvernements Beamteneigenschaft beigelegt werden soll, mit Ausnahme 1. der nicht in Aufsichtsstellen verwendeten Handwerker und Arbeiter, 2. der noch nicht erprobten, von dem Kaiserlichen Gouvernement angenommenen Personen sowie 3. derjenigen, die nur zur Befriedigung eines vorübergehenden Bedürfnisses angenommen werden.

Zur Herbeiführung eines gleichmäßigen Verfahrens hinsichtlich des Zeitpunktes, zu welchem den vorstehend unter 2 genannten Personen Beamteneigenschaft beigelegt werden kann, bestimme ich hiermit, daß das von dem Kaiserlichen Gouvernement angenommene, noch nicht erprobte weiße Unterpersonal, wie z. B. Leuchtturm-, Gestüt- und Wegewärter, Schreib- und Meßgehilfen, Unter-Funktionäre bei der Eisenbahn- und Hafenverwaltung usw. zunächst eine dreijährige Dienstperiode als Probedienstzeit abzuleisten haben und während dieser Zeit nicht als Beamte anzusehen sind. Erst mit Beginn der zweiten Dienstperiode, bei den nach dreijähriger Probedienstzeit auf zweimonatigen Heimatsurlaub gehenden Angestellten, also nach ihrem Wiedereintreffen im Schutzgebiet, kann, sofern Führung und Leistungen befriedigt haben, die Beilegung der Beamteneigenschaft erfolgen.

Berlin, den 12. April 1905.

Auswärtiges Amt. Kolonial-Abteilung.
I. V. Hellwig.

56. Verfügung der Kolonial-Abteilung des Auswärtigen Amtes, betreffend Behandlung portopflichtiger Dienstsachen. Vom 12. April 1905.
(Kol. Bl. S. 271.)

Für die Postsendungen nach und von den deutschen Schutzgebieten sowie innerhalb derselben gelten im allgemeinen, abgesehen von den Portosätzen, die Bestimmungen für den Verkehr mit den Ländern des Weltpostvereins. Diese Bestimmungen sehen den Vermerk „Portopflichtige Dienstsache", welcher im Gebiete des Deutschen Reichs Privatpersonen gegen Zahlung des Zuschlagportos für die von den Behörden bestimmungsgemäß unfrankiert abzulassenden Postsendungen schützt, für den Verkehr vom Mutterlande nach den Schutzgebieten und umgekehrt sowie innerhalb der Schutzgebiete nicht vor. Auf diesseitigen Antrag hat der Herr Staatssekretär des Reichs-Postamts jedoch den Kaiserlichen Gouvernements und den ihnen nachgeordneten öffentlichen Behörden für den behördlichen Verkehr innerhalb der Schutzgebiete sowie nach dem Mutterlande die Anwendung des Vermerks „Portopflichtige Dienstsache" nach Maßgabe der Bekanntmachung des General-Postamts vom 28. November 1871**) zugestanden. Die gleiche Berechtigung ist auch den öffentlichen Behörden für den Verkehr vom Mutterlande nach den deutschen Schutzgebieten erteilt worden.

---

*) D. Kol. Gesetzgeb. VIII, Nr. 146.
**) Vgl. Anhang zu dieser Nummer.

Verf. d. Kol. Abt., betr. Behandlung portopflichtiger Dienstsachen. 12. April.

Die vorgedachte Bekanntmachung vom 28. November 1871 wird mit dem Bemerken hierunter zum Abdruck gebracht, daß die nach Vorschrift derselben bezeichneten und mit dem Siegel oder Stempel der absendenden Behörde versehenen Sendungen seitens der Postanstalten mit dem Zuschlagporto nicht werden belegt werden.

Berlin, den 12. April 1905.

Auswärtiges Amt. Kolonial-Abteilung.
Stuebel.

Anhang zu Nr. 56.

Bekanntmachung des Kaiserlichen General-Postamtes, betreffend die Befreiung der portopflichtigen Dienstbriefe von dem für unfrankierte Briefe zu erhebenden Zuschlagporte. Vom 28. November 1871.

Nach § 1*) des Gesetzes über das Posttaxwesen im Gebiete des Deutschen Reichs vom 28. Oktober 1871 (Reichs-Gesetzbl. Jahrgang 1871 Nr. 42) werden portopflichtige Dienstbriefe mit dem für unfrankierte Briefe festgesetzten Zuschlagporto von 1 Sgr. nicht belegt, wenn die Eigenschaft derselben als Dienstsache durch eine von der Reichs-Postverwaltung festzustellende Bezeichnung auf dem Couvert vor der Postaufgabe erkennbar gemacht worden ist.

In Ausführung dieser gesetzlichen Bestimmung ist angeordnet worden, daß vom 1. Januar 1872 ab diejenigen portopflichtigen unfrankierten Briefe mit dem Zuschlagporto von 1 Sgr. nicht zu belegen sind, welche im internen Verkehre Deutschlands, mit Ausschluß des inneren Verkehrs Bayerns und des inneren Verkehrs Württembergs,

von öffentlichen Behörden, von Beamten sowie von Geistlichen in Ausübung dienstlicher Funktionen abgesandt und vor der Postaufgabe

a) auf der Adresse mit dem Vermerke „Portopflichtige Dienstsache" versehen,

b) mit öffentlichem Siegel oder Stempel verschlossen werden.

Von dem Erfordernisse des Verschlusses mittels eines amtlichen Siegels oder Stempels (zu b) wird nur dann abgesehen, wenn der Absender sich nicht im Besitz eines amtlichen Siegels oder Stempels befindet und auf der Adresse unter dem Vermerke zu a „die Ermangelung eines Dienstsiegels" mit Unterschrift des Namens und Beisetzung des Amtscharakters bescheinigt.

Damit der Vermerk „Portopflichtige Dienstsache" gleichmäßig in die Augen falle, ist derselbe oben links in der Ecke auf der Adreßseite der portopflichtigen Dienstbriefe niederzuschreiben.

Milde Stiftungen, Privatvereine und Gesellschaften sind zur Anwendung der Bezeichnung „Portopflichtige Dienstsache" nicht berechtigt.

Bei Briefen nach und aus fremden Ländern findet ein Erlaß des Zuschlagportos nicht statt.

Berlin, den 28. November 1871.

Kaiserliches General-Postamt.

---

*) Jetzt Artikel 1, Ziffer 1 des Gesetzes vom 20. Dezember 1899, Reichs-Gesetzbl. S. 715.

57. Dienstanweisung für die Führung der Lagerverwaltung beim Kaiserlichen Gouvernement von Deutsch-Neu-Guinea. Erlassen vom Gouverneur am 12. April 1905.

I. Rechnungsmäßige Behandlung der Materialien überhaupt.

Die zum amtlichen Verbrauche bestimmten Materialien werden hierzu entweder sofort überwiesen oder für spätere Verausgabung gelagert.

Insoweit Materialien dem sofortigen Verbrauche überwiesen werden, also eine Lagerung nicht erforderlich ist, findet eine Buchung durch den Lagerverwalter in Einnahme und Ausgabe nicht statt. Er überführt die Gegenstände ohne weiteres dem bestimmungsgemäßen Verbrauch und meldet dies sofort schriftlich oder mündlich dem Beamten, welchem die kassenmäßige Behandlung der Rechnung obliegt.

Für Materialien, welche für eine spätere Verausgabung gelagert werden, gelten die unter III aufgestellten besonderen Bestimmungen.

II. Beschaffung der Materialien.

Hinsichtlich der Beschaffung der Materialien liegt dem Lagerverwalter ob:
a) das Bestellungswesen,
b) das Löschen (die Empfangnahme) der Güter und die Prüfung der Gegenstände auf ihre Beschaffenheit bzw. Feststellung etwaiger Mängel.

a. Das Bestellungswesen.

Der Lagerverwalter muß stets den Bedarf eines Jahres für die wichtigsten Verbrauchsgegenstände übersehen. Es ist seine Pflicht, den Gouverneur rechtzeitig, d. h. so frühzeitig von der Notwendigkeit einer Bestellung zu unterrichten, daß der Ersatz vor dem Verbrauch der Vorräte eintreffen kann. Der Lagerverwalter muß jederzeit imstande sein, an der Hand von Angeboten und Preisverzeichnissen die beste und billigste Bezugsquelle zu benennen. Die aufmerksame Durchsicht und Aufbewahrung dieser Hilfsmittel des Bestellungswesens gehört daher zu seinen Obliegenheiten.

Die Bestellung selbst erfolgt entweder auf Grund einer Ausschreibung durch Vertrag oder mittels freihändigen Auftrages. Die Entwürfe hierzu hat der Lagerverwalter zu fertigen und dem Gouverneur zur Püfung bzw. Genehmigung und Vollziehung vorzulegen.

b. Das Löschen der Materialien und deren Prüfung.

Bei Ankunft eines Schiffes, mit dem Fracht zu erwarten ist, begibt sich der Lagerverwalter sofort an Bord und stellt durch Befragen beim Ladeoffizier und durch Einsichtnahme in das Manifest oder die Ladebücher fest, ob und welche für das Gouvernement bestimmten Güter an Bord sich befinden. Er kehrt daraufhin an Land zurück und erstattet dem Gouverneur oder dessen Vertreter Meldung. Es steht dem Lagerverwalter frei, das Löschen durch die Agentur des Lloyd bewerkstelligen zu lassen. Lehnt diese die Vornahme der Löschungsarbeiten ab, so liegen letztere dem Lagerverwalter ob. Er hat sich sofort mit dem Polizeimeister in Verbindung zu setzen zur Erlangung der Mannschaften und Boote behufs Überwachung der Landung und Lagerung. Der Lagerverwalter selbst überwacht das Ausladen an Bord. Insoweit hierbei schon Mängel sich wahrnehmen lassen, also namentlich Bruch, Lecken, Mengenausfall usw., hat er ungesäumt dem Gouvernement Anzeige zu erstatten. Innerhalb 24 Stunden nach der Landung, oder wenn die Landung durch die Agentur erfolgte, innerhalb 24 Stunden nach der Empfangnahme von der Agentur hat der Lagerverwalter die Materialien durch Probeentnahme oder in anderer geeigneter Weise auf ihre Beschaffenheit zu prüfen. Ist zur Feststellung der Beschaffenheit eine Verarbeitung oder Zubereitung notwendig — wie bei Zement, Mehl, Reis usw. — so hat der Lagerverwalter eine ausreichende Probe innerhalb der genannten Frist dieser Verarbeitung oder Zubereitung zu unterziehen. Jeden wahrgenommenen Mangel hat er sofort dem Gouvernement zu melden.

Die zur Prüfung der Materialien unerläßlich notwendigen Überweisungspapiere, Rechnungen, Konnossemente, Verpackungslisten usw. hat der Lagerverwalter sich sobald als möglich vom Gouvernementsbureau zu holen und die Schriftstücke nach Prüfung mit der Bescheinigung der Richtigkeit oder bei Feststellung von Mängeln hinsichtlich der Beschaffenheit der Materialien mit einem entsprechenden Vermerk versehen zurückzugeben. Nach der Buchung der Beträge durch den Rechnungsführer sind die Belege wieder durch diesen an den Lagerverwalter zu senden, der nun seinerseits die ihm obliegenden Einträge vornimmt (siehe unten).

Diese Vorschrift gilt entsprechend für jeden Warenbezug.

III. Lagerung und Verausgabung der Materialien.

Dem Lagerverwalter liegt ob:
1. die sachgemäße Unterbringung,
2. die Instandhaltung,
3. die ordnungsmäßige Ausgabe
   a) der Lebensmittel,
   b) der angewiesenen sonstigen Materialien,
   c) der zur Versendung nach Außenstationen bestimmten Gegenstände,
4. die Führung der Bücher und Erledigung des bezüglichen Schreibwesens.

1. Für sachgemäße Unterbringung der Materialien, je nach der Beschaffenheit, ist Sorge zu tragen, damit die Gegenstände nach Möglichkeit vor dem Verderb geschützt werden.

2. Die Instandhaltung. Zu einer ordnungsmäßigen Instandhaltung gehört es, die Ware so zu behandeln, wie ihre Eigenheit es verlangt, so ist z. B. offen lagerndes Getreide täglich zu wenden, Reis in Säcken umzustauen, Rost an Eisenteilen zu beseitigen, Tuche und Kleider sind in Kisten mit Blecheinsatz zu verwahren usw.

3. Die ordnungsmäßige Ausgabe.

   a. Lebensmittel.

Der Lagerverwalter hat zweimal täglich die Ausgabe der Lebensmittel für die in Herbertshöhe anwesenden farbigen Mannschaften, Frauen und Gefangenen vorzunehmen, und zwar unter Zugrundelegung des jeweils bestimmten Verpflegungssatzes und der ihm täglich morgens vom Polizeimeister mitzuteilenden Verpflegungsstärke. Diese Verpflegungsnachweise sind zu sammeln und monatlich dem Gouverneur mit einer Zusammenstellung zu überreichen, aus der zu entnehmen sind:

1. die Gesamtverpflegungstage
    α) der Mannschaft,
    β) der Gefangenen;
2. der Gesamtverpflegungsaufwand
    α) der Mannschaft,
    β) der Gefangenen;
3. der Aufwand für den Kopf
    α) der Mannschaft,
    β) der Gefangenen;

Petroleum, Zündhölzer (für die Beleuchtung der Mannschaftsräume, Gefängnisse, für die Köche usw.), Tabak, Pfeifen, Lendentücher gehören zur Verpflegung.

Es ist dem Lagerverwalter unbenommen, an einzelne Mannschaften, Kommandierte usw. den Bedarf an Lebensmitteln monatlich im voraus zu verabreichen.

b. Die ordnungsmäßige Ausgabe der angewiesenen sonstigen Materialien.

Dem Lagerverwalter ist es verboten, Materialien irgendwelcher Art aus seinem Lager abzugeben, ohne hierzu durch eine schriftliche Anweisung ermächtigt zu sein, welche eine klare Bezeichnung der verlangten Güter und Angabe des zu belastenden Etatstitels enthalten muß. Zur Ausstellung solcher Anweisungen sind berechtigt der Gouvernementssekretär, der Bezirksamtmann, der Gouverneur und sein Vertreter.

Bauholz, Wellblech, Zement und Farbe darf nur auf Anweisung des Gouverneurs oder seines Vertreters herausgegeben werden. Die gesammelten Anweisungen sind als Belege mit der monatlichen Aufstellung vorzulegen (siehe unten).

c. Die zur Versendung nach Außenstationen bestimmten Materialien.

Die Ausgabe von Materialien an die Nebenstationen gilt als Warenbewegung im örtlichen Dienst, und es werden die Ausgaben unter Bezeichnung der in Betracht kommenden Nebenstationen zu Lasten des Betriebes in Herbertshöhe gebucht.

Der Bedarf der Außenstationen wird auf Grund der von dort einlaufenden Anträge entweder durch eine Sonderbestellung für jede Station mit unmittelbarer Verfrachtung durch den Lieferanten gedeckt. In diesem Falle hat der Lagerverwalter die Bestellung und den Entwurf einer diesbezüglichen Mitteilung an die betreffende Station, unter Umständen auch die Abnahme der Güter vom Dampfer, Aufbewahrung und Weiterverschiffung zu besorgen. Eine Aufnahme der Mengen in die Lagerbücher findet nicht statt.

Wird der Bedarf aus dem Bestande des Gouvernementslagers gedeckt, so liegt dem Lagerverwalter die sendungs- und transportgerechte Verpackung, die Aufgabe zur Verschiffung, die Fertigung der Rechnung und des Übermittlungsschreibens an die Station mit entsprechender Meldung an das Gouvernement ob.

Alle von dem Gouvernement zur Versendung über See gebrachten Güter müssen gegen Seegefahr versichert werden; die hierzu erforderliche Aufstellung hat der Lagerverwalter dem Gouverneur allmonatlich vorzulegen.

4. Die Führung der Bücher und Erledigung des bezüglichen Schreibwesens. Über alle Ein- und Ausgänge an Materialien führt der Lagerverwalter Buch nach einem nach Etatstiteln geordneten Formular.

Nach dem Ausgabebuch sind die folgenden, monatlichen Übersichten anzufertigen:
 a) Gesamtverbrauch nach Dienststellen und Titeln geordnet: Herbertshöhe, Friedrich-Wilhelmshafen, Kawieng, Namatanai. Diese Übersicht gibt nur die Endziffern.
 b) Allmonatlich ist dem Rechnungsführer eine Abschrift der Ein- und Ausgänge an Materialien als Beleg zur Abrechnung zu überreichen.

IV. **Besondere Vorschriften für die Außenstationen (Dienststellen).**

Dieselben haben bei Bestellung stets die Etatstitel anzugeben, zu deren Lasten die Beschaffung erfolgen soll. Diese müssen auch in die Überweisungsrechnungen aufgenommen werden. Für die Empfangnahme, Lagerung, Verausgabung und Buchung der Materialien finden die Vorschriften dieser Dienstanweisung entsprechende Anwendung.

Herbertshöhe, den 12. April 1905.

Der Kaiserliche Gouverneur.
H a h L

58. Dienstanweisung für die Führung der Inventarien beim Gouvernement von Neu-Guinea. Erlassen vom Gouverneur am 12. April 1905.

1. **Begriff.** Inventarien sind Gegenstände, die für Rechnung des Fiskus angekauft und zum dauernden Dienstgebrauch bestimmt sind.

2. **Zweck.** Die Aufnahme der Inventarien in ein Verzeichnis soll ihre bestimmungsgemäße Verwendung unter der Haftbarkeit des mit der Führung des Verzeichnisses und der Verwaltung der Gegenstände beauftragten Beamten sichern.

3. **Arten von Inventarien und ihre Führung.** Jede Dienststelle mit eigener Kassenverwaltung hat ein Hauptinventar zu führen (Formular I). Dienststellen ohne eigene Kassenverwaltung führen nur Sonderinventare.

Das Hauptinventar ist zur Ermöglichung einer guten Übersicht in Titel einzuteilen.

Solche sind:
 I. Haus- einschließlich Bureaueinrichtungsgegenstände,
 II. Küchengeräte,
 III. Wäsche,
 IV. verschiedenes Inventar: Handwerkszeug, Vermessungsgeräte, Bureauutensilien, Maschinen usw.,
 V. Bootsinventarien,
 VI. lebendes Vieh.

Das Hauptinventar bildet die Grundlage der verantwortlichen Bestandsausweisung. Jeder neu beschaffte, dem dienstlichen Gebrauch überwiesene Gegenstand muß darin aufgenommen werden. Den Übergang eines Gegenstandes aus dem Lager in den dienstlichen Gebrauch hat der Lagerverwalter dem Führer des Hauptinventars zu melden.

Aus dem Hauptinventar erfolgt die Umschreibung in die Sonderinventare — Verzeichnisse der für einen bestimmten Dienstzweig verwalteten Gegenstände (Formular II).

Durch Vortragung der bezüglichen Nummern im Sonderinventar vor die des Hauptinventars, im Hauptinventar vor die des Sonderinventars müssen die Beziehungen zwischen beiden Inventaren zum Zweck der Nachprüfung erhalten bleiben.

Die mit der Führung der Inventare und der Verwaltung der Gegenstände zu betrauenden Beamten bestimmt je der Vorstand der betreffenden Dienststelle.

4. **Verfahren bei der Rechnungslegung.** Wird der zu inventarisierende Gegenstand direkt beschafft — für die dem Gouvernement nachgeordneten Dienststellen die Ausnahme —, so ist die ordnungsmäßige Inventarisierung unter Angabe der Nummer des Hauptinventars auf der Rechnung zu vermerken.

Hinsichtlich der durch Vermittlung einer vorgesetzten Behörde (Gouvernement, Kolonial-Abteilung) beschafften Gegenstände ist die erfolgte Inventarisierung, wenn nicht Sonderbericht verlangt wird, unter Angabe der Nummern des Hauptinventars durch vierteljährlich bei der Rechnungslegung dem Gouvernement einzureichende Übersichten darzutun (Formular III).

Die Vorlage der Inventare selbst hat nur auf besondere Anordnung zu erfolgen. Die Prüfung ihrer ordnungsmäßigen Führung erfolgt gelegentlich seitens des Gouvernements. Dagegen ist stets am Schlusse eines Rechnungsjahres eine Bescheinigung des Vorstandes der Dienststelle dahin vorzulegen, daß die Inventare ordnungsmäßig geführt, die Zugänge darin nachgetragen, die Abgänge als unvermeidlich nachgewiesen und die vorhanden sein sollenden Inventarstücke wirklich vorhanden sind.

5. **Haftung der Beamten, Abschreibungen.** Die Vorstände der Dienststellen wie die mit der Führung der Inventare und der Verwaltung der Gegenstände betrauten Beamten sind für den richtigen Bestand in gleicher Weise verhaftet. Jeder Verlust muß dem Vorstande sofort gemeldet werden. Unvermeidliche Verluste müssen in den Inventarien auf Grund einer zu Protokoll gegebenen Erklärung und darauf erfolgenden Bescheinigung abgeschrieben werden. Unvermeidliche sind die ohne schuldhaftes Verhalten eines Dritten durch Zufall, höhere Gewalt und ordnungsmäßige Abnutzung herbeigeführten Verluste. Die Verlustprotokolle sind zu sammeln und für jedes Rechnungsjahr gesondert aufzubewahren.

6. **Vorübergehend zu bestimmten Zwecken abgegebene Gegenstände.** Zu nur vorübergehendem Gebrauche (z. B. zu Expeditionen) werden die Gegenstände gegen Haftschein an den Führer abgegeben.

Er hat sie nach Beendigung des Unternehmens der Abgabestelle gegen Empfangsbescheinigung wieder abzuliefern. Über entstandene Verluste ist entsprechend der Anweisung zu 5 Bescheinigung beizubringen.

Herbertshöhe, den 12. April 1905.

Der Kaiserliche Gouverneur.

Hahl.

Dienstanw. f. d. Führung d. Inventarien b. Kaiserl. Gouvern. v. Neu-Guinea. 12. April.

Anlage 1 zu Nr. 66.

Hauptinventar.
Formular I.

Datum der Eintragung	Laufende Nr.	Bezeichnung des Gegenstandes	Bezug durch wen	Preis M. Pf.	Überwiesen dem Sonderinventar	Nr. des Sonderinventars	Datum der Abschreibung	Nr. des Verlustprotokolls	Grund der Abschreibung	Bemerkungen

Anlage 2 zu Nr. 66.

Sonderinventar.
Formular II.

Datum der Eintragung	Laufende Nr.	Bezeichnung des Gegenstandes	Preis M. Pf.	Nr. des Hauptinventars	Datum der Abschreibung	Nr. des Verlustprotokolls	Bemerkungen

Anlage 3 zu Nr. 66.

Vierteljährliche Überweisungen.
Formular III.

Laufende Nr.	Nr. des Hauptinventars	Bezeichnung des Gegenstandes	Bezogen durch welche Behörde	Liefernde Firma	Datum der Rechnung	Bemerkungen

59. Bekanntmachung des Gouverneurs von Kamerun, betreffend Umwandlung der Station Jaunde in ein Bezirksamt. Vom 13. April 1905.

Für den Bezirk der bisherigen Militärstation Jaunde ist vom heutigen Tage ab ein Kaiserliches Bezirksamt mit dem Sitze in Jaunde errichtet worden.

Buëa, den 13. April 1905.

Der Kaiserliche Gouverneur.
v. Puttkamer.

60. Verordnung des Gouverneurs von Kamerun, betreffend Verbot der Einfuhr von Vorderladern und Handelspulver. Vom 14. April 1905.

(Kol. Bl. S. 394.)

Auf Grund des § 15 Abs. 3 des Schutzgebietsgesetzes (Reichs-Gesetzbl. 1900, S. 813) in Verbindung mit § 5 der Verfügung des Reichskanzlers vom 27. September 1903 (Kol. Bl. S. 509) wird verordnet, wie folgt:

§ 1. Die Einfuhr von Vorderladern und von Handelspulver in das Schutzgebiet ist verboten.

§ 2. Aus den amtlichen und privaten Lagerhäusern werden Vorderlader und Handelspulver vorläufig nicht mehr herausgegeben.

§ 3. Zuwiderhandlungen gegen die Vorschriften dieser Verordnung werden mit Geldstrafe bis zu fünftausend — 5000 — Mark oder mit Gefängnis bis zu drei Monaten oder, soweit sie von Eingeborenen begangen werden, mit Gefängnis mit Zwangsarbeit bis zu drei Monaten, allein oder in Verbindung miteinander, bestraft.

Die Vorderlader und das Handelspulver, welche Gegenstand der Zuwiderhandlung sind, unterliegen der Einziehung.

§ 4. Über die in den amtlichen und privaten Lagerhäusern vorhandenen Bestände an Vorderladern und Handelspulver sowie über diejenigen Bestände, welche von Europa bestellt sind und deren Bestellung nicht mehr rückgängig gemacht werden kann, ergeht besondere Verordnung.

§ 5. Diese Verordnung tritt sofort in Kraft. Die Bestimmungen der Verordnung, betreffend die Einfuhr von Schußwaffen und Munition in Kamerun, vom 16. März 1893 (Kol. Bl. S. 242)[*] bleiben unberührt.

Buëa, den 14. April 1905.

Der Kaiserliche Gouverneur.
v. Puttkamer.

61. Verordnung des Gouverneurs von Samoa, betreffend die Zwangsversteigerung und die Zwangsverwaltung. Vom 15. April 1905.

(Kol. Bl. S. 429.)

Auf die Zwangsversteigerung und Zwangsverwaltung der in das Grundbuch oder in das Landregister (§ 2 der Verordnung, betreffend Anlegung des Grundbuchs, vom 15. Juli 1903[**]) eingetragenen Grundstücke finden die im § 19

---

[*] D. Kol. Gesetzgeb. II, Nr. 10.
[**] Ebenda VII, Nr. 63.

des Gesetzes über die Konsulargerichtsbarkeit vom 7. April 1900 (Reichs-Gesetzblatt S. 213) bezeichneten Vorschriften, insbesondere die Vorschriften des Gesetzes über die Zwangsversteigerung und die Zwangsverwaltung vom 24. März 1897 (Reichs-Gesetzbl. S. 97) Anwendung.

Die Verordnung tritt mit ihrer Verkündung in Kraft.

Apia, den 15. April 1905. Der Kaiserliche Gouverneur.
Solf.

62. Erlaſs der Kolonial-Abteilung des Auswärtigen Amtes an den Gouverneur von Kamerun, betreffend Auslegung der Verpflegungsvorschriften. Vom 15. April 1905.*)

Die dortseits zur Erörterung gestellte Frage, ob anläßlich der im Verlauf längerer Dienstreisen stattfindenden Dampferfahrten**) von kürzerer Dauer als einem vollen Tage, bei denen also häufig nur eine, unter Umständen keine Mahlzeit auf dem Dampfer eingenommen wird, die halben oder die vollen Tagegelder zu gewähren sind, ist hier der Erwägung unterzogen worden. Die Entscheidung wird von dem Umfange der tatsächlich empfangenen bzw. den Umständen nach möglich gewesenen Schiffsverpflegung abhängig zu machen sein. Demzufolge bestimme ich hiermit, daß bei den gedachten Reisen, sofern auf dem Dampfer wenigstens zwei Mahlzeiten eingenommen wurden oder zur Verfügung standen, nur die halben, im anderen Falle die vollen Tagegelder gewährt werden. Letzterenfalls ist die Tagegelderberechnung mit einem den tatsächlichen Umständen entsprechenden Vermerke zu versehen.

Auswärtiges Amt. Kolonial-Abteilung.
I. V. Hellwig.

63. Verfügung des Oberrichters von Deutsch-Südwestafrika, betreffend die Einrichtung eines Strafregisters im Schutzgebiet Deutsch-Südwestafrika. Vom 18. April 1905.

Auf Grund des § 1 Ziffer 7 Absatz 4 der Verfügung des Reichskanzlers vom 25. Dezember 1900, betreffend die Ausübung der Gerichtsbarkeit in den Schutzgebieten Afrikas und der Südsee (Kol. Bl. 1901, S. 1), wird für die Gerichtsbehörden des Schutzgebietes Deutsch-Südwestafrika hiermit folgendes angeordnet:

§ 1. Über die rechtskräftigen Verurteilungen in Strafsachen wird beim Bezirksgericht in Windhuk ein Strafregister geführt. In das Strafregister werden alle innerhalb des Schutzgebietes Deutsch-Südwestafrika durch richterliche Strafbefehle und durch Strafurteile der bürgerlichen Gerichte erfolgten Verurteilungen gegen Verbrechen, Vergehen und der in § 361 Nr. 1 bis 8 Strafgesetzbuches aufgeführten Übertretungen aufgenommen. Ausgenommen sind die Verurteilungen:

1. in Privatklagesachen,

---

*) Der Erlaſs ist auch allen anderen Gouvernements mitgeteilt.
**) Es handelt sich nur um den Fall des § 15, Schluſssatz, Satz 1 der Verpflegungsvorschriften (Reise mit freier Schiffsverpflegung). D. Kol. Gesetzgeb. VIII, Nr. 59, Anlage 1.

2. gegen die Zuwiderhandlung gegen die Vorschriften über Erhebung von öffentlichen Abgaben und Gefällen.

In das Strafregister werden ferner aufgenommen:
die aus Deutschland, anderen Schutzgebieten oder dem Auslande eingehenden Mitteilungen über dort geschehene Verurteilungen in Strafsachen.

§ 2. Die Mitteilung der Strafen zum Zwecke der Registrierung hat für jeden Verurteilten besonders, in der Regel binnen vierzehn Tagen nach Rechtskraft durch denjenigen Bezirksrichter zu erfolgen, welcher die Entscheidung erlassen hat oder in dessen Bezirke sie ergangen ist.

Die Mitteilung hat unter Benutzung des anliegenden Formulars (A)*) zu geschehen.

§ 3. Das Strafregister wird von einem Sekretariatsbeamten des Bezirksgerichts in Windhuk geführt.

Die Registerführung erfolgt unter Leitung und nach den Weisungen des beim Bezirksgericht in Windhuk mit der Dienstaufsicht betrauten Richters, welcher auch die näheren Anordnungen über die Einrichtung des Strafregisters zu treffen hat. Dabei sind, soweit tunlich, die für Preußen bestehenden Vorschriften zur Richtschnur zu nehmen.

§ 4. Gerichtlichen und anderen öffentlichen Behörden Deutschlands oder eines deutschen Schutzgebietes — mit Einschluß der beauftragten Richter — ist auf jedes eine bestimmte Person betreffende Ersuchen über den Inhalt des Strafregisters kostenfreie amtliche Auskunft zu erteilen. Die Gerichtsbehörden des deutsch-südwestafrikanischen Schutzgebietes haben für das Ersuchen das anliegende Formular (B)*) zu benutzen. Die Auskunftserteilung ist vom Registerführer anzufertigen und zu unterschreiben.

§ 5. Diese Verfügung tritt sofort in Kraft.

Windhuk, den 18. April 1905.

Der Kaiserliche Oberrichter.
L V. Gerstmeyer.

64. Verordnung des Gouverneurs von Samoa, betreffend die Einfuhr und den Vertrieb von Opium. Vom 20. April 1905.

(Kol. Bl. S. 430.)

§ 1. Die Einfuhr von Opium zu Genußzwecken in das Schutzgebiet von Samoa sowie der Vertrieb von solchem Opium im Schutzgebiet ist ausschließliches Recht des Gouvernements.

§ 2. Opium zu Genußzwecken wird in der Verkaufsstelle des Gouvernements nur in zubereiteter Form und in bestimmter Packung und nur an solche Personen verabfolgt, die im Besitze eines Erlaubnisscheines sind.

§ 3. Der Erlaubnisschein wird vom Regierungsarzt ausgestellt und hat zu enthalten Namen und Wohnung des Kaufberechtigten, die Menge des zu verabfolgenden Opiums und das Datum der Ausstellung.

§ 4. Personen, die im Besitze von Opium zu Genußzwecken sind, haben es innerhalb einer Woche nach Verkündung dieser Verordnung unter Angabe des Selbstkostenpreises an das Zollamt in Apia abzuliefern.

*) Nicht abgedruckt.

§ 5. Zuwiderhandlungen gegen diese Verordnung werden mit Gefängnisstrafe bis zu drei Monaten oder mit Geldstrafe bis zu fünftausend Mark allein oder in Verbindung miteinander bestraft. Händlern, die wegen Zuwiderhandlung gegen diese Verordnung bestraft sind, kann die Berechtigung zur Ausübung des Handelsgewerbes entzogen werden. Opium, das Gegenstand der Zuwiderhandlungen ist, unterliegt der Einziehung.

§ 6. Diese Verordnung tritt mit dem Tage ihrer Verkündung in Kraft.

Apia, den 20. April 1905.

Der Kaiserliche Gouverneur.

Solf.

65. Verordnung des Bezirksamtmanns zu Saipan, betreffend den Handelsbetrieb auf den Marianen. Vom 23. April 1905.

Auf Grund des § 5 der Verfügung des Herrn Reichskanzlers vom 27. September 1903, betreffend die seemannsamtlichen und konsularischen Befugnisse und das Verordnungsrecht der Behörden in den Schutzgebieten Afrikas und der Südsee, wird hiermit für den Amtsbezirk Saipan bestimmt, was folgt:

§ 1. Zum Handelsbetrieb ist die vorher einzuholende Erlaubnis des Bezirksamtes (Handelslizenz) erforderlich. Die Lizenzen werden in beschränkter Anzahl erteilt, welche sich nach dem Verhältnis der Produktion der einzelnen Inseln bestimmt.

§ 2. Der Antrag auf Erteilung einer Lizenz muß enthalten:
a) den Namen des Antragstellers,
b) den der übrigen im Handelsbetrieb beschäftigten Personen,
c) den Namen der Insel und des Orts, wo die Station liegt oder errichtet werden soll.

§ 3. Die Lizenz wird erteilt:
a) für Firmen: auf deren Namen für unbeschränkte Zeit und den ganzen Bezirk (Lizenz I. Klasse),
b) für Händler: auf deren Namen für ein Jahr und bestimmte Stationen (Lizenz II. Klasse).

Gibt ein Inhaber seinen Handelsbetrieb vor Ablauf eines halben Jahres nach Erteilung der Lizenz auf, so wird die Hälfte der Gebühr zurückgezahlt.

§ 4. Die Lizenz berechtigt zum Betriebe einer Station mit zwei Personen einschließlich des Stationsleiters. Für jede weitere Person wird eine besondere im § 5 festgesetzte Gebühr erhoben. Die von Fahrzeugen aus betriebenen Geschäfte müssen von einem Lizenzinhaber besorgt werden, der seine Lizenz bei sich führen und auf Verlangen den Polizeiorganen vorzeigen muß. Die Besatzung selbst darf keinen Handel treiben.

§ 5. Die Lizenzgebühr beträgt für ein Jahr:
I. für Firmen in Stufe 1: 8000 Mk., in Stufe 2: 1200 Mk., in Stufe 3: 800 Mk.

Die Einstellung in die jeweilige Stufe erfolgt durch das Bezirksamt.

II. für Handelsstationen:
a) für die erste Station 300 Mk.,
b) für jede weitere Station 100 Mk.,

c) für jede dritte und weitere im Handelsbetrieb beschäftigte Person 150 Mk.

Die Inhaber von Lizenzen I. Klasse haben für ihre Hauptstation eine besondere Gebühr nicht zu zahlen.

§ 6. Der Ausdruck „Jahr" in §§ 3 und 5 bedeutet das Rechnungsjahr, d. i. den Zeitraum vom 1. April eines bis zum 31. März des folgenden Kalenderjahres.

Die Lizenzgebühr ist bei Beginn des Jahres fällig, für welches sie erhoben wird.

§ 7. Zuwiderhandlungen werden mit Geldstrafe bis zu eintausend Mark oder mit Gefängnis bis zu zwei Monaten oder mit Haft belegt, auch kann auf Einziehung der Handelsprodukte sowie auf Wegnahme des Fahrzeuges ohne Rücksicht auf den Eigentümer erkannt werden.

§ 8. Diese Verordnung tritt am 1. April 1906 in Kraft. Von diesem Zeitpunkte an erlischt die Verordnung, betreffend die Gewerbesteuer im Inselgebiet der Marianen, vom 17. Januar 1900.*)

Saipan, den 28. April 1905.

Der Kaiserliche Bezirksamtmann.
Fritz.

66. Bekanntmachung des Gouverneurs von Deutsch-Ostafrika, betreffend Umwandlung der Militärstation Ssongea in ein Bezirksamt. Vom 25. April 1905.

(Kol. Bl. S. 864.)

Für den Bezirk der bisherigen Militärstation Ssongea ist vom 1. April ab ein Kaiserliches Bezirksamt mit dem Sitze in Ssongea errichtet worden.**)

Daressalam, den 25. April 1905.

Der Kaiserliche Gouverneur.
Graf v. Götzen.

67. Verordnung des Gouverneurs von Samoa, betreffend die chinesischen Kontraktarbeiter. Vom 25. April 1905.

Einführung der chinesischen Kontraktarbeiter.

§ 1. Die Einführung von chinesischen Kontraktarbeitern unterliegt den Bestimmungen der Gouvernements-Verordnung vom 1. März 1903 (Gouvernementsblatt Band III, S. 63).

§ 2. Chinesische Kontraktarbeiter dürfen erst gelandet werden, nachdem der Regierungsarzt oder sein Vertreter sie untersucht und ihre Landung für zulässig erachtet hat.

Rechtliche Stellung der chinesischen Kontraktarbeiter.

§ 3. Die chinesischen Kontraktarbeiter sind, soweit nicht in dieser Verordnung etwas anderes bestimmt ist, rechtlich den Eingeborenen gleichgestellt.

*) Nicht abgedruckt. — **) Vgl. Nr. 61 oben.

Verordnung d. Gouverneurs v. Samoa, betr. d. chinesischen Kontraktarbeiter. 26. April.

Aufsicht über die chinesischen Kontraktarbeiter.

§ 4. Die Aufsicht über die chinesischen Kontraktarbeiter wird durch einen von dem Gouvernement hierzu besonders bestimmten Kommissar ausgeübt, der dem Bezirksrichter unterstellt ist und seinen Anweisungen Folge zu leisten hat.

§ 5. Der Kommissar hat in regelmäßigen Zwischenräumen, und zwar mindestens einmal alle zwei Monate, die einzelnen Betriebe auf der Insel Upolu, in denen chinesische Kontraktarbeiter beschäftigt sind, zu besuchen und ist berechtigt, die Abstellung vorgefundener Mängel zu verlangen. Die Arbeitgeber sind verpflichtet, ihm jederzeit den Zutritt zu allen Räumlichkeiten zu gestatten, in denen chinesische Kontraktarbeiter beschäftigt oder untergebracht sind.

§ 6. In sanitätspolizeilicher Hinsicht unterstehen die chinesischen Kontraktarbeiter überdies der Aufsicht des Regierungsarztes oder seines Stellvertreters. Mindestens einmal alle drei Monate hat der Regierungsarzt die Betriebe, in denen chinesische Kontraktarbeiter beschäftigt werden, zu besichtigen.

Erachtet der Regierungsarzt die Abstellung von Mängeln erforderlich, so trifft er die ihm geeignet erscheinenden Anordnungen.

§ 7. Der Arbeitgeber ist berechtigt, gegen Anordnungen des Regierungsarztes oder des Kommissars die Entscheidung des Bezirksrichters anzurufen, und zwar binnen einer Frist von acht Tagen nach Eröffnung des Bescheides des Regierungsarztes oder Kommissars.

§ 8. Die sämtlichen Kontraktarbeiter werden vom Kommissar unter fortlaufenden Nummern in ein Register eingetragen.

Der Eintrag hat zu enthalten:
1. Name, Alter, Stamm und Geburtsort des Arbeiters;
2. Name und Wohnsitz des Arbeitgebers oder bei größeren Betrieben des verantwortlichen Verwalters.

Ferner ist in dem Register zu vermerken:
a) ein Wechsel des Arbeitsherrn,
b) etwaige Bestrafungen des Arbeiters,
c) ob Opiumraucher oder -Esser,
d) Ableben des Arbeiters unter Angabe von Ort und Zeit sowie der Todesursache.

Rechte und Pflichten der Arbeitgeber.

§ 9. Der Arbeitgeber ist verpflichtet, den Kontraktarbeitern geeignete Wohnung zu gewähren, ihnen im Krankheitsfalle unentgeltlich die nötige ärztliche Behandlung und Pflege angedeihen zu lassen, sowie ihnen die verordneten Medikamente zu verschaffen.

§ 10. Die chinesischen Kontraktarbeiter sind in festen, vor Wind und Wetter geschützten Holzhäusern unterzubringen, die das Hindurchströmen der freien Luft gewährleisten. Alle Vierteljahre sind die Innenwände und Decken mit Kalkmilch einmal zu streichen, die Böden und Schlafstellen wöchentlich einmal aufzuwaschen.

Die Chinesenwohnungen müssen mit den zum Trinken, Baden, Waschen und Kochen nötigen Einrichtungen versehen sein. Auch muß sich bei jedem Chinesenhause eine mindestens 2 m tiefe, gedeckte Latrine auf der dem Winde abgewendeten Seite befinden. Bei geneigtem Boden muß sie unterhalb der Wohnhäuser angelegt sein.

Für jeden Arbeiter ist unentgeltlich eine Schlafstelle, bestehend in einem Bett oder einer Pritsche, zu liefern. Auch ist ihm auf seine Kosten ein Moskitonetz zu beschaffen.

§ 11. Die Beköstigung hat für den Tag und Kopf zu bestehen aus:
850 g Reis,
120 g getrocknetem Fleisch, oder
150 g rohem Fisch oder Fleisch, oder
165 g gesalzenem Fisch oder Fleisch,
35 g Schweinefett.

Außerdem sind den Arbeitern für den Kopf und Monat 150 g gewöhnlicher Tee zu verabfolgen.

Als Zukost soll den Arbeitern grünes Gemüse gereicht oder ihnen Gelegenheit gegeben werden, es auf der Pflanzung zu ziehen.

Die Hälfte Reis kann mit Einwilligung des Arbeiters durch die dreifache Menge Yam, Taro, Brotfrucht oder Bananen ersetzt werden.

In gleicher Weise dürfen für 100 Teile Reis 120 Teile Hartbrot, weiße Bohnen, Erbsen oder Linsen verabfolgt werden.

§ 12. Der Arbeitgeber ist verpflichtet, den Arbeitern den vertragsmäßig zugesicherten Lohn in nicht längeren als monatlichen Zwischenräumen zu bezahlen.

Die Lohnzahlung hat in barem Gelde zu geschehen, und zwar in Räumlichkeiten, die nicht Verkaufszwecken dienen.

Für Vorschüsse dürfen monatlich höchstens 3 Mk. in Abzug gebracht werden.

Im übrigen sind Lohnabzüge nur gestattet:
1. für jeden durch Krankheit versäumten Arbeitstag der auf den Tag entfallende Arbeitslohn;
2. für die durch sonstige Versäumnis, wie Weglaufen, Inhaftierung oder Arbeitsverweigerung ausgefallenen Arbeitstage der Betrag von 75 Pf. pro Tag.

§ 13. Der Arbeitgeber hat für jeden Arbeiter ein Lohnbuch zu führen. In diesem sind zu vermerken:
1. der Betrag des jeweils ausbezahlten Lohnes unter Angabe des Datums,
2. die etwaigen Lohnabzüge nebst Angabe des Grundes.

Den Kontraktarbeitern ist der Betrag und der Grund des erfolgten Abzuges zu eröffnen. Es steht ihnen das Recht zu, gegen erfolgte Abzüge die Entscheidung des Kommissars anzurufen. Dieser entscheidet bis zu dem Betrage von 20 Mk. endgültig. Bei höheren Beträgen kann auf Entscheidung des Bezirksrichters angetragen werden.

§ 14. Stirbt ein Kontraktarbeiter, so ist dem Kommissar alsbald Anzeige zu erstatten. Das Lohnbuch ist abzuschließen und mit dem gesamten Nachlasse dem Kommissar zur Regelung des Nachlasses auszufolgen.

Rechte und Pflichten der Kontraktarbeiter.

§ 15. Der Arbeiter ist verpflichtet, die festgesetzte Arbeitszeit pünktlich einzuhalten, und darf sich nicht ohne Erlaubnis des Arbeitsherrn von der Arbeit entfernen. Er hat die ihm übertragenen Arbeiten fleißig und gewissenhaft auszuführen und den Anordnungen seiner Vorgesetzten unweigerlich Folge zu leisten.

§ 16. Die Arbeitszeit dauert von Sonnenaufgang bis Sonnenuntergang mit einer anderthalbstündigen Pause.

Die Arbeit ruht an gesetzlichen und an den von der Regierung bekannt zu machenden chinesischen Feiertagen. Überdies haben die Arbeitgeber ihren Arbeitern an zwei Sonntagen im Monat ganz frei zu geben.

Zu Arbeiten außerhalb der in Absatz 1 genannten Zeit sowie an freien Tagen ist der Arbeiter nur verpflichtet, sofern die vorzunehmenden Arbeiten ihrer Natur nach einen Aufschub nicht ohne Schädigung zulassen.

Für Überstunden ist dem Arbeiter entsprechende Ruhepause oder Ersatz in barem Gelde zu gewähren.

Dem Arbeitgeber steht es frei, die Kontraktarbeiter mit ihrer Einwilligung auch zu anderen wie den im Absatz 1 bezeichneten Stunden zu beschäftigen.

An den in Absatz 2 bezeichneten freien Tagen ist dem Arbeiter auf sein Verlangen Ausgang zu gewähren, jedoch nicht länger als bis 9 Uhr abends. Arbeiter, die nach dieser Zeit außerhalb ihres Arbeitsplatzes angetroffen werden, sind von der Polizei festzunehmen, falls sie nicht mit einem besonderen Erlaubnisschein ihres Arbeitsherrn versehen sind, auf dem der Zweck des längeren Ausbleibens vermerkt ist.

§ 17. Der Arbeiter darf seinen Arbeitsplatz nur mit Genehmigung seines Arbeitgebers verlassen. Der Arbeitgeber hat dem Arbeiter, dem er das Verlassen des Arbeitsplatzes erlaubt, seine Kontrollnummer auszufolgen, die am linken Oberarme sichtbar zu tragen ist.

§ 18. Etwaige Beschwerden hat der Arbeiter dem Kommissar bei seinen Besuchen vorzubringen. In Fällen schwerer Verfehlungen des Arbeitgebers, insbesondere bei körperlicher Mißhandlung steht dem Arbeiter das Recht zu, den Kommissar in seinen Geschäftsräumen aufzusuchen.

Findet der Kommissar, daß ein Anlaß zu einer sofortigen Beschwerde nicht gegeben war, so kann er anordnen, daß dem Arbeiter für die versäumte Zeit ein entsprechender Abzug gemacht wird.

Alkohol- und Opiumgenuß.

§ 19. Der Genuß alkoholartiger Getränke ist den chinesischen Arbeitern verboten.

Die §§ 1 bis 4 der Gouvernements-Verordnung vom 2. März 1903, betreffend den Verkehr mit alkoholhaltigen Getränken (Gouvernementsblatt Band III Nr. 2, S. 63), finden Anwendung.

Die Verabreichung von Opium regelt sich nach der Gouvernements-Verordnung vom 20. April 1905.

Strafbestimmungen.

§ 20. Ein Kontraktarbeiter, der den Bestimmungen dieser Verordnung zuwiderhandelt und insbesondere:
1. sich dem Müßiggange hingibt,
2. ohne Grund von der Arbeit wegläuft oder andere hierzu anstiftet,
3. sich verborgen hält oder andere Arbeiter, die sich verborgen halten, unterstützt,
4. die Pflanzung ohne Erlaubnis verläßt oder über die gestattete Zeit hinaus ausbleibt,
5. sich der Widersetzlichkeit, Beleidigung oder Bedrohung des Arbeitgebers oder seiner Vorgesetzten schuldig macht,

wird mit der Entziehung der Erlaubnis zum Ausgehen für die Dauer bis zu zwei Monaten, oder mit Geldstrafe bis zu 30 Mk., oder mit Rutenhieben bis zur Zahl von 20 Schlägen, oder mit Gefängnis bis zu drei Monaten, einzeln oder in Verbindung miteinander, bestraft.

Innerhalb einer Woche darf gegen dieselbe Person nur einmal auf Rutenhiebe erkannt werden. Wird gegen einen Kontraktarbeiter auf mehr als zehn Schläge erkannt, oder bestehen Bedenken, ob die Rutenstrafe für ihn mit nachteiligen Folgen verbunden ist, so ist der Arzt über die Zulässigkeit der Strafe zu hören. Die Strafe ist in Gegenwart des Kommissars oder eines vom Bezirksrichter zu bestimmenden Beamten zu vollziehen.

§ 21. Ein Arbeitgeber, der den Bestimmungen dieser Verordnung zuwiderhandelt oder sich der körperlichen Mißhandlung von chinesischen Arbeitern schuldig macht, wird, soweit nicht eine nach den Bestimmungen der Reichsgesetze zu ahndende Tat vorliegt, und vorbehaltlich der Bestimmungen in §§ 25 und 26 dieser Verordnung mit Geldstrafe bis zu 500 Mk. oder mit Gefängnis bis zu einem Monat bestraft.

§ 22. Die Strafgewalt gegenüber den Kontraktarbeitern wird von dem Kommissar ausgeübt. Zur Entscheidung über die nach den Vorschriften der Reichsgesetze strafbaren Vergehen und Verbrechen sind die ordentlichen Gerichte zuständig.

§ 23. Gegen Arbeitgeber kann der Kommissar wegen Zuwiderhandlungen gegen diese Verordnung auf Geldstrafe bis zu 60 Mk. oder stellvertretende Haftstrafen bis zu 8 Tagen erkennen.

Die Gouvernements-Verordnungen vom 15. November 1900 (Gouvernementsblatt Band III Nr. 6 vom 20. November 1900, Seite 23) und vom 20. Mai 1903 (Gouvernementsblatt Band III, Nr. 24, Seite 76) finden sinngemäße Anwendung.

§ 24. In Fällen besonders schwerer Verfehlungen gegen diese Verordnung kann der Kommissar neben der ausgesprochenen Strafe auf Aufhebung des Kontraktes erkennen.

§ 25. Einem Arbeitgeber, der sich trotz zweimaliger Bestrafung innerhalb Jahresfrist einer abermaligen Zuwiderhandlung dieser Verordnung schuldig macht, kann auf Antrag des Kommissars die Auflage vom Bezirksrichter gemacht werden, die Aufsicht über seine Arbeiter einem geeigneten Verwalter zu übertragen. In besonders schweren Fällen kann dem Arbeitgeber die Befugnis entzogen werden, chinesische Arbeiter zu beschäftigen.

Das Gouvernement bestimmt in diesem Falle über die anderweitige Beschäftigung der Arbeiter.

§ 26. Ein Arbeitgeber, der den Bestimmungen des § 25 zuwiderhandelt, wird mit Geldstrafe bis zu 1000 Mk. oder mit Gefängnis bis zu drei Monaten bestraft.

Inkrafttreten der Verordnung.

§ 27. Diese Verordnung tritt mit dem Tage ihrer Verkündung in Kraft.

Apia, den 25. April 1905.

Der Kaiserliche Gouverneur.
Solf.

68. Erlaß des Gouverneurs von Samoa, betreffend den Betrieb des Regierungshospitals. Vom 25. April 1905.

1. Das Europäer-Hospital, die Chinesen-Krankenbaracke, die Poliklinik und die samoanischen Baracken für Eingeborene bilden zusammen eine Dienststelle: Das Regierungs-Hospital.

Der Vorstand dieser Dienststelle und der leitende Arzt ist der Regierungsarzt.

2. Als täglicher Verpflegungssatz für die Aufnahme von Kranken in das Europäer-Hospital wird festgesetzt:

für das Einzelzimmer, Satz I, 12 Mk.,
für das Zimmer mit zwei Betten, Satz II, 10 Mk.,
für den Krankensaal, Satz III, 6 Mk.

Daneben sind alkoholische Getränke und Mineralwässer besonders zu berechnen.

Der Tag der Aufnahme wird nicht, dafür der Abgangstag voll berechnet. Die Rechnungen sind seitens des Hospitals doppelt auszustellen, eine für den zu Entlassenden und eine für die Gouvernements-Hauptkasse. Die Kasse vereinnahmt die Beträge zugunsten des Titels 1, 3, 3, Hospitalbetrieb.

Zur Aufnahme mittelloser Kranken in das Regierungs-Hospital bedarf es besonderer Anweisung des Gouvernements.

In das Europäer-Hospital dürfen Farbige nicht aufgenommen werden.

Für das Geburtszimmer wird der Satz von Fall zu Fall mit der Hospitalverwaltung vereinbart.

Die Vergütung für besondere ärztliche Behandlung ist Privatsache und bleibt der freien Übereinkunft der Beteiligten überlassen.

Die Operationseinrichtungen des Regierungs-Hospitals stehen den Ärzten der Kaiserlichen Marine und den in Samoa angesiedelten Ärzten gegen eine Vergütung von 20 Mk. im Einzelfalle zur Verfügung. Denselben Ärzten ist auch gestattet, die aus ihrer Behandlung dem Regierungs-Hospital überwiesenen Kranken nach vorhergegangener Mitteilung an den Regierungsarzt daselbst weiter zu behandeln.

3. Für die Behandlung der Chinesen im Regierungs-Hospital und in der Poliklinik gelten die seitens des Kaiserlichen Gouvernements erlassenen besonderen Bestimmungen.

4 Samoaner und ihnen gleich geachtete Eingeborene haben für den Einzeltag ohne Verköstigung 1 Mk., mit Verköstigung 1,50 Mk. zu zahlen.

5. Für die in der öffentlichen Sprechstunde für ambulante Behandlung verabfolgten Arznei- und Verbandmittel sind folgende Sätze zu erheben:

a) von Europäern für einen Verband oder ein Arzneimittel 2 Mk.,
b) von Farbigen für das gleiche 1 Mk.,
c) Armen dürfen Arznei- und Verbandmittel kostenfrei abgegeben werden.

Die im Eingeborenen-Hospital eingehenden Gelder sind von dem Regierungs-Hospital am ersten jedes Monats an die Gouvernements-Hauptkasse abzuliefern mit einer Überweisung, auf der von dem Regierungs-Hospital zu bescheinigen ist, daß in dem Monat nicht mehr vereinnahmt worden ist und nicht mehr zu vereinnahmen war.

6. Die Beamten des Gouvernements haben freie ärztliche Behandlung und Verpflegung im Hospital.

7. Die im Regierungs-Hospital wohnenden Ärzte und Angestellten werden aus der Europäerküche verpflegt. Für Getränke haben sie selbst zu sorgen.

8. Die Pflegeschwestern erhalten Wohnung, Beleuchtung, Verpflegung, Wäsche und Bedienung frei, ferner einen am Schlusse jedes Monats in bar zu zahlenden Getränkesatz von 1 Mk. täglich, soweit davon nicht infolge Urlaubs oder Hospitalaufnahme Abzüge zu machen sind.

9. Das Regierungs-Hospital erhält von der Gouvernementshauptkasse am 1. April jedes Jahres einen eisernen Betriebsvorschuß von 100 Mk. Am Schlusse eines jeden Monats hat es mit der Hauptkasse abzurechnen und erhält auf Grund ordnungsmäßiger Belege den eisernen Betriebsvorschuß laufend ergänzt.

10. Bei bewußtlos ins Regierungs-Hospital aufgenommenen Kranken hat die Abnahme von Geld und Wertsachen durch den Verwaltungsbeamten in Gegenwart eines europäischen Zeugen zu geschehen. Darüber ist ein Protokoll aufzunehmen und nebst den Wertgegenständen dem Kaiserlichen Bezirksgericht in Apia zum Deponieren zu übergeben.

11. Von Todesfällen im Regierungs-Hospital ist bei Europäern dem Bezirksgericht in Apia, bei Chinesen dem Chinesenkommissar und bei Samoanern dem Gouvernement sofortige schriftliche Mitteilung zu machen.

Apia, den 25. April 1905.

Der Kaiserliche Gouverneur.
Solf.

69. Verfügung des Gouverneurs von Deutsch-Ostafrika, betreffend die Bezirksräte. Vom 26. April 1905.
(Kol. Bl. S. 363.)

Auf Grund der Verordnung des Reichskanzlers vom 29. März 1901*) bestimme ich:

Zu § 4 der Verordnung.

Der Bezirksrat ist beschlußfähig, wenn außer dem Vorsitzenden zwei Mitglieder erschienen sind.

Der nach den Ausführungsbestimmungen zu obiger Verordnung vom 2. Mai 1901 (L. G. I S. 327) vom Bezirksamtmann zu stellende Antrag auf Entziehung der Mitgliedschaft muß auch dann gestellt werden, wenn ein Mitglied zweimal ohne begründete Entschuldigung zu den Sitzungen nicht erscheint.

Daressalam, den 26. April 1905.

Der Kaiserliche Gouverneur.
Graf v. Götzen.

70. Auszug aus dem Erlasse der Kolonial-Abteilung des Auswärtigen Amtes an den Gouverneur von Deutsch-Neu-Guinea, betreffend Mitnahme farbiger Diener auf Dienstreisen. Vom 27. April 1905.)

Aus Anlaß eines einzelnen Falles ist hier die Frage wegen der den Beamten bei Dienstreisen innerhalb des Schutzgebiets hinsichtlich der Mitnahme von farbigen Dienern zu gewährenden Vergütung in Erwägung genommen worden.

Ich bestimme hierdurch mit rückwirkender Kraft, daß bei den fraglichen Dienstreisen, wenn ein Regierungsfahrzeug nicht benutzt werden konnte, die

---
*) D. Kol. Gesetzgeb. VI, Nr. 203.
**) Der Erlaß ist auch den Behörden in den Karolinen und dem Gouverneur von Samoa mitgeteilt worden.

veranlagten Beförderungskosten für je einen farbigen Diener vergütet werden. Die Kosten für die Verpflegung desselben während der Reise fallen selbstverständlich den Beamten selbst zur Last. Sind in dem Passagepreis die Verpflegungskosten mit einbegriffen, so sind die letzteren von der Erstattung auszuschließen, wobei auf die Verpflegung nach den in dieser Beziehung im Auswärtigen Amt bestehenden allgemeinen Grundsätzen $1/3$ der Kosten des Fahrscheins zu rechnen sein würde. Daß Verpflegungskosten für den Diener nicht in Rechnung gestellt bzw. nach Vorstehendem von der Liquidation abgesetzt worden sind, ist auf der letzteren seitens des betreffenden Rechnungsbeamten ausdrücklich zu vermerken.

Berlin, den 27. April 1905.

Auswärtiges Amt. Kolonial-Abteilung.
I. V. Hellwig.

71. Auszug aus dem Erlasse der Kolonial-Abteilung des Auswärtigen Amtes an den Gouverneur von Kamerun, betreffend Abänderung der Verpflegungsvorschriften. Vom 30. April 1905.

Absatz 1 der Fußnote zu § 10 der Verpflegungsvorschriften*) erhält folgende Fassung:

„Zu den Küstenstationen im Sinne des § 10 sind alle innerhalb desjenigen Gebietes belegenen Stationen zu rechnen, welches begrenzt wird durch eine von den Fällen des Akpa-Korum (Akwa-Jafe) oberhalb Holmes Pflanzung (unter dem 5° n. B.) ausgehende, die Ndian-Schnellen, die Orte Manga am Monjo, Njanga am Dibombe einschließende und von da nach den Schnellen des Wuri oberhalb der Jabassistation, den ersten Schnellen des Dibamba (Lungasi), den Edea-Schnellen des Sanaga, den Neven du Mont-Fällen des Njong, den Schnellen des Lokundje bei Edea, den Kribi-Schnellen und schließlich nach Nkole am Campo führende Linie."

Die vorliegenden Festsetzungen finden auf diejenigen Reisen zwischen Küstenstationen Anwendung, welche seit dem 1. April d. Js. angetreten worden sind.

Die Frage der Abgrenzung des Sanga-Ngokogebietes hinsichtlich der Zuständigkeit von Tagegeldern gemäß § 10 a. a. O. stößt auf Schwierigkeiten. Es erscheint als die einfachste Lösung, von der Festsetzung besonderer Tagegelder bei Dienstreisen im Ngokogebiet abzusehen, dafür aber die fraglichen Zulagen auch für die Dauer jener Dienstreisen unverkürzt weiter zu gewähren. Unter diesen Umständen kommt nunmehr der 2. Absatz der Fußnote des § 10 in Wegfall.

Berlin, den 30. April 1905.

Auswärtiges Amt. Kolonial-Abteilung.
I. V. Hellwig.

72. Ausführungsbestimmungen des Gouverneurs von Deutsch-Südwestafrika zur Zollverordnung für das deutsch-südwestafrikanische Schutzgebiet vom 31. Januar 1903. Vom 30. April 1905.

(Kol. Bl. S. 394.)

Auf Grund des § 63 der Verordnung des Reichskanzlers vom 31. Januar 1903 wird hiermit verordnet, was folgt:

*) D. Kol. Gesetzgeb. VIII, Nr. 39 Anl. 1.

Der § 2 der Ausführungsbestimmungen zur Zollverordnung für das deutschsüdwestafrikanische Schutzgebiet vom 31. Januar 1903*) erhält als vierten Absatz folgenden Zusatz:

„Ein- und Ausfuhrgegenstände dürfen, soweit nach dem Ermessen des Vorstehers der Zollstelle Platz vorhanden ist, unentgeltlich zehn Tage im Zollgewahrsam (Zollschuppen, Zollhof) lagern. Für den Beginn der Frist sind die unter Berücksichtigung der örtlichen Verhältnisse zu erlassenden Anordnungen maßgebend. Bei Überschreitung dieser Frist sind Lagergebühren in Höhe von 1 Mk. für je 100 kg und einen Monat zu entrichten, falls die Güter nicht zur Zollniederlage (Verordnung vom 10. April 1903) angemeldet werden; Teile von 100 kg sowie jeder angefangene Monat werden für voll gerechnet."

Hinter § 9 ist folgender § 9a einzuschalten:

§ 9a. „Der Zoll muß spätestens binnen 24 Stunden nach Feststellung bei der Zollkasse entrichtet werden. Nach erfolgter Zollzahlung sind die zollpflichtigen Gegenstände sofort aus dem Zollgewahrsam zu entnehmen; zollfreie Güter müssen sofort nach der Abfortigung entfernt werden. Geschieht dies nicht, so werden die Gegenstände dem zollamtlichen Spediteur zur Verfügung übergeben."

Swakopmund, den 30. April 1905.

Der Kaiserliche Gouverneur.
I. V. Tecklenburg.

73. Runderlaß der Kolonial-Abteilung des Auswärtigen Amtes, betreffend Einreichung von Abschriften allgemeiner Verwaltungsvorschriften. Vom 3. Mai 1905.

Die auch für die Schutzgebietsverwaltung maßgebende Instruktion für die Königliche Ober-Rechnungskammer vom 18. Dezember 1824 bestimmt in dem hinter dem gegenwärtigen Erlasse abgedruckten § 43, daß von allen daselbst näher bezeichneten Veränderungen in der Verwaltung der obersten Rechnungsbehörde unverzüglich Mitteilung zu machen ist. Der Rechnungshof hat sich im Verfolge der Rechnungsprüfung veranlaßt gesehen, auf diese Vorschrift noch besonders hinzuweisen und ihre Befolgung in Erinnerung zu bringen. Die Kaiserlichen Gouvernements werden demzufolge ergebenst ersucht, alle dortseits ergehenden, hier in Betracht kommenden Bestimmungen und Verwaltungsvorschriften (Runderlasse, Gouvernementsbefehle und dergl.) künftig, soweit es nicht bereits geschehen sollte, regelmäßig in mindestens je vier Abdrücken unverzüglich hierher mitzuteilen. Wegen Bekanntgabe an den Rechnungshof wird sodann von hier aus das Weitere veranlaßt werden.

Die Zuständigkeitsverhältnisse hinsichtlich des Erlasses der fraglichen Verfügungen bleiben selbstverständlich unberührt; sie regeln sich nach wie vor nach den diesbezüglichen allgemeineren Bestimmungen.

Berlin, den 3. Mai 1905.

Auswärtiges Amt. Kolonial-Abteilung.
I. V. Hellwig.

---

*) D. Kol. Gesetzgeb. VII, Nr. 9.

Anlage zu Nr. 73.

§ 43. Die Ober-Rechnungskammer soll behufs der Revision der Rechnungen von allen Veränderungen in der Verwaltung, welche auf die Einnahmen und Ausgaben des Staats Bezug haben, solche mögen die Grundsätze oder die Behörden und die denselben untergeordneten Kassen betreffen, unverzüglich, nachdem solche eingetreten sind, durch die obersten Verwaltungsbehörden in Kenntnis gesetzt, und es sollen derselben die deshalb erlassenen Verfügungen, wenn sie gedruckt werden, in mehrfachen Exemplaren, sonst aber einfach, mitgeteilt werden.

Im Fall dies wider Erwarten nicht geschehen und die Ober-Rechnungskammer dadurch an der Erfüllung ihrer Verpflichtungen behindert oder ihr solche erschwert werden sollten, hat dieselbe uns davon Anzeige zu machen.

74. Geschäftsanweisung für die Kassen des Gouvernements von Deutsch-Ostafrika, betreffend ihren Verkehr mit der Deutsch-Ostafrikanischen Bank. Erlassen von der Kolonial-Abteilung des Auswärtigen Amtes am 3. Mai 1905.*)

Bei der Ausführung des Vertrages zwischen dem Kaiserlichen Gouvernement in Daressalam und der Deutsch-Ostafrikanischen Bank sind die folgenden Punkte zu beachten:

1. Einerseits um die Bank zu stützen, andererseits um die Kassenverwaltung des Gouvernements zu entlasten, ist der Bank zugesagt worden, daß das Gouvernement der Bank den größten Teil seiner Barbestände in der Form eines uneinzielichen Guthabens, das in der Regel nicht unter 400 000 Rupien**) betragen soll, zur Aufbewahrung übergibt.

Über die Zu- und Abgänge zu und von dem Guthaben ist in einem besonderen Konto „Geldverkehr mit der Deutsch-Ostafrikanischen Bank", kurz „Bankkonto" zu nennen, genau Buch zu führen über die Zugänge auf Grund der Quittungen oder der Mitteilungen der Bank, daß Einzahlungen zugunsten des Gouvernements geleistet worden sind, oder daß in den Büchern der Bank Übertragungen zugunsten des Gouvernements stattgefunden haben, sowie auf Grund der Schecks auf die Bank, welche das Gouvernement in Zahlung genommen und an die Bank zur Gutschrift weitergegeben hat; über die Abgänge auf Grund der — weißen und roten — Schecks, welche das Gouvernement auf die Bank gezogen hat, oder auf Grund anderer Anweisungen an die Bank zur Leistung von Zahlungen oder zur Vornahme von Umschreibungen. Aus dem Bankkonto muß jederzeit der Stand des Guthabens festgestellt werden können.

Schecks auf die Bank, die das Gouvernement in Zahlung genommen hat, sind noch am gleichen oder spätestens am folgenden Tage***) an die Bank zur Gutschrift weiter zu geben. Ebenso sind alle erheblichen Bareinnahmen möglichst bald an die Bank abzuführen.

2. Alle größeren Zahlungen des Gouvernements, namentlich solche an Firmen und andere Private oder auch an Beamte, welche ein Guthaben bei der Bank unterhalten, werden in Zukunft tunlichst in Schecks auf die Bank zu

---

*) Zwei gleichlautende Instruktionen sind unter demselben Datum für die Kassen des Kaiserlichen Gouvernements von Kamerun, bezw. Togo, betreffend ihren Verkehr mit der Deutsch-Westafrikanischen Bank ergangen. Wegen einiger geringfügiger Abweichungen vgl. die folgenden Anmerkungen.
**) In Kamerun 300 000, in Togo 200 000 Mk.
***) In Togo „tunlichst umgehend".

leisten sein. Andererseits sind auch Schecks auf die Bank unter den bei Ziffer 6 genannten Voraussetzungen stets in Zahlung anzunehmen. In der Buchführung wie überhaupt im Finanzbetriebe des Gouvernements wird hierdurch im allgemeinen nichts geändert; der Unterschied besteht nur darin, daß bei Zahlungen seitens des Gouvernements die Kasse statt des baren Geldes dem Empfangsberechtigten einen Scheck übergibt und hierfür die Quittung erhält, und daß die Kasse beim Empfang von Einnahmen statt des baren Geldes einen Scheck annimmt und hierüber Quittung erteilt. Kassen- und rechnungsmäßig regelt sich die Sache im einzelnen, wie folgt:

B a r e i n z a h l u n g e n der amtlichen Kassen bei der Bank sind in dem Kassentagebuch in Ausgabe zu stellen und in dem Bankkonto ebenso behufs Gutschrift für das Gouvernement zu verbuchen; B a r a b h e b u n g e n der amtlichen Kassen sind in dem Kassentagebuch in Einnahme nachzuweisen und ebenso, unter Belastung des Gouvernements im Bankkonto zu verbuchen. Die von der Bank über Darzahlungen der amtlichen Kassen ausgestellten Quittungen sind seitens der Kassen sorgfältig aufzubewahren und, soweit es sich um Quittungen handelt, die einer Bezirks- und Stationskasse ausgestellt wurden, von dieser später mit der betreffenden laufenden Abrechnung an die Hauptkasse in Daressalam abzuliefern.

Z u - u n d A b g ä n g e zu und von den Gouvernementsguthaben, welche nicht auf Darzahlungen oder Barabhebungen der amtlichen Kassen selbst beruhen, gehören dem d u r c h l a u f e n d e n Verkehr an und sind in folgender Weise zu behandeln:

Z u g ä n g e sind einerseits im Kassentagebuch und im Bankkonto in Ausgabe, andererseits im Kassentagebuch und bei derjenigen Verrechnungsstelle, welcher die betreffende Einnahme zugute kommt (z. B. Titel 2 der Einnahme des Lokaletats, wenn es sich um eine Zollzahlung handelt) in Einnahme zu buchen.

Dagegen sind A b g ä n g e einerseits im Kassentagebuch und im Bankkonto in Einnahme, andererseits im Kassentagebuch und bei derjenigen Verrechnungsstelle, welche die Deckungsmittel bietet (z. B. Gehaltszahlungen bei Titel 1 und 2 der Ausgabe des Lokaletats) in Ausgabe zu stellen.

3. Kleinere Zahlungen werden, wie bisher, unmittelbar von den Gouvernementskassen geleistet werden müssen, ohne daß die Vermittlung der Bank dabei in Anspruch genommen wird. Zu diesem Zwecke muß auch in Zukunft ein kleiner Barbestand in der Gouvernementskasse gehalten werden, dessen Höhe sich nach der Erfahrung wird richten müssen. Auch die Ablöhnung von Farbigen wird zweckmäßigerweise wie bisher durch Beamte des Gouvernements auf Grund der Lohnlisten in bar erfolgen. Die nötigen Zahlungsmittel sind dann durch Barabhebung vermittels weißer Schecks von der Bank zu besorgen.*)

4. Den weißen Beamten und Militärpersonen wird unter Hinweis auf die Vorteile, welche ihnen die Unterhaltung eines Guthabens bei der Bank, namentlich auch für den Geldverkehr mit der Heimat, bietet, anzuempfehlen sein, ein solches Guthaben zu unterhalten. Allen, welche der Aufforderung nachkommen und welche an einem Bankplatz ihren Sitz haben, sind dann ihre Bezüge tunlichst in Schecks auf die Bank oder durch Umschreibung in den Büchern der Bank auszuzahlen. Im letzteren Falle können die Kaiserlichen Kassen die Bank anweisen, die Bezüge der Beamten usw. regelmäßig an den Fälligkeitsterminen den Konten der einzelnen zuzuführen.

---

*) Dieser Satz fehlt in der Geschäftsanweisung für Kamerun.

Die Kassen haben alsdann zu denselben Terminen von den beteiligten Beamten usw. ordnungsmäßige Quittung zu erfordern und den Betrag ihrerseits gemäß der Vorschrift im letzten Absatz der Ziffer 9 zu verbuchen.

Denjenigen Beamten und Militärpersonen, welche nicht an einem Bankplatz ihren Sitz haben, aber ein Guthaben bei der Bank unterhalten, werden ihre Bezüge, soweit es sich jeweilig um ganze Vierteljahrs- oder Monatsraten handelt — mit Ausschluß also von Teilbeträgen derselben — nach Eingang der nicht vor dem Tage der Fälligkeit auszustellenden und abzusendenden Quittungen auf ihren Antrag durch Umschreibung in den Büchern der Bank ausgezahlt werden können. Die Quittungen müssen in solchen Fällen, wenn die regelmäßige Zahlung der Bezüge auf eine andere als die Bankkonto führende Kasse angewiesen ist, mit dem Visum jener Kasse versehen sein. Letztere übernimmt mit dem Visum die Gewähr dafür, daß ihrerseits auf die Quittung keinerlei Zahlung geleistet ist oder geleistet werden wird.

5. Um der Bank eine Übersicht über den kommenden Bedarf des Gouvernements zu geben, und um es ihr dadurch zu ermöglichen, sich auf die an sie herantretenden Ansprüche einzurichten, was bei dem verhältnismäßig geringen Umfang, den das Geschäft der Bank zunächst haben wird, nicht ohne Schwierigkeit ist, sind alle größeren Entnahmen aus dem Guthaben, soweit sie sich im voraus übersehen lassen, der Bank vorher anzumelden. Auch sind ihr periodische Mitteilungen über den Geldbedarf in bestimmten kommenden Zeitabschnitten, etwa monatlich, zu machen und ihr anzugeben, welche Zahlungen regelmäßig wiederkehren. Diese Anmeldungen und Mitteilungen sollen tunlichst auch Angaben darüber enthalten, welche Münz- und Geldsorten und in welchem Umfange die einzelnen Sorten an den Zahlungsterminen gebraucht werden, damit die Bank auch in dieser Hinsicht vorsorgen kann.

6. Um das Gouvernement vor Verlusten dadurch, daß seitens der zur Zahlung Verpflichteten Schecks auf die Bank gegeben werden, ohne daß ein entsprechendes Guthaben bei der Bank vorhanden ist, zu sichern, sind Schecks nur von solchen Privaten anzunehmen, die als vertrauenswürdig bekannt sind und die bei der Bank nach den bei ihr eingezogenen Erkundigungen ein größeres Guthaben unterhalten.

7. Zu Ziffer 9 des Vertrages ist zu bemerken, daß Geldsendungen zwischen dem Gouvernement und der Legationskasse, von dem Falle der Heimsendung nicht mehr umlaufsfähiger Reichsmünzen, Reichskassenscheine und Reichsbanknoten abgesehen, in Zukunft vollständig unterbleiben können; die Beschaffung von Barmitteln für das Gouvernement sowohl als auch die Abführung von Überschüssen des Gouvernements an die Legationskasse wird durch Vermittlung der Bank erfolgen. Es ist Sache der Bank, diejenigen Bestände der verschiedenen Münzsorten und Geldzeichen bereit zu halten, welche zur Abwicklung des Geldverkehrs im Schutzgebiet notwendig sind. Die Bank wird es sich angelegen sein lassen, den Umlauf ostafrikanischer[*]) Zahlungsmittel im Schutzgebiet zu fördern; bare Abhebungen des Gouvernements aus seinem Guthaben sind in Landesgeld zu bewirken, und es wird ferner darauf zu achten sein, daß die Bank ihre baren Zahlungen auch an Private in Landes[*])münze leistet.[**]) Über die Kurse, zu

---

[*]) In Kamerun und Togo: „Deutscher".

[**]) Zusatz für Togo: „Da sich jedoch bei der geographischen Lage und den Zirkulationsverhältnissen Togos aus der strikten Innehaltung einer solchen Vorschrift unter Umständen Schwierigkeiten ergeben könnten, ist der Bank zugesagt worden, daß das Gouvernement in besonderen Fällen Ausnahmen zulassen wird."

denen die Bank fremde Münzen ausgeben darf, ist in Ziffer 12 des Vertrages Bestimmung getroffen; diese Kurse haben jedoch für das Geschäft des Umwechselns von Geldsorten keine Geltung.

8. Die Bank wird neben der Geschäftsstelle in Daressalam an verschiedenen Plätzen*) Agenturen errichten. Die an den betreffenden Plätzen sitzenden Bezirkskassen werden daher ebenfalls ihren Barbestand, unter Zurückbehaltung eines kleineren Betrages zur Leistung von weniger erheblichen Zahlungen, der Bank zu übergeben haben. Größere Einnahmen sind dann später stets an die Bank abzuliefern und größere Zahlungen durch Vermittlung der Bank zu leisten, ebenso wie es für die Hauptkasse in Daressalam vorgeschrieben ist. Ein eigenes Guthaben bei der Bank hat die einzelne Bezirkskasse indessen nicht; alle Einzahlungen bei der Bank — oder Übertragungen in den Büchern der Bank zugunsten der Bezirkskasse — fließen dem Gouvernementsguthaben zu. Dagegen werden den Bezirksämtern bestimmte Kredite bei den Bankagenturen eröffnet, d. h. die einzelne Bezirkskasse wird ermächtigt, innerhalb eines begrenzten Zeitraumes, eines Monats, Abhebungen bis zu einem Betrage zu machen, dessen Höhe der Zuständigkeit des Bezirksamts zur Leistung von Dienstausgaben entsprechend von dem Gouvernement festgesetzt wird. Das Gouvernement hat die Höhe des Kredits der Bank mitzuteilen, die Auszahlungen zugunsten des Bezirksamts über den Betrag des Kredits hinaus nicht leisten darf. Das Gouvernement ist berechtigt, je nach den Erfahrungen den Kredit dauernd zu erhöhen oder herabzusetzen; von solchen Veränderungen hat es dann ebenfalls der Bank Mitteilung zu machen. Reicht in einem Monat der Kredit zur Deckung der Ausgaben des betreffenden Bezirksamts nicht aus, so hat dieses rechtzeitig eine Erhöhung seines Kredits für den betreffenden Monat zu beantragen, jede solche Maßnahme ist gleichfalls der Bank mitzuteilen. Seitens der Bezirkskasse ist über ihre Einzahlungen und Abhebungen bei der Bank — im Bar- und im durchlaufenden Verkehr — gleichfalls ein „Bankkonto" zu führen.

Die Verrechnung der Einzahlungen und Abhebungen der Bezirkskassen zwischen ihnen und der Gouvernementshauptkasse geschieht in der Weise, daß die ersteren in ihrer laufenden Monatsabrechnung mit der letzteren einen Überschuß der Einzahlungen über die Abhebungen in Ausgabe, einen Überschuß der Abhebungen über die Einzahlungen in Einnahme nachweisen. Die betreffenden Beträge sind seitens der Hauptkasse in entsprechender Weise auf ihr Bankkonto zu übernehmen. Unabhängig von der laufenden Abrechnung haben die Bezirkskassen dem Gouvernement regelmäßig sofort nach Ablauf eines Monats eine Übersicht über die Einzahlungen und Abhebungen einzureichen. Aus dieser Übersicht muß für jeden Zu- und Abgang der Grund, das Datum und der Betrag sich ergeben. Die Einreichung einer solchen Übersicht ist notwendig, damit die Hauptkasse die nach Ziffer 10 des Vertrages von der Bank vorzulegende monatliche Abrechnung prüfen kann.

Die Verbuchung der Beträge bei der Bezirkskasse regelt sich nach den Vorschriften unter Ziffer 2, für die im durchlaufenden Verkehr vorkommenden Zugänge mit der Maßgabe, daß die endgültige Verrechnung der Einnahmen bei der etatsmäßigen Verwaltung der Hauptkasse überlassen bleibt. Zu diesem Behufe haben die Bezirkskassen die Beträge einerseits im Kassentagebuch

---

*) In Togo: Die Bank wird in Anecho eine Agentur errichten.

und im Bankkonto in Ausgabe, anderseits im Kassentagebuch und bei dem Abrechnungskonto für Hauptkasse in Einnahme nachzuweisen.*)

Berlin, den 3. Mai 1905.

Auswärtiges Amt. Kolonial-Abteilung.

75. Verordnung des Gouverneurs von Samoa, betreffend die Versicherung der chinesischen Kontraktarbeiter gegen Krankheit. Vom 4. Mai 1905.

§ 1. Chinesische Kontraktarbeiter, die innerhalb des Pflanzungsbezirks auf der Insel Upolu beschäftigt werden, sind nach Maßgabe dieser Verordnung von ihren Arbeitgebern gegen Krankheit zu versichern.

§ 2. Die Arbeitgeber haben für jeden Versicherungspflichtigen Krankenversicherungsbeiträge an das Gouvernement zu entrichten. Das Gouvernement gewährt den Versicherungspflichtigen im Falle einer Krankheit Krankenunterstützung.

§ 3. Als Versicherungsbeitrag werden für jeden Versicherungspflichtigen 5 Mk. für das Etatsjahr (vom 1. April bis 31. März) erhoben. Tritt die Versicherungspflicht in der Zeit vom 1. Oktober bis 31. März ein, so wird die Hälfte des vorstehenden Satzes erhoben.

Außerdem sind die Arbeitgeber verpflichtet, eintretendenfalls den in § 4 bestimmten Verpflegungssatz für die Versicherungspflichtigen zu zahlen.

§ 4. Als Krankenunterstützung erhalten die Versicherungspflichtigen freie ärztliche Behandlung und Arznei sowie Aufnahme in das Regierungs-Hospital zu einem Verpflegungssatz von 1,50 Mk. für den Tag und Kopf. Bei der Berechnung der Verpflegung wird der Zugangstag nicht, dafür der Abgangstag voll berechnet.

§ 5. Zur freien ärztlichen Behandlung gehören auch die bei den Besuchen des Regierungsarztes auf den Pflanzungen erteilten Ratschläge und Unterweisungen für die Behandlung der auf den Arbeitsplätzen verbleibenden Kranken.

Die Arbeitgeber haben die von dem Regierungsarzt vorgeschriebenen Arzneimittel und Verbandstoffe auf den Arbeitsplätzen unter besonderem Verschluß vorrätig zu halten.

§ 6. Für die Beitreibung rückständiger Beträge findet die Gouvernements-Verordnung vom 1. November 1901 (Gouvernementsblatt S. 43)**) Anwendung.

§ 7. Die Arbeitgeber nichtversicherungspflichtiger chinesischer Kontraktarbeiter sind berechtigt, der Krankenversicherung beizutreten.

§ 8. Arbeitgeber, die für ihre chinesischen Kontraktarbeiter einen eigenen Arzt beschäftigen, können auf Antrag von der Verpflichtung zur Versicherung ihrer Arbeiter nach Maßgabe dieser Verordnung entbunden werden.

§ 9. Die Verordnung tritt mit dem Tage ihrer Verkündung in Kraft.

Apia, den 4. Mai 1905.

Der Kaiserliche Gouverneur.

Solf.

---

*) Zusatz für Togo: „Errichtet die Bank später Agenturen an anderen Plätzen des Schutzgebietes, so regelt sich der Verkehr der Kasse mit der Bank zu diesen Plätzen nach den gleichen Grundsätzen."

**) D. Kol. Gesetzgeb. VI, Nr. 276.

76. Auszug aus den Satzungen der Deutsch-Ostafrikanischen Gesellschaft, auf Grund der Satzungsänderungen, die in der Hauptversammlung der Gesellschaft vom 10. Mai 1905 beschlossen und von der Aufsichtsbehörde genehmigt worden sind.*)

(Kol. Bl. S. 468. Reichs-Anz. vom 27. Juli 1905.)

§ 6. Mitglieder der Gesellschaft sind:
1. die Eigentümer von Stammanteilen,
2. die Eigentümer von Vorzugsanteilen.

Zur Zeit sind ausgegeben:

Stammanteile:	7 Stück	zu	200 Mk.	=	1 400 Mk.
	4	„	300	„ =	1 200 „
	5	„	500	„ =	2 500 „
	1	„	900	„ =	900 „
	3715	„	„ 1000	=	3 715 000 „
Vorzugsanteile:	3000	„	„ 1000	=	3 000 000 „
					6 721 000 Mk.

§ 12. „Über die Mitglieder der Gesellschaft und die einzelnen Anteile werden vom Vorstand Verzeichnisse (Anteilsbücher) geführt, und es wird auf Grund derselben den Mitgliedern über jeden Anteil eine auf den Namen lautende Urkunde (Anteilschein) erteilt. Die Erneuerung eines Anteilscheines ist nur gegen Rückgabe desselben zulässig. Abhanden gekommene oder vernichtete Anteilscheine werden nach Kraftloserklärung in dem gesetzlichen Aufgebotsverfahren durch Ausstellung neuer Scheine ersetzt.

Nur die in den Anteilsbüchern Eingetragenen gelten der Gesellschaft gegenüber als Mitglieder.

Die Übertragung von Anteilen bedarf der Zustimmung des Vorstandes, der dieselbe ohne Angabe von Gründen ablehnen kann.

Mehrere Erben eines Mitgliedes können, solange das Eigentum an dem Anteile des Erblassers nicht auf eine bestimmte Person übertragen ist, nur durch einen in das Anteilsbuch einzutragenden Bevollmächtigten vertreten werden.

Solange ein solcher Bevollmächtigter nicht bestellt ist, kann die Umschreibung auf mehrere Erben eines Mitgliedes nicht stattfinden. Bevollmächtigter kann jemand, der die deutsche Reichsangehörigkeit nicht besitzt, nur mit Genehmigung der Aufsichtsbehörde sein.

Die Umschreibung im Anteilsbuche darf nur gegen Vorlegung des Anteilscheines erfolgen.

Zu den Anteilen werden auf den Inhaber lautende Dividendenscheine auf zehn Jahre ausgegeben.

Die Ansprüche aus den Dividendenscheinen erlöschen mit dem Ablaufe von vier Jahren, wenn nicht der Schein vor dem Ablaufe der Frist zur Einlösung vorgelegt wird. Die Frist beginnt mit dem Schlusse des Jahres, in welchem die Fälligkeit eingetreten ist. Erfolgt die Vorlegung des Scheines vor dem Ablaufe der Frist, so verjährt der Anspruch in zwei Jahren von dem Ende der Vorlegungsfrist an. Der Vorlegung steht die gerichtliche Geltendmachung des Anspruches aus der Urkunde gleich.

---

*) Vgl. D. Kol. Gesetzgeb. VII, Nr. 129.

Dividendenscheine werden nicht für kraftlos erklärt. Zeigt der berechtigte Inhaber eines Dividendenscheines jedoch innerhalb der Vorlegungsfrist den Verlust der Gesellschaft an, ohne daß innerhalb dieser Frist der Schein von anderer Seite eingereicht wird, so erhält er den auf den Dividendenschein entfallenden Betrag; dieser Anspruch erlischt mit dem Ablauf eines Jahres nach dem Ende der Vorlegungsfrist.

Die Gesellschaft wird durch die Annahme der Anzeige des Verlustes weder verpflichtet, die Legitimation eines etwaigen Präsentanten zu prüfen, noch die Realisation zu verweigern, noch die Präsentation dem Anzeigenden mitzuteilen.

§ 19. Der vierte Absatz fällt fort.

§ 21. Der Verwaltungsrat besteht aus mindestens 11, höchstens 19 Mitgliedern; sie werden aus den Mitgliedern der Gesellschaft durch die Hauptversammlung gewählt. Ihre Wahl erfolgt auf fünf Jahre; jährlich scheidet der fünfte Teil, oder wenn die Zahl der Mitglieder nicht durch fünf teilbar ist, der fünfte Teil der nächst kleineren durch fünf teilbaren Zahl aus. In den ersten fünf Jahren erfolgt der Austritt nach dem Lose, später nach dem Alter des Eintritts.

Die Ausscheidenden sind wieder wählbar. Hat die Hauptversammlung nicht alle Stellen besetzt, so kann der Verwaltungsrat, insofern die Hauptversammlung dies nicht untersagt, bis zur nächsten Hauptversammlung Mitglieder in diese Stellen berufen. Auch für in der Zwischenzeit ausgeschiedene Mitglieder kann derselbe bis zur nächsten Hauptversammlung gültige Ersatzwahlen vornehmen.

Die durch die Hauptversammlung erfolgende Ersatzwahl gilt für die noch laufende Wahlzeit des Ausgeschiedenen.

Die Wahl zum Mitgliede des Verwaltungsrats kann auch vor Ablauf des Zeitraums, für welchen die Wahl erfolgt ist, durch die Hauptversammlung widerrufen werden.

Ist ein Mitglied des Verwaltungsrats länger als drei Monate an der Ausübung seiner Tätigkeit gehindert, so können die übrigen Mitglieder die Wahl eines Stellvertreters für die weitere Dauer der Verhinderung beschließen.

Über die Wahlen zum Verwaltungsrat ist ein notarielles Protokoll aufzunehmen.

Die Mitglieder des Verwaltungsrats haben Anspruch auf zu Lasten des Handlungsunkostenkontos zu verbuchende Anwesenheitsgelder in Höhe von je 100 Mk. für jeden Tag, an welchem sie an einer Sitzung des Verwaltungsrats oder eines Ausschusses teilnehmen, und sie erhalten außerdem eine Tantieme in Höhe von 10 v. H. desjenigen Jahresgewinnes, welcher verbleibt, nachdem auf die Vorzugsanteile eine Dividende von 5 v. H. und auf die Stammanteile eine Dividende von 4 v. H. berechnet worden ist.

Über die Verteilung der Tantieme unter die Mitglieder des Verwaltungsrats entscheidet ein von dem Verwaltungsrat zu beschließendes Regulativ.

§ 26. Der Vorstand besteht aus einem oder mehreren Mitgliedern, die von dem Verwaltungsrat gewählt werden. Die Mitglieder des Vorstandes können durch den Verwaltungsrat jederzeit abberufen werden, jedoch unbeschadet der Entschädigungsansprüche aus den mit ihnen geschlossenen Verträgen.

Für einen im voraus begrenzten Zeitraum kann der Verwaltungsrat einzelne seiner Mitglieder zu Stellvertretern von behinderten Mitgliedern des Vorstandes bestellen; während dieses Zeitraumes und bis zur Entlastung des Vertreters darf der letztere eine Tätigkeit als Mitglied des Verwaltungsrats nicht ausüben.

77. Beschluſs des Bundesrats, betreffend die Sisal-Agaven-Gesellschaft in Düsseldorf und Statuten der Gesellschaft. Vom 11. Mai 1905.

(Kol. Bl. S. 426. Reichs-Anz. vom 27. Juli 1906.)

In Gemäßheit des § 11 des Schutzgebietsgesetzes (Reichs-Gesetzbl. 1900, S. 813) wird nachstehendes zur öffentlichen Kenntnis gebracht:

„Der Bundesrat hat unter dem 11. Mai 1905 beschlossen, der Sisal-Agaven-Gesellschaft mit dem Sitze in Düsseldorf auf Grund ihrer vom Reichskanzler genehmigten Satzungen die Fähigkeit beizulegen, unter ihrem Namen Rechte, insbesondere Eigentum und andere dingliche Rechte an Grundstücken zu erwerben, Verbindlichkeiten einzugehen, vor Gericht zu klagen und verklagt zu werden."

Satzungen der Sisal-Agaven-Gesellschaft.

I. Allgemeine Bestimmungen.

§ 1. Auf Grund des Schutzgebietsgesetzes (Reichs-Gesetzbl. 1900, S. 813) wird unter der Firma:

„Sisal-Agaven-Gesellschaft"

eine Kolonialgesellschaft errichtet, welche ihren Sitz und ordentlichen Gerichtsstand in Düsseldorf hat.

Die Dauer der Gesellschaft ist unbeschränkt.

§ 2. Zweck der Gesellschaft ist die Anlage, Übernahme und der Betrieb von Plantagen und gewerblichen Unternehmungen in Deutsch-Ostafrika. Die Gesellschaft ist berechtigt, alle zu Erreichung ihrer Ziele zweckdienlichen Geschäfte abzuschließen und zu betreiben.

§ 3. Die Gesellschaft ist berechtigt, Zweigniederlassungen im Inland und Ausland zu begründen.

§ 4. Die Bekanntmachungen der Gesellschaft erfolgen rechtswirksam durch einmalige Veröffentlichung im Deutschen Reichsanzeiger.

II. Grundkapital.

§ 5. Das Grundkapital der Gesellschaft beträgt 500 000 Mk., eingeteilt in 1000 auf den Namen lautende Anteile zum Nennwert von je 500 Mk.

Der Aufsichtsrat ist ermächtigt, das Grundkapital durch Ausgabe von weiteren 500 000 Mk. Anteilen bis zu 1 000 000 Mk. zu erhöhen.

§ 6. Auf die Stammanteile werden spätestens 8 Tage nach Errichtung der Gesellschaft 25 v. H. eingezahlt. Weitere Einzahlungen kann der Vorstand nach Genehmigung durch den Aufsichtsrat mit vierwöchentlicher Frist einfordern.

§ 7. Die geleisteten Teilzahlungen werden auf Interimsscheinen vermerkt; dieselben lauten auf den Namen und werden nach Vollzahlung gegen die Anteilscheine umgetauscht.

§ 8. Wird die Zahlung einer ausgeschriebenen Teilzahlung zu der festgesetzten Frist nicht geleistet, so kann der Säumige zur Zahlung der fälligen Beiträge nebst Zinsen vom Fälligkeitstage ab im Rechtswege angehalten werden.

Nach zweimaliger Zahlungsaufforderung, welche durch eingeschriebene Briefe unter Androhung des Ausschlusses stattfinden hat, kann durch Beschluß des Aufsichtsrats der Säumige seines Anteils zugunsten der Gesellschaft für verlustig und der über den Anteil ausgestellte Interimsschein für kraftlos erklärt werden. Diese Erklärung wird dem Säumigen schriftlich mitgeteilt; sein Anteil verfällt der Gesellschaft, die berechtigt ist, ihn wieder zu veräußern.

§ 9. Die Interimsscheine sowohl wie die vollbezahlten Anteile sind übertragbar. Die Übertragung erfolgt durch Vermerk seitens der Gesellschaft auf dem betreffenden Schein auf Grund einer Übertragungserklärung des alten und eine Anfnahmeerklärung des neuen Besitzers.

Für den richtigen Eingang der Restbeträge bei Interimsscheinen bleibt der alte Besitzer mit verhaftet, soweit die Zahlungen von dem neuen Besitzer nicht zu erlangen sind. Dies ist bis zum Beweise des Gegenteils anzunehmen, wenn der neue Besitzer die Zahlung nicht bis zum Ablauf eines Monats geleistet hat, nachdem an ihn eine zweite Zahlungsaufforderung ergangen ist. Der alte Besitzer erwirbt gegen Zahlung des rückständigen Betrages den Anteil des säumigen neuen Besitzers zurück.

Die Haftpflicht des alten Besitzers erlischt binnen 5 Jahren vom Tage des Übertragungsvermerks gerechnet.

§ 10. Die Zeichner der auszugebenden Anteile bilden die Gesellschaft und werden in ein Mitgliederregister eingetragen. Die Anteile sind unteilbar.

§ 11. Für die Verbindlichkeiten der Gesellschaft haftet den Gläubigern nur das Gesellschaftsvermögen.

Über die Vollzahlung des Nennbetrages der Anteile hinaus haben die Mitglieder der Gesellschaft keine Verpflichtungen.

§ 12. Die Ausfertigung und Übergabe neuer Anteilscheine oder Interimsscheine an Stelle solcher, die beschädigt oder unbrauchbar geworden oder verloren gegangen sind, ist nur nach gerichtlicher Kraftloserklärung der betroffenen Dokumente, welche nach Maßgabe der Vorschriften der Deutschen Zivil-Prozeßordnung durch das zuständige Gericht am Sitze der Gesellschaft zu erfolgen hat, zulässig.

§ 13. Durch Zeichnung oder Erwerb von Anteilen unterwerfen sich die Mitglieder für alle Streitigkeiten mit der Gesellschaft aus dem Gesellschaftsverhältnisse dem ordentlichen Gerichte in Düsseldorf.

III. Verwaltung.

§ 14. Die Organe der Gesellschaft sind:
der Vorstand,
der Aufsichtsrat,
die Generalversammlung.

a. Der Vorstand.

§ 15. Der Vorstand besteht aus einem oder mehreren Mitgliedern, welchen, sofern es die Verhältnisse erfordern, Prokuristen beigegeben werden können. Der Aufsichtsrat ernennt den Vorstand und setzt dessen Anstellungsbedingungen fest. Die Ernennung des Vorstandes geschieht zu notariellem Protokoll, und dient das Protokoll als Legitimation. Die Ernennung zum Mitgliede des Vorstandes ist jederzeit durch Beschluß des Aufsichtsrats widerruflich, unbeschadet des Anspruchs auf die vertragsmäßige Vergütung.

§ 16. Der Vorstand vertritt die Gesellschaft nach außen in allen Rechtsgeschäften und sonstigen Angelegenheiten, einschließlich derjenigen, welche nach den Gesetzen eine Spezialvollmacht erfordern; er führt die Verwaltung selbständig, soweit nicht nach diesen Satzungen der Aufsichtsrat oder die Generalversammlung mitzuwirken hat. Gegenüber Dritten hat jedoch eine Beschränkung des Vorstandes, die Gesellschaft zu vertreten, keine rechtliche Wirkung.

§ 17. Mitglieder des Vorstandes können nicht gleichzeitig Mitglieder des Aufsichtsrats sein. Zum Stellvertreter des Vorstandes — einerlei ob der Vorstand aus einer oder mehreren Personen besteht — können für einen im voraus begrenzten Zeitraum auch Mitglieder des Aufsichtsrats bestellt werden; doch scheiden dieselben für die Dauer ihrer Bestellung zu stellvertretenden Vorstandsmitgliedern aus dem Aufsichtsrate aus.

§ 18. Urkunden und schriftliche Erklärungen des Vorstandes sind für die Gesellschaft verbindlich, wenn sie unter dem Namen „Sisal-Agaven-Gesellschaft" von einem Vorstandsmitglied oder einem stellvertretenden Vorstandsmitglied oder einem Prokuristen unterschrieben sind.

b. Der Aufsichtsrat.

§ 19. Der Aufsichtsrat besteht aus wenigstens fünf und höchstens sieben von der Generalversammlung aus der Zahl der Gesellschafter zu wählenden Mitgliedern. Die Mehrheit der Mitglieder des Aufsichtsrats muß die deutsche Reichsangehörigkeit besitzen.

Die Zahl der Mitglieder des Aufsichtsrats wird von der Generalversammlung festgesetzt.

Jährlich, zuerst im Jahre 1900, mit dem Termin der ordentlichen Generalversammlung, scheidet ein Mitglied aus und wird durch Neuwahl ersetzt. Die die Reihe im Austritt gebildet ist, entscheidet darüber das Los.

Die Ausscheidenden sind wieder wählbar. Scheidet in der Zwischenzeit ein Mitglied aus, so ist spätestens in der nächsten ordentlichen Generalversammlung eine Neuwahl für den Rest der Amtsdauer des Ausscheidenden zu treffen.

Solange die Zahl der Mitglieder des Aufsichtsrats noch fünf beträgt, kann eine Neuwahl unterbleiben.

Die Bestellung zum Mitgliede des Aufsichtsrats kann auch vor dem Ablauf des Zeitraums, für den das Mitglied gewählt ist, durch die Generalversammlung widerrufen werden. Dieser Beschluß bedarf einer Mehrheit, die mindestens drei Viertel des bei der Beschlußfassung vertretenen Grundkapitals umfaßt.

§ 20. Der Aufsichtsrat wählt sofort nach der jedesmaligen ordentlichen Generalversammlung in einer Sitzung, zu welcher die anwesenden Mitglieder ohne besondere Einberufung zusammentreten, einen Vorsitzenden und dessen Stellvertreter, über welche Wahlen ein notarielles Protokoll aufzunehmen ist.

Der Aufsichtsrat hält seine Sitzungen an dem von seinem Vorsitzenden bestimmten Orte ab und wird von diesem unter Angabe der Beratungsgegenstände so oft berufen, als die Geschäfte dazu veranlassen.

§ 21. Der Aufsichtsrat ist beschlußfähig, wenn mindestens drei seiner Mitglieder anwesend sind. Die Beschlüsse werden nach Stimmenmehrheit gefaßt. Bei Stimmengleichheit entscheidet die Stimme des Vorsitzenden.

In dringenden Fällen kann der Aufsichtsrat, auch ohne zu einer Sitzung berufen zu werden, durch schriftliche Stimmenabgabe beschließen; jedoch sind solche Beschlüsse nur wirksam, wenn sie von allen Mitgliedern übereinstimmend gefaßt werden.

§ 22. Der Aufsichtsrat beschließt selbst seine Geschäftsordnung. Die Mitglieder des Aufsichtsrats beziehen kein Gehalt, erhalten jedoch Ersatz ihrer Barauslagen.

Über die Verteilung des ihm nach § 35 zustehenden Gewinnanteils verfügt der Aufsichtsrat unter sich.

§ 23. Der Aufsichtsrat hat die gesamte Geschäftsführung zu überwachen. Er kann jederzeit von dem Vorstand oder den Beamten der Gesellschaft Bericht über die Angelegenheiten der Gesellschaft verlangen und durch ein oder mehrere von ihm zu bestimmende Mitglieder, auch durch dritte Sachverständige, die Bücher und Schriften der Gesellschaft einsehen und prüfen sowie den Bestand der Gesellschaftskasse und die sonstigen Aktivbestände untersuchen.

Dem Aufsichtsrat steht insbesondere der Beschluß zu:
1. über die Grundsätze, nach welchen Ländereien zu erwerben, nutzbar zu machen und zu veräußern sind,
2. über die Errichtung von Neuanlagen jeder Art und Zweigniederlassungen,
3. über die Ernennung solcher Beamten, welche ein jährliches Gehalt von mehr als 4000 Mk. erhalten oder auf länger als auf vier Jahre angenommen werden, über die mit diesen einzugehenden Verträge sowie über deren Entlassung,
4. über den alljährlich aufzustellenden Voranschlag der Ausgaben und Einnahmen der Gesellschaft,
5. über die Grundsätze für die Aufstellung der Jahresbilanz sowie deren Vorlegung an die Generalversammlung und Vorschläge bezüglich Verwendung und Verteilung von Überschüssen.

Der Aufsichtsrat ist befugt, die Gesellschaft bei der Vornahme von Rechtsgeschäften mit den Vorstandsmitgliedern zu vertreten und gegen die letzteren die von der Generalversammlung beschlossenen Rechtsstreitigkeiten zu führen. Handelt es sich um die Verantwortlichkeit der Mitglieder des Aufsichtsrats, so kann dieser ohne und selbst gegen den Beschluß der Generalversammlung gegen die Mitglieder des Vorstandes klagen.

§ 24. Über die Verhandlungen und Beschlüsse des Aufsichtsrats ist ein von dem Vorsitzenden oder dessen Stellvertreter und dem Protokollführer zu unterzeichnendes Protokoll zu führen.

§ 25. Alle Erklärungen des Aufsichtsrats sind rechtsgültig vollzogen, wenn sie die Unterschrift „Der Aufsichtsrat der Sisal-Agaven-Gesellschaft" und die Namensunterschrift des Vorsitzenden oder seines Stellvertreters tragen.

c. Die Generalversammlung.

§ 26. Die Generalversammlung vertritt die Gesamtheit der Gesellschaftsmitglieder. Ihre Beschlüsse sind für alle Mitglieder verbindlich.

§ 27. Die Generalversammlungen werden, wenn der Aufsichtsrat nicht anders beschließt, in Düsseldorf abgehalten. Der Aufsichtsrat beruft die Mitglieder wenigstens 14 Tage vor dem anberaumten Termin, diesen nicht mitgerechnet, mittels Bekanntmachung, in welcher die zu verhandelnden Gegenstände anzugeben sind. Gleichzeitig erfolgt an alle im Register eingetragenen Mitglieder die Einladung durch eingeschriebenen Brief.

Jeder Anteil von 500 Mk. berechtigt zu einer Stimme in der Generalversammlung.

Vertretungen sind zulässig, jedoch nur durch ein anderes an der Generalversammlung teilnehmendes Mitglied auf Grund schriftlicher Vollmacht. Ehefrauen können sich durch ihre Ehemänner, Witwen durch ihre großjährigen Söhne und Minderjährige durch ihre gesetzlichen Vertreter vertreten lassen.

§ 28. Als stimmberechtigt gelten in der Generalversammlung alle diejenigen Anteile, deren Inhaber mindestens 48 Stunden vor der Generalversammlung im Mitgliederregister der Gesellschaft eingetragen waren oder bis dahin die Eintragung in gültiger Form nachgesucht haben.

§ 29. Die ordentliche Generalversammlung findet in jedem Jahre innerhalb der ersten sechs Monate statt. Dieselbe beschließt über:
1. Genehmigung der Bilanz nebst Gewinn- und Verlustrechnung,
2. Verteilung des Reingewinns,
3. Aufnahme von Anleihen,
4. alle anderen in der Einladung angegebenen Gegenstände.

§ 30. Eine außerordentliche Generalversammlung kann, unter Bekanntgabe der zu verhandelnden Gegenstände, innerhalb 14 Tagen nach der Bekanntmachung, den Tag der Bekanntmachung nicht mitgerechnet, einberufen werden und muß einberufen werden,
1. wenn Mitglieder, welche zusammen mindestens $^1/_{10}$ des gezeichneten Kapitals besitzen oder vertreten, die Einberufung schriftlich unter Angabe des Zweckes und der Gründe fordern,
2. wenn der Vorstand die Einberufung beantragt,
3. auf Verlangen der Aufsichtsbehörde.

§ 31. Sind die Mitglieder satzungsmäßig geladen, so ist die Generalversammlung für alle Fragen der Tagesordnung beschlußfähig und genügt für Beschlüsse und Wahlen, mit nachfolgenden Ausnahmen, absolute Mehrheit der abgegebenen Stimmen. Bei Stimmengleichheit entscheidet bei Wahlen das Los, sonst die Stimme des Vorsitzenden.

Die Auflösung der Gesellschaft, Veränderung der Satzungen oder Übertragung des Vermögens und der Schulden der Gesellschaft an Dritte können nur von einer Generalversammlung, in welcher mindestens ¾ des Gesellschaftskapitals vertreten sein muß, mit ⅔ Stimmenmehrheit beschlossen werden.

§ 32. Das Protokoll der Generalversammlung, in welches ausschließlich die Beschlüsse der Generalversammlung aufgenommen werden, wird notariell beurkundet und von dem Vorsitzenden des Aufsichtsrats, welcher auch die Verhandlungen der Generalversammlung leitet, oder dessen Stellvertreter sowie die durch diesen ernannten Stimmzähler unterzeichnet.

§ 33. Im Falle der Auflösung der Gesellschaft erfolgt die Liquidation durch die von der Generalversammlung bestellten Liquidatoren nach Maßgabe der §§ 65 bis 74 des Gesetzes, betreffend die Gesellschaften mit beschränkter Haftung. (R. G. Bl. 1898, S. 846 ff.)

IV. Bilanz, Ermittlung und Verwendung des Ertrages, Reservefonds.

§ 34. Das Geschäftsjahr ist das Kalenderjahr. Das erste Geschäftsjahr umfaßt die Zeit von der Errichtung der Gesellschaft bis zum 31. Dezember 1905. Innerhalb der ersten sechs Monate nach Schluß eines Geschäftsjahres wird von dem Vorstand nach den Vorschriften des § 42 des Gesetzes, betreffend die Gesellschaften mit beschränkter Haftung (R. G. Bl. 1898, S. 846 ff.), die Bilanz für das abgelaufene Geschäftsjahr gezogen. Diese muß mit der Gewinn- und Verlustrechnung und mit einem den Vermögensstand und die Verhältnisse der Gesellschaft entwickelnden Berichte des Vorstandes sowie mit dem darüber von dem Aufsichtsrate zu erstattenden Revisionsberichte alljährlich vor dem 30. Juni der Generalversammlung vorgelegt werden.

Je eine Kopie der Bilanz und des Jahresberichts sind alljährlich mindestens zwei Wochen vor der ordentlichen Generalversammlung jedem Gesellschafter zuzustellen.

§ 35. Der durch die Bilanz festgestellte Reingewinn wird, nach Abzug der durch den Aufsichtsrat festgesetzten Abschreibungen, wie folgt, verwendet:

Zunächst werden 5 v. H. des Reingewinns dem Reservefonds zugeführt, bis dieser die Höhe von 25 v. H. des Grundkapitals erreicht hat bzw. wieder erreicht hat, nachdem er angegriffen war; sodann erhalten der Vorstand und die Beamten der Gesellschaft die ihnen laut Anstellungsvertrag zustehenden Tantiemen, hierauf die Gesellschafter bis zu 4 v. H. auf das von ihnen eingezahlte Grundkapital. Vom verbleibenden Rest erhält der Aufsichtsrat 10 v. H. als Tantieme, und verfügt über den alsdann noch verbleibenden Überschuß die Generalversammlung.

§ 36. Der Reservefonds dient zur Bestreitung außerordentlicher Ausgaben und zur Deckung etwaiger Verluste. Über die Art der Anlegung des Reservefonds entscheidet der Aufsichtsrat; er ist befugt, den Reservefonds für Neuanlagen zu verwenden, soweit sein Betrag 10 v. H. des Grundkapitals überschreitet. Entnahmen aus dem Reservefonds, wodurch derselbe unter 10 v. H. des Grundkapitals herabgesetzt wird, bedürfen der vorhergehenden Genehmigung der Generalversammlung.

§ 37. Die Auszahlung der deklarierten Dividende erfolgt an die zur Zeit im Mitgliederverzeichnis eingetragenen Personen gegen Einreichung der den Stammanteilen beigegebenen Dividendenscheine. Nicht erhobene Dividenden verfallen nach Ablauf von vier Jahren vom Fälligkeitsjahr der Gesellschaft zugunsten des Reservefonds.

V. Aufsichtsbehörde.

§ 38. Die Aufsicht über die Gesellschaft wird von dem Reichskanzler (Auswärtiges Amt, Kolonial-Abteilung) geführt, der zu diesem Behufe einen Kommissar bestellen kann.

Die Aufsicht beschränkt sich darauf, daß die Geschäftsführung im Einklang mit den gesetzlichen Vorschriften und den Bestimmungen der Satzung erfolgt. Der Kommissar ist berechtigt, an den Sitzungen des Aufsichtsrats und an den Generalversammlungen teilzunehmen, von dem Aufsichtsrat jederzeit Bericht über die Angelegenheiten der Gesellschaft zu verlangen, jederzeit Einsicht in die Bücher der Gesellschaft zu nehmen sowie auf Kosten der Gesellschaft, wenn dem Verlangen dazu berechtigter Mitglieder nicht entsprochen wird, oder aus sonstigen wichtigen Gründen, eine außerordentliche Generalversammlung zu berufen.

§ 39. Der Genehmigung der Aufsichtsbehörde sind insbesondere unterworfen:
1. die Beschlüsse der Gesellschaft, nach welchen eine Änderung oder Ergänzung der Satzungen erfolgen, die Gesellschaft mit einer anderen vereinigt oder in ihrer rechtlichen Form umgewandelt werden soll,
2. die Ausgabe von Schuldverschreibungen.

VI. Übergangsbestimmungen.

§ 40. Unmittelbar nach der notariellen Vollziehung des Gesellschaftsvertrages konstituieren sich die anwesenden bzw. vertretenen Gesellschafter ohne weitere Formalitäten als erste Generalversammlung, um insbesondere die Mitglieder des Aufsichtsrats zu wählen. Dieser hat alsbald die Genehmigung des

Gesellschaftsvertrages beim Reichskanzler und die im Schutzgebietsgesetz vorgesehene Rechtsverleihung durch den Bundesrat nachzusuchen. Der Aufsichtsrat wird ermächtigt, Abänderungen oder Ergänzungen dieser Satzungen, welche etwa von der Aufsichtsbehörde gefordert werden könnten, rechtsgültig vorzunehmen.

78. Verordnung des Gouverneurs von Togo, betreffend Bekämpfung der Moskitogefahr. Vom 11. Mai 1905.
(Kol. Bl. S. 593.)

Auf Grund des § 5 der Verfügung des Reichskanzlers vom 27. September 1903 in Verbindung mit § 15 des Schutzgebietsgesetzes wird hiermit für die Stadtbezirke Lome und Anecho folgendes verordnet:

§ 1. Gefäße oder sonstige Vorrichtungen, in denen bestimmungsgemäß Wasser aufbewahrt wird (Kühler, Regentonnen u. dgl.) sind mit moskitosicherem Verschluß zu versehen oder mindestens jeden vierten Tag vollständig zu entleeren. Anstatt dessen genügt es, wenn das angesammelte Wasser mit Moskitolarven tötenden Substanzen (Petroleum u. dgl.) versetzt wird.

§ 2. Gegenstände, in welchen sich Wasser ansammeln kann (Konservenbüchsen, Flaschen, Boote, Kanus u. dgl.), sind derart aufzubewahren, daß eine Wasseransammlung nicht stattfinden kann.

Die Bestimmung des § 6 der Polizeiverordnung vom 22. August 1897 (Zimmermann Band II, S. 356) bleibt unberührt.

§ 3. Der Regierungsarzt ist berechtigt, die Grundstücke und Wohnräume zum Zwecke der gesundheitspolizeilichen Kontrolle zu jeder Tageszeit allein oder in Begleitung der Gesundheitsaufseher zu betreten. Den Gesundheitsaufsehern allein steht dieses Recht nur an bestimmten, vom Regierungsarzt festzusetzenden und öffentlich bekannt zu machenden Tagen zu.

§ 4. Zuwiderhandlungen gegen diese Verordnung werden mit Geldstrafe bis zu 150 Mk. oder mit Haft bestraft.

§ 5. Die Bezirksämter Lome und Anecho sind befugt, nach dieser Verordnung verwirkte Strafen durch Verfügung festzusetzen, gegen welche gemäß § 453 der deutschen Strafprozeßordnung binnen einer Woche nach Bekanntmachung auf gerichtliche Entscheidung angetragen werden kann.

§ 6. Diese Verordnung tritt am 20. Mai d. Js. in Kraft.

Lome, den 11. Mai 1905.

Der Kaiserliche Gouverneur.
I. V. Hansen.

79. Verordnung des Gouverneurs von Deutsch-Südwestafrika wegen Abänderung der Verordnung vom 18. Dezember 1900, betreffend die Einfuhr und den Vertrieb von geistigen Getränken. Vom 24. Mai 1905.

Auf Grund des § 15 des Schutzgebietsgesetzes (Reichs-Gesetzbl. 1900, S. 813) sowie des § 5 der Verfügung des Reichskanzlers vom 27. September 1903, betreffend die seemannsamtlichen und konsularischen Befugnisse und das Verordnungsrecht der Behörden in den Schutzgebieten Afrikas und der Südsee, wird hiermit verordnet, was folgt:

In der Verordnung, betreffend die Einfuhr und den Vertrieb von geistigen Getränken in das südwestafrikanische Schutzgebiet, vom 18. Dezember 1900[*]) erfährt der § 2 „der Erlaubnisschein kann lauten" folgende Änderung unter Nr. 3:
„oder 3: Auf den Ausschank von im Schutzgebiete hergestelltem Bier und den gewerbsmäßigen Handel damit."
Diese Verordnung tritt am 1. Juni 1905 in Kraft.

Windhuk, den 24. Mai 1905.

Der Kaiserliche Gouverneur.
I. V. Tecklenburg.

80. **Runderlaß des Gouverneurs von Kamerun, betreffend Übergabeprotokolle. Vom 25. Mai 1905.**

Zur Aufnahme der Übergabeprotokolle ist für die Folge das anliegende Formular zu benutzen.

Buea, den 25. Mai 1905.

Der Gouverneur.
v. Puttkamer.

Anlage zu Nr. 80.

Protokoll
über Abnahme der Station / Residentur ..... durch ..... von .....

1. Sind die in der Grundstücks- und Gebäudenachweisung verzeichneten Gebäude vorhanden? In welchem Zustande befinden sich die Gebäude?

2. In welchem Zustande befinden sich die Farmen und das Stationsterrain?

3. Was war an Vieh vorhanden? a) Pferde, b) Maultiere, c) Esel, d) Rindvieh, e) Schafe, f) Ziegen, g) Schweine, h) Enten) i) Hühner. In welchem Zustande befindet sich dasselbe? Stimmt der Bestand mit dem Viehverzeichnis überein? Welche Tiere fehlten? Welchen Wert hatten die fehlenden Tiere?

4. Stimmen die Inventarien, Materialien, Ausrüstungsgegenstände, Waffen und Munition der Truppe, Proviant mit den betreffenden Konten überein und sind die Konten vorschriftsmäßig geführt? Sind die Inventarien, Materialien und der Proviant gegen Witterungseinflüsse geschützt? In welchem Zustande befinden sich die Wohnungsinventarien?

5. Welchen Bestand weist die Kasse auf? Stimmt dieselbe mit dem Kassentagebuch überein? Sind das Kassentagebuch und die Zollregister bis zum Tage der Übergabe ordnungsmäßig geführt? Sind die Belege seit der Absendung der letzten Abrechnung vollzählig vorhanden?

6. In welchem Zustande befindet sich die Registratur? Sind die Akten ordnungsmäßig geheftet und nach dem Aktenverzeichnis vollständig vorhanden? Ist das Schriftwechselbuch in ordnungsmäßigem Zustande? Was ist an Schriftstücken unerledigt übergeben (eventuell in besonderer Anlage anzugeben)? Ist das Gerichtsjournal ordnungsmäßig geführt? Sind bei jeder G. J. Nr. die erhobenen Gebühren bzw. die an deren Stelle in Zahlung gegebenen Naturalien, wie Kleinvieh, vermerkt? Ist der Kalender über die dem Gouvernement nach Termin einzureichenden Berichte und die Verordnung des Reichskanzlers vom 12. Februar 1896 im Amtslokal ausgehängt? Ist ein vollständiges Exemplar sämtlicher nume-

---
[*]) D. Kol. Gesetzgeb. V, No. 166.

rierten Runderlasse übernommen worden? Stimmen die vorhandenen Bücher und Karten mit den betreffenden Verzeichnissen überein?

7. Stimmen die vorhandenen Gefangenen mit dem Gefangenenbuch überein? Ist dieses ordnungsmäßig geführt?

8. Sind die nachstehenden Verzeichnisse vorhanden und ordnungsmäßig geführt? Wirtschaftskontrolle, Verzeichnis der Schankstellen, Strafbuch über Gerichtsstrafen, Strafbuch über Disziplinarstrafen, Verzeichnis über Anmeldungen von Nichteingeborenen, Elfenbeinregister, Verzeichnis der Arbeiter, Handwerker, Soldaten, Verlustlisten.

9. In welchem Zustande befindet sich die Apotheke?

10. Stimmen die vorhandenen Kranken mit dem Krankenbuche überein?

11. Sonstige Bemerkungen und Beanstandungen.

Der Übernehmende verpflichtet sich, von dem Inhalte der ihm übergebenen Runderlasse sobald als möglich Kenntnis zu nehmen.

Nach Aufnahme dieses Protokolls wurde die Station (Residentur) übergeben. Der seitherige Leiter (Resident) versichert, keine Schriftstücke mehr hinter sich zu haben, daß er auch nichts, was der Station (Residentur) gehörig, mitzunehmen beabsichtigt.

......, den .... 190 . .

(Unterschrift.)

61. Erlaß der Kolonial-Abteilung des Auswärtigen Amtes an den Gouverneur von Deutsch-Ostafrika, betreffend § 7 der Verpflegungsvorschriften. Vom 5. Juni 1905.[*]

Durch den Erlaß vom 15. Juli 1897 ist genehmigt worden, daß die im § 7 der Verpflegungsvorschriften vom 30. April 1896 ausgesprochenen, auf die in ein Lazarett oder in eine Krankenstube aufgenommenen Beamten und Militärpersonen anzuwendenden Vergünstigungen auch denjenigen Erkrankten zuteil werden sollen, welche zwar in ihrer eigenen Wohnung behandelt werden, jedoch bei der Schwere ihrer Krankheit, nach Bescheinigung der zuständigen Sanitätsperson oder in Ermanglung einer solchen des Stationschefs, in ein Lazarett oder eine Krankenstube hätten aufgenommen werden müssen, wenn diese Einrichtungen bzw. der erforderliche Platz darin vorhanden gewesen wären.

Der in Übereinstimmung hiermit ergangene dortige Runderlaß vom 11. August 1897[**]) ist nach hier vorliegenden Rechnungsbelegen von verschiedenen Dienststellen des Schutzgebietes dahin ausgelegt worden, daß den in ihrer eigenen Wohnung behandelten Kranken unter der angegebenen Voraussetzung an Stelle der in Lazaretten und Krankenstuben zuständigen freien Naturalverpflegung eine entsprechende Geldentschädigung zu gewähren und die Kosten für die aus eigenen Beständen entnommenen oder auf eigene Rechnung beschafften Stärkungsmittel zu erstatten seien. Dies kann ebensowenig für zulässig erachtet werden, wie das an anderen Stellen beobachtete Verfahren, wo man die Speisen und Getränke für die Kranken aus Messen bezogen und an letztere bezahlt hat.

Im Sinne des nach obigem ergänzten § 7 der Verpflegungsvorschriften haben sich vielmehr die Leistungen der Verwaltung gegenüber den zur freien

---
[*]) Den Gouvernements der übrigen afrikanischen Schutzgebiete zur Nachachtung mitgeteilt.

[**]) D. Kol. Gesetzgeb. VI, No. 64, S. 115.

Lazarettverpflegung berechtigten Kranken unter allen Umständen auf unmittelbare Gewährung der nötigen Verpflegungs- und Stärkungsmittel in natura zu beschränken, unter Ausschluß also von Geldentschädigungen an die Kranken selbst oder an Dritte.

Die Durchführung dieses Grundsatzes läßt selbstverständlich auf den Stationen zweckentsprechend eingerichtete und mit den nötigen Vorräten ausgestattete Krankenstuben voraussetzen, welche eine der Vorschrift entsprechende Fürsorge für die Kranken ermöglichen. Es wird auch im Interesse der Kranken ersucht, auf die Einrichtung solcher Krankenstuben möglichst auf allen für dauernde Besetzung bestimmten Stationen hinzuwirken.

Sollten sich in Einzelfällen wegen Nichtvorhandenseins oder unzulänglicher Einrichtungen von Krankenstuben etwa Härten ergeben, so würden die beteiligten Funktionäre für die etwa ihrerseits bestrittenen unumgänglichen, eigentlich der Verwaltung zur Last fallenden Aufwendungen auf einen entsprechenden dortseits hier zu stellenden Antrag hin durch Gewährung einer Unterstützung aus den dafür bestimmten Fonds entschädigt werden können.

Jedenfalls aber muß allem Mißbrauch in der Handhabung der fraglichen Vorschriften durch Ausübung einer genauen Kontrolle namentlich gegenüber solchen Stationen und Militärposten vorgebeugt werden, welche zeitweilig in isolierter Weise von Angehörigen der Unterklassen verwaltet werden.

Ich ersuche ergebenst, hiernach in Zukunft gefälligst zu verfahren.

Berlin, den 5. Juni 1905.

Auswärtiges Amt. Kolonial-Abteilung.
I. V. Hellwig.

82. Verordnung des Bezirksamtmanns zu Swakopmund wegen Änderung der Verordnung vom 14. Dezember 1904, betreffend die Regelung des Abfuhrwesens in Swakopmund. Vom 10. Juni 1905.

Auf Grund des § 6 Absatz 1 der Verfügung des Reichskanzlers vom 27. Dezember 1903, betreffend das Verordnungsrecht der Behörden in den Schutzgebieten Afrikas und der Südsee, und der Gouvernementsverfügungen, betreffend den Erlaß polizeilicher und sonstiger die Verwaltung betreffender Vorschriften in Deutsch-Südwestafrika, vom 26. Februar 1901 und vom 23. November 1903 wird hiermit für die Ortschaft Swakopmund folgendes verordnet:

1. Der § 2 der Verordnung, betreffend die Regelung des Abfuhrwesens in Swakopmund, vom 14. Dezember 1904*) wird aufgehoben und durch folgende Bestimmung ersetzt:

§ 2. Der Abfuhrzins beträgt fünf Mark für jeden begonnenen Kalendermonat und jedes vorhandene oder gesetzlich vorgeschriebene Abortgefäß.

2. Das Wort „Abortsitze" im § 3 Absatz 2 der vorbezeichneten Verordnung wird durch das Wort „Abortgefäße" ersetzt.

3. Diese Verordnung tritt am 1. Juli 1905 in Kraft.

Swakopmund, den 10. Juni 1905.

Der Kaiserliche Bezirksamtmann.
Dr. Fuchs.

---

*) D. Kol. Gesetzgeb. VIII, Nr. 176.

83. Verfügung des Gouverneurs von Deutsch-Neu-Guinea, betreffend die Berechnung des Zolles auf alkoholhaltige Getränke bei Flaschenbruch. Vom 23. Juni 1905.

Um eine Regelung des Abzuges an Bruch bei der Einfuhr von alkoholhaltigen Getränken in Flaschen herbeizuführen, bestimme ich hiermit, daß bei Einfuhr von hundert Flaschen und darüber 5 Prozent für Bruch in Abzug gebracht werden können.

Herbertshöhe, den 23. Juni 1905.

Der Kaiserliche Gouverneur.
Hahl.

84. Verordnung des Gouverneurs von Deutsch-Ostafrika wegen Aufhebung der Landes- und Bergpolizeiverordnung für die Umgegend von Daressalam vom 12. September 1902. Vom 28. Juni 1905.

(Kol. Bl. S. 493.)

Auf Grund des § 72 der Allerhöchsten Verordnung, betreffend das Bergwesen in Deutsch-Ostafrika, vom 9. Oktober 1898 (Reichs-Gesetzbl. S. 1045) und des § 15 Absatz 2 und 3 des Schutzgebietsgesetzes vom 10. September 1900 (Reichs-Gesetzbl. S. 812) wird hierdurch nach Maßgabe der Verfügung des Reichskanzlers vom 27. September 1903, betreffend das Verordnungsrecht der Behörden usw. (Kol. Bl. 1903, S. 509), verordnet, was folgt:

Einziger Paragraph.

Die Vorschriften der Landes- und Bergpolizeiverordnung vom 12. September 1902*) (Kol. Bl. 1902, S. 514) treten mit dem Zeitpunkt der öffentlichen Bekanntmachung der gegenwärtigen Verordnung außer Kraft.

Daressalam, den 28. Juni 1905.

Der Kaiserliche Gouverneur.
L V. Haber.

85. Verfügung des Reichskanzlers, betreffend Edelsteinbergbau im Süden des deutsch-südwestafrikanischen Schutzgebietes. Vom 30. Juni 1905.

(Kol. Bl. S. 467. Reichs-Anz. vom 28. Juli 1905.)

Auf Grund der Allerhöchsten Ordre, betreffend Sonderberechtigungen im Bergwesen des deutsch-südwestafrikanischen Schutzgebiets, vom 18. September 1904**) bestimme ich hiermit, daß die Bezirke Gibeon und Bersaba dem Landesfiskus von Deutsch-Südwestafrika zur ausschließlichen Aufsuchung und Gewinnung von Edelsteinen bis auf weiteres vorbehalten werden, soweit dem nicht wohlerworbene Rechte Dritter entgegenstehen.

Berlin, den 30. Juni 1905.

Der Reichskanzler.
Fürst v. Bülow.

---

*) D. Kol. Gesetzgeb. VI, Nr. 350.
**) D. Kol. Gesetzgeb. VIII, Nr. 139.

86. **Auszug aus dem Runderlasse des Gouverneurs von Deutsch-Ostafrika, betreffend die jährliche Bescheinigung über Vollständigkeit des Inventars. Vom 30. Juni 1905.**

Unter Hinweis auf §§ 2 und 4 der Vorschriften für die Inventarien- und Materialienverwaltung L. G. Seite 451 ff. ersuche ich in Zukunft jährlich sofort nach Beendigung der nach Abschluß der Konten am 31. März jedes Jahres vorgeschriebenen Revision der Bestände eine Bescheinigung folgenden Inhalts, vollzogen von den für die Verwaltung des Inventars verantwortlichen Funktionären, einzureichen:

„Daß das Inventarium ordnungsmäßig geführt, die gehörig geprüften Zugänge darin nachgetragen, die Abgänge als unvermeidlich nachgewiesen und die vorhanden sein sollenden Inventarienstücke wirklich vorgefunden worden sind, bescheinigen."

Daressalam, den 30. Juni 1905.

Der Kaiserliche Gouverneur.
I. V. Haber.

Anhang zu Nr. 86 (Auszug).

Bestimmungsgemäß sind von den Gouvernements usw. im Anschluß an die alljährliche Rechnungslegung u. a. über die ordnungsmäßige Führung der Inventarienkonten bei den einzelnen Dienststellen, über die Buchung der im Laufe des betreffenden Rechnungsjahres vorgekommenen Zu- und Abgänge sowie über die am Schlusse des Rechnungsjahres tatsächlich vorhandenen Bestände Bescheinigungen (Inventarisationsatteste) auszustellen.

Aus Anlaß eines Spezialfalles ersuche ich das Kaiserliche Gouvernement, nach der gedachten Richtung hin die größtmögliche Sorgfalt und Vorsicht walten zu lassen, damit nicht Bestände als solche bescheinigt werden, welche zur Zeit der Ausfertigung fraglicher Atteste tatsächlich nicht vorhanden gewesen sind. Insbesondere mache ich darauf aufmerksam, daß der Ausstellung der allgemeinen Inventarisationsbescheinigung selbstverständlich eine Revision der diesbezüglichen Bestände vorauszugehen hat, daß nach dem Ergebnis derselben die Konten eventuell zu berichtigen und etwaige Differenzen, den Umständen entsprechend — eventuell also unter Heranziehung der Ersatzpflichtigen zur Zahlung des Wertes — auszugleichen sind.

Berlin, den 14. September 1905.

Auswärtiges Amt. Kolonial-Abteilung.
I. V. Hellwig.

An das Kaiserliche Gouvernement in Daressalam.

87. **Ergänzungen zu den Lieferungsvorschriften der Kolonial-Abteilung vom 20. September 1903.*) Vom Juni 1905.**

(Die Ergänzungen vom Juni 1904 werden durch die nachstehenden Bestimmungen aufgehoben.)

Zu Abschnitt A. II.

a) Absatz 2 erhält den Zusatz:

Bei Verpackung von Gegenständen mit Salzgehalt oder Salzumhüllungen sind Weißblecheinsätze von entsprechender Stärke zu verwenden.

---

*) D. Kol. Gesetzgeb. VII, Nr. 109.

Zu Abschnitt A. III.
b) Zwischen Absatz 3 und 4 ist einzuschalten:
Kisten mit Gegenständen, die nicht in der Nähe des Maschinenraumes gelagert werden dürfen, erhalten an den gleichen Stellen den Vermerk: „Kühl zu lagern!"

Zu Abschnitt A. V.
c) Im Absatz 7 ist hinter „Abgang des Dampfers" zu streichen: — an das betreffende Kaiserliche Gouvernement oder —.
d) Zwischen Absatz 7 und 8 ist einzuschalten:
Bei Übersendung der Versandanzeigen und in allen Mitteilungen an die Speditionsfirmen sind Geschäftsnummer und Datum des betreffenden Auftrages der Kolonial-Abteilung anzugeben sowie, daß die Sendung im Auftrage der Kolonial-Abteilung erfolgt.
e) Absatz 8 erhält den Zusatz:
Der Versand genannter Schriftstücke ist dem Baureferate der Kolonial-Abteilung noch vor Abgang des Dampfers schriftlich anzuzeigen, vgl. auch Abschnitt A. XV.

Zu Abschnitt A. VII.
f) Absatz 3 erhält folgende Fassung:
Entsteht bei der Beförderung flüssiger Materialien (insbesondere Öle, Farben, Petroleum, Benzin) auf dem Wege bis einschließlich zur Ankunft am Landungsorte durch Auslaufen ein Verlust von mehr als 2% des Preises dieser Materialien, so mindert sich der Anspruch des Lieferanten um den Betrag des Preises für sämtliche ausgelaufenen Materialien.
Dieser Abzug wird bei Sendungen, zu denen Materialien mehrerer Gattungen (z. B. Farben, Terpentin, Benzin usw. zusammen) gehören, von dem Gesamtpreise aller verschiedenen Liquiden berechnet. Zweckmäßiger Weise sind deshalb solche Materialien (einschließlich der Kosten für Verpackung und Beförderung bis zum Landungsorte) von den Lieferanten gegen den durch das Auslaufen entstehenden Schaden besonders zu versichern.
Die Transatlantische Güterversicherungs-Gesellschaft, Berlin, Blumeshof 15[II], bei welcher die Kolonial-Abteilung die Gegenstände gegen andere als die hier in Rede stehenden Verluste versichert, ist bereit, Anträge der Lieferanten auf Versicherung gegen Auslaufen zu angemessenen Prämien entgegenzunehmen. In diesem Falle ist anzugeben, daß die Lieferung (nicht diese Versicherung, welche vielmehr zu Lasten der Lieferanten geht) für Rechnung der Kolonial-Abteilung erfolgt.

Zu Abschnitt A. VIII.
g) Absatz 3 erhält den Zusatz:
Das Gleiche gilt für die Speditionsfirmen Matthias Rhode & Co. in Hamburg und Matthias Rhode & Jörgens in Bremen bei den Sendungen nach der Südsee. Bei kleinen Sendungen kann auch an Stelle des Konnossements und der Maßliste eine Empfangsbescheinigung, welche Gewichts- und Maßangaben der Kolli enthalten muß, eingereicht werden.
h) Absatz 5 erhält den Zusatz:
Das Gleiche gilt für die Speditionsfirmen Matthias Rhode & Co. und Matthias Rhode & Jörgens.
i) Zwischen Absatz 8 und 9 ist einzuschalten:
Auf allen Rechnungen ist anzugeben:
Datum und Nummer des Schreibens der Kolonial-Abteilung, mit welchem der Auftrag zur Lieferung erteilt ist, desgleichen die laufende

Nummer, unter welcher der Gegenstand in der Bestelliste oder dem Angebotformulare aufgeführt ist.

k) Im Absatz 12 ist hinter „Legationskasse" zu setzen: Abteilung II.

Zu Abschnitt A. X.

l) Zwischen Absatz 2 und 3 ist einzuschalten:

Abweichend von der angegebenen Bestimmung ist auf Verlangen der Kolonial-Abteilung der Lieferant verpflichtet, einen trockenen oder gezogenen Sichtwechsel in Höhe von 5 bis 10 % der Lieferungssumme (niedrigster Betrag 300 Mark) als Kaution für die Güte der zu liefernden Materialien usw. nach erfolgter Auftragserteilung in der Legationskasse des Auswärtigen Amtes, Abteilung II, zu hinterlegen, sofern die Kolonial-Abteilung in ihrem Bestellschreiben sich mit einer solchen Kaution begnügt. Hinsichtlich der Rückgabe des Sichtwechsels gilt das im Absatz 2 Gesagte.

m) Im Absatz 3 (mit „2" bezeichnet) ist hinter „Legationskasse" zu setzen: Abteilung II.

n) Zwischen Absatz 4 und 5 ist einzuschalten:

Die Wertpapiere werden mit dem Nennwert als Sicherheit angenommen und sind mit den zugehörigen Zinsscheinen und Zinsscheinanweisungen zu hinterlegen. Diejenigen Zinsscheine, welche innerhalb des auf die Hinterlegung folgenden Jahres fällig werden, sind vom Lieferanten zurückzubehalten. Später fällige Zinsscheine werden den Lieferanten gegen Quittung ausgehändigt, sofern sie nicht mit der Sicherheit in Anspruch genommen werden sollen.

Zu Abschnitt A. XI.

o) Absatz 3 erhält den Zusatz:

Werden bei der vorläufigen Abnahme Mängel an Material oder Arbeit festgestellt oder liegen die Abnahmegegenstände zu dem vorher vereinbarten Abnahmetermin nicht zur Abnahme bereit, so gehen alle durch diese Vorkommnisse entstehenden Mehrkosten der vorläufigen Abnahme zu Lasten des Lieferanten.

Zu Abschnitt A. XII.

p) Absatz 1 erhält den Zusatz:

Güter für die von Bremerhaven abgehenden Dampfer sind nach Hamburg zu leiten, wenn der Weg vom Versandorte bis Hamburg kürzer und die Beförderungsweise billiger ist als nach Bremen. Die Güterannahme in Hamburg zu diesen von Bremerhaven abgehenden Dampfern wird fünf Tage vor Abgang der Dampfer aus Bremerhaven geschlossen.

Zu Abschnitt A. XVI.

q) Absatz 3 erhält den Zusatz:

Denjenigen Lieferanten, welche die Lieferungsgegenstände nicht selbst herstellen, sondern von anderen Lieferanten beziehen, wird anheimgestellt, die Vorschrift des § 377 des Handelsgesetzbuchs diesen Lieferanten gegenüber angemessen abzukürzen.

r) Absatz 5 erhält den Zusatz:

Telegramme werden gegenseitig frei gemacht. Die Bestellgelder für Mustersendungen sind von der Firma im voraus bei Aufgabe derselben auf der Post zu bezahlen. Proben, welche nicht binnen dreier Wochen nach dem Eröffnungstermine vom Lieferanten wieder abgeholt werden, gelten als preisgegeben (derelinquiert). Die Zurückforderung nicht berücksichtigter Proben ist erwünscht; ihre Rücksendung erfolgt für Rechnung der Lieferanten.

Zu Abschnitt B. a. II Absatz 3, b, c, d, e, f II Absatz 2.

s) Der Absatz erhält den Zusatz:

Bei Inanspruchnahme der Berliner Speditions- und Lagerhaus-Aktien-Gesellschaft (vorm. Bartz & Co.) ist anzugeben, dafs die Sendung im Auftrage der Kolonial-Abteilung erfolgt.

Zu Abschnitt B. c. II.

t) Im Absatz 7 unter „3" ist „Bauverwaltung" zu streichen und dafür „Materialienverwaltung" zu setzen.

u) Im Absatz 9 und unter „1" desselben Absatzes ist „die Zentral-Magazin-Verwaltung" zu streichen und dafür „das Hauptmagazin" zu setzen.

Zu Abschnitt B. d. I.

v) Die Ortsbezeichnung „Klein-Popo" ist zu streichen und dafür „Anecho" zu setzen.

Berlin, im Juni 1905.

Auswärtiges Amt. Kolonial-Abteilung.

88. Verfügung des Reichskanzlers, betreffend Verträge mit Eingeborenen über unbewegliche Sachen im Schutzgebiete der Marschallinseln. Vom 8. Juli 1905.

(Kol. Bl. S. 689.)

Auf Grund des § 6 Nr. 1 der Kaiserlichen Verordnung, betreffend die Rechte an Grundstücken in den deutschen Schutzgebieten, vom 21. November 1902 (Reichs-Gesetzbl. S. 283) wird für das Schutzgebiet der Marschallinseln folgendes bestimmt:

§ 1. Das Recht, mit den Eingeborenen Verträge abzuschließen, welche den Erwerb von Eigentum oder dinglichen Rechten an Grundstücken oder die Benutzung der letzteren betreffen, steht ausschließlich dem Fiskus zu.

§ 2. Alle den Erwerb von Eingeborenenland in den Marschallinseln betreffenden früheren Vorschriften, insbesondere die §§ 1, 2 der Verordnung, betreffend den Erwerb von Grundeigentum usw. innerhalb des Schutzgebiets der Marschall-, Brown- und Providenceinseln, vom 8. Januar 1887[*]) und die Verordnung, betreffend Verträge mit Eingeborenen über unbewegliche Sachen vom 28. Juni 1888,[**]) treten außer Kraft.

Berlin, den 8. Juli 1905.

Der Reichskanzler.
Fürst v. Bülow.

89. Verordnung des Gouverneurs von Deutsch-Ostafrika, betreffend das Marktwesen in Kilimatinde. Vom 10. Juli 1905.

Auf Grund des § 15, letzter Absatz, des Schutzgebietsgesetzes (Reichs-Gesetzbl. 1900, S. 812) in Verbindung mit der Verfügung des Reichskanzlers vom 27. September 1903 wird hiermit für die Ortschaft Kilimatinde und einen Umkreis von 2 km um dieselbe vom Markt an gemessen, unter Ausschluß jedoch des östlich des Grabenrandes belegenen Gebiets, verordnet, was folgt:

---

[*]) D. Kol. Gesetzgeb. I, Nr. 244.
[**]) D. Kol. Gesetzgeb. I, Nr. 245.

Verordnung des Gouverneurs, betr. das Marktwesen in Kilimatinde. 10. Juli.

§ 1. Erzeugnisse der einheimischen Landwirtschaft, Viehzucht, Jagd und Fischerei einschließlich der daraus hergestellten Lebens- und Genußmittel, soweit sie der Befriedigung täglicher Bedürfnisse der Bevölkerung dienen sollen, dürfen zum Zwecke des Kleinverkaufes an die Verbraucher nur auf dem Markte in Kilimatinde feilgeboten werden.

§ 2. Die Verkäufer der in § 1 genannten Gegenstände haben Marktgebühren nach dem anliegenden Tarife an die von der Militärstation zu bezeichnende Stelle zu entrichten.

§ 3. Die Vorschriften der §§ 1 und 2 finden keine Anwendung:
a) auf den Handel mit Pferden, Maultieren, Eseln, Kamelen, Zebras, Schweinen, Rind- und Kleinvieh, welche nicht zum Schlachten bestimmt sind, sowie Wild;
b) auf den Handel mit Milch, Salz und Brennholz.

Die nach § 2 zu zahlende Marktgebühr ist für die unter a genannten Tiere, die zum Schlachten bestimmt sind, vom Schlächter nach erfolgter Schlachtung zu zahlen.

§ 4. Erzeugnisse der Landwirtschaft, Viehzucht, Jagd und Fischerei, die zum eigenen Verbrauche der Produzenten bestimmt sind, müssen auf Verlangen der Behörde ebenfalls auf den Markt gebracht und vorgezeigt werden, bleiben jedoch von den Vorschriften des § 3 unberührt.

§ 5. Die auf den Markt gebrachten Produkte können im Bedarfsfalle durch einen amtlich zu bestellenden Auktionator öffentlich versteigert werden.

Es ist dafür eine Gebühr von 6 Heller für jede Rupie und von 2 Heller für jede angefangene Viertelrupie des Erlöses an die von der Militärstation zu bezeichnende Stelle zu zahlen.

§ 6. In besonderen Fällen kann in Abweichung von den Vorschriften des § 1 unbeschadet der Verpflichtung zur Entrichtung der nach § 2 für den Verkauf auf dem Markte zuständigen Marktgebühr und unter Auflage der Vorausbezahlung der letzteren widerruflich gestattet werden, daß die in § 1 genannten Produkte, mit Ausnahme von Fleisch und Fischen, außerhalb des Marktes im Laden, auf den Straßen oder im Umherziehen gehandelt werden dürfen.

§ 7. Rind-, Schaf-, Ziegen- und Schweinefleisch darf auf dem Markte nur feilgehalten werden, nachdem es von dem Sachverständigen der Militärstation für gesund erklärt worden ist.

Das Schlachten von Vieh darf nur auf dem von der Militärstation hierfür bestimmten Platze geschehen.

§ 8. Zuwiderhandlungen gegen die Vorschriften dieser Verordnung werden, soweit nicht nach den bestehenden Gesetzen eine härtere Strafe verwirkt ist, mit Geldstrafe bis zu 20 Rupien, an deren Stelle im Unvermögensfalle Haft, bei den Eingeborenen Gefängnis mit Zwangsarbeit oder Kettenhaft tritt, bestraft.

Gesundheitsschädliches Fleisch sowie verdorbene Lebens- und Genußmittel unterliegen außerdem der Konfiskation.

Sofern eine Hinterziehung der nach § 2 zu entrichtenden Gebühren stattgefunden hat, kommt der vierfache Betrag der hinterzogenen Gebühr, mindestens jedoch ½ Rupie, als Zusatzstrafe zur Erhebung.

Diese Verordnung tritt mit dem Tage ihrer Verkündigung in Kilimatinde in Kraft.

Daressalam, den 10. Juli 1905.

Der Kaiserliche Gouverneur.
Graf v. Götzen.

Anlage zu Nr. 89.

Markthallengebühr:

1. Für jeden Verkaufsstand, soweit nicht Gebühren nach Ziffer 2 bis 6 zuständig sind, pro Stand und Tag . . . 3 Heller,
2. für jede Last einheimischen Reis sowie einheimischen Weizen- und Roggenmehls bis zu 70 lb . . . . . . 15 „
3. für jede Last Mais-, Mtama-, Uwele-, Ulezi- und Mohogomehls sowie für jede Last Körner oder Erdfrüchte bis zu 70 lb . . . . 3 „
4. für jeden Topf Pombe ortsüblicher Größe . . . . . . 80 „
5. für ein geschlachtetes Rind . . . . 1 Rupie,
6. für ein geschlachtetes Schaf oder eine Ziege . . . . 15 Heller.

90. Bekanntmachung des Reichskanzlers, betreffend die Schürfscheingebühr, die Feldessteuer und die Bergwerksabgabe in Deutsch-Ostafrika. Vom 11. Juli 1905.*)

(Kol. Bl. S. 467. Reichs-Anz. vom 7. August 1905.)

Auf Grund der mir unter dem 18. November 1900 erteilten Allerhöchsten Ermächtigung und im Anschluß an meine Bekanntmachung vom 16. Oktober 1903 bestimme ich:

die in § 16 der Allerhöchsten Verordnung, betreffend das Bergwesen in Deutsch-Ostafrika, vom 9. Oktober 1898 (Reichs-Gesetzbl. S. 1045) vorgesehene Schürfscheingebühr, die in § 54 a. a. O. vorgesehene Feldessteuer und die in § 55 daselbst vorgesehene Förderungsabgabe werden auch für die Zeit vom 1. Januar 1906 bis einschließlich 31. Dezember 1907 auf die Hälfte herabgesetzt.

Berlin, den 11. Juli 1905.

Der Reichskanzler.
I. A. Stuebel.

91. Anordnung des Oberrichters von Kamerun, betreffend den Geschäftsverkehr der Bezirksgerichte mit dem Gouvernement. Vom 12. Juli 1905.

Auf Grund des § 7 Absatz 4 der Verfügung des Reichskanzlers vom 25. Dezember 1900 (Kol. Bl. 1901 S. 1) wird hiermit für die Bezirksgerichte angeordnet:

I. Der gesamte Schriftverkehr der Bezirksgerichte mit dem Gouvernement geht durch den Oberrichter.

II. Ausgenommen sind:

1. Schreiben in Sachen, in welchen das Gouvernement dem Bezirksgericht lediglich als Privatperson gegenüber steht, z. B. Benachrichtigung über die Eintragung eines Grundstücks in das Grundbuch für den Landesfiskus als Eigentümer;
2. Schreiben, welche besondere Beschleunigung erfordern. Hierzu gehören sämtliche Telegramme. Dem Oberrichter ist nachträglich Kenntnis zu geben.

---

*) Vgl. D. Kol. Gesetzgeb. VII, Nr. 122.

III. Die Vorlage an den Oberrichter erfolgt in der einfachsten Form, durch entsprechenden Zusatz bei der inneren und äußeren Adresse.

Besondere Begleitberichte sind nur ausnahmsweise gestattet.

Desgleichen erfolgt die nachträgliche Vorlage an den Oberrichter (II. Ziffer 2 Absatz 3) in möglichst einfacher Weise.

Budа, den 12. Juli 1905.

Der Kaiserliche Oberrichter.
Dr. Meyer.

92. Kaiserliche Verordnung, betreffend Zwangs- und Strafbefugnisse der Verwaltungsbehörden in den Schutzgebieten Afrikas und der Südsee. Vom 14. Juli 1905.

(Reichs-Gesetzbl. S. 717, Beilage zum Kol. Bl. vom 15. September 1905.)

Wir Wilhelm, von Gottes Gnaden Deutscher Kaiser, König von Preußen usw. verordnen für die Schutzgebiete Afrikas und der Südsee im Namen des Reichs, was folgt:

I. Zwangsverfahren wegen Geldforderungen, zur Erwirkung der Herausgabe von Sachen und zur Erwirkung von Handlungen und Unterlassungen im Verwaltungswege.

A. Geldforderungen und Ansprüche auf Herausgabe von Sachen.

§ 1. Wegen der von den zuständigen Verwaltungsbehörden festgestellten Geldforderungen und Ansprüche auf Herausgabe von Sachen wird die Zwangsvollstreckung, soweit nicht in dieser Verordnung besondere Bestimmungen enthalten sind, durch diejenige Verwaltungsbehörde bewirkt, welche dazu nach den bestehenden Vorschriften zuständig ist oder in Ermanglung solcher Vorschriften durch den Gouverneur ermächtigt wird.

Die Zwangsvollstreckung darf nur beginnen, wenn die Anordnung dem Verpflichteten bekannt gemacht ist. Zwischen der Bekanntmachung und dem Beginne der Vollstreckung soll eine mindestens dreitägige Frist liegen, es sei denn, daß Gefahr im Verzug obwaltet. Ist durch besondere Vorschriften die Vollstreckung vor dem Ablauf einer Frist oder vor der Entscheidung über ein gegen die Anordnung eingelegtes Rechtsmittel (Beschwerde, Antrag auf gerichtliche Entscheidung usw.) untersagt, so bewendet es bei diesen Vorschriften.

§ 2. Auf die Zwangsvollstreckung finden die Vorschriften, die in den Schutzgebieten für die Vollstreckung gerichtlicher, die Pflicht zur Zahlung einer Geldsumme oder zur Herausgabe von Sachen aussprechender Urteile gelten, mit folgenden Maßgaben Anwendung:

1. An die Stelle des Bezirksrichters tritt die nach § 1 für die Zwangsvollstreckung zuständige Verwaltungsbehörde. Diese Behörde hat auch die dem Prozeßgericht obliegenden Verrichtungen wahrzunehmen. In den Fällen der §§ 767, 768, 781 bis 784 und 786 der Zivilprozeßordnung tritt an die Stelle der Klage die Erinnerung bei der Verwaltungsbehörde.

2. Die Bezirksrichter und gegebenenfalls die Bezirksgerichte bleiben zuständig:

a) für die Verhandlung und Entscheidung auf die Klage in den Fällen der §§ 771 bis 774, 805, 856 der Zivilprozeßordnung,
b) für die Abnahme des Offenbarungseides in den Fällen der §§ 807, 883 der Zivilprozeßordnung.

3. In den Fällen der sofortigen Beschwerde (§ 793 der Zivilprozeßordnung) ist der Gouverneur ermächtigt, die Beschwerdefrist allgemein oder für einzelne Teile des Schutzgebiets zu verlängern.

§ 3. Hat eine mehrfache Pfändung derselben beweglichen Sache (§ 90 des Bürgerlichen Gesetzbuchs) durch Verwaltungsbehörden oder durch solche und den Bezirksrichter stattgefunden, so begründet ausschließlich die erste Pfändung die Zuständigkeit zur Ausführung der Versteigerung. Die Behörde, welche die zweite oder eine spätere Pfändung bewirkt, hat den anderen beteiligten Behörden Abschrift ihrer Pfändungsverfügung zuzusenden.

Die Versteigerung findet für alle beteiligten Gläubiger auf Betreiben eines jeden von ihnen statt.

Die Verteilung des Erlöses erfolgt nach der Reihenfolge der Pfändungen oder, falls die sämtlichen Beteiligten über die Verteilung einverstanden sind, nach der getroffenen Vereinbarung.

Ist der Erlös zur Deckung der Forderungen nicht ausreichend, und verlangt der Gläubiger, für den die zweite oder eine spätere Pfändung bewirkt ist, ohne Zustimmung der übrigen beteiligten Gläubiger eine andere Verteilung als nach der Reihenfolge der Pfändungen, so ist die Sachlage unter Hinterlegung des Erlöses dem Bezirksrichter, in dessen Bezirke die erste Pfändung stattgefunden hat, anzuzeigen. Dieser Anzeige sind die auf das Verfahren sich beziehenden Schriftstücke beizufügen. Die Verteilung erfolgt nach den Vorschriften der §§ 873 bis 882 der Zivilprozeßordnung durch den Bezirksrichter.

Ist die Pfändung für mehrere Gläubiger gleichzeitig bewirkt, so ist entsprechend zu verfahren.

§ 4. Ist eine Forderung durch Verwaltungsbehörden oder durch solche und durch den Bezirksrichter für mehrere Gläubiger gepfändet, so finden die Vorschriften der §§ 853 bis 856 der Zivilprozeßordnung mit der Maßgabe entsprechende Anwendung, daß die darin dem Amtsgerichte zugewiesene Tätigkeit stets von dem Bezirksrichter ausgeübt wird, auch wenn keine oder nicht die erste der Pfändungen von ihm ausgegangen ist. Ist keine der Pfändungen von dem Bezirksrichter ausgegangen, so ist in den Fällen des § 853 und des § 854 Absatz 2 der Bezirksrichter zuständig, der bei gerichtlicher Zwangsvollstreckung als Vollstreckungsgericht tätig zu sein haben würde (§ 828 der Zivilprozeßordnung).

§ 5. Die Zwangsvollstreckung in das unbewegliche Vermögen (§§ 864, 865 der Zivilprozeßordnung) ist nur zulässig, wenn die beizutreibende Geldforderung den Betrag von dreihundert Mark übersteigt und die Zwangsvollstreckung in das sonstige Vermögen des Schuldners erfolglos war oder voraussichtlich sein wird.

Die Zwangsvollstreckung erfolgt durch den Bezirksrichter, der zuständig sein würde, wenn ein gerichtliches Urteil zu vollstrecken wäre.

Der Bezirksrichter ist durch die Verwaltungsbehörde unter Übersendung einer Ausfertigung der zu vollstreckenden Anordnung und Vorlegung der Nachweise für ihre Vollstreckbarkeit um die Vollstreckung zu ersuchen.

§ 6. Der Gouverneur kann allgemein oder im Einzelfalle vorschreiben, daß die Verwaltungsbehörden die Zwangsvollstreckung auch dann, wenn sie wegen einer Geldforderung in das bewegliche Vermögen erfolgen soll, oder wenn sie auf die Erwirkung der Herausgabe von Sachen gerichtet ist, nur durch Ersuchen des Bezirksrichters ausführen dürfen.

Die Vorschriften des § 5 Absatz 2, 3 finden dabei entsprechende Anwendung.

§ 7. Die Vertretung des Fiskus in Prozessen, die aus einem gemäß den §§ 1 bis 6 stattfindenden Zwangsvollstreckungsverfahren entstehen, erfolgt durch die nach § 1 für die Zwangsvollstreckung zuständige Verwaltungsbehörde. Würde danach derselbe Beamte als Richter und als Vertreter des Fiskus tätig zu sein haben, so ist er in der einen oder der anderen Eigenschaft durch einen Vertreter zu ersetzen.

B. Handlungen und Unterlassungen.

§ 8. Der Reichskanzler und mit seiner Zustimmung der Gouverneur können die ihnen dazu geeignet erscheinenden Verwaltungsbehörden mit Einschluß der Kommunalbehörden ermächtigen, nach Maßgabe der §§ 9 bis 22 Zwang zur Durchführung von Anordnungen anzuwenden, die die Behörden selbst oder die ihnen vorgesetzten Instanzen in rechtmäßiger Ausübung der obrigkeitlichen Gewalt getroffen haben. Die Ermächtigung kann mit Einschränkungen erteilt werden. Auch der Gouverneur selbst ist zur zwangsweisen Durchführung der von ihm oder den nachgeordneten Behörden erlassenen Anordnungen befugt.

§ 9. Soll ein Handlung erzwungen werden, so darf die Behörde nach vorheriger schriftlicher Androhung und Gewährung einer angemessenen Frist zur Vornahme der Handlung diese, sofern es tunlich ist, selbst ausführen oder durch einen Dritten ausführen lassen und die Kosten von dem Verpflichteten einziehen (§§ 1 ff.). Auch vor endgültiger Feststellung der Höhe dieser Kosten ist die Einziehung nach einer vorläufigen Berechnung zulässig. Mit der Anordnung soll eine Belehrung über den Beschwerdeweg (§§ 16 bis 18) verbunden werden.

§ 10. Ist die Ausführung der zu erzwingenden Handlung durch die Behörde oder durch einen Dritten nicht tunlich, so darf die Behörde nach vorheriger schriftlicher Androhung und Gewährung einer angemessenen Frist zur Vornahme der Handlung gegen den Verpflichteten eine Geldstrafe bis zu dreihundert Mark festsetzen. Mit der Androhung soll eine Belehrung über den Beschwerdeweg (§§ 16 bis 18) verbunden werden.

§ 11. Steht fest, daß der zu einer Handlung Verpflichtete außerstande ist, die aus der Ausführung der Handlung durch die Behörde selbst oder durch Dritte entstehenden Kosten zu tragen, so darf die Behörde nach der Vorschrift des § 10 verfahren.

§ 12. Soll eine Unterlassung erzwungen werden, so ist nach der Vorschrift des § 10 mit der Maßgabe zu verfahren, daß die Strafe für den Fall der Zuwiderhandlung angedroht wird und eine Fristgewährung nicht stattfindet.

§ 13. Die Festsetzung der in den §§ 10 bis 12 vorgesehenen Zwangsmittel erfolgt durch eine schriftliche Verfügung, die dem davon Betroffenen bekannt gemacht werden muß. Die Verfügung soll eine Belehrung über den Beschwerdeweg (§§ 16 bis 18) enthalten.

§ 14. Zur Verhütung eines mit Strafe bedrohten Verhaltens dürfen die in den §§ 10 bis 12 bezeichneten Zwangsmittel nicht angewendet werden.

§ 15. Soweit eine Anordnung mit den in den §§ 9 bis 12 bezeichneten Zwangsmitteln nicht durchführbar ist, kann auch unmittelbarer Zwang gebraucht werden.

§ 16. Gegen die im § 8 bezeichneten Anordnungen, gegen die Androhung, Festsetzung und Ausführung der in den §§ 9 bis 12 bezeichneten Zwangsmittel wie auch gegen den Gebrauch unmittelbaren Zwanges findet, soweit diese Maßnahmen vom Gouverneur ausgegangen sind, die Beschwerde an den Reichskanzler, im übrigen die Beschwerde an den Gouverneur und gegen dessen Entscheidung die weitere Beschwerde an den Reichskanzler statt. Der Gouverneur kann sich durch den mit den oberrichterlichen Geschäften betrauten Beamten bei der Entscheidung vertreten lassen.

Zur Einlegung der Beschwerde ist jeder berechtigt, dessen Person oder Vermögen durch die Maßnahme betroffen ist.

§ 17. Die Beschwerde (weitere Beschwerde) wird bei der Behörde, gegen deren Maßnahme sie gerichtet ist, angebracht. Diese Behörde hat die Beschwerde, wenn sie ihr nicht stattgeben will, an die Behörde abzugeben, der die Entscheidung zusteht. Der Beschwerdeführer ist hiervon in Kenntnis zu setzen.

Richtet sich die Beschwerde entweder gegen Anordnungen polizeilicher Art (Polizeiverfügungen) oder gegen die Androhung, Festsetzung oder Ausführung der in den §§ 9 bis 12 bezeichneten Zwangsmittel oder gegen den Gebrauch unmittelbaren Zwanges, so ist sie bei der im Absatz 1 Satz 1 bezeichneten Behörde innerhalb zweier Wochen nach der Bekanntmachung an den Beschwerdeführer anzubringen. Die Frist gilt als gewahrt, wenn die Beschwerde innerhalb der Frist bei einer anderen als der im Absatz 1 Satz 1 bezeichneten Behörde angebracht wird. Die Beschwerde ist in solchen Fällen von der angerufenen Behörde zur weiteren Veranlassung an die im Abs. 1 Satz 1 bezeichnete Behörde abzugeben. Letztere Behörde hat dann so zu verfahren, als ob die Beschwerde bei ihr eingelegt worden wäre.

§ 18. Die Beschwerde (weitere Beschwerde) hat keine aufschiebende Wirkung. Jedoch kann die Behörde, deren Maßnahme angefochten ist, die Vollziehung aussetzen. Die gleiche Befugnis hat die für die Entscheidung über die Beschwerde zuständige Behörde.

§ 19. Gegen die Versäumung der im § 17 Absatz 2 bestimmten Frist ist unter den im § 44 der Strafprozeßordnung bezeichneten Voraussetzungen Wiedereinsetzung in den vorigen Stand zulässig. Dieselbe ist bei einer der im § 17 Absatz 1 bezeichneten Behörden binnen zwei Wochen nach Beseitigung des Hindernisses unter Angabe und Glaubhaftmachung der Versäumungsgründe nachzusuchen; wird das Gesuch bei einer anderen Behörde angebracht, so finden die Vorschriften des § 17 Absatz 2 Satz 2 bis 4 entsprechende Anwendung. Mit dem Gesuch ist zugleich die Beschwerde selbst nachzuholen. Über das Gesuch entscheidet endgültig die Beschwerdebehörde.

§ 20. Der Gouverneur ist befugt, die in den §§ 17, 19 bestimmten Fristen allgemein oder für einzelne Teile des Schutzgebiets zu verlängern.

§ 21. Auch, wenn die Beschwerde (weitere Beschwerde) nicht oder nicht rechtzeitig eingelegt ist, kann die Behörde die von ihr getroffene Maßnahme aufheben, abändern oder ihre Vollziehung einstweilen aussetzen.

Die gleiche Befugnis haben die in höherer Instanz zuständigen Behörden gegenüber den Maßnahmen der unteren Instanzen.

§ 22. Ist eine nach den Vorschriften der §§ 10 bis 12 festgesetzte Geldstrafe nicht beizutreiben, so ist sie nach Maßgabe der §§ 28, 29 des Reichsstrafgesetzbuchs in Haft bis zu vier Wochen umzuwandeln.

Die Entscheidung über die Umwandlung erfolgt auf Ersuchen der Behörde, die für die Festsetzung der Geldstrafe in erster Instanz zuständig war, durch den Bezirksrichter, in dessen Bezirke diese Behörde ihren Sitz hat.

Die Vollstreckung der Haftstrafe liegt gleichfalls dem Bezirksrichter ob und ist erst statthaft, wenn die Anordnung, deren Befolgung durch die Strafe erzwungen werden soll, mit einer Beschwerde nach den Vorschriften der §§ 16, 17 nicht mehr anfechtbar ist.

II. Polizeiliche Strafverfügungen und Strafbescheide der Verwaltungsbehörden.

§ 23. Die Befugnis zum Erlasse polizeilicher Strafverfügungen nach Maßgabe der §§ 453 bis 458 der Strafprozeßordnung sowie die Befugnis zum Erlasse von Strafbescheiden wegen Zuwiderhandlungen gegen die Vorschriften über die Erhebung öffentlicher Abgaben und Gefälle nach Maßgabe der §§ 459 bis 463 der Strafprozeßordnung steht den Behörden zu, die der Reichskanzler und mit seiner Zustimmung der Gouverneur dazu ermächtigt. Der Reichskanzler und mit seiner Zustimmung der Gouverneur können den Umfang der Befugnis allgemein oder für einzelne Behörden beschränken.

An Stelle der im § 453 Absatz 3 und im § 459 Absatz 2 der Strafprozeßordnung für den Antrag auf gerichtliche Entscheidung vorgesehenen Fristen tritt eine Frist von zwei Wochen. Der Gouverneur kann diese Frist allgemein oder für einzelne Teile des Schutzgebiets verlängern.

§ 24. Ist vor Bekanntmachung der polizeilichen Strafverfügung oder des Strafbescheids an den Beschuldigten der Richter eingeschritten, so ist die Strafverfügung oder der Strafbescheid wirkungslos.

§ 25. Ist die polizeiliche Strafverfügung oder der Strafbescheid vollstreckbar geworden, so findet wegen derselben Handlung eine fernere Verfolgung nicht statt, es sei denn, daß die Handlung eine Straftat darstellt, zu deren Bestrafung die Behörde nicht zuständig war. In diesem Falle ist während des gerichtlichen Verfahrens die Vollstreckung der Strafverfügung oder des Strafbescheids einzustellen; erfolgt eine rechtskräftige Verurteilung, so tritt die Strafverfügung oder der Strafbescheid außer Kraft.

§ 26. Gegen die polizeiliche Strafverfügung ist nur der Antrag auf gerichtliche Entscheidung zulässig. Wird der Antrag bei der Behörde, die die Strafverfügung erlassen, oder bei der Behörde, die sie dem Beschuldigten bekannt gemacht hat, rechtzeitig angebracht, so hat diese Behörde für die Übersendung der Akten an das Gericht Sorge zu tragen.

§ 27. Gegen den Strafbescheid steht dem Beschuldigten nach seiner Wahl der Antrag auf gerichtliche Entscheidung oder die Beschwerde, und zwar, wenn die Entscheidung vom Gouverneur erlassen ist, an den Reichskanzler, sonst an den Gouverneur zu. In der Wahl des einen dieser Anfechtungsmittel liegt der Verzicht auf das andere. Die Beschwerde oder der Antrag auf gerichtliche Entscheidung ist bei der Behörde anzubringen, die den Strafbescheid dem Beschuldigten bekannt gemacht hat.

Die Beschwerde ist innerhalb zweier Wochen nach der Bekanntmachung an den Beschwerdeführer einzulegen. Die Vorschriften der §§ 16 bis 21 finden auf das Beschwerdeverfahren mit der Maßgabe entsprechende Anwendung, daß eine weitere Beschwerde ausgeschlossen ist. Der Strafbescheid soll eine Belehrung über den Beschwerdeweg enthalten.

§ 28. Sofern ein gerichtliches Verfahren nicht stattgefunden hat, erfolgt die Vollstreckung der auf Grund der §§ 23 bis 27 verhängten Geldstrafen unter entsprechender Anwendung der §§ 2 bis 5. Soweit danach eine vollstreckbare Ausfertigung des Schuldtitels erforderlich ist, tritt an deren Stelle eine mit Vollstreckbarkeitsbescheinigung versehene beglaubigte Abschrift oder Ausfertigung der polizeilichen Strafverfügung oder des Strafbescheids. Der Gouverneur kann vorschreiben, daß alle oder einzelne Verwaltungsbehörden die auf Grund der §§ 23 bis 27 verhängten Geldstrafen auch in das bewegliche Vermögen nur durch Ersuchen des Bezirksrichters vollstrecken dürfen. Die Vorschriften des § 5 Absatz 2, 3 finden alsdann entsprechende Anwendung.

Die Vollstreckung der auf Grund der §§ 23 bis 27 festgesetzten Freiheitsstrafen erfolgt auf Ersuchen der Verwaltungsbehörde durch den Bezirksrichter, in dessen Bezirke diese ihren Sitz hat.

Der Reichskanzler und mit seiner Zustimmung der Gouverneur können die Vollstreckung der Freiheitsstrafen außer in dem Falle des § 463 der Strafprozeßordnung für bestimmte Teile einzelner Schutzgebiete anderen Behörden übertragen.

III. Bekanntmachungen.

§ 29. Die nach dieser Verordnung von den Verwaltungsbehörden zu bewirkenden Bekanntmachungen erfolgen entweder durch Mitteilung zu Protokoll oder durch Zustellung.

Die Zustellungen sollen mittels eingeschriebenen Briefes (Telegramm) oder durch Übergabe der Urschrift oder einer beglaubigten Abschrift des zuzustellenden Schriftstücks stattfinden.

Die die Zustellung veranlassende Behörde ist befugt, ihr unterstellte Beamte mit der Beglaubigung sowie der Übergabe zu beauftragen.

Auf die Zustellung durch Übergabe eines Schriftstücks finden die Vorschriften der §§ 171 bis 178, 180 bis 184, 186, 189 der Zivilprozeßordnung entsprechende Anwendung; in den Akten ist zu vermerken, in welcher Weise, an welchem Orte und zu welcher Zeit die Übergabe erfolgt ist.

Die Zustellung mittels eingeschriebenen Briefes nach dem Deutschen Reiche hin erfolgt gegen Rückschein.

Bei Zustellungen nach dem Auslande bestimmt der Gouverneur für den einzelnen Fall die Frist, nach deren Ablaufe die Zustellung als bewirkt anzusehen ist. Der Gouverneur kann die Bestimmung der Frist für einzelne Teile des Schutzgebiets anderen Behörden übertragen.

IV. Rechtshilfe.

§ 30. Die Behörden desselben Schutzgebiets einschließlich der Gerichte haben einander bei Bekanntmachungen und Vollstreckungshandlungen Rechtshilfe zu leisten. Auch kann die Rechtshilfe der Gerichte von den Verwaltungsbehörden zum Zwecke der eidlichen Vernehmung von Zeugen und Sachverständigen in Anspruch genommen werden.

Ist eine nach dieser Verordnung den Verwaltungsbehörden obliegende Vollstreckungshandlung, Bekanntmachung oder Vernehmung von Zeugen und Sachverständigen in einem anderen Schutzgebiet Afrikas oder der Südsee vorzunehmen, so erfolgt sie durch einen dortigen Bezirksrichter.

Das Ersuchen ist von der Verwaltungsbehörde an den Gouverneur des anderen Schutzgebiets zu richten. In dringenden Fällen kann der Bezirksrichter unmittelbar ersucht werden. Er hat, falls ein anderer Bezirksrichter desselben Schutzgebiets zuständig geworden ist, das Ersuchen an diesen abzugeben.

Die Bezirksrichter haben bei den in dieser Verordnung ihnen zugewiesenen Geschäften einander Rechtshilfe nach Maßgabe der darüber geltenden allgemeinen Bestimmungen zu leisten.

Dem Ersuchen um Vornahme von Vollstreckungshandlungen sind die Urkunden, auf Grund deren die Vollstreckung bewirkt werden soll, in Urschrift oder beglaubigter Abschrift beizufügen.

§ 31. Der Reichskanzler kann vorschreiben, daß die Bezirksrichter deutschen Verwaltungsbehörden, die außerhalb des Geltungsbereichs dieser Verordnung ihren Sitz haben, bei der Zwangsvollstreckung wegen Geldforderungen und zur Erwirkung der Herausgabe von Sachen, sowie bei Zustellungen oder Vernehmungen von Zeugen und Sachverständigen Rechtshilfe zu leisten haben, wenn diese Behörden darum ersuchen und dabei amtlich bescheinigen:

1. bei der Zwangsvollstreckung wegen Geldforderungen und zur Erwirkung der Herausgabe von Sachen, daß sie nach dem Rechte des Sitzes der ersuchenden Behörde durch diese im Verwaltungszwangsverfahren bewirkt werden darf,
2. in allen Fällen, daß die Erstattung der durch die Rechtshilfe erwachsenen Kosten und Auslagen nach Einsendung einer Berechnung darüber erfolgen wird.

V. Schlußbestimmungen.

§ 32. Wo gemäß dieser Verordnung die Bezirksrichter auf Veranlassung einer Verwaltungsbehörde tätig werden, richtet sich das Verfahren mit Einschluß der Rechtsmittel nach den Vorschriften, die für die gleichartigen richterlichen Geschäfte in bürgerlichen Rechtsstreitigkeiten und in Strafsachen gelten.

§ 33. Der Reichskanzler hat die zur Ausführung dieser Verordnung erforderlichen Vorschriften zu erlassen. Er regelt das Gebührenwesen für die in dieser Verordnung vorgesehenen Arten des außergerichtlichen Verfahrens. Bis zum Zeitpunkte dieser Regelung werden Gebühren für das bezeichnete Verfahren nur insoweit erhoben, als dies zur Zeit des Inkrafttretens dieser Verordnung vorgesehen ist; bare Auslagen sind zu erstatten.

§ 34. Eingeborene im Sinne des § 2 der Verordnung, betreffend die Rechtsverhältnisse in den deutschen Schutzgebieten, vom 9. November 1900 (Reichs-Gesetzbl. S. 1005) unterliegen den Vorschriften dieser Verordnung nur insoweit, als dies durch den Gouverneur bestimmt wird.

§ 35. Die in dieser Verordnung dem Reichskanzler zugewiesenen Obliegenheiten werden in dessen Vertretung durch das Auswärtige Amt (Kolonial-Abteilung) wahrgenommen. Der Ausdruck Gouverneur bezieht sich im Sinne dieser Verordnung auch auf den Landeshauptmann des Schutzgebiets der Marschallinseln und den Vizegouverneur im Inselgebiete der Karolinen, Palau und Marianen.

§ 36. Diese Verordnung tritt am 1. Oktober 1905 in Kraft. Gleichzeitig treten die Verordnung, betreffend den Erlaß von Verordnungen auf dem Gebiete der allgemeinen Verwaltung, des Zoll- und Steuerwesens für die westafrikanischen Schutzgebiete, vom 19. Juli 1886*) und die Verordnung, betreffend den Erlaß von Verordnungen auf dem Gebiete der allgemeinen Verwaltung des Zoll-

---

*) D. Kol. Gesetzgeb. I, Nr. 31.

und Steuerwesens für das Schutzgebiet der Marschall-, Brown- und Providenceinseln, vom 15. Oktober 1886*) außer Kraft.

Die übrigen bis zum Inkrafttreten dieser Verordnung erlassenen Vorschriften, durch die das Verfahren der Verwaltungsbehörden auf bestimmten Gebieten ihrer Tätigkeit, insbesondere dem Zoll- und Steuerwesen, geregelt ist, bleiben in Geltung, bis sie von den Stellen, von denen sie ausgegangen sind, aufgehoben werden. Auf dem Gebiete des Zoll- und Steuerwesens bleiben der Reichskanzler und die von ihm dazu ermächtigten Behörden auch in Zukunft, jedoch unbeschadet der Vorschrift des § 23 Absatz 2 befugt, von dieser Verordnung abweichende Vorschriften zu erlassen.

Urkundlich unter Unserer Höchsteigenhändigen Unterschrift und beigedrucktem Kaiserlichen Insiegel.

Gegeben an Bord Meiner Jacht „Hohenzollern", Gefle, den 14. Juli 1905.

(L. S.) Wilhelm.
Fürst v. Bülow.

93. Verordnung des Gouverneurs von Deutsch-Ostafrika, betreffend Abänderung der Jagdschutzverordnung. Vom 15. Juli 1905.
(Kol. Bl. S. 669.)

Unter Aufhebung des § 14 der Jagdschutzverordnung für das deutschostafrikanische Schutzgebiet vom 1. Juni 1903**) bestimme ich, was folgt:

Zuwiderhandlungen gegen die Jagdschutzverordnung vom 1. Juni 1903 werden, soweit sie nicht nach dem Strafgesetzbuch für das Deutsche Reich strafbar sind, mit Geldstrafen bis zu 450 Rupien bestraft, die für den Fall, daß sie nicht beizutreiben sind, nach Maßgabe der §§ 28, 29 des Reichsstrafgesetzbuchs in Freiheitsstrafen umzuwandeln sind.

In allen Fällen einer Bestrafung auf Grund dieser Bestimmung kann auf Einziehung der gebrauchten Jagdgerätschaften, der unrechtmäßigen Jagdbeute und des Jagdscheins erkannt werden.

Daressalam, den 15. Juli 1905.

Der Kaiserliche Gouverneur.
Graf v. Götzen.

94. Verfügung der Kolonial-Abteilung des Auswärtigen Amtes an die Legationskasse, betreffend den Zahlungsverkehr mit Deutsch-Ostafrika. Vom 17. Juli 1905.
(Kol. Bl. S. 468.)

In dem zwischen der Kolonial-Abteilung des Auswärtigen Amts und der Deutsch-Ostafrikanischen Bank abgeschlossenen Vertrage vom 4. März 1905***) hat die Bank die Verpflichtung übernommen, bei ihrer Geschäftsstelle in Berlin an Private Schecks auf ihre Niederlassung in Daressalam, die auf ostafrikanisches Landesgeld in Beträgen von mindestens 5000 Rupien lauten, zu verabfolgen, und zwar zu einem Kurse, der 134,25 Mk. für 100 Rupien nicht übersteigt. Nachdem

---
*) D. Kol. Gesetzgeb. I, Nr. 214.
**) Ebenda VII, Nr. 59.
***) Oben Nr. 29.

Kol. Abt. an den Gouv., betr. Abänderung der Wohnungsdienstanweisung. 20. Juli. 177

die Deutsch-Ostafrikanische Bank nunmehr eine Geschäftsstelle in Daressalam eröffnet hat, tritt die Verfügung an die Legationskasse vom 14. April 1904 — Ref. 5259 I —, betreffend die Verabfolgung von Zahlungsanweisungen auf die Gouvernementshauptkasse in Daressalam, vom 8. August d. Js. an außer Kraft.*)

95. Auszug aus dem Erlasse der Kolonial-Abteilung des Auswärtigen Amtes an den Gouverneur von Deutsch-Ostafrika, betreffend Abänderung der Wohnungsdienstanweisung. Vom 20. Juli 1905.**)

  Mit Rücksicht darauf, daß seit dem Bestehen der Verwaltung im Schutzgebiet Wolldecken aus amtlichen Beständen regelmäßig geliefert worden sind, habe ich die von Euer Hochgeboren in der Verfügung vom 14. Dezember 1903 unter Ziffer V getroffene Anordnung, daß jeder Angehörige des Gouvernements und der Schutztruppe bei Ankunft im Schutzgebiet auf Anfordern u. a. eine Wolldecke aus amtlichen Beständen zu erhalten habe, nachträglich genehmigt und im Einvernehmen mit der Reichsfinanzverwaltung dem § 11 Absatz 1 Satz 1 der Wohnungsdienstanweisung***) folgende Fassung gegeben: „Bettwäsche und Wolldecken werden aus Beständen des Gouvernements frei geliefert." Euer Hochgeboren stelle ich hiernach die weitere Veranlassung ergebenst anheim.

  Berlin, den 20. Juli 1905.

        Auswärtiges Amt. Kolonial-Abteilung.
          I. V. Hellwig.

96. Vertrag zwischen dem Gouverneur von Kamerun und der Deutsch-Westafrikanischen Bank. Vom 25. März/24. Juli 1905.

  1. Die Bank ist verpflichtet, im Schutzgebiet Kamerun ohne Entgelt für Rechnung des Gouvernements Zahlungen anzunehmen und bis auf Höhe des Gouvernements-Gutbabens zu leisten. Alle seitens des Gouvernements oder für das Gouvernement bewirkten Einzahlungen fließen dem Gouvernements-Guthaben zu.

  2. Das Gouvernement kann über sein Guthaben jederzeit in beliebigen Teilbeträgen verfügen, und zwar durch Ausstellung von Schecks auf Formularen, die von der Bank zu liefern sind.

  Bare Abhebungen erfolgen durch weiße Schecks, welche auf das Gouvernement selbst oder auf eine bestimmte Person oder Firma mit dem Zusatz „oder Überbringer" lauten. Die Bank zahlt den Betrag an den Überbringer ohne Legitimationsprüfung aus.

  Übertragungen auf Konten von Personen und Firmen, die bei einer Niederlassung der Bank im Schutzgebiet Kamerun gleichfalls ein Guthaben unterhalten, werden durch rote Schecks bewirkt, die auf den Namen lauten und nicht übertragbar sind.

---

 *) Nicht abgedruckt, vgl. aber D. Kol. Gesetzgeb. VIII, Nr. 66.
 **) Die anderen Gouvernements haben unter demselben Datum entsprechende Weisung erhalten.
 ***) D. Kol. Gesetzgeb. VII, Nr. 102.

3. Bare Auszahlungen aus dem Guthaben an das Gouvernement selbst oder an Dritte für Rechnung des Gouvernements sind in Duala in jedem Betrage, bei den Zweiganstalten außerhalb Dualas bis zur Höhe von 25 000 Mark sofort auf Präsentation des Schecks zu leisten. Sollen bei den Zweiganstalten der Bank außerhalb Dualas bare Auszahlungen aus dem Gouvernements-Guthaben in Beträgen von mehr als 25 000 Mark stattfinden, so ist dies der Bank in Duala drei Tage vorher anzukündigen.

4. Die Scheckformulare werden dem Gouvernement nach Bedarf in Heften von mindestens 100 Stück von der Bank gegen Quittung geliefert. Von dem Abhandenkommen von Formularen ist die Bank rechtzeitig zu benachrichtigen, um einer mißbräuchlichen Benutzung der Formulare vorzubeugen.

5. Die Bank darf Auszahlungen oder Übertragungen aus dem Gouvernements-Guthaben nur bewirken gegen Schecks, die unterzeichnet sind

in Buea: gemeinsam von dem Kassenvorstand oder dessen Stellvertreter und dem Finanzdirektor oder dessen Stellvertreter;

bei den Bezirksämtern und Stationen: gemeinsam von dem die Kasse führenden Beamten oder dessen Stellvertreter und dem Bezirksamtmann bezw. Stationsleiter oder deren Stellvertreter.

Schecks, die auf mehr als 10 000 Mark lauten, müssen unter allen Umständen die Unterschrift oder das Visum des Kassenvorstandes in Buea oder dessen Stellvertreters tragen.

Die Namen der zur Leistung von Unterschriften bevollmächtigten Beamten sowie die Züge ihrer Unterschrift sind der Bank mitzuteilen.

6. Über die baren Einzahlungen, welche seitens des Gouvernements selbst oder von Dritten für das Gouvernements-Guthaben geleistet werden, stellt die Bank Quittungen aus. Die Namen der zur Leistung von Unterschriften bevollmächtigten Angestellten sowie die Züge ihrer Unterschrift sind dem Gouvernement mitzuteilen.

7. Das Gouvernement wird die von vertrauenswürdigen Personen und Firmen, die bei der Bank ein Guthaben unterhalten, auf die Bank gezogenen Schecks an Zahlungsstatt annehmen.

8. Bare Einzahlungen, bei der Bank zahlbare Schecks und Wechsel, desgleichen von der Bank angekaufte Wechsel und etwa gewährte Darlehen werden dem Gouvernement auf seinem Guthaben sofort gutgeschrieben. Für die der Bank zur Einziehung übergebenen Wechsel, Anweisungen, Rechnungen und sonstige Papiere erfolgt die Gutschrift nach Eingang, in der Regel aber noch an dem zur Einziehung bestimmten Tage. Unbezahlt gebliebene Papiere sind dem Gouvernement gegen Quittung des Kassenvorstandes oder des Gouverneurs, bezw. ihrer Stellvertreter sofort wieder zuzustellen.

9. Die Bank übernimmt die provisionsfreie Vermittelung des Geldverkehrs zwischen dem Gouvernement und der Legationskasse in Berlin. Die Bank wird die bei ihrer Geschäftsstelle in Berlin seitens der Legationskasse eingezahlten Beträge dem Gouvernements-Guthaben in Duala zuschreiben und ferner auf Anweisung des Gouvernements durch ihre Geschäftsstelle in Berlin Auszahlungen für Rechnung des Gouvernements-Guthabens an die Legationskasse bewirken.

10. Die Bank ist verpflichtet, dem Gouvernement am Schlusse eines jeden Monats über den Stand seines Guthabens Rechnung zu legen. Aus der Rechnung muß ersichtlich sein:

Auszug aus d. R. E. d. G. v. D. O. A., betr. d. Registrierung v. Ehen Eingeborener. 25. Juli.

1. der Stand des Guthabens zu Beginn des Monats,
2. die einzelnen Zu- und Abgänge während des Monats,
3. der Stand am Schlusse des Monats.

Auch in der Zwischenzeit ist das Gouvernement jederzeit berechtigt, eine solche Rechnung einzufordern.

11. Die Bank wird bei ihren Geschäftsstellen im Schutzgebiete Kamerun den in § 3a der Verordnung des Reichskanzlers, betreffend das Geldwesen der Schutzgebiete außer Deutsch-Ostafrika und Kiautschou, vom 1. Februar 1905, vorgesehenen Umtausch von Nickel- und Kupfermünzen gegen Gold- und Silbermünzen nach den vom Gouverneur noch zu erlassenden näheren Bestimmungen vornehmen.

12. Die Bank ist verpflichtet, an ihren sämtlichen Geschäftsstellen im Schutzgebiet ausländische Münzen nur zu denjenigen Kursen anzunehmen und zu verausgaben, welche denselben in den das Münzwesen des Schutzgebietes regelnden Verordnungen, sei es für den Privatverkehr, sei es für den Verkehr mit den öffentlichen Kassen, beigelegt sind.

Buea (Kamerun), den 24. Juli 1905.

Der Kaiserliche Gouverneur.
v. Puttkamer.

Berlin, den 25. März 1905.

Deutsch-Westafrikanische Bank.
Unterschriften.

97. Auszug aus dem Runderlasse des Gouverneurs von Deutsch-Ostafrika, betreffend die Registrierung von Ehen Eingeborener. Vom 25. Juli 1905.

Ich will nichts dagegen einwenden, wenn in denjenigen Bezirken, in denen diese Maßregel zweckmäßig und völlig unbedenklich erscheint, Eheschließungs-Register versuchsweise eingerichtet und entweder seitens der Behörde geführt oder zur Führung den Walis und Akiden übertragen werden. Ich bemerke indessen, daß mit den Registern keinesfalls eine neue Art der Eheschließung einzuführen ist. Die Bücher sollen lediglich zur Registrierung von Ehen dienen, die in irgend einer Form bereits rechtmäßig zustande gekommen sind, nicht zu einer nach europäischem Muster erfolgenden ausführlichen Beurkundung, wonach die Ehe „vor dem unterzeichneten Standesbeamten" usw. abgeschlossen worden sei. Der Verzeichnung von Bemerkungen über den Ehevertrag u. dgl. steht natürlich nichts im Wege.

Um dem Gebrauch der Register Eingang zu verschaffen, ist eine Gebühr vorerst nicht zu erheben.

Im übrigen weise ich die Behörden an, mit Vorsicht zu Werke zu gehen. Jeder, auch indirekte Zwang zur Eintragung ist zu vermeiden; in dieser Richtung sind insbesondere die mit der Registerführung betrauten Walis und Akiden genau zu instruieren und zu beaufsichtigen.

Daressalam, den 25. Juli 1905.

Der Kaiserliche Gouverneur.
Graf v. Götzen.

98. **Zusatzverordnung zur Verordnung, betreffend Abänderung des für das Schutzgebiet Deutsch-Neu-Guinea mit Ausschluſs des Inselgebietes der Karolinen, Palau und Marianen gültigen Zolltarifs vom 12./21. September 1904.*) Vom 25. Juli 1905.**

(Kol. Bl. S. 629.)

Auf Grund des § 15 des Schutzgebietsgesetzes (Reichs-Gesetzbl. 1900, S. 813) und auf Grund des § 5 der Verfügung des Reichskanzlers, betreffend die seemannsamtlichen und konsularischen Befugnisse und das Verordnungsrecht der Behörden in den Schutzgebieten Afrikas und der Südsee, vom 27. September 1903, bestimme ich hiermit, was folgt:

§ 1. Von der Verzollung ist ferner befreit: Denaturierter Brennspiritus.

§ 2. Diese Verordnung tritt in Kraft mit Wirkung vom 10. Februar d. Js. ab.

Herbertshöhe, den 25. Juli 1905.

Der Kaiserliche Gouverneur.
Hahl.

99. **Verfügung des Gouverneurs von Togo, betreffend Teilung des Bezirksamts Lome. Vom 31. Juli 1905.**

Vom 1. August d. Js. ab wird das Bezirksamt Lome in ein Bezirksamt Lome Land und ein Bezirksamt Lome Stadt geteilt.

Das Bezirksamt Lome Stadt umfaßt die Stadt Lome und die Ortschaften Amutiwe und Groß-Bé sowie den Landstrich westlich von Lome bis zur Schutzgebietsgrenze und südlich des Lagunenrandes, jedoch einschließlich des Versuchsgartens.

Nähere Festlegung der Grenze bleibt vorbehalten.

Die Geschäfte des Bezirksamtmanns von Lome Stadt werden von dem jeweiligen Bezirksrichter wahrgenommen.

Lome, den 31. Juli 1905.

Der Kaiserliche Gouverneur.
Graf Zech.

100. **Vereinbarung zwischen dem Gouverneur von Deutsch-Ostafrika und der Deutsch-Ostafrikanischen Gesellschaft, betreffend die Karawanserei der Gesellschaft in Bagamoyo. Vom 2. August 1905.**

Zwischen dem Kaiserlichen Gouvernement von Deutsch-Ostafrika und der Deutsch-Ostafrikanischen Gesellschaft wird bezüglich der Karawansereien in Bagamoyo und Daressalam folgendes vereinbart:

I. Bagamoyo.

§ 1. Alle nach Bagamoyo kommenden auswärtigen Träger nebst deren Anhang müssen in der Karawanserei der Deutsch-Ostafrikanischen Gesellschaft Unterkunft nehmen.

*) D. Kol. Gesetzgeb. VIII, Nr. 138, 141.

§ 2. Das Lagern außerhalb der Stadt Bagamoyo innerhalb einer Zone, die im Westen vom Kingani von seiner Mündung bis zur Mtonifähre und im Süden von einer Linie, die von der Mtonifähre — nach näherer Festsetzung des Bezirksamtes Bagamoyo — nach der Küste (nordwestlich von Kaule) führt, ist nur abgefertigten Karawanen gestattet.

§ 3. Die für jeden Träger zu entrichtende Gebühr beträgt:
a) bei einem Aufenthalt bis zu 14 Tagen 25 Heller,
b) bei einem längeren Aufenthalt 50 Heller.

Bei Karawanen, die Bagamoyo nur passieren und daselbst nächtigen, pro Person und Tag 1½ Heller.

§ 4. Von der Entrichtung der Gebühr sind befreit:
a) Hilfsleute (Weiber, Boys, Kinder), die keine anderen Lasten tragen als die für die Karawane bestimmten Gebrauchsgegenstände (Kochgeschirr, Zelte, Matten usw.),
b) Leute aus dem Bezirk Bagamoyo, die zum Verkauf ihrer Landeserzeugnisse nach der Stadt kommen.

§ 5. Die Karawansereigebühr ist auch von den auswärtigen Trägern zu entrichten, die dem Verbot der §§ 1 und 2 zuwider oder mit besonderer Erlaubnis des Bezirksamts außerhalb der Karawanserei und innerhalb der Zone genächtigt haben.

§ 6. Die Karawansereigebühr ist von dem Unternehmer jeder von Bagamoyo abgehenden Karawane zu zahlen.

§ 7. Die Deutsch-Ostafrikanische Gesellschaft ist verpflichtet,
a) die Unterkunfts- und Hofräume mindestens einmal monatlich zu reinigen und zu desinfizieren
(Anm. Zu der Reinigung der Unterkunfträume können die Träger herangezogen werden);
b) einen zweckentsprechenden Abort und einen verdeckten Brunnen mit Pumpe herzustellen und diese Anlagen sowie die Unterkunfträume ordnungsmäßig zu unterhalten;
c) den Karawanen — ohne Erhebung einer besonderen Gebühr — einen verschließbaren Raum zur Aufbewahrung von Elfenbein innerhalb der Karawanserei zur Verfügung zu stellen.

§ 8. Die Deutsch-Ostafrikanische Gesellschaft hat das Recht, innerhalb der in § 2 erwähnten Zone eine Kontrolle auszuüben, ob die Karawansereigebühren gezahlt sind.

§ 9. Jährlich hat die Deutsch-Ostafrikanische Gesellschaft eine Aufstellung über Einnahmen und Ausgaben dem Gouvernement einzureichen; von einem Überschuß ohne Berücksichtigung von Abschreibungen sind 15 Prozent an das Gouvernement zu zahlen; Gehälter von Europäern dürfen auf das Karawansereikonto nicht verbucht werden.

Diese Konzession wird auf 12 Jahre erteilt.

§ 10. Die in vorstehender Vereinbarung enthaltenen Bestimmungen, insbesondere Vorschriften über die Ausübung der Kontrolle gemäß § 8 werden durch Polizeiverordnung erlassen, Zuwiderhandlungen unter Strafe gestellt werden.

II. **Daressalam.**

Die Deutsch-Ostafrikanische Gesellschaft verzichtet auf die in § 6 der Konzession*) zugesagte Verpflichtung des deutsch-ostafrikanischen Landesfiskus, für eine gewisse Einnahme aus der Daressalamer Karawanserei Garantie zu leisten.

Daressalam, den 2. August 1905.

Der Kaiserliche Gouverneur.　　　Deutsch-Ostafrikanische Gesellschaft.
Graf v. Götzen.　　　　　　　　　Warnholtz.

101. Auszug aus dem Runderlasse des Gouverneurs von Deutsch-Ostafrika an die Kommunalverbände zur Ausführung der Verordnung vom 2. Mai 1901, betreffend die Schaffung kommunaler Verbände. Vom 3. August 1905.

In Abänderung der Vorschrift über die Einreichung der Vermögensübersichten gemäß den Weisungen zu § 5 Absatz 3 der Ausführungsbestimmungen zur Verordnung, betreffend die Schaffung kommunaler Verbände in D. O. A. vom 2. Mai 1901 (L. G. S. 329)**), bestimme ich hiermit, daß die Vermögensübersichten unabhängig vom Wirtschaftsplane bei Beginn des neuen Rechnungsjahres, spätestens aber bis zum 15. Juni jeden Jahres hier vorzulegen sind. Die Übersicht umfaßt den gesamten Vermögensbestand am 31. März des abgelaufenen Rechnungsjahres.

Ich habe für sämtliche Kommunalverbände ein einheitliches Formular entworfen. Insbesondere weise ich darauf hin, daß alle Beträge, über die mit Einwilligung oder auf Anordnung des Gouvernements bereits verfügt ist, die aber noch nicht zur Ausgabe gelangt sind, unter Titel 6 erscheinen.

Gleichzeitig hiermit habe ich das Schema für die vierteljährlichen Wirtschaftsberichte dahin vereinfacht, daß die Einnahmen und Ausgaben nur vierteljahrweise und nicht wie bisher für die einzelnen Monate des Vierteljahres aufgeführt werden, ebenso kann die Hellerspalte wegfallen. Indessen ist sehr viel an einer genauen und ausführlichen Begründung der Mehr- und Mindereinnahmen bzw. Ausgaben gelegen; ich wünsche daher, daß dieselbe als besondere Anlage dem Wirtschaftsbericht beigefügt wird. In der Begründung zum Wirtschaftsberichte muß angegeben werden, ob der Notstandfonds die festgesetzte Höhe erreicht hat und wieviel an diesen Fonds abgeführt worden ist. Auch ist es notwendig, in der Begründung zu vermerken, ob bereits über größere Mittel bei dieser oder jener Position infolge von aufgegebenen Bestellungen disponiert worden ist. Aus den Wirtschaftsberichten muß jederzeit der Stand der einzelnen Fonds zu übersehen sein; sonst ist es nicht ohne weiteres möglich, Mittel für unvorhergesehene Ausgaben außerhalb des Rahmens des Wirtschaftsplanes zu gewähren.

Die Aufstellung der Wirtschaftsberichte hat zu Beginn des neuen Vierteljahres zu erfolgen, damit sie mit nächster Gelegenheit hier vorgelegt werden können.

Der Wirtschaftsbericht vom 31. März umfaßt das ganze Rechnungsjahr und ist dahin zu ergänzen, daß er als vorläufiger Kassenabschluß dient.

Wegen Offenhaltung des Kassenbuches verweise ich auf Ziffer 4 meines

---

*) Nicht abgedruckt. (Es handelt sich um die durch diese Vereinbarung ersetzte Konzession).
**) D. Kol. Gesetzgeb. VI, Nr. 216.

Erlasses vom 9. März 1904*), der dahin ergänzt wird, daß der endgültige Abschluß des Kassenbuches auf den 30. Juni jeden Jahres festgesetzt wird. Etwa noch vorkommende Einnahmen und Ausgaben des abgelaufenen Rechnungsjahres sind bis zum 1. Februar des folgenden Jahres also erstmalig für das Rechnungsjahr 1004 bis 1. Februar 1906 in eine analog dem Wirtschaftsplane zu führende Restverwaltung zu übernehmen. Die Einnahmen wie die Ausgaben dieser Restverwaltung werden bei der ihrem Charakter entsprechenden Position des Wirtschaftsplanes gebucht. Die Restverwaltung ist am 1. Februar des nächsten Rechnungsjahres abzuschließen. Entstehen nach dem 1. Februar noch Einnahmen oder Ausgaben der abgelaufenen Rechnungsperiode, welche letzteren tunlichst zu vermeiden sind und daher nur geringer Natur sein können, so sind die Einnahmen den „Vermischten Einnahmen" des laufenden Jahres zuzuführen, während etwaige Rest-Ausgaben dem Reservefonds des laufenden Jahres zur Last fallen.

Daressalam, den 3. August 1905.

Der Kaiserliche Gouverneur.
Graf v. Götzen.

Anlage zu Nr. 101.

Seite 1.

Wirtschaftsbericht**)
über
die Einnahmen und Ausgaben der Kommunalkasse (Name) . . . .
für die Zeit vom 1. April bis . . . . 19 . .

Aufgestellt
Daressalam, den . . . . 19 . .

Der Kassenvorstand.   Der Kassenführer.

Seite 2.   A. Einnahme.

Kapitel	Titel	Gegenstand	Jahressoll nach dem Wirtschaftsplan		Ist Einnahme im II. Vierteljahr		Mithin im I. und II. Vierteljahr		Die Jahreseinnahme wird voraussichtlich betragen		Mithin gegen das Soll des Wirtschaftsplanes			
											mehr		weniger	
			Rp.	H.	Rp.	H.	Rp.	H.	Rp.	H.	Rp.	H.	Rp.	H.

Seite 3.   B. Ausgabe.

Kapitel	Titel	Position	Gegenstand	Jahressoll nach dem Wirtschaftsplan		Ist Ausgabe im II. Vierteljahr		Mithin im I. und II. Vierteljahr		Die Jahresausgabe wird voraussichtlich betragen		Mithin gegen das Soll des Wirtschaftsplanes			
												mehr		weniger	
				Rp.	H.	Rp.	H.	Rp.	H.	Rp.	H.	Rp.	H.	Rp.	H.

*) D. Kol. Gesetzgeb. VIII, Nr. 37.
**) Vgl. noch folgenden Runderlaß des Gouverneurs vom 21. November 1905 (Auszug): Ich bestimme hiermit, daß mit der Jahresrechnung des Kommunalverbandes an das Gouvernement ein Auszug aus dem Depositen- und Vorschußbuche mit dem Bestande vom Ende März einzureichen ist. Unter „Bemerkungen" ist anzugeben, auf welche Weise die einzelnen Depositen ihre Erledigung finden.

Auszug aus d. R. E. d. G. v. D. O. A., betr. die Schaffung kommunaler Verbände.

Vermögensübersicht
des
Kommunalverbandes .... nach dem Stande vom 31. März 19..

Nr.	Gegenstand	Wert Rp.	H.
	Titel 1. Grundstücke und Gebäude.		
1.	Rasthaus in L.	2900	
2.	Kaffeeplantage	1000	
3.	Grundstück qm groß eingetragen im Grundbuch Blatt		
	zusammen . . .		
	Titel 2. Geld mit Einschluß des Papiergeldes.		
1.	Goldmünzen		
2.	Silbermünzen		
3.	Kupfermünzen		
	usw.		
	zusammen . . .		
	Titel 3. Wertpapiere.		
1.	10 Stück 3½ prozentige Deutsche Reichsanleihe, Scheine à 500 Mk. etwa mit Zinsscheinen vom ab usw.	3750	
	zusammen . . .		
	Titel 4. Forderungen.		
1.	Darlehnsforderung an die Firma Hansing & Co. laut Schuldschein vom verzinsbar mit 3½ Prozent nebst Zinsrückstand seit 1. IV. 04		
2.	Hypothekenforderung an die D. O. A. G., eingetragen auf dem in belegenen Grundstück (Grundbuch Blatt) der Gesellschaft, verzinslich zu 4 Prozent; die Zinsen sind beglichen bis zum		
3.	Forderung an den Inder für verkauftes Getreide usw.		
	zusammen . . .		
	Titel 5. Inventarien, Materialien usw.		
1.	Lebendes Inventar: a) 1 Maultier . . . . b) 3 Esel (Maskat, Halbmaskat, Schensi) . . . . . . c) 100 Rinder . . . . d) 1 Zuchtbullen . . . . e) usw.		
2.	Totes Inventar: (Wert im ganzen angeben, ohne Spezifizierung).		
	zusammen . . .		

Nr.	Gegenstand	Wert Rp.	H.
1.	**Titel 6. Verbindlichkeiten.** Zuschuß an das Gouvernement zum Bau eines Weges und Verfügung vom Davon sind bisher am 1. IV. 5 000 Rp. 20 000 Rp. „ 1. VII. 10 000 „ 15 000 „ abgeführt, sodaß zum Ansatz gelangen	5000	
2.	usw. zusammen . . .		
	Zusammenstellung. Titel 1 . . . . „ 2 . . . . „ 3 . . . . „ 4 . . . . „ 5 . . . . Somme . . . Hiervon geht Titel 6 ab mit . . . . . . bleiben . . . . . . als reines Vermögen am 31. März 19 . .		

(Ort), den 31. März 19 . .

Der Bezirksamtmann.

Bericht
zur Vermögensübersicht des Kommunalverbandes T . . . .

1. Die letzte Vermögensübersicht nach dem Stande vom 31. März 19 . . ergab ein Reinvermögen von . . . . Rp.
   Es sind in Zugang gekommen:
   a) das Grundstück . . . . . . mit . . . . „
   b) Mehrwert der Schamba infolge von Bodenverbesserung . . . . „
   . . . . . . Rp.
   In Abgang gekommen:
   Das Haus in der X-Straße infolge Verfalls mit . . . . Rp.
   so daß sich gegen das Vorjahr eine Verbesserung (Verschlechterung) des Vermögens des Kommunalverbandes um . . . . Rp. ergibt.
2. Der jederzeit realisierbare Notstandsfonds ist laut Erlaß vom . . . . auf . . . . . . Rp. festgesetzt; der Betrag findet seine Deckung in den Positionen Titel . . . . . der Vermögensübersicht.

(Ort), den 31. März 19 . .

102. Verordnung des Gouverneurs von Deutsch-Ostafrika, betreffend die Umrechnung der Marktgebühren von Pesas in Heller. Vom 4. August 1905.

Auf Grund des § 15 des Schutzgebietsgesetzes (Reichs-Gesetzbl. 1900, S. 812) in Verbindung mit § 5 der Verfügung des Reichskanzlers vom 27. September 1903 wird hiermit für die in den nachstehend genannten Ortschaften errichteten Markthallen verordnet, was folgt:

Die Markthallentarife für die Ortschaften Tabora (Verordnung vom 12. Dezember 1902), Udjidji, Vitihoa, Gunga und Kigoma im Militärbezirk Udjidji (Verordnung vom 21. Juli 1903), Iringa (Verordnung vom 8. Juni 1904), Muansa (Verordnung vom 20. April 1904), Bismarckburg (Verordnung vom 20. Oktober 1904) werden dahin abgeändert, daß an Stelle von 16 Pesa die Gebühr von 25 Heller, an Stelle des Pesa der Betrag von 1½ Heller tritt.

Daressalam, den 4. August 1905.

Der Kaiserliche Gouverneur.
Graf v. Götzen.

103. Verordnung des Gouverneurs von Deutsch-Ostafrika, betreffend die Abänderung der Marktverordnung für den Bezirk Daressalam. Vom 4. August 1905.

Auf Grund des § 15 Absatz 3 des Schutzgebietsgesetzes in Verbindung mit der Verfügung des Reichskanzlers vom 1. Januar 1891*) wird hiermit der § 4 der Verordnung des Gouverneurs von Deutsch-Ostafrika, betreffend das Marktwesen im Bezirk Daressalam, vom 12. Dezember 1903, sowie der Markthallentarif mit Wirkung vom 1. Oktober d. Js. ab, wie folgt, geändert:

§ 4. Auf Antrag des Verkäufers können alle in die Markthalle gebrachten Erzeugnisse durch einen amtlich zugelassenen Auktionator öffentlich versteigert werden. Es ist dafür eine besondere Gebühr von 3 Hellern für jede Rupie und 1½ Heller für jede angefangene ½ Rupie des Erlöses zu zahlen.

Markthallen-Tarif.

Es werden folgende Gebühren erhoben:

1. Für Verkaufstände:
   a) in den Fleischständen pro Stand . . . . 19 Heller
   b) in den Fischständen pro Stand . . . . 15½ „
   c) in allen übrigen Ständen innerhalb der Markthalle 9½ „
   d) in den Außenständen auf der Barasa pro qm . . 3 „

2. Bei Verkäufen,
   für welche ein bestimmter Stand nicht in Anspruch genommen wird (Verkauf von zubereiteten Eßwaren, Früchten, Geflügel usw.), für jede Rupie des Wertes der ausgebotenen Ware . . . . 3 „

3. Bei Verkauf von lebendem Vieh:
   a) für ein Stück Großvieh, Esel und Fohlen . . . 1 Rupie
   b) für ein Kalb . . . . ½ „
   c) für ein Stück Kleinvieh . . . . ¼ „

4. In der Halle:
   für getrocknete Fische pro Verkaufstand . . . . 19 Heller.

Die Kammern für Aufbewahrung der Waren werden besonders vermietet.

Daressalam, den 4. August 1905.

Der Kaiserliche Gouverneur.
Graf v. Götzen.

104. **Bedingungen des Oberkommandos der Schutztruppe für die Vergebung von Lieferungen an die Kaiserliche Schutztruppe für Südwestafrika. Vom 4. August 1905.*)**

I. Beschaffenheit der Gegenstände.

A. Verpflegungsmittel.

1. Alle Verpflegungsmittel müssen von bester, völlig tropensicherer Beschaffenheit und, soweit möglich, inländischen Ursprungs sein.

2. Für die Beurteilung der Güte gelieferter Waren sind die eingereichten Proben maßgebend.

3. Ist nicht nach Probe gekauft oder sind die Proben nicht zur Aufbewahrung geeignet oder bis zur Abnahme der Lieferung verdorben, so wird die Ware lediglich nach den im Absatz 1 gegebenen Gesichtspunkten unter gleichzeitiger Berücksichtigung der Preiswürdigkeit beurteilt.

4. Das zu 3 Gesagte gilt insbesondere von allen Fleischwaren (Fleischkonserven, Speck, Wurst, Schinken und Rauchfleisch), sofern über deren Beschaffenheit nicht noch besondere Vorschriften gegeben werden.

5. Die Anwendung gesetzlich verbotener Konservierungsmittel ist untersagt.

6. Rum und Arrak sollen 55%, Kognak muß 41% Alkohol nach Tralles enthalten.

B. Sonstige Lieferungsgegenstände.

Soweit nicht nach Probe gekauft ist, gelten auch hier die bei A 3 gegebenen Grundsätze.

II. Verpackung.

1. Jeder Gegenstand muß seiner Eigenart entsprechend seetüchtig und sachgemäß verpackt sein.

2. Im einzelnen gelten hiernach die in Anlage 1 gegebenen Verpackungsbestimmungen.

Anlage 1.

3. Soweit in Anlage 1 keine Bestimmungen enthalten und diesbezügliche Abmachungen auch beim Kaufabschluß nicht getroffen sein sollten, ist die im überseeischen Handelsverkehr übliche Verpackungsart, jedoch unter Beachtung der nachstehend unter 4 bis 17 getroffenen Bestimmungen, anzuwenden.

4. Alle in den Kollis nicht ganz festliegenden Gegenstände müssen zur Verhütung gegenseitigen Scheuerns und Reibens mit Holzwolle so fest als möglich gelegt werden. Bei Kisten mit Blechdosen sind die Zwischenräume zwischen den einzelnen Dosen mit Holzwolle oder Sägemehl fest zu verstopfen. Zwischen die einzelnen Büchsenlagen sind, parallel zum Kistenboden, aus einem Stück bestehende, mindestens 0,7 mm starke Bogen von bester Glanzlederpappe einzulegen. Letztere müssen dreieckige (Δ) Ausschnitte an zwei Seiten besitzen, um das Einlegen und Herausnehmen zu erleichtern.

5. Jede Lieferung, auch jede Teillieferung, ist auf volle Kisten nach oben abzurunden. Zur Auffüllung von Restkisten erfolgte Mehrlieferungen sind mit in Rechnung zu stellen.

6. Weißblecheinsätze, Weißblechschachteln und -Dosen, welche mit Nahrungsmitteln unmittelbar in Berührung kommen, dürfen in der Verzinnung

nicht mehr als 10 % Blei, das Lötmaterial, dessen Eindringen in das Innere solcher Behälter möglichst zu verhüten ist, darf höchstens 30 % Blei enthalten.

7. Durch Feuchtigkeit oder Lufteintritt leidende Sachen sind in Kisten mit luftdicht verschlossenen Weißblecheinsätzen, Weißblechschachteln oder Weißblechdosen zu verpacken. Bei weniger empfindlichen Sachen sind die Kisten mit Öltuch auszulegen.

8. Zu den Blecheinsätzen usw. von 10 kg Nettoinhalt aufwärts ist Weißblech von 0,4 bis 0,5 mm, zu Einsätzen, Blechschachteln und Blechdosen geringeren Inhalts solchen von wenigstens 0,32 mm Stärke zu benutzen.

Der luftdichte Verschluß ist möglichst durch Gummifalzdichtung und, wo solche nicht anwendbar, durch Verlötung zu bewirken.

Die Verlötung muß auf das sorgfältigste ausgeführt und so stark sein, daß sie auch den unvermeidlichen Beanspruchungen des See- und sehr schwierigen Landtransports widersteht. Dazu ist erforderlich, daß die einzelnen Teile des Blecheinsatzes oder der Blechschachtel durch nicht zu schmale Lötflächen verbunden werden und daß das Lötmaterial nicht nur äußerlich auf die zu verbindenden Teile aufgetragen, sondern als Bindemittel möglichst auch zwischen die Lötflächen gebracht wird.

Sogenannte Innenverlötung darf nicht angewendet werden.

9. Alle Waren sind, soweit angängig und Gegenteiliges nicht ausdrücklich bestimmt oder vereinbart ist, in Holzkisten oder Fässern zu verpacken. Die Kisten und Fässer müssen so stark sein, daß sie nicht nur die See-, sondern auch die ungleich schwierigere Landbeförderung auf Ochsenwagen gut aushalten.

Die Kisten müssen aus trockenen Tannen- oder Kiefernbrettern ohne schädliche Äste hergestellt sein. Die Bretter müssen bei Kisten bis 35 kg Bruttoinhalt (Inhalt mit Blecheinsätzen, Blechschachteln, Dosen, Flaschen, Krügen, Gläsern und sonstigem Packmaterial) für die Böden, Deckel und Seitenteile mindestens 15 mm, für die Kopfstücke mindestens 22 mm stark sein. Kisten schwereren Inhalts erhalten entsprechend verstärkte Bretter derart, daß für jede angefangenen 5 kg Mehrinhalt obige Brettermindestmaße um je 2 mm zu verstärken sind. Es erfordert also beispielsweise eine 46 kg Bruttoinhalt enthaltende Kiste Böden, Deckel und Seitenteile von 21 mm Stärke und Kopfstücke von 28 mm Stärke.

10. Die Böden, Deckel, Seitenteile und Kopfstücke der Kisten müssen, sofern Bretter in den erforderlichen Breiten handelsüblich sind, nur aus je einem, dürfen aber keinesfalls aus mehr als zwei Brettstücken bestehen. Werden sie aus zwei Brettstücken zusammengesetzt, so sind letztere möglichst dicht aneinanderzufügen, bei den Kopfstücken zusammenzuleimen, bei den Deckeln mit je zwei Dübelstiften so zu verbinden, daß der Deckel ein zusammenhängendes Stück bildet. Verbindung der einzelnen Brettstücke durch Nute und Feder ist gestattet.

11. Kistenrumpf und -Boden sind mit Drahtstiften 50/2,5 mm zusammenzunageln. Der Deckel ist auf den Längsseiten mit wenigstens je drei, auf den Kopfseiten mit je vier Holzschrauben von 40 mm Länge und 7 mm Kopfstärke fest aufzuschrauben. Einschlagen der Schrauben oder Festnageln der Deckel ist unstatthaft.

Um die Kopfenden der geschlossenen Kisten sind wenigstens 10 mm breite, 0,7 mm starke Eisenbänder zu legen und mit halben schmiedeeisernen Schloßnägeln oder Bereifstiften 25/2,4 mm mit möglichst großen Köpfen zu befestigen.

Mit künstlichen Rostmitteln versehene Nägel dürfen nicht verwendet werden.

12. Kisten, die brutto 36 kg und mehr wiegen, müssen mit Tragegurten versehen sein. Diese sind aus 3 bis 4 cm breiten, festen Hanfgurten zu fertigen und an den stärkeren Kopfenden der Kisten aufzuschrauben. Um das Ausreißen der Gurtenden zu verhüten, sind letztere etwa 15 mm breit umzulegen. Über die umgelegten Enden sind 10 bis 15 mm breite, starke, nicht biegsame Eisenblechscheiben zu legen und durch diese und die darunter liegenden Teile des Gurtbandes Schrauben mit möglichst breiten Köpfen zu führen. Die Schrauben dürfen nicht bis ins Innere der Kiste hineinreichen.

An Stelle der Schrauben dürfen auch Nägel mit breiten, festen Köpfen verwendet werden. Die Nägel sind aber durch die Kopfstücke der Kisten hindurchzuschlagen und müssen dann so fest umgelegt werden, daß sie den Kisteninhalt nicht durch Reibung schädigen können.

13. Verstärkungsleisten sind nur bei ausdrücklicher Vorschrift oder Vereinbarung, dann tunlichst im Innern der Kiste anzubringen. Kisten mit Blecheinsätzen usw. dürfen nur äußere Verstärkungsleisten erhalten.

14. Alle Dosen, Blechschachteln, Flaschen, Krüge, Gläser, Kartons und Papierumhüllungen usw. müssen, sachgemäß und gut befestigt, die Firma des Lieferanten und die Inhaltsbezeichnung (Art und Menge) in deutlich lesbarer, unverwischlicher Schrift tragen.

15. Ist der Verschluß von Flaschen, Gläsern oder Krügen usw. einem Druck von innen ausgesetzt oder besteht die Möglichkeit solcher Druckentwicklung infolge des Schiffs- oder Landtransports, so muß der Verschluß (Kork usw.) durch kreuzweis übergezogenen Draht noch besonders gesichert werden.

Soweit ferner der Inhalt solcher Gefäße den Einwirkungen der Luft ausgesetzt ist, muß der Verschluß mit Stanniolkapseln oder einem guten Stanniol- oder Lacküberzug oder sonst geeigneten Abdichtungsmittel versehen sein.

16. Flaschen, Krüge und Gläser sind mit besten Strohhülsen zu überziehen oder in sonst üblicher Weise sicher zu verpacken. Für ¾ l-Flaschen sollen die Strohhülsen mindestens 65 bis 75 g, für ½ l-Flaschen 45 bis 60 g wiegen.

17. Jedem mit verschiedenartigen Gegenständen gefüllten Frachtstück ist, bei Kisten unterhalb des Deckels angeheftet, ein mit deutlicher Benennung des Absenders versehenes, durch eine Blechscheibe geschütztes Inhaltsverzeichnis beizufügen.

III. Angebote.

1. Die Angebote müssen unter genauester Beachtung der in Anlage 2 gegebenen Vorschriften, und zwar für jede einzelne Aufforderung besonders, abgegeben werden. *Anlage 2.*

2. Angebote, die jene Vorschriften unbeachtet lassen oder Vorbehalte aufweisen, haben keine Aussicht auf Berücksichtigung. Wird auf Grund solcher Angebote trotzdem ein Auftrag erteilt, so gelten für Ausführung des letzteren nur diese Bedingungen, nicht die gemachten Vorbehalte, sofern nicht die Annahme des Auftrags unverzüglich abgelehnt wird. Einfache Bestätigung des Auftrags ist gleichbedeutend mit Aufgabe aller im Angebot etwa gemachten Vorbehalte.

3. Die Angebote müssen alle zur Beurteilung der Preiswürdigkeit erforderlichen Angaben enthalten. Soweit also für den betreffenden Artikel in der Anlage 1 keine festen Bestimmungen für die Verpackung im einzelnen gegeben

sind, ist im Angebot bestimmt auszusprechen, mit welchem Brutto- und Nettogewicht oder -Inhalt Dosen, Flaschen, Gläser usw. geliefert werden sollen und auf welche Kistenpackung sich das Angebot bezieht.

4. Teilangebote sind zulässig.

5. Die Angebote dürfen den Probesendungen nicht beigefügt, sondern müssen post- und bestellgeldfrei als Briefe eingesandt oder abgegeben werden.

IV. Proben.

1. Zu jedem Angebot sind übereinstimmende Proben der angebotenen Artikel in geforderter Anzahl unentgeltlich, post- und bestellgeldfrei durch Eilboten einzusenden. Angebote, deren zugehörige Proben bis zur Terminstunde nicht eingegangen sind, laufen Gefahr, unberücksichtigt zu bleiben.

2. Jede Probe ist zu versehen:
   a) mit deutlich lesbarer Firmenbezeichnung,
   b) mit Inhalts- und Preisangabe,
   c) mit einer für Proben derselben Marke sich gleich bleibenden Nummer.

3. Den Angeboten auf Gegenstände, die in Säcken geliefert werden, sind ferner Proben der zur Lieferung in Aussicht genommenen Stoffe für innere und äußere Säcke beizufügen.

4. Nicht berücksichtigte Proben, welche nicht innerhalb einer Woche nach Ablauf der Bindefrist des Angebots wieder abgeholt werden, gelten als preisgegeben für wohltätige Zwecke. Die Zurückforderung nicht berücksichtigter Proben ist erwünscht; ihre Rücksendung erfolgt für Rechnung der Lieferanten.

V. Zuschlagserteilung.

1. Den Zuschlag erteilt die ausschreibende Stelle nach eigenem Ermessen. Aufhebung des Verdingungsverfahrens und anderweitige Vergebung der Lieferungen bleibt vorbehalten.

2. Der Zuschlag ist fristgerecht erteilt, wenn die betreffende Nachricht am letzten Tage der für das Angebot geltenden Bindefrist zur Post gegeben ist.

3. Die Zuschlagserteilung hat mit der bei III, 2 gegebenen Einschränkung die Wirkung, daß der betreffende Unternehmer zur Lieferung verpflichtet ist, wie wenn mit ihm ein schriftlicher Vertrag abgeschlossen wäre.

4. Angebote, auf die ein Auftrag nicht erfolgt, sind unberücksichtigt geblieben. Besondere Benachrichtigung hierüber erfolgt in der Regel nicht.

VI. Äußere Bezeichnung und Größe der Frachtstücke.

1. Jedes Frachtstück ist, soweit angängig (siehe unten Ziffer 4), zu versehen mit
   a) der Firma des Lieferanten und einer für alle Frachtstücke einer Lieferung sich gleich bleibenden, vom Lieferanten zu wählenden Nummer. Besteht die Lieferung aus mehreren ungleichartigen Teilen (z. B. mehreren Zigarren-, Gewürzarten), so ist für jeden Lieferungsteil eine besondere Nummer zu wählen.
   b) Bezeichnung des Empfängers,
   c) genauer Inhaltsangabe unter Hinzufügung des Bruttogewichts der Kiste und des Nettogewichts des Inhalts mit zugehörigem Packmaterial,
   d) dem Vermerk: Ausfuhrgut.

Zu a. Firma und Nummer sind bei Kisten an den beiden Kopfseiten zu wiederholen. Für jede einzelne, an verschiedene Empfänger gerichtete Sendung ist eine neue Nummer zu wählen.

Auf der Mitte der Kopfseiten jeder Kiste ist außerdem Monats- und Jahreszahl der betreffenden Lieferung anzugeben. Maßgebend hierfür ist der Monat, in dem die vorläufige Abnahme stattfindet.

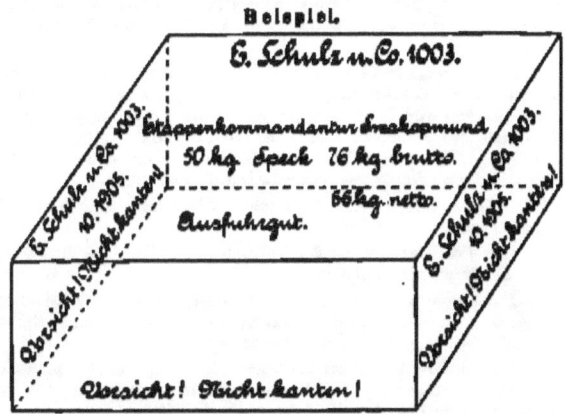

Beispiel.

2. Besteht der Inhalt aus leicht zerbrechlichen Gegenständen, so sind an den vier Längsseiten der Kisten die Aufschriften: „Vorsicht! Nicht kanten!" anzubringen.

Kisten mit Gegenständen, die nicht in der Nähe des Maschinenraums gelagert werden dürfen, z. B. mit Fruchtsäften, erhalten an den gleichen Stellen den Vermerk: „Kühl zu lagern!"

3. Die Aufschriften sind, wenn die Kistengröße es zuläßt, in 5 cm hohen Buchstaben und in deutlicher, nicht verwischbarer Schrift, am besten durch Brandstempel, auszuführen.

Da durch Schwinden und Verwischen der Aufschriften erhebliche Schwierigkeiten bei der Abnahme im Schutzgebiet entstehen, wird bei der vorläufigen Abnahme in Hamburg die Dauerhaftigkeit der Aufschriften besonders geprüft werden.

4. Unverpackte Gegenstände, welche nicht mit Firma und Nummer usw. versehen werden können, müssen andere deutliche Unterscheidungszeichen tragen, da sonst eine Verantwortung für Verwechslungen von der Reederei nicht übernommen wird.

5. Die Kisten usw. dürfen nicht größer sein, als zur Aufnahme des vorgeschriebenen oder vereinbarten Inhalts erforderlich ist.

Die Ausdehnung des einzelnen Frachtstücks darf 1,5 cbm nicht übersteigen.

VII. Art der Versendung.

1. Bei der Versendung sämtlicher über Hamburg nach dem Schutzgebiete zu befördernden Güter ist zur Spedition die Woermann-Linie in Hamburg, Gr. Reichenstraße 25—33, in Anspruch zu nehmen.

2. Die Adresse im Frachtbrief hat zu lauten:
An die Speditions-Abteilung der Woermann-Linie, Station Hamburg, rechtselbisches Freihafengebiet, Petersenkai.

3. Aus Berlin versandte Güter, welche nicht frei Bord Schiff in Hamburg oder nicht frei Bahnhof Berlin (Hamburger Güterbahnhof) angeliefert werden sollen, sind durch Vermittlung der Berliner Speditions- und Lagerhaus-Aktiengesellschaft (vorm. Bartz & Co.) in Berlin C., Kaiserstraße 30—41, an die Woermann-Linie zur Weiterbeförderung an die vorgeschriebene Dienststelle abzusenden.

4. Die Woermann-Linie ist vor der Absendung der Güter von den Lieferanten mit einer Benachrichtigung zu versehen, aus welcher ersichtlich sind: Die Marken und Nummern der Kolli; die Anzahl und Art der Kolli; der genaue Inhalt der einzelnen Kolli; das Brutto- und Nettogewicht; der Wert sowie die Länge, Breite und Höhe jedes Kollos. (Allgemeine Bezeichnungen wie Lebensmittel, Getränke, Konserven usw. sind unstatthaft.)

5. Die für verschiedene Dienststellen bestimmten Gegenstände sind getrennt zu verpacken.

6. Den Frachtbriefen ist der Vermerk: „Zur Ausfuhr über See nach überseeischen Ländern" hinzuzufügen.

7. Für alle Lieferungen ist ein ordnungsgemäß ausgefüllter, gestempelter Anmeldeschein für die Ausfuhr (grüner Statistikzettel) auszustellen und den Frachtbriefen beizufügen oder dem Spediteur zu übergeben.

8. Die Lieferanten haben bei jeder Lieferung die Woermann-Linie zu ersuchen, je eine Abschrift des Konnossements gleichzeitig mit Abgang des Dampfers an die in den Bestellschreiben als Empfänger genannten Behörden im Schutzgebiet abzusenden.

9. Die Lieferanten sind ferner verpflichtet, je drei Rechnungsabschriften bei der vorläufigen Abnahme jeder Lieferung der Abnahme-Kommission in offenen, mit der Adresse des Lieferungsempfängers versehenen, postfrei gemachten Briefumschlägen zu übergeben. Für Absendung der Briefe sorgt die Abnahme-Kommission. Die Rechnungsabschriften müssen nach dem Muster der Anlage 3 aufgestellt sein.

Anlage 3.

VIII. Versicherung.

1. Alle Frachtgüter, auch die durch die Reichspost zu befördernden Sendungen, werden vom Versandorte in Deutschland ab, auch wenn derselbe im Binnenlande liegt und freibord Schiff zu liefern ist, auf Kosten der Kolonialverwaltung gegen jedes Risiko versichert. Sollen die Gegenstände vom Versandorte bis zum Verschiffungshafen auf dem Flußwege befördert werden, so hat der Lieferant seine diesbezügliche Absicht rechtzeitig noch vor Abgang der Sendung mitzuteilen, damit wegen der Versicherung für die Flußbeförderung das Nötige veranlaßt werden kann.

2. Die Versicherung der Kolonialverwaltung deckt auch die Gefahr der Vorversendung zwischen deutschen Häfen der Nord- oder Ostsee und Hamburg, des Eisenbahntransports bis zum Verschiffungshafen und die in letzterem bis zur Übernahme der Güter an Bord der Seeschiffe entstehenden Kai-, Leichter-, Schuten- und Lagergefahren, welcher Art dieselben auch sein mögen.

3. Gleichzeitig mit Absendung der Güter nach Hamburg usw. ist von dem Lieferanten an die Transatlantische Güter-Versicherungs-Gesellschaft, Berlin W. 8, Mauerstraße 41, eine Anzeige zu versenden, welche ergeben muß:

a) Anzahl der versendeten Kolli;
b) summarische Bezeichnung der Güter, als Lebensmittel, Reinigungs-, Erleuchtungsmaterial usw.;
c) das Gesamt-Brutto- und -Nettogewicht der Sendung;
d) den Gesamtwert der Sendung, sofern ausnahmsweise nicht feststehend, möglichst annähernd;
e) ob und auf welcher Strecke beim Transport bis Hamburg Wasserweg benutzt wird.

4. Frachtgüter, welche dem Auslaufen ausgesetzt sind (Öle, Petroleum, Benzin), sind (einschließlich der Kosten für Verpackung und Beförderung bis zum Bestimmungsorte) von den Lieferanten auf ihre Kosten gegen den durch Auslaufen entstehenden Schaden besonders zu versichern. Durch Auslaufen entstehende Verluste bis zu 2 % einschließlich hat der Lieferant nicht zu ersetzen. Bei höheren Verlusten ist dagegen der Preis für alles ausgelaufene Material einschl. der hierfür entstandenen Beförderungskosten usw. zu erstatten.

Die Transatlantische Güter-Versicherungs-Gesellschaft, Berlin W. 8, Mauerstraße 41, ist bereit, derartige Versicherungen für Lieferanten der Kolonialverwaltung zu angemessenen Prämien zu übernehmen.

IX. Vermessen und Wiegen der Kolli usw., Aufstellung, Einreichung und Anweisung der Rechnungen.

1. Die einzelnen Kolli usw. sind von dem Lieferanten zu wiegen, und es sind auch die für die Maßberechnung erforderlichen drei Abmessungen (Länge, Breite und Höhe) aufzunehmen.

2. Hierbei wird besonders darauf aufmerksam gemacht, daß von 2 zu 2 cm zu messen ist, so daß die Einzelmaße nur gerade Zahlen ergeben. Bei Kisten oder Kolli, welche mit Leisten oder anderen Beschlägen versehen sind, müssen diese Leisten usw. mitgemessen werden, wobei stets die größte Ausdehnung als Grundlage anzunehmen ist. Bei Verpackung in Säcken ist das Maß von vier Säcken zusammen anzugeben.

3. Die Woermann-Linie in Hamburg ist angewiesen, dem Lieferanten ein Konnossement und eine Abschrift der von ihr aufgestellten Maßliste unverzüglich zuzusenden.

4. Konnossement und Maßliste hat der Lieferant mit den von ihm festgestellten Gewichten und Maßen zu vergleichen und etwaige Abweichungen in den Maß- oder Gewichtsangaben mit der Woermann-Linie unmittelbar aufzuklären. In streitig bleibenden Fällen entscheidet die Auftraggeberin. Stimmen Maßliste und Konnossement mit den eigenen Feststellungen überein, so hat der Lieferant unter beide Schriftstücke zu setzen:

Richtig.
(Namensunterschrift.)

Demnächst sind die Schriftstücke mit der Rechnung an die Behörde einzusenden, von der die Bestellung ausgegangen ist. Die Rechnung ist in zwei Ausfertigungen nach dem in Anlage 3 gegebenen Muster einzureichen.

5. Sind Konnossemente von der Woermann-Linie nicht erhältlich, weil die Güter noch nicht verladen sind, so können die Lieferanten ihre Rechnungen mit den Empfangsbescheinigungen der Kaiverwaltung der Woermann-Linie einsenden. Der Rechnung ist in diesem Falle eine Abschrift der vom Lieferanten

gemäß Absatz 1 aufgenommenen Maßberechnung beizufügen, das bescheinigte Konnossement aber baldmöglichst nachzusenden.

6. In den Rechnungen sind Datum und Nummer des Schreibens anzugeben, mit welchem der Auftrag zur Lieferung erteilt ist.

Die Rechnungen müssen entweder geschrieben oder durch Schreibmaschine oder Hektographen hergestellt sein.

7. Der Reederei ist aufzugeben, ihre Rechnungen dem Oberkommando unmittelbar zu übersenden, sofern die Transportkosten nicht dem Lieferanten zur Last fallen.

8. Die Bezahlung erfolgt nach Prüfung der Rechnungen usw., die unter Umständen längere Zeit in Anspruch nehmen kann, auf Anweisung der Kolonial-Abteilung an der Legationskasse in Berlin W., Wilhelmstraße 75, werktäglich zwischen 10 und 2 Uhr. Wird Zusendung des Betrages auf dem Postwege gewünscht, so muß die Quittung der Legationskasse eingereicht werden, jedoch erst nach Eintreffen der Benachrichtigung von der erfolgten Anweisung beim Lieferanten.

X. Bestätigung der Aufträge.

Der Empfang eines Lieferungsauftrags ist unter wörtlicher Wiederholung des Auftrags binnen einer Woche schriftlich zu bestätigen. Versäumung dieser Frist berechtigt die Auftraggeberin zum Rücktritt auf Kosten des Unternehmers.

XI. Abnahme der Lieferungen.

1. Sämtliche Lieferungen sind zur vorläufigen Abnahme in Hamburg am Petersenkai oder dem im Bestellschreiben genannten Orte vorzustellen. Nicht vorgestellte Sendungen darf die Reederei nicht verladen lassen.

2. Die endgültige Abnahme findet bis auf die Feststellung der Lieferungsmengen, die schon bei der vorläufigen Abnahme endgültig erfolgt, am Bestimmungsort im Schutzgebiet durch die Empfänger statt, soweit in Einzelfällen Gegenteiliges nicht ausdrücklich bestimmt ist.

XII. Vorläufige Abnahme in Hamburg.

1. Die vorläufige Abnahme geschieht durch eine Abnahme-Kommission, bestehend aus zwei vom Hamburger Senat namhaft gemachten vereidigten Sachverständigen (Mitgliedern der Behörde für das Auswandererwesen), denen in der Regel ein Beamter der bestellenden Behörde beigegeben wird.

2. Der Zeitpunkt der vorläufigen Abnahme wird in dem Bestellschreiben entweder genau oder annähernd bestimmt, die annähernde Zeitbestimmung wird später rechtzeitig durch genauere Aufgabe von Tag und Stunde ergänzt. Es empfiehlt sich, vor der Festsetzung des genauen Zeitpunktes der Abnahme die Waren nicht abzusenden, da Verschiebungen der Lieferfristen um einige Wochen oft unvermeidlich sind. (Siehe auch Abschnitt XVII.) Aus solchen, durch die veränderten Abgangszeiten der Dampfer oder durch andere Umstände bedingten Hinausschiebungen der Versendungen dürfen Forderungen an die bestellende Behörde nicht hergeleitet werden.

3. Die Lieferanten sind verpflichtet, bei der Abnahme persönlich zugegen zu sein oder sich derart vertreten zu lassen, daß der Vertreter für sie bindende Erklärungen — mündlich oder schriftlich — an Ort und Stelle abzugeben berechtigt ist.

4. Die Abnahme-Kommission ist nicht verpflichtet, die Vertretungsbefugnisse der solche ausübenden Personen zu prüfen. Vielmehr sind die Erklärungen solcher Personen ohne weiteres für den betreffenden Lieferanten bindend.

5. Fehlende Vertretung bringt den betreffenden Lieferanten ohne weiteres in Lieferungsverzug mit den in Abschnitt XV, Ziffer 1 und 2, gedachten Folgen.

6. Zweck der vorläufigen Abnahme ist die Prüfung, ob eine Lieferung ihrem Umfang nach erfüllt ist, ob sie nach Art wie Verpackung dem getroffenen Abkommen entspricht und ob sie sich demnach überhaupt zur Versendung eignet.

7. Die vorläufige Abnahme beschränkt sich auf Stichproben. Die Kisten usw., an denen Stichproben vorgenommen werden sollen, wählt die Abnahme-Kommission aus.

8. Bei mehr als drei Kisten usw. je eine Stichprobe zu machen, ist die Abnahme-Kommission nicht verpflichtet. Billigen Wünschen der Lieferanten wird indessen nach Möglichkeit entsprochen werden.

9. Festgestellte Minderlieferungen bis zu 5% des Lieferungssolls sind durch entsprechende Kürzung der Rechnungen, alle diesen Prozentsatz übersteigenden Minderlieferungen dagegen durch Nachlieferung innerhalb einer von der Auftraggeberin zu stellenden angemessenen Frist auszugleichen.

10. Geringfügige Verpackungsmängel, deren Beseitigung innerhalb einer von der Abnahme-Kommission zu stellenden Frist so zeitig erfolgt, daß nach wiederholter Besichtigung die Verladung der Güter auf dem vorgesehenen Schiff möglich wird, sollen in der Regel keinen Grund zur Verweigerung der vorläufigen Lieferungsannahme geben. An Stelle der Beseitigung solcher Verpackungsmängel darf die Abnahme-Kommission eine Preiskürzung vereinbaren, wenn dies im Interesse der guten Erhaltung der Verpackung geboten und unbedenklich erscheint. Derartige Vereinbarungen unterliegen der nachträglichen Genehmigung der bestellenden Behörde.

11. Jeder erhebliche Verpackungsmangel — z. B. nicht ganz tadellose Verlötung von Blecheinsätzen oder Dosen, das Fehlen von Pappeinlagen oder mangelhafte Festlegung des Kisteninhalts, schlechte Beschaffenheit oder schlechte Signierung der Kisten usw. — sowie jeder Warenmangel berechtigt die Abnahme-Kommission schon dann ohne Einspruchsrecht des Lieferanten zur vorläufigen Zurückstellung einer Lieferung, wenn der Mangel bei mehr als einer Stichprobe festgestellt wird und somit nach pflichtmäßigem Ermessen der Abnahme-Kommission die Erfüllung des Lieferungsabkommens fraglich erscheint.

12. Entschließt sich die Abnahme-Kommission zur vorläufigen Zurückstellung einer Lieferung, so hat der betreffende Unternehmer die möglichst bald ergehende, von der Abnahme-Kommission nachzusuchende Entscheidung der Auftraggeberin abzuwarten. Bis zur endgültigen Entscheidung hat der Lieferant die Ware auf seine Kosten und Gefahr zu lagern.

13. Werden vorläufig zurückgestellte Lieferungen nachträglich zur Versendung zugelassen, so gilt die Abnahme nur als unter Vorbehalt geschehen (§ 464 B. G. B.), ohne daß dieser Vorbehalt dem Unternehmer oder seinem Vertreter gegenüber ausdrücklich geltend gemacht oder besonders mitgeteilt werden müßte.

14. Die durch Vorstellung der Waren (Öffnen und Wiederverschließen der Kisten usw.) entstehenden Kosten trägt der betreffende Lieferant, während

die Auftraggeberin die durch Entsendung ihrer Vertreter entstehenden Kosten
sowie die Gebühren der Sachverständigen zahlt. Im Fall einer Wiederholung der
Besichtigung hat der Unternehmer die hierdurch etwa entstehenden Mehrkosten
zu tragen.

XIII. Endgültige Abnahme.

1. Die endgültige Abnahme wird, abgesehen von der Feststellung der gelieferten Mengen (siehe Abschnitt XI, 2) durch die Empfangsstellen im Schutzgebiet bewirkt. Die Abnahme geschieht unter Hinzuziehung gerichtlicher Sachverständiger und unter gerichtlicher Feststellung des Tatbestandes, wenn über die Brauchbarkeit und Dauerfähigkeit der Ware Bedenken obwalten.

2. Die Abnahme erfolgt sobald als möglich nach Eintreffen und Entladung der Ware, wenn irgend angängig, so rechtzeitig, daſs Beanstandungen dem Lieferanten noch vor Ablauf der gesetzlichen, sechsmonatigen Gewährleistungsfrist bekannt werden, damit ihm der Rückgriff auf einen etwaigen Unterlieferanten ermöglicht wird. Den Lieferanten bleibt es überlassen, die Haftpflicht ihrer etwaigen Unterlieferanten den von ihnen selbst dem Fiskus gegenüber eingegangenen Verpflichtungen vertraglich anzupassen. (Siehe Abschnitt XIV, 2.)

3. Von etwaigen Beanstandungen wird der Lieferant unmittelbar telegraphisch durch die Empfangsstellen und, nach Eingang der betreffenden Berichte, von der Auftraggeberin benachrichtigt. Die hieran anschliefsenden Verhandlungen sind ausschliefslich mit der Auftraggeberin zu führen.

4. Ist eine Lieferung bei der endgültigen Abnahme als ungeeignet zur Truppenverpflegung verworfen worden, so steht es der Auftraggeberin frei, die verworfene Lieferung durch die Empfangsstelle für Rechnung des betreffenden Lieferanten bestmöglichst verwerten zu lassen, wenn letzterer nicht innerhalb 14 Tagen nach erhaltener Aufforderung eine die Empfangsstelle von weiterer Sorge um die Ware entbindende Bestimmung trifft.

5. Der aus Verwertung verworfener Waren etwa erzielte Erlös wird bis zur Deckung des von dem Lieferanten etwa zu leistenden Schadenersatzes unverzinslich einbehalten.

6. Alle durch die endgültige Abnahme entstehenden gerichtlichen und aufsergerichtlichen Kosten trägt die Auftraggeberin.

XIV. Haftbarkeit der Lieferanten.

1. Jeder Lieferant trägt die volle Verantwortlichkeit
 a) für die tropensichere Beschaffenheit der gelieferten Waro,
 b) für die Seetüchtigkeit und Sachgemäſsheit der von ihm angewandten Verpackungsart.

2. Aus dieser Verantwortlichkeit folgt die Verpflichtung, für jeden Schaden vollen Ersatz zu leisten, der aus der Anlieferung nicht tropensicherer Ware oder aus der Anwendung seeuntüchtiger oder unsachgemäſser Verpackung entsteht. Die in den §§ 477 und 638 B. G. B. für die Verjährung der Gewährleistungsansprüche auf 6 Monate bemessene Frist wird auf 1 Jahr verlängert.

3. Ob Schadenersatz in Gold oder Natur geleistet werden soll, entscheidet die auftraggebende Behörde.

4. Die Verantwortlichkeit des Lieferanten wird dadurch nicht berührt, daß die betroffende Lieferung bzw. deren Verpackung bei der vorläufigen Abnahme nicht beanstandet worden ist. Letztere greift der endgültigen Abnahme bis auf die Feststellung der Mengen in keiner Weise vor, gilt also weder als Annahme im Sinne des § 464 noch als Abnahme oder Ablieferung im Sinne der §§ 477, 638, 640 Absatz 2 B. G. B.

5. Der vollen Verantwortlichkeit für die Sachgemäßheit der Verpackung wird ein Lieferant auch dadurch nicht enthoben, daß ihre Anwendung durch Annahme seines Angebots gutgeheißen worden ist, oder daß etwaige Verpackungsmängel bei der Übernahme an Bord seitens des Schiffers nicht bemerkt sein sollten.

6. Eine Verantwortlichkeit für Anwendung der in diesen Bedingungen ausdrücklich vorgeschriebenen Verpackung (siehe Abschnitt II) trifft den Unternehmer nur insoweit, als deren unsachgemäße Ausführung Anlaß zu Verlusten gibt. Für Flaschenbruch ist der Lieferant nur dann verantwortlich zu machen, wenn ein Verstoß gegen obige Verpackungsvorschriften nachweisbar ist. Beschädigungen von Waren, die auf Seeschaden zurückzuführen sind, sollen dem Lieferanten nicht zur Last gelegt werden.

XV. Sicherheitsleistung.

1. Die Lieferanten haben unaufgefordert innerhalb einer Woche nach erhaltener Bestellung eine auf volle 10 Mark nach oben abgerundete Sicherheit in Höhe von 5 % des Lieferungswertes bei der Legationskasse des Auswärtigen Amtes, Berlin W., Wilhelmstraße 75, zu hinterlegen, sofern der Lieferungswert den Betrag von 6000 Mark erreicht oder übersteigt.

2. Für Lieferungswerte von 6000 bis einschließlich 100 000 Mark ist mit einem gezogenen Sichtwechsel (siehe Anlage 4), bei höheren Lieferungswerten _Anlage 4._
mit solchen auf den Inhaber lautenden Wertpapieren Sicherheit zu leisten, in welchen die Anlegung von Mündelgeldern nach den bestehenden gesetzlichen Vorschriften (siehe Anlage 5) zu erfolgen hat. _Anlage 5._

Die Wertpapiere werden mit dem Nennwert als Sicherheit angenommen und sind mit den zugehörigen Zinsscheinen und Zinsscheinanweisungen zu hinterlegen. Diejenigen Zinsscheine, welche innerhalb des auf die Hinterlegung folgenden Jahres fällig werden, sind vom Lieferanten zurückzubehalten. Später fällige Zinsscheine werden den Unternehmern gegen Quittung ausgehändigt, sofern sie nicht mit der Sicherheit in Anspruch genommen werden sollen.

3. Anderweitige, auch höhere Sicherheit ist auf Anfordern gleichfalls binnen einer Woche zu leisten, auch wenn die Lieferung weniger als 6000 Mark wert ist oder die Aufforderung erst nach erfolgter Bestellung geschieht.

4. Der für mehrere in einem Auftrag erhaltene Teillieferungen hinterlegte Betrag kann ganz für jede Forderung aus jeder einzelnen Teillieferung in Anspruch genommen werden und ist wenn noch eine Haftpflicht des Lieferanten für eine spätere Teillieferung besteht, auf Anfordern binnen einer Woche in ursprünglicher Höhe zu erneuern bzw. zu ergänzen.

5. Außer mit der hinterlegten Sicherheit haftet der Lieferant mit seinem ganzen Vermögen, und zwar in erster Reihe mit jedem etwaigen Guthaben bei der Kolonialverwaltung, aus was für einer Bestellung es auch herrühren möge.

6. Die Sicherheit wird, soweit sie nicht hat in Anspruch genommen werden müssen, nach endgültiger Abnahme der Lieferung bzw. der letzten aus dem Auftrag bewirkten Teillieferung zurückgegeben, kann jedoch auch bis zum Ablauf der ausbedungenen einjährigen Gewährleistungsfrist einbehalten werden.

7. Als Sicherheit hinterlegte oder einbehaltene Barbeträge werden nicht verzinst.

8. Die Art und Weise der etwaigen Verwertung einer Sicherheit ist in das Belieben der Auftraggeberin gestellt. Dieserhalb bestehenden gesetzlichen Beschränkungen ist sie nicht unterworfen. Über das Ergebnis der Verwertung wird der Unternehmer benachrichtigt werden.

XVI. Vertragsaufhebung.

1. Jeder Verstoß gegen das Lieferungsabkommen sowie jede Verzögerung in der Erfüllung einer in Verfolg desselben entstehenden Verpflichtung oder eines mündlich oder schriftlich gemachten Zugeständnisses berechtigt die Auftraggeberin vorbehaltlich weitergehender gesetzlicher Rechte zum Rücktritt vom Vertrage und zum alsbaldigen, in beliebiger Art im In- oder Ausland vorzunehmenden Deckungsankauf zu jedem Preise auf Kosten des Unternehmers. Einen Anspruch auf Erstattung gehabter Unkosten und barer Auslagen oder auf Entschädigung für entgangenen Gewinn hat der Unternehmer nicht.

2. Durch die Vertragsaufhebung werden vorläufig abgenommene und bereits vorschiffte Lieferungen oder Teillieferungen nur dann berührt, wenn der Unternehmer die ihm hinsichtlich derselben obliegenden Verpflichtungen oder gemachten Zugeständnisse zu erfüllen versäumt.

3. In obigen Fällen ist die Auftraggeberin ferner berechtigt, die hinterlegte Sicherheit ohne weiteres für verfallen zu erklären.

4. Von obigen Rechten kann insbesondere Gebrauch gemacht werden, wenn die Lieferung zu dem vorgeschriebenen Zeitpunkt nicht rechtzeitig oder nicht in vertragsmäßiger Güte bewirkt oder gar nicht oder zu spät zur vorläufigen Abnahme gestellt wird.

Von der Auftraggeberin bewilligte Verlängerungen der Lieferfristen schließen obige Rechtsnachteile bei Innehaltung der verlängerten Frist aus.

5. Das zu 1 Gesagte gilt auch, wenn der Unternehmer in Konkurs gerät und von dem für diesen Fall hiermit ausdrücklich vorbehaltenen Rücktrittsrecht Gebrauch gemacht wird.

XVII. Absendung der Güter.

Die Güter sind — nach Benehmen mit der Woermann-Linie — so rechtzeitig abzusenden, daß sie nicht später, aber tunlichst auch nicht früher als fünf bis acht Tage vor Abgang des im Bestellschreiben genannten Dampfers in Hamburg eintreffen. Die durch Verstoß gegen diese Vorschrift entstehenden Kosten werden von den Lieferanten getragen und durch die Woermann-Linie von ihnen eingezogen.

XVIII. Versendung der Frachtstücke nach dem Verschiffungshafen als Eilfrachtgut.

Versendung im Eilfrachtverkehr bedarf, wenn ausnahmsweise nicht frei Bord geliefert werden sollte, der vorgängigen Genehmigung der Auftraggeberin.

XIX. Versendung der Gegenstände durch die Reichspost.

Falls nach den bestehenden postalischen Bestimmungen die billigere Beförderung der bestellten Gegenstände als Postpaket oder Postfrachtstück oder in einer anderen Form mittels der Post zulässig ist, ist diese Versendungsart unter Beobachtung der wegen Verpackung der Gegenstände von der Reichspost erlassenen Vorschriften zu wählen.

Diese Pakete usw., welchen eine Rechnungsabschrift beizufügen ist, sind außer der gewöhnlichen Aufschrift der Empfangsstation noch mit dem Vermerk: „Über Hamburg mit der Woermann-Linie" zu versehen und spätestens drei Tage vor Abgang des betreffenden Dampfers bei einem beliebigen Postamte in dem Wohnorte des Lieferanten aufzugeben.

Die Vermittlung eines Spediteurs ist hierbei nicht in Anspruch zu nehmen.

Die Portokosten vom Auflieferungs- bis zum Bestimmungsorte sind von dem Lieferanten bei Aufgabe des Postpakets oder Postfrachtstücks zu verauslagen und in Rechnung zu stellen. Sind die Preise für die Lieferungsgegenstände frei Hamburg gestellt, so sind die Portokosten vom Auflieferungsorte bis Hamburg von dem Lieferanten zu tragen.

XX. Allgemeine und Schlußbestimmungen.

1. Jede Lieferung gilt als im Namen des Fiskus des südwestafrikanischen Schutzgebietes bestellt.

2. Meinungsverschiedenheiten, die aus Anlaß eines Lieferungsabkommens zwischen dem Oberkommando und dem Unternehmer entstehen, sind nach näherer Vereinbarung von einem Schiedsgericht zu entscheiden, dessen Ausspruch beide Teile sich unterwerfen.

3. Für alle aus dem Kaufgeschäft etwa entstehenden Rechtsstreitigkeiten sind die Berliner Gerichte zuständig.

4. Portokosten für den nach Erteilung des Auftrags aus dem Geschäft entspringenden Schriftwechsel und für Geldsendungen, die gesetzlichen Stempelkosten und alle sonstigen aus dem Geschäft etwa entstehenden Nebenkosten sind von dem Lieferanten zu tragen, soweit Gegenteiliges nicht ausdrücklich vereinbart ist oder hinsichtlich der „sonstigen Nebenkosten" aus Handelsgebrauch sich ergibt. Telegramme werden gegenseitig frei gemacht.

Vom Abschluß schriftlicher, stempelpflichtiger Verträge wird abgesehen.

Berlin, den 4. August 1905.

Oberkommando der Schutztruppen.   Der Reichskanzler.
                                                   I. V. Stuebel.

Anlage 1 zu Abschnitt II und Anlage 2, 5.

Verpackungsvorschriften.

Lfd. Nr.	Gegenstand	Verpackung	Die Preise sind zu bemessen auf
1	2	3	4
1	Alpenrahm	Handelsübliche Blechdosen zu etwa ½ l Nettoinhalt. Kisten ohne Blecheinsätze und ohne Öltucheinlage zu 48 Dosen Inhalt.	1 Kiste
2	Arrak	Starke grüne Flaschen zu ¾ l Nettoinhalt. Kisten wie bei 1 zu 12 Flaschen.	1 Flasche
3	Backobst	Viereckige Blechdosen mit Papierauslage zu 4 kg Nettoinhalt. Kisten wie bei 1 zu 6 Dosen.	100 kg
4	Backpulver	Blechdosen mit gelötetem oder gefalstem Boden, gelöteter Seitennaht und breitrandigem, gut anschließendem Stülpdeckel, der mit bestem Kautschukpflaster fest zu verkleben ist, Inhalt je 1 kg Backpulver in einer Papiertüte mit aufgedruckter Gebrauchsanweisung. Kisten wie bei 1 zu 24 Dosen.	100 kg
5	Bier	Starke Flaschen zu ½ l Nettoinhalt in Kisten wie bei 1 zu je 5 Lagen à 5 Flaschen = 25 Flaschen.	1 Flasche
6	Bohnen	Neue, dichtmaschige, bestmöglich vernähte Doppel-Jutesäcke zu 50 kg netto. Jeder Sack ist für sich zu vernähen.	100 kg
7	Butter	Blechdosen zu 1 kg netto, Kisten wie bei 1 zu 24 Dosen.	100 kg
8	Zigarren	Kisten mit Blecheinsatz, und zwar bei den Preislagen über 50 Mk. zu je 3 Mille in ⅕ Kistchen, unter 50 Mk. zu je 5 Mille in ¹/₁₀ Kistchen.	1 Mille
9	Kognak	Wie zu 2	1 Flasche
10	Dörrgemüse	Hydraulisch gepreßte viereckige Blöcke zu ¼ kg netto, jeder Block einfach in Ceresinpapier, dann in bestes Pergamentpapier eingehüllt und mit Gebrauchsanweisung bedruckt, Kisten mit Blecheinsatz zu je 100 Päckchen.	100 kg
11	Dörrkartoffeln	Ungepreßt in Kisten mit Blecheinsätzen zu je 20 kg netto, möglichst fest zusammengedrückt.	100 kg
12	Eikonserven	Wie zu 4.	100 kg
13	Erbsen	Wie zu 6.	100 kg
14	Essigessenz	Starke grüne Flaschen zu ½ l netto mit Skala und Gebrauchsanweisung, Kisten und Kistenfüllung wie zu 5.	1 l
15	Fleischextrakt	Wie zu 7.	100 kg
16	Fleischkonserven	Blechdosen zu 300 bis 1000 g und Kisten wie bei 1 bis zu 25 kg Nettoinhalt.	100 kg oder 1 Dose

Anmerkung: Zu Kisteneinsätzen, Schachteln, Dosen, Kanistern oder Tins darf nur Weißblech verwendet werden. Siehe Abschnitt II, 7 der Bedingungen.

Bedingungen d. Oberkomm. d. Schutztruppe für d. Vergeb. v. Lieferungen usw. 4. Aug. 201

Lfd. Nr.	Gegenstand	Verpackung	Die Preise sind zu bemessen auf
1	2	3	4
17	Eingemachte Früchte	Blechdosen zu 1000 g Nettoinhalt, Kisten wie bei 1 zu 24 Dosen.	100 kg oder 1 Dose
18	Fruchtmus	Wie zu 17. Dosen zu 2 kg netto in Kisten à 12 Dosen sind zulässig, soweit angeboten und angenommen.	100 kg oder 1 Dose
19	Fruchtsäfte	Wie zu 5.	1 l
20	Getrocknete Früchte	Wie zu 8.	100 kg
21	Gemüsekonserven	a) Konserviertes frisches Gemüse wie zu 17.	100 kg oder 1 Dose
		b) Trockene Gemüsekonserven (Erbswurst usw.) in viereckigen mit Gebrauchsanweisung versehenen Paketen oder Rollen von 350 g Nettoinhalt in Kisten mit Blecheinsätzen zu je 75 Paketen oder Rollen.	100 kg
22	Graupen	Wie zu 6, der innere Sack muß aber aus dichtem Köperstoff bestehen.	100 kg
23	Gries	Desgleichen.	100 kg
24	Grütze	Desgleichen.	100 kg
25	Hafer	Wie zu 8.	100 kg
26	Haferflocken	Pappkartons zu 500 g netto in viereckigen Blechschachteln zu je 8 Kartons, Kisten wie zu 1 mit je 6 Schachteln.	100 kg
27	Hafermehl	Blechdosen wie zu 4 zu 2 kg netto, Kisten wie zu 1 mit 12 Dosen.	100 kg
28	Hartbrot	Kisten mit Blecheinsatz zu 25 kg Nettoinhalt.	100 kg
29	Kaffee a) gebrannt	Wie zu 7 in viereckigen Dosen.	100 kg
	b) dgl. und gemahlen	Wie zu 30.	100 kg
	c) dgl. und gepreßt	Würfel zu 100 g, je 5 Würfel mit bestem Pergamentpapier umklebt, je 10 solcher Pakete in einer Blechdose zu 5 kg netto, Kisten wie zu 1 mit 6 Dosen.	100 kg
	e) ungebrannt	Wie zu 6.	100 kg
30	Kakao	Dosen wie zu 4, enthaltend je 1 kg Kakao in Papiertüte. Kisten wie zu 4.	100 kg
31	Kakes	Wie zu 2.	100 kg
32	Kalk, gelöscht	Gebrauchte eichene Fässer zu etwa 150 kg netto mit Zinkbändern.	1 Faß
33	Kartoffelmehl	Wie zu 27.	100 kg
34	Kartoffeln, von 1¼″ aufwärts, auf Sandboden gewachsen, gut gesiebt und gereinigt	Handelsübliche Kisten zu 50 kg netto zu etwa 68 × 42 × 24 cm (Außenmaße), 4 Innenleisten in den Ecken, 2 Leisten unter dem Boden, an den 4 Seiten je 2, am Deckel und Boden je 3 Zwischenräumen von je 2 cm Breite, mit Drahtnägeln 52/2,5 mm genagelt, Deckel aufgenagelt, ohne Eisenbänder und Reusigriffe.	100 kg

Lfd. Nr.	Gegenstand	Verpackung	Die Preise sind zu benennen auf
1	2	3	4
35	Kondensierte Milch	Handelsübliche Dosen in Kisten wie zu 1 von 48 Dosen.	1 Kiste
36	Kümmel (Gewürz)	Wie zu 30.	100 kg
37	Lichte, Sechser-Kronenkerzen extra-prima Qualität	12 Lichte = 1 kg brutto, 940 g netto in Paketen zu 6 Stück und Kisten zu 50 Paketen mit Öltucheinlage.	100 kg
38	Linsen	Wie zu 6.	100 kg
39	Lorbeerblätter	Feste verschnürte Papierhüllen von 2 kg, Kisten mit Blecheinsätzen zu 20 kg netto.	100 kg
40	Makkaroni	Wie zu 30, jedoch Dosen 2 kg netto, Kisten wie zu 1 mit 12 Dosen.	100 kg
41	Mehl { Weizenmehl 1 bis 70%, Roggenmehl 1 bis 60% }	Wie zu 28.	100 kg
42	Muskatnüsse	Wie zu 30.	100 kg
43	Nelken	Wie zu 30.	100 kg
44	Nudeln	Wie zu 40.	100 kg
45	Öl (Speiseöl)	Wie zu 5, aber weiße Flaschen.	1 Flasche
46	Papier (Klosettpapier)	Abreißblöcke zu 1000 Blatt, Kisten mit Öltucheinlage zu etwa 20 kg netto.	100 kg
47	Petroleum, water white	0,4 bis 0,5 mm starke Blechkanister mit plombiertem Verschluß und Ausguß, 1 Kanister = 14½ kg Nettoinhalt, Kiste wie bei 1 zu 2 Kanistern. Zwischen den Kanistern in voller Breite und Höhe der Kiste ein etwa 10 mm starkes Brett lose eingesetzt. Der Hohlraum zwischen Kanistern und Kistendeckel ist durch eingelegte genau mit der Kistenoberkante abschneidende Brettstücke so weit als möglich auszufüllen.	1 Kiste
48	Pfeffer	Wie zu 30.	100 kg
49	Plattentabak	Blechschachteln zu 5 kg netto, 1 Kiste = 5 Schachteln.	100 kg
50	Puro-Fleischsaft	Originalflaschen mit Gebrauchsanweisung, Kisten wie bei 1 zu 50 Flaschen.	1 Flasche
51	Quäker-Oats	Wie zu 26.	100 kg
52	Rauchfleisch	Besondere Vorschriften bleiben vorbehalten.	
53	Reis	Wie zu 22.	100 kg
54	Rum	Wie zu 2.	1 Flasche
55	Sago	Wie zu 22.	100 kg
56	Salz	Wie zu 6.	100 kg
57	Sauerkohl	Wie zu 7.	100 kg

Lfd. Nr.	Gegenstand	Verpackung	Die Preise sind zu bemessen auf
1	2	3	4
58	Schaumwein	Flaschen handelsüblicher Größe und Kisten wie bei 1 zu 12 ganzen oder 18 halben Flaschen.	1 ½/₁ oder 2 ½/₂ Flaschen
59	Seife a) Grüne-	Wasserdichte Fässer zu 50 kg netto.	100 kg
	b) Palmöl-	Riegel von 1 kg, Kisten mit Öltucheinlage zu 25 kg netto.	100 kg
	c) Toiletten-	Kartons zu 6 Stück, Kisten wie vor.	100 kg
60	Selterswasser	Flaschen zu etwa ⅜ l netto, Kisten wie bei 1 zu 20 Flaschen	1 Flasche
61	Senf	Starke Gläser zu 250 g netto, Kisten wie bei 1 zu 80 Gläsern.	1 Glas
62	Schinken	Wie zu 52.	
63	Schmalz	Wie zu 7.	100 kg
64	Schnitt-Tabak (Mittelschnitt)	Pakete zu 100 g netto, je 20 Pakete zusammengebündelt, Kisten mit Blecheinsätzen zu 20 kg netto.	100 kg
65	Schokolade	Tafeln zu 125 g, jede Tafel in Stanniol eingehüllt, je 2 Tafeln in Papierumschlag, viereckige Dosen zu 2 kg. Kisten wie bei 1 zu 12 Dosen.	100 kg
66	Soda, kalziniert	Wie zu 59a.	100 kg
67	Spark	Wie zu 52.	
68	Tee	Wie zu 30.	100 kg
69	Trockenhefe	Wie zu 4.	100 kg
70	Wein	Wie zu 2 oder, wenn in halben Flaschen gefordert, 1 Kiste = ⅖/₈ Flaschen.	1 Flasche
71	Weizenbiskuits	Wie zu 28.	100 kg
72	Würfelzucker	Starke Pappkartons zu 2½ kg in Blechschachteln zu je 5 Kartons und Kisten zu je 2 Schachteln.	100 kg
73	Wurst	Wie zu 52.	
74	Wurstkonserven	Wie zu 10.	100 kg oder 1 Dose
75	Zimt	Wie zu 39.	100 kg
76	Zitronensaft	Starke helle Flaschen zu ½ l netto, Kisten wie bei 1 zu je 18 Flaschen.	1 l
77	Zündhölzer	Pakete zu 10 Schachteln, Kisten mit Blecheinsatz zu 150 Paketen.	100 Pakete
78	Zwieback	Wie zu 3.	100 kg

Anlage 2 zu Abschnitt III.

Vorschriften für die Abgabe von Angeboten.

1. Die Angebote sind nach umseitigem Formular abzufassen.
2. Wie die Preise zu bemessen sind, ergibt Anlage 1 Spalte 4.

3. Die Preise sind in Zahlen und Buchstaben, deutlich geschrieben, anzugeben.
4. Es ist nur nach deutschen Maß- und Gewichtseinheiten anzubieten.
5. Bei solchen Gegenständen, die fabrikmäßig auf Vorrat angefertigt zu werden pflegen, dürfen auch andere, nicht wesentlich größere als die in Anlage 1 vorgeschriebenen Einzelpackungen angeboten werden, wenn letztere in erforderlicher Menge nicht angestellt werden können. Der Nettoinhalt einer Kiste darf aber 25 kg nicht überschreiten. Auch wird anderweitig gemachten preiswürdigen Angeboten auf die vorgeschriebenen Packungen möglichst der Vorzug gegeben.
6. Die Angebote sind von den Bewerbern zu unterschreiben und, mit der äußeren Aufschrift:

„Angebot auf (Gegenstand)"

versehen, gut verschlossen postfrei bis zu dem in der Ausschreibung angegebenen Zeitpunkt einzureichen.
7. Gemeinschaftlich bietende, nicht zu einer eingetragenen Genossenschaft oder Gesellschaft vereinigte Personen haben im Angebot die Erklärung abzugeben, daß sie sich für das Angebot solidarisch verbindlich machen. Gleichzeitig sind die zur Geschäftsführung, zur Abgabe rechtsverbindlicher Erklärungen und zur Empfangnahme von Zahlungen bevollmächtigten Personen namhaft zu machen. Auch die Genossenschaften und Gesellschaften haben die zur Empfangnahme von Zahlungen Berechtigten zu benennen.
8. Bei Waren, die im In- und Ausland erzeugt werden, ist auf den Ursprung der angebotenen Ware hinzuweisen. Jeder Lieferant ist verpflichtet, auf Erfordern den entsprechenden Nachweis zu erbringen.
9. Die Preise sind abzugeben auf Lieferung frei Bord Schiff Hamburg einschließlich aller Nebenkosten, ausschließlich der Versicherungsgebühren.

Zu O. K. Sect. V.

Ort. Datum.

Nach den vorgeschriebenen von mir (uns) anerkannten Bedingungen verpflichte(n) ich (wir) mich (uns solidarisch), die angefragten Artikel für die Kaiserliche Schutztruppe in Südwestafrika, nämlich:

80 000 kg Eisbutter

Anmerkung. Je nach dem in der Ausschreibung gegebenen Grundlagen zu ändern.

lieferbar voraussichtlich zum 22. 7., 22. 8. und 23. 9. 06 mit je 20 000 kg an die Etappenkommandantur Swakopmund, zum 24. 10. 06 mit 20 000 kg an die Etappenkommandantur Lüderitzbucht, freibord Schiff Hamburg einschließlich Verpackung zum Preise von

198 M. — einhundert acht und neunzig Mark —.

zu liefern. — Ursprung: Schleswig-Holstein, Mecklenburg und Oldenburg.

(Unser Bevollmächtigter ist der mitunterzeichnete
.................).

Unterschrift(en)
Vor- und Zuname ....
Stand ....
Wohnort ....
Straße und Hausnummer ....

<u>Anlage 3 zu Abschnitt VII, 9 und IX, 4.</u>

E. Schulz & Co. Hamburg, Datum.
Postamt, Straße, Hausnummer.

Rechnung.

Auftrag Nr. O. K. $\frac{36847}{32529}$ Sect. V vom (Datum).

Wir haben geliefert zum (Datum) abnahmebereit Hamburg an die Etappenkommandantur Swakopmund

	Mark
300 Kisten zu je 50 = reinnetto 15 000 kg Speck jede Kiste gezeichnet: E. Schulz & Co. 1003, 76 kg brutto, 66 „ netto, per 100 kg = 152 M.	22 800,00
500 Kisten zu je 12 = 6000 Flaschen Rum I jede Kiste gezeichnet: E. Schulz & Co. 1004, 85 kg brutto, 21 „ netto, per 1 Flasche = 1,50 M.	9 000,00
Summe	31 800,00

(Unterschrift.)

Anlage 4 zu Abschnitt XV, 2.

Wechselformular.

, den   19   Für M.

Auf Sicht zahlen Sie gegen diesen Prima-Wechsel an die Ordre der Kaiserlichen Legationskasse in Berlin die Summe von

Wert in Rechnung und stellen ihn auf Rechnung ohne Bericht.

Ernst Schulz & Co.

An
die Deutsche Bank
in
Berlin

SOLA-WECHSEL.

Angenommen.

Es werden nur Wechsel mit Akzepten solcher Firmen und Banken angenommen, die als durchaus sicher und zuverlässig bekannt sind.

Anlage 5 zu Abschnitt XV, 2

§ 1807 des Bürgerlichen Gesetzbuches.

Die im § 1806 vorgeschriebene Anlegung von Mündelgeld soll nur erfolgen:

1. in Forderungen, für die eine sichere Hypothek an einem inländischen Grundstück besteht, oder in sicheren Grundschulden oder Rentenschulden an inländischen Grundstücken.

2. in verbrieften Forderungen gegen das Reich oder einen Bundesstaat sowie in Forderungen, die in das Reichsschuldbuch oder in das Staatsschuldbuch eines Bundesstaates eingetragen sind.

3. in verbrieften Forderungen, deren Verzinsung vom Reiche oder einem Bundesstaate gewährleistet ist.

4. in Wertpapieren, insbesondere Pfandbriefen, sowie in verbrieften Forderungen jeder Art gegen eine inländische kommunale Körperschaft oder die Kreditanstalt einer solchen Körperschaft, sofern die Wertpapiere oder die Forderungen von dem Bundesrate zur Anlegung von Mündelgeld für geeignet erklärt sind.

5. (fällt fort, da Sparkassenbücher nicht als Sicherheit angenommen werden.)

Die Landesgesetze können für die innerhalb ihres Geltungsbereichs belegenen Grundstücke die Grundsätze bestimmen, nach denen die Sicherheit einer Hypothek, einer Grundschuld oder einer Rentenschuld festzustellen ist.

Artikel 74 des Preußischen Ausführungsgesetzes zum Bürgerlichen Gesetzbuch vom 20. September 1899.

Zur Anlegung von Mündelgeld sind außer den im § 1807 des Bürgerlichen Gesetzbuchs bezeichneten Forderungen und Wertpapieren geeignet:

1. Die Rentenbriefe der zur Vermittlung der Ablösung von Renten in Preußen bestehenden Rentenbanken.

2. Die Schuldverschreibungen, welche von einer deutschen kommunalen Körperschaft oder von der Kreditanstalt einer solchen Körperschaft oder mit Genehmigung der staatlichen Aufsichtsbehörde von einer Kirchengemeinde oder einem kirchlichen Verbande ausgestellt und entweder von seiten der Inhaber kündbar sind oder einer regelmäßigen Tilgung unterliegen.

3. Die mit staatlicher Genehmigung ausgegebenen Pfandbriefe und gleichartigen Schuldverschreibungen einer Kreditanstalt der im Artikel 73 § 1 Absatz 2 bezeichneten Art.

4. Die auf den Inhaber lautenden Schuldverschreibungen, welche von einer preußischen Hypotheken-Aktienbank auf Grund von Darlehen an preußische Körperschaften des öffentlichen Rechtes oder von Darlehen, für welche eine solche Körperschaft die Gewährleistung übernommen hat, ausgegeben sind.

105. Pachtvertrag zwischen dem Fiskus des Schutzgebiets Togo und der Gesellschaft m. b. H. Lenz & Co. zu Berlin, betreffend die Eisenbahn Lome – Anecho und die Landungsbrücke in Lome.
Vom 4./10. August 1905.*

§ 1. Gegenstand, Dauer und Kündigung des Vertrages.

1. Der Landesfiskus des Schutzgebietes Togo verpachtet die ihm gehörige Verkehrsanlage, bestehend aus der Eisenbahn Lome—Anecho und der Landungsbrücke in Lome, an die G. m. b. H. Lenz & Co. Die Pacht beginnt mit dem Tage, an dem die genannte Bahn dem regelmäßigen öffentlichen Verkehr übergeben wird, und läuft, sofern der Vertrag nicht vorher gekündigt wird, bis zum letzten Tage, bevor die Eisenbahn Lome—Palime dem regelmäßigen öffentlichen Verkehr nach der vertraglichen Gesamtabnahme übergeben wird. Jede Partei ist befugt, den Vertrag mit dem Schlusse (31. März) eines jeden Rechnungsjahres unter Innehaltung einer Kündigungsfrist von 6 Monaten aufzuheben.

2. Während der Dauer des Vertrages hat die Pächterin die Verkehrsanlage unter den nachstehenden Bedingungen selbständig und auf eigene Rechnung zu betreiben und zu unterhalten.

§ 2. Bestimmungen für den Betrieb.

1. Die Pächterin verpflichtet sich, die Verkehrsanlage während der Dauer des Pachtverhältnisses ordnungsgemäß und nach Maßgabe des Verkehrsbedürfnisses zu betreiben und dabei die zur Zeit bestehenden Vorschriften zu befolgen. Als solche Vorschriften gelten insbesondere:

  I. die preußischen Betriebsvorschriften für Kleinbahnen vom 13. August 1898;

  II. die Verpflichtungen gegenüber der Reichspost- und Telegraphen-Verwaltung, wie sie sich aus den Vorschriften des Eisenbahnpostgesetzes vom 20. Dezember 1875 und den dazu gehörigen Vollzugsbestimmungen ergeben, jedoch mit der Erleichterung, daß an Stelle der Artikel 2, 3 und 4 des Gesetzes auf die Dauer von 20 Jahren die im Erlaß des Reichskanzlers vom 28. Mai 1879 enthaltenen Bestimmungen, betreffend „die Verpflichtungen der Eisenbahnen untergeordneter Bedeutung zu

---

*) Zusatzvertrag vom 9./21. November 1905.
Artikel 1. Der § 11 des Pachtvertrages erhält folgende Fassung: „§ 11 Pachtzins. Als Pachtzins hat die Pächterin von den Bruttoeinnahmen aus dem Personenverkehr, soweit er über die Brücke geht, die Hälfte, aus dem Güterverkehr, soweit er über die Brücke geht, 5 Mk. für die Tonne, von den übrigen Bruttoeinnahmen 1 Drittel an das Gouvernement zu zahlen, und zwar den für jedes Vierteljahr fälligen Betrag vor Ablauf des folgenden Vierteljahrs."
Artikel 2. Der § 14 des Pachtvertrages erhält folgende Fassung: „§ 14 Tarife. 1. Die Maximaltarife setzt die Kolonialabteilung fest. Tarifänderungen innerhalb der Maximaltarife bedürfen der Zustimmung des Gouvernements. 2. Die Pächterin darf Bahndienstgut frei befördern und eine Freifahrtordnung erlassen. Die letztere unterliegt der Genehmigung des Gouvernements."
Artikel 3. Als Maximaltarife gelten für die Pächterin die Sätze des dem Vertrage vom 4./10. August 1905 angefügten Landungsbrücken- und Eisenbahntarifs in Togo.
Artikel 4. Das Gouvernement ist bfugt, Güter, die in der Anlage 2 des dem Vertrage vom 4./10. August angefügten Landungsbrücken- und Eisenbahntarifs in Togo nicht ausdrücklich einer der Klassen II, III oder IV zugeteilt sind, nachträglich einer dieser drei Klassen zuzuweisen.

Berlin, den 9. November 1905.	Berlin, den 21. November 1905.
Auswärtiges Amt. Kolonial-Abteilung.	Lenz & Co. G. m. b. H.
Stuebel.	J. Lenz.

Leistungen für die Zwecke des Postdienstes", zu gelten haben; ferner die Vereinbarung vom 6./17. Juni 1905, die zwischen der Reichspost- und Telegraphen-Verwaltung und der Kolonial-Abteilung über den Bau, die Unterhaltung und die Überwachung der beiderseitigen Telephon- und Telegraphenanlagen längs der Bahn Lome—Anecho getroffen ist.

2. Der Betrieb umfaßt:
I. die Beförderung von Personen
   a) auf der Bahn Lome—Anecho,
   b) zwischen Landungsbrücke und Schiff in Lome;
II. die Beförderung von Gütern von einer öffentlichen Verkehrsanlage oder einem Privatanschlußgleise der Bahn Lome—Anecho (mit Einschluß des Bahnhofs Lome) zu einer anderen solchen Anlage oder einem anderen solchen Gleis oder bis an ein auf der Reede von Lome liegendes Schiff oder die letztere Leistung in umgekehrter Richtung;
III. die Beförderung von Privattelegrammen nach den Vorschriften und mit den Einschränkungen, die die Reichstelegraphen-Verwaltung hierfür festsetzen wird. Diese Vorschriften der Reichstelegraphen-Verwaltung sollen für den Bahneigentümer oder die Pächterin keine Verpflichtung zur Beförderung von Privattelegrammen aufstellen, sondern nur die Befugnis zu dieser Beförderung regeln.

§ 3. Bestimmungen für die Unterhaltung.

1. Die Pächterin ist verpflichtet, die gesamte Verkehrsanlage, insbesondere den Unter- und Oberbau, die zugehörigen Baulichkeiten, die Fahrzeuge, die Ausrüstungsgegenstände und die Inventarienstücke in gebrauchsfähigem und betriebssicherem Zustande zu erhalten und die nötigen Erneuerungen nach den heimischen Grundsätzen zu bewirken, sowie die erforderlichen Ergänzungen vorzunehmen. Jede Strecke der Bahn soll ohne Gefahr mit einer Geschwindigkeit von 40 km in der Stunde befahren werden können. Soweit das Gouvernement bei der Übergabe der Bahn für einzelne Stellen nur eine geringere Höchstgeschwindigkeit für statthaft erklärt, gilt diese für jene Stellen anstatt der 40 km in der Stunde.

2. Über die während der Pachtzeit abgehenden und zugehenden Gegenstände sind genaue Aufstellungen und Verzeichnisse von der Pächterin zu führen.

§ 4. Übergabe der Verkehrsanlage beim Pachtbeginn.

Mit dem Pachtbeginn sind der Pächterin die ganze Verkehrsanlage, die sämtlichen zum Betriebe gehörigen Baulichkeiten, Fahrzeuge, Materialvorräte, Ausrüstungsgegenstände und Inventarienstücke in gutem und leistungsfähigem Zustande zu übergeben. Bei der Übergabe ist von den Vertretern beider Teile über die Fahrzeuge, Materialvorräte, Ausrüstungsgegenstände und Inventarienstücke ein Verzeichnis nebst Wertschätzung aufzunehmen und mit einer Nachweisung des Bestandes an Gleisen und baulichen Anlagen zu vollziehen. Dies bildet die Grundlage für die Rückgabeverpflichtung der Pächterin bei Ablauf des Pachtverhältnisses. Gegenstände, welche in dem Verzeichnis nicht aufgeführt worden sind, gelten nicht als der Pächterin übergeben.

§ 5. Benutzung von Anlagen und Fahrzeugen.

1. Reichen die für den Brückenbetrieb vorhandenen Leichterfahrzeuge und sonstigen Ausrüstungsgegenstände für die ordnungsmäßige Bewältigung

des Verkehrs nicht aus, so hat die Pächterin weitere Leichterfahrzeuge und sonstige Ausrüstungsstücke auf eigene Rechnung in dem erforderlichen Umfange zu beschaffen; diese Leichterfahrzeuge und Ausrüstungsstücke bleiben Eigentum der Pächterin. Brückenkrane fallen nicht unter diese „Leichterfahrzeuge und sonstigen Ausrüstungsstücke".

2. Im übrigen darf die Pächterin diejenigen Anlagen des Bahnhofs Lome und diejenigen Fahrzeuge nebst Zubehör, die sie auf Grund des Vertrages über den Bau der Bahn Lome—Palime beschafft, zu dem Betriebe der Verkehrsanlage benutzen. Soweit es nötig ist, hat sie für diesen Betrieb mindestens die beiden zweiachsigen Lokomotiven, 14 offene Wagen mit den nötigen Wagendecken, 6 bedeckte Güterwagen und je einen Personenwagen 1./2. Klasse und 3. Klasse sowie einen Gepäckwagen, die letzteren neun, sobald sie fertig montiert sind, und im übrigen soviel Fahrzeuge bereitzuhalten, als ohne Behinderung des Baufortschrittes auf der Strecke Lome—Palime verfügbar sind.

3. Unbeschadet dieser Vorschrift kann die Pächterin die Fahrzeuge von der Bahn Lome—Anecho auf die Bahn Lome—Palime oder umgekehrt übergehen lassen und sie zum Betriebe der einen wie der anderen Bahn benutzen.

4. Die Verpflichtung der Pächterin aus dem Bauvertrage Lome—Palime, die von ihr zu liefernden Gegenstände bei der Abnahme der gesamten Strecke Lome—Palime in ordnungsmäßigem Zustande zu übergeben, wird durch diese Benutzung nicht berührt.

5. Für die Benutzung der in der Ziffer 2 dieses Paragraphen bezeichneten Anlagen und Fahrzeuge nebst Zubehör hat die Pächterin nur die tatsächlich hierdurch dem Baukonto Lome—Palime entstehenden Kosten, insbesondere etwaige Reparaturkosten zu vergüten, indem sie den Betrag solcher Kosten aus eigenen Mitteln zu den Rückeinnahmen des Baukontos Lome—Palime abführt. Für die naturgemäße Abnutzung jener Fahrzeuge und Bahnhofsanlagen hat die Pächterin keine Vergütung zu zahlen.

§ 6. Erfüllung bestehender Verträge.

Etwa bestehende Verträge, betreffend den Betrieb der Verkehrsanlage, hat die Pächterin an Stelle des Verpächters zu erfüllen. Sie ist berechtigt, alle dem Verpächter oder einem seiner Vertreter darin eingeräumten Rechte selbst auszuüben. Sofern die Ausübung dieser Rechte nur auf den Namen des Gouvernements von Togo geschehen kann, ist der Pächterin rechtzeitig eine Vollmacht auszustellen. Soweit auf Lieferungen und Arbeiten, die im Interesse des Betriebes der Verkehrsanlage erst nach deren Übergabe an die Pächterin ausgeführt werden und nach diesem Vertrage als Betriebsausgaben gebucht werden müssen, seitens der Kolonial-Verwaltung Vorschüsse gezahlt worden sind, hat die Pächterin diese zu erstatten.

§ 7. Ersatzleistungen für Schäden.

1. Die Bestreitung von Ausgaben, die durch außergewöhnliche Elementarereignisse und größere Unfälle, Tötungen und Körperverletzungen von Personen sowie Beschädigungen der Verkehrsanlage nebst Zubehör und fremder Sachen durch den Betrieb hervorgerufen werden, ist Sache der Pächterin, soweit die Schäden im einzelnen Falle weniger als 1000 Mk. Kapitalwert haben.

2. Von der Gesamtheit der während der Pachtdauer fällig werdenden Ersatzleistungen für Schäden derselben Art, die aber einzeln 1000 Mk. Kapitalwert oder mehr haben, trägt die Pächterin die ersten 10 0000 Mk. und der Verpächter den etwaigen Rest.

3. Von allen unter 2 fallenden Schäden hat die Pächterin dem Gouvernement unverzüglich Anzeige zu erstatten.

4. Ersatzleistungen nach Ziffer 2 dieses Paragraphen bedürfen der Genehmigung des Verpächters. Die Pächterin hat diese letzteren Ersatzleistungen nach ihrer Genehmigung zunächst aus eigenen Mitteln zu erfüllen und erhält die hierfür gemachten Auslagen alsbald nach Auflösung des Pachtvertrages ohne Zinsen zurück. Ist es zunächst strittig, ob ein Schaden unter Ziffer 1 oder 2 dieses Paragraphen fällt, oder wie hoch ein unter Ziffer 2 fallender Schaden zu bewerten ist, so hat jedenfalls die Pächterin auf Verlangen des Gouvernements unverzüglich vorab denjenigen Teil des Schadensersatzes auszuzahlen, der nach der übereinstimmenden Meinung des Gouvernements und der Pächterin mindestens fällig ist.

5. Die Pächterin verpflichtet sich, ihr weißes Personal nach Möglichkeit gegen Unfall zu versichern.

§ 8. Substanzvermehrung.

Ausgaben für Neuanschaffungen und Neuanlagen, welche als Substanzvermehrung oder Verbesserung und somit nach kaufmännischer und betriebstechnischer Auffassung als Vermögenszuwachs anzusehen sind, gehen mit Ausnahme der im § 5 Absatz 1 genannten Ausgaben zu Lasten des Verpächters und bedürfen seiner Genehmigung.

§ 9. Betriebsausgaben und Betriebseinnahmen.

Alle aus dem Betriebe der Verkehrsanlage entspringenden Ausgaben, die nicht ausdrücklich in den §§ 7 und 8 als zu Lasten des Verpächters gehend genannt worden sind, gelten als Betriebsausgaben und gehen zu Lasten der Pächterin.

Alle aus dem Betriebe der Verkehrsanlage entspringenden Einnahmen gelten als Betriebseinnahmen.

§ 10. Buchung und Rechnungslegung.

1. Die Pächterin hat die Einnahmen des Betriebes nach dem Normalbuchungsformular der Eisenbahnen Deutschlands zu verbuchen, falls die Kolonial-Abteilung nicht einer anderen Buchungsmethode zustimmt.

2. Die Pächterin hat nach Ablauf eines jeden Kalendervierteljahres vor Ablauf des nächsten Kalendervierteljahres dem Gouvernement eine Übersicht über die Betriebseinnahmen zuzusenden. Aus der Übersicht muß die Höhe des fälligen Pachtzinses ersichtlich sein.

3. Zur Prüfung der Übersicht steht es dem Verpächter frei, durch von ihm zu entsendende Vertreter Einsicht in die Bücher der Pächterin und in sämtliche Einnahmebelege zu nehmen.

4. Erinnerungen gegen die Einstellung der Einnahmen sind nur bezüglich ihrer rechnerischen Richtigkeit und ihrer Verrechnungsstelle zulässig.

§ 11. Pachtzins.[a])

§ 12. Personal.

1. Die Pächterin ist verpflichtet, einen mit den nötigen Vollmachten ausgestatteten technisch gebildeten und im Betriebsdienst erfahrenen Betriebsleiter und einen Stellvertreter für diesen zu ernennen, die ihren Wohnsitz in Lome zu

---

[a]) Siehe Anm. [b]) S. 208.

nehmen haben. Der Betriebsleiter und sein Vertreter müssen Angehörige des Deutschen Reiches sein.

2. Die sonstigen bei der Unterhaltung und im Betriebe beschäftigten Angestellten müssen eine ihrer Verwendung entsprechende Vorbildung (die weißen Lokomotivführer gemäß den Bestimmungen des Bundesrats über die Befähigung von Eisenbahnbetriebsbeamten vom 5. Juli 1892 und den zugehörigen Nachträgen, die anderen weißen Angestellten gemäß den Betriebsvorschriften für Kleinbahnen mit Maschinenbetrieb vom 13. August 1898) und guten Leumund besitzen.

3. Farbiges Personal darf in der Unterhaltung und im Betriebe nur mit Zustimmung des Gouvernements beschäftigt werden. Es herrscht Einverständnis darüber, daß die Bestrebungen Förderung verdienen, farbiges Personal in tunlichst weitem Umfange, das heißt, soweit es unbeschadet der Betriebssicherheit möglich ist, selbst in verantwortlichen Stellungen zu verwenden.

4. Untüchtige und übel beleumundete Angestellte sind auf Verlangen des Gouvernements sofort zu entfernen.

§ 13. Fahrplan.

1. Die Pächterin hat eine den jeweiligen Verkehrsverhältnissen entsprechende Anzahl von Zügen zu fahren. Die Reisegeschwindigkeit der Züge soll mindestens 20 km in der Stunde betragen. Die Pächterin setzt den Fahrplan unter Befolgung dieser Verpflichtungen fest. Zu Änderungen des Fahrplans muß die vorherige Genehmigung des Gouvernements eingeholt werden.

2. Die Beförderungen im öffentlichen Interesse, insbesondere von Truppenteilen, gehen allen anderen vor und sind nach Möglichkeit gemäß den Wünschen des Gouvernements einzurichten.

3. Die Pächterin ist verpflichtet, jederzeit auf Verlangen des Regierungsarztes Kranke mit möglichster Beschleunigung nach Anecho zu befördern. Das Ablassen eines Sonderzuges zu diesem Zwecke kann der Regierungsarzt nur in Fällen von Lebensgefahr verlangen.

§ 14. Tarife.*)

§ 15. Ordnungsvorschriften für Fahrplan und Tarif.

1. Die Fahrpläne und die Beförderungspreise sowie deren Änderung sind vor ihrer Einführung öffentlich bekannt zu machen.

2. Die angesetzten Beförderungspreise haben gleichmäßig für alle Personen oder Güter Anwendung zu finden. Ermäßigungen der Beförderungspreise, welche nicht unter Erfüllung der gleichen Bedingungen jedermann zugute kommen, sind unzulässig.

§ 16. Anschlüsse.

1. Der Verpächter hat das Recht, den Anschluß an die Bahn mit Privatanschlußgleisen oder Anschlußbahnen zu gestatten oder selbst herzustellen, sofern der Pächterin die ihr daraus erwachsenden unmittelbaren Kosten ersetzt werden.

2. Die Pächterin ist verpflichtet, auf den Privatanschlußgleisen den Betrieb gegen angemessene Vergütung zu übernehmen und ferner den Übergang geeigneter Fahrzeuge der Anschlußbahnen ebenfalls gegen angemessene Vergütung zu gestatten.

---

*) Siehe Anm. *) S. 206.

§ 17. Bahnbaugüter.

Falls fiskalische Bauten zur Erweiterung der Bahnanlagen oder zur Einrichtung von Anschlußgleisen oder Anschlußbahnen ausgeführt werden, hat die Pächterin die hierzu erforderlichen Baumaterialien zu Frachtsätzen zu befördern, welche über die Selbstkosten nicht hinausgehen dürfen. Die Höhe dieser Sätze hat das Gouvernement nach Anhören der Pächterin festzusetzen.

§ 18. Aufsicht.

1. Die landespolizeiliche und technische Aufsicht liegt dem Gouvernement durch seine Beamten ob.

2. Das Gouvernement ist berechtigt, jederzeit durch von ihm zu bestellende Vertreter die Verkehrsanlage zu besichtigen. Die Pächterin ist berechtigt, zu verlangen, daß bei derartigen Besichtigungen ein von ihr zu bestimmender Beamter zugegen ist, und daß etwaige Mängel unter seiner Mitwirkung festgestellt werden. Die Vertreter des Gouvernements, welche in ihrer aufsichtsbehördlichen Diensttätigkeit in bezug auf die Verkehrsanlage auf dieser verkehren, sind von der Pächterin mit ihrem Gepäck gebührenfrei zu befördern.

§ 19. Rückgabe.

1. Bei Beendigung des Pachtverhältnisses findet die Rückgabe aller gepachteten Gegenstände auf Grund des bei Beginn des Pachtverhältnisses gemäß § 4 aufgenommenen Verzeichnisses und der gemäß § 3 geführten Aufstellung über abgegangene und zugegangene Gegenstände statt. Die Gegenstände müssen sich im betriebsfähigen und ordnungsmäßigen Zustande befinden.

2. Bei Rückgabe der Verkehrsanlage sind Materialien von gleichem Werte in natura oder Geld zu erstatten, wie sie beim Pachtbeginn übernommen sind, soweit sie nicht während der Pachtzeit mit Genehmigung des Gouvernements zu Neuanlagen gemäß § 8 verwendet sein werden. Im übrigen leistet die Pächterin für naturgemäße Wertverminderung der Gegenstände infolge ordnungsmäßigen Gebrauchs keinen Ersatz.

§ 20. Überlassung und Ausbildung von Personal.

1. Die Pächterin verpflichtet sich, ihre bei der Verkehrsanlage beschäftigten Bediensteten, soweit sie ihrer nicht mehr zur Abwicklung dieses Vertrages bedürfen wird, mit deren Einverständnis auf Wunsch der Pächterin am Tage der Rückgabe der Verkehrsanlage aus ihren Diensten zu entlassen, um ihnen den Eintritt in die Dienste des Gouvernements zu ermöglichen.

2. Auch ist sie verpflichtet, vom 1. Januar 1906 ab oder, falls dieser Vertrag vorher gekündigt sein sollte, vom Tage der Kündigung ab auf Wunsch des Gouvernements eine für den Betrieb und die Unterhaltung der Verkehrsanlage ausreichende Zahl von Bediensteten des Gouvernements in allen Dienstzweigen des Betriebes und der Unterhaltung kostenlos und gründlich auszubilden. Die Bezüge dieses letzteren Personals und seine Versicherung zahlt das Gouvernement.

§ 21. Übergabe und Rückgabe.

1. Die Übergabe bei Beginn und die Abnahme bei Beendigung der Pachtzeit erfolgt durch eine Kommission, bestehend aus einem Vertreter der Pächterin und zwei Vertretern des Verpächters. Von den letzteren muß einer technisch gebildet sein.

2. Über die Verhandlungen der Kommission ist ein Protokoll aufzunehmen und in je einer Ausfertigung jeder Vertragspartei einzuhändigen.

3. Findet eine Einigung der Kommissare über einzelne Punkte nicht statt, so sind diese Punkte im Protokoll auszuscheiden. Die Sondergutachten der Kommissare sind dem Protokoll beizufügen.

4. Die Kosten der Tätigkeit der Kommission trägt jede Partei an ihrem Teil außerhalb dieses Vertrages.

§ 22. Schiedsgericht.

1. Alle Meinungsverschiedenheiten zwischen der Pächterin und dem Verpächter hinsichtlich der Rechte und Pflichten aus diesem Vertrage, so namentlich auch nach Beendigung des Pachtverhältnisses, werden unter Ausschluß des ordentlichen Rechtsweges durch ein Schiedsgericht geschlichtet.

2. Der Teil, welcher ein Schiedsgericht anrufen will, hat dem anderen Teil eine darauf hinzielende Erklärung zugehen zu lassen, in welcher er selbst einen Schiedsrichter benennt. Innerhalb zweier Wochen nach Empfang hat der andere Teil einen zweiten Schiedsrichter zu benennen. Diese Frist wird auf 8 Wochen verlängert, sofern sich die zur Ernennung der Schiedsrichter nach dem Vertrage oder kraft besonderer Vollmacht berufenen Vertreter beider Parteien nicht im selben Erdteil befinden. Läßt der andere Teil die Frist verstreichen, ohne sich zu erklären, so ist der erste Teil befugt, den Präsidenten des Hanseatischen Oberlandesgerichts zu Hamburg um Ernennung eines zweiten Schiedsrichters für den anderen Teil anzugehen. Die beiden benannten Schiedsrichter haben sich alsbald über einen dritten Schiedsrichter, der zugleich die Stellung eines Obmannes einnehmen soll, zu einigen. Sofern sie sich nicht einigen können, hat der Präsident des Hanseatischen Oberlandesgerichts zu Hamburg den Obmann zu ernennen.

3. Die Schiedsrichter sind berechtigt, Erhebungen anzustellen, auch Sachverständige und Zeugen zu vernehmen. Den Erhebungen und Vornehmungen der Sachverständigen und Zeugen können Vertreter beider Teile beiwohnen.

4. Der Schiedsspruch, der auch über die Kosten des Verfahrens und ihre Verteilung zu entscheiden hat, ist schriftlich abzufassen und von den drei Schiedsrichtern zu vollziehen.

5. Das schiedsrichterliche Verfahren regelt sich im übrigen nach den Vorschriften der Zivilprozeß-Ordnung. Bei Stimmengleichheit im Schiedsgericht entscheidet der Obmann; in Fällen der Paragraphen 1045 und 1046 der Zivilprozeß-Ordnung ist das Gericht Berlin zuständig.

§ 23. Kaution.

Die Kaution, welche die Pächterin auf Grund des Vertrages über den Bau der Bahn Lome—Palime bei der Legationskasse des Auswärtigen Amts hinterlegt hat, haftet zugleich für die Verpflichtungen der Pächterin aus dem gegenwärtigen Vertrage.

§ 24. Kosten des Vertragsabschlusses.

Die Kosten des Abschlusses dieses Vertrages und insbesondere etwaige Stempelsteuergebühren hat die Pächterin zu tragen.

§ 25. Ausfertigung des Vertrages.

Dieser Vertrag wird in einer Hauptausfertigung für den Verpächter und in einer Nebenausfertigung für die Pächterin abgeschlossen, und zwar vorbehaltlich der Zustimmung des Bundesrates und des Reichstages zu den aus ihm für den Landesfiskus von Togo sich ergebenden finanziellen Folgen.

Berlin, den 10. August 1905.   Berlin, den 4. August 1905.
Auswärtiges Amt. Kolonial-Abteilung.   Lenz & Co.,
    I. V. Hellwig.   Gesellschaft mit beschränkter Haftung.
                                            F. Lenz

Pachtvertrag a. d. Fiskus d. Schutzgeb. Togo u. d. Gesellsch. Lenz & Co. a. Berl. 4./10. Aug.

Anlage zu Nr. 105.

Landungsbrücken- und Eisenbahntarif in Togo.

A. Brückentarif.

I. Personenverkehr.

1. Für die Beförderung von der Landungsbrücke in Lome bis an ein auf der Reede von Lome liegendes Schiff oder die gleiche Leistung in umgekehrter Richtung zahlen:

    a) Kajütspassagiere (Weiße) . . . 3 Mk.,
    b) Deckpassagiere (Farbige) . . . 1 „

2. Für Halbjahrskarten, die für die Dauer ihrer Gültigkeit zur Benutzung jeder öffentlichen Personenfahrgelegenheit zwischen Schiff und Brücke berechtigen, zahlen:

    a) Kajütspassagiere (Weiße) . . . 40 Mk.,
    b) Deckpassagiere (Farbige) . . . 20 „

3. Die im Landes- und Reichsdienste stehenden Personen sind für die in ihrer dienstlichen Eigenschaft geschehenen Fahrten von der Zahlung der Gebühr befreit.

4. Die Kapitäne und Offiziere der Schiffe sowie die Angehörigen der Kaiserlichen Deutschen Marine genießen freie Fahrt.

II. Gepäckverkehr.

5. Die Beförderung des Passagiergepäcks vom Zollamte in Lome bis an ein auf der Reede von Lome liegendes Schiff oder die gleiche Leistung in umgekehrter Richtung geschieht für die ersten 200 kg gebührenfrei und für je weitere angefangene 100 kg zu 0,90 Mk.

III. Beförderung von Hunden.

6. Die Beförderung von Hunden geschieht zu dem Satze des Viehtarifs.

IV. Güterverkehr.

7. Für die Beförderung der Güter von einer öffentlichen Verkehrsanlage oder einem Privatanschlußgleise der Bahn Lome—Anecho (mit Einschluß des Bahnhofs Lome) bis an ein auf der Reede von Lome liegendes Schiff oder die gleiche Leistung in umgekehrter Richtung werden erhoben:

    a) für Maschinen, Materialien und sonstige technische Hilfsmittel, die zum Bau, zur Ausrüstung oder zum Betriebe von Bahn-, Reichspost-, Reichstelegraphen-, Reichstelephon-, Hafen-, Bergwerks-, Steinbruch- oder Wasserversorgungsanlagen Verwendung finden sollen, für Maschinen zu landwirtschaftlichen oder industriellen Zwecken sowie für Postsendungen:

        für je angefangene 100 kg . . . 0,60 Mk.,

    b) für alle anderen Güter (außer Silber- und Goldgeld):
        für je angefangene 100 kg . . . . 0,90 Mk.,

    c) für Silber- und Goldgeld 0,1%.

8. Geld wird nur versiegelt angenommen und nur auf Gefahr des Versenders befördert.

9. Sperrgut wird mit dem 1½fachen seines wirklichen Gewichts in Ansatz gebracht. Bei Sendungen, die teils aus sperrigem, teils aus nicht sperrigem Gute bestehen, wird für das erstere das 1½fache, für das letztere das einfache

Gewicht berechnet. Als sperrig werden nur die in der Anlage 1 aufgeführten Güter betrachtet.

Unteranlage 1.

10. Das Aufladen der Güter auf die Eisenbahnwagen und das Abladen von diesen bei Beginn oder Beendigung der Beförderung ist Sache der Versender und Empfänger, soweit die Verwaltung die Übergabe des Gutes unmittelbar auf den Eisenbahnfahrzeugen zuläßt und für das Ladegeschäft die vorgeschriebene Ladefrist gewährt.

V. Viehverkehr.

11. Für die Beförderung lebender Tiere von einer öffentlichen Verkehrsanlage der Bahn Lome—Anecho (mit Einschluß des Bahnhofs Lome) bis an ein auf der Reede von Lome liegendes Schiff oder die gleiche Leistung in umgekehrter Richtung werden erhoben:

für ein Stück Großvieh (Pferde, Rinder usw.) 9,00 Mk.,
„ „ „ Kleinvieh (Schafe, Schweine, Ziegen, Hunde) . . . . 2,00 „
„ „ „ Geflügel . . . . 0,05 „

Die Gebühr für das Reinigen der Fahrzeuge ist einbegriffen.

12. Das Aufladen des Viehs auf die Eisenbahnwagen und das Abladen von diesen bei Beginn oder Beendigung der Beförderung ist Sache der Versender und Empfänger. Soweit die Sendung nicht einen ganzen Wagen ausfüllt, kann die Verwaltung verlangen, daß das Auf- und Abladen während des fahrplanmäßigen Aufenthalts des Zuges unmittelbar an diesem geschieht.

B. Bahntarif.

VI. Personenverkehr.

13. Für die Person und das Kilometer:

Klasse	I	II	III
Pfennig	25	15	9

14. Kinder bis zu 4 Jahren in Begleitung Erwachsener werden frei befördert, falls für sie kein besonderer Platz beansprucht wird. Sonst zahlen sie die Hälfte der vollen Fahrpreise.

Kinder vom vollendeten 4. bis zum vollendeten 10. Jahre zahlen die Hälfte der vollen Fahrpreise.

VII. Gepäckverkehr.

15. Reisegepäck wird nach dem Satz der Stückgutklasse I befördert.

16. In die Personenklassen I und II dürfen an Handgepäck und in die Personenklasse III an Handgepäck oder Traglasten 15 kg auf jede Kinderkarte und 30 kg auf jede andere Fahrkarte mitgenommen werden.

VIII. Beförderung von Hunden.

17. Die Beförderung von Hunden geschieht zu dem Satze des Viehtarifs.

IX. Güterverkehr.

18. Silber- und Goldgeld wird nur versiegelt angenommen und nur auf Gefahr des Versenders befördert. Die Gebühr beträgt für alle Entfernungen 0,1%.

19. Für 100 kg und 1 km werden erhoben:

in der Klasse		I	II	III	IV
für Stückgüter	Pf.	7,5	5,0	3,0	2,0
für Wagenladungsgüter	Pf.	6,0	4,0	2,0	1,0

20. Die Zugehörigkeit der Güter zu den einzelnen Klassen geht aus der Anlage 9 hervor. *Unteranlage 2.*

21. Zu den Stückgutsätzen werden die Güter befördert, die der Absender nicht als Wagenladung aufgibt.

22. Als Mindestgewicht für eine Stückgutsendung werden 20 kg berechnet. Im übrigen werden angefangene 10 kg für voll gerechnet. Die Fracht wird auf die nächst höhere durch fünf teilbare Pfennigsumme abgerundet.

23. Die Mindestfracht für eine Stückgutsendung beträgt 50 Pfennig.

24. Werden Stückgüter verschiedener Klassen, aber klassenweise getrennt verpackt, mit einem Frachtbriefe aufgegeben, so wird die Fracht für das ganze Gewicht nach dem Satze der teuersten in der Sendung vertretenen Stückgutklasse berechnet, sofern nicht das Gewicht nach Stückgutklassen getrennt angegeben und die Einzelberechnung billiger ist.

25. Werden Stückgüter verschiedener Klassen zu einem Frachtstück vereinigt, so wird die Fracht zu dem Satze der teuersten in der Sendung vertretenen Stückgutklasse berechnet.

26. Für sperrige Stückgüter gilt Artikel 9.

27. Das Auf- und Abladen der Stückgüter übernimmt die Bahnverwaltung ohne besondere Gebühr.

28. Zu den Wagenladungssätzen werden die Güter befördert, die der Absender mit einem Frachtbrief für einen Wagen als Wagenladung aufgibt.

29. Die Fracht für eine Wagenladung wird für ein Gewicht von 7000 kg berechnet.

30. Stellt sich für eine als Wagenladung aufgegebene Sendung die Fracht nach dem Stückguttarif billiger als nach dem Wagenladungstarife, so ist die erstere zu berechnen, sofern der Absender nicht ausdrücklich die Gestellung eines besonderen Wagens verlangt.

31. Wird eine Wagenladung aus Gütern verschiedener Klassen gebildet, so wird die Fracht zu dem Satze der teuersten in der Sendung vertretenen Wagenladungsklasse berechnet, sofern nicht das Gewicht nach Klassen getrennt angegeben und die Einzelberechnung billiger ist.

32. Das Auf- und Abladen der Wagenladungen ist Sache der Versender und Empfänger.

X. Viehverkehr.

33. Für das Stück und Kilometer (mit Einschluß der Reinigungsgebühr) bei:

	Einzelversand Pf.	Sammelversand (mindestens 12 Stück) Pf.	Mindestfracht für eine Sendung Mk.
Großvieh (Pferde, Rinder)	5	2,5	5,00
Kleinvieh (Schafe, Schweine, Ziegen, Hunde)	2	1	2,00
Geflügel	1	0,5	1,00

34. Stellt sich für eine Sendung von weniger als 12 Stück Vieh die Berechnung für 12 Stück zum Satze des Sammelversandes billiger als die Berechnung für die wirkliche Stückzahl zum Satze des Einzelversandes, so ist die erstere anzuwenden.

35. Für Auf- und Abladen von Vieh gilt Artikel 12.

C. Gemeinsame Bestimmungen zu A. und B.
XI. Nebengebühren.

36. Für das Auf- und Abladen einer Sendung wird mit der im Schlußsatz des Artikels 12 erwähnten Ausnahme eine Ladefrist von 24 Stunden gewährt. Sie rechnet von dem Augenblicke an, wo dem Empfänger oder Versender die Bereitstellung des Wagens mitgeteilt ist. Nach Ablauf der Ladefrist werden an Standgeld erhoben:

für einen Wagen von 7000 kg Ladegewicht und je angefangene 24 Stunden 2 Mk.,
für einen Wagen unter 7000 kg Ladegewicht und je angefangene 24 Stunden 1 Mk.

37. Für die Überführung eines beladenen Wagens auf ein Privatanschlußgleis oder von einem solchen werden, soweit diese Leistung nicht nach den obigen Bestimmungen ohne besondere Gebühr zu erfolgen hat, an Anschlußgebühr erhoben:

für einen Wagen von mindestens 7000 kg Ladegewicht 1 Mk.,
für einen Wagen von unter 7000 kg Ladegewicht 0,50 Mk.

38. Güter, die durch die Verwaltung abgeladen sind, werden 24 Stunden unentgeltlich gelagert. Die Frist rechnet von dem Augenblicke an, wo dem Empfänger die Ankunft des Gutes mitgeteilt ist. Nach Ablauf der Frist werden für je angefangene 24 Stunden und angefangene 100 kg 5 Pf. Lagergeld erhoben.

39. Für Auf- oder Abladen von Gütern, soweit es nicht nach den obigen Bestimmungen ohne besondere Gebühr zu erfolgen hat oder soweit es Sache der Versender oder Empfänger ist, aber auf deren Antrag oder infolge deren Säumigkeit durch die Verwaltung geschieht, werden für je angefangene 100 kg 5 Pf. erhoben.

40. Wägegeld wird erhoben für die Ermittlung des Gewichts von Gütern, deren Beförderung nach Gewicht berechnet wird,

a) wenn der Frachtbrief keine oder eine falsche Gewichtsangabe enthält,
b) wenn der Absender nach der amtlichen Verwiegung deren Wiederholung beantragt und der Unterschied beider Verwiegungen höchstens 2% beträgt,
c) wenn der Empfänger die Verwiegung beantragt und diese kein von der Verwaltung zu vertretendes Mindergewicht ergibt.

Das Wägegeld beträgt:

für die Verwiegung eines Wagens auf der Brückenwage 2 Mk.,
im übrigen für je angefangene 100 kg einer Frachtbriefsendung 5 Pf.

41. Für die Beförderung zu Wasser wird keine und für die Bahnbeförderung im Wagenladungsverkehr eine Deckenmiete von 3 Mk. für die Decke und die Fahrt erhoben.

42. Frachtbriefe werden zu 2 Pf. für das Stück und zu 1,50 Mk. für hundert Stück abgegeben. Für die Ausfüllung eines Frachtbriefes werden 10 Pf. berechnet.

43. Für jede Benachrichtigung über die Ankunft oder Bereitstellung von Gütern oder Wagen werden Gebühren in der Höhe der Frankaturbeträge erhoben, die bei Zustellung durch die Post entrichtet werden müssen.

44. Für Bahntelegramme werden dieselben Gebühren erhoben wie für Telegramme des Reichstelegraphen.

Pachtvertrag z. d. Fiskus d. Schutzgeb. Togo u. d. Gesellsch. Lenz & Co. s. Berl. 4./10. Aug. 219

XII. Höchstsätze der Bahn Lome—Anecho.

45. Bei Sendungen, die ganz oder teilweise auf der Bahn Lome—Anecho befördert werden, ohne über die Landungsbrücke in Lome zu gehen, sind für die Leistungen, die in den durch den Brückentarif vorgesehenen Leistungen einbegriffen sind, höchstens die Gebühren zu erheben, die nach dem Brückentarif für die gleichen oder weitergehenden Leistungen fällig sein würden.

D. Tarif auf Eisenbahnbaustrecken.

46. Soweit auf der Bahn Lome—Palime vor Beendigung der Bauarbeiten ein öffentlicher Verkehr zugelassen wird, gelten die Tarife unter B mit der Einschränkung, daß alle Güter nach den Stückgutsätzen tarifieren und die Güter der Klasse IV mit in die Klasse III rücken, sowie daß die Frachten im Viehverkehr stets zu den Sätzen des Einzelversandes berechnet werden. Für das Auf- und Abladen gelten Artikel 10 und 12, nicht Artikel 27.

Anlage 1
(Unteranlage 1 zu Nr. 165).

Verzeichnis der sperrigen Güter.

1. Bäume und Gesträuche, lebende sowie Christbäume (Weihnachtsbäume), unverpackt oder nicht in fester Verschnürung, ferner lebende Pflanzen und Blumen, unverpackt und unverhüllt.
   Als unverpackt gelten Bäume usw. auch dann, wenn sie nur mit einer Wurzelverpackung versehen sind.
2. Baumwolle, unentkernte Roh-.
3. Borke, rohe.
   Ausgenommen Eichen- und Nadelholzrinde sowie Rinde von Baumarten, welche nicht Gegenstand eines betriebsmäßigen Einschlags in der europäischen Forst- und Landwirtschaft sind.
4. Bottiche, hölzerne (Hohlgefäße mit nur einem Boden und von mindestens 4 hl Gehalt), leere, nicht ineinandergesetzte.
5. Fahrzeuge.
6. Fässer, hölzerne, neue leere.
   Ausgenommen ineinandergesetzte Fässer und Fässer aus Eichenholz mit eisernen Reifen, welche bei einer Holzstärke von mindestens 3 cm, am Kopfe gemessen, bis zu 1 hl Gehalt haben.
7. Fässer aus Papierstoff, neue leere, ausgenommen ineinandergesetzte.
8. Faßreifen (Tonnenbänder), hölzerne.
9. Federbetten.
10. Federn, folgende: Daunen, Flaum- und Schleißfedern (gerissene Bettfedern).
    Ausgenommen ungerissene gekielte Bettfedern und ungerissene gekielte Federn anderer Art (Zierfedern).
11. Getreidereinigungsmaschinen, landwirtschaftliche (Windfegen).
    Ausgenommen die hauptsächlich aus Eisen bestehenden Getreidereinigungsmaschinen, Getreidesortiermaschinen, auch Trieure.
12. Glas- und Tonballons, leere, verpackt.
    Unverpackt werden dieselben nur als Wagenladungen angenommen.
13. Häcksel.
14. Heu.
    Ausgenommen in gepreßten Ballen von mindestens 80 kg Einzelgewicht oder in Zöpfen.

15. Hopfen.
  Ausgenommen in Ballen zylindrischer oder runder Form von mindestens 100 kg Einzelgewicht (für solche Ballen von über 60 bis 100 kg Einzelgewicht wird die Fracht nur für 100 kg berechnet), ferner in rechtwinkligen Ballen, in Kisten oder in Metallzylindern.
16. Hüte aller Art und gesteifte Hutstumpen.
  Ausgenommen in verschnürten Ballen oder im Falle der überseeischen Ausfuhr in Kisten.
17. Kasten von Eisenbahnwagen (ausgenommen Kipp- und Förderwagen) und Land- (Straßen-) Fahrzeugen.
18. Kisten, Lattenkisten, Harasse, hölzerne, leere neue, nicht ineinandergesetzte und nicht zerlegte in Bündeln.
  Ausgenommen Bierkisten mit Fächereinsatz, Zigarrenkistchen und Kistchen, leztere, wenn sie in Lattengestellen oder offenen Kisten verpackt sind.
19. Korbwaren, als Körbe, auch Latten- und Geflügelkörbe, leere neue, Korbgeflechte und Korbmöbel.
  Ausgenommen Backschüsseln und Futterschwingen in Satzform oder aneinandergereiht.
20. Korkwaren, Korkstöpsel.
21. Möbel aus gebogenem Holz, unzerlegte.
22. Rauhkarden, Weberdisteln.
23. Rohr (Schilfrohr), auch Schilf und Seile aus Schilf.
24. Seegras, Waldgras, Alpengras, Alpha, Esparto, Espartogras.
  Ausgenommen in verschnürten Ballen oder in Zöpfen.
25. Sofagestelle.
26. Stroh, auch Raps- und Reisstroh (ausgenommen in gepreßten Ballen von mindestens 60 kg Einzelgewicht oder in Zöpfen) und Seile aus Stroh.
27. Stühle und Stuhlgestelle, unter Ausschluß der eisernen, unzerlegte oder nicht zusammenlegbare, nicht gepolsterte.
28. Watte.
  Ausgenommen ungeleimte baumwollene Fabrikate (Charpie-Baumwollfließe, gekrempelte Charpie-Baumwolle, medizinische Verbandwatte).
29. Wolle und Wollabfälle, gewaschene.
  Ausgenommen in Ballen runder oder zylindrischer Form von mindestens 100 kg Einzelgewicht oder in rechtwinkligen Ballen.

Anlage 2
(Unteranlage 2 zu Nr. 106).

I. 75/60 Pf./tkm	II. 50/40 Pf./tkm	
Alle Güter, soweit sie nicht einer andern Klasse ausdrücklich zugewiesen sind.	Bier	Manufakturen
	Branntwein	Mineralwasser
	Fruchtsaft	Möbel, fertige
	Kaffee	Palmöl
	Kakao	Papierwaren
	Kolanüsse	Pfeffer
	Konserven	Schokolade
	Konfektionsindustrie, Erzeugnisse der	Tabak
		Tabakfabrikate
		Tee
		Wein
		Zeuge
		Zucker

III.	Maniok	Baumaschinen
30/20	Mais	Baugeräte
Pf./tkm	Mehl	Baumaterialien
	Mineralöle	Brennholz
Baumwolle, gepreßte, ent-	Milch, frische	Erze
kernte Roh-	Obst, frisches	Holzkohlen
Backwaren	Petroleum	Holzzement
Butter	Palmkerne	Kalk
Eier	Piassava	Kies
Emballagen, gebrauchte	Reis	Kokosnüsse
Erdnüsse	Roggen	Maschinen, landwirtschaft-
Fässer, leere	Schlachter	liche
Felle, rohe	Salz	Ölpalmfrüchte
Flaschen, leere	Säcke, leere	Ölpalmnüsse, angeöffnete
Fleisch, frisches	Weizen	Ölkuchen
Gemüse, frisches	Wolle, Roh-	Pflanzen, lebende
Gras	Yams	Palmblätter
Häute, rohe		Preßrückstände der Ölpalm-
Heu		früchte
Honig	IV.	Pech
Hörner, rohe	20/10	Sämereien
Hülsenfrüchte, frische	Pf./tkm	Stecklinge
Kartoffeln		Steinkohlen
Kassada	Asphalt	Steine
Kopra	Baumwolle, unentkernte	Sand
Käse	Braunkohlen	Schinken
Kisten, leere	Briketts	Teer

106. Kaiserliche Bergverordnung für Deutsch-Südwestafrika. Vom 8. August 1905.

(Reichs-Gesetzbl. S. 717, Beilage zum Kol. Bl. vom 15. September 1905, S. 11.)

Wir Wilhelm, von Gottes Gnaden Deutscher Kaiser, König von Preußen usw. verordnen für das Südwestafrikanische Schutzgebiet auf Grund der §§ 1, 3, 6 Nr. 1 des Schutzgebietsgesetzes (Reichs-Gesetzbl. 1900 S. 813) im Namen des Reichs, was folgt:

I. Allgemeine Vorschriften.

§ 1. Von dem Verfügungsrechte des Grundeigentümers ausgeschlossene Mineralien.

Die nachstehend bezeichneten Mineralien sind von dem Verfügungsrechte des Grundeigentümers ausgeschlossen. Sie dürfen nur nach den Vorschriften dieser Verordnung aufgesucht und gewonnen werden.

I. Edelmineralien.

1. Edelmetalle (Gold, Silber und Platin), gediegen und als Erze,
2. Edelsteine.

II. Gemeine Mineralien.

1. Alle vorstehend nicht genannten Metalle, gediegen und als Erze,
2. Glimmer und Halbedelsteine,
3. Kohlen, Salze und nutzbare Erden, und zwar:
   a) Steinkohlen, Braunkohlen und Graphit,
   b) Bitumen in festem, flüssigem und gasförmigem Zustand, insbesondere Erdöl und Asphalt,
   c) Steinsalz nebst den auf derselben Lagerstätte brechenden Salzen und die Solquellen,

d) Erden, die wegen ihres Gehalts an Schwefel oder zur Darstellung von Alaun, Vitriol und Salpeter verwendbar sind.

Die Entnahme von Kochsalz aus den sogenannten Salzpfannen ist dieser Verordnung nicht unterworfen.

§ 2. Bergbaubetrieb des Fiskus. Zulassung Eingeborener zum Bergbau.

Die Aufsuchung und Gewinnung von Mineralien für Rechnung des Reichs oder des Landesfiskus unterliegt den Vorschriften dieser Verordnung.

Eingeborene und andere Farbige können das Recht zur Aufsuchung und Gewinnung von Mineralien nur erwerben, soweit sie vom Reichskanzler oder mit seiner Zustimmung vom Gouverneur dazu ermächtigt sind. Verträge, welche dieser Bestimmung zuwiderlaufen, sind rechtsunwirksam.

§ 3. Bestellung von Vertretern im Schutzgebiete.

Für alle das Schürfen (§ 10) und den Bergbau (§ 36) betreffenden gerichtlichen und außergerichtlichen Angelegenheiten müssen Personen, die nicht im Schutzgebiet ihren Wohnsitz oder dauernden Aufenthalt haben, sowie Gesellschaften, die dort keine Niederlassung im Sinne der §§ 17, 21 der Zivilprozeßordnung haben, einen sich daselbst dauernd aufhaltenden Vertreter gerichtlich oder notariell bestellen und der Bergbehörde bezeichnen. Der Gouverneur ist befugt, den Wohnsitz oder Aufenthalt oder die Niederlassung in solchen Teilen des Schutzgebiets, welche von dem Sitze der Bergbehörde besonders schwer erreichbar sind, dem Wohnsitz oder Aufenthalt oder der Niederlassung außerhalb des Schutzgebiets für gleich zu erklären.

Bis die im Absatz 1 bezeichnete Verpflichtung erfüllt wird, ist der Gouverneur befugt, auf Kosten des Verpflichteten einen Vertreter zu bestellen.

Eingeborene und andere Farbige dürfen als Vertreter nur mit Zustimmung der Bergbehörde bestellt werden.

§ 4. Beschwerde gegen Entscheidungen der Verwaltungsbehörden.

Gegen die in Ausführung dieser Verordnung ergehenden Entscheidungen der Verwaltungsbehörden findet die Beschwerde statt, soweit sie nicht für ausgeschlossen erklärt ist.

Auf das Beschwerdeverfahren finden, soweit in dieser Verordnung nicht ein anderes vorgeschrieben ist, die auf die Beschwerde gegen Polizeiverfügungen bezüglichen Vorschriften der §§ 10 bis 21 der Kaiserlichen Verordnung, betreffend die Zwangs- und Strafbefugnisse der Verwaltungsbehörden in den Schutzgebieten Afrikas und der Südsee, vom 14. Juli 1905*) mit der Maßgabe entsprechende Anwendung, daß die Frist für die Beschwerde, abgesehen von den in der gegenwärtigen Verordnung vorgesehenen Ausnahmefällen, drei Monate, für die weitere Beschwerde vier Wochen beträgt.

§ 5. Rechtsweg gegen Entscheidungen der Verwaltungsbehörden.

Gegen die in Ausführung dieser Verordnung ergehenden Entscheidungen der Verwaltungsbehörden über Ansprüche privatrechtlicher Natur ist neben der Beschwerde (§ 4) der Rechtsweg insoweit zulässig, als er nicht ausdrücklich ausgeschlossen ist. Soweit hiernach der Rechtsweg zulässig ist, findet aus den bezeichneten Entscheidungen auf Antrag des danach Berechtigten und auf dessen Gefahr eine vorläufige Zwangsvollstreckung durch das nach § 764 Absatz 2 der Zivilprozeßordnung zuständige Gericht statt. Die Vollstreckung hängt davon ab, daß der Berechtigte die Stellung einer angemessenen Sicherheit für den

---

*) Oben Nr. 93.

Ersatz des dem anderen Teile aus der Vollstreckung erwachsenden Schadens nachweist.

Der Antragsteller ist auch ohne Verschulden und über den Betrag der geleisteten Sicherheit hinaus zum Schadensersatze verpflichtet.

Die Haftung der Sicherheit erlischt mit dem Ablaufe von zwei Jahren nach ihrer Bestellung, es sei denn, daß bis dahin der Rechtsweg beschritten ist.

Abgesehen von den vorstehenden Fällen sind die in dieser Verordnung vorgesehenen Entscheidungen und sonstigen Anordnungen der Verwaltungsbehörden vollstreckbar nach Maßgabe der allgemeinen, für die Vollstreckung von Anordnungen der Verwaltungsbehörden im Südwestafrikanischen Schutzgebiete geltenden Vorschriften.

§ 6. Zuständigkeit der Gerichte.

Wo auf Grund dieser Verordnung ein gerichtliches Verfahren stattfindet, ist das Bezirksgericht, in dessen Bezirke das Schürffeld oder Bergbaufeld liegt, ausschließlich zuständig.

Liegt das Feld in den Bezirken mehrerer Gerichte, so bestimmt der zur Ausübung der Gerichtsbarkeit zweiter Instanz ermächtigte Beamte, welches dieser Gerichte ausschließlich zuständig ist.

§ 7. Vernehmung von Zeugen und Sachverständigen.

Den Verwaltungsbehörden bleibt es überlassen, vor den in Ausführung dieser Verordnung ergehenden Entscheidungen Zeugen und Sachverständige zu hören. Auf die Zuziehung und die Vernehmung finden die Vorschriften der Zivilprozeßordnung über den Beweis durch Zeugen und Sachverständige entsprechende Anwendung.

§ 8. Rechtshilfe.

Auf das Verfahren der Verwaltungsbehörden finden die auf die Rechtshilfe bezüglichen Vorschriften des § 30 der Kaiserlichen Verordnung, betreffend die Zwangs- und Strafbefugnisse der Verwaltungsbehörden in den Schutzgebieten Afrikas und der Südsee, vom 14. Juli 1905 entsprechende Anwendung.

§ 9. Bekanntmachungen.

Die in dieser Verordnung vorgeschriebenen öffentlichen Bekanntmachungen der Verwaltungsbehörden erfolgen in der ortsüblichen Weise, jedenfalls durch Anheftung an die Amtstafel der entscheidenden Behörde. Mit der ersten Anheftung, die zu beurkunden ist, ist die Bekanntmachung als bewirkt anzusehen.

Auf die Bekanntmachungen an bestimmte Personen finden die Vorschriften des § 29 der Kaiserlichen Verordnung, betreffend die Zwangs- und Strafbefugnisse der Verwaltungsbehörden in den Schutzgebieten Afrikas und der Südsee, vom 14. Juli 1905 über Bekanntmachungen Anwendung.

II. Vom Schürfen.

A. Im allgemeinen.

§ 10. Allgemeine Schürffreiheit.

Die Aufsuchung der im § 1 bezeichneten Mineralien auf ihren natürlichen Ablagerungen (das Schürfen) ist einem jeden gestattet.

§ 11. Verbot von Schürfarbeiten an gewissen Stellen.

Auf öffentlichen Wegen, öffentlichen Plätzen und Eisenbahnen sowie auf Begräbnisstätten darf nicht geschürft werden.

Auf anderen Grundstücken ist das Schürfen unstatthaft, soweit nach der Entscheidung der Bergbehörde überwiegende Gründe des öffentlichen Interesses entgegenstehen. Die Bergbehörde entscheidet auch, in welcher Entfernung von Quellen oder sonstigen Wasserstellen das Schürfen unstatthaft ist.

Unter Gebäuden und in einer Entfernung von ihnen bis zu fünfzig Meter sowie in Gärten und eingefriedigten Hofräumen darf nicht geschürft werden, es sei denn, daß die zur Nutzung des Grundstücks Berechtigten und der Eigentümer ihre ausdrückliche Einwilligung erteilt haben.

§ 12. Schürfarbeiten auf fremdem Grund und Boden.

Der Schürfer kann die Überlassung der Benutzung des zur Anlage von Baulichkeiten, Wegen, Halden-, Ablage- und Niederlageplätzen und zu Weidezwecken erforderlichen fremden Grund und Bodens sowie des darauf befindlichen Wassers und Holzes insoweit verlangen, als die Überlassung für die Schürfarbeiten notwendig ist, Weide, Wasser und Holz jedoch nur, soweit die Überlassung ohne wesentliche Schädigung des Wirtschaftsbetriebs geschehen kann. Wegen Überlassung dieser Benutzung hat sich der Schürfer in Ansehung eines bewirtschafteten Grundstücks mit dem Nutzungsberechtigten oder dessen Vertreter zum Zwecke einer Vereinbarung in Verbindung zu setzen.

Die Benutzung des mit Wohn- oder Wirtschaftsgebäuden bebauten Grund und Bodens und der damit in Verbindung stehenden Gartenanlagen und eingefriedigten Hofräume kann der Schürfer nicht verlangen.

§ 13. Entschädigung für entzogene oder verminderte Nutzung.

Der Schürfer ist verpflichtet, den zur Nutzung des Grundstücks Berechtigten für die entzogene oder verminderte Nutzung monatlich im voraus vollständige Entschädigung zu leisten und das Grundstück nach beendigter Benutzung zurückzugeben.

§ 14. Ersatz für Wertverminderung.

Tritt durch die Benutzung eine Wertverminderung des Grundstücks oder einer darauf ruhenden Dienstbarkeit ein, so muß der Schürfer bei der Rückgabe des Grundstücks den Minderwert ersetzen. Für die Erfüllung dieser Verpflichtung kann der Grundeigentümer wie auch der Dienstbarkeitsberechtigte schon bei der Überlassung zur Benutzung die Bestellung einer angemessenen Sicherheit verlangen.

§ 15. Verpflichtung des Schürfers zum Grunderwerbe.

Wenn feststeht, daß die Benutzung länger als drei Jahre dauern wird, oder wenn die Benutzung nach Ablauf von drei Jahren noch fortdauert, so kann der Grundeigentümer verlangen, daß der Schürfer das Eigentum des Grundstücks und seines Zubehörs erwerbe.

§ 16.

Bezieht sich die Benutzung nur auf einen Teil eines Grundstücks, so kann in den Fällen des § 15 nur die Erwerbung dieses Teiles verlangt werden, es sei denn, daß der übrig bleibende Teil nicht mehr zweckmäßig würde benutzt werden können.

§ 17. Vorkaufsrecht des Grundeigentümers.

Hinsichtlich aller zu Schürfzwecken veräußerten Teile von Grundstücken steht, wenn in der Folge das Grundstück zu bergbaulichen Zwecken entbehrlich wird, demjenigen ein Vorkaufsrecht zu, der zu dieser Zeit Eigentümer des durch die ursprüngliche Veräußerung verkleinerten Grundstücks ist.

§ 18. Streitigkeiten zwischen Schürfer und Grundstücksberechtigten.

Können sich der Schürfer und die nach den Vorschriften der §§ 12 bis 16 ihm gegenüber Berechtigten nicht einigen, so entscheidet die Bergbehörde nach Anhörung beider Teile darüber, ob, in welchem Umfang und unter welchen Bedingungen die Schürfarbeiten unternommen werden dürfen und der Schürfer zur Entschädigung oder zum Erwerbe des Grundeigentums verpflichtet ist. Über die Verpflichtung zur Überlassung der Benutzung findet der Rechtsweg nur statt, wenn die Befreiung von dieser Verpflichtung auf Grund des § 11 Absatz 1, 3 oder eines besonderen Rechtstitels behauptet wird.

Die Bergbehörde darf die Schürfarbeiten nur in den Fällen des § 11 untersagen. Sie setzt beim Mangel einer Einigung unter den Beteiligten die Entschädigung und Sicherheit fest.

§ 19. Schürfen auf Eingeborenenland.

Ob, in welchem Umfang und unter welchen Bedingungen das Schürfen auf Eingeborenenland statthaft ist, entscheidet, unbeschadet der Schadensersatzansprüche, der Bezirksamtmann.

§ 20. Schadensersatz für Beschädigungen von Grundstücken.

Der Schürfer ist verpflichtet, für den Schaden, welcher einem Grundstück oder dessen Zubehör durch das Schürfen zugefügt wird, Ersatz zu leisten.

Der Schürfer ist nicht zum Ersatze des Schadens verpflichtet, der an Gebäuden oder anderen Anlagen durch das Schürfen entsteht, wenn solche Anlagen zu einer Zeit errichtet worden sind, wo die ihnen durch das Schürfen drohende Gefahr bei Anwendung gewöhnlicher Aufmerksamkeit nicht unbekannt bleiben konnte.

Muß wegen einer derartigen Gefahr die Errichtung solcher Anlagen unterbleiben, so fällt der Anspruch auf die Vergütung der Wertverminderung, die das Grundstück dadurch erleidet, fort, wenn sich aus den Umständen ergibt, daß die Absicht, solche Anlagen zu errichten, nur behauptet wird, um jene Vergütung zu erzielen.

§ 21. Verjährung.

Ansprüche auf Ersatz eines durch das Schürfen verursachten Schadens (§ 20), die sich nicht auf Vertrag gründen, verjähren in drei Jahren von dem Zeitpunkt an, in dem der Verletzte von dem Schaden und der Person des Ersatzpflichtigen Kenntnis erlangt, ohne Rücksicht auf diese Kenntnis in dreißig Jahren von dem Eintritte des Schadens an.

§ 22. Verfügungsrecht des Schürfers über die beim Schürfen geförderten Mineralien.

Der Schürfer darf ohne Zustimmung der Bergbehörde über die bei seinen Schürfarbeiten geförderten Mineralien (§ 1) nur zu Probe-, Versuchs- oder wissenschaftlichen Zwecken sowie zu Zwecken seiner eigenen Schürfarbeiten verfügen.

Die Bergbehörde kann, unbeschadet der im § 91 Nr. 1 angedrohten Strafe, von dem, der die Vorschrift des Abs. 1 übertritt, die Herausgabe des Wertes der Mineralien, über welche unbefugt verfügt worden ist, verlangen.

B. Vom Schürffelde.

§ 23. Belegung von Schürffeldern.

Der Schürfer kann nach Maßgabe der folgenden Vorschriften ein oder mehrere Schürffelder, sei es als Edelmineralschürffelder, sei es als gemeine Schürffelder, belegen.

Durch die Belegung schließt der Schürfer jeden Dritten, vorbehaltlich bereits erworbener Rechte, in einem Edelmineralschürffelde vom Schürfen und vom Bergbau auf sämtliche im § 1 bezeichnete Mineralien, in einem gemeinen Schürffelde vom Schürfen und vom Bergbau auf die im § 1, II bezeichneten Mineralien aus (Schließung des Schürffeldes).

Die Schürffelder haben, vorbehaltlich etwaiger Ausfälle durch Rechte Dritter, in wagerechter Erstreckung die Form eines Rechtecks, und zwar betragen die Seitenlinien eines Edelmineralschürffeldes höchstens vierhundert zu zweihundert Meter, eines gemeinen Schürffeldes höchstens zwölfhundert zu sechshundert Meter.

§ 24.

Die Belegung des Schürffeldes hat in der Weise zu erfolgen, daß an einer in die Augen fallenden Stelle, tunlichst in der Mitte des Schürffeldes, ein deutlich erkennbares Merkmal aufgerichtet und unterhalten wird. Auf dem Merkmale sind in haltbarer Schrift anzugeben:
1. der Name des Schürfers;
2. die Art des Schürffeldes (Edelmineralschürffeld, gemeines Schürffeld);
3. der Tag und die Stunde der Aufrichtung des Merkmals;
4. behufs Unterscheidung mehrerer von demselben Schürfer in demselben Distrikte belegter Schürffelder eine Ordnungsnummer.

Zu beiden Seiten des Merkmals sind geradlinige, mindestens zwei Meter lange Gräben zu ziehen, welche die Richtung der Langseiten des Schürffeldes bezeichnen. Soll das Merkmal nicht mit dem Mittelpunkt des Schürffeldes zusammenfallen, so ist auch die Lage des Merkmals zu den Eckpunkten oder zum Mittelpunkte des Schürffeldes anzugeben.

Der Gouverneur kann andere Vorschriften über die Form und Beschaffenheit des Merkmals erlassen.

Das Aufrichten von Schürfmerkmalen darf nur in der Zeit zwischen Sonnenaufgang und Sonnenuntergang erfolgen.

§ 25.

Entspricht das Merkmal den im § 24 Absatz 1 vorgeschriebenen oder gemäß § 24 Absatz 3 vom Gouverneur vorzuschreibenden Erfordernissen nicht, so tritt die Schließung des Schürffeldes nicht ein.

§ 26. Kenntlichmachung der Schürffeldgrenzen.

Binnen zwei Wochen nach Belegung des Schürffeldes müssen dessen Eckpunkte durch deutlich sichtbare, wenigstens ein Meter hohe Pfähle oder Steinmale, an welchen die im § 24 Absatz 1 vorgeschriebenen oder gemäß § 24 Absatz 3 vom Gouverneur vorzuschreibenden Angaben vermerkt sind, kenntlich gemacht sein. Falls die Eckpunkte unzugänglich sind, ist ihre Lage anderweit derart kenntlich zu machen, daß sie in der Natur ohne weiteres ersichtlich ist.

Wird der Vorschrift des Absatzes 1 nicht genügt, so hört die Schließung des Schürffeldes auf. Die gleiche Folge tritt ein, wenn die zulässige Feldesgröße überschritten oder wenn von der vorgeschriebenen Form wesentlich abgewichen wird.

§ 27. Schürffeldgebühr.

Für jedes Edelmineralschürffeld ist eine Schürffeldgebühr von monatlich zehn Mark, für jedes gemeine Schürffeld eine solche von monatlich fünf Mark im voraus zu entrichten, und zwar für die Zeit vom ersten Tage des Monats, in welchem die Belegung des Schürffeldes stattfindet, bis zum letzten Tage des Monats, in welchem der Antrag auf Umwandlung des Schürffeldes bei der zuständigen Behörde gestellt (§ 37) oder die Umwandlung von der Bergbehörde verfügt (§ 38) wird oder die Schließung des Schürffeldes aufhört.

Die Gebühr ist an die Bergbehörde oder eine andere von dem Gouverneur bezeichnete Behörde für wenigstens sechs Monate zu zahlen und wird erstmalig am Tage der Anzeige von der Belegung des Schürffeldes (§ 28), in der Folgezeit am ersten jedes Kalendermonats fällig. Ist sie nicht am Tage der Fälligkeit entrichtet, so hört die Schließung des Schürffeldes auf.

§ 28. Anzeige.

Von der Belegung des Schürffeldes ist sofort der Bergbehörde schriftlich oder zu Protokoll Anzeige zu erstatten. Der Gouverneur kann vorschreiben, daß die Anzeige bei einer anderen Behörde anzubringen ist.

Die Anzeige muß enthalten:
1. den Namen, Stand und Wohnort des Schürfers;
2. den Distrikt, in dem das Schürffeld belegen ist;
3. die Art des Schürffeldes (Edelmineralschürffeld, gemeines Schürffeld);
4. den Tag und die Stunde der Aufrichtung des Merkmals;
5. die möglichst genaue Beschreibung der Lage und Ausdehnung des Schürffeldes unter Angabe der Ordnungsnummer und Beifügung einer Skizze, aus der dessen Grenzen, seine Größenverhältnisse, die vorhandenen Geländegegenstände (Tagesgegenstände) sowie die Nordrichtung in der Weise ersichtlich sein müssen, daß das Schürffeld danach im Gelände aufgefunden werden kann.

Der Gouverneur kann vorschreiben, daß die Anzeige noch weitere Angaben zu enthalten hat oder in bestimmter Form zu erstatten ist.

Fehlt der Anzeige eine der erforderlichen Angaben, so kann die Behörde (Absatz 1) für die Vervollständigung eine Nachfrist setzen.

§ 29.

Geht die Anzeige nicht binnen vier Wochen nach Belegung des Schürffeldes oder im Falle der Setzung einer Nachfrist binnen dieser Frist bei der Behörde ein, so hört die Schließung des Schürffeldes auf.

§ 30. Übertragbarkeit des Schürfrechts.

Zur Übertragung des Rechts am Schürffeld ist die Einigung des Veräußerers und des Erwerbers erforderlich und ausreichend. Die Erklärungen müssen schriftlich oder zu Protokoll einer öffentlichen Behörde des Schutzgebiets abgegeben werden. Die Übertragung kann nicht unter einer Bedingung oder Zeitbestimmung erfolgen. Die Übertragung ist der Bergbehörde anzuzeigen. Bis zum Eingange der Anzeige kann der in dem Schürfregister Eingetragene von der Bergbehörde als der hinsichtlich des Schürffeldes Berechtigte und Verpflichtete behandelt werden.

Über die Eintragung wird auf Antrag gegen Entrichtung einer Gebühr von zehn Mark eine Bescheinigung erteilt.

§ 31. Aufgabe des Rechtes am Schürffelde.

Das Recht am Schürffelde kann dadurch aufgegeben werden, daß der Schürfer von dem Verzichte der Bergbehörde schriftlich oder zu Protokoll Anzeige erstattet. Mit dem Eingange der Anzeige hört die Schließung des Schürffeldes auf.

§ 32. Verpflichtung, dem Nachbarschürfer die Grenze nachzuweisen.

Der Schürfer ist verpflichtet, jedem Nachbarschürfer auf Verlangen den Verlauf der Grenzen seines Schürffeldes entweder selbst oder durch eine mit den Verhältnissen vertraute, bevollmächtigte Person vorzuweisen.

§ 33. Entfernung von Merkmalen und Grenzzeichen.

Bei Aufhören der Schließung des Schürffeldes ist der Schürfer verpflichtet, das Merkmal und die Grenzzeichen in deutlich erkennbarer Weise zu entfernen. Die gleiche Verpflichtung hat er, wenn die Schließung des Schürffeldes gemäß § 25 nicht eingetreten ist.

Kommt der Schürfer seiner Verpflichtung nicht nach, so kann die Entfernung, unbeschadet der im § 91 Nr. 1 angedrohten Strafen, behördlicherseits auf Kosten des Verpflichteten bewirkt werden.

§ 34. Schürfregister.

Jede form- und fristgerecht angezeigte Belegung eines Schürffeldes sowie die Übertragung oder Aufgabe des Rechtes am Schürffelde wird in ein bei der Bergbehörde zu führendes Schürfregister eingetragen.

Über die erste Eintragung jedes Schürffeldes wird von Amts wegen und unentgeltlich eine Bescheinigung erteilt.

Die weiteren Vorschriften über Inhalt und Führung des Schürfregisters werden vom Gouverneur erlassen.

§ 35.

Die Einsicht des Schürfregisters ist einem jeden gestattet.

III. Vom Bergbau.

A. Vom Bergwerkseigentum im allgemeinen.

§ 36. Bergbau.

Die regelmäßige Gewinnung von Mineralien der im § 1 bezeichneten Art (der Bergbau) ist nur in einem Bergbaufelde gestattet.

§ 37. Umwandlung des Schürffeldes in ein Bergbaufeld auf Antrag.

Der Schürfer kann jederzeit auch ohne den Nachweis eines Fundes beanspruchen, daß sein Schürffeld oder ein Teil desselben in ein Bergbaufeld umgewandelt wird.

Der Umwandlungsantrag ist unter Angabe des dem Bergbaufelde beizulegenden Namens bei der Bergbehörde zu stellen. Dem Antrag ist ein Plan nebst einer Beschreibung beizufügen, woraus Lage und Größe des Bergbaufeldes ersichtlich sind (Lageplan).

Der Gouverneur kann eine andere Behörde zur Entgegennahme des Umwandlungsantrags für zuständig erklären.

§ 38. Umwandlung gegen den Willen des Schürfers.

Wenn in dem Schürffelde Mineralien (§ 1) regelmäßig gewonnen werden, oder wenn das Schürffeld zwei Jahre geschlossen gehalten worden ist, kann die Bergbaubehörde die Umwandlung auch gegen den Willen des Schürfers vornehmen. Statt dessen kann sie das Aufhören der Schließung des Schürffeldes aussprechen.

Das Recht an einem Schürffelde, dessen Schließung gemäß Absatz 1 aufgehört hat, kann von derselben Person oder Gesellschaft nicht wieder erworben werden. Ebenso kann Dritten von der Bergbehörde das Schürfen untersagt oder das Recht am Schürffelde nachträglich entzogen werden, wenn sich aus den Umständen ergibt, daß eine Umgehung der Vorschriften des Absatz 1 beabsichtigt ist.

Die in diesem Paragraphen erwähnten Entscheidungen unterliegen nicht der Anfechtung im Rechtswege.

Der Gouverneur kann die im Absatz 1 bezeichnete zweijährige Frist allgemein oder in einzelnen Fällen bis auf ein Jahr herabsetzen.

§ 39. Form des Bergbaufeldes.

Das Bergbaufeld soll, abgesehen von Ausfällen durch Rechte Dritter, die Form eines Rechtecks haben, dessen Langseiten höchstens fünfmal so lang sind, wie die Schmalseiten.

Nach der Teufe wird das Feld von senkrechten Ebenen begrenzt, welche den Seiten des Rechtecks folgen.

Der Flächeninhalt des Bergbaufeldes ist nach der waagerechten Erstreckung in Hektaren zu bestimmen.

§ 40. Zusammenlegung mehrerer Schürffelder in ein Bergbaufeld.

Mit Zustimmung der Bergbehörde können mehrere unmittelbar aneinanderstoßende Schürffelder oder Teile derselben zu einem Bergbaufelde vereinigt werden.

§ 41. Vermessung und Vermarkung des Bergbaufeldes.

Der Umwandlung hat eine Vermessung und Vermarkung des Bergbaufeldes vorauszugehen. Die Bergbehörde ist ermächtigt, hiervon Ausnahmen zu gestatten.

Ist die Vermessung und Vermarkung erforderlich und weigert sich der Schürfer, sie zu bewirken, so ist die Umwandlung zu versagen. Mit der Bekanntmachung des die Umwandlung endgültig versagenden Bescheides an den Schürfer hört die Schließung des Schürffeldes auf. Der Bescheid unterliegt nicht der Anfechtung im Rechtswege.

Die Vermessung und Vermarkung des Bergbaufeldes erfolgt nach den vom Gouverneur zu erlassenden Bestimmungen.

§ 42. Kosten.

Die Kosten der Vermessung und Vermarkung hat der Schürfer zu tragen.

Ordnet in den Fällen des § 38 die Bergbehörde die Umwandlung an, so ist sie befugt, Vermessung und Vermarkung auf Kosten des Schürfers ausführen zu lassen.

§ 43. Vermessungsurkunde.

Über das Ergebnis der Vermessung und Vermarkung wird von der Bergbehörde oder einer anderweit von dem Gouverneur bezeichneten Behörde eine Urkunde (die Vermessungsurkunde) aufgenommen, der ein Vermessungsriß beizufügen ist.

§ 44. Umwandlungsverfahren.

Vor der Entscheidung über die Umwandlung eines Schürffeldes in ein Bergbaufeld hat die Bergbehörde die in Aussicht genommene Umwandlung öffentlich bekanntzumachen.

Die Bekanntmachung muß enthalten:
1. Namen, Stand und Wohnort des Schürfers;
2. den dem Bergwerke beizulegenden Namen;
3. Flächeninhalt und Begrenzung des beanspruchten Bergbaufeldes unter Bezugnahme auf den Vermessungsriß (§ 43), oder, falls eine Vermessung und Vermarkung nicht stattgefunden hat, auf den Lageplan (§ 37 Absatz 3);
4. Namen des Distrikts, in dem das beanspruchte Bergfeld liegt;
5. die Benennung der Mineralien (§ 1, I und II), auf die sich die Bergbauberechtigung beziehen soll.

Mit der Bekanntmachung ist die Aufforderung zu verbinden, daß diejenigen, welche widersprechende Rechte zu haben glauben, den Widerspruch binnen einer zu bestimmenden Frist anmelden, widrigenfalls ihre Rechte bei der Entscheidung über die Umwandlung unberücksichtigt bleiben und erlöschen würden. Während dieser Frist ist die Einsicht des Vermessungsrisses oder Lageplans bei der Bergbehörde einem jeden gestattet.

Wird der Bergbehörde bekannt, daß derartige Rechte beansprucht werden, so hat sie die Aufforderung den Betreffenden besonders bekanntzumachen. Die Frist läuft in jedem Falle von der öffentlichen Bekanntmachung an.

§ 45. Entscheidung über Widersprüche.

Nach Ablauf der Frist entscheidet die Bergbehörde über die angemeldeten Widersprüche.

§ 46. Anfechtung.

Die Entscheidung über die angemeldeten Widersprüche kann von denen, gegen die sie ergangen ist, binnen drei Monaten nach der Bekanntmachung an sie durch Klage angefochten werden. Die Beschwerde (§ 4) ist ausgeschlossen.

Die Klage ist gegen denjenigen zu richten, zu dessen Gunsten die Entscheidung der Bergbehörde ergangen ist. Sind danach mehrere zu verklagen, so kann die Klage nur gegen alle gemeinschaftlich erhoben werden.

Die mündliche Verhandlung erfolgt nicht, bevor die im Absatz 1 bestimmte Frist für alle Klageberechtigten abgelaufen ist. Mehrere Prozesse sind zur gleichzeitigen Verhandlung und Entscheidung zu verbinden. Die Einreichung der Klage und der Termin zur mündlichen Verhandlung sind durch das Gericht unverzüglich öffentlich bekanntzumachen und außerdem der Bergbehörde mitzuteilen.

§ 47. Entscheidung über die Umwandlung.

Wenn Widersprüche nicht angemeldet sind, entscheidet die Bergbehörde nach Ablauf der Frist (§ 44 Absatz 3), anderenfalls nach endgültiger Erledigung der Widersprüche über die Umwandlung des Schürffeldes in ein Bergbaufeld. Die Entscheidung unterliegt nicht der Anfechtung im Rechtswege.

Die Entscheidung, daß die Umwandlung stattfinde, ist öffentlich bekanntzumachen. Die Beschwerde findet nur binnen einer Frist von zwei Wochen nach der Bekanntmachung statt. Eine weitere Beschwerde (§ 4 Absatz 2) findet nicht statt.

§ 48. Umwandlungsurkunde.

Sobald die Entscheidung, daß die Umwandlung stattfinde, unanfechtbar geworden ist, hat die Bergbehörde über die Umwandlung eine Urkunde auszustellen.

Die Urkunde soll enthalten:

1. Namen, Stand und Wohnort des Berechtigten;
2. Namen des Bergwerkes;
3. Flächeninhalt und Begrenzung des Bergbaufeldes unter Bezugnahme auf den Vermessungsriß (§ 43), oder, falls eine Vermessung und Vermarkung nicht stattgefunden hat, auf den Lageplan (§ 37 Absatz 2);
4. Namen des Distrikts, in dem das Bergbaufeld liegt;
5. die Benennung der Mineralien (§ 1, I und II), auf die sich die Bergbauberechtigung bezieht;
6. Datum der Ausstellung;
7. Siegel oder Stempel und Unterschrift der Bergbehörde.

§ 49. Begründung des Bergwerkseigentums.

Mit der Unterschrift der Bergbehörde unter der Urkunde wird in Ansehung der darin bezeichneten Fläche das Bergwerkseigentum für den Berechtigten begründet, und erlöschen alle ihm widersprechenden und nicht besonders vorbehaltenen Rechte.

Die Umwandlungsurkunde selbst ist bei der Bergbehörde aufzubewahren, eine Ausfertigung auf Antrag dem Berechtigten gegen Zahlung einer Gebühr von fünfzig Mark auszuhändigen.

§ 50. Grenzänderung, Teilung und Vereinigung der Bergbaufelder.

Die Abänderung der Grenzen zwischen benachbarten Bergbaufeldern, die Teilung eines Feldes in mehrere selbständige Bergbaufelder und die Vereinigung mehrerer Bergbaufelder zu einem Ganzen ist gerichtlich oder notariell zu beurkunden und bedarf der Bestätigung durch die Bergbehörde.

Die Bestätigung darf nur versagt werden, wenn überwiegende Gründe des öffentlichen Interesses oder Rechte Dritter entgegenstehen. Sie ist öffentlich bekanntzumachen. Die Vorschriften des § 49 finden entsprechende Anwendung.

B. Von den einzelnen Rechten und Pflichten des Bergwerkseigentümers.

§ 51. Gewinnungsrecht des Bergwerkseigentümers.

Der Bergwerkseigentümer (§ 49) hat die ausschließliche Berechtigung:
1. in einem Edelmineralbergbaufelde sämtliche im § 1 bezeichnete Mineralien,
2. in einem gemeinen Bergbaufelde sämtliche im § 1, II bezeichnete gemeine Mineralien

nach den Vorschriften dieser Verordnung und nach Maßgabe der ausgehändigten Urkunde (§§ 40, 50 Absatz 2) aufzusuchen und zu gewinnen, sowie die hierzu erforderlichen Vorrichtungen unter und über Tage zu treffen.

§ 52. Aufbereitungs-, Verhüttungs- und Beförderungsvorrichtungen.

Der Bergwerkseigentümer ist befugt, die zur Aufbereitung, Verhüttung und Beförderung seiner Bergwerkserzeugnisse erforderlichen Vorrichtungen zu treffen und zu betreiben.

§ 53. Hilfsbaue.

Der Bergwerkseigentümer ist befugt, im freien Felde Hilfsbaue anzulegen.

Die gleiche Befugnis kann ihm durch die Bergbehörde in dem Schürf- oder Bergbaufeld eines Dritten zugesprochen werden, sofern der Hilfsbau die

Entwässerung oder Bewetterung oder den vorteilhafteren Betrieb des Bergwerkes bezweckt, und der Betrieb in dem fremden Felde dadurch weder gestört noch gefährdet wird.

Bestreitet der Schürfer oder der Bergwerkseigentümer, in dessen Felde ein Hilfsbau angelegt werden soll, seine Verpflichtung zur Gestattung desselben, so entscheidet hierüber die Bergbehörde mit Ausschluß des Rechtsweges.

Der Hilfsbauberechtigte hat für allen durch die Anlage des Hilfsbaues erwachsenden Schaden vollständigen Ersatz zu leisten.

Die bei Ausführung eines Hilfsbaues im freien Felde gewonnenen Mineralien werden als Teil der Förderung desjenigen Bergwerkes behandelt, dem der Hilfsbau dient. Werden bei Ausführung eines Hilfsbaues im Bergbaufeld eines Dritten Mineralien gewonnen, auf welche der letztere berechtigt ist, so müssen diese Mineralien demselben auf sein Verlangen unentgeltlich herausgegeben werden.

§ 54. Wasserbenutzung.

Inwiefern der Bergwerkseigentümer befugt ist, das in seinem Bergbaufelde vorhandene oder diesem künstlich zugeführte Wasser zu den Zwecken seines Betriebes zu benutzen und die hierzu erforderlichen Vorrichtungen zu treffen, bestimmt die Bergbehörde. Die Entscheidung unterliegt nicht der Anfechtung im Rechtswege.

§ 55. Mitgewinnung von Edelmineralien in gemeinen Bergbaufeldern.

In einem gemeinen Bergbaufeld ist der Bergwerkseigentümer befugt, Edelmineralien insoweit mitzugewinnen, als sie nach Entscheidung der Bergbehörde mitgewonnen werden müssen.

Die Bergbehörde entscheidet unter Ausschluß des Rechtsweges, ob der wirtschaftliche Wert der Gesamtablagerung vorwiegend in dem Vorhandensein der Edelmineralien beruht; in diesem Falle ist das Bergbaufeld, soweit Rechte Dritter nicht entgegenstehen, ganz oder teilweise durch die Bergbehörde zum Edelmineralbergbaufelde zu erklären und die nach §§ 48, 49, 50 ausgestellte Urkunde durch einen Zusatz entsprechend zu ergänzen. Die Entscheidung ist öffentlich bekanntzumachen.

§ 56. Herausgabe fremdem Bergbaurecht unterliegender Mineralien im Falle der Mitgewinnung.

Steht das Recht zur Gewinnung edler und zur Gewinnung gemeiner Mineralien innerhalb derselben Feldesgrenzen verschiedenen Berechtigten zu, so hat jeder von ihnen das Recht, bei der Gewinnung seiner Mineralien auch diejenigen des anderen mitzugewinnen. Die mitgewonnenen, dem anderen zustehenden Mineralien müssen jedoch diesem auf sein Verlangen gegen Erstattung der Gewinnungs- und Förderungskosten herausgegeben werden.

§ 57. Betriebszwang.

Der Bergwerkseigentümer ist verpflichtet, innerhalb zweier Jahre nach der Begründung des Bergwerkseigentums (§ 49 Absatz 1) einen ordnungsmäßigen, der Beschaffenheit des Mineralvorkommens entsprechenden Bergwerksbetrieb selbst oder durch andere zu beginnen und ununterbrochen fortzusetzen, es sei denn, daß er an der Erfüllung dieser Verpflichtung durch Umstände gehindert wird, die er nicht zu vertreten hat. Die Bergbehörde kann für die Erfüllung dieser Verpflichtungen eine Nachfrist festsetzen.

Die Bergbehörde entscheidet unter Ausschluß des Rechtsweges, ob ein Betrieb im Sinne der vorstehenden Bestimmung vorhanden ist.

Der Gouverneur kann bestimmen, daß der Betriebspflicht in einzelnen Teilen des Schutzgebiets durch die jährliche Verausgabung einer gewissen Geldsumme sowie durch den Nachweis der Beschäftigung einer gewissen Zahl von Arbeitern für die Ausführung bergmännischer Arbeiten genügt wird. Er kann auch die im Absatz 1 bezeichnete zweijährige Frist allgemein oder in einzelnen Fällen bis auf ein Jahr herabsetzen.

Kommt der Bergwerkseigentümer den durch die Vorschriften der Absätze 1, 3 begründeten Verpflichtungen nicht nach, so kann die Bergbehörde die Aufhebung des Bergwerkseigentums nach Maßgabe der §§ 69 bis 75 einleiten.

§ 58. Anzeige.

Der Bergwerkseigentümer hat die Eröffnung des Bergwerksbetriebs vor der Eröffnung, jede wesentliche Änderung des Betriebs vor Eintritt der Änderung sowie die vollständige oder teilweise Einstellung des Betriebs binnen vier Wochen nach dem Zeitpunkte der Einstellung der Bergbehörde oder der anderweit von dem Gouverneur bezeichneten Behörde schriftlich oder zu Protokoll anzuzeigen.

Der Bergwerkseigentümer ist ferner verpflichtet, die beabsichtigte Förderung eines bis dahin nicht gewonnenen Minerals der im Absatz 1 bezeichneten Behörde in gleicher Weise anzuzeigen.

Der Gouverneur kann weitere Vorschriften über die Erstattung dieser Anzeige erlassen.

§ 59. Buchführung der Bergwerkseigentümer.

Der Bergwerkseigentümer ist verpflichtet, über die Förderung, deren Wert (§ 64 Absatz 1), die Belegschaft und die gezahlten Löhne Buch zu führen.

Die Bergbehörde oder die anderweit von dem Gouverneur bezeichnete Behörde ist befugt, von den danach zu führenden Büchern jederzeit Einsicht zu nehmen.

Der Gouverneur kann weitere Vorschriften über die Einrichtung der Buchführung erlassen. Er kann bestimmen, daß der Bergwerkseigentümer der Bergbehörde oder einer von ihm zu bezeichnenden anderen Behörde zu bestimmten Zeiten und in bestimmten Formen Nachweisungen aus den zu führenden Büchern beizubringen hat.

§ 60. Betriebsführer.

Wenn der Bergwerkseigentümer den Bergwerksbetrieb nicht persönlich an Ort und Stelle leitet und beaufsichtigt, hat er, unbeschadet der Vorschriften des § 3, für die Leitung und Beaufsichtigung des Betriebs eine Person (Betriebsführer) zu bestellen, welche für die Erfüllung der dem Bergwerkseigentümer hinsichtlich des Bergwerksbetriebs obliegenden Verpflichtungen verantwortlich ist.

Der Betriebsführer ist der Bergbehörde namhaft zu machen. Eingeborene und andere Farbige bedürfen als Betriebsführer der Bestätigung der Bergbehörde.

Ist diesen Vorschriften nicht genügt, so kann die Bergbehörde, unbeschadet der im § 90 Nr. 7 angedrohten Strafe, den Bergwerksbetrieb untersagen und die Aufhebung des Bergwerkseigentums nach Maßgabe der §§ 69 bis 75 einleiten.

§ 61. Eidesstattliche Verpflichtung von Angestellten des Bergwerkseigentümers.

Der Gouverneur kann anordnen, daß die von dem Bergwerkseigentümer mit der Untersuchung der Erze, mit der Buchführung oder mit der Fertigung der vorgeschriebenen Nachweisungen beauftragten Personen auf eine gewissenhafte Erfüllung dieser Pflicht von einer durch den Gouverneur zu bestimmenden Behörde an Eidesstatt zu verpflichten sind.

§ 62. Bergwerksabgaben.

Der Bergwerkseigentümer hat eine Feldessteuer und eine Förderungsabgabe zu bezahlen.

§ 63. Feldessteuer.

Die Feldessteuer beträgt für das Jahr:
 a) für Edelmineralbergbaufelder dreißig Mark für je ein Hektar,
 b) für gemeine Bergbaufelder eine Mark für je ein Hektar,
mindestens jedoch dreißig Mark für jedes Bergbaufeld.

Die Feldessteuer ist halbjährlich im voraus am 1. April und 1. Oktober an die vom Gouverneur zu bezeichnende Kasse zu zahlen. Für das erste Halbjahr wird sie vom Beginne des auf die Begründung des Bergwerkseigentums (§ 40) folgenden Monats an berechnet.

§ 64. Förderungsabgabe.

Die Förderungsabgabe beträgt zwei vom Hundert des Wertes, den die geförderten Mineralien (§ 1) vor ihrer Verarbeitung auf dem Bergwerke haben. Der Gouverneur kann allgemein oder hinsichtlich bestimmter Mineralien besondere Vorschriften darüber erlassen, wie diese Förderungsabgabe zu berechnen ist.

Die Zahlung erfolgt halbjährlich am 1. April und am 1. Oktober, und zwar jedesmal für denjenige Halbjahr, welches mit dem 1. April beziehungsweise 1. Oktober des Vorjahrs beginnt.

§ 65. Zuschlag bei nicht rechtzeitiger Zahlung der Feldessteuer oder der Förderungsabgabe.

Wer mit der Zahlung einer Feldessteuer oder Förderungsabgabe länger als zwei Monate im Verzuge bleibt, verwirkt die Zahlung einer Zuschlagsabgabe in Höhe von einem Viertel des fälligen Betrags. Nach erfolgter Verwirkung ist der Säumige zur Zahlung aufzufordern.

§ 66. Aufhebung des Bergwerkseigentums bei Säumigkeit in der Abgabenzahlung.

Erfolgt die Zahlung der fälligen Feldessteuer oder Förderungsabgabe und des nach § 65 verwirkten Zuschlags auch binnen weiteren zwei Monaten nach der Aufforderung nicht, so hat die Bergbehörde die Beitreibung der schuldigen Beträge anzuordnen.

Verläuft die Beitreibung ergebnislos, so kann die Bergbehörde die Aufhebung des Bergwerkseigentums nach Maßgabe der §§ 69 bis 75 einleiten.

§ 67.

Die sich aus den Vorschriften der §§ 51 bis 66 ergebenden Rechte und Pflichten des Bergwerkseigentümers gehen im Falle der Übertragung des Nutzungsrechts an dem Bergbaufeld auf den Nutzungsberechtigten über.

§ 68. Wegnahme von Betriebsvorrichtungen nach Aufhebung des Bergwerkseigentums.

Im Falle der Aufhebung des Bergwerkseigentums (§ 57 Absatz 4, § 60 Absatz 3, § 66 Absatz 2) entscheidet die Bergbehörde unter Ausschluß des Rechtsweges, inwieweit der Wegnahme der Zimmerung und Mauerung des Grubengebäudes, der unterirdischen Fahr- und Betriebsvorrichtungen sowie der sonstigen Anlagen polizeiliche Gründe entgegenstehen.

C. Von der Aufhebung des Bergwerkseigentums.

§ 69. Einleitungsbeschluß.

Die Einleitung des Verfahrens wegen Aufhebung des Bergwerkseigentums (§ 57 Absatz 4, § 60 Absatz 3, § 66 Absatz 2) wird von der Bergbehörde durch einen Beschluß ausgesprochen.

§ 70. Klage gegen den Einleitungsbeschluß.

Der Bergwerkseigentümer ist befugt, binnen drei Monaten vom Ablaufe des Tages, an dem ihm der Beschluß (§ 69) bekanntgemacht ist, gegen die Bergbehörde auf Aufhebung des Beschlusses zu klagen. Geschieht das nicht, so ist das Einspruchsrecht erloschen. Die Beschwerde (§ 4) ist ausgeschlossen.

§ 71. Bekanntmachung des Einleitungsbeschlusses.

Erhebt der Bergwerkseigentümer keine Klage oder wird die Klage rechtskräftig abgewiesen, so wird der Beschluß von der Bergbehörde den bekannten dinglich Berechtigten besonders und außerdem öffentlich bekanntgemacht.

§ 72. Zwangsversteigerung.

Jeder dinglich Berechtigte ist befugt, binnen drei Monaten nach der Bekanntmachung des Beschlusses an ihn, längstens aber binnen sechs Monaten nach der öffentlichen Bekanntmachung, die Zwangsversteigerung des Bergwerkes auf seine Kosten, vorbehaltlich ihrer Erstattung aus dem Versteigerungserlöse, bei dem Bezirksgerichte zu beantragen. Ein dinglich Berechtigter, der von dieser Befugnis keinen Gebrauch macht, hat bei Aufhebung des Bergwerkseigentums das Erlöschen seines dinglichen Rechtes zu gewärtigen.

Der Bergwerkseigentümer sowie die Bergbehörde können binnen einem Monate nach der öffentlichen Bekanntmachung die Zwangsversteigerung des Bergwerkes gleichfalls beantragen.

§ 73. Aufhebungsbeschluß.

Wird die Zwangsversteigerung nicht beantragt oder führt sie nicht zum Verkaufe des Bergwerkes, so spricht die Bergbehörde durch einen Beschluß die Aufhebung des Bergwerkseigentums aus. Der Beschluß unterliegt nicht der Anfechtung im Rechtswege.

Der Beschluß ist dem Bergwerkseigentümer und allen bekannten dinglich Berechtigten besonders und außerdem öffentlich bekanntzumachen.

Mit dem Zeitpunkt, in dem der Beschluß für sämtliche nach Absatz 2 Beteiligte unanfechtbar geworden ist, erlöschen alle Rechte an dem Bergwerke.

§ 74. Verzicht auf das Bergwerkseigentum.

Will der Bergwerkseigentümer auf sein Bergwerkseigentum ganz oder teilweise verzichten, so hat er dies der Bergbehörde schriftlich oder zu Protokoll zu erklären.

Die Bergbehörde hat diese Erklärung den bekannten dinglich Berechtigten besonders und außerdem öffentlich bekanntzumachen.

Bezieht sich die Erklärung auf den gesamten Umfang des Bergwerkseigentums, so finden die Vorschriften der §§ 72, 73 Anwendung.

Bezieht sich die Erklärung nur auf einen Teil des Bergwerkseigentums, so sind die dinglich Berechtigten und die Bergbehörde befugt, nach Maßgabe des § 72 die Zwangsversteigerung des gesamten Bergwerkes zu beantragen. Wird ein solcher Antrag nicht gestellt oder führt er nicht zum Verkaufe des Bergwerkes, so spricht die Bergbehörde nach Maßgabe des § 73 die Aufhebung des Bergwerkseigentums in dem Umfang aus, in welchem der Verzicht erklärt worden ist.

§ 75.

Durch die Aufhebung des Bergwerkseigentums wird das Bergbaufeld wieder frei.

IV. Von den Rechtsverhältnissen zwischen den Bergbautreibenden und den Eigentümern von Grundstücken sowie den zur Nutzung der Grundstücke Berechtigten.

A. Von der Grundabtretung.

§ 76. Benutzung des Grund und Bodens zur Anlage von Betriebseinrichtungen.

Insoweit für den Betrieb des Bergbaues einschließlich der dazugehörigen Anlagen (§§ 52, 53, 54) die Benutzung fremden Grund und Bodens notwendig ist, kann der Bergbautreibende die Überlassung der Benutzung verlangen. Die Überlassung darf nur aus überwiegenden Gründen des öffentlichen Interesses versagt werden.

Die Benutzung des mit Wohn- oder Wirtschaftsgebäuden bebauten Grund und Bodens und der damit in Verbindung stehenden Gartenanlagen und eingefriedigten Hofräume kann der Bergbautreibende nicht verlangen.

§ 77. Entschädigung für entzogene oder verminderte Nutzung.

Der Bergbautreibende ist verpflichtet, den zur Nutzung des Grundstücks Berechtigten für die entzogene oder verminderte Nutzung jährlich im voraus vollständige Entschädigung zu leisten und das Grundstück nach beendigter Benutzung zurückzugeben.

§ 78. Ersatz für Wertverminderung.

Tritt durch die Benutzung eine Wertverminderung des Grundstücks oder einer darauf ruhenden Dienstbarkeit ein, so muß der Bergbautreibende bei der Rückgabe des Grundstücks den Minderwert ersetzen. Für die Erfüllung dieser Verpflichtung kann der Grundeigentümer wie auch der Dienstbarkeitsberechtigte schon bei der Überlassung zur Benutzung die Bestellung einer angemessenen Sicherheit verlangen. Auch kann der Grundeigentümer, wenn das Grundstück nicht mehr zweckmäßig würde benutzt werden können, fordern, daß der Bergbautreibende, statt den Minderwert zu ersetzen, das Eigentum des Grundstücks und seines Zubehörs erwerbe.

§ 79. Verpflichtung des Bergbautreibenden zum Grunderwerbe.

Wenn feststeht, daß die Benutzung länger als drei Jahre dauern wird, oder wenn die Benutzung nach Ablauf von drei Jahren noch fortdauert, so kann der

Grundeigentümer verlangen, daß der Bergbautreibende das Eigentum des Grundstücks und seines Zubehörs erwerbe.

§ 80.

Bezieht sich die Benutzung nur auf einen Teil eines Grundstücks, so kann in den Fällen des § 78 Satz 3, § 79 nur die Erwerbung dieses Teiles verlangt werden, es sei denn, daß der übrigbleibende Teil nicht mehr zweckmäßig würde benutzt werden können.

§ 81. Vorkaufsrecht des Grundeigentümers.

Hinsichtlich aller zu Zwecken des Bergbaus veräußerten Teile von Grundstücken steht, wenn in der Folge das Grundstück zu diesen Zwecken entbehrlich wird, demjenigen ein Vorkaufsrecht zu, der zu dieser Zeit Eigentümer des durch die ursprüngliche Veräußerung verkleinerten Grundstückes ist.

§ 82. Streitigkeiten zwischen Bergbautreibendem und Grundstücksberechtigten.

Können sich der Bergbautreibende und die nach den Vorschriften der §§ 76 bis 80 ihm gegenüber Berechtigten nicht einigen, so entscheidet die Bergbehörde nach Anhörung beider Teile darüber, ob, in welchem Umfang und unter welchen Bedingungen die Benutzung stattzufinden hat und der Bergbautreibende zur Entschädigung oder zum Erwerbe des Eigentums verpflichtet ist.

Über die Verpflichtung zur Überlassung der Benutzung findet der Rechtsweg nur statt, wenn die Befreiung von dieser Verpflichtung auf Grund des § 76 Absatz 2 oder eines besonderen Rechtstitels behauptet wird.

§ 83. Bergbau auf Eingeborenenland.

Ob, in welchem Umfang und unter welchen Bedingungen der Bergbau auf Eingeborenenland statthaft ist, entscheidet, unbeschadet der Schadensersatzansprüche, der Bezirksamtmann.

B. Von dem Schadensersatze für Beschädigungen von Grundstücken.

§ 84. Umfang der Ersatzpflicht.

Der Bergbautreibende ist verpflichtet, für den Schaden, welcher einem Grundstück oder dessen Zubehör durch den Bergbau zugefügt wird, Ersatz zu leisten.

Der Bergbautreibende ist nicht zum Ersatze des Schadens verpflichtet, der an Gebäuden oder anderen Anlagen durch den Bergbau entsteht, wenn solche Anlagen zu einer Zeit errichtet worden sind, wo die ihnen durch den Bergbau drohende Gefahr dem Grundeigentümer bei Anwendung gewöhnlicher Aufmerksamkeit nicht unbekannt bleiben konnte.

Muß wegen einer derartigen Gefahr die Errichtung solcher Anlagen unterbleiben, so fällt der Anspruch auf die Vergütung der Wertverminderung, die das Grundstück dadurch erleidet, fort, wenn sich aus den Umständen ergibt, daß die Absicht, solche Anlagen zu errichten, nur behauptet wird, um jene Vergütung zu erzielen.

§ 85. Verjährung.

Ansprüche auf Ersatz eines durch den Bergbau verursachten Schadens (§ 84), die sich nicht auf Vertrag gründen, verjähren in drei Jahren von dem Zeitpunkt an, in dem der Verletzte von dem Schaden und der Person des Ersatzpflichtigen Kenntnis erlangt, ohne Rücksicht auf diese Kenntnis in dreißig Jahren von dem Eintritte des Schadens an.

V. Von der Beteiligung des Grundeigentümers an der Förderungsabgabe.

§ 66.

Werden Mineralien der im § 1 bezeichneten Art aus einem vermessenen und in landwirtschaftliche Benutzung genommenen Grundstücke gefördert, so hat der Landesfiskus den Grundeigentümer auf seinen Antrag an der nach Maßgabe des § 64 gezahlten Förderungsabgabe durch Überweisung eines Viertels dieser Abgabe zu beteiligen, sofern das Fördergebiet in seinem ganzen Umfang in das Grundstück hineinfällt.

Fällt das Fördergebiet nur zum Teil in das Grundstück, so findet die Überweisung nur zu demjenigen Bruchteile des Viertels statt, welcher dem Größenverhältnisse zwischen dem in das Grundstück fallenden Fördergebiet und dem Gesamtfördergebiete des Bergwerkes entspricht.

Der Antrag auf Beteiligung an der Förderungsabgabe muß binnen sechs Monaten nach den im § 64 Absatz 3 bestimmten Terminen bei der Bergbehörde eingegangen sein, widrigenfalls der Anspruch auf die Beteiligung zugunsten des Landesfiskus erlischt.

Die nach Absatz 1 bis 3 erforderlichen Entscheidungen werden unter Ausschluß des Rechtsweges von der Bergbehörde erlassen.

Gesellschaften, deren Grundeigentum auf einer von dem Reichskanzler oder dem Auswärtigen Amte, Kolonial-Abteilung, erteilten oder bestätigten Berechtigung beruht, wie auch Eingeborenen steht ein Anspruch gemäß Absatz 1, 2 nicht zu.

VI. Von der Bergpolizei.

§ 67. Polizeiliche Aufsicht.

Die polizeiliche Aufsicht über das Schürfen und den Bergbau wird von der Bergbehörde geführt.

Der Gouverneur kann die polizeiliche Aufsicht in bestimmten Teilen des Schutzgebiets anderen Behörden übertragen.

Die Übertragung ist öffentlich bekanntzumachen.

§ 68.

Die bergpolizeiliche Aufsicht erstreckt sich insbesondere auf:
1. die Sicherheit der Baue;
2. die Sicherheit des Lebens und die Gesundheit der Beamten und Arbeiter;
3. die Aufrechterhaltung der guten Sitten und des Anstandes im Betriebe;
4. den Schutz der Oberfläche im Interesse der persönlichen Sicherheit und des öffentlichen Verkehrs;
5. den Schutz gegen gemeinschädliche Einwirkungen des Schürfens und des Bergbaus.

§ 69. Fundanzeige.

Wer beim Schürfen fündig wird oder beim Bergbau Mineralien findet, die noch nicht als Gegenstand der Förderung angezeigt sind, ist verpflichtet, binnen drei Monaten, nachdem der Fund zu seiner Kenntnis gekommen ist, der Bergbehörde von dem Funde Anzeige zu erstatten. Der Gouverneur kann nähere Bestimmungen über Form und Inhalt der Anzeige erlassen, auch bestimmen, daß der Anzeigepflicht durch Erstattung der Anzeige bei einer anderen Behörde genügt wird.

VII. Strafbestimmungen.

§ 90. Strafbestimmungen.

Mit Geldstrafe bis zu dreitausend Mark oder mit Gefängnis bis zu sechs Monaten wird, sofern nicht nach den bestehenden gesetzlichen Vorschriften eine höhere Strafe verwirkt ist, bestraft:

1. wer zur Ausführung von Schürfarbeiten ein fremdes Grundstück unbefugt benutzt (§ 12);
2. wer ein Schürfmerkmal oder ein Grenzzeichen eines fremden Schürf- oder Bergbaufeldes in der Absicht, einem anderen Nachteil zuzufügen, wegnimmt, vernichtet, unkenntlich macht oder verrückt;
3. wer ohne Befugnis Bergbauarbeiten vornimmt oder bergbauliche Anlagen zur Gewinnung der im § 1 bezeichneten Mineralien macht;
4. wer unbefugt in einem fremden Schürf- oder Bergbaufeld oder im Bergfreien anstehende Mineralien in der Absicht wegnimmt, sie sich rechtswidrig anzueignen;
5. wer bei Ausübung seines Bergbaurechts wissentlich die Grenze seines Bergbaufeldes überschreitet;
6. wer im Falle des § 50 über die Förderung, deren Wert, die Belegschaft, die gezahlten Löhne und die sonstigen vom Gouverneur vorgeschriebenen Gegenstände nicht Buch führt oder dabei wissentlich unrichtige Eintragungen oder Angaben macht;
7. wer den Vorschriften des § 80 zuwiderhandelt;
8. wer die im § 89 vorgeschriebene Fundanzeige nicht in der vorgeschriebenen Frist oder Form oder wer gegen besseren Wissen eine unwahre Fundanzeige erstattet;
9. wer Anlagen der im § 68 bezeichneten Art gegen die Entscheidung der Bergbehörde oder, bevor eine solche Entscheidung ergangen ist, wegnimmt.

§ 91.

Mit Geldstrafe bis zu fünfhundert Mark und im Unvermögensfalle mit Haft wird bestraft:

1. wer den Vorschriften der §§ 11, 22, 24, 32 und 33 zuwiderhandelt;
2. wer die in den §§ 28, 30 und 58 vorgeschriebenen Anzeigen und Nachweisungen nicht rechtzeitig erstattet;
3. wer als Bergbautreibender aus Fahrlässigkeit die Grenzen seines Bergbaufeldes überschreitet.

§ 92.

Eingeborenen gegenüber finden außer den in den §§ 90, 91 angedrohten Strafen auch diejenigen Strafmittel Anwendung, die in den allgemeinen, die Strafrechtspflege gegenüber den Eingeborenen regelnden Vorschriften für zulässig erklärt sind.

VIII. Schlußbestimmungen.

§ 93. Sonderberechtigungen.

Die Vorschriften dieser Verordnung finden auch in denjenigen Gebieten Anwendung, in denen Gesellschaften Bergrechte auf Grund einer vom Reichskanzler oder vom Auswärtigen Amte, Kolonial-Abteilung, erteilten oder bestätigten Sonderberechtigung zustehen, soweit sich nicht aus dem Inhalte der Berechtigung ein anderes ergibt.

§ 94.

Der Reichskanzler kann Sonderberechtigungen zur ausschließlichen Aufsuchung oder Gewinnung von Mineralien für bestimmte Gebiete erteilen.

In solchen Gebieten gelten die Vorschriften dieser Verordnung, soweit sich nicht aus dem Inhalte der Sonderberechtigung ein anderes ergibt.

§ 95. Verbot des Schürfens und Bergbaues für Beamte und Militärpersonen.

Den im Schutzgebiete dienstlich tätigen Beamten und Militärpersonen ist ohne Genehmigung des Reichskanzlers das Schürfen und der Bergbau im Schutzgebiet untersagt. An den von solchen Personen durch Schürfarbeiten oder durch den Bergbau ohne Genehmigung gewonnenen Mineralien (§ 1) erwirbt der Landesfiskus das Eigentum mit der Gewinnung.

§ 96. Befugnis des Reichskanzlers zum Erlaß ergänzender und abändernder Vorschriften.

Soweit die auf das Bergwesen bezüglichen Rechtsverhältnisse nicht durch diese Verordnung geregelt sind, ist der Reichskanzler zu dieser Regelung ermächtigt. Er kann insbesondere bestimmen, daß diese Verordnung auch auf die Aufsuchung und Gewinnung anderer als der im § 1 bezeichneten Mineralien Anwendung findet.

Der Reichskanzler kann ferner für den Geltungsbereich dieser Verordnung oder Teile desselben:

1. die in dieser Verordnung vorgesehenen Fristen verlängern,
2. die Zuständigkeit der Behörden im Schutzgebiet abweichend von dieser Verordnung regeln,
3. für das Schürfen und den Bergbau auf Edelsteine sowie auf andere
3. für das Schürfen und den Bergbau auf Edelsteine sowie auf andere Edelmineralien, soweit letztere auf der angeschwemmten Lagerstätte auftreten, abweichende Vorschriften erlassen,
4. die Erlaubnis zum Schürfen von der Lösung eines Schürfscheins abhängig machen und vorschreiben, daß ein Schürfer nicht mehr als eine bestimmte Anzahl Schürffelder belegen darf,
5. die Schürffeldgebühr, die Feldessteuer sowie die Förderungsabgabe ermäßigen oder erhöhen.

§ 97.

Die in dieser Verordnung dem Reichskanzler zugewiesenen Obliegenheiten werden in dessen Vertretung durch das Auswärtige Amt (Kolonial-Abteilung) wahrgenommen.

§ 98. Inkrafttreten der Verordnung.

Die Kaiserliche Verordnung, betreffend das Bergwesen im südwestafrikanischen Schutzgebiete, vom 15. August 1889 (Reichs-Gesetzbl. S. 170)*) wird aufgehoben.

Eine in Gemäßheit der Verordnung vom 15. August 1889 erteilte Schürferlaubnis bleibt bis zu ihrem Ablauf in Kraft.

Ein auf Grund einer solchen Erlaubnis gemachter und der Bergbehörde binnen drei Monaten nach Inkrafttreten dieser Verordnung angezeigter Fund gibt dem Schürfer als Finder das Recht, binnen einer vom Gouverneur bestimmten Frist ein die Fundstelle einschließendes Schürffeld nach Maßgabe dieser Verordnung abzustecken. Während der Frist dürfen von Dritten Schürffelder nur, unbeschadet dieses Rechtes des Finders, abgesteckt werden.

*) D. Kol. Gesetzgeb. I. Nr. 104.

Ein nach den Vorschriften der Verordnung vom 15. August 1889 verliehenes Bergbaufeld bleibt seiner räumlichen Ausdehnung nach bestehen, unterliegt jedoch im übrigen den Vorschriften der gegenwärtigen Verordnung.

§ 99.

Diese Verordnung tritt am 1. Januar 1906 in Kraft.

Urkundlich unter Unserer Höchsteigenhändigen Unterschrift und beigedrucktem Kaiserlichen Insiegel.

Gegeben im Lager bei Posen, den 8. August 1905.

(L. S.) Wilhelm.

Fürst von Bülow.

107. **Verordnung des Gouverneurs von Deutsch-Ostafrika, betreffend das Marktwesen in Ssongea. Vom 9. August 1905.**

Auf Grund des § 15, letzter Absatz, des Schutzgebietsgesetzes (Reichs-Gesetzbl. 1900, S. 812) in Verbindung mit der Verfügung des Reichskanzlers vom 27. September 1903 wird hiermit für die Ortschaft Ssongea und einen Umkreis von 2 km um dieselbe, vom Weichbilde an gerechnet, verordnet, was folgt:

§ 1. Erzeugnisse der einheimischen Landwirtschaft, Viehzucht, Jagd und Fischerei sowie daraus hergestellte Lebens- und Genußmittel sowie Brennholz, soweit alle diese Erzeugnisse der Befriedigung täglicher Bedürfnisse der Bevölkerung dienen sollen, dürfen zum Zwecke des Kleinverkaufes an die Verbraucher nur auf dem Markte in Ssongea feilgeboten werden.

§ 2. Die in § 1 genannten Produkte unterliegen der durch den anliegenden Tarif festgesetzten, vom Verkäufer zu entrichtenden Marktgebühr.

§ 3. Der An- und Verkauf von Eseln, Pferden, Maultieren, Kamelen und Zugochsen sowie von Kühen und Bullen, welche nicht zum Schlachten bestimmt sind, unterliegen nicht den Vorschriften des § 1. Werden diese Tiere gleichwohl auf dem Markte gehandelt, so unterliegen sie auch den gemäß § 2 zur Erhebung gelangenden Gebühren.

§ 4. Erzeugnisse der Landwirtschaft und Viehzucht, die zum eigenen Verbrauch des Produzenten bestimmt sind, müssen auf Verlangen der örtlichen Polizeibehörde ebenfalls auf den Markt gebracht und vorgezeigt werden, unterliegen jedoch der Marktgebühr nicht.

§ 5. Auf Antrag des Verkäufers können die auf den Markt gebrachten Produkte durch einen amtlich zu bestellenden Auktionator öffentlich versteigert werden.

Es ist dafür eine Gebühr von 6½ Heller für jede Rupie und von 1½ Heller für jede angefangene Viertelrupie des Erlöses zu zahlen.

§ 6. In besonderen Fällen kann in Abweichung von den Vorschriften des § 1 gestattet werden, daß die dem Marktzwange unterworfenen Produkte auch im Umherziehen gehandelt werden dürfen, ohne daß dadurch die Gebührenpflicht derselben aufgehoben wird.

§ 7. Zuwiderhandlungen gegen die vorstehenden Bestimmungen werden, soweit nicht nach den bestehenden Strafgesetzen eine höhere Strafe verwirkt ist, mit Geldstrafe bis zu 30 Rupien bzw. entsprechender Freiheitsstrafe bestraft.

Sofern eine Hinterziehung der nach § 2 zu entrichtenden Gebühren stattgefunden hat, kommt außerdem der vierfache Betrag der hinterzogenen Gebühr, mindestens jedoch ½ Rupie, als Zusatzstrafe zur Erhebung.

§ 8. Diese Verordnung tritt mit dem Tage ihrer Verkündigung in Ssongea in Kraft.

Daressalam, den 0. August 1905.

Der Kaiserliche Gouverneur.
Graf v. Götzen.

Anlage zu Nr. 107.

Markthallengebühr.

1. Für Verkaufsstände, an welchen Reis, Mehl, Zwiebeln, Mohogo, Viazi, Zuckerrohr, getrocknete Fische, Öl, Butter, Honig, Salz, Mtama, Mais, Früchte und sonstige Produkte feilgeboten werden, für jeden Stand und Tag . . . . 3 Heller.
2. für Tabak, Zigaretten und einheimische Seife, pro Stand und Tag . . . . 10 „
3. für Feuerholz pro Last . . . . 1 „
4. für Vieh und Geflügel, wenn es auf den Märkten feilgeboten wird:
   a) für Großvieh pro Stück . . . . . . 1 Rupie —
   b) „ Kleinvieh und Kälber pro Stück 20
   c) „ Geflügel 2

108. Verordnung des Gouverneurs von Deutsch-Neu-Guinea, betreffend die Einwanderung mittelloser nichteingeborener Personen.

Vom 12. August 1905.

(Kol. Bl. S. 693.)

Auf Grund des § 15 des Schutzgebietsgesetzes vom 10. September 1900 (Deutsches Kol. Bl. 1000, S. 000) und der Verfügung des Reichskanzlers vom 27. September 1903 (Deutsches Kol. Bl. 1903, S. 509) wird für das Schutzgebiet Deutsch-Neu-Guinea mit Ausschluß des Inselgebiets der Karolinen, Palau und Marianen folgendes bestimmt:

§ 1. Von der Einwanderung können nichteingeborene Personen ausgeschlossen werden, welche den Besitz genügender Mittel zur Bestreitung ihres Lebensunterhaltes nicht nachzuweisen vermögen. Der Nachweis ist auf Verlangen vor der Behörde des Einwanderungshafens zu führen. Diese ist berechtigt, Sicherheitsleistung durch Bürgschaft oder durch Hinterlegung bis zur Höhe von 700 Mk. zu verlangen.

§ 2. Die Führer der einkommenden Schiffe sind zur sofortigen Vorlage einer Liste der Reisenden an die Behörde des Ankunftshafens verpflichtet, aus der Name und Bestimmungsort eines jeden Reisenden hervorgehen muß.

§ 3. Wenn eine Person von der Einwanderung ausgeschlossen wird, so ist der Schiffsführer des mitbringenden Schiffes der Behörde gegenüber zur unentgeltlichen Weiterführung der Person verpflichtet. Erfolgt die Landung gleichwohl, so ist jeder Schiffsführer derselben Reederei zur unentgeltlichen Mitnahme der Behörde gegenüber verpflichtet.

§ 4. Wer eine Person in festem Dienstverhältnis einführt, bleibt der Behörde gegenüber für den Zeitraum eines Jahres vom Tage der Beendigung des Dienstverhältnisses ab gerechnet, für die Kosten des Unterhaltes, der Krankenhilfe und der Heimsendung verhaftet, soweit sie aus öffentlichen Mitteln bestritten werden. Diese Verpflichtung geht auf denjenigen über, welcher den ausgeschiedenen Angestellten innerhalb des im ersten Absatz bestimmten einjährigen Zeitraumes in Dienst oder bei mehrmaligem Wechsel zuletzt in Dienst genommen hat.

§ 5. Ein Schiffsführer, der die ihm durch diese Verordnung auferlegten Pflichten verletzt, wird mit Gefängnis bis zu drei Monaten, Haft oder Geldstrafe bis zu eintausend Mark bestraft.

Bis zur Erfüllung der dem Schiffsführer durch diese Verordnung auferlegten Pflichten kann ihm die Aushändigung der Schiffspapiere verweigert werden.

Herbertshöhe, den 12. August 1905.

Der Kaiserliche Gouverneur.
Dr. Hahl.

109. Auszug aus dem Runderlasse des Gouverneurs von Deutsch-Ostafrika, betreffend Frachtvergütungen an Beamte und Militärpersonen im Innern des Schutzgebiets. Vom 19. August 1905.

Der Inhalt der Verfügung vom 23. Januar 1904*) und des Runderlasses vom 26. Januar 1904**) ist mehrfachen irrtümlichen Auffassungen begegnet, was mir Anlaß zu nachstehenden Erläuterungen gibt.

Ein unbedingtes Recht der Beamten und Militärpersonen auf die frühere, in den Verpflegungsvorschriften***) vorgesehene Trägerzahl für Verpflegungslasten ist nicht anzuerkennen. Vielmehr hat in den Verpflegungsvorschriften vom 30. April 1896 lediglich für die damalige Zeit der Grundsatz und das Höchstmaß einer auf Billigkeit beruhenden Leistung festgelegt werden sollen, deren allmähliche Ermäßigung bei fortschreitender Kultur im Innern von vornherein in Aussicht genommen war.

Nachdem sich die Verhältnisse auf den Innenstationen in dem verflossenen Jahrzehnt erheblich verändert haben, ist mit Zustimmung der Kolonial-Abteilung die amtliche Trägerstellung nach § 21 Absatz 4 der Verpflegungsvorschriften vom 1. April 1904 ab aufgehoben worden. Von diesem Zeitpunkte ab ist also die den Beamten und Militärpersonen durch die angezogene Vorschrift eingeräumte Vergünstigung, Verpflegung und Bekleidung in gewissem Umfange auf amtlichem Wege von der Küste nach dem Stationsorte im Innern befördert zu erhalten, in Fortfall gekommen. Alle Funktionäre haben die Kosten und die Gefahr, welche aus dem Transport ihrer Güter erwachsen, nunmehr selbst zu tragen, wogegen es ihnen frei steht, ihren Bedarf an europäischen Erzeugnissen nach ihrem Belieben zu decken.

Da nun aber im Innern des Schutzgebietes Verpflegungs- und Bekleidungsgegenstände je nach der Entfernung und nach der Schwierigkeit der

* D Kol. Gesetzgeb. VIII, Nr. 11.
**) Ebenda Nr. 12.
***) Ebenda VI, Nr. 66.

Transports zur Zeit im allgemeinen noch teurer sind als an der Küste, so ist es für billig erachtet, den Beamten und Militärpersonen auf den Innenstationen zur Erleichterung der Beschaffung des unumgänglich notwendigen und unvermeidbaren Bedarfs an europäischen Erzeugnissen widerruflich eine bare Frachtvergütung zu gewähren, deren Höhe der inzwischen eingetretenen Entwicklung der Produktion, des Handels und des Verkehrs im Schutzgebiete Rechnung trägt. Wenn sich diese Frachtvergütung auch an frühere Zustände und Einrichtungen anlehnt, so ist doch keineswegs etwa beabsichtigt, denjenigen Betrag voll zu ersetzen, den jährlich 28 Träger von der Küste (früher 24 Verpflegungs- und 4 Bekleidungsträger) kosten.

Die Frachtvergütung hat vielmehr den Zweck, den Beamten und Militärpersonen zu denjenigen Mehrausgaben, welche ihnen bei Beschaffung der unumgänglich notwendigen europäischen Verpflegungs- und Bekleidungsgegenstände aus ihrer Stationierung im Innern des Schutzgebietes erwachsen, eine Beihilfe insoweit zu gewähren, als sich in Verbindung damit gegenüber den als Durchschnitt anzusetzenden Teuerungsverhältnissen an der Küste die Kosten der Lebensführung ihrem Gesamtbetrage erhöhen.

Bei Beurteilung der Angemessenheit des Vergütungssatzes werden demnach auch die im Innern des Schutzgebietes teilweise recht erheblich billigeren Preise der im Lande gewonnenen Erzeugnisse nicht außer acht gelassen werden können.

Die nach vorstehenden Ausführungen festzusetzende Frachtvergütung wird nicht für jeden Einzelfall gesondert berechnet, sondern im Interesse eines vereinfachten Rechnungsverfahrens in feststehenden monatlichen Bauschbeträgen gewährt. Für ihre Berechnung sind mit Genehmigung der Kolonial-Abteilung die Durchschnittsträgerlöhne derart zugrunde gelegt worden, daß bis auf weiteres zwei Drittel des Betrages, welcher auf die früher zuständige Lastenzahl entfallen würde, in gleiche Monatsteile umgerechnet, als Frachtvergütungssatz gelten.

Nach Ziffer 2 des Runderlasses vom 26. Januar 1904 wird die Frachtvergütung auch während der Dauer des Versetzungsmarsches gewährt. Für einen solchen Marsch von der Küste nach einer Innenstation und ebenso für einen diesem gleich zu behandelnden Versetzungsmarsch von einer Innenstation zu einer anderen behufs dauernden Aufenthaltes auf der letzteren werden amtliche Träger im Rahmen des § 21 Absatz 1 bis 3 bzw. § 22 der Verpflegungsvorschriften gestellt. Weitere Umzugskosten werden gemäß § 26 a. a. O. gegenwärtig grundsätzlich nicht gewährt. Insbesondere ist bezüglich der Ausgaben für Mitführung von Lebensmitteln auf Versetzungsmärschen die Übernahme auf amtliche Fonds in den Verpflegungsvorschriften von jeher nicht vorgesehen gewesen. Der Umsicht des einzelnen muß es demnach überlassen bleiben, in welchem Umfange er sich mit europäischen Verpflegungsgegenständen ausrüsten will.

Was Konserven und Getränke anlangt, so ist auch in den Tropen eine Einschränkung ohne jeden Schaden möglich. Eine weise Mäßigung im Genuß von Spirituosen wird vielmehr den Gesundheitszustand heben und eine Erhöhung der Arbeitskraft erwarten lassen.

Die Gewährung einer baren Frachtvergütung ermöglicht es den Beamten und Militärpersonen auf den Innenstationen, zur Deckung ihres laufenden Bedarfs bei den Händlern am Orte, soweit diese Vorräte besitzen, zu kaufen. Wer es aus irgend einem Grunde vorzieht, im großen an der Küste usw. einzukaufen, hat auch — wie in der Heimat — die Folgen zu tragen, welche bei Versetzungen

Dadurch, daß beim Abmarsch von der Küste auf Antrag die Frachtvergütung für mehrere Monate vorschußweise im voraus gezahlt wird, will das Gouvernement den Funktionären zwar die von ihnen etwa gewünschte Mitnahme einer Anzahl Privatlasten erleichtern, aber nicht etwa die Verantwortung für diese der freien Entschließung des einzelnen unterliegende Maßnahme übernehmen.

Sollte ein Funktionär auf einer Innenstation beim Antritt einer Vorsetzungsreise europäische Verpflegungsmittel in Vorrat haben, welche er von der Küste zu beziehen gezwungen war und am Stationsorte nicht zu angemessenem Preise veräußern kann, so könnte die Ersetzung der durch die Mitnahme erwachsenen Kosten doch nur ausnahmsweise und beim Vorhandensein eines erheblichen Mißverhältnisses, d. h. erst dann in Erwägung gezogen werden, wenn die Angemessenheit des vorhandenen Vorrats erwiesen und ferner die gesamte seit dem Abmarsch von der Küste zuständige Frachtvergütung zur Begleichung aller daraus zu deckenden Mehrausgaben unter Berücksichtigung der bei der Verwendung von Landeserzeugnissen erzielten Ersparnisse nicht ausreicht.

Ich gebe mich der Erwartung hin, daß jeder Funktionär und Stationschef die in Betracht kommenden Verhältnisse genau prüfen wird, ehe er dem Gouvernement Ansprüche unterbreitet, deren vermeintliche Berechtigung sich bei Berücksichtigung der für die Gewährung einer Frachtvergütung maßgebenden Gesichtspunkte nicht selten als unbegründet herausstellen wird.

Daressalam, den 10. August 1905.

Der Kaiserliche Gouverneur.
Graf v. Götzen.

110. Auszug aus dem Runderlasse der Kolonial-Abteilung des Auswärtigen Amtes, betreffend die Änderung des Gerichtsverfassungsgesetzes. Vom 21. August 1905.

Nachdem durch das Gesetz, betreffend Änderungen des Gerichtsverfassungsgesetzes, vom 5. Juni 1905 (Reichs-Gesetzbl. S. 533) der Geschäftskreis der Schöffengerichte erweitert worden ist, werden sich die Schutzgebietsgerichte vor die Frage gestellt sehen, ob unter der im § 6 Absatz 1 der Kaiserlichen Verordnung, betreffend die Rechtsverhältnisse in den deutschen Schutzgebieten, vom 9. November 1900 (Reichs-Gesetzbl. S. 1005) erwähnten „Zuständigkeit" der Schöffengerichte nunmehr die neugeordnete Zuständigkeit im Sinne des § 75 des Gerichtsverfassungsgesetzes neuer Fassung zu verstehen ist.

Der Herr Staatssekretär des Reichs-Justizamtes, den ich um eine Prüfung dieser Frage gebeten hatte, hat im Einvernehmen mit den Herren Staatssekretären des Auswärtigen Amtes und des Reichs-Marine-Amtes seine Auffassung in der abschriftlich angeschlossenen Aufzeichnung niedergelegt. Diesen Ausführungen wird diesseits beigetreten.

Berlin, den 21. August 1905.

Auswärtiges Amt. Kolonial-Abteilung.
I. V. Hellwig.

Anlage zu Nr. 110 (Auszug).

Nach § 8 des Gesetzes über die Konsulargerichtsbarkeit vom 7. April 1900 (Reichs-Gesetzbl. S. 213) sind zu der Hauptverhandlung vor dem Konsulargerichte in den zur Zuständigkeit der Schöffengerichte gehörenden und den in den §§ 74, 75 des Gerichtsverfassungsgesetzes bezeichneten Sachen zwei Beisitzer, in den übrigen Sachen vier Beisitzer zuzuziehen. Diese Vorschrift findet nach § 2 des Schutzgebietsgesetzes vom 10. September 1900 (Reichs-Gesetzbl. S. 813) auch in den Schutzgebieten mit der Maßgabe Anwendung, daß an die Stelle des Konsulargerichts das Gericht des Schutzgebiets tritt. Doch kann nach § 6 Nr. 3 dieses Gesetzes durch Kaiserliche Verordnung bestimmt werden, daß in den zur Zuständigkeit der Schöffengerichte gehörenden und den in den §§ 74, 75 des Gerichtsverfassungsgesetzes bezeichneten Sachen eine Zuziehung von Beisitzern nicht erforderlich ist. Auf Grund dieser Ermächtigung bestimmt der § 6 Absatz 1 der Kaiserlichen Verordnung, betreffend die Rechtsverhältnisse in den deutschen Schutzgebieten, vom 9. November 1900 (Reichs-Gesetzbl. S. 1005), daß in den vorerwähnten Strafsachen die Hauptverhandlung ohne die Zuziehung von Beisitzern stattfindet; nach Absatz 2 findet jedoch diese Vorschrift für das Schutzgebiet von Kiautschou keine Anwendung.

Nachdem durch das Gesetz vom 5. Juni d. Js. (Reichs-Gesetzbl. S. 533) der Kreis der Vergehen, welche vor die Schöffengerichte gehören oder ihnen gemäß § 75 a. a. O. überwiesen werden können, erweitert worden ist, entsteht die Frage, welche Bedeutung dieser Änderung für das Verfahren vor den Konsulargerichten und vor den Gerichten der Schutzgebiete beizumessen ist.

Angesichts der übereinstimmenden Ausdrucksweise in den fraglichen Vorschriften des Konsulargerichtsbarkeitsgesetzes einerseits, des Schutzgebietsgesetzes und der Kaiserlichen Verordnung vom 9. November 1900 andererseits und des engen Zusammenhanges dieser Vorschriften scheint es ausgeschlossen, die aufgeworfene Frage für das eine und das andere Gesetz verschieden zu beantworten.

Was zunächst das Konsulargerichtsbarkeitsgesetz anlangt, so dürfte ein Zweifel nicht bestehen, daß es die Zuziehung von nur zwei Beisitzern zur Hauptverhandlung in demjenigen Umfange für genügend erachtet, in welchem nach den jeweilig geltenden Vorschriften der Reichsgesetze die Zuständigkeit des Schöffengerichts begründet oder die Überweisung an dasselbe zulässig ist. Denn das Konsulargerichtsbarkeitsgesetz regelt das Strafverfahren und die Verfassung der Strafgerichte im Anschluß an die für das Inland maßgebenden Vorschriften und sieht Abweichungen nur insoweit vor, als sie wegen der besonderen Verhältnisse in den Konsulargerichtsbezirken erforderlich sind. Wenn das Gesetz bei den in Frage stehenden Sachen die Zuziehung von nur zwei Beisitzern für genügend erachtet hat, so ist hierfür nicht die besondere Art gerade der strafbaren Handlungen maßgebend gewesen, die zur Zeit des Erlasses des Gesetzes durch Schöffengerichte abgeurteilt werden konnten. Entscheidend war vielmehr die Erwägung, daß für alle Strafsachen, bei denen das Gerichtsverfassungsgesetz das schöffengerichtliche Verfahren als geeignet ansieht, auch in den Konsulargerichtsbezirken die Zuziehung von vier Beisitzern entbehrt werden könne.

Die gleiche Auslegung muß auch gegenüber dem § 6 Nr. 3 des Schutzgebietsgesetzes und der auf Grund dieser Vorschrift ergangenen Kaiserlichen Verordnung vom 9. November 1900 Platz greifen. Das Schutzgebietsgesetz geht offenbar davon aus, daß in denselben Sachen, in welchen in den Konsulargerichtsbezirken die Zuziehung von zwei Beisitzern genüge, in den Schutzgebieten je nach deren besonderen Verhältnissen die Zuziehung von Beisitzern überhaupt unterbleiben dürfe, und die Kaiserliche Verordnung hat für alle Schutzgebiete mit Ausnahme von Kiautschou eine dementsprechende Bestimmung getroffen.

111. Allerhöchste Ordre, betreffend das vorzeitige Ausscheiden von Mannschaften der Schutztruppen. Vom 30. August 1905.

(Kol. Bl. S. 552, R. Anz. vom 6. September 1905.)

Ich bestimme hierdurch: Der Reichskanzler (Oberkommando der Schutztruppen) wird ermächtigt, ein vorzeitiges Ausscheiden von Mannschaften, welche sich noch in Erfüllung ihrer gesetzlichen aktiven Dienstpflicht befinden, aus den Schutztruppen auf begründete Reklamation in sinngemäßer Anwendung der Bestimmungen der Wehrordnung, bezüglich der übrigen Mannschaften im Sinne der Ziffer 4c der Bestimmungen über Kapitulationen vom 13. Juni 1902 (Armeeverordnungsblatt S. 191ff.), zu verfügen.

Die Ziffer 2 des § 22 der „Organisatorischen Bestimmungen für die Kaiserlichen Schutztruppen in Afrika (Schutztruppenordnung)" ist entsprechend zu ergänzen.

Neues Palais, den 30. August 1905.

Wilhelm I. R.

Fürst v. Bülow.

An den Reichskanzler (Oberkommando der Schutztruppen).

112. Verfügung des Gouverneurs von Deutsch-Ostafrika wegen Abänderung der Wohnungsdienstanweisung. Vom 2. September 1905.

Mit Genehmigung des Auswärtigen Amtes, Kolonial-Abteilung, erhalten die Bemerkungen zu der Tabelle in § 9 der Wohnungs-Dienstanweisung vom 25. August 1903*) folgenden Zusatz:

Den Beamten der Klassen 1 bis 6 der Besoldungsstufentafel, ferner dem die Militärangelegenheiten bearbeitenden ältesten Offizier und den Sanitätsoffizieren der Schutztruppe wird im Bedarfsfalle, und insoweit die amtlichen Bestände oder die Etatsmittel zu Neubeschaffungen ausreichen, je ein einfaches Büchergestell überwiesen.

Daressalam, den 2. September 1905.

Der Kaiserliche Gouverneur.

Graf v. Götzen.

113. Verordnung des Bezirksamtmanns zu Ponape, betreffend den Handelsbetrieb in den Ostkarolinen. Vom 7. September 1905.

Auf Grund des § 15 Absatz 3 des Schutzgebietsgesetzes (Reichs-Gesetzbl. 1900, S. 813) in Verbindung mit § 5 der Verfügung des Reichskanzlers vom 27. September 1903 (Deutsches Kol. Bl. 1903, S. 509) wird verordnet, was folgt:

§ 1. Die Verordnung vom 8. August 1904, betreffend den Handelsbetrieb in Ponape nebst Ant und Pakin sowie Kussie**), wird auf den gesamten Bezirk der Ostkarolinen für anwendbar erklärt.

*) D. Kol. Gesetzgeb. VII, Nr. 102.
**) Die Verordnung lautet:
§ 1. Zum Handelsbetrieb ist die vorher einzuholende Erlaubnis des Bezirksamts (Handelslizenz) erforderlich. Die Lizenzen werden in beschränkter Anzahl erteilt, welche sich nach dem Verhältnis der Produktion der einzelnen Inseln bestimmt.
§ 2. Der Antrag auf Erteilung einer Lizenz muß enthalten:

§ 2.*)
§ 3. Diese Verordnung tritt mit dem 1. Oktober 1905 in Kraft.
Mit demselben Zeitpunkte werden aufgehoben:
a) die Verordnung vom 9. März/14. November 1901, betreffend den Handel in den Ostkarolinen.**)
b)*)
Ponape, den 7. September 1905.
Der geschäftsführende Kaiserliche Vizegouverneur.
Berg.

a) den Namen des Antragstellers,
b) den der übrigen im Handelsbetrieb beschäftigten Personen und
c) den Namen der Insel und des Ortes, wo die Station liegt oder errichtet werden soll.

§ 3. Die Lizenz wird erteilt:
a) für Firmen: auf deren Namen für unbeschränkte Zeit und den ganzen Bezirk (Lizenz erster Klasse).
b) für Händler: auf deren Namen für ein Jahr und bestimmte Stationen (Lizenz zweiter Klasse).

Gibt ein Inhaber seinen Handelsbetrieb vor Ablauf eines halben Jahres nach der Erteilung der Lizenz auf, so wird die Hälfte der Gebühr zurückgezahlt.

§ 4. Die Lizenz berechtigt zum Betriebe einer Station mit zwei Personen einschließlich des Stationsleiters.

Für jede weitere Person wird eine besondere, im § 5 festgesetzte Gebühr erhoben.

Die von Fahrzeugen aus betriebenen Geschäfte müssen von einem Lizenzinhaber besorgt werden, welcher seine Lizenz bei sich führen und auf Verlangen den Polizeiorganen vorzeigen muß. Die Besatzung selbst darf keinen Handel treiben.

§ 5. Die Lizenzgebühr beträgt für ein Jahr:
1. für Firmen in Stufe 1: 3000 Mark,
   ,, ,, ,, 2: 1200 ,,
   ,, ,, ,, 3: 800 ,,
Die Einstellung in die jeweilige Stufe erfolgt durch das Bezirksamt.
2. für Handelsstationen:
   a) für die erste Station 300 Mark,
   b) für jede weitere Station 100 Mark,
   c) für jede dritte und weitere im Handelsbetrieb beschäftigte Person 150 Mark.

Die Inhaber von Lizenzen erster Klasse haben für ihre Hauptstation eine besondere Gebühr nicht zu zahlen.

§ 6. Ausdruck „Jahr" in den §§ 3 und 5 bedeutet das Rechnungsjahr, d. i. den Zeitraum vom 1. April eines bis zum 31. März des folgenden Kalenderjahres.

Die Lizenzgebühr ist bei Beginn des Jahres fällig, für welches sie erhoben wird.

§ 7. Zuwiderhandlungen werden mit Geldstrafe bis zu 1000 Mark oder mit Gefängnis bis zu zwei Monaten oder mit Haft belegt, auch kann auf Einziehung der Handelsprodukte sowie auf Wegnahme des Fahrzeugs ohne Rücksicht auf den Eigentümer erkannt werden.

*) Wieder aufgehoben durch folgende Verordnung vom 13. November 1905:
Auf Grund des § 15 Absatz 3 des Schutzgebietsgesetzes (Reichs-Gesetzbl. 1900, S. 813) in Verbindung mit § 3 der Verfügung des Reichskanzlers vom 27. September 1903 (Deutsches Kol. Bl. 1903, S. 609) wird verordnet, was folgt:
Einziger Paragraph.
Die Bestimmungen der §§ 2 und 3b der Verordnung vom 7. September 1905, betreffend den Handelsbetrieb in den Ostkarolinen, werden mit dem heutigen Tage wieder aufgehoben.
Ponape, den 13. November 1905.
Der geschäftsführende Kaiserliche Vizegouverneur.
Berg.

114. **Verordnung des Gouverneurs von Kamerun zur Ausführung der Verordnung vom 14. April 1905, betreffend die Einfuhr von Vorderladern und Handelspulver. Vom 10. September 1905.**

(Kol. Bl. S. 691.)

Auf Grund des § 15 Absatz 3 des Schutzgebietsgesetzes (Reichs-Gesetzbl. 1900, S. 813) in Verbindung mit § 5 der Verfügung des Reichskanzlers vom 27. September 1903 (Kol. Bl. S. 509) wird verordnet, wie folgt:

§ 1. Die beim Inkrafttreten der Verordnung vom 14. April 1905*) in den amtlichen und privaten Lagerhäusern vorhandenen Bestände an Vorderladern und Handelspulver können nach Zahlung des etwa noch rückständigen Zolles aus den Lagerhäusern herausgegeben werden.

Das gleiche gilt für diejenigen Bestände, welche von einem Dampfer gelöscht worden sind, welcher spätestens am 31. Mai 1905 den ersten Hafen des Schutzgebietes angelaufen hat.

§ 2. Die Aufsichtsbehörde (Bezirksamt, Station) bestimmt die Menge der jeweils herauszugebenden Bestände. Dieselbe ist befugt, Anordnungen zu treffen, welche eine Kontrolle über den Verbleib der herausgegebenen Bestände bezwecken.**)

§ 3. Diejenigen Teile des Schutzgebiets, in welchen unabhängig von dem Einfuhrverbot der Verordnung vom 14. April 1905 ein Einfuhr- und Handelsverbot für Kriegsmaterial besteht, werden durch öffentliche Bekanntmachung bezeichnet.

Zuwiderhandlungen gegen ein solches Einfuhr- und Handelsverbot werden mit Geldstrafe bis zu fünftausend Mark oder mit Gefängnis bis zu drei Monaten oder, soweit sie von Eingeborenen begangen werden, mit Gefängnis mit Zwangsarbeit, allein oder in Verbindung miteinander bestraft.

Das Kriegsmaterial, welches Gegenstand der Zuwiderhandlung ist, unterliegt der Einziehung.

§ 4. Diese Verordnung tritt sofort in Kraft.

Buëa, den 10. September 1905.

Der Kaiserliche Gouverneur.
v. Puttkamer.

*) Oben Nr. 60.

) **Verordnung, betreffend die Ergänzung der Ausführungs-Verordnung vom 10. September 1905, betreffend die Einfuhr von Vorderladern und Handelspulver.

Auf Grund des § 15 Absatz 3 des Schutzgebietsgesetzes (Reichsgesetzblatt 1900, Seite 813) in Verbindung mit § 5 der Verfügung des Reichskanzlers vom 27. September 1903 (Kolonialblatt Seite 509) wird verordnet, wie folgt:

§ 1. Der § 2 der Ausführungsverordnung vom 10. September 1905 erhält folgenden Zusatz:

„Für die Erlaubnis zur Herausgabe ist eine Gebühr von 12,50 Mark für das Gewehr und von 50 Pfennigen für das Kilogramm Handelspulver zu entrichten."

§ 2. Diese Verordnung hat rückwirkende Kraft.

Buëa, den 10. November 1905.

Der Kaiserliche Gouverneur.
v. Puttkamer.

115. Bekanntmachung des Gouverneurs von Kamerun, betreffend die Einfuhr von Kriegsmaterial und den Handel mit solchem.
Vom 10. September 1905.
(Kol. Bl. S. 691.)

1. Die Einfuhr von Kriegsmaterial und der Handel mit solchem ist bis auf weiteres in folgenden Teilen des Schutzgebietes verboten:

In den Bezirken Ossidinge rechts des Croßflusses, Fontemdorf-Tinto, Johann-Albrechtshöhe nördlich des Manengubagebirges, Damenda und Lomie und im Njonggebiet oberhalb Akonolinga.

2. Die Grenzen des Gebietes, für welches das Verbot gilt, bestimmt im Zweifel die Lokalverwaltungsbehörde (Bezirksamt, Station).
3. Die für sonstige Teile des Schutzgebietes früher erlassenen Einfuhr- und Handelsverbote für Kriegsmaterial sind aufgehoben.
4. Unberührt bleibt das durch die Verordnung vom 14. April 1905*) angeführte allgemeine Einfuhrverbot für Vorderlader und Handelspulver.

Buëa, den 10. September 1905.

Der Kaiserliche Gouverneur.
v. Puttkamer.

116. Verordnung des Landeshauptmanns der Marschallinseln, betreffend den Handelsbetrieb in den Marschallinseln.
Vom 14. September 1905.
(Kol. Bl. S. 694.)

Auf Grund des § 15 Absatz 3 des Schutzgebietsgesetzes (Reichs-Gesetzbl. 1900, S. 813) in Verbindung mit § 5 der Verfügung des Reichskanzlers vom 27. September 1903 (Deutsches Kol. Bl. 1903, S. 509) wird verordnet, was folgt:

§ 1. Von den im Schutzgebiet ansässigen kaufmännischen Firmen wird eine Gewerbesteuer von jährlich 6000 Mk. erhoben, welche in dreimonatlichen Beträgen zu Anfang jedes Kalendervierteljahres im voraus zu entrichten ist.

Die bisher für Handelsstationen zahlbare Gewerbesteuer fällt fort.

§ 2. Von Schiffen, welche für Rechnung einer im Schutzgebiet nicht ansässigen kaufmännischen Firma Handel treiben (Trading-vessels), wird eine Gewerbesteuer von jährlich 2000 Mk. erhoben, welche vor Aufnahme des Handelsbetriebs zu entrichten ist.

Unternimmt eines der vorstehend genannten Schiffe eine Geschäftsreise im Schutzgebiete, ohne die festgesetzte Steuer entrichtet zu haben, so tritt Geldstrafe bis zu 6000 Mk. ein. Die Strafe ist gegen Schiff und Ladung ohne Rücksicht auf den Eigentümer derselben vollstreckbar.

§ 3. Diese Verordnung tritt mit dem 1. Oktober 1905 in Kraft.

Mit demselben Zeitpunkt werden folgende für das Schutzgebiet erlassene Bestimmungen aufgehoben:

a) die Verordnung, betreffend die Erhebung von Gewerbesteuern im Schutzgebiete der Marschallinseln, vom 10. November 1893, mit Aus-

---
*) Oben Nr. 60.

nahme der auf die Schanksteuer bezüglichen Vorschriften der §§ 3a und 4;*)
b) die Verordnung, betreffend Gewerbesteuern, vom 23. März 1900;**)
c) die Verordnung, betreffend Abänderung der Gewerbesteuer-Verordnung für die Marschallinseln vom 10. November 1895, vom 30. Juli 1901;***)
d) die Verordnung, betreffend Gewerbesteuern, vom 14. November 1904;***)
e) die Verordnung, betreffend die Erhebung eines Ausfuhrzolls auf Kopra, vom 30. Oktober 1904.***)

Jaluit, den 14. September 1905.

Der Kaiserliche Landeshauptmann.
Brandeis.

117. Polizei-Verordnung des Gouverneurs von Deutsch-Ostafrika, betreffend die Karawanserei in Bagamoyo. Vom 22. September 1905.†)

(Kol. Bl. S. 628.)

Auf Grund des § 15 des Schutzgebietsgesetzes in Verbindung mit der Verfügung des Reichskanzlers vom 27. September 1903 wird hiermit verordnet, was folgt:

§ 1. Alle nach Bagamoyo kommenden auswärtigen Träger nebst deren Anhang müssen in der Karawanserei der Deutsch-Ostafrikanischen Gesellschaft Unterkunft nehmen.

§ 2. Das Lagern außerhalb der Stadt Bagamoyo innerhalb einer Zone, die im Westen vom Kingani von seiner Mündung bis zur Mtonifähre und im Süden von einer Linie, die von der Mtonifähre längs des Kinganidammes bis zur Höhe von Kigongoni und von dort geradlinig bis zu einem Punkt der Meeresküste 1500 m nordwestlich des Dorfes Kaule führt, ist nur abgefertigten Karawanen gestattet.

§ 3. Die für jeden Träger zu entrichtende Gebühr beträgt:
    a) bei einem Aufenthalt bis zu 14 Tagen . . . 25 Heller,
    b) bei einem längeren Aufenthalt . . . . . 50 „
Karawanen, die Bagamoyo nur passieren und daselbst nächtigen, haben pro Person und Tag 1½ Heller zu entrichten.

§ 4. Von der Entrichtung der Gebühr sind befreit:
a) Hilfsleute (Weiber, Boys, Kinder, die keine anderen Lasten tragen als die für die Karawane bestimmten Gebrauchsgegenstände, wie Kochgeschirr, Zelte, Matten usw.),
b) Leute aus dem Bezirk Bagamoyo, die zum Verkauf ihrer Landeserzeugnisse nach der Stadt kommen.

§ 5. Die Karawansereigebühr ist auch von den auswärtigen Trägern zu entrichten, die dem Verbot der §§ 1 und 2 zuwider oder mit besonderer Erlaubnis des Bezirksamts außerhalb der Karawanserei und innerhalb der Zone genächtigt haben.

*) D. Kol. Gesetzgeb. II, Nr. 177.
**) Ebenda V, Nr. 41.
*** Nicht abgedruckt.
†) S. oben Nr. 102.

§ 6. Die Karawanenreigebühr ist von dem Unternehmer jeder von Bagamoyo abgehenden Karawane zu zahlen.

§ 7. Der auf Grund der Verordnung vom 30. September 1892 erforderliche Karawanenschein ist vom Bezirksamt nur dann auszustellen, wenn der Nachweis erbracht ist, daß die Karawanenreiabgabe entrichtet ist.

Die Deutsch-Ostafrikanische Gesellschaft hat das Recht, innerhalb der in § 2 erwähnten Zone durch eigene Leute, welche mit einem vom Bezirksamt Bagamoyo ausgestellten Ausweis versehen sein müssen, eine Kontrolle auszuüben, ob die Karawanenreigebühren gezahlt sind.

§ 8. Zuwiderhandlungen gegen diese Verordnung werden mit Geldstrafen bis zu 500 Rupien oder Haft bestraft.

§ 9. Diese Verordnung tritt am 1. Oktober 1905 in Kraft.

Daressalam, den 22. September 1905.

Der Kaiserliche Gouverneur.
Graf v. Götzen.

118. **Bekanntmachung des Gouverneurs von Deutsch-Ostafrika wegen Abänderung der Verordnung vom 17. September 1903, betreffend Befeuerungs- und Betonnungsgebühren. Vom 26. September 1905.**

(Kol. Bl. S. 828.)

Der § 4 der Verordnung, betreffend Befeuerungs- und Betonnungsgebühren für die Häfen der deutsch-ostafrikanischen Küste vom 17. September 1903*) erhält folgende Fassung:

„Einheimische Schiffe (Art. XXXI der Generalakte der Brüsseler Antisklavereikonferenz vom 2. Juli 1890) mit Ausnahme der im § 10 Ziffer 1 der Gouvernementsverordnung vom 1. März 1893 bezeichneten Fahrzeuge haben eine Hafenabgabe von 5 Rupien mit der Maßgabe zu entrichten, daß sie von Jahr zu Jahr durch die jeweils einmalige Zahlung die Berechtigung erwerben, unbeschadet der zollpolizeilichen und sonstigen polizeilichen Vorschriften jeden Hafen an der deutsch-ostafrikanischen Küste anzulaufen.

Die Hafenabgabe wird von den ausländischen Schiffen in dem ersten von ihnen angelaufenen Hafen des Schutzgebiets für die Dauer des laufenden Kalenderjahres, und von den unter der deutschen Flagge fahrenden Schiffen bei der Ausstellung bzw. Erneuerung des Flaggenattestes (§§ 3, 4 der Gouvernementsverordnung vom 1. März 1893) für die Dauer der bewilligten Berechtigung erhoben."

Die in § 12 Absatz 1 der Gouvernementsverordnung vom 1. März 1893 bezeichnete Gebühr für die Ausstellung des Flaggenattestes wird vom 1. Oktober 1905 ab auf 10 Rupien herabgesetzt.

Daressalam, den 26. September 1905.

Der Kaiserliche Gouverneur.
Graf v. Götzen.

119. Runderlaß des Gouverneurs von Deutsch-Ostafrika, betreffend die Verwahrung und Bewachung amtlicher Kassenbestände. Vom 26. September 1905.

In Ergänzung der Bestimmungen unter A. III und IV der Geschäftsanweisungen für die Bezirks- und Stationskassen*) und unter § 4 der Vorschriften für die Inventarien- und Materialienverwaltung vom 10. April 1896**) wird im Interesse einer möglichst gesicherten Verwahrung und Bewachung der amtlichen Magazin- und Kassenbestände folgendes bestimmt:

1. Die Schlüssel zu den Geldbehältern selbst sind stets von dem jeweilig verantwortlichen Kassenpersonal in eigene Verwahrung zu nehmen.

Die Aufbewahrung der Reserveschlüssel regelt sich nach der speziellen Bestimmung des Kaiserlichen Gouvernements. Wo eine solche bisher noch nicht ergangen, ist sie mit einem sachgemäßen Vorschlage alsbald zu beantragen. In den Kassenbehältern selbst dürfen die Reserveschlüssel, wie bemerkt sein mag, unter keinen Umständen verwahrt werden.

2. Die zu den Kassen- und Magazinräumen führenden Türen und Fenster sind außerhalb der Dienststunden bzw. während der Abwesenheit der verantwortlichen Funktionäre gehörig verschlossen zu halten.

3. Die Schlüssel zu den gedachten Türen sind, wenn nicht von dem verantwortlichen Personal selber, so doch jedenfalls von einem unbedingt zuverlässigen weißen Funktionär zu verwahren. Es ist nicht zulässig, die Schlüssel in den Händen farbiger Wachtposten zu belassen oder überhaupt diesen außerhalb der Dienststunden zu den Magazin- oder Kassenräumen ohne Beaufsichtigung Zutritt zu gewähren, abgesehen von Fällen des Alarms oder dergleichen.

4. Die Verwahrung kann, wo es zweckmäßig erscheint, mit spezieller Genehmigung des Gouvernements in der Weise erfolgen, daß die Türschlüssel in einem mehrteiligen verschließbaren Schlüsselschrank mit Glasdeckeln im Hause des Stationschefs derart aufgehängt werden, daß sie jederzeit von außen sichtbar sind. Den Schlüssel zu jedem Abteil des Schrankes hat in solchem Falle der für die darin hängenden Schlüssel verantwortliche Funktionär zu verwahren; in Fällen dringender Gefahr kann die Glasscheibe eingeschlagen und der benötigte Türschlüssel herausgenommen werden.

5. Jede Dienststelle hat dafür Sorge zu tragen, daß in den Sonderbestimmungen für den Wachtdienst der Schutz- oder Polizeitruppe die nach Lage der örtlichen Verhältnisse zur Sicherung der Kassen- und Magazinräume erforderlichen Anordnungen getroffen werden. Namentlich ist darauf zu halten, daß jeder den Wachtdienst übernehmende Posten sich in Gegenwart des Wachthabenden oder des abzulösenden Postens davon überzeugt, daß die Zugänge zu den mehrerwähnten Räumen, sowohl Türen wie Fenster, ordnungsmäßig verschlossen sind.

Daressalam, den 20. September 1905.

Der Kaiserliche Gouverneur.
Graf v. Götzen.

*) Nicht abgedruckt.
**) D. Kol. Gesetzgeb. VI, Nr. 62.

120. Allerhöchste Ordre, betreffend Anrechnung von Kriegsdienstjahren. Vom 12. Oktober 1905.

(Kol. Bl. S. 627.)

Ich bestimme:

1. Im Anschluß an Meine Ordre vom 29. September v. Js.*): Den im Jahre 1905 an der Niederwerfung des noch andauernden Hereroaufstandes in Südwestafrika beteiligten Deutschen wird das Jahr 1905 als Kriegsjahr angerechnet, sofern in diesem Jahre die Beteiligung mindestens einen Monat betragen hat oder die Teilnahme an einem Gefecht vorliegt.

Hat die Beteiligung in den Jahren 1904 und 1905 zusammen mindestens einen Monat in fortlaufender Zeit betragen, so ist dasjenige Jahr, in welches die längere Beteiligung fällt, als ein Kriegsjahr anzurechnen, sofern keines der beiden Jahre bereits sonst als Kriegsjahr zu erhöhtem Ansatz kommt.

2. Die zur Zeit noch andauernde Niederwerfung der im Jahre 1904 im südlichen Teil des südwestafrikanischen Schutzgebiets ausgebrochenen Hottentottenaufstände gilt im Sinne der §§ 23 und 60 des Gesetzes, betreffend die Pensionierung und Versorgung der Militärpersonen des Reichsheeres und der Kaiserlichen Marine, sowie die Bewilligungen für die Hinterbliebenen solcher Personen vom 27. Juni 1871, des § 1 des Gesetzes vom 31. Mai 1901, betreffend Versorgung der Kriegsinvaliden und der Kriegshinterbliebenen, sowie des § 49 des Reichsbeamtengesetzes vom 31. März 1873 als Feldzug.

Den an der Niederwerfung dieser Aufstände im Sinne des vorerwähnten § 23 beteiligten Deutschen wird das Jahr 1904 bzw. 1905 als Kriegsjahr angerechnet, sofern in einem der Jahre die Beteiligung mindestens einen Monat betragen hat oder die Teilnahme an einem Gefecht vorliegt.

Hat die Beteiligung in den Jahren 1904 und 1905 zusammen mindestens einen Monat in fortlaufender Zeit betragen, so ist dasjenige Jahr, in welches die längere Beteiligung fällt, als ein Kriegsjahr anzurechnen, sofern keines der beiden Jahre sonst als Kriegsjahr zu erhöhtem Ansatz kommt.

3. Als Teilnehmer an der Niederwerfung der Aufstände im südwestafrikanischen Schutzgebiet gelten diejenigen Deutschen, welche

a) zwecks Verwendung in Südwestafrika die Grenzen des Deutschen Reichs überschritten oder die heimischen Gewässer verlassen haben, und zwar bis zu dem Zeitpunkte der Rückkehr in die Heimat oder der Entlassung im Ausland,

b) sich bereits im Ausland befanden und während der Dauer der vorbezeichneten kriegerischen Unternehmungen im Zusammenhang mit ihnen in Südwestafrika Verwendung gefunden haben.

Glücksburg, den 12. Oktober 1905.

Wilhelm I. R.

Fürst v. Bülow.

An den Reichskanzler (Oberkommando der Schutztruppen und Reichs-Marine-Amt).

*) D. Kol. Gesetzgeb. VIII, No. 145.

121. **Anordnung des Gouverneurs von Deutsch-Ostafrika zur Bekämpfung des Küstenfiebers unter dem Rindvieh. Vom 12. Oktober 1905.**

(Kol. Bl. S. 690.)

Für diejenigen Gebiete, welche amtlich als durch das Küstenfieber des Rindviehs verseucht erklärt werden, treten mit dem durch die amtliche Erklärung festgesetzten Zeitpunkt folgende Beschränkungen in Kraft:

1. Das als verseucht erklärte Gebiet ist bis auf weiteres gegen den Ab- und Zutrieb von Rindvieh gesperrt.

Das Zutreiben von Schlachtvieh in ein solches Gebiet darf nur mit Genehmigung der örtlichen Polizeibehörde zum Zwecke der sofortigen Abschlachtung oder der sofortigen Ausfuhr erfolgen.

Eine Ausfuhr von verseuchtem Rindvieh aus dem gesperrten Gebiete nach anderen Orten des Schutzgebiets darf nur aus Küstenbezirken auf Schiffen und nur zu Schlachtzwecken nach jedesmaliger vorheriger Genehmigung durch die örtliche Polizeibehörde erfolgen. Die Ausfuhr von der Küste in das Ausland ist unbeschränkt.

2. Im Umkreise von 3 km um das als verseucht erklärte Gebiet dürfen neu zugetriebene Rinder nur in einer Einzäunung (Drahtzaun) gehalten werden.

3. Das Treiben von Rindvieh und das Fahren mit demselben innerhalb des als verseucht erklärten Gebiets ist bis auf weiteres nicht eingeschränkt. Doch ist die örtliche Polizeibehörde befugt, die Ausführung von Maßregeln anzuordnen, um Vermischungen und Verschiebungen des Viehs innerhalb der gesperrten Gebietsteile, insbesondere je nach den örtlichen Verhältnissen das Einfenzen oder Einstellen des Rindviehs vorzuschreiben.

Daressalam, den 12. Oktober 1905.

Der Kaiserliche Gouverneur.
Graf v. Götzen.

122. **Runderlaß des Gouverneurs von Deutsch-Neu-Guinea, betreffend Arbeiterlöhnung. Vom 14. Oktober 1905.**

An Stelle der in § 4 der Verordnung, betreffend die Ausführung und Anwerbung von Eingeborenen als Arbeiter in Deutsch-Neu-Guinea, vom 31. Juli 1901[*]) festgesetzten Wochenration von 60 g Tabak hat künftig eine solche von 18 g zur Verabreichung zu kommen. Es ist ferner gestattet, diese Naturalleistung zu dem Wertansatze von 15 Pfennigen für 18 g (eine Stange) oder mit einem Jahresanschlag von 7,5 Mk., falls die Beschäftigung zwölf Monate erreicht, von dem Lohnguthaben in Abzug zu bringen.

Herbertshöhe, den 14. Oktober 1905.

Der Kaiserliche Gouverneur.
Hahl.

*) D. Kol. Gesetzgeb. VI, Nr. 245.

128. Verordnung des Vizegouverneurs in Ponape, betreffend Aufhebung der Verordnung über das Verbot des Trepangfanges auf den Riffen und Bänken der Insel Ponape, vom 10. April 1900.
Vom 15. Oktober 1905.
(Kol. Bl. 1906, S. 31.)

Auf Grund des § 15 Absatz 3 des Schutzgebietsgesetzes (Reichs-Gesetzbl. 1900, S. 813) in Verbindung mit § 5 der Verfügung des Reichskanzlers vom 27. September 1903 (Deutsches Kol. Bl. 1903, S. 509) wird verordnet, was folgt:

Einziger Paragraph.

Die Verordnung vom 10. April 1900, betreffend das Verbot des Trepangfanges auf den Riffen und Bänken der Insel Ponape*), tritt mit dem heutigen Tage außer Kraft.

Ponape, den 15. Oktober 1905.

Der geschäftsführende Kaiserliche Vizegouverneur.

Berg.

124. Auszug aus dem Runderlasse der Kolonial-Abteilung des Auswärtigen Amtes an die Gouvernements der afrikanischen Schutzgebiete zur Abänderung des Runderlasses vom 18. April 1904, betreffend Etatsanmeldungen in Bausachen.**) Vom 16. Oktober 1905.

Ich ersuche ergebenst, zu der vierteljährlich einzureichenden Übersicht über den Fortschritt der Bauten in Zukunft das anliegende Formular zu benutzen.

Berlin, den 16. Oktober 1905.

Auswärtiges Amt. Kolonial-Abteilung.
I. V. v. König.

Anlage zu Nr. 124.

Seite 1.

Schutzgebiet . . . .   Etatsjahr . . . .

Übersicht über den Fortschritt der Bauten in der Zeit
Seite 2.   vom . . . . bis . . . .

Kap.	Tit.	Pos.	Bezeichnung des Baues	Veranschlagte Bausumme M.	Bisher verausgabt		Im ganzen
					im Schutzgebiet M.	bei der Legationskasse M.	

Seite 3.

Zur Verfügung stehen noch M.	Voraussichtliche Kosten bis zur Fertigstellung M.	Bemerkungen über Baufortschritt oder event. Behinderungsgründe u. dgl.

125. Runderlafs des Gouverneurs von Deutsch-Ostafrika, betreffend die Ermäfsigung der Krankenhauskosten für Zivilpersonen in besonderen Fällen. Vom 18. Oktober 1905.

Das Auswärtige Amt, Kolonial-Abteilung, hat durch Verfügung vom 13. September 1905 genehmigt, daß im Falle der Bedürftigkeit bei erkrankten Privatpersonen, welche die Aufnahme in das Krankenhaus aus pekuniären Gründen ablehnen, aber, weil ihre Krankheit (Rückfallfieber, Malaria, Geschlechtsleiden, Geisteskrankheit usw.) eine Gefahr für die öffentliche oder eigene Sicherheit oder für ihre Umgebung bedeutet, durch polizeiliche Zwangsmaßregeln veranlaßt werden, das Krankenhaus aufzusuchen, die Kosten der Lazarettbehandlung in der I. Klasse der Gouvernementskrankenhäuser*) auf 6 und in der II. Klasse auf 3½ Rupien für den Tag, ausschließlich Getränke, herabgesetzt werden. Ich ersuche, in zutreffenden Fällen in Zukunft hiernach zu verfahren.

Es bleibt jedoch in jedem einzelnen Falle, in dem auf Grund der Verfügung eine Aufnahme zu den ermäßigten Preisen erfolgte, unter Vorlage einer mit dem Kranken aufgenommenen Verhandlung sowie einer Äußerung der zuständigen Verwaltungsstelle über die vorliegende Bedürftigkeit umgehend hierher zu berichten, aus welchen sanitätspolizeilichen oder anderen Gründen die Aufnahme in das Krankenhaus notwendig war.

Daressalam, den 18. Oktober 1905.

Der Kaiserliche Gouverneur.
Graf v. Götzen.

126. Beschlufs des Bundesrats, betreffend die Central-Afrikanische Bergwerks-Gesellschaft in Berlin. Vom 19. Oktober 1905.

(Kol. Bl. S. 657, R. Anz. vom 16. November 1905.)

Durch Beschluß des Bundesrats vom 19. Oktober 1905 ist der Kolonialgesellschaft „Central-Afrikanische Bergwerks-Gesellschaft" zu Berlin die Fähigkeit verliehen worden, unter ihrem Namen Rechte, insbesondere Eigentum und andere dingliche Rechte an Grundstücken, zu erwerben, Verbindlichkeiten einzugehen, vor Gericht zu klagen und verklagt zu werden.

Satzungen der Central-Afrikanischen Bergwerks-Gesellschaft.

(Beilage zum „Deutschen Kolonialblatt" vom 15. Nov. 1905, R. Anz. vom 16. Nov. 1905.)

I. Allgemeine Bestimmungen.

§ 1. Unter der Firma:

„Central-Afrikanische Bergwerks-Gesellschaft"

wird auf Grund des § 11 des Schutzgebietsgesetzes (Reichsgesetzblatt 1900, S. 813) eine Kolonialgesellschaft errichtet.

§ 2. Der Gegenstand des Unternehmens ist der Erwerb und die Verwertung von Bergwerksgerechtsamen in Deutsch-Ostafrika und den angrenzenden Gebieten.

---

*) Vgl. D. Kol. Gesetzgeb. VI, Nr. 59, 62.

§ 3. Die Gesellschaft ist berechtigt, sich an gleichartigen Unternehmungen zu beteiligen sowie andere Gesellschaften zu errichten und diesen einen Teil ihrer Rechte zu übertragen.

§ 4. Die Gesellschaft hat ihren Sitz und allgemeinen Gerichtsstand in Berlin.

§ 5. Die Dauer der Gesellschaft ist nicht beschränkt.

§ 6. Die Organe der Gesellschaft sind:
der Vorstand,
der Aufsichtsrat,
die Hauptversammlung.

§ 7. Die Bekanntmachungen der Gesellschaft erfolgen rechtswirksam, soweit diese Satzung nicht ein anderes bestimmt, durch einmalige Veröffentlichung im Deutschen Reichsanzeiger.

Die Gesellschaft behält sich vor, ihre Bekanntmachungen außerdem durch andere von dem Aufsichtsrat zu bestimmende Blätter zu veröffentlichen, ohne daß von dieser Veröffentlichung die Rechtswirksamkeit der Bekanntmachung abhängt.

Bei bekanntgemachten Fristen wird der Tag der Ausgabe des Blattes mitgerechnet.

II. Grundkapital.

§ 8. Das Grundkapital der Gesellschaft beträgt 1 200 000 Mark, eingeteilt in 12 000 Anteile über je einhundert Mark, und zwar der Serie A von Nr. 1 bis 9000 und der Serie B von Nr. 9001 bis 12 000.

§ 9. Die Central-Afrikanische Seeen-Gesellschaft mit beschränkter Haftung überträgt 67 ihr zu eigen gehörige Edelmineralschürffelder (Goldfelder) in das Eigentum der Central-Afrikanischen Bergwerks-Gesellschaft.

Diese 67 Felder liegen in den Landschaften Ikoma, Kassama, Saamuye und Ussongo.

Die Felder sind vorschriftsmäßig abgesteckt und belegt worden. Sie sind je 400 m lang und 200 m breit, umfassen also insgesamt ein Gebiet von etwa 5 367 000 qm.

§ 10. Als Entgelt für dieses Einbringen erhält die Central-Afrikanische Seeen-Gesellschaft von dem im § 8 bezeichneten Grundkapital 6000 Anteile. Diese 6000 Anteile gelten als voll eingezahlt; sie zerfallen in:
a) 3000 Anteile Serie A, welche in derselben Weise wie die bar eingezahlten 6000 Anteile an dem Gewinn teilnehmen;
b) 3000 Anteile Serie B, welche erst dann am Gewinn teilnehmen, wenn die übrigen Anteile 5 v. H. Gewinn erhalten haben (§ 20e).

§ 11. Auf die übrigen 6000 Anteile der Serie A werden bei bzw. unverzüglich nach Errichtung der Gesellschaft 25 v. H. eingezahlt. Über die weitere Einberufung von Kapital bis zur Höhe von 300 000 Mark beschließt der Aufsichtsrat. Die Einberufung des Kapitals über 300 000 Mark hinaus kann nur von der Hauptversammlung beschlossen werden, wobei lediglich die Bareinzahler oder deren Rechtsnachfolger mitstimmen dürfen.

Wird die Zahlung in der festgesetzten Frist nicht geleistet, so kann der Säumige zur Zahlung der fälligen Beträge nebst 5 v. H. Zinsen vom Fälligkeitstermine ab im Rechtswege angehalten werden. Statt dessen kann nach zweimaliger Zahlungsaufforderung, welche in gleicher Frist und unter Androhung des Ausschlusses stattzufinden hat, durch Beschluß des Aufsichtsrats der Säumige seines Anteils zugunsten der Gesellschaft für verlustig und der etwa über den Anteil ausgestellte Schein für kraftlos erklärt werden.

Diese Erklärung wird dem Säumigen schriftlich mitgeteilt, und der für verfallen erklärte Anteil wird der Gesellschaft zugeschrieben; die letztere ist berechtigt, ihr zugeschriebene Anteile zu verwerten. Die Geltendmachung eines weiteren Schadens ist nicht ausgeschlossen.

§ 12. Die Central-Afrikanische Seeen-Gesellschaft als Inhaberin der ihr für das Einbringen der 67 Goldfelder überwiesenen Anteile und die Zeichner der auszugebenden weiteren Anteile sowie demnächst deren Rechtsnachfolger bilden die Gesellschaft.

Die Anteile sind unteilbar.

Einzelne Mitglieder können nicht auf Teilung klagen.

§ 13. Für die Verbindlichkeiten der Gesellschaft haftet den Gläubigern nur das Gesellschaftsvermögen.

§ 14. Der Zeichner eines Anteils, abgesehen von der Central-Afrikanischen Seeen-Gesellschaft, ist für die Zahlung des vollen Nennbetrages verhaftet.

Darüber hinaus haben die Mitglieder der Gesellschaft keine Verpflichtung.

Die Zeichner von Anteilen und deren Rechtsnachfolger sowie die Central-Afrikanische Seeen-Gesellschaft können von den ihnen obliegenden Leistungen nicht befreit werden und sind nicht befugt, gegen das Recht auf diese Leistungen eine Forderung an die Gesellschaft aufzurechnen.

§ 15. Eine Erhöhung des Grundkapitals kann nur von der Hauptversammlung beschlossen werden. Die Gesellschafter haben ein Recht zum Bezuge der neuen Anteile nach Maßgabe ihres Anteils am bisherigen Grundkapital.

Der Betrag, zu welchem die neuen Anteile ausgegeben werden, ist von dem Vorstande im Deutschen Reichsanzeiger zu veröffentlichen. In der Veröffentlichung kann eine Frist für die Ausübung des Bezugsrechts bestimmt werden; die Frist muß mindestens zwei Wochen betragen.

§ 16. Die Urkunden über die Anteile der Gesellschaft (Anteilscheine) lauten, solange dieselben nicht voll eingezahlt sind, auf den Namen und werden mit Angabe der Eigentümer nach Namen, Stand und Wohnort in das Stammbuch der Gesellschaft eingetragen.

Nach der Vollzahlung lauten die Anteilscheine auf den Inhaber, können aber auch auf den Namen umgeschrieben werden und sind dann in das Stammbuch der Gesellschaft einzutragen.

Mit den Anteilscheinen erhält der Eigentümer zugleich die Gewinnanteilscheine für die nächsten zehn Jahre und einen Erneuerungsschein zur Abhebung neuer Gewinnanteilscheine nach Ablauf des zehnjährigen Zeitraumes.

Die Gewinnanteilscheine und die Erneuerungsscheine lauten stets auf den Inhaber.

§ 17. Solange die Anteile nicht vollgezahlt sind, gelten nur die in dem Stammbuch der Gesellschaft Eingetragenen der Gesellschaft gegenüber als Mitglieder.

Wenn das Eigentum eines Anteils vor der Vollzahlung auf einen anderen übergeht, so ist dies unter Vorlegung des Anteilscheins bei der Gesellschaft anzumelden und in dem Stammbuche sowie auf dem Anteilscheine zu vermerken.

Miteigentümer eines Anteils werden erst dann als Mitglieder anerkannt, wenn sie die Eintragung eines gemeinschaftlichen Bevollmächtigten in dem Stammbuche bewirkt haben.

§ 18. Durch Zeichnung oder Erwerb von Anteilen unterwerfen sich die Mitglieder für alle Streitigkeiten mit der Gesellschaft aus dem Gesellschaftsverhältnisse dem in Berlin zuständigen Gerichte.

III. Bilanz, Ermittlung und Verwendung des Ertrags, Reservefonds.

§ 19. Das Geschäftsjahr läuft vom 1. April bis zum 31. März des folgenden Jahres. Das erste Geschäftsjahr endigt am 31. März 1906.

Auf den 31. März ist von dem Vorstande die Bilanz für das abgelaufene Geschäftsjahr zu ziehen. Diese muß mit der Gewinn- und Verlustrechnung und mit einem den Vermögensstand und die Verhältnisse der Gesellschaft entwickelnden Berichte des Vorstandes sowie mit dem von dem Aufsichtsrate zu erstattenden Revisionsberichte der Hauptversammlung alljährlich vor dem 30. September vorgelegt werden.

Der Hauptversammlung ist die Genehmigung der Bilanz sowie die Erteilung der Entlastung für die Geschäftsführung des Vorstandes und des Aufsichtsrats vorbehalten.

§ 20. Auf Vorschlag des Aufsichtsrats beschließt die Hauptversammlung über die Höhe der vorzunehmenden Abschreibungen und sonstigen Rücklagen.

Der nach Abzug der Abschreibungen und sonstigen Rücklagen sich ergebende Reingewinn wird, wie folgt, verwendet:

a) 5 v. H. werden dem ordentlichen Reservefonds zugeführt.
b) Alsdann wird auf die Anteile außer Serie B ein Gewinnanteil bis zu 5 v. H. verteilt.
c) Von dem Überschuß beziehen die Mitglieder des Vorstandes und die Angestellten der Gesellschaft die etwaigenfalls ihnen vertraglich zugesicherten Gewinnanteile.
d) Von dem verbleibenden Betrage sind an den Aufsichtsrat 10 v. H. als Tantieme zu zahlen.
e) Von dem dann noch verbleibenden Überschuß wird auf die 3000 Anteile der Serie B (§ 10b) ein Gewinnanteil bis zu 5 v. H. verteilt.
f) Der Rest wird auf sämtliche Anteile Serie A und B gleichmäßig verteilt.

Die Verteilung des Gewinnes auf die Anteile erfolgt nach Maßgabe der geleisteten Einzahlungen. Ist eine Einzahlung im Laufe des Geschäftsjahres eingefordert worden, so entfällt auf den eingezahlten Betrag der Gewinnanteil nur nach Verhältnis der Zeit von der Einzahlung bis zum Ablaufe des Geschäftsjahres.

Die Auszahlung der Gewinnanteile erfolgt spätestens am 1. Oktober nach dem abgelaufenen Geschäftsjahre.

§ 21. Der ordentliche Reservefonds dient zur Deckung eines aus der Bilanz sich ergebenden Verlustes am Gesellschaftskapital sowie zur Bestreitung von anderen unvorhergesehenen oder außerordentlichen Bedürfnissen der Gesellschaft. Die Überweisungen an den Reservefonds hören auf, sobald und so oft er die Höhe von 20 v. H. des Grundkapitals erreicht hat.

Eine besondere Anlegung des Betrages des ordentlichen Reservefonds ist nicht erforderlich.

Das bei der Ausgabe neuer Anteilscheine der Gesellschaft etwa zu gewinnende Aufgeld fließt dem ordentlichen Reservefonds zu.

IV. Verwaltung.
a) Der Vorstand.

§ 22. Der Vorstand vertritt die Gesellschaft nach außen in allen Rechtsgeschäften und sonstigen Angelegenheiten, einschließlich derjenigen, welche nach den Gesetzen eine Sondervollmacht erfordern. Er führt die Verwaltung selbständig, soweit nicht nach dieser Satzung der Aufsichtsrat oder die Hauptversammlung mitzuwirken haben. Dritten gegenüber ist eine Beschränkung der Vertretungsbefugnis des Vorstandes unwirksam.

Der Vorstand hat seinen Sitz in Berlin. Durch Beschluß des Aufsichtsrats können Mitglieder des Vorstandes zeitweise nach Deutsch-Ostafrika zur Beaufsichtigung und Prüfung der dortigen Verwaltung oder zu anderen Zwecken abgeordnet werden.

§ 23. Der Vorstand wird von dem Aufsichtsrat zu notariellem Protokoll bestellt. Eine Ausfertigung des notariellen Protokolls dient als Ausweis.

Zum Mitgliede des Vorstandes können nur Personen männlichen Geschlechts, welche die deutsche Reichsangehörigkeit besitzen, bestellt werden.

Die Bestellung zum Mitgliede des Vorstandes ist jederzeit widerruflich, unbeschadet des Anspruchs auf die vertragsmäßige Vergütung.

§ 24. Der Vorstand besteht aus einem oder mehreren Mitgliedern. Wenn der Vorstand aus mehreren Mitgliedern besteht, muß der Aufsichtsrat zu notariellem Protokoll eines der Mitglieder zum Vorsitzenden des Vorstandes ernennen.

§ 25. Alle Willenserklärungen, welche für die Gesellschaft verbindlich sein sollen, und alle Bekanntmachungen der Gesellschaft sind, wenn der Vorstand nur aus einem Mitgliede besteht, von diesem allein, wenn der Vorstand aus mehreren Mitgliedern besteht, von zwei Mitgliedern des Vorstandes oder einem Mitgliede des Vorstandes und einem Prokuristen abzugeben.

Die Firma der Gesellschaft wird in der Weise gezeichnet, daß die Zeichnungsberechtigten der geschriebenen oder auf mechanischem Wege hergestellten Firma der Gesellschaft ihre Namensunterschrift hinzufügen, und zwar die Prokuristen mit einem das Prokuraverhältnis andeutenden Zusatze.

Ist eine Willenserklärung gegenüber der Gesellschaft abzugeben, so genügt immer die Abgabe gegenüber einem Mitgliede des Vorstandes oder dessen zur Abgabe von Willenserklärungen für die Gesellschaft berechtigtem Stellvertreter. Ist dieser ein Prokurist, so hat er unverzüglich die abgegebene Willenserklärung dem Vorsitzenden des Aufsichtsrats zur Kenntnis zu bringen.

§ 26. Der Vorstand ernennt und entläßt die Beamten der Gesellschaft. Zur Erteilung einer Prokura oder einer Gesamthandlungsvollmacht bedarf er der Zustimmung des Aufsichtsrats. Diese Beschränkung hat Dritten gegenüber keine Wirkung.

b) Der Aufsichtsrat.

§ 27. Der Aufsichtsrat besteht aus fünf bis neun Mitgliedern. Die Mitglieder müssen Angehörige des Deutschen Reiches sein. Die Mitglieder des Aufsichtsrats können nicht zugleich Mitglieder des Vorstandes oder dauernde Stellvertreter von Vorstandsmitgliedern sein. Nur für einen im voraus begrenzten Zeitraum kann der Aufsichtsrat einzelne seiner Mitglieder zu Stellvertretern behinderter Vorstandsmitglieder bestellen; während dieses Zeitraums darf dieser eine Tätigkeit als Mitglied des Aufsichtsrats nicht ausüben.

Die Mitglieder des Aufsichtsrats werden aus den Mitgliedern der Gesellschaft durch die Hauptversammlung gewählt. Ihre Wahl erfolgt auf drei

Jahre. Von den gewählten Mitgliedern scheidet jährlich ein Drittel aus. Bis die Reihe des Austritts durch die Amtsdauer bestimmt ist, entscheidet darüber das Los. Die Ausscheidenden sind wieder wählbar.

Scheidet vor Ablauf der Wahlzeit ein Mitglied aus irgend einem Grunde aus, so können die verbleibenden Mitglieder eine bis zur nächsten ordentlichen Hauptversammlung gültige Zuwahl treffen. Die endgültige Zuwahl erfolgt durch die Hauptversammlung für den Rest der Wahlzeit des ausgeschiedenen Mitgliedes.

Eine Neuwahl und eine Ersatzwahl ist nicht erforderlich, wenn fünf Mitglieder noch vorhanden sind.

Jedes Mitglied des Aufsichtsrats ist berechtigt, sein Amt jederzeit durch Erklärung an den Vorstand niederzulegen. Die Hauptversammlung kann die Wahl eines Aufsichtsratsmitgliedes auch vor Ablauf des Zeitraums, für welchen die Wahl erfolgt ist, durch einen Beschluß, welcher einer Mehrheit von drei Vierteln der bei der Abstimmung abgegebenen Stimmen bedarf, widerrufen.

Über die Wahlen zum Aufsichtsrat ist ein notarielles Protokoll aufzunehmen.

§ 28. Die Mitglieder des Aufsichtsrats können Ersatz der durch Erfüllung ihrer Amtspflichten entstandenen Auslagen beanspruchen. Über die Verteilung der ihnen nach § 20 zustehenden Tantieme entscheidet der Aufsichtsrat.

§ 29. Der Aufsichtsrat wählt jährlich aus seiner Mitte einen Vorsitzenden und mindestens einen Stellvertreter, und zwar unmittelbar nach der ordentlichen Hauptversammlung durch die an deren Schluß anwesenden Mitglieder des Aufsichtsrats, ohne daß es dazu der Einberufung einer besonderen Sitzung des Aufsichtsrats bedarf.

Bei Erledigung eines der Ämter im Laufe des Jahres ist unverzüglich zu einer Neuwahl zu schreiten.

Der Aufsichtsrat hält seine Sitzungen in Berlin ab und wird von dem Vorsitzenden durch eingeschriebene Briefe unter Angabe der Beratungsgegenstände so oft berufen, als die Geschäfte es erfordern. Er muß binnen einer Woche berufen werden, wenn es von wenigstens drei Mitgliedern des Aufsichtsrats oder von einem Vorstandsmitgliede schriftlich beantragt wird.

Die Mitglieder des Vorstandes können an den Sitzungen des Aufsichtsrats mit beratender Stimme teilnehmen. Auf Beschluß des Aufsichtsrats sind sie zur Teilnahme verpflichtet oder von der Teilnahme ausgeschlossen.

Der Aufsichtsrat ist beschlußfähig, wenn mindestens die Hälfte seiner Mitglieder anwesend ist. Alle Mitglieder des Aufsichtsrats haben gleiches Stimmrecht. Die Beschlüsse werden nach Stimmenmehrheit gefaßt. Bei Stimmengleichheit gibt die Meinung des Vorsitzenden den Ausschlag.

Über einen in dem Berufungsschreiben nicht angegebenen Gegenstand kann der Aufsichtsrat gültig beschließen, wenn der Beschluß von allen anwesenden Mitgliedern genehmigt wird.

Auf Aufforderung des Vorsitzenden kann der Aufsichtsrat, auch ohne zu einer Sitzung berufen zu werden, durch schriftliche Stimmabgabe beschließen; jedoch sind solche Beschlüsse nur wirksam, wenn sie von allen Mitgliedern übereinstimmend gefaßt werden.

§ 30. Der Aufsichtsrat beschließt seine Geschäftsordnung.

§ 31. Die Erklärungen des Aufsichtsrats sind rechtsgültig vollzogen, wenn sie den Namen der Gesellschaft und die Worte „Der Aufsichtsrat" unter Beifügung der Namensunterschrift des Vorsitzenden oder seines Stellvertreters und eines weiteren Mitgliedes des Aufsichtsrats tragen. Der Aufsichtsrat weist sich durch ein auf Grund der Wahlhandlung ausgefertigtes notarielles Zeugnis aus.

§ 32. Der Aufsichtsrat überwacht die gesamte Geschäftsführung in allen Zweigen der Verwaltung und unterrichtet sich zu diesem Zweck von dem Gange der Angelegenheiten der Gesellschaft. Er kann jederzeit über dieselben Berichterstattung von dem Vorstand verlangen und durch den Vorsitzenden oder durch einzelne von ihm zu bestimmende Mitglieder oder auch durch dritte Sachverständige die Bücher und Schriften der Gesellschaft einsehen und prüfen sowie den Bestand der Gesellschaftskasse, alle sonstigen Bestände an Wertpapieren, Handelspapieren und Waren, endlich die Betriebe in Deutsch-Ostafrika und den Nachbargebieten an Ort und Stelle untersuchen.

§ 33. Dem Aufsichtsrat liegt insbesondere ob:
a) Die Prüfung der Bilanz und der Gewinn- und Verlustrechnung sowie des Geschäftsberichts;
b) die Feststellung der Grundsätze, nach welchen die Bilanz aufzustellen ist, sowie die Feststellung der Höhe der Abschreibungen und der Rücklagen nach Maßgabe des § 20 der Satzung;
c) die Genehmigung der Verträge bei Erwerb, Veräußerung oder Belastung von Grundstücken und Bergwerken, sofern der Gegenstand den Wert von 5000 Mark übersteigt, und die Genehmigung der Grundsätze für die Ausnutzung solcher Liegenschaften;
d) die Genehmigung zum Abschluß von Pacht- und Mietsverträgen auf länger als ein Jahr und zu einem den Betrag von 5000 Mark übersteigenden jährlichen Zins;
e) die Genehmigung zur Erteilung der Prokura und einer Gesamthandlungsvollmacht sowie zur Anstellung und Entlassung von Beamten mit einem Jahresgehalt über 5000 Mark;
f) die Entscheidung über die Anlegung des Reservefonds und der Gelder, die zum Geschäftsbetriebe nicht erforderlich sind;
g) die Genehmigung aller sonstigen Verträge, welche der Gesellschaft Verpflichtungen für eine längere Zeit als drei Jahre auferlegen;
h) die Überwachung und Entlastung der Angestellten der Gesellschaft und die Genehmigung allgemeiner Vorschriften für die Verwaltung, insbesondere das Kassen- und Rechnungswesen der Betriebe im Schutzgebiet;
i) der Erlaß einer Geschäftsordnung für den Vorstand;
k) die Genehmigung der vom Vorstande vorzulegenden Voranschläge für die Einnahmen und Ausgaben der Verwaltung;
l) die Befugnis, die Hauptversammlung zu berufen und deren Tagesordnung festzusetzen und die Vorlagen festzustellen;
m) die Abordnung eines oder mehrerer Mitglieder des Aufsichtsrats zu bestimmten Geschäften, insbesondere zur Revision der von dem Vorstande geführten Bücher und Kassen sowie zur Revision der Jahresbilanz;
n) die Bestellung einer oder mehrerer engerer Ausschüsse aus der Mitte des Aufsichtsrats und die Übertragung einzelner Geschäfte oder Gattungen derselben an diese Ausschüsse durch Sondervollmacht;
o) die Befugnis, die Gesellschaft bei der Vornahme von Rechts-

geschäften mit den Vorstandsmitgliedern sowie bei Rechtsstreitigkeiten mit diesen, soweit es sich nicht um die Geltendmachung von Ansprüchen der im Absatz 4 des § 41 bezeichneten Art handelt, zu vertreten.

§ 34. Über die Verhandlungen und Beschlüsse des Aufsichtsrats ist ein von dem Vorsitzenden und mindestens einem zweiten Mitgliede zu unterzeichnendes Protokoll zu führen.

c) Die Hauptversammlung.

§ 35. Die Hauptversammlung vertritt die Gesamtheit der Gesellschaftsmitglieder. Ihre Beschlüsse und Wahlen sind für alle Mitglieder verbindlich.

§ 36. Die Hauptversammlungen werden in Berlin abgehalten. Sie werden von dem Aufsichtsrat oder von dessen Vorsitzenden oder von dem Vorstande berufen. Die Einladung zur Hauptversammlung geschieht durch einmalige Bekanntmachung im Deutschen Reichsanzeiger und in etwaigen anderen Gesellschaftsblättern; außerdem sind die im Stammbuche eingetragenen Anteilseigner (§ 16 Abs. 2.) schriftlich besonders einzuladen. In allen Fällen ist bei der Einladung die Angabe des Gegenstandes der Verhandlung erforderlich. Die Bekanntmachung und die schriftliche Einladung muß spätestens am zehnten Tage vor dem Tage der Hauptversammlung, sofern aber dieser Tag ein Sonntag oder staatlich anerkannter Feiertag ist, spätestens an dem diesem vorangehenden Werktage erlassen werden.

Mängel der Form und Frist der Berufung gelten als geheilt, sofern sämtliche Anteile in der Hauptversammlung vertreten sind und die Mängel nicht von einem anwesenden Mitgliede ausdrücklich gerügt werden.

Im Handelsregister eingetragene Firmen, welche Mitglieder sind, werden durch eine der nach dem Handelsregister zu ihrer Vertretung befugten Personen in der Hauptversammlung vertreten, auch wenn sonst diese nach der Eintragung im Handelsregister nur gemeinschaftlich mit einer anderen Person zur Vertretung befugt ist.

Ein Mitglied kann, soweit nicht gesetzliche Vertretung oder Vertretung durch einen Handlungsbevollmächtigten oder die Vertretung von Ehefrauen durch ihre Ehemänner und von Witwen durch ihre volljährigen Söhne in Frage kommt, durch jeden Dritten in der Hauptversammlung vertreten werden. Die Vollmacht bedarf der schriftlichen Form. Sie ist spätestens am Tage der Hauptversammlung dem Vorstande zur Prüfung vorzulegen.

§ 37. Nach Vollzahlung der Anteile können nur solche Mitglieder in der Hauptversammlung das Stimmrecht ausüben, deren Anteile auf den Namen umgeschrieben und in das Stammbuch der Gesellschaft eingetragen sind (§ 16 Abs. 2), oder welche ihre auf den Inhaber lautenden Anteilscheine spätestens am fünften Tage vor dem Tage der Hauptversammlung bis 4 Uhr nachmittags, sofern aber dieser Tag ein Sonntag oder staatlich anerkannter Feiertag ist, spätestens an dem diesem vorangehenden Werktage bei dem Vorstande oder bei anderen vom Aufsichtsrat zu bestimmenden und in der öffentlichen Bekanntmachung zu bezeichnenden Stellen unter Beifügung eines doppelt ausgefertigten, zahlenmäßig geordneten Verzeichnisses der Nummern der Anteilscheine hinterlegt haben und die Anteilscheine bis zur Beendigung der Hauptversammlung daselbst belassen.

§ 38. In der Hauptversammlung berechtigt jeder Anteil zu einer Stimme mit der im § 11 vorgesehenen Einschränkung.

§ 39. Den Vorsitz in der Hauptversammlung führt der Vorsitzende des Aufsichtsrats oder im Falle seiner Verhinderung sein Stellvertreter oder, wenn auch dieser verhindert ist, ein anderes der anwesenden Mitglieder des Aufsichtsrats, von denen immer das an Jahren älteste Mitglied vor den übrigen das Vorrecht zur Übernahme des Vorsitzes hat. Der Vorsitzende leitet die Verhandlungen, bestimmt die Reihenfolge der Gegenstände der Tagesordnung sowie die Art der Abstimmung und ernennt die Stimmzähler.

Über Gegenstände, welche nicht auf die Tagesordnung gesetzt worden sind, können Beschlüsse nicht gefaßt werden; hiervon ist jedoch der Beschluß über den in einer Hauptversammlung gestellten Antrag auf Berufung einer außerordentlichen Hauptversammlung ausgenommen.

Mitglieder, welche in der Hauptversammlung zusammen mindestens den zehnten Teil des Gesamtbetrags der Stimmen zu führen berechtigt sind, können in einer von ihnen unterzeichneten Eingabe verlangen, daß Gegenstände, die zur Zuständigkeit der Hauptversammlung gehören, zur Beschlußfassung angekündigt werden. Diese Gegenstände sind auf die Tagesordnung der nächsten Hauptversammlung zu setzen.

Wird das Verlangen nach erfolgter Einberufung der Hauptversammlung gestellt, so müssen solche Anträge auf Erweiterung der Tagesordnung mindestens eine Woche vor dem Tage der Hauptversammlung bei dem Vorstande eingereicht sein. Sie sind alsdann nachträglich auf die Tagesordnung der anberaumten Hauptversammlung zu setzen, und es ist dies mindestens am vierten Tage vor dem Tage der Hauptversammlung, sofern dieser Tag ein Sonntag oder staatlich anerkannter Feiertag ist, am nächstvorhergehenden Werktage bekannt zu machen.

§ 40. In jedem Jahre findet eine ordentliche Hauptversammlung vor Ablauf des Monats September statt. Eine außerordentliche Hauptversammlung wird berufen, so oft es im Interesse der Gesellschaft erforderlich ist. Sie muß berufen werden,

1. wenn von einer Hauptversammlung ein dahingehender Beschluß gefaßt ist (§ 39 Absatz 2);
2. wenn Mitglieder, deren Anteile zusammen den zwanzigsten Teil des Grundkapitals erreichen, und welche diese Anteile bei dem Vorstande hinterlegt haben, die Einberufung fordern und dem Vorstande zur Vorlage an die Hauptversammlung einen schriftlichen Antrag einreichen, dessen Gegenstand innerhalb der Zuständigkeit der Hauptversammlung liegt;
3. wenn die Abänderung des Gegenstandes des Unternehmens, die Auflösung der Gesellschaft oder die Verwertung des Gesellschaftsvermögens durch Veräußerung des Vermögens im ganzen beschlossen werden soll.

§ 41. In der ordentlichen Hauptversammlung werden der Geschäftsbericht des Vorstandes und die Bemerkungen des Aufsichtsrats über den Abschluß des abgelaufenen Rechnungsjahres zur Erörterung gebracht. Alsdann wird über Genehmigung des Abschlusses und über die Vorschläge über die Verteilung eines Reingewinns Beschluß gefaßt. Sodann werden die fälligen Wahlen vollzogen.

Die Bilanz nebst Gewinn- und Verlustrechnung mit dem Geschäftsberichte des Vorstandes und den Bemerkungen des Aufsichtsrats muß während zwei Wochen vor der Versammlung in den Geschäftsräumen der Gesellschaft zur Einsicht eines jeden Mitgliedes ausgelegt werden.

Die Hauptversammlung ist berechtigt, wenn die Bilanz nicht sogleich genehmigt wird, einen Ausschuß zur Nachprüfung zu ernennen.

Die Hauptversammlung ist ferner berechtigt, über die Geltendmachung von Ansprüchen der Gesellschaft aus der Verantwortlichkeit der Mitglieder des Vorstandes oder der Mitglieder des Aufsichtsrats und über die zu diesem Zwecke einzuleitenden Schritte Beschlüsse zu fassen und zu deren Ausführung bevollmächtigte Vertreter zu wählen. Ansprüche dieser Art müssen geltend gemacht werden, wenn es in der Hauptversammlung mit einfacher Stimmenmehrheit beschlossen oder von einer Minderheit, die mindestens den zehnten Teil des Grundkapitals vertritt, verlangt wird.

§ 42. Die Hauptversammlung beschließt ferner über Abänderungen und Ergänzungen der Satzung, insbesondere über die Erhöhung und Herabsetzung des Grundkapitals.

Außerdem steht der ordentlichen Hauptversammlung der Beschluß über jede Vorlage zu, welche nicht nach § 40 Nr. 3 der außerordentlichen Hauptversammlung überwiesen ist.

§ 43. Die Beschlüsse der Hauptversammlung bedürfen der Mehrheit der bei der Abstimmung abgegebenen Stimmen (einfache Stimmenmehrheit); bei Stimmengleichheit gilt der gestellte Antrag als abgelehnt.

Die Abänderung des Gegenstandes des Unternehmens, die Auflösung der Gesellschaft, die Verwertung des Gesellschaftsvermögens durch Veräußerung des Vermögens im ganzen, die Einberufung des Kapitals über 300 000 Mark (§ 11) sowie die Herabsetzung des Grundkapitals bedarf einer Mehrheit von wenigstens drei Vierteln der bei der Abstimmung abgegebenen Stimmen.

Sonstige Abänderungen und Ergänzungen der Satzung, insbesondere die Erhöhung des Grundkapitals, bedürfen einer Mehrheit von wenigstens zwei Dritteln der bei der Abstimmung abgegebenen Stimmen.

Die Wahlen finden, sofern sie nicht durch Zuruf einstimmig erfolgen, mittels Abgabe von Stimmzetteln nach einfacher Stimmenmehrheit statt. Ist diese bei der ersten Wahlhandlung nicht zu erreichen, so findet eine engere Wahl unter denjenigen statt, welchen die beiden höchsten Stimmenzahlen zugefallen sind. Bei gleicher Stimmenzahl in der engeren Wahl entscheidet das Los.

§ 44. Das Protokoll der Hauptversammlung wird von einem Notar aufgenommen und ist von dem Vorsitzenden und den Stimmzählern zu unterzeichnen. In dasselbe werden nur die Ergebnisse der Verhandlungen aufgenommen.

V. Auflösung und Herabsetzung des Grundkapitals.

§ 45. Ein Beschluß der Hauptversammlung auf Auflösung der Gesellschaft oder auf Herabsetzung des Grundkapitals bedarf der Genehmigung des Reichskanzlers. Die Genehmigung eines Beschlusses auf Auflösung der Gesellschaft kann nicht versagt werden, wenn das Grundkapital der Gesellschaft sich durch Verluste um ein Drittel verringert hat.

§ 46. Für die Liquidation gelten die Vorschriften der §§ 48 und 49 des Bürgerlichen Gesetzbuches.

Der nach Tilgung der Verbindlichkeiten der Gesellschaft verbleibende Betrag wird den Mitgliedern nach Verhältnis der von ihnen geleisteten baren Einzahlungen ausgezahlt.

Übersteigt dieser Betrag die Summe der baren Einzahlungen, so wird der Mehrbetrag den Eigentümern der für das Einbringen der 67 Goldfelder ausgegebenen Anteile verhältnismäßig verteilt.

§ 47. Die Verteilung darf nicht eher vollzogen werden als nach Ablauf eines Jahres, von dem Tage an gerechnet, an welchem die Auflösung der Gesellschaft unter Aufforderung der Gläubiger, sich bei ihr zu melden, im Deutschen Reichsanzeiger und in den übrigen Gesellschaftsblättern bekannt gemacht worden ist. Bekannte Gläubiger sind auch dann zu befriedigen, wenn sie sich nicht melden. Im übrigen wird nach § 52 des Bürgerlichen Gesetzbuches verfahren.

§ 48. Auf Grund einer Herabsetzung des Grundkapitals dürfen Zahlungen an die Mitglieder der Gesellschaft nicht eher erfolgen als nach Ablauf eines Jahres, von dem Tage an gerechnet, an welchem der Beschluß auf Herabsetzung des Grundkapitals unter Aufforderung der Gläubiger der Gesellschaft, sich bei ihr zu melden, im Reichsanzeiger und in den Gesellschaftsblättern bekannt gemacht ist, und nachdem die Gläubiger, die sich gemeldet haben, befriedigt oder sichergestellt sind. Eine durch Herabsetzung des Grundkapitals bezweckte Befreiung der Mitglieder von der Verpflichtung zur Leistung von Einzahlungen auf die von ihnen übernommenen Anteile tritt nicht vor dem bezeichneten Zeitpunkte in Wirksamkeit.

VI. Aufsichtsbehörde.

§ 49. Die Aufsicht über die Gesellschaft wird von dem Reichskanzler (Auswärtiges Amt, Kolonial-Abteilung) geführt, der zu diesem Behufe einen oder mehrere Kommissare bestellen wird. Die Kommissare sind berechtigt, auf Kosten der Gesellschaft an den Sitzungen des Aufsichtsrats und an den Hauptversammlungen teilzunehmen, von dem Vorstande oder dem Aufsichtsrate jederzeit Berichterstattung über die Angelegenheiten der Gesellschaft zu verlangen, auch deren Bücher und Schriften einzusehen oder — gleichfalls auf Kosten der Gesellschaft — eine Revision der Geschäftsführung durch einen oder mehrere Sachverständige anzuordnen sowie auf Kosten der Gesellschaft, wenn dem Verlangen dazu berechtigter Mitglieder der Gesellschaft auf Berufung der Hauptversammlung gemäß § 40 Nr. 2 nicht entsprochen wird, oder aus sonstigen wichtigen Gründen eine Sitzung des Aufsichtsrats oder eine außerordentliche Hauptversammlung zu berufen.

§ 50. Die Aufsicht beschränkt sich darauf, daß die Geschäftsführung der Gesellschaft dem in § 2 bezeichneten Zwecke und den übrigen Bestimmungen der Satzung entspricht und im Einklange mit den gesetzlichen Vorschriften erfolgt. Die Genehmigung der Aufsichtsbehörde ist, abgesehen von den sonstigen in dieser Satzung vorgeschriebenen Fällen, erforderlich:

1. zur Aufnahme von Anleihen und zur Ausgabe von Schuldverschreibungen, zu allen Änderungen der Satzung, zur Auflösung des Unternehmens sowie zur Verwertung des Gesellschaftsvermögens durch Veräußerung des Vermögens im ganzen;
2. zu allen Verträgen über die Erwerbung und Verwertung von Bergwerksgerechtsamen, welche nicht im deutsch-ostafrikanischen Schutzgebiet belegen sind.

VII. Übergangsbestimmungen.

§ 51. Der erste Aufsichtsrat wird in der Hauptversammlung, welche die Satzung feststellt, aus den Mitgliedern der Gesellschaft gewählt. Er bleibt im Amt bis zur ersten Hauptversammlung nach Verleihung der im § 11 des Schutzgebietsgesetzes bezeichneten Rechte durch den Bundesrat. Auf den ersten Aufsichtsrat finden die Bestimmungen des § 27 Absatz 1 und Absatz 5 der Satzung Anwendung. Der erste Aufsichtsrat wählt sofort nach der Hauptversammlung, welche die Satzung feststellt, seinen Vorsitzenden und dessen Stellvertreter und beschließt über die Zusammensetzung des Vorstandes und bestellt dessen Mitglieder. Alles dies geschieht gültig durch die in jener Hauptversammlung anwesenden Mitglieder, ohne daß es der Zuziehung der abwesenden und der Erklärung über die Annahme der Wahl bedarf, und zwar auch dann, wenn weniger als die Hälfte der Mitglieder des Aufsichtsrats anwesend sein sollten.

§ 52. Bis zur Vollzahlung der Anteile können nur diejenigen Mitglieder in der Hauptversammlung das Stimmrecht ausüben, deren Namen als Anteilseigner in das Stammbuch der Gesellschaft eingetragen sind (§§ 37, 16 Absatz 2).

§ 53. Der Vorsitzende des Aufsichtsrats und sein Stellvertreter werden ermächtigt, die Genehmigung dieser Satzung bei dem Reichskanzler und die Verleihung der im § 11 des Schutzgebietsgesetzes vorgesehenen Rechte nachzusuchen und die etwa von den Reichsbehörden geforderten Ergänzungen und Änderungen dieser Satzung mit verbindlicher Kraft für die Gesellschaft zu beschließen.

127. **Bekanntmachung des Gouverneurs von Deutsch-Ostafrika, betreffend die über See ankommenden Farbigen. Vom 26. Oktober 1905.**

(Kol. Bl. S. 690.)

Alle Farbigen, insbesondere auch diejenigen asiatischer Abkunft, die in einem Hafen des deutsch-ostafrikanischen Schutzgebiets zu landen wünschen, haben den behördlich beglaubigten Nachweis zu führen, daß sie Zanzibar oder einen anderen amtlich als verseucht bezeichneten Platz während der letzten zehn Tage vor ihrer Ankunft im Schutzgebiete nicht berührt haben. Andernfalls sind sie ohne Ausnahme einer zehntägigen gesundheitspolizeilichen Überwachung zu unterwerfen, gemäß den Vorschriften, betreffend die gesundheitspolizeiliche Kontrolle der einen Hafen des deutsch-ostafrikanischen Schutzgebietes anlaufenden Seeschiffe (Amtl. Anzeiger Nr. 10; 1901).*)

Daressalam, den 26. Oktober 1905.

Der Kaiserliche Gouverneur.
Graf v. Götzen.

128. **Bekanntmachung des Gouverneurs von Deutsch-Ostafrika, betreffend Ergänzung des Fragebogens zu den Quarantäne-Vorschriften vom 8. Mai 1901. Vom 27. Oktober 1905.**

(Kol. Bl. S. 690.)

Der vom Schiffer und dem Steuermann gemäß den Vorschriften über die gesundheitspolizeiliche Kontrolle der einen Hafen des deutsch-ostafrikanischen

*) D. Kol. Gesetzgeb. VI, Nr. 219.

Schutzgebiets anlaufenden Seeschiffe auszufüllende Fragebogen (Amtl. Anzeiger Nr. 16, J.-Nr. 3489, 1901) erhält als Nr. 12a folgenden Zusatz:

„12a. Sind während der Reise tote Ratten in dem Schiffe gefunden worden? Wann und in welcher Anzahl? Was ist mit denselben geschehen?"

Ich ersuche, die durch Amtlichen Anzeiger Nr. 16 vom 9. Mai 1901, J.-Nr. 3489 I — Anlage — bekannt gegebenen Vorschriften sowie die vorhandenen Fragebogen-Formulare handschriftlich zu vervollständigen.

Daressalam, den 27. Oktober 1905.

Der Kaiserliche Gouverneur.
Graf v. Götzen.

129. Bekanntmachung des Gouverneurs von Deutsch-Ostafrika, betreffend Verhinderung der Pest. Vom 30. Oktober 1905.

(Kol. Bl. S. 738.)

Nachstehende Verordnungen zur Verhinderung der Einschleppung der Pest in das hiesige Schutzgebiet erhalten folgende Zusätze:

1. Zusatz zu Absatz 1 des Runderlasses vom 7. Oktober 1902, J.-Nr. V. 3866 — Amtlicher Anzeiger 34/02.*) —

„Die endgültige Feststellung der Pest hat auf einer Pestuntersuchungsstelle bzw. durch einen vom Gouvernement zu entsendenden Sachverständigen zu erfolgen. Eine Pestuntersuchungsstelle ist zunächst in Daressalam eingerichtet worden."

2. Der § 14b der Vorschriften über die gesundheitspolizeiliche Kontrolle der einen Hafen des deutsch-ostafrikanischen Schutzgebiets anlaufenden Seeschiffe J.-Nr. I. 3489 — Amtlicher Anzeiger 16/01**) — erhält folgende Fassung:

„Hat ein Schiff Pest an Bord oder sind auf einem Schiffe innerhalb der letzten 12 Tage vor seiner Ankunft Pestfälle vorgekommen, oder ist unter den Schiffsratten Pest festgestellt worden, so gilt es als verseucht und unterliegt folgenden Bestimmungen: 1. usw."

3. Die Ziffer 4 des § 14b der gleichen Verordnung erhält am Schlusse folgenden neuen Absatz:

„Das Löschen von Ladung darf erst gestattet werden, nachdem die Vernichtung der Schiffsratten gewährleistet ist. Die Ladung solcher Schiffe ist, soweit sie von dem beamteten Arzt für ansteckungsverdächtig erachtet wird, abgesondert zu löschen und 14 Tage lang an einem rattenfreien Orte so zu stapeln, daß Ratten mit Sicherheit ferngehalten werden.

Als ansteckungsverdächtig gilt die Ladung oder der Teil derselben, der Spuren von Rattenfraß oder der Beschmutzung durch Ratten zeigt, ferner alle defekten Kolli oder solche, die Ratten zum Unterschlupf dienen können."

*) Der Absatz lautet: Schiffe aus pestverseuchten Häfen sind auch auf das Vorhandensein toter oder kranker Ratten zu untersuchen. Werden solche Ratten in größerer Zahl gefunden, so ist das Schiff „verdächtig" im Sinne des § 14c der Vorschriften, betr. die gesundheitliche Kontrolle usw. vom 8. Mai 1901 anzusehen. Wo die Untersuchung von einem beamteten Arzte vorgenommen wird, ist tunlichst bald festzustellen, ob der Tod oder die Erkrankung der Ratten an Pest erfolgt ist oder nicht. Ist durch diese Untersuchung Pest als Todes- oder Krankheitsursache festgestellt, so gilt das Schiff als verseucht im Sinne des § 14b der Vorschriften, andernfalls ist es je nach den Umständen gemäß den Bestimmungen der Vorschriften zu behandeln.

**) D. Kol. Gesetzgeb. VI, Nr. 219.

4. Der § 14c daselbst erhält in seinem Anfange nachstehende Fassung:
„Sind auf einem Schiffe während der Fahrt oder bei der Ankunft tote Ratten in größerer Zahl gefunden worden, so gilt es als verdächtig."

5. Als Nachtrag zu § 14c ist zu setzen:
„Auf verdächtigen Schiffen kann, bevor das Löschen der Ladung gestattet wird, die Vernichtung der Ratten angeordnet werden, wenn nach dem Gutachten des beamteten Arztes das Bestehen einer Rattenpest wahrscheinlich ist."

6. In der 8. Zeile des § 14d ist hinter „sofern die ärztliche Untersuchung befriedigend ausfällt" einzufügen:
„und tote Ratten nicht gefunden worden sind, oder gefunden werden," sofort usw.

7. Abschnitt 1 zu Ziffer 4 der Verordnung vom 9. September 1905*) J.-Nr. 4556/4558 — Amtlicher Anzeiger Nr. 22 — erhält folgenden Zusatz:
gestattet „sofern sie nicht gemäß den vorhergegangenen Bestimmungen als verdächtig oder verseucht anzusehen sind".

Daressalam, den 30. Oktober 1905.

Der Kaiserliche Gouverneur.
Graf v. Götzen.

130. Verordnung des Gouverneurs von Kamerun, betreffend Abänderung der Verordnung betreffend das Verbot des Einkreisens von Elefanten, vom 15. Februar 1900. Vom 8. November 1905.

(Kol. Bl. 1906, S. 4.)

Auf Grund des § 15 des Schutzgebietsgesetzes (Reichs-Gesetzbl. S. 813) in Verbindung mit § 5 der Verfügung des Reichskanzlers, betreffend die seemannsamtlichen und konsularischen Befugnisse und das Verordnungsrecht der Behörden in den Schutzgebieten Afrikas und der Südsee, vom 27. September 1903 (Kolonialblatt S. 509), wird hiermit verordnet, was folgt:

Einziger Paragraph.

Der § 1 der Verordnung vom 15. Februar 1900, betreffend das Verbot des Einkreisens von Elefanten (Kol. Bl. S. 231)**) wird dahin abgeändert: Das Einkreisen von Elefanten, sogenanntes Einfenzen oder Einbrennen, ist ohne Erlaubnis des Gouverneurs verboten.

Buëa, den 8. November 1905.

Der Kaiserliche Gouverneur.
v. Puttkamer.

131. Allerhöchste Ordre, betreffend Führung des Prädikats Exzellenz durch die Gouverneure in Afrika und der Südsee und deren Rang. Vom 14. November 1905.

(Vgl. Kol. Bl. S. 734, Reichs-Anz. vom 13. Dezember 1905.)

Ich verleihe Meinen Gouverneuren der Schutzgebiete in Afrika und der Südsee für die Dauer ihres Amts und ihres Aufenthalts außerhalb Europas das

---
*) Nicht abgedruckt, da nur auf einen Sonderfall bezüglich.
**) D. Kol. Gesetzgeb. VI, Nr. 146.

Prädikat Exzellenz. Für die Dauer ihrer Verwendung im Kolonialdienst steht als heimischer Rang zu: den Gouverneuren von Deutsch-Ostafrika, Kamerun und Südwestafrika der Rang der Räte 1. Klasse, den Gouverneuren von Togo und den Schutzgebieten der Südsee der Rang der Räte 2. Klasse.

Gegeben Nürnberg, den 14. November 1905.

Wilhelm I. R.
Fürst v. Bülow.

132. Bekanntmachung des Gouverneurs von Deutsch-Südwestafrika, betreffend den Gegenwert englischer Pfund- und Schillings-Stücke.
Vom 15. November 1905.
(Kol. Bl. 1906, S. 30.)

Auf Grund des § 8 Ziffer 3 der Verordnung des Reichskanzlers, betreffend das Geldwesen der Schutzgebiete außer Deutsch-Ostafrika und Kiautschou, vom 1. Februar 1905 (Deutsches Kolonialblatt vom 15. Februar 1905, Seite 103),*) wird hierdurch bestimmt, daß vom 1. Januar 1906 ab englische Pfund Sterling und Schillinge zum Kurs von 20 Mk. bzw. 1. Mk. von den amtlichen Kassen des Schutzgebietes in Zahlung genommen werden dürfen.

Windhuk, den 15. November 1905.

Der Kaiserliche Gouverneur.
I. V. Tecklenburg.

133. Bekanntmachung des Gouverneurs von Deutsch-Südwestafrika, betreffend das Inkrafttreten der Verordnung des Reichskanzlers vom 1. Februar 1905, betreffend das Geldwesen der Schutzgebiete.
Vom 15. November 1905.
(Kol. Bl. 1906, S. 31.)

Auf Grund der Ziffer 5 der Verordnung des Reichskanzlers, betreffend das Geldwesen der Schutzgebiete außer Deutsch-Ostafrika und Kiautschou, vom 1. Februar 1905 (Deutsches Kolonialblatt vom 15. Februar 1905, Seite 103),*) wird hierdurch bestimmt:

Die genannte Verordnung des Reichskanzlers tritt im Schutzgebiet Deutsch-Südwestafrika am 1. Januar 1906 in Kraft.

Windhuk, den 15. November 1905.

Der Kaiserliche Gouverneur.
I. V. Tecklenburg.

134. Ergänzungen der Ausführungsbestimmungen zur ostafrikanischen Zollverordnung. Erlassen vom Gouverneur am 18. November 1905.
(Kol. Bl. 1906, S. 3.)

Auf Grund des § 62 der Zollverordnung für das Deutsch-Ostafrikanische Schutzgebiet vom 13. Juni 1903 bestimme ich:

---
*) Oben Nr. 15.

272 V. des Gouv. von Kam., betr. Verz. üb. z. löschende od. einzunehm. Ladung. 20. Nov.

Der § 58 der zur Zollverordnung gegebenen Ausführungsbestimmungen vom 4. Dezember 1903*) erhält folgende Zusätze:

Für bestimmte einfuhrzollpflichtige Massengüter, die nicht dem allgemeinen Verbrauche seitens der Bevölkerung zu dienen bestimmt sind, wie z. B. Steinkohlen, kann auf Antrag von dem Kaiserlichen Gouvernement widerruflich die Lagerung ohne Mitverschluß der Zollbehörde in Privaträumen jeder Art nach besonderer Vereinbarung gestattet werden, gleichviel ob die zu lagernden Gegenstände ausschließlich zum Absatz im Zollinlande und zugleich oder ausschließlich zum Absatz nach dem Auslande bestimmt sind, sofern eine jedesmalige behördliche Nachmessung, Nachwiegung oder Nachzählung gewährleistet ist. Die Lagerfrist soll unbeschränkt sein. Auf Erfordern ist der Einfuhrzoll bis zur Entnahme der gelagerten Massengüter zu hinterlegen.

Auf die niederzulegenden Güter finden die Vorschriften des § 48 und 54 Absatz 2 dieser Ausführungsbestimmungen entsprechende Anwendung. Lagergelder werden nicht erhoben.

Nach vorhergegangener Anmeldung ist die Entnahme der Massengüter zur Ausfuhr jederzeit, zur Einfuhr usw. innerhalb der üblichen Dienststunden, gestattet.

Weitere besondere Maßregeln zur Sicherung der Zölle und Abgaben bleiben in jedem Falle vorbehalten.

Daressalam, den 18. November 1905.

Der Kaiserliche Gouverneur.
Graf v. Götzen.

135. Verordnung des Gouverneurs von Kamerun wegen anderweiter Fassung der Verordnung vom 19. Juli 1904, betreffend die Verpflichtung der Schiffsführer zur Abgabe von Verzeichnissen über zu löschende oder einzunehmende Ladung. Vom 20. November 1905.

Auf Grund des § 15 des Schutzgebietsgesetzes (Reichs-Gesetzbl. 1900, S. 813) in Verbindung mit § 5 der Verfügung des Reichskanzlers, betreffend das Verordnungsrecht der Behörden in den Schutzgebieten Afrikas und der Südsee, vom 27. September 1903 (Kol. Bl. S. 509), wird verordnet:

§ 1. § 2 der Verordnung, betreffend die Verpflichtung der Schiffsführer zur Abgabe von Verzeichnissen über zu löschende oder einzunehmende Ladung (Schiffsmanifesten), vom 19. Juli 1904,**) erhält folgende Fassung:

Die vorgenannten Verzeichnisse sind in deutscher Sprache abzufassen und haben folgende Angaben zu enthalten:
 1. laufende Nummer der Konnossemente,
 2. Namen des Verladers,
 3. Namen des Empfängers,
 4. Zahl, Bezeichnung und Verpackungsart der Frachtstücke,
 5. Gattung der Gegenstände nach ihrer landesüblichen Benennung;
ferner lediglich bei den Manifesten über die zu löschenden Gegenstände:
 6. Gewicht, Maß oder Stückzahl.

Die Verzeichnisse sind unter Angabe von Ort und Datum von dem Schiffsführer mit seiner Unterschrift zu versehen.

§ 2. Diese Verordnung tritt sofort in Kraft.

Buëa, den 20. November 1905.

Der Kaiserliche Gouverneur.
v. Puttkamer.

136. Verordnung des Gouverneurs von Kamerun, betreffend Abänderung der Verordnung vom 12. Februar 1900, betreffend die Ausübung der Jagd südlich des Sanaga. Vom 20. November 1905.

(Kol. Bl. 1906, S. 123.)

Auf Grund des § 15 des Schutzgebietsgesetzes in Verbindung mit § 5 der Verfügung des Reichskanzlers, betreffend die seemannsamtlichen und konsularischen Befugnisse und das Verordnungsrecht der Behörden in den Schutzgebieten Afrikas und der Südsee, vom 27. September 1903, wird hiermit verordnet, was folgt:

Einziger Paragraph.

Der § 1 der Gouvernementsverordnung vom 12. Februar 1900, betreffend die Ausübung der Jagd südlich des Sanaga (Kol. Bl. S. 282),*) erhält als zweiten Absatz folgenden Zusatz:

„Der Gouverneur kann in besonderen Fällen die Erlaubnis zur Ausübung der Jagd erteilen."

Buëa, den 20. November 1905.

Der Kaiserliche Gouverneur.
v. Puttkamer.

137. Bekanntmachung des Gouverneurs von Deutsch-Ostafrika, betreffend das Marktwesen in Iringa. Vom 24. November 1905.

Der im Amtlichen Anzeiger Nr. 14 von 1904 veröffentlichte Marktgebührentarif für die Ortschaft Iringa**) wird dahin ergänzt:

Der An- und Verkauf von Wachs und Gummi ist der Beschränkung des § 1 der Verordnung vom 20. Dezember 1903 (Amtlicher Anzeiger Nr. 1 von 1904) nicht unterworfen. Werden diese Produkte gleichwohl auf dem Markt gehandelt, so werden folgende Gebühren erhoben:

7. für jedes englische Pfund Wachs . . 1 Heller,
8. für jedes englische Pfund Gummi . . 2 „

Daressalam, den 24. November 1905.

Der Kaiserliche Gouverneur.
Graf v. Götzen.

*) D. Kol. Gesetzgeb. IV, Nr. 146.
**) Ebenda VIII, Nr. 87.

138. Verordnung des Gouverneurs von Deutsch-Neu-Guinea, betreffend die Öffnung von Simpsonhafen für den Auslandsverkehr. Vom 28. November 1905.
(Kol. Bl. 1906 S. 62.)

Auf Grund des § 5 der Verfügung des Reichskanzlers, betreffend die seemannsamtlichen und konsularischen Befugnisse und das Verordnungsrecht der Behörden in den Schutzgebieten, vom 27. September 1903,*) und in Ausführung des § 1 Absatz 2 der Zollverordnung vom 30. Juni 1888 wird Simpsonhafen (Rabaul) als für den Auslandsverkehr eröffnet erklärt.

Herbertshöhe, den 28. November 1905.

Der Kaiserliche Gouverneur.
Hahl.

139. Bekanntmachung des Gouverneurs von Deutsch-Ostafrika, betreffend die Ausgabe von Banknoten durch die Deutsch-Ostafrikanische Bank. Vom 1. Dezember 1905.
(Kol. Bl. S. 29.)

Die Deutsch-Ostafrikanische Bank hat zufolge des ihr in § 7 der Konzession des Reichskanzlers vom 15. Januar 1905**) verliehenen Rechtes mit der Ausgabe von Noten begonnen, die auf den Betrag von fünf Rupien lauten und im Schutzgebiet ausgestellt sind. Die öffentlichen Kassen des Schutzgebietes werden ermächtigt, diese Wertzeichen bis auf weiteres zu ihrem Nennwerte in Zahlung zu nehmen.

Hinsichtlich der Verpflichtung der Bank zur Einlösung der ausgegebenen und zum Ersatz beschädigter Noten gegen Münzen, die im ostafrikanischen Schutzgebiet als gesetzliches Zahlungsmittel anerkannt sind, wird auf die nachstehend abgedruckten §§ 10 und 11 der Konzession Bezug genommen.

§ 10. Die Gesellschaft ist verpflichtet, ihre Noten dem Inhaber gegen Münzen, die im ostafrikanischen Schutzgebiet als gesetzliches Zahlungsmittel anerkannt sind, einzulösen, und zwar bei ihrer Hauptkasse in Daressalam sofort auf Präsentation, bei ihren Zweiganstalten, soweit es deren Barbestände und Goldbedürfnisse gestatten. Desgleichen ist die Gesellschaft verpflichtet, ihre Noten sowohl an ihrer Hauptkasse in Daressalam als auch bei ihren Zweiganstalten und Agenturen jederzeit zu ihrem vollen Nennwert in Zahlung zu nehmen.

§ 11. Für beschädigte Noten hat die Gesellschaft Ersatz zu leisten, sofern der Inhaber entweder einen Teil der Note einreicht, der größer ist als die Hälfte, oder den Nachweis führt, daß der Rest der Note, von welcher er nur die Hälfte oder einen kleineren Teil als die Hälfte präsentiert, vernichtet sei.

Für vernichtete oder verloren gegangene Noten Ersatz zu leisten, ist die Gesellschaft nicht verpflichtet.

Daressalam, den 1. Dezember 1905.

Der Kaiserliche Gouverneur.
Graf v. Götzen.

---

* D. Kol. Gesetzgeb. VII, Nr. 113.
** Oben Nr. 8

140. **Bekanntmachung des Gouverneurs von Deutsch-Neu-Guinea, betreffend die zollamtliche Behandlung der in Simpsonhafen gelöschten Güter. Vom 1. Dezember 1905.**

(Kol. Bl. 1906 S. 62.)

In Ausführung der §§ 1 bis 10 der Zollverordnung vom 30. Juni 1888*) bestimme ich für die zollamtliche Behandlung der in Simpsonhafen gelöschten und durch die Agentur des Norddeutschen Lloyd aufbewahrten Güter, daß die Agentur zu ihrer Ausfolgung nur berechtigt ist gegen Vorweis der von der Zollbehörde in Herbertshöhe abgestempelten Konnossemente und Originalrechnungen.

Herbertshöhe, den 1. Dezember 1905.

Der Kaiserliche Gouverneur.
Hahl.

141. **Verfügung zur Ausführung der Kaiserlichen Bergverordnung für Deutsch-Südwestafrika vom 8. August 1905 (Reichs-Gesetzbl. S. 727). Vom 3. Dezember 1905.**

(Kol. Bl. S. 732, Reichs-Anz. vom 18. Dezember 1905.)

Auf Grund der §§ 96, 97 der Kaiserlichen Bergverordnung für Deutsch-Südwestafrika vom 8. August 1905 (Reichs-Gesetzbl. S. 727)**) wird hierdurch folgendes bestimmt:

§ 1. Im Geltungsbereiche der Kaiserlichen Bergverordnung für Deutsch-Südwestafrika vom 8. August 1905 (Reichs-Gesetzbl. S. 727) finden, soweit sich nicht aus der bezeichneten Verordnung ein anderes ergibt, folgende Vorschriften entsprechende Anwendung:

1. Die Vorschriften des Artikels 22 Nr. 1, 2 des preußischen Ausführungsgesetzes zum Bürgerlichen Gesetzbuche vom 20. September 1899 (Gesetzsamml. S. 177) mit der Maßgabe, daß an die Stelle der dort unter Nr. 2 angeführten Vorschriften die §§ 18, 82 der Kaiserlichen Verordnung treten;

2. die Vorschriften des § 50 Abs. 2, 3 und des § 60 Abs. 3 des preußischen Allgemeinen Berggesetzes vom 24. Juni 1865 (Gesetzsamml. S. 705) in der Fassung des Artikels 37 Nr. I, III des unter Nr. 1 bezeichneten Gesetzes;

3. in Ansehung der Zwangsversteigerung und Zwangsverwaltung des Bergwerkseigentums die hierfür in Preußen geltenden Gesetze;

4. die Vorschriften der Artikel 22 bis 26 und des Artikels 28 des preußischen Ausführungsgesetzes zur Grundbuchordnung vom 26. September 1899 (Gesetzsammlung S. 307) mit der Maßgabe, daß die Bergbehörde das Grundbuchamt auch um die Eintragung eines nach § 69 der Kaiserlichen Bergverordnung ergangenen Beschlusses und, sobald die in den §§ 69 bis 72 derselben Verordnung vorgesehene Zwangsversteigerung zum Verkauf des Bergwerks geführt hat, um Löschung der Eintragung ersucht;

5. die Vorschriften zur Verfügung des Reichskanzlers zur Ausführung der Kaiserlichen Verordnung, betreffend die Rechtsverhältnisse an Grundstücken in den deutschen Schutzgebieten vom 21. November 1902 (Reichs-Gesetzbl. S. 283),

*) D. Kol. Gesetzgeb. I, Nr. 201 a.
**) Oben Nr. 100.

vom 30. November 1902, mit Ausnahme des § 23 und mit der Maßgabe, daß ein besonderes Berggrundbuch einzurichten ist.

§ 2. Die Bestimmungen über die Einrichtung der Bergbehörde werden vom Gouverneur mit Zustimmung des Auswärtigen Amts, Kolonial-Abteilung, erlassen.

§ 3. Die Verwaltungsbehörden erheben außer den in der Kaiserlichen Bergverordnung vorgesehenen Gebühren bis auf weiteres nur Schreibgebühren in Höhe von fünfzig Pfennig für jede Seite einer erteilten Ausfertigung oder Abschrift sowie die baren Auslagen.

§ 4. Diese Verfügung tritt gleichzeitig mit der Kaiserlichen Bergverordnung in Kraft.

Berlin, den 3. Dezember 1905.

Auswärtiges Amt. Kolonial-Abteilung.
Erbprinz zu Hohenlohe.

142. **Runderlaß des Gouverneurs von Deutsch-Neu-Guinea, betreffend die Abgabe von Medikamenten aus den Regierungsapotheken und deren Verwaltung. Vom 8. Dezember 1905.**

Aus Anlaß eines besonderen Falles erscheint es wünschenswert, den Anspruch der Beamten auf die Gewährung freier Medikamente und die Art ihrer Abgabe näher zu umschreiben. Es sollen hierfür folgende Grundsätze maßgebend sein:

1. Der Anspruch auf freie Medikamente erstreckt sich zunächst nur auf den Fall der Erkrankung und wo ein Regierungsarzt vorhanden ist, insoweit dieser die Verordnung von Medikamenten für erforderlich hält. Daneben werden die einfachsten und nötigsten Medikamente oder Hilfsmittel dem Stand der Vorräte entsprechend dem Anspruchsberechtigten für den eigenen Bedarf zum Hausgebrauch abgegeben.

2. Differente Medikamente werden nur auf ärztliche Verordnung abgegeben.

3. Zur Weitergabe an Nichtbeamte (persönliche Diener), Verwendung bei Haustieren im eigenen Besitz und zu wirtschaftlichen Zwecken besteht kein Anspruch auf freie Medikamente.

4. Werden aus den Vorräten der regierungsärztlichen Dienststellen ohne ärztliche Verordnung Medikamente usw. angefordert, so muß die Anfrage kurz den beabsichtigten Verwendungszweck und die Angabe enthalten, daß das Geforderte für den persönlichen Gebrauch eines Berechtigten bestimmt ist. Ein Anspruch auf tatsächliche Lieferung erwächst daraus nicht.

5. Bei nicht differenten Medikamenten usw. steht es jedem Beamten frei, sich dieselben durch Kauf zu erwerben (unter den üblichen Bedingungen der Abgabe an Private), falls der Beamte sich eine ärztliche Verordnung nicht einholen will oder nicht erlangen kann.

6. Bei Abgabe durch Kauf kann sofortige Barzahlung verlangt werden. Die Einkassierung der aus der Verwaltung der Apotheke anfallenden Beträge obliegt dem Arzte. Er liefert sie monatlich oder vierteljährlich der Kasse der

Dienststelle unter Übergabe der Belege ab. Diese bilden einen Bestandteil der jeweils einzureichenden Vierteljahrsabrechnung.

7. Wo ein Heilgehilfe, nicht aber ein Arzt, vorhanden ist, hat dieser die Verwaltung der Apotheke unter seiner Verantwortung zu führen.

Herbertshöhe, den 8. Dezember 1905.

Der Kaiserliche Gouverneur.
Hahl.

143. Verordnung des Gouverneurs von Togo, betreffend die Aufsuchung und Gewinnung von Mineralien. Vom 11. Dezember 1905.

(Kol. Bl. 1906 S. 30.)

Auf Grund des § 2 Abs. 3 der Kaiserlichen Verordnung, betreffend die Rechte an Grundstücken in den deutschen Schutzgebieten, vom 21. November 1902,*) wird hierdurch mit Genehmigung des Reichskanzlers verordnet, was folgt:

§ 1. Die nachstehend bezeichneten Mineralien sind von dem Verfügungsrechte des Grundeigentümers ausgeschlossen. Die Aufsuchung (das Schürfen) und die Gewinnung (der Bergbau) derselben ist nur mit Genehmigung des Gouverneurs gestattet.

I. Edelmineralien.

1. Edelmetalle (Gold, Silber und Platin), gediegen und als Erze.
2. Edelsteine.

II. Gemeine Mineralien.

1. Alle vorstehend nicht genannten Metalle, gediegen und als Erze.
2. Glimmer und Halbedelsteine.
3. Kohlen, Salze und nutzbare Erden, und zwar:
    a) Steinkohlen, Braunkohlen und Graphit,
    b) Bitumen in festem, flüssigem und gasförmigem Zustand, insbesondere Erdöl und Asphalt,
    c) Steinsalz nebst den auf derselben Lagerstätte brechenden Salzen und die Solquellen,
    d) Erden, die wegen ihres Gehalts an Schwefel oder zur Darstellung von Alaun, Vitriol und Salpeter verwendbar sind.

§ 2. An den ohne Genehmigung des Gouverneurs durch Schürfarbeiten oder durch den Bergbau gewonnenen Mineralien (§ 1) erwirbt der Landesfiskus das Eigentum mit der Gewinnung.

§ 3. Auf die von Eingeborenen für eigene Rechnung im Tagebau betriebene Gewinnung von Eisen, Kupfer, Graphit und Salzen finden die Vorschriften der §§ 1 und 2 nur Anwendung, soweit der Gouverneur sie für anwendbar erklärt.

§ 4. Diese Verordnung tritt mit dem heutigen Tage in Kraft.

Lome, den 11. Dezember 1905.

Der Kaiserliche Gouverneur.
Graf Zech.

*) D. Kol. Gesetzgeb. VI, Nr. 2.

144. Bekanntmachung des Gouverneurs von Deutsch-Ostafrika, betreffend Ergänzung der Ausführungsbestimmungen vom 7. Februar 1903 zur Bergverordnung. Vom 13. Dezember 1905.

(Kol. Bl. 1906 S. 62.)

Der § 3 Abs. 1 der Ausführungsbestimmungen vom 7. Februar 1903*) zum Abschnitt II B der Allerhöchsten Verordnung, betreffend das Bergwesen in Deutsch-Ostafrika, vom 9. Oktober 1898, erhält folgenden Zusatz, welcher rückwirkende Kraft besitzt:

Durch rechtzeitige Anbringung der Anzeige bei der Verwaltungsbehörde des Bezirks wird die Frist des § 25 der Allerhöchsten Verordnung, betreffend das Bergwesen in Deutsch-Ostafrika, vom 9. Oktober 1898 gewahrt.

Daressalam, den 13. Dezember 1905.

Der Kaiserliche Gouverneur.
Graf v. Götzen.

145. Bekanntmachung des Gouverneurs von Deutsch-Neu-Guinea, betreffend Ausnahme von dem Verbot des Fischens mit Sprengstoffen. Vom 13. Dezember 1905.

(Kol. Bl. S. 90.)

Auf Grund des § 1 Abs. 2 der Verordnung, betreffend das Verbot des Fischens unter Anwendung von Sprengstoffen, vom 1. Dezember 1904,**) wird bestimmt, daß bis auf weiteres das Verbot des § 1 Abs. 1 dieser Verordnung in den Küstengewässern der Insel Bougainville keine Anwendung findet.

Herbertshöhe, den 13. Dezember 1905.

Der Kaiserliche Gouverneur.
Hahl.

146. Verordnung des Gouverneurs von Deutsch-Südwestafrika, betreffend die Einwanderung in das Deutsch-Südwestafrikanische Schutzgebiet. Vom 15. Dezember 1905.

Auf Grund des § 15 des Schutzgebietsgesetzes (Reichs-Gesetzbl. 1900, S. 813) sowie des § 5 der Verfügung des Reichskanzlers vom 27. September 1903, betreffend die seemannsamtlichen und die konsularischen Befugnisse und das Verordnungsrecht der Behörden in den Schutzgebieten Afrikas und der Südsee, wird hiermit verordnet, was folgt:

§ 1. Die Einwanderung in das Schutzgebiet kann von der zuständigen Behörde untersagt werden, wenn der Einwanderer:

1. ein Nichtweißer ist,
2. sich über seine Person nicht hinreichend ausweisen kann,
3. keinen hinreichenden Unterhalt für sich und seine Familie nachzuweisen vermag,

* D. Kol. Gesetzgeb. VII, Nr. 14.
**) D. Kol. Gesetzgeb. VIII, Nr. 159.

4. wegen seines körperlichen Zustandes voraussichtlich nicht in der Lage ist, sich dauernd selbst zu erhalten,
5. die Unzucht gewerbsmäßig betreibt oder der gewerbsmäßigen Unzucht Vorschub leistet,
6. eine Gefahr für die Ruhe des Schutzgebietes oder die öffentliche Sicherheit bildet.

§ 2. Nicht untersagt werden darf die Einwanderung allen Personen, die im Schutzgebiet ihren Wohnsitz haben.

§ 3. Bestehen in dem Lande, aus dem der Einwanderer zugereist ist, Einwanderungsbeschränkungen, die seine Rückkehr dorthin ausschließen oder in Frage stellen, so ist ihm die Einwanderung nur gestattet, wenn er außerdem eine Bescheinigung der zuständigen deutschen Konsularbehörde darüber vorlegt, daß seiner Einwanderung in das Schutzgebiet von seiten dieser Konsularbehörde Bedenken nicht entgegenstehen.

§ 4. Einer Person kann gegen Hinterlegung einer Sicherheit die Einwanderung unter der Bedingung der nachträglichen Beseitigung des Untersagungsgrundes gestattet werden. In einem solchen Falle kann, wenn innerhalb einer Frist von sechs Monaten vom Tage der Ankunft der Untersagungsgrund nicht beseitigt oder ein neuer Untersagungsgrund entstanden ist, die Abschiebung des Einwanderers verfügt werden. Die hinterlegte Sicherheit verfällt alsdann dem Landesfiskus zur Deckung der Abschiebungskosten.

§ 5. Die Schiffer sind bei Vermeidung einer Geldstrafe bis zu 150 Mark verpflichtet, der zuständigen Behörde alsbald nach ihrem Eintreffen in einem Hafen des Schutzgebiets eine Passagierliste nach dem anliegenden Schema einzureichen. Diese Liste ist vom Schiffer mit der persönlichen Versicherung zu versehen, daß sie nach seinem besten Wissen angefertigt und nach pflichtmäßiger Prüfung von ihm als richtig und vollständig befunden worden sei.

§ 6. Wer den Vorschriften der §§ 1 bis 4 zuwider sich oder einem anderen die Einwanderung ermöglicht oder zu verschaffen versucht, wird mit einer Geldstrafe bis zu 600 Mark oder Gefängnis bis zu drei Monaten bestraft. Auch kann der entgegen diesen Bestimmungen Eingewanderte wieder abgeschoben werden.

§ 7. Diese Verordnung tritt mit Ausnahme des § 3 mit dem 15. Februar 1906 in Kraft.

Windhuk, den 15. Dezember 1905.

Der Kaiserliche Gouverneur.
v. Lindequist.

147. Verordnung des Gouverneurs von Deutsch-Neu-Guinea, betreffend die Öffnung von Kieta für den Auslandverkehr. Vom 15. Dezember 1905.
(Kol. Bl. 1906 S. 90.)

Auf Grund des § 5 der Verfügung des Reichskanzlers, betreffend die seemannsamtlichen und konsularischen Befugnisse und das Verordnungsrecht der Behörden in den Schutzgebieten, vom 27. September 1903, und in Ausführung des § 1 Abs. 2 der Zollverordnung vom 30. Juni 1888 wird der Hafen von Kieta, an der Ostküste der Insel Bougainville gelegen, dem Auslandverkehr geöffnet, soweit er von dem Gebiet der englischen Salomons-Inseln ausgeht.

Herbertshöhe, den 15. Dezember 1905.

Der Kaiserliche Gouverneur.

Hahl.

148. **Beschluß des Bundesrats, betreffend die „Ostafrikanische Gasthausgesellschaft Kaiserhof" in Berlin. Vom 19. Dezember 1905.**

(Kol. Bl. 1906 S. 61, Reichs-Anz. vom 1. Februar 1906.)

Der Bundesrat hat in seiner Sitzung vom 19. Dezember 1905 beschlossen, der mit dem Sitze in Berlin gegründeten „Ostafrikanischen Gasthausgesellschaft Kaiserhof" auf Grund ihrer vom Reichskanzler genehmigten Satzungen nach Maßgabe des § 11 des Schutzgebietsgesetzes die Rechtsfähigkeit zu verleihen.

Satzungen der Ostafrikanischen Gasthausgesellschaft „Kaiserhof".

I. Allgemeine Bestimmungen.

§ 1. Unter der Firma:

Ostafrikanische Gasthausgesellschaft „Kaiserhof"

wird auf Grund des Schutzgebietsgesetzes vom 10. September 1900 (Reichs-Gesetzblatt S. 813) eine Kolonialgesellschaft errichtet, die ihren Sitz und ordentlichen Gerichtsstand in Berlin hat.

Die Dauer der Gesellschaft ist unbestimmt.

§ 2. Die Gesellschaft hat den Zweck, in Deutsch-Ostafrika Gasthäuser zu bauen, zu betreiben oder betreiben zu lassen und alle Geschäfte zu machen, die mit dem Herberge- und Gastwirtschafts-Gewerbe zusammenhängen. Zunächst wird die Gesellschaft ein Hotel in Daressalam errichten und betreiben.

§ 3. Die Gesellschaft ist berechtigt, Zweigniederlassungen zu errichten.

§ 4. Die Organe der Gesellschaft sind:
1. die Gesellschafter-Versammlung,
2. der Vorstand,
3. die Geschäftsführer.

§ 5. Die Bekanntmachungen der Gesellschaft erfolgen rechtswirksam durch einmalige Veröffentlichung in der Deutschen Kolonial-Zeitung.

II. Grundkapital.

§ 6. Das Grundkapital der Gesellschaft beträgt Mk. 200 000,—, eingeteilt in 2000 auf den Namen lautende Anteile zum Nennwerte von je Mk. 100,— und ist voll eingezahlt. Die Anteile sind unteilbar und werden mit Angabe der Eigentümer nach Namen, Stand und Wohnort in das Stammbuch der Gesellschaft eingetragen. Die eingetragenen Anteilseigner bilden die Gesellschaft. Zur Veräußerung von Anteilen ist die Genehmigung der Gesellschaft erforderlich.

§ 7. Für die Verbindlichkeiten der Gesellschaft haftet den Gläubigern nur das Gesellschaftsvermögen.

Die Anteilseigner sind zu Leistungen über die Vollzahlung der Anteile hinaus nicht verpflichtet.

III. Geschäftsjahr, Bilanz und Gewinnverteilung.

§ 8. Das Geschäftsjahr ist das Kalenderjahr. Das erste Geschäftsjahr umfaßt die Zeit von der Errichtung der Gesellschaft bis zum 31. Dezember 1905.

Auf den 31. Dezember ist von dem Vorstande die Bilanz entsprechend den Vorschriften des Gesetzes, betreffend die Gesellschaften mit beschränkter Haftung, zu ziehen und mit einem, den Vermögensstand und die Verhältnisse der Gesellschaft entwickelnden Bericht der Gesellschafter-Versammlung alljährlich vor dem 1. Juli vorzulegen.

Der Reingewinn versteht sich nach den von der Gesellschafter-Versammlung festzusetzenden Abschreibungen. Aus dem Reingewinn werden alljährlich 5 v. H. zur Bildung eines Reservefonds verwendet, bis dieser 20 v. H. des Grundkapitals erreicht.

Im übrigen beschließt die Gesellschafter-Versammlung über die Verwendung des Reingewinnes.

IV. Verwaltung.

§ 9. Die Vertretung der Gesellschaft liegt dem Vorstande ob, der von der Gesellschafter-Versammlung bestellt wird. Er kann aus einer oder mehreren Personen bestehen, die jederzeit unbeschadet ihrer vertraglichen Ansprüche von der Gesellschafter-Versammlung ihres Amtes enthoben werden können. Eine Einschränkung der Vertretung nach außen hin ist unzulässig.

§ 10. Zur Leitung des laufenden Hotelgeschäftes an Ort und Stelle können ein oder mehrere Geschäftsführer bestellt werden. Die Bestellung erfolgt durch den Vorstand mit Genehmigung der Gesellschafter-Versammlung. Der Umfang der Vollmacht der Geschäftsführer wird im Anstellungsvertrage im einzelnen festgestellt. Mit Genehmigung der Gesellschafter-Versammlung kann der Vorstand auch Prokuristen ernennen.

§ 11. Erklärungen für die Gesellschaft sind verbindlich, wenn sie erfolgen von einem Mitgliede des Vorstandes oder von zwei Prokuristen.

Schriftliche Erklärungen müssen von den hiernach vertretungsberechtigten Personen unter der Firma der Gesellschaft abgegeben werden.

Ist eine Erklärung der Gesellschaft gegenüber abzugeben, so genügt die Abgabe gegenüber einem Mitgliede des Vorstandes.

Die Geschäftsführer verpflichten die Gesellschaft innerhalb des Rahmens ihrer Vollmacht. Sie haben ihrer Unterschrift einen das Vollmachtsverhältnis oder die örtliche Geschäftsführung (z. B. Geschäftsführung Daressalam) andeutenden Zusatz beizufügen.

§ 12. Der Vorstand bedarf der Genehmigung der Gesellschafter-Versammlung

    a) zur Anstellung von Geschäftsführern und Prokuristen und derjenigen Beamten, deren jährliche Besoldung mehr als 3000 Mk. beträgt oder bei denen eine längere Kündigungsfrist als drei Monate festgesetzt wird oder denen ein Anteil am Reingewinn der Gesellschaft gewährt werden soll;

    b) zum Erwerb, zur Veräußerung und zur Belastung von Grundstücken;

    c) zum Abschluß von Pacht- und Mietsverträgen auf länger als ein Jahr oder für einen höheren Pacht- oder Mietszins als 1000 Mk.;

    d) zu Umbauten, Neubauten oder Erweiterungsbauten, soweit sie den Wert von 2000 Mk. übersteigen;

e) zur Anschaffung von Einrichtungen oder Betriebsgegenständen, wenn deren Anschaffungswert mehr als 2000 Mk. beträgt;
f) zu Darlehen oder sonstigen Kreditgeschäften;
g) zum Abschluß von Lieferungs- oder sonstigen Verträgen, soweit durch sie eine Verpflichtung der Gesellschaft auf längere Zeit als ein Jahr übernommen werden soll oder der Gegenstand des Vertrages den Wert von 3000 Mk. übersteigt;
h) zur Errichtung von Zweigniederlassungen.

§ 13. Die Gesellschafter-Versammlungen werden durch den Vorstand durch schriftliche Einladung mit einer Frist von mindestens 14 Tagen berufen. Der Vorstand ist verpflichtet, eine Gesellschafter-Versammlung einzuberufen, falls einer der Gesellschafter es verlangt. Im Falle der Behinderung des Vorstandes hat jeder Gesellschafter das Recht, eine Gesellschafter-Versammlung einzuberufen.

§ 14. In der Gesellschafter-Versammlung berechtigen je 10 Anteile zu einer Stimme. Soweit die Anteilseigner Gesellschaften oder juristische Personen sind, können sie durch eine zeichnungsberechtigte Person ohne besondere Vollmacht vertreten werden; sonst kann ein Anteilseigner nur durch einen anderen auf Grund schriftlicher Vollmacht vertreten werden.

§ 15. Die Gesellschafter-Versammlung wählt ihren Vorsitzenden aus ihrer Mitte, setzt ihre Tagesordnung fest und beschließt in der Regel mit einfacher Stimmenmehrheit.

§ 16. Über folgende Gegenstände:
1. Erhöhung oder Herabsetzung des Grundkapitals,
2. Ausgabe von Schuldverschreibungen,
3. Auflösung der Gesellschaft oder Vereinigung mit einer anderen Gesellschaft,
4. Verwendung des Reservefonds

kann nur in einer besonders hierzu berufenen außerordentlichen Gesellschafter-Versammlung beschlossen werden. Zur Gültigkeit der Beschlüsse über diese Gegenstände ist eine Mehrheit von $^3/_4$ des bei der Beschlußfassung vertretenen Grundkapitals erforderlich.

§ 17. Eine Gesellschafter-Versammlung, in der alle Anteile vertreten sind, kann ohne besondere Einberufung und über alle Gegenstände beschließen, die sie einstimmig auf die Tagesordnung setzt.

§ 18. Die Beschlüsse, die der Gesellschafter-Versammlung obliegen, können auch von den Gesellschaftern auf schriftlichem Wege gefaßt werden, falls kein Gesellschafter gegen die schriftliche Abstimmung Widerspruch erhebt.

§ 19. Die Gesellschafter-Versammlung darf einen oder mehrere Vertreter aus ihrer Mitte wählen, die für eine bei der Wahl zu bestimmende Zeit das Recht haben, dem Vorstande die im § 12 vorgesehene Genehmigung an Stelle der Gesellschafter-Versammlung zu erteilen, bei der Geschäftsführung ihn zu beraten und auch in sonstiger Hinsicht ihm gegenüber die Aufgaben eines Aufsichtsrates zu erfüllen.

§ 20. Über die Gesellschafter-Versammlungen werden Protokolle geführt, die von dem Vorsitzenden und zwei Mitgliedern der Gesellschafter-Versammlung zu unterzeichnen sind.

V. Auflösung.

§ 21. Im Falle einer Auflösung erfolgt die Liquidation der Gesellschaft durch den Vorstand, falls die Gesellschafter-Versammlung nicht anders beschließt.

VI. Aufsichtsbehörde.

§ 22. Die Aufsicht über die Gesellschaft wird von dem Reichskanzler (Auswärtiges Amt, Kolonial-Abteilung) geführt, der zu diesem Behufe einen Kommissar bestellen kann. Die Aufsicht beschränkt sich darauf, daß die Geschäftsführung im Einklang mit den gesetzlichen Vorschriften und den Bestimmungen der Satzungen erfolgt. Der Kommissar ist berechtigt, an den Gesellschafter-Versammlungen teilzunehmen, von dem Vorstande jederzeit Bericht über die Angelegenheiten der Gesellschaft zu verlangen oder auf Kosten der Gesellschaft eine Revision der Geschäftsführung durch einen oder mehrere Sachverständige anzuordnen, auch die Bücher und Schriftstücke derselben einzusehen und eine Gesellschafter-Versammlung einzuberufen, falls der Vorstand seinem Ersuchen, dies zu tun, nicht entspricht.

§ 23. Der Genehmigung der Aufsichtsbehörde sind unterworfen:
1. die Erhöhung des Grundkapitals um mehr als 200 000 Mk.,
2. die Ausgabe von Schuldverschreibungen,
3. Beschlüsse der Gesellschaft, nach denen diese mit einer anderen vereinigt oder in ihrer rechtlichen Form umgewandelt oder aufgelöst werden soll,
4. sonstige Änderungen der Satzungen, wenn sie den Gegenstand des Unternehmens oder den Sitz der Gesellschaft betreffen.

VII. Übergangsbestimmung.

§ 24. Die gemäß § 19 gewählten Vertreter der Gesellschafter-Versammlung sind ermächtigt, die vom Reichskanzler oder Bundesrat etwa gewünschten Änderungen der Satzungen vorzunehmen.

149. Runderlaß des Gouverneurs von Deutsch-Ostafrika, betreffend Inanspruchnahme ärztlicher Hilfe bei Erkrankungen.
Vom 19. Dezember 1906.

Die Angehörigen des Kaiserlichen Gouvernements mache ich wiederholt auf genaueste Befolgung der Vorschriften des Erlasses vom 11. Februar 1902 aufmerksam.

Nach dem erwähnten Erlasse ist bei Erkrankungen sofort am ersten Tage ärztliche Hilfe nachzusuchen. Die Tage, während welcher der betreffende Gouvernementsangehörige vom Dienste ohne ärztliche Anordnung bzw. ohne den Arzt zu benachrichtigen, fernbleibt, werden in Abzug gebracht.

Außerdem ist von jedem Fernbleiben vom Dienste sofort dem direkten Vorgesetzten unter Angabe des Grundes Meldung zu erstatten.

Daressalam, den 19. Dezember 1905.

150. **Runderlaß des Gouverneurs von Deutsch-Südwestafrika, betreffend die Vollziehung von Prügelstrafen. Vom 22. Dezember 1905.**

Unter Bezugnahme auf § 6 der Verfügung des Reichskanzlers vom 22. April 1896 (Kolonial-Gesetzgebung II Nr. 194) und die Verordnung vom 8. November 1896 (Kolonial-Gesetzgebung II Nr. 235) wird folgendes bestimmt:

§ 1. Es ist verboten, zur Vollziehung von Prügelstrafen ein anderes Instrument zu verwenden als den Schambock. Dieser muß etwa 80 bis 100 cm lang, am Schlagende rund und glatt sein und dort einen Durchmesser von 1 cm besitzen. Am Schlagende dürfen sich unter keinen Umständen Knoten oder sonstige Vorsprünge befinden, auch darf in die Rille der Haut kein Draht oder dergleichen eingenäht sein.

§ 2. Bei Vollziehung einer körperlichen Züchtigung ist darauf zu achten, daß der Körper oberhalb des Gesäßes durch aufgelegte Kleider, Säcke, Kissen oder dergleichen gegen fehlgehende Hiebe geschützt wird.

§ 3. Die Höchstzahl der auf Märschen und bei ähnlichen größeren körperlichen Anstrengungen zulässigen Prügelschläge wird auf 15, die der Rutenschläge auf 10 herabgesetzt.

Windhuk, den 22. Dezember 1905.

Der Kaiserliche Gouverneur.
v. Lindequist.

151. **Kaiserliche Verordnung, betreffend die Einziehung von Vermögen Eingeborener im südwestafrikanischen Schutzgebiet.**
Vom 26. Dezember 1905.

(Kol. Bl. 1906 S. 1, Reichs-Anz. vom 30. Januar 1905.)

Wir Wilhelm, von Gottes Gnaden Deutscher Kaiser, König von Preußen usw., verordnen für das südwestafrikanische Schutzgebiet im Namen des Reichs, was folgt:

§ 1. Das Stammesvermögen solcher Eingeborenen, welche gegen die Regierung, gegen Nichteingeborene oder gegen andere Eingeborene kriegerischfeindselige Handlungen begangen oder bei diesen Handlungen mittelbaren oder unmittelbaren Beistand geleistet haben, einschließlich der nach der Verordnung, betreffend die Schaffung von Eingeborenen-Reservaten vom 10. April 1898 gebildeten Reservate, kann ganz oder teilweise eingezogen werden.

Die Einziehung wird durch den Gouverneur verfügt.

§ 2. Die Einziehung kann auch dann verfügt werden, wenn sich nur ein Teil eines Stammes der im § 1 bezeichneten Handlungen schuldig gemacht hat.

§ 3. Die Einziehungsverfügung ist öffentlich bekannt zu machen. Die Bekanntmachung hat zu enthalten:
  1. die Bezeichnung der von der Einziehung betroffenen Eingeborenen;
  2. die tunlichst genaue Angabe der einzelnen Gegenstände, welche zu dem von der Einziehung betroffenen Stammesvermögen gehören;
  3. die Angabe des Grundes der Einziehung;
  4. die Eröffnung, daß die von der Einziehung betroffenen Eingeborenen binnen vier Monaten nach der öffentlichen Bekanntmachung beim Gouverneur gegen die Einziehung Einspruch erheben können;

5. die Aufforderung an diejenigen, welche Ansprüche aus einem Rechtsgeschäfte haben, das sich auf das von der Einziehung betroffene Stammesvermögen bezieht, diese binnen sechs Monaten nach der öffentlichen Bekanntmachung bei den vom Gouverneur zu bestimmenden Dienststellen anzumelden, widrigenfalls die Ansprüche seitens des Fiskus nicht berücksichtigt werden würden;
6. das Verbot an die Schuldner eingezogener Forderungen, ihre Leistung an die bisherigen Gläubiger zu bewirken mit dem Hinweise, daß eine dem Verbote zuwider erfolgte Leistung dem Fiskus gegenüber von der Verbindlichkeit nicht befreie.

§ 4. Der Gouverneur kann die Einziehungsverfügung auf einen gemäß § 3 Nr. 4 erhobenen Einspruch hin abändern oder aufheben; andernfalls hat er den Einspruch mit einer gutachtlichen Äußerung dem Reichskanzler (Auswärtiges Amt, Kolonial-Abteilung) zur Entscheidung vorzulegen. Die Entscheidung des Reichskanzlers ist endgültig.

§ 5. Sobald die Einziehungsverfügung unanfechtbar geworden oder aufgehoben worden ist, hat der Gouverneur dies öffentlich bekannt zu machen.

§ 6. Die in den §§ 3, 5 vorgeschriebenen öffentlichen Bekanntmachungen gelten mit der Anheftung an die Amtstafel des Gouvernements als bewirkt.

§ 7. Mit der öffentlichen Bekanntmachung der Einziehungsverfügung (§ 3) verlieren die von der Einziehung betroffenen Eingeborenen das Recht, über das der Einziehung unterstellte Stammesvermögen zu verfügen. Ist zuwider dem Verbote des § 3 Nr. 6 eine Leistung nach der öffentlichen Bekanntmachung erfolgt, so wird der Schuldner befreit, wenn ihm zur Zeit der Leistung die Einziehungsverfügung nicht bekannt war.

Mit der öffentlichen Bekanntmachung, daß die Einziehungsverfügung unanfechtbar geworden ist (§ 5), gehen die den Eingeborenen an dem eingezogenen Stammesvermögen zustehenden Rechte auf den Fiskus über.

§ 8. Für Verbindlichkeiten der von der Einziehung betroffenen Eingeborenen haftet der Fiskus nur insoweit, als sie aus einem Rechtsgeschäft entstanden sind, das sich auf das eingezogene Stammesvermögen bezieht und vor der Bekanntmachung der Einziehungsverfügung abgeschlossen worden ist. Die Erfüllung kann dem Fiskus gegenüber nur aus dem eingezogenen Stammesvermögen verlangt werden.

§ 9. Der Gouverneur kann dem Schuldner einer eingezogenen Forderung die Leistung insoweit erlassen, als der Schuldner gegen einen von einer Einziehung betroffenen Stamm oder gegen einzelne Angehörige eines solchen vermögensrechtliche Ansprüche hat, wegen deren er nicht nach § 8 Befriedigung verlangen kann. Die Anmeldung und Feststellung dieser Ansprüche erfolgt nach den hierüber vom Gouverneur zu erlassenden Bestimmungen.

Ansprüche auf Ersatz eines durch kriegerisch-feindselige Handlungen Eingeborener erlittenen Schadens bleiben insoweit, als der Geschädigte eine staatliche Hilfeleistung zum Ersatze dieses Schadens erhalten hat, außer Betracht.

§ 10. Die Befugnis zur Einziehung von Stammesvermögen steht dem Gouverneur auch ohne die Voraussetzungen des § 1 hinsichtlich solcher Eingeborenenstämme zu, die ihre Stammesorganisation verloren haben.

Ist die Seelenzahl eines Eingeborenenstammes im Verhältnis zur Größe des Stammeslandes so gering, daß die wirtschaftliche Ausnutzung des ganzen

Stammesgebiets ausgeschlossen erscheint, so kann der Gouverneur so viel davon einziehen, als zur Erhaltung des Stammes nicht erforderlich ist.

Auf die in den Abs. 1, 2 vorgesehene Einziehung finden die Vorschriften der §§ 1, 3 bis 9 entsprechende Anwendung.

§ 11. Der Gouverneur hat die zur Ausführung dieser Verordnung erforderlichen Anordnungen zu erlassen.

§ 12. Diese Verordnung tritt am 1. Februar 1906 in Kraft. Sie findet auch insoweit Anwendung, als vor ihrem Inkrafttreten Handlungen der im § 1 bezeichneten Art begangen sind.

Urkundlich unter Unserer Höchsteigenhändigen Unterschrift und beigedrucktem Kaiserlichen Insiegel.

Gegeben Neues Palais, den 20. Dezember 1905.

. Wilhelm I. R.

Fürst v. Bülow.

Dritter Teil.
Bestimmungen für das Schutzgebiet Kiautschou.

Nachtrag für das Jahr 1904.

1. Allerhöchste Ordre, betreffend Hinterbliebenenversorgung.
Vom 5. Dezember 1904.
(V. Bl. für das Kiautschougebiet 1905, S. 2.)

Auf Ihren Bericht vom 20. November 1904 bestimme Ich mit Beziehung auf § 21 des Gesetzes, betreffend die Versorgung der Kriegsinvaliden und der Kriegshinterbliebenen, vom 31. Mai 1901*): Als Tag, von welchem an die in § 14,2 des Gesetzes vom 31. Mai 1901 vorgesehene Frist zu laufen beginnt, gilt

für diejenigen Teilnehmer an der Expedition gegen China, die nach Beendigung der chinesischen Wirren bis zum 31. Oktober 1901 in die Heimat zurückgekehrt sind, der 31. Oktober 1901,

für diejenigen Teilnehmer an der bezeichneten Expedition, die erst nach dem 31. Oktober 1901 zurückgekehrt sind oder noch zurückkehren werden oder im Ausland entlassen worden sind, der Tag nach ihrer Rückkehr in die Heimat, bzw. der Tag nach ihrer Entlassung im Ausland.

Unter Rückkehr in die Heimat ist der Tag des Überschreitens der Reichsgrenze, bei Seereisen der Tag der Rückkehr in die heimischen Gewässer zu verstehen. Bei Abweichungen von den vorgeschriebenen oder planmäßigen Reisewegen und -zeiten, insbesondere in Fällen von Urlaub oder Krankheit, ist von der obersten Militär- oder Marineverwaltungsbehörde der Tag, der als Rückkehr in die Heimat zu gelten hat, festzusetzen.

Deksnu, den 5. Dezember 1904.

Wilhelm.

Graf v. Bülow.

An den Reichskanzler (Reichsschatzamt).

*) Vgl. D. Kol. Gesetzgeb. VI, S. 663.

1905.

2. Bekanntmachung des Kommissars für chinesische Angelegenheiten, betreffend Eröffnung von chinesischen Schulen. Vom 2. Januar 1905.
(Amtsblatt 1905, S. 9.)

Am 28. Februar dieses Jahres wird in Tai tung schen und Fu hai sy eine chinesische Schule eröffnet werden.

Der Kursus ist vorläufig auf 5 Jahre berechnet und entspricht dem einer Volksschule. Der wissenschaftliche Unterricht umfaßt Chinesisch (Schreiben und Lesen), Rechnen und etwas Geographie. Das Ziel ist, dem Schüler einerseits eine lebendige und ausreichende Kenntnis der chinesischen Literatur zu geben und ihn andererseits in den Stand zu setzen, sich in seiner Muttersprache mündlich und schriftlich klar und präzise auszudrücken. Auch der Rechenunterricht soll zugleich Übung im klaren Denken und richtigen Sprechen sein.

Der Unterricht fängt mit der V. Klasse an; jährlich wird eine weitere Klasse bis zum Ausbau der Schule hinzugefügt werden. Beim Abgang aus der Schule wird ein Zeugnis erteilt, welches zur Aufnahme in die höheren Schulen berechtigt.

Der Unterricht in der Volksschule ist frei. Lehrmittel werden bis auf weiteres unentgeltlich geliefert.

Anmeldungen von Schülern, welche das 7. Lebensjahr vollendet haben müssen, werden in der Chinesischen Kanzlei (Yamen) für Tai tung tschen und beim Bezirksamt Litsun für Fu hai sy vom 15. Februar d. Js. ab seitens der Väter oder älteren Brüder entgegengenommen. Innerhalb des Schuljahres werden neue Schüler nicht aufgenommen.

Tsingtau, den 2. Januar 1905.

Der Kommissar für chinesische Angelegenheiten.

3. Bekanntmachung des Baudirektors, betreffend Wasserabgabe. Vom 4. Januar 1905.
(Amtsblatt 1905, S. 11.)

In Ergänzung der Ziffer 3 der „Bestimmungen über den Bezug von Wasser aus dem fiskalischen Wasserwerk" (Amtsblatt 1904, S. 108)*) werden die Kosten für die kunstgerechte Herstellung eines normalen Wassermesserschachtes von 0,60 m Breite und 1,20 m Länge einschließlich aller Erd-, Felsarbeiten und Lieferung aller Materialien, sowie einer wasserdicht schließenden Abdeckung auf 70 Dollar festgesetzt. Jede erforderliche Mehrlänge von 20 cm erhöht diesen Betrag um 10 Dollar.

Tsingtau, den 4. Januar 1905.

Der Kaiserliche Baudirektor.

4. **Verordnung des Gouverneurs über Schonzeit der Hasen.**
   Vom 5. Januar 1905.
   (Amtsblatt 1905, S. 9.)
   Wieder aufgehoben durch Verordnung vom 17. Oktober 1905 (Amtsblatt 1905, S. 206).*)

5. **Bekanntmachung für Seefahrer, erlassen vom Hafenamt.**
   Vom 16. Januar 1905.
   (Amtsblatt 1905, S. 19.)
   Betrifft Hafeneinfahrtsfeuer.

6. **Bekanntmachung des Gouverneurs, betreffend Numerierung der Häuser in Tsingtau. Vom 23. Januar 1905.**
   (Amtsblatt 1905, S. 20.)
   1. Auf Antrag der Vertreter der Zivilgemeinde werden die Häuser von Tsingtau und Umgebung mit fortlaufenden Nummern versehen werden.
   Für den Teil östlich der Friedrichstraße sind die Nummern 1 bis 300, für den westlichen Teil die Nummern über 300 vorgesehen.
   2. Die Nummerschilder werden von dem Polizeiamt an den Häusern oder Toreingängen angebracht.
   Für jedes Schild ist der Betrag von 30 Cents zu entrichten.
   3. Die Hauseigentümer sind verpflichtet, die Schilder in ordnungsmäßigem Zustande zu erhalten und im Bedarfsfalle erneuern zu lassen.
   Tsingtau, den 23. Januar 1905.
   Der Kaiserliche Gouverneur.
   I. V. Jacobson.

7. **Verordnung des Gouverneurs, betreffend Ausladen und Lagern von Sand und Kies am Strande. Vom 25. Januar 1905.**
   (Amtsblatt 1905, S. 19.)
   Das Ausladen und Lagern von Sand und Kies am Strande zwischen Feld-Batterie und Hui tschüen Huk ist nur nach vorher eingeholter, schriftlicher Genehmigung des Polizeiamtes gestattet. Den Anordnungen des Polizeiamtes über das Ausladen und Lagern ist Folge zu leisten.
   Zuwiderhandlungen werden mit Geldstrafe bis zu einhundert Mark oder mit Haft bis zu zwei Wochen bestraft.
   Tsingtau, den 25. Januar 1905.
   Der Kaiserliche Gouverneur.
   I. V. Jacobson.

---
*) Vgl. unten S. 302.

Wasserabgabe. 26. Jan. Landmesserarbeiten. 28. Jan. Ausweichen der Boote. 1. Feb.

8. Bekanntmachung des Baudirektors, betreffend Wasserabgabe. Vom 26. Januar 1905.
(Amtsblatt 1905, S. 30.)

Die Ziffer 4 der „Bestimmungen über den Bezug von Wasser aus dem fiskalischen Wasserwerk" (Amtsblatt 1904, S. 124)*) wird folgendermaßen ergänzt bzw. abgeändert:

Vom 1. Januar 1905 ab erfolgt für Grundstücke, für die bereits die Wasserabgabe nach der Anzahl der bewohnbaren Räume für das Vierteljahr im voraus bezahlt ist, die Bezahlung der Wassermiete und des Wasserpreises erst vom nächsten auf den Einbau des Wassermessers folgenden Vierteljahrsersten an, und zwar auch vierteljährlich — nicht monatlich — im voraus. Die Wasserabgabe für Neubauten, die von vornherein Wasserleitungsanschluß erhalten, ist vom ersten Tage des Monats an zu entrichten, in dem der Wassermesser aufgestellt wird.

Tsingtau, den 26. Januar 1905.

Der Baudirektor.

9. Verordnung des Gouverneurs, betreffend Ausführung von Landmesserarbeiten. Vom 28. Januar 1905.
(Amtsblatt 1905, S 29.)

Neben den amtlichen Vermessungsarbeiten werden vom Katasteramt auf mündlichen oder schriftlichen Antrag alle anderen Landmesserarbeiten (Lagepläne mit Höhenkurven, Längen — und Flächennivellements usw.) ausgeführt.

An Gebühren sind nach Angabe des Katasteramtes bei der Gouvernementskasse zu entrichten:

   a) für Feldarbeit und Reisezeit für jede Stunde 3 Dollar,
   b) für häusliche Arbeit für jede Stunde 2 Dollar,
   c) die aufgewendeten baren Auslagen und Arbeiterlöhne sind zu erstatten.

Tsingtau, den 28. Januar 1905.

Der Kaiserliche Gouverneur.
I. V. Jacobson.

10. Bekanntmachung des Gouverneurs, betreffend Ausweichen der Boote. Vom 1. Februar 1905.
(Amtsblatt 1905, S. 29.)

Boote und Sampans haben von den inneren Hafeneinfahrtsbojen $\frac{H\,E}{3}$ und $\frac{H\,E}{4}$ an bis zum großen Hafen und in demselben allen ein- und auslaufenden und manövrierenden Schiffen auszuweichen.

Tsingtau, den 1. Februar 1905.

Der Kaiserliche Gouverneur.
I. V. Jacobson.

---

*) Vgl. D. Kol. Gesetzgeb. VIII, S. 284.

11. **Bekanntmachung für Seefahrer, erlassen vom Hafenamt.**
Vom 14. Februar 1905.
(Amtsblatt 1905, S. 34.)
Betrifft Auslegung der Tsingtauer Rifftonne.

12. **Bekanntmachung des Zivilkommissars, betreffend Katastergebühren.**
Vom 21. März 1905.
(Amtsblatt 1905, S. 62.)

Bei Grundstücksverpachtungen sind die Gebühren für die katasteramtliche Lageskizze, welche der Vertragsausfertigung des Pächters beigefügt wird, nach der Verordnung, betreffend Ausfertigung amtlicher Grundstückshandzeichnungen, vom 24. Januar 1809 (Amtsblatt 1900, S. 37)[*]) zu berechnen und vom Pächter zu tragen.

Tsingtau, den 21. März 1905.

Der Zivilkommissar.

13. **Bekanntmachung des Gouverneurs, betreffend Gewerbescheine.**
Vom 25. März 1905.
(Amtsblatt 1905, S. 65.)

Um Zweifeln über die Auslegung des § 6 der Verordnung, betreffend Gewerbescheine vom 1. November 1904 (Amtsblatt 1904, S. 251)[**]) zu begegnen, wird folgendes bekannt gemacht:

Für die Einfuhr von Waffen und Munition in das Schutzgebiet zum Zwecke vorübergehender Lagerung im Transitverkehr ist die Lösung eines Gewerbescheines nicht erforderlich.

Waffen können mit Genehmigung des Zollamtes auch in Privatschuppen unter Zollverschluß gelagert werden, wenn

1. Beamten der Polizei und des Zollamtes der Zutritt zu dem Lagerraum jederzeit gestattet wird,
2. innerhalb einer Woche nach Beginn eines jeden Vierteljahres ein genauer Nachweis über den Lagerbestand eingereicht wird,
3. vor jeder Verschiffung der Waffen aus der Kolonie dem Zollamte Kenntnis gegeben wird.

Für den Verkauf von Waffen im Schutzgebiet ist die Lösung eines Gewerbescheines erforderlich.

Tsingtau, den 25. März 1905.

Der Kaiserliche Gouverneur.
Allerhöchst mit der Stellvertretung beauftragt.
van Semmern.

---
[*]) Nicht veröffentlicht.
[**]) Vgl. D. Kol. Gesetzgeb. VIII, S. 306.

14. Verordnung des Gouverneurs, betreffend Motorfahrzeuge.
Vom 11. April 1905.
(Amtsblatt 1905, S. 77.)

Motorboote aller Art werden hinsichtlich der zu zahlenden Gebühren und der Unterstellung unter polizeiliche Kontrolle als Dampfboote angesehen; Motorwagen werden als Luxuswagen behandelt.

Tsingtau, den 11. April 1905.

Der Kaiserliche Gouverneur.
Allerhöchst mit der Stellvertretung beauftragt.
van Semmern.

15. Bekanntmachung der meteorologischen Station, betreffend Zeitball.
Vom 26. April 1905.
(Amtsblatt 1905, S. 93.)

Betrifft veränderte Art der Abgabe der Zeitball- und Wettersignale.

16. Bekanntmachung des Gouverneurs, betreffend den Koloradokäfer.
Vom 26. April 1905.
(Amtsblatt 1905, S. 94.)

Bei Pflanzversuchen mit amerikanischen Kartoffeln im Schutzgebiete ist mehrfach das Auftreten des Koloradokäfers festgestellt worden. Mit Rücksicht auf die Gefahren, welche der Koloradokäfer für den Kartoffelbau des Schutzgebietes mit sich bringen kann, wird hierdurch eindringlichst vor der Einfuhr und insbesondere vor dem Anbau amerikanischer Kartoffeln gewarnt. Es wird darauf hingewiesen, daß bei einem Auftreten des Koloradokäfers unter Umständen derjenige zivilrechtlich für allen Schaden haftbar gemacht werden kann, welcher die Kartoffeln eingeführt oder angebaut hat.

Tsingtau, den 26. April 1905.

Der Kaiserliche Gouverneur.
Allerhöchst mit der Stellvertretung beauftragt.
van Semmern.

17. Bekanntmachung des Gouverneurs, betreffend Häuserbau im Lau schan. Vom 2. Mai 1905.
(Amtsblatt 1905, S. 98.)

Zur Prüfung der Baugesuche im Lau schan ist eine Kommission eingesetzt, welche aus vier Beamten besteht. Einer derselben muß Mitglied des Bergvereins sein. Die Prüfung soll verhindern, daß durch willkürliches Bauen eine Beeinträchtigung der landwirtschaftlichen Schönheiten des Lau schan oder eine Gefährdung in sanitärer Beziehung eintritt; sie hat sich deshalb sowohl auf die Lage des Bauplatzes als die geplante Art der Bauausführung zu erstrecken.

Das Ergebnis der Prüfung nebst etwaigen Vorschlägen der Kommission ist dem Kaiserlichen Gouverneur vorzulegen. Der Baubewerber hat sich den ihm vom Gouvernement gestellten Bedingungen zu unterwerfen.

Tsingtau, den 2. Mai 1905.

Der Kaiserliche Gouverneur.
Allerhöchst mit der Stellvertretung beauftragt.
van Semmern.

18. Bekanntmachung des Staatssekretärs des Reichs-Marine-Amts, betreffend die Major Christ-Stiftung. Vom 23. Mai 1905.

(V. Bl. für das Kiautschougebiet 1905, S. 11.)

Der Bruder des am 14. Februar 1902 in Tsingtau verstorbenen Kommandeurs des III. Seebataillons, Majors Johannes Christ, Herr Dr. phil. Gustav Christ in Berlin hat mit einem durch Sammlung unter Freunden und Verwandten des Verstorbenen aufgebrachten Kapital von 5100 Mk. eine Stiftung unter dem Namen

„Major Christ-Stiftung"

errichtet.

Der Zweck der Stiftung soll die Ausschmückung des Grabes des Majors Christ und die Erhaltung des Grabdenkmals sein, weiterhin aber darin bestehen, Schülern und Schülerinnen, welche die staatliche Lehranstalt bzw. Lehranstalten in Tsingtau besuchen und sich durch besonderen Fleiß auszeichnen, Geschenke zu gewähren und hilfs- und erholungsbedürftigen Kindern Unterstützungen zu gewähren.

Für den Fall, daß die Erfüllung dieses Stiftungszwecks unmöglich werden sollte, bestimmt die Stiftungsurkunde, daß das Stiftungsvermögen an die oberste Marineverwaltung mit dem Auftrage fallen soll, die verfügbaren Zinsen anderweit nach eigenem Ermessen zu wohltätigen Zwecken, in erster Linie für die Marineinfanterie, zu verwenden.

Die Stiftung hat durch Beschluß des Bundesrats vom 30. März 1905 die gesetzlich vorgeschriebene Genehmigung und damit gemäß § 80 des Bürgerlichen Gesetzbuches in Verbindung mit § 3 des Schutzgebietsgesetzes und § 19 des Konsulargerichtsbarkeitsgesetzes die Rechtsfähigkeit erhalten.

Ich bringe dies mit dem Ausdruck des Dankes für die hochherzige Gabe zur allgemeinen Kenntnis.

Berlin, den 23. Mai 1905.

Der Staatssekretär des Reichs-Marine-Amts.
v. Tirpitz.

19. Allerhöchste Ordre, betreffend Organisatorische Bestimmungen für die Besatzung des Schutzgebiets Kiautschou und deren Stamm-Marineteile. Vom 31. Mai 1905.

(V. Bl. für das Kiautschougebiet 1905, S. 5.)

Ich bestimme:

1. Aus den Stammkompagnien des III. Seebataillons und der Stammbatterie der Marinefeldbatterie wird, unter Aufhebung ihrer Zu-

teilung zum II. Seebataillon, ein Bataillon gebildet. Dasselbe erhält die Bezeichnung III. Stammseebataillon.

2. Die Uniform des III. Stammseebataillons erhält die Abzeichen des III. Seebataillons, die Uniform der Stammbatterie die der Marinefeldbatterie.

3. An Stelle der Stammkompagnie der Matrosenartillerieabteilung Kiautschou ist unter Aufhebung der Zuteilung zur III. Matrosenartillerieabteilung mit dem 1. Oktober 1905 eine Stammabteilung der Matrosenartillerie Kiautschou zu zwei Kompagnien zu bilden.

Die Geschäfte des Kommandeurs dieser Abteilung sind, solange eine Etatsstelle für einen solchen nicht vorhanden ist, von dem hiermit beauftragten Offizier nebenamtlich wahrzunehmen.

4. Die Mannschaften der Stammabteilung der Matrosenartillerie Kiautschou tragen die Mützenbänder der Matrosenartillerieabteilung Kiautschou.

5. Bei der Matrosenartillerieabteilung Kiautschou sind nach Maßgabe der verfügbaren Etatsstellen zwei weitere Kompagnien zu bilden.

Sie haben hiernach das Weitere zu veranlassen.

Berlin, Schloß, den 31. Mai 1905.

Wilhelm.

In Vertretung des Reichskanzlers.

v. Tirpitz.

An den Reichskanzler (Reichs-Marine-Amt).

20. Allerhöchste Ordre, betreffend Errichtung einer Fortifikation in Tsingtau. Vom 31. Mai 1905.

(V. Bl. für das Kiautschongebiet 1905, S. 10.)

Ich bestimme: Für das Schutzgebiet Kiautschou wird eine Fortifikation in Tsingtau errichtet. Sie ist vom Ingenieuroffizier vom Platz zu leiten und untersteht dem Gouverneur des Kiautschougebiets. Die Offiziere der Fortifikation tragen die Uniform des III. Seebataillons; die Festungsbauoffiziere und die Wallmeister dieser Behörde die Uniform ihres Dienstgrades nach dem Muster der Armee, jedoch mit Reichsadler und Reichsfarben, wie die Marineinfanterie, daneben die Sommerbekleidung des III. Seebataillons mit den Abzeichen, Knöpfen und dem Mützenbesatz ihrer sonstigen Uniform.

Sie haben hiernach das Weitere zu veranlassen.

Berlin, Schloß, den 31. Mai 1905.

Wilhelm.

In Vertretung des Reichskanzlers.

v. Tirpitz.

An den Reichskanzler (Reichs-Marine-Amt).

Berlin, den 31. Mai 1905.

Vorstehende Allerhöchste Ordre bringe ich zur Kenntnis.

Die Offiziere und Unteroffiziere der Fortifikation in Tsingtau gehören zum sonstigen militärischen Personal des Schutzgebiets Kiautschou — § 1, , der

Organisatorischen Bestimmungen für die Besatzung des Schutzgebiets Kiautschou und deren Stammkompagnien —.

Der Geschäftsbetrieb der Fortifikation Tsingtau ist im Sinne der Festungsbauordnung einzurichten, mit der Maßgabe, daß an Stelle der darin genannten höheren Behörden der Gouverneur des Kiautschougebiets und der Staatssekretär des Reichs-Marine-Amts treten. Die Gebührnisse usw. werden nach den für die Verwaltung des Schutzgebiets Kiautschou erlassenen besonderen Bestimmungen gewährt. An Stelle der Bestimmungen für die Festungsbaukassen treten die Vorschriften des Landkassenreglements über Rechnungsämter.

Die Geschäfte des Rechnungsamts sind unter der Bezeichnung

„Rechnungsstelle der Fortifikation Tsingtau"

von einem Festungsbauoffizier zu führen.

Der Staatssekretär des Reichs-Marine-Amts.
v. Tirpitz.

21. **Bekanntmachung des Zivilkommissars, betreffend gesundheitspolizeiliche Kontrolle der aus Hongkong, Futschau und Amoy kommenden Schiffe. Vom 3. Juni 1905.**

(Amtsblatt 1905, S. 117.)

Aufgehoben durch Bekanntmachung vom 24. Oktober 1905.*)

22. **Bekanntmachung für Seefahrer, erlassen vom Hafenamt. Vom 13. Juni 1905.**

(Amtsblatt 1905, S. 121.)

Betrifft die Leitfeuer der Einfahrt in den großen Hafen.

23. **Bekanntmachung des Baudirektors, betreffend Wasserabgaben. Vom 29. Juni 1905.**

(Amtsblatt 1905, S. 133.)

Die Ziffern 3 und 4 der „Bestimmungen über den Bezug von Wasser aus dem fiskalischen Wasserwerk" (Amtsblatt 1904, S. 124)**) werden dahin ergänzt, daß die Miete für einen Wassermesser von 65 mm Durchgangsweite auf monatlich 3 Dollar und der entsprechende Mindestsatz der jährlichen Wasserabgabe auf 288 Dollar festgesetzt wird.

Tsingtau, den 29. Juni 1905.

Der Baudirektor.

---

*) Vgl. unten S. 303.
**) Vgl. D. Kol. Gesetzgeb. VIII, S. 284.

24. Alarmordnung für die Freiwillige Feuerwehr in Tsingtau, erlassen vom Gouverneur. Vom 31. Juli 1905.
(Amtsblatt 1905, S. 159.)

1. Bezirkseinteilung.

Bezirk I: „Tsingtau Stadt".
(Im Plane rot.)

Zu Bezirk I gehört Tsingtau innerhalb folgender Grenzen einschließlich der genannten Punkte:
Yamenbrücke, Ostpaßstraße, Diederichsberg (Signalstation), Lauschanstraße, Hohenloheweg, Pautingstraße, Takustraße, Eisenbahngeleise bis zum Bahnhof, Kronprinzenufer.

Bezirk II: „Tapautau".
(Im Plane braun.)

Bezirk II umfaßt das Gelände nördlich von Bezirk I, einschließlich des Munitionsdepots, der Artillerieverwaltung, der evangelischen Mission, der Ziegeleien und des Bahngeleises bis zum Bezirk I (Takustraße).

Bezirk III: „Hafen".
(Im Plane blau.)

Bezirk III umfaßt das Gelände nördlich von Bezirk II mit dem kleinen und großen Hafen einschließlich des Faberhospitals und der Veringschen Häuser.

Bezirk IV: „Auguste Viktoria-Bucht".
(Im Plane grün.)

Bezirk IV umfaßt das Gelände östlich von Bezirk I mit Marine-Offizierkasino, Bismarckkasernen, Friedhof, Forsthaus, Iltiskasernen, Waschanstalt, Huitschieu-Huk.

Bezirk V: „Außerhalb".

Bezirk V bildet das Gelände außerhalb der Bezirke I bis IV.

Ein Plan der Bezirkseinteilung hängt auf allen besonders kenntlich gemachten Feuermeldestellen aus.

2. Alarmsignale.

a) Zum Alarm lassen die Polizei, die Feuerwehr und die Feuermeldestellen Signalhuppen blasen.

Das Signal wird während der Dauer von 20 Minuten, und falls es bis dahin nicht allseitig aufgenommen ist, noch länger abgegeben.

Zur Bezeichnung der Brandstelle ist das Signal nach den Bezirken, innerhalb deren der Brand ausgebrochen ist, verschieden, und zwar:

für Bezirk I: je 1 Stoß von 2 Sekunden Länge mit 10 Sekunden Pause — — —;

für Bezirk II: je 2 Stöße von 2 Sekunden Länge, zwischen jedem (je 2 Stößen) 10 Sekunden Pause — — — —;

für Bezirk III: je 3 Stöße von je 2 Sekunden Länge, zwischen jedem Signal (je 3 Stößen) 10 Sekunden Pause — — — — — — — — —;

für Bezirk IV: je 4 Stöße von je 2 Sekunden Länge, zwischen jedem Signal (je 4 Stößen) 10 Sekunden Pause — — — — — — — — — — — —;

für Bezirk V: je 5 Stöße von je 2 Sekunden Länge, zwischen jedem Signal (je 5 Stößen) 10 Sekunden Pause — — — — — — — — — — — — — — —
— — — — —.

b) Ferner werden auf der Signalstation bei Tage
   für Bezirk I: 1 grofse grüne Flagge,
     »   »   II: 2   »   »   Flaggen,
     »   »   III: 3   »   »   »
     »   »   IV: 4   »   »   »
     »   »   V: 5   »   »   »
aufgezogen.

Bei Nacht treten an Stelle der Flaggen grüne Laternen.

c) Außerdem wird vom Glockenturm der katholischen Mission mit einer Glocke Alarm geschlagen (kurze fortdauernde Schläge).

Alle signalgebenden Mannschaften haben möglichst an allen Stellen, wo Europäer wohnen oder sich aufhalten, unter beständigem Rundgang durch alle Straßen ihres Reviers das Signal oft und laut zu wiederholen.

3. Feuermeldestellen.

Am Tage kann zur Feuermeldung jeder Fernsprecher benutzt werden, der an das Yamen oder die Post angeschlossen ist, da die Post die Meldung sofort an das Yamen weitergibt.

Zur leichteren Auffindbarkeit sind nachstehende Stellen durch weiße Blechschilder mit roter Inschrift „Feuermeldestelle" und darunter befindlichem chinesischem Text besonders kenntlich gemacht:

Bezirk I:
  Apotheke,
  L. W. F. Singtai,
  Yamen,
  Wasserleitungsaufseher,
  Zentral-Hotel,
  Seemannshaus,
  Yamenlager,
  F. Vogt Nachfolger (gegenüber der Fortifikation),
  Polizei-Hauptwache,
  Café Keining,
  Schierwagen & Scheithauer;

Bezirk II:
  Lieb & Lou,
  L Beermann,
  Ziegelei Diederichsen Jebsen & Co.,
  Ta tschang tschang,
  Pulverhauswache;

Bezirk III:
  Vering,
  Neues Hafenamt,
  Polizeiwache am großen Hafen;

Bezirk IV:
: Reinhard & Röper,
  Strandhotel,
  Wachen der Bismarck- und Iltiskasernen;

Bezirk V:
: Feldbatteriewache,
  Wache Hübenlager,
  Elektrizitätswerk,
  Germania-Brauerei,
  Carlowitz & Co. (Sau tschu t'an),
  Polizeistation Tai tung tschen und Tai hsi tschen.

Um auch bei der Nachtzeit außer durch Vermittlung der Polizei und der militärischen Wachen Feuermeldungen an das Yamen gelangen lassen zu können, werden die Privatfernsprechanschlüsse der oben angeführten Feuermeldestellen nach Schluß der Postfernsprechdienststunden bis zu deren Wiederbeginn von der Post durch gemeinschaftlichen Umschalter mit dem Yamen verbunden. Diese Einrichtung darf nur zu Feuermeldezwecken benutzt werden.

Diese Stellen sind durch Laternen mit der Inschrift „Nachtfeuermeldestelle" gekennzeichnet.

4. Veranlassen des Alarms.

Wer den Ausbruch eines Feuers bemerkt, hat sofort, nötigenfalls durch Vermittlung einer Feuermeldestelle, das Yamen zu benachrichtigen.

Es wird hierbei darauf aufmerksam gemacht, daß ein mißbräuchliches oder mutwilliges falsches Melden von Feuer auf Grund des Reichsstrafgesetzbuchs bestraft wird.

Sobald das Yamen eine Feuermeldung erhält, hat das dortige Fernsprechpersonal sofort die Feldbatterie, welche die Bespannung für die Lösch- und Rettungsgeräte stellt, das Polizeiamt, welches den Straßenlärm veranlaßt, und die katholische Mission zum Schlagen der Glocke zu benachrichtigen, ferner auch die Signalstation, damit diese die Feuersignale heißt, dann den Brandmeister, den Platzmajor, den Offizier vom Ortsdienst, den Leiter der Garnisonfeuerwehr und die Kasernenwachen.

Gleichzeitig mit dem Alarm wird auch die Bauabteilung II oder nachts unmittelbar durch das Yamen die Pumpstation Haipo beauftragt, die Pumpen in Betrieb zu setzen.

Die im Besitz einer Huppe oder eines Signalhornes befindlichen Polizisten und Feuerwehrleute sind berechtigt und verpflichtet, das Alarmsignal selbständig zu blasen:
: wenn sie selbst das Feuer bemerken,
  wenn das Feuersignal auf der Signalstation geheißt wird,
  wenn sie von einer Person, die ihnen bekannt ist, oder die sich ausweisen kann, die Aufforderung dazu bekommen.

5. Tätigkeit der Feuerwehrleute nach dem Alarm.

Sobald das Feuer-Alarmsignal ertönt, begibt sich jeder Feuerwehrmann, falls er nicht bedeutend näher am Spritzenhause sich aufhält, sofort zum Brandplatz.

Bei Feueralarm für Bezirk V jedoch gehen sämtliche Wehrmänner zum Spritzenhause.

Am Spritzenhaus ist eine schwarze Tafel aufgehängt, an welcher zu notieren ist, wohin die Löschgeräte abgerückt sind. Sobald die Löschgeräte oder Löschzüge abgerückt sind, wird von der Feldbatteriewache die Signalstation davon benachrichtigt, die unter die dort gezogenen Signale bei Tage einen roten Wimpel, bei Nacht eine rote Laterne heißt. Nachdem diese Signale sichtbar geworden sind, begeben sich die Feuerwehrleute nicht mehr zum Spritzenhaus, sondern sofort zum Brandplatz.

6. Abrücken der Geräte.

Die Beförderung der Geräte zur Brandstelle ist bis auf weiteres der Marine-Feldbatterie übertragen. Die Geräte sind sofort nach Eingang der Feuermeldung ohne Abwarten weiterer Befehle unter allen Umständen nach dem Brandplatze zu befördern.

Die Rückkehr von der Brandstelle erfolgt nur nach Einverständnis mit dem Brandmeister.

7.

Diese Alarmordnung tritt mit ihrer Veröffentlichung in Kraft.

Mit dem gleichen Zeitpunkt wird die frühere Alarmordnung vom 23. März 1903 (Amtsblatt 1903, S. 58)*) aufgehoben.

Tsingtau, den 31. Juli 1905.

Der Kaiserliche Gouverneur.
Allerhöchst mit der Stellvertretung beauftragt.
van Semmern.

25. Schulordnung für die Kaiserliche Gouvernements-Schule in Tsingtau, erlassen vom Zivilkommissar. Vom 8. August 1905.

(Amtsblatt 1905, S. 157.)

§ 1. Die Schulordnung enthält die allgemeinen Bedingungen, unter denen die Kaiserliche Gouvernements-Schule die Erziehung und den Unterricht der ihr anvertrauten Knaben übernimmt.

Bei der Aufnahme in die Anstalt wird die Schulordnung unentgeltlich den Schülern ausgehändigt, welche sie nach eigener Kenntnisnahme den Eltern oder deren gesetzlichen Stellvertretern auszuhändigen haben.

§ 2. Mit der Aufnahme eines Schülers verpflichten sich die Eltern oder deren gesetzliche Stellvertreter, die Bestimmungen der Schulordnung als für sie durchaus verbindlich anzuerkennen.

§ 3. Die Anmeldung eines Schülers muß durch den Vater oder dessen gesetzlichen Stellvertreter persönlich oder schriftlich geschehen.

Dabei sind einzureichen:
1. eine Geburtsurkunde;
2. ein Impfschein, oder wenn der Aufzunehmende das 12. Lebensjahr vollendet hat, ein Wiederimpfungsschein;
3. ein Abgangszeugnis der bisher besuchten Schule.

---

*) Vgl. D. Kol. Gesetzgeb. VII, S. 292.

Schüler, welche in die unterste Vorschulklasse eintreten sollen, müssen in der Regel das 6. Lebensjahr vollendet haben. Angehörige fremder Rassen und Mischlinge (halfcasts) sind von der Aufnahme in die Schule grundsätzlich ausgeschlossen.

§ 4. Dem Abgange eines Schülers muß eine persönliche oder schriftliche Abmeldung durch den Vater oder dessen gesetzlichen Stellvertreter vorhergeben. Ein Abgangszeugnis kann einem Schüler erst dann ausgehändigt werden, wenn er seinen Verpflichtungen gegen die Anstalt (Zahlung des Schulgeldes; Rückgabe entliehener Bücher usw.) nachgekommen ist.

§ 5. Das Schulgeld beträgt jährlich:
   in der Vorschule 60 Dollar,
   in VI., V., IV. 81 Dollar,
   in IIIb., IIIa., IIb. 102 Dollar.

Es ist in den ersten 14 Tagen jedes Schuldritteljahres an die Gouvernementskasse im voraus zu zahlen. Bei Geschwistern ist für jedes 2. und 3. die Schule besuchende Kind die Hälfte des Schulgeldes zu zahlen, das 4. und die folgenden Kinder sind von der Zahlung des Schulgeldes befreit. In besonderen Fällen kann Ermäßigung oder Erlaß des Schulgeldes gewährt werden. Dahingehende Gesuche sind rechtzeitig vor Beginn des Schuljahres einzureichen und in jedem Jahre zu wiederholen.

Für nichtreichsangehörige Schüler tritt eine Erhöhung des Schulgeldes um 20 Prozent ein.

§ 6. Jeder Schüler ist zu pünktlicher und regelmäßiger Teilnahme an allen vorgeschriebenen Unterrichtsstunden verpflichtet.

Der Unterricht im Turnen und Singen ist für alle Schüler verbindlich. Befreiung davon kann nur auf Grund eines ärztlichen Zeugnisses erteilt werden. Die Befreiung vom Singen erstreckt sich jedoch nicht auf den die theoretischen Elementarkenntnisse enthaltenden Teil des Unterrichts.

§ 7. Keine Lehrstunde darf ohne dringenden Grund versäumt werden.

Wird ein Schüler durch Krankheit oder sonstigen dringenden Notfall am Besuche der Schule gehindert, so muß dies möglichst an demselben Tage, spätestens nach drei Tagen, angezeigt werden; beim Wiederbesuche der Schule muß eine Bescheinigung des Vaters oder dessen gesetzlichen Stellvertreters über Grund und Dauer der Schulversäumnis vorgelegt werden.

§ 8. Schüler, welche an einer ansteckenden Krankheit (a. Cholera, Typhus, Blattern, Pest, Diphtheritis, Ruhr, Scharlach, Masern; b. kontagiöser Augenentzündung, Krätze, Keuchhusten, Ziegenpeter, Windpocken) leiden oder derselben verdächtig erscheinen, haben der Schule fernzubleiben, bis die Gefahr der Ansteckung nach ärztlicher Bescheinigung für beseitigt anzusehen ist. Gesunde Kinder bleiben, wenn in dem Hause, in welchem sie wohnen, ein Fall der unter a. genannten Krankheiten vorkommt, solange vom Schulbesuche ausgeschlossen, bis nach ärztlicher Bescheinigung die Gefahr der Übertragung vorüber ist. Der Gouvernementsarzt hat das Recht, die Schüler in gesundheitlicher Beziehung zu überwachen und sie zu diesem Zwecke nach vorheriger Benachrichtigung des Leiters und in dessen Gegenwart einer Besichtigung oder Untersuchung zu unterziehen.

§ 9. Für jede andere Schulversäumnis ist vorher vom Vater oder dessen gesetzlichem Stellvertreter schriftlich oder mündlich Urlaub einzuholen.

§ 10. Hinsichtlich der Schulbücher, Hefte usw. haben die Schüler den Anordnungen der Schule Folge zu leisten. Alle Bücher und Hefte sind in sauberem schicklichem Zustande zu halten. Die Schule ist berechtigt, die Benutzung unsauberer und veralteter Lehrbücher zu verbieten und zu verlangen, daß sie durch neue vorschriftsmäßige ersetzt werden.

§ 11. Bücher, welche nicht zum Unterricht gehören, Spielzeug und dergleichen dürfen nicht mit in die Schule gebracht werden. Desgleichen ist es verboten, Hunde mitzubringen.

§ 12. Jeder Schüler, der durch Mutwillen oder grobe Fahrlässigkeit Eigentum der Schule beschädigt, muß Ersatz leisten.

§ 13. Jeder Schüler ist verpflichtet, innerhalb wie außerhalb der Schule die Gebote des Anstandes und der guten Sitten zu befolgen. Den Lehrern der Anstalt ist er Gehorsam und Ehrerbietung schuldig. Der Besuch von Abendkonzerten, theatralischen Aufführungen und dergleichen ist nur in Begleitung von Erwachsenen gestattet.

§ 14. Die am Schlusse bestimmter Abschnitte des Schuljahres erhaltenen Zeugnisse haben die Schüler am ersten Tage des wieder beginnenden Unterrichts, mit der Namensunterschrift des Vaters oder dessen gesetzlichen Stellvertreters versehen, ihrem Lehrer vorzulegen.

§ 15. Das Schuljahr beginnt nach den großen Ferien, im September. Die Ferienordnung wird alljährlich durch das Amtsblatt bekannt gemacht.

Tsingtau, den 8. August 1905.

Der Kaiserliche Zivilkommissar.

26. Bekanntmachung des Kommissars für chinesische Angelegenheiten, betreffend die Verwaltung von Tai tung tschen. Vom 16. August 1905.

(Amtsblatt 1905, S. 163.)

In Abänderung der Bekanntmachung vom 15. August 1904 (Amtsblatt 1904, S. 187)*) werden vom 1. September d. Js. an die Standgebühr in Tai tung tschen für den kleinen Platz auf 10, für den großen Platz auf 20 kleine Käsch und die Wiegegebühren für Mehl usw. auf 15, für Holz usw. auf 30 kleine Käsch von 1000 kleinen Käsch erhöht.

Tsingtau, den 16. August 1905.

Der Kommissar für chinesische Angelegenheiten.

27. Bekanntmachung des Gouverneurs, betreffend chinesische Gewichte, Wagen, Hohl- und Längenmaße. Vom 18. September 1905.

(Amtsblatt 1905, S. 187.)

Soweit im deutschen Schutzgebiete zum Zuwägen und Zumessen im öffentlichen Verkehr chinesische Gewichte und Maße gebraucht werden, sollen sie mit den im Kiautschou-Lokalverkehr üblichen übereinstimmen.

Danach wiegt die Unze (Liang) 36,1 g und das Kätty (Tachin) 577,0 g. Das Hohlmaß Tou enthält 54,0408 l und das Kuan 0,5784 l. Ein Kätty wird zu

*) Vgl. D. Kol. Gesetzgeb. VIII, S. 296.

16 Liang, ein Tou zu 96 Kuan gerechnet. Von den Längenmaßen muß der Tischlerfuß 320 mm und der Schneiderfuß 340 mm enthalten.

Ein Satz der vorschriftsmäßigen Wagen, Gewichte und Maße befindet sich beim Gouvernement (Marinewerkstatt) in Verwahrung; ein zweiter damit übereinstimmender Satz wird ständig im Geschäftszimmer des Chinesenkomitees aufbewahrt. Dort kann jeder eine Vergleichung seiner Wagen, Gewichte und Maße gegen eine Gebühr von 200 kleinen Käsch vornehmen lassen.

Tsingtau, den 18. September 1905.
Der Kaiserliche Gouverneur.
Allerhöchst mit der Stellvertretung beauftragt.
van Semmern.

28. Bekanntmachung für Seefahrer, erlassen vom Hafenamt. Vom 18. September 1905.
(Amtsblatt 1905, S. 188.)

Betrifft veränderte Auslegung der Glockentonne am großen Hafen.

29. Verordnung des Gouverneurs, betreffend Hasenjagd. Vom 17. Oktober 1905.
(Amtsblatt 1905, S. 205.)

Hebt die Verordnung über Schonzeit der Hasen vom 5. Januar 1905 (Amtsblatt 1905, S. 9)*) auf.

30. Bekanntmachung des Baudirektors, betreffend Anschlüsse an die Regen- und Schmutzwasserkanalisation. Vom 21. Oktober 1905.
(Amtsblatt 1905, S. 230.)

Für die von der Bauverwaltung des Gouvernements hergestellten und noch herzustellenden Anschlüsse an die Regen- und Schmutzwasserkanalisation werden die nachstehend aufgeführten Kosten berechnet:

1. 1 lfd. m deutsche Tonrohrleitung von 150 mm lichter Weite zu liefern und zu verlegen (einschließlich Erdarbeiten) . . . . 4,50 Dollar,
2. 1 lfd. m deutsche Tonrohrleitung von 125 mm lichter Weite zu liefern und zu verlegen (einschließlich Erdarbeiten) . . . . 4,20 „
3. 1 lfd. m deutsche Tonrohrleitung von 100 mm lichter Weite zu liefern und zu verlegen (einschließlich Erdarbeiten) . . . . 4,00 „
4. 1 Gully von 500 mm lichter Weite aus Zementbeton mit Ring zum Aufhängen eines Schlammeimers ab Lager zu liefern . . . . 15,00 „
5. 1 Gully wie vor einzubauen . . . . 5,00 „
6. 1 Gullyrost für einen Gully zu 4 passend gleich denen, die für den Straßenbau in Benutzung sind, ab Lager zu liefern . . . . 15,00 „
7. 1 Gullyrost wie vor einzubauen . . . . 2,00 „

---
*) Vgl. oben S. 289.

In diesen Preisen ist einbegriffen (soweit nichts anderes ausdrücklich vermerkt ist) die Ausführung sämtlicher Erd- und Felsarbeiten, das sachgemäße Verlegen und Dichten der Rohrleitungen einschließlich aller Nebenarbeiten und Lieferung sämtlicher dazu erforderlicher Materialien frei Verwendungsstelle, sowie die Abfuhr des übrigbleibenden Bodens. Nicht eingeschlossen ist — abgesehen von der Zuschüttung des Rohrgrabens — die Wiederherstellung des früheren Zustandes auf Privatgrundstücken an gärtnerischen Anlagen, Zementestrichen, Plattenbelegen, Pflasterarbeiten usw., die von dem Antragsteller selbst zu bewirken sind.

Bei Berechnung der Kosten soll der Straßenkanal als in der Mitte der Straßen liegend angenommen werden. Bei öffentlichen Plätzen werden als Länge der Straßenleitung bis zur Straßengrenze 10 m berechnet. Die Länge der Hauptleitung sowie der Nebenleitungen auf dem Grundstücke selbst wird nach örtlichem Aufmaß festgelegt.

Tsingtau, den 21. Oktober 1905.

Der Kaiserliche Baudirektor.

31. **Bekanntmachung des Zivilkommissars, betreffend Aufhebung der gesundheitspolizeilichen Kontrolle für die aus den Häfen von Hongkong, Futschau und Amoy kommenden Schiffe. Vom 24. Oktober 1905.**

(Amtsblatt 1905, S. 230.)

Hebt die Bekanntmachung des Zivilkommissars vom 3. Juni 1905*) auf.

32. **Bekanntmachung für Seefahrer, erlassen vom Hafenamt. Vom 27. Oktober 1905.**

(Amtsblatt 1905, S. 235.)

Betrifft das Leuchtfeuer auf der Insel Tscha lien tau.

33. **Verordnung des Gouverneurs, betreffend Gewerbescheine. Vom 9. November 1905.**

(Amtsblatt 1905, S. 247.)

Der § 6 der Verordnung, betreffend Gewerbescheine vom 1. November 1904 (Amtsblatt 1904, S. 251)**) erhält folgende Fassung:

Für den Handel mit Waffen und mit Munition ist ein Gewerbeschein zu lösen; die Gebühr dafür beträgt jährlich 200 Dollar.

Diese Verordnung tritt am 1. Januar 1906 in Kraft.

Tsingtau, den 9. November 1905.

Der Kaiserliche Gouverneur.
Allerhöchst mit der Stellvertretung beauftragt.
van Semmern.

---

*) Vgl. oben S. 295.
**) Vgl. D. Kol. Gesetzgeb. VIII, S. 305.

34. Vogelschutz-Verordnung, erlassen vom Gouverneur.
Vom 9. November 1905.
(Amtsblatt 1905, S. 261.)

§ 1. Das Zerstören und Ausheben von Nestern oder Brutstätten der Vögel, das Zerstören und Ausnehmen von Eiern, das Ausnehmen und Töten der Jungen, das Feilbieten und der Verkauf der gegen dieses Verbot erlangten Nester, Eier und Jungen ist untersagt.

Dem Eigentümer und Nutzungsberechtigten und deren Beauftragten steht jedoch frei, Nester, welche sich an oder in Gebäuden oder in Hofräumen befinden, zu beseitigen.

Auch findet das Verbot keine Anwendung auf das Einsammeln, Feilbieten und den Verkauf der Eier von Strandvögeln, Seeschwalben, Möwen und Kiebitzen, soweit nicht durch Bekanntmachung des Gouvernements das Einsammeln der Eier dieser Vögel für bestimmte Orte oder für bestimmte Zeit untersagt wird.

§ 2. Verboten ist ferner das Fangen und das Töten von Vögeln, sowie jedes Nachstellen zum Zwecke des Fangens oder Tötens von Vögeln, insbesondere das Aufstellen von Netzen, Schlingen, Leimruten und anderen Fangvorrichtungen.

§ 3. Das Feilbieten und der Verkauf von lebenden Vögeln im Umherziehen ist verboten.

Ebenso ist das Feilbieten und der Verkauf von Vögeln, die nicht nachweislich außerhalb des Schutzgebietes gefangen oder erlegt sind, untersagt.

§ 4. Wenn Vögel in Weinbergen, Gärten und bestellten Feldern, Baumpflanzungen, Saatkämpen und Schonungen Schaden anrichten, kann das Gouvernement den Eigentümern und Nutzungsberechtigten der Grundstücke und deren Beauftragten, soweit dies zur Abwendung dieses Schadens notwendig ist, das Töten der Vögel innerhalb der betroffenen Örtlichkeiten gestatten.

Ferner kann das Gouvernement einzelne Ausnahmen von den Bestimmungen der §§ 1 und 2 dieser Verordnung zu wissenschaftlichen und Lehrzwecken für eine bestimmte Zeit und für bestimmte Örtlichkeiten bewilligen.

§ 5. Zuwiderhandlungen gegen die Bestimmungen dieser Verordnung werden mit Geldstrafe bis zu 75 Dollar, im Unvermögensfalle mit Haft bis zu 6 Wochen bestraft. Neben der Geld- oder Freiheitsstrafe kann bei Chinesen noch auf Prügelstrafe bis zu 50 Hieben erkannt werden.

Der gleichen Strafe unterliegt, wer es unterläßt, Kinder oder andere unter seiner Gewalt stehende Personen, welche seiner Aufsicht untergeben sind und zu seiner Hausgenossenschaft gehören, von der Übertretung dieser Vorschrift abzuhalten.

Neben der Geldstrafe oder der Haft kann auf die Einziehung der verbotswidrig in Besitz genommenen, feilgebotenen oder verkauften Vögel, Nester, Eier sowie auf Einziehung der Werkzeuge erkannt werden, welche zum Fangen oder Töten der Vögel, zum Zerstören oder Ausheben der Nester, Brutstätten oder Eier gebraucht oder bestimmt waren, ohne Unterschied, ob die einzuziehenden Gegenstände dem Verurteilten gehören oder nicht.

Ist die Verfolgung oder Verurteilung einer bestimmten Person nicht ausführbar, so können die im vorstehenden Absatz bezeichneten Maßnahmen selbständig erkannt werden.

§ 6. Die Bestimmungen dieser Verordnung finden keine Anwendung:
a) auf das im Privateigentum befindliche Federvieh;
b) auf die durch die Wildschon-Verordnung vom 9. November 1905*) als jagdbar bezeichneten Vögel;
c) auf die in nachstehendem Verzeichnis aufgeführten Vogelarten:
 1. Tagraubvögel mit Ausnahme der Turmfalken,
 2. Uhus,
 3. Würger,
 4. Kreuzschnäbel,
 5. Kernbeißer,
 6. Rabenartige Vögel (Kolkraben, Raben, Nebel- und Saatkrähen, Dohlen, Elstern, Nuß- oder Tannenhäher),
 7. Wasserhühner (Rohr- und Bleßhühner),
 8. Reiher (eigentliche Reiher, Löffelreiher, Nachtreiher, Rohrdommeln),
 9. Säger (Sägetaucher, Tauchergänse),
 10. Möwen,
 11. Kormorane,
 12. Taucher (Eis- und Haubentaucher).

§ 7. Diese Verordnung tritt am Tage der Veröffentlichung in Kraft.

Mit dem gleichen Tage wird die Verordnung, betreffend den Schutz der Singvögel vom 10. Oktober 1904 (Amtsblatt 1904, S. 225)**) aufgehoben.

Tsingtau, den 9. November 1905.

Der Kaiserliche Gouverneur.
Allerhöchst mit der Stellvertretung beauftragt.
van Semmern.

35. Wildschon-Verordnung, erlassen vom Gouverneur.
Vom 9. November 1905.
(Amtsblatt 1905, S. 254.)

§ 1. Jagdbare Tiere sind:
a) Hasen, Ottern, Wölfe, Füchse, Dachse, wilde Katzen, Edelmarder;
b) Steinhühner, Wachteln, Fasanen, wilde Tauben, Drosseln, Schnepfen, Trappen, Brachvögel, Wachtelkönige, Kraniche, Adler (Stein-, See-, Fisch-, Schlangen-, Schreiadler), wilde Schwäne, wilde Gänse, wilde Enten, alle anderen Sumpf- und Wasservögel mit Ausnahme der grauen Reiher, der Taucher, der Säger, der Kormorane und der Bleßhühner.

§ 2. Mit der Jagd zu verschonen sind:
1. Dachse vom 1. Januar bis 31. August,
2. Hasen vom 16. Januar bis 15. Oktober,
3. Wachteln vom 15. Dezember bis 15. August,
4. wilde Enten vom 15. April bis 30. Juni,
5. Schnepfen vom 15. Mai bis 15. August,
6. Trappen vom 15. Mai bis 30. Juni,

*) Vgl. unten S. 305.
**) Vgl. D. Kol. Gesetzgeb. VIII, S. 302.

7. wilde Schwäne, Kraniche, Brachvögel, Wachtelkönige und alle anderen jagdbaren Sumpf- und Wasservögel, mit Ausnahme der wilden Gänse, vom 1. Mai bis 30. Juni,
8. Drosseln vom 15. Dezember bis 20. September,
9. Fasanen und Steinhühner bis auf weiteres dauernd.

Die als Anfangs- und Endtermine der Schonzeiten bezeichneten Tage gehören zur Schonzeit.

§ 3. Der Anfang und der Schluß der Schonzeiten kann durch Bekanntmachung des Gouvernements 14 Tage vor oder nach den im § 2 bestimmten Zeitpunkten festgesetzt werden. Zum Schutz gegen Wildschaden kann das Gouvernement der davon betroffenen Örtlichkeiten die Erlegung von Wild auch während der Schonzeit zulassen.

§ 4. Das Aufstellen von Schlingen, in denen sich jagdbare Tiere fangen können, ist verboten.

Unter dieses Verbot fällt nicht die Ausübung des Dohnenstiegs mittels hochhängender Dohnen.

§ 5. Vom Beginn des fünfzehnten Tages der für eine Wildart festgesetzten Schonzeit bis zu deren Ablauf ist es verboten, derartiges Wild zum Verkaufe herumzutragen, auszustellen oder feilzubieten, zu verkaufen, anzukaufen oder den Verkauf von solchem Wild zu vermitteln.

Dieses Verbot findet keine Anwendung.
1. auf Wild, welches nachweislich außerhalb des Schutzgebietes erlegt und in das Schutzgebiet eingeführt ist.
2. auf Wild, welches im Strafverfahren in Beschlag genommen oder eingezogen, oder welches auf Anordnung des Gouvernements zur Verhütung von Wildschaden während der Schonzeit erlegt ist.

§ 6. Mit den nachstehenden Geldstrafen wird bestraft, wer während der Schonzeit erlegt oder einfängt:
1. eine Trappe . . . . 15 Dollar,
2. einen Dachs, einen Hasen, eine Schnepfe, einen Fasan, ein Steinhuhn . . . . 6 „
3. eine Wachtel, eine Drossel, eine wilde Ente, einen Kranich, einen Brachvogel oder einen sonstigen jagdbaren Sumpf- oder Wasservogel . . . . . 3 „

Sind mildernde Umstände vorhanden, so kann die Strafe bis auf 1 Dollar für jedes Stück ermäßigt werden.

§ 7. Mit Geldstrafen bis zu 75 Dollar wird bestraft, wer:
1. innerhalb der Schonzeit auf die durch diese geschützten Tiere die Jagd ausübt, ohne sie zu erlegen oder einzufangen;
2. Schlingen stellt, in denen jagdbare Tiere sich fangen können;
3. den Vorschriften des § 5 zuwider Wild zum Verkauf herumträgt, ausstellt oder feilbietet, verkauft, ankauft, oder den Verkauf von solchem Wild vermittelt.

§ 8. An die Stelle einer nach den §§ 6 und 7 verhängten, nicht beitreibbaren Geldstrafe tritt Haft bis zu 6 Wochen.

Im Falle der Übertretung des § 7 Ziffer 3 ist neben der Geldstrafe das den Gegenstand der Zuwiderhandlung bildende Wild einzuziehen, ohne Unterschied, ob der Schuldige Eigentümer ist oder nicht.

§ 9. Diese Verordnung tritt am Tage ihrer Veröffentlichung in Kraft. Mit dem gleichen Tage werden die bisher erlassenen Vorschriften über Schonzeiten aufgehoben, insbesondere die Verordnung, betreffend die Schonzeit der Steinhühner vom 1. Oktober 1899,*) und die Verordnung, betreffend Schutz der Fasanen, vom 3. Oktober 1904 (Amtsblatt 1904, S. 221).**)

Tsingtau, den 9. November 1905.

Der Kaiserliche Gouverneur.
Allerhöchst mit der Stellvertretung beauftragt.
v. Semmern.

36. Verfügung des Staatssekretärs des Reichs-Marine-Amts, betreffend Heranziehung von Familien nach Tsingtau. Vom 10. November 1905.

(V. Bl. für das Kiautschougebiet 1905, S. 28.)

In Abänderung der Ausführungsbestimmungen zu der Allerhöchsten Ordre vom 4. August 1902 (Marineverordnungsblatt 1902, S. 250, und 1904, S. 109),***) betreffend die Heranziehung von Familien verheirateter, nicht versetzter Angehöriger des Gouvernements Kiautschou nach Tsingtau, bestimme ich:

1. Ziffer 2. Auf der letzten Zeile ist vor

„Kajüte"

einzuschalten

„höchstens".

Ziffer 2 tritt als neuer Absatz hinzu:

„Die Beförderung der Familien darf nicht in einer höheren Kajütklasse als derjenigen erfolgen, in welcher das Familienhaupt befördert wird oder befördert worden ist. Ein Gleiches gilt hinsichtlich des Hauspersonals, über dessen Beförderung in jedem einzelnen Falle entschieden wird."

2. Ziffer 3, Absatz 1 erhält folgende Fassung:

„Die Genehmigung von Anträgen auf Heranziehung der Familien ist, abgesehen von der Verfügbarkeit von Mitteln und entsprechender Unterkunft im Schutzgebiet, von der Voraussetzung abhängig, daß bei Beamten die weitere mindestens noch vierjährige, bei Personen des Soldatenstandes die mindestens noch zweijährige dienstliche Verwendung des Gesuchstellers in Kiautschou nach Eintreffen seiner Familie daselbst gesichert ist."

3. Absatz 2. Auf der Zeile 3 ist statt

„zweijährigen"

zu setzen

„vierjährigen".

Absatz 2 erhält folgenden Zusatz:

„Bei Vorlage des Antrages hat der Gesuchsteller zur Sicherung der Schutzgebietsverwaltung für Erfüllung der anläßlich Heraussendung seiner Familie einzugehenden Verpflichtung eine Sicherheit in

---
*) Nicht veröffentlicht.
**) Vgl. D. Kol. Gesetzgeb. VIII, S. 302.
***) „ „ VI, S. 648 und VIII, S. 274.

ungefährer Höhe der für Herausbeförderung der Familie entstehenden Dampferpassagekosten zu leisten. Über die Art der Sicherheitsleistung entscheidet das Gouvernement."

4. Ziffer 5, Absatz 1 wird, wie folgt, ergänzt:

3. Kajüte
für Frauen und Kinder über 16 Jahre von je 1 Mk.,
für Kinder unter 16 Jahren von je 0,75 Mk.

Berlin, den 10. November 1905.

Der Staatssekretär des Reichs-Marine-Amts.
v. Tirpitz.

37. Verordnung des Gouverneurs, betreffend Laden und Löschen von Kauffahrteischiffen. Vom 11. November 1905.
(Amtsblatt 1905, S. 248.)

Die in § 15 der Verordnung, betreffend Laden und Löschen von Kauffahrteischiffen im Hafen von Tsingtau, vom 19. Februar 1904 (Amtsblatt 1904, S. 25)*) genannte Lagermiete wird für folgende Ausfuhrwaren: Bohnenkuchen, Datteln, Bohnenöl, Baumwolle, Nudeln, Hanf, Wolle, Erdnüsse vom 1. Dezember d. Js. ab bis auf weiteres nicht erhoben.

Tsingtau, den 11. November 1905.

Der Kaiserliche Gouverneur.
Allerhöchst mit der Stellvertretung beauftragt.
van Semmern.

38. Bekanntmachung für Seefahrer, erlassen vom Hafenamt. Vom 23. November 1905.
(Amtsblatt 1905, S. 268.)

Betrifft Winterseezeichen.

39. Verordnung des Gouverneurs, betreffend die Einfuhr chinesischer Zehnkäschstücke in das Schutzgebiet. Vom 2. Dezember 1905.
(Amtsblatt 1905, S. 272.)

§ 1. Zehnkäschstücke über 2000 Stück hinaus müssen bei der Ankunft über See dem Zollamte deklariert werden.

§ 2. Außer den mit der Eisenbahn beförderten Zehnkäschstücken, welche in Schantung geprägt sind, werden zur Einfuhr in das Schutzgebiet über See nur solche Zehnkäschstücke aus anderen Provinzen als Schantung verstattet, welche mit einem Begleitschein des Gouverneurs der Provinz Schantung versehen sind.

§ 3. Zehnkäschstücke, welche entgegen der Bestimmung des § 2 hier eingeführt werden, werden vom Zollamt bei der Deklaration in Verwahrung ge-

*) Vgl. D. Kol. Gesetzgeb. VIII, S. 274.

nommen und sind binnen einer vom Zollamt zu bestimmenden Zeit nach der Ankunft wieder zu verschiffen.

§ 4. Zehnkäschstücke, deren Einfuhr ohne Deklaration versucht wird, werden vom Zollamt beschlagnahmt. Ein Viertel der beschlagnahmten Summe wird konfisziert; der Rest ist bei Vermeidung der Konfiskation binnen einer vom Zollamte zu bestimmenden Frist wieder auszuführen.

§ 5. Die Bestimmungen der Verordnung vom 22. Juli 1904, betreffend die chinesischen Zehnkäschstücke,*) bleiben bestehen, soweit sie nicht durch diese Verordnung betroffen werden.

§ 6. Diese Verordnung tritt sofort in Kraft.

Tsingtau, den 2. Dezember 1905.

Der Kaiserliche Gouverneur.
Allerhöchst mit der Stellvertretung beauftragt.
van Semmern.

40. Verordnung des Gouverneurs, betreffend das Verzollungsverfahren im Schutzgebiete von Kiautschou. Vom 2. Dezember 1905.
(Amtsblatt 1905, S. 281.)**)

I. Allgemeine Bestimmungen.

§ 1. Alle in das deutsche Schutzgebiet über See eingeführten oder von dort ausgeführten Waren unterliegen, soweit keine besonderen Ausnahmen in folgendem aufgestellt werden, bei der Ein- und Ausfuhr den tarifmäßigen Zöllen. Waren, die unter Transitpaß in das Innere verschickt oder dorther angebracht werden sollen, zahlen außer dem vertragsmäßigen Einfuhr- oder Ausfuhrzoll die vertragsmäßige Transitgebühr.

§ 2. Das bei der Verzollung beobachtete Verfahren regelt sich nach den Grundsätzen, welche bei den chinesischen Seezollämtern üblich sind. Die Zollkontrolle wird, wo immer eine solche nötig ist, von den Zollbeamten ausgeübt.

§ 3. Für die den Zollämtern einzureichenden Ein- und Ausfuhrmanifeste von Schiffen gelten die vertragsmäßigen Bestimmungen. Die Manifeste sind vom Schiffer verantwortlich zu zeichnen; an seine Stelle können die Schiffsagenten treten.

§ 4. Mit Ausnahme von Dschunken, welche an ihren gewöhnlichen Ankerplätzen anlegen, ist es den Schiffen verboten, mit den Arbeiten an der Ladung zu beginnen, ehe das Einfuhrmanifest dem Zollamt überreicht ist, noch ist es zu gestatten, daß die Ladung das Schiff außerhalb des Freihafenbezirks verläßt, ehe die Zollerlaubnis eingetroffen ist. Anmeldungen für Waren, welche außerhalb des Freibezirks geladen oder gelöscht werden sollen, müssen eine genaue Bezeichnung der Stelle, wo die Ladung oder Löschung erfolgen soll, enthalten.

II. Freibezirk.

§ 5. Der Freibezirk umfaßt zunächst den großen Hafen einschließlich der Molen, des Werftgebietes und des Umschließungsdammes und das ihm vorlagernde Gelände bis zum Haupteisenbahndamm; er wird begrenzt im Südwesten durch

---
*) Vgl. D. Kol. Gesetzgeb. VIII, S. 297.
**) Vgl. hierzu unten Nr. 41, 46, 47 und 48.

eine Linie zwischen Innenbucht und Eisenbahndamm vor der Verbindung von Rechternstraße und Großem Hafenweg, im Osten durch eine Linie zwischen Eisenbahn- und Umschließungsdamm in der Nähe der Blockstation. Eine spätere Vergrößerung des Freibezirks bleibt jederzeit den Bedürfnissen entsprechend vorbehalten. Als spätere Grenze des Freibezirks ist der Eisenbahndamm auf der einen Seite bis zur Blockstation mit Einschluß des noch aufzuschüttenden Geländes in einer Ausdehnung von etwa 200 m östlich des Umschließungsdammes, auf der anderen Seite bis zur Bahnunterführung der Schansistraße und entlang dem Wege bis zur Osterschen Schleppe mit Einschluß des großen und kleinen Hafens in Aussicht genommen.

§ 6. Der Freibezirk soll zu Wohnungen, mit Ausnahme derjenigen, welche für Lager- und Werftaufseher, Hafen-, Zoll- und Polizeibeamte erforderlich sind, sowie für den Detailhandel, mit Ausnahme vorläufig einer bestimmten Anzahl Garküchen für die chinesischen Hafenarbeiter, nicht benutzt werden. Die Errichtung industrieller Betriebe ist grundsätzlich zugelassen.

§ 7. Die zollamtliche Kontrolle innerhalb des Freibezirks sowie an den Ausgängen erfolgt durch das Seezollamt.

§ 8. Das Zollkonto über einkommende Schiffe ist innerhalb zehn Tagen nach der Ausklarierung abzuschließen und der Zoll auf alle Einfuhrwaren, welche den Freibezirk verlassen, zu zahlen.

§ 9. Ist die Lagerung, Sortierung, Verarbeitung von Waren, welche von der Seeseite oder aus dem Binnenlande eingetroffen sind, innerhalb des Freibezirks beabsichtigt, so ist dem Zollamte unter Vorlegung folgender Angaben: Art des Transports der eingeführten Waren, sowie bei Schiffen deren Name, Name und Wohnung der Warenempfänger, Datum der Ankunft, Zahl der Kolli, deren Verpackungsart, Zeichen und Nummern sowie die allgemeine Bezeichnung der Waren, Meldung zu erstatten und die Kontrolle zu übertragen.

§ 10. Aus dem Freibezirk zur Ausfuhr über See bestimmte Waren haben die Zollstation zu passieren; eine Annahme von Waren an Bord ohne Zollbegleitschein ist nicht gestattet.

§ 11. Der Verkehr von Fahrzeugen irgendwelcher Art (Wagen, Karren, Eisenbahn, Dschunken, Sampans, Schlepper, Dampfer usw.) auf der Land- und Seegrenze des Freibezirks unterliegt der Kontrolle des Zollamts.

III. Zollfreie Gegenstände.

§ 12. Auf die vertragsmäßig Zollfreiheit genießenden Artikel wird kein Zoll erhoben.

Zollfrei sind für die deutschen Truppen:

a) Gegenstände, welche zur Bewaffnung, Ausrüstung und Bekleidung bestimmt sind, soweit sie von den Militär- und Marinebehörden direkt beschafft werden, auf Grund einer Bescheinigung des Gouvernements;

b) Materialien und Proviantvorräte, welche von den Militär- und Marinebehörden im Interesse der Kriegsbereitschaft beschafft werden, auf Grund einer Bescheinigung des Gouvernements.

Allgemein sind zollfrei:

c) Maschinen und maschinelle Anlagen sowie die zum Fabrikations-, gewerblichen und landwirtschaftlichen Betrieb erforderlichen Werkzeuge und Geräte oder Teile derselben; ferner Baumaterialien und Einrichtungen für öffentliche und fiskalische Anlagen. Eine schriftliche Erklärung, enthaltend den Wert der Waren, ist in jedem einzelnen Falle dem Zollamte darüber einzureichen, daß die Artikel ausschließlich zum Gebrauche im Schutzgebiet dienen. Werden sie später nach China verschickt, so ist dem Zollamte Meldung zu erstatten und Zoll zu zahlen. Im Nichtachtungsfalle verfällt der zweifache Zoll entsprechend dem in der Erklärung angegebenen Werte;

d) der gewöhnliche Reparaturverkehr zwischen Freibezirk und Zollland; dem Zollbeamten ist in jedem Falle Meldung zu machen;

e) einkommende, für Privatgebrauch im Schutzgebiete bestimmte Postpakete, soweit der laut beiliegender Zolldeklaration zu erhebende Zoll 1 Dollar (Wert 20 Dollar) nicht übersteigt; dem Zollamte steht es frei, gelegentlich Revisionen der Deklarationen und des Inhalts der Pakete vorzunehmen.

§ 13. Das Privatgepäck von Reisenden bleibt auf die Erklärung hin, daß es keine zollpflichtigen oder Konterbandewaren enthält, zollfrei und wird im allgemeinen nicht nachgesehen; indes steht das Recht der Revision dem Zollamte zu in Fällen, wo es besonders notwendig erscheint. Befinden sich unter dem Privatgepäck Artikel, welche das Maß dessen, was vernünftigerweise unter Privatgepäck verstanden werden kann, überschreiten oder zum Verkauf bestimmt sind, so unterliegen sie der Verzollung.

IV. Im Schutzgebiet hergestellte Fabrikate.

§ 14. Die im Schutzgebiet hergestellten Fabrikate unterliegen nur insoweit der Verzollung, als China zu einem Zolle auf die darin verarbeiteten Rohwaren berechtigt ist.

a) Chinesische Rohwaren, welche aus Nichtvertragshäfen oder dem Hinterlande in das Schutzgebiet eingeführt werden und zur fabrikmäßigen Verarbeitung bestimmt sind, können dem Zollamte unter Hinterlegung eines Gutscheines für einen etwa darauf fälligen Zoll gemeldet werden.

Bei der Ausfuhr der auf diesen Rohwaren hergestellten Fabrikate wird der Ausfuhrzoll auf die Rohwaren erhoben und von dem in dem Gutscheine garantierten Betrage abgeschrieben.

Der in dem Gutschein garantierte Zoll muß binnen drei Jahren nach seiner Ausstellung bezahlt oder sonstwie nachgewiesen werden.

Auf Wunsch des Fabrikanten kann auch der volle Tarifzoll auf das Fabrikat statt auf die Rohwaren bezahlt werden.

b) Einfuhr- und Küstenzoll auf ausländische oder aus chinesischen Vertragshäfen stammende Rohwaren wird bei der Ausfuhr der daraus hergestellten Fabrikate nach See zurückvergütet, falls diese Rohwaren bei der Einfuhr dem Zollamte als zur fabrikmäßigen Verarbeitung bestimmt angemeldet worden sind.

c) Sobald die Ausfuhr der verschiedenartigen Fabrikate beginnt, wird in gemeinschaftlicher Vereinbarung des Gouvernements und des Zollamtes das Verhältnis des Rohmaterials zu dem Fabrikat bestimmt und der Ausfuhrzoll dementsprechend herabgesetzt werden.

d) Über die Fabriken, die zu dieser Zollbehandlung berechtigt sind, wird eine Liste aufgestellt und mit den notwendigen Nachträgen dem Zollamte zugesandt werden.

V. Opium.

§ 15. Opium darf auf Schiffen nur in Originalkisten eingeführt werden; die Einfuhr von kleineren Mengen als einer Kiste ist verboten. Alles Opium, auch das als Wegzehrung auf Schiffen geführte, muß sofort bei der Ankunft des Schiffes dem Zollamte angezeigt werden, welches seine Überführung, soweit es zur Einfuhr bestimmt ist, in das Zollager überwachen wird.

§ 16. Opium aus dem deutschen Schutzgebiete nach China oder aus China nach dem deutschen Schutzgebiete darf nur mit der Eisenbahn auf Frachtbrief als Eilgut verschickt werden. Die Mitnahme als Passagiergut oder Handgepäck ist verboten. Die Frachtbriefe über angekommenes Opium werden von der Eisenbahngesellschaft dem Zollamt im Schutzgebiete ausgehändigt und die Adressaten vom Zollamte benachrichtigt werden.

§ 17. Der Verbrauch von Opium im Schutzgebiete unterliegt besonderen Bestimmungen.

VI. Waffen, Pulver, Sprengstoffe und dergleichen.

§ 18. Waffen, Pulver, Sprengstoffe und dergleichen, sowie die zu ihrer Herstellung dienenden Bestandteile müssen bei der Ankunft deklariert und den Anordnungen des Gouvernements entsprechend gelöscht und gelagert werden.

§ 19. Die Ausfuhr von Waffen und dergleichen, sowie der zu ihrer Herstellung dienenden Bestandteile aus deutschem in chinesisches Gebiet ist verboten und kann nur unter Sonderpaß auf Wunsch der chinesischen Regierung gegen Bürgschaft erlaubt werden.

§ 20. Die Lagerung und der Verbrauch von Waffen und Sprengstoffen im Schutzgebiet, sowie der Handel mit solchen unterliegt besonderen Bestimmungen.

VII. Postsendungen.

§ 21. Postsachen dürfen zu jeder Zeit von den Postämtern an Bord gebracht und von Bord abgeholt werden.

§ 22. Postpaketsendungen werden vom Postamte nur mit Zollbegleitschein angenommen.

§ 23. Einkommende Pakete wird das Postamt sofort nach Ankunft dem Zollamte zur Verzollung übergeben. Die zugehörigen Begleitpapiere werden dem Empfänger wie andere Postsachen ausgehändigt. Auf Grund dieser Papiere hat der Empfänger die Pakete gegen Entrichtung der fälligen Gebühren (siehe § 12) beim Zollamte abzuholen. Pakete, die für andere Plätze im Schutzgebiete mit deutschen Postanstalten bestimmt sind, werden auf Antrag der Empfänger gegen Erhebung einer Gebühr von 20 Cents und der fälligen Zollgebühren durch das Postamt verzollt.

§ 24. Die Einfuhr von Opium, Waffen, Pulver, Sprengstoffen und dergleichen, sowie der zur Herstellung dieser dienenden Bestandteile durch die Post ist verboten. Für besondere Fälle kann die Genehmigung des Gouvernements erteilt werden.

VIII. Tankpetroleum.

§ 25. Das zollamtliche Verfahren für Abfertigung von Tankschiffen, Lagerung und Wertberechnung des Petroleums richtet sich nach dem bei den Seezollämtern üblichen Verfahren.

IX. Dienststunden des Zollamts.

§ 26. Das Zollamt ist, ausgenommen an Sonn- und Feiertagen, geöffnet für den Empfang und die Ausgabe von zollamtlichen Dokumenten von 10 Uhr vormittags bis 4 Uhr nachmittags; die Zollkasse ist geöffnet von 9 bis 12 Uhr vormittags und von 2 bis 4 Uhr nachmittags.

§ 27. Schiffe, die an Sonn- und Feiertagen sowie während der Nachtstunden löschen und laden wollen, bedürfen dazu einer besonderen Erlaubnis des Zollamts; diese ist während der Dienststunden einzuholen.

§ 28. Die Beförderung von Waren über die Land- und Seegrenze des Freibezirks während der Nachtstunden ist, mit Ausnahme von Post- und Passagiergepäck, nur mit besonderer Genehmigung des Zollamts gestattet.

§ 29. Als Nachtzeiten gelten:
vom 1. März bis zum 31. Oktober die Stunden von 8 Uhr abends bis 5 Uhr morgens;
vom 1. November bis zum 28./29. Februar die Stunden von 6 Uhr abends bis 6 Uhr morgens.

X. Strafen.

§ 30. Für Konfiskationen und Strafen gelten die bei den Seezollämtern vertragsmäßig festgelegten Grundsätze. Bei Berufung gegen die vom Zollamte verfügten Konfiskationen und Strafen finden für das dabei beobachtete Verfahren die Vorschriften für gemeinsame Untersuchung, Peking, den 31. Mai 1868, sinngemäße Anwendung.

XI. Aufhebung früherer Verordnungen.

§ 31. Diese Verordnung tritt in Ausführung der Übereinkunft vom 17. April 1899 und der Abänderungen dieser Übereinkunft vom 1. Dezember 1905 und unter Zustimmung der Zollbehörden am 1. Januar 1906 in Kraft.

Mit dem Inkrafttreten der Verordnung werden:
a) die provisorischen zollamtlichen Bestimmungen für das deutsche Kiautschougebiet vom 23. Mai 1899,[*)]
b) die besonderen Bestimmungen für die Einfuhr und Kontrolle von Opium, Waffen . . . . . . vom 23. Mai 1899,[**)]
c) die besonderen Bestimmungen, betreffend die Ausübung der Zollkontrolle vom 23. Mai 1899,[***)]
d) die provisorische Zusatzbestimmung zu den provisorischen zollamtlichen Bestimmungen, betreffend die mit der Schantung-Eisenbahn verladenen Waren vom 20. April 1901,[†)]
e) die zollamtliche Bekanntmachung Nr. 24, betreffend die mit der Eisenbahn zu versendenden Waren vom 31. März 1902,[††)]
aufgehoben.

Tsingtau, den 2. Dezember 1905.

Der Kaiserliche Gouverneur.
Allerhöchst mit der Stellvertretung beauftragt.
van Semmern.

[*)] Vgl. D. Kol. Gesetzgeb. IV, S. 196.
[**)] „   „   IV, S. 198.
[***)] „   „   IV, S. 199.
[†)]   „   „   VI, S. 575.
[††)] „   „   VI, S. 611.

41. Verordnung des Gouverneurs, betreffend Übergangsbestimmungen bei Eröffnung des Freigebietes auf Grund der Verordnung vom 2. Dezember 1905.*) Vom 2. Dezember 1905.

(Amtsblatt 1905, S. 297.)

1. Waren, welche vor dem Tage der Veröffentlichung der Verordnung, betreffend das Verzollungsverfahren im Schutzgebiete von Kiautschou, vom 2. Dezember 1905 (Amtsblatt Seite 265), verschifft sind und zum Gebrauch im Schutzgebiete dienen, gehen zollfrei ein.

2. Waren, welche vor dem Tage der Veröffentlichung der Verordnung zum Gebrauch im Schutzgebiete bestellt sind, oder welche auf Grund von vor Veröffentlichung des Zollabkommens abgeschlossenen Kontrakten zum Gebrauch im Schutzgebiete angeliefert werden, werden bis zum 31. März 1906 zollfrei im Schutzgebiete zugelassen. Eine Verlängerung der Frist ist ausnahmsweise in besonderen Fällen angängig. Die schriftlichen Nachweise sind dem Zollamte vorzulegen und auf Verlangen durch weitere Beweismittel zu vervollständigen.

3. Zur Durchführung der Verzollung von Waren, welche im Schutzgebiete lagern und zur Ausfuhr nach China bestimmt sind, werden bis zum 31. März 1906 die alten Zollstationen beibehalten.

4. Waren, auf welche der Zoll beim Verlassen des Freigebietes entrichtet ist, passieren die alten Zollstationen zollfrei gegen Vorlegung der Zollscheine.

5. Waren, welche im Freigebiet lagern, sind dem Zollamte binnen zehn Tagen vom Tage des Inkrafttretens der Verordnung vom 2. Dezember 1905 an unter Vorlegung möglichst genauer Angaben über Verpackungsart, die allgemeine Bezeichnung, Zeichen und Nummern der Waren vom Warenempfänger oder Agenten zu melden.

Tsingtau, den 2. Dezember 1905.

Der Kaiserliche Gouverneur.
Allerhöchst mit der Stellvertretung beauftragt.
van Semmern.

42. Allerhöchste Ordre, betreffend Exzellenzprädikat für den Gouverneur des Kiautschougebietes. Vom 9. Dezember 1905.

(V. Bl. für das Kiautschougebiet 1905, S 23.)

Ich verleihe dem Gouverneur des Kiautschougebietes für die Dauer seines Amtes und seines Aufenthaltes außerhalb Europas das Prädikat „Exzellenz".

Neues Palais, den 9. Dezember 1905.

Wilhelm.
In Vertretung des Reichskanzlers.
v. Tirpitz.

An den Reichskanzler (Reichs-Marine-Amt).

---

*) Vgl. oben S. 309.

43. Verfügung des Reichskanzlers, betreffend Zivilversorgungsscheine für Unterbeamte der Polizeitruppe im Kiautschougebiet. Vom 16. Dezember 1905.

(V. Bl. für das Kiautschougebiet 1905, S. 27.)

Auf Grund des in Nr. 45 des Zentralblattes für das Deutsche Reich bekannt gemachten Bundesratsbeschlusses vom 12. Oktober 1905 erfolgt die Ausstellung von Zivilversorgungsscheinen für Unterbeamte der Polizeitruppe im Kiautschougebiet durch den Reichskanzler (Reichs-Marine-Amt).

Berlin, den 16. Dezember 1905.

In Vertretung des Reichskanzlers.
v. Tirpitz.

44. Bekanntmachung des Gerichts, betreffend Veröffentlichung der gerichtlichen Bekanntmachungen. Vom 16. Dezember 1905.

(Amtsblatt 1905, S. 302.)

Die in § 10 des Deutschen Handelsgesetzbuches in Verbindung mit § 3 des Schutzgebietsgesetzes vom 10. September 1900 und § 29 des Konsulargerichtsbarkeitsgesetzes vom 7. April 1900 vorgesehenen Veröffentlichungen des Kaiserlichen Gerichts von Kiautschou erfolgen im Jahre 1906:

1. durch den Deutschen Reichsanzeiger in Berlin in den besonders vorgeschriebenen Fällen,
2. durch das Amtblatt für das Deutsche Kiautschougebiet in Tsingtau,
3. durch den Ostasiatischen Lloyd in Schanghai,
4. nach Ermessen des Gerichts, jedoch ohne Einfluß auf ihre Wirksamkeit, auch in den Tsingtauer Neuesten Nachrichten zu Tsingtau, vorausgesetzt, daß die zahlungsfähige Partei nicht widerspricht.

Tsingtau, den 16. Dezember 1905.

Kaiserliches Gericht von Kiautschou I.
Dr. Crusen.

45. Gesetz über die Verlängerung der Gültigkeitsdauer des Gesetzes, betreffend die militärische Strafrechtspflege im Kiautschougebiete, vom 25. Juni 1900.*) Vom 21. Dezember 1905.

(Reichsgesetzblatt 1905, S. 793, V. Bl. für das Kiautschougebiet 1906, S. 27.)

Wir Wilhelm, von Gottes Gnaden Deutscher Kaiser, König von Preußen usw. verordnen im Namen des Reichs, nach erfolgter Zustimmung des Bundesrats und des Reichstags, was folgt:

§ 1. Die Gültigkeitsdauer des Gesetzes, betreffend die militärische Strafrechtspflege im Kiautschougebiete, vom 25. Juni 1900 (Reichs-Gesetzbl. S. 304), wird bis zum 1. Januar 1912 verlängert.

§ 2. Dieses Gesetz erlangt in dem Schutzgebiete Kiautschou mit dem 1. Januar 1906 verbindliche Kraft.

---
*) Vgl. D. Kol. Gesetzgeb. V, S. 214.

Urkundlich unter Unserer Höchsteigenhändigen Unterschrift und beigedrucktem Kaiserlichen Insiegel.

Gegeben Neues Palais, den 21. Dezember 1905.

(L. S.) Wilhelm.

Fürst v. Bülow.

46. Zollamtliche Bekanntmachung Nr. 66 des chinesischen Seezollamts, betreffend zollamtliche Behandlung der Postpakete. Vom 29. Dezember 1905.

(Amtsblatt 1906, S. 1.)

Nachstehende Bekanntmachung des Kaiserlich Chinesischen Seezollamtes wird hierdurch zur allgemeinen Kenntnis gebracht:

Auf Grund von Abschnitt VII der Verordnung, betreffend das Verzollungsverfahren im Schutzgebiete, vom 2. Dezember 1905,*) sowie der Übergangsbestimmungen von demselben Tage**) und unter Aufhebung der zollamtlichen Bekanntmachung Nr. 44 vom 23. Dezember 1903***) treten für die zollamtliche Behandlung der Postpakete folgende Bestimmungen vom 1. Januar 1906 in Kraft:

I. Aufgelieferte Pakete.

§ 1. Alle ausgehenden, mit Ausnahme der nach dem Hinterlande bestimmten Pakete sind bei der Paketabfertigungsstelle des Zollamts unter Einreichung einer Inhaltserklärung zu deklarieren bzw. nach folgenden Grundsätzen zu verzollen:

a) der tarifmäßige Ausfuhrzoll wird erhoben auf alle aus dem Hinterlande stammenden, nach Deutschland, dem Auslande und Peking ausgeführten Waren;

b) auf Waren nicht chinesischen Ursprungs, die bereits Einfuhrzoll entrichtet haben, wird bei der Ausfuhr Zoll nicht erhoben;

c) im Falle der Nichtöffnung eines Paketes wird Zoll in der Höhe von 5 Prozent des angegebenen Wertes erhoben;

d) beträgt der Zoll weniger als 0,75 Dollar, so wird er nicht erhoben. Mehrere Pakete desselben Absenders an dieselbe Adresse und gleichen Inhalts sind zollpflichtig, wenn der Gesamtzoll 0,75 Dollar übersteigt;

e) die Zollabfertigung erfolgt durch Abstempelung. Abgefertigte Pakete sind vom Absender der Post zu überreichen.

II. Eingehende Pakete.

§ 2. Pakete aus dem Hinterlande, sowie aus chinesischen Häfen, falls sie den Zollvermerk des Aufgabehafens tragen, unterliegen keiner Zollkontrolle.

§ 3. Pakete aus Deutschland oder dem Auslande oder den chinesischen Häfen sind, soweit sie für den Privatgebrauch im Schutzgebiete bestimmt sind und der zu erhebende Zoll 1 Dollar nicht übersteigt, vom Postamte abzuholen, nachdem sie vom Zollamte als zollfrei bezeichnet worden sind.

§ 4. Alle übrigen eingehenden Pakete werden nach Entrichtung des tarifmäßigen Einfuhrzolls und der fälligen Gebühren den Empfangsberechtigten

---

*) Vgl. oben S. 309.
**) " " S. 314.
***) Vgl. D. Kol. Gesetzgeb. VII, S 310.

gegen Quittung auf dem Zollamte ausgehändigt, soweit diese Empfangsberechtigten für die Verzollung nicht von der Post vertreten werden. Im letzteren Falle besorgt die Post die Zustellung.

III. Durchgangspakete.

§ 5. Durchgangspakete nach dem Innern unterliegen der Zollkontrolle, sofern sie nicht den Zollvermerk eines chinesischen Hafens tragen.

§ 6. Alle Durchgangspakete aus dem Innern unterliegen der Zollkontrolle und zahlen den tarifmäßigen Zoll.

§ 7. Die im Hinterlande ansässigen Empfänger bzw. Absender können sich für die Verzollung durch die Post vertreten lassen, wofür eine Gebühr von 0,20 Dollar erhoben wird.

IV. Formulare, Zollwährung und Dienststunden.

§ 8. Inhaltserklärungsformulare sind im Zollamte zu erhalten; einzelne Exemplare kosten 10 Käsch, 10 Exemplare kosten 0,10 Dollar.

§ 9. Der Zoll ist zahlbar in Dollarwährung. Für den bezahlten Betrag wird eine Quittung verabfolgt.

§ 10. Der Paketschalter des Zollamts ist geöffnet für den Paketverkehr an Werktagen von 9 bis 12 und 1 bis 5 Uhr.

Tsingtau, den 29. Dezember 1905.

E. Ohlmer.
Kaiserlich Chinesischer Seezolldirektor.

Tsingtau, den 29. Dezember 1905.

Kaiserliches Gouvernement.

47. Bekanntmachung des Deutschen Postamts, betreffend zollamtliche Behandlung der Postpakete. Vom 1. Januar 1906.

(Amtsblatt 1906, S. 2.)[*]

Nachstehende Bekanntmachung des Kaiserlich Deutschen Postamtes wird hierdurch zur allgemeinen Kenntnis gebracht:

Im Anschluß an die vom Kaiserlich Chinesischen Seezollamte erlassene Bekanntmachung Nr. 66 über die zollamtliche Behandlung der Postpakete wird folgendes bekannt gemacht:

I. Aufgelieferte Pakete.

1. Pakete nach dem Hinterlande gelangen ohne Zollkontrolle zur Annahme und Absendung.

2. Alle übrigen Pakete müssen vor der Auflieferung beim Zollamte vorgezeigt sein und einen entsprechenden Vermerk tragen.

II. Eingehende Pakete.

1. Pakete aus dem Hinterlande sowie aus chinesischen Häfen — letztere, sofern sie einen Zollvermerk des Aufgabeorts tragen — können beim Postamt in Empfang genommen worden, ohne daß eine weitere Zollkontrolle stattfindet.

2. Für alle übrigen Pakete werden dem Zollamte die Begleitpapiere überreicht. Die daraufhin vom Zollamt als zollfrei bezeichneten Sendungen bleiben beim Postamt und werden von dort an die Empfänger ausgeliefert. Die zollpflichtigen Pakete werden dem Zollamte überwiesen; der Empfänger erhält nach Entrichtung der etwa zu zahlenden Porto- und Nachnahmebeträge den Abschnitt

---

[*] Vgl. D. Kol. Gesetzgeb. VII, S. 311.

der Postpaketadresse in einem besonderen Umschlage, der als Ausweis bei der Zollstelle dient, zugefertigt. Gegen Quittung auf dem Umschlage werden die Pakete nach Zahlung der Zollgebühren vom Zollamt verabfolgt.

III. Durchgangspakete.

1. Alle Durchgangspakete aus dem Innern unterliegen der Zollkontrolle.
2. Durchgangspakete nach dem Innern unterliegen ebenfalls der Zollkontrolle, sofern sie nicht aus chinesischen Häfen kommen und einen Zollvermerk des Aufgabeorts tragen.
3. Die im Innern wohnenden Absender bzw. Empfänger können sich für die Verzollung durch die Post vertreten lassen, wofür eine Gebühr von 20 Cents für jedes Paket erhoben wird. Ist die Öffnung eines Pakets nötig, so wird der Absender bzw. Empfänger vorher entsprechend benachrichtigt.

Tsingtau, den 1. Januar 1906.
Kaiserlich Deutsches Postamt.
Henniger.

Tsingtau, den 2. Januar 1906.
Kaiserliches Gouvernement.

48. Zollamtliche Bekanntmachung Nr. 67 des Chinesischen Seezollamts, betreffend Ausübung der Zollkontrolle im Freibezirk.
Vom 1. Januar 1906.
(Amtsblatt 1906, S. 3.)

Nachstehende Bekanntmachung des Kaiserlich Chinesischen Seezollamts wird hierdurch zur allgemeinen Kenntnis gebracht:

I. Für die Ausübung der Zollkontrolle im Freibezirk werden vorläufig drei Stationen errichtet:
1. ein Examinationsschuppen an der Hafenstraße zum Freibezirk, unweit des Hafenbahnhofs, für die Untersuchung bzw. Verzollung aller auf dem Landwege den Freibezirk verlassenden Waren;
2. eine Kontrollstation in der Nähe der Blockstation der Eisenbahn für die Kontrolle aller mit der Eisenbahn den Freibezirk verlassenden Waren;
3. eine Kontrollstation in der Nähe des Pegelhäuschens auf Mole I für die Kontrolle aller auf dem Seewege den Freibezirk verlassenden Waren.

II. Die Kontrolle von Proviant, Materialien und Ausrüstungsgegenständen für Schiffe im Freibezirk erfolgt zweckmäßig in den Stationen an der Hafenstraße oder am Hafenpegel durch die dort stationierten Beamten. Die Abstempelung des den Inhalt der Kolli angebenden Begleitscheins, der von der Lieferungsfirma unterzeichnet sein muß, tritt an die Stelle des Zollscheins und berechtigt zur Annahme an Bord.

Dasselbe Verfahren kann für Schiffe auf der Reede in den Stationen an der Tsingtaubrücke und am kleinen Hafen eingeschlagen werden.

Tsingtau, den 1. Januar 1906.
E. Ohlmer.
Kaiserlich Chinesischer Seezolldirektor.

Tsingtau, den 2. Januar 1906.
Kaiserliches Gouvernement.

Anhang.
Allgemeine Bestimmungen von Bedeutung für die Schutzgebiete.

1. Grundsätze für die Besetzung der Subaltern- und Unterbeamtenstellen bei den Reichs- und Staatsbehörden mit Militäranwärtern. Unter Berücksichtigung des Bundesratsbeschlusses vom 12. Oktober 1905. Zusammengestellt im Deutschen Kolonialblatt vom 15. Dezember 1905.

Nach dem Beschluß des Bundesrats vom 10. Januar 1895 (Deutsches Kolonialblatt S. 99 f.) haben Unteroffiziere von mindestens sechsjähriger aktiver Militärdienstzeit, welche in den Schutztruppen-, Polizei-, Grenz- oder Zollaufsichtsdienst der Schutzgebiete getreten und dort invalide geworden sind, Anspruch auf den Zivilversorgungsschein. Diese Bestimmungen haben in formeller Beziehung einige Abänderungen erfahren, und zwar gemäß Bekanntmachung des Reichskanzlers vom 14. Januar 1897 (Deutsches Kolonialblatt 1897, S. 121 f.) sowie durch Beschluß des Bundesrats vom 12. Oktober 1905, wonach im zweiten Absatz des Beschlusses des Bundesrats vom 10. Januar 1895 an die Stelle von „Reichs-Marine-Amt" zu setzen ist: „Der Reichskanzler (Auswärtiges Amt, Kolonial-Abteilung oder Reichs-Marine-Amt)".

Unter Berücksichtigung dieser Abänderungen lautet der Beschluß nunmehr, wie folgt:

„§ 1 der Grundsätze für die Besetzung der Subaltern- und Unterbeamtenstellen bei den Reichs- und Staatsbehörden mit Militäranwärtern erhält am Schluß folgenden Zusatz:

Dem Eintritte in eine militärisch-organisierte Gendarmerie oder Schutzmannschaft steht der Eintritt in eine der in den deutschen Schutzgebieten durch das Reich oder die Landesverwaltung errichteten Schutz- oder Polizeitruppen oder die Anstellung als Grenz- oder Zollaufsichtsbeamter in den Schutzgebieten gleich.

Ein auf Grund dieser Bestimmung ausgestellter Zivilversorgungsschein hat für den Reichsdienst sowie für den Zivildienst aller Bundesstaaten Gültigkeit; er wird nach dem nachfolgenden Muster durch den Reichskanzler (Auswärtiges Amt, Kolonial-Abteilung oder Reichs-Marine-Amt) ausgestellt.

Diejenigen, welche auf Grund der vorstehenden Bestimmung den Zivilversorgungsschein erhalten haben, stehen in bezug auf die Reihenfolge der Einberufung von Stellenanwärtern den im § 18 unter Nr. 3 bezeichneten Unteroffizieren gleich, insoweit sie im stehenden Heere oder in der Kaiserlichen Marine unter Hinzurechnung der Dienstzeit in den Schutzgebieten eine Gesamtdienstzeit von mindestens 8 Jahren erreicht haben."

Nach den mit Zustimmung des Bundesrats erlassenen Grundsätzen, betreffend die Besetzung der Subaltern- und Unterbeamtenstellen bei den Kommunalbehörden usw. mit Militäranwärtern, vom 25. Juli 1899 (Armee-Verordnungsblatt 1899 S. 507 f.) hat ferner ein auf Grund der vorstehenden Bestimmung ausgestellter Zivilversorgungsschein auch für den Zivildienst bei den Kommunalbehörden usw. desjenigen Bundesstaates Gültigkeit, dessen Staatsangehörigkeit der Inhaber seit zwei Jahren besitzt.

Der Zivilversorgungsschein ist demnach nach folgendem Muster auszustellen:

Zivilversorgungsschein.

Dem (Vor- und Zuname, letzte Stellung in einem der Schutzgebiete) ist gegenwärtiger Zivilversorgungsschein nach

einer aktiven Militärdienstzeit von .. Jahren .. Monaten, einer weiteren Dienstzeit in der Polizeitruppe (Schutztruppe, im Grenz- bzw. Zollaufsichtsdienst) des Schutzgebiets .... von .. Jahren .. Monaten

erteilt worden.

Er ist auf Grund dieses Scheines zur Versorgung im Zivildienste bei den **Reichsbehörden, den Staatsbehörden aller Bundesstaaten und den Kommunalbehörden usw. des Bundesstaates, dessen Staatsangehörigkeit er seit 2 Jahren besitzt,**

nach Maßgabe der darüber bestehenden Bestimmungen berechtigt.

Der Inhaber bezieht eine monatliche Pension von ... Mark .. Pf.

Berlin, dem .. ten .... 19..

(Stempel.)   **Der Reichskanzler.**

(Auswärtiges Amt, Kolonial-Abteilung oder Reichs-Marine-Amt.)

    Alter: .. Jahre.
    Nr. des Zivilversorgungsscheines .....
    Nr. der Invalidenliste .....

Alphabetisches Sachregister.

Abkürzungen: O. A. = Deutsch-Ostafrika; S. W. A. = Deutsch-Südwestafrika; K. = Kamerun; T. = Togo; N. G. = Neu-Guinea; K. I. = Karolinen, Palau und Marianen; M. I. = Marshall-Inseln; S = Samoa; Ch. = Kiautschou. Die Zahlen bezeichnen die Seiten.

A.

Abfuhrwesen in Swakopmund, Regelung, S. W. A. 181.
Abschriften allgemeiner Verwaltungsvorschriften, Einreichung 144.
Alarmordnung für die Freiwillige Feuerwehr in Tsingtau, Ch. 206.
Alkoholische Getränke, Zollberechnung bei Flaschenbruch, N. G. 162.
Arbeiterlöhnung, N. G. 265.
Ärztliche Hilfe bei Erkrankungen. O. A. 283.
Auslandverkehr, Öffnung von Kieta, N. G., 279.
Ausscheiden von Mannschaften der Schutztruppe, vorzeitiges 247.
Ausweichen der Boote, Ch. 290.

B.

Banknotenausgabe durch die Deutsch-Ostafrikanische Bank, O. A. 274.
Baupolizeiordnung für Swakopmund, S. W. A. 73.
Bausachen, Etatsanmeldungen 256.
Beeidigung von Sachverständigen für gerichtliche Angelegenheiten, S. W. A. 112.
Befeuerungs- und Betonnungsgebühren, O. A. 252.
Bekanntmachungen für Seefahrer, Ch. 289, 291, 295, 302, 303, 308.
Bergpolizeiverordnung für die Umgegend von Daressalam, Aufhebung, O. A. 162.
Bergverordnung für Deutsch-Südwestafrika, S. W. A. 221, 275.
— für Deutsch-Ostafrika, O. A. 278.
Bergwerksabgabe usw., O. A. 108.
Bescheinigung über Vollständigkeit des Inventars, jährliche, O. A. 163.
Betreten der Sultanate Knanda und Urundi, O. A. 70.
Bezirksamt Lome, Teilung, T. 180.
Bezirksgerichte, Geschäftsverkehr, K. 108.
Bezirksräte, O. A. 142.
— Zusammensetzung, O. A. 2.

C.

Chinesische Kontraktarbeiter, S. 136.
— Schulen, Eröffnung, Ch. 283.

D.

Denkschrift zum Haushaltsetat der Schutzgebiete 120.
Deutsche Kolonial-Eisenbahn-Bau- und Betriebs-Gesellschaft in Berlin 47.
— — Pachtvertrag mit dem Landeslokus in Deutsch-Ostafrika 77.
Deutsche Kolonialgesellschaft für Südwestafrika, Veräußerung und Belastung der Grundstücke 69.
Deutsch-Ostafrikanische Bank, Banknoten-Ausgabe 274.
— — Konzession 23.
— — Verkehr mit dem Kaiserlichen Gouvernement 61.
— — mit den Kaiserlichen Gouvernementskassen 146.
— — mit der Kolonial-Abteilung des Auswärtigen Amts 62.
Deutsch-Ostafrikanische Gesellschaft, Karawanerei 180.
— Satzungsänderungen 160.
Deutsch-Westafrikanische Bank, Bundesratsbeschluß 9.
— — Vertrag mit dem Gouvernement von Kamerun 115, 177.
— — Vertrag mit dem Gouverneur von Togo 117.
Dienstreisen, Mitnahme farbiger Diener 142.
Dienstsachen, Behandlung portopflichtiger 124.
Disziplinarverhältnisse bei den Farbigen der Schutztruppe für Kamerun, K. 85.

E.

Edelsteinbergbau im Süden des deutsch-südwestafrikanischen Schutzgebiets, S. W. A. 162.

Ehen Eingeborener, Registrierung, O. A. 179.
Einfuhr und Handel mit Kriegsmaterial,
   K. 250.
Einfuhrverbot für Vorderlader und Handels-
   pulver, K. 179, 240.
Eingeborene, Verträge über unbewegliche
   Sachen, M. I. 160.
Eingeborenen-Rechtspflege, O. A. 32.
Einwanderung in das deutsch-südwestafri-
   kanische Schutzgebiet, S. W. A. 278.
— mittelloser Personen, N. G. 242.
Eisenbahn Lome — Anecho, Pachtvertrag,
   O. A. 208.
— Swakopmund — Windhuk, Tarifanzeiger,
   S. W. A. 30.
— Usambara, (Tarif) 61, 83.
Etatsanmeldungen in Banaschen 256.
Exzellenzprädikat für die Gouverneure von
   Afrika und der Südsee 270, Kiautschou,
   Ch. 314.

F.

Familien-Heranziehung nach Tsingtau, Ch.
   307.
Farbige Diener, Mitnahme auf Dienstreisen
   142.
Feldsteuer und Bergwerksabgabe usw.,
   O. A. 168.
Feuerwehr, Freiwillige in Tsingtau, Ch. 290.
Fischen mit Sprengstoffen, N. G., 278.
Fortifikation in Tsingtau, Ch. 294.
Frachtvergütungen an Beamte und Militär-
   personen, O. A. 243.
Freigebiet von Kiautschou, Ch. 314.

G.

Gebühren für Benutzung fiskalischen Grund
   und Bodens für Anstellungen, O. A. 109.
Geistige Getränke, Einfuhr und Vertrieb,
   S. W. A. 158.
Geldwesen der Schutzgebiete 41.
Gerichtliche Bekanntmachungen. Veröffent-
   lichung, Ch. 315.
Gerichtsverfassungsgesetz, Abänderung 246.
Geschäftsanweisung für die Kaiserliche
   Gouvernementskassen, betreffend den Ver-
   kehr mit der Deutsch-Ostafrikanischen
   Bank 116.
Geschäftsverkehr der Bezirksgerichte, K. 188.
Gesundheitspolizeiliche Schiffskontrolle, Ch.
   294, 303.
Gewerbeschein, Ch. 291, 303.
Gewerbesteuer, N. G. 41, 44.
— und Handelsregister in den Bezirken
   Muansa und Bukoba, O. A. 44.
Gewichte, Wagen, Hohl- und Längenmaße,
   Ch. 301.
Goldmünzen der ehemaligen Südafrikani-
   schen Republik, O. A. 123.
Gouvernementspersonal in Südwestafrika,
   Anstellung 121.

H.

Handelsbetrieb auf den Marianen, K. I. 135.
— in den Marschall-Inseln, M. I. 250.
— in den Ostkarolinen, K. I. 247.
Handelsregister in den Bezirken Muansa und
   Bukoba, O. A. 42.
Hasenjagd, Ch. 269, 302.
Häuserbau im Lauschan, Ch. 292.
Häuser- und Hüttensteuer, O. A. 23, 26.
Haushaltsetat der Schutzgebiete 120.
Heranziehung von Familien nach Tsingtau,
   Ch. 307.
Hinterbliebenenversorgung, Ch. 287.
Holzschlagen, Berichterstattung darüber,
   O. A. 22.

I.

Inventar, jährliche Bescheinigung über Vollständigkeit, O. A. 183.
Inventarien, Dienstanweisung für die Führung, N. G. 129.

J.

Jagdausübung südlich des Rasaga. K. 273.
Jagdschutzverordnung, Abänderung, O. A. 178.

K.

Kanalisationsanschlüsse für Regen- und
   Schmutzwasser, Ch. 302.
Karawanserei der Deutsch-Ostafrikanischen
   Gesellschaft in Bagamoyo, O. A. 180, 251.
Kassenbestände, amtliche, Verwahrung und
   Bewachung, O. A. 253.
Katastergebühren, Ch. 291.
Kauffahrteischiffe, Laden und Löschen, Ch.
   308.
Kiota, Öffnung für den Auslandverkehr,
   N. G. 279.
Koloradokäfer, Ch. 282.
Kommunalverband Soongen, O. A. 122.
Kommunalverbände, Schaffung von, O. A.
   182.
Kontraktarbeiter, chinesische, S. 135, 149.
Konzession, Erlöschen einer — in Deutsch-
   Ostafrika 64.
Krankheitsverscherrung der chinesischen
   Kontraktarbeiter, S. 149.
Kriegsdienstjahre, Anrechnung 254.
Kriegsmaterial, Einfuhr und Handel damit,
   K. 250.
Küstenfieber des Rindviehs, Bekämpfung,
   O. A. 255.

L.

Laden und Löschen von Kauffahrteischiffen,
   Ch. 308.
Lagerverwaltung, Dienstanweisung für die
   Führung, N. G. 126.
Landespolizei in Deutsch-Südwestafrika,
   Organisation, S. W. A. 61.

Alphabetisches Sachregister. 323

Landmesserarbeiten, Ch. 290.
Legationskasse, Zahlungsverkehr mit, O. A. 176.
Lieferungsbedingungen der Schutztruppe, S. W. A. 187.
Lieferungsvorschriften der Kolonial-Abteilung, Ergänzungen 163.
Lienhardt-Sanatorium, Abänderung der Betriebsordnung, O. A. 41.
Löhnungs- und Verpflegungsordnung für die Farbigen der Schutz- und Polizeitruppe, O. A. 110.
Lome, Teilung des Bezirksamts, T. 180.

M.

„Major Christ-Stiftung", Ch. 293.
Marktgebühren, anderweite Festsetzung in Deutsch-Ostafrika, O. A. 111.
— Umrechnung von Pesas in Heller, O. A. 186.
Marktwesen in Iringa, O. A. 273.
— in Kilimatinde, O. A. 166.
— in Ssongea, O. A. 141.
Materialien- und Proviantverwaltung 122.
Medikamenten-Abgabe aus Regierungsapotheken, N. G. 274.
Militäranwärter, Beurteilung der Subalternund Unterbeamtenstellen 319.
Militärstrafrechtspflege in Kiautschou, Ch. 315.
Mineralien-Aufsuchung und Gewinnung, T. 277, s. auch unter Bergbau, Edelsteinbergbau, Schürfscheingebühr.
Mobilien Beamter und Militärpersonen, Ankauf 46.
Moskitogefahr, Bekämpfung, T. 158.
Motorfahrzeuge, Ch. 292.

N.

Nichteingeborenensachen, Rechtsanwaltsgebühren, S. W. A. 70.
Numerierung der Häuser in Tsingtau, Ch. 289.

O.

Öffentliche Arbeiten, Heranziehung der Eingeborenen dazu, O. A. 106, 108.
Opiumeinfuhr und -Vertrieb, S. 134.
Organisatorische Bestimmungen für die Besatzung von Kiautschou, Ch. 293.
„Ostafrikanische Gasthausgesellschaft Kaiserhof" 280.

P.

Pachtvertrag, betreffend Eisenbahn Lome—Anecho, O. A. 208.

Pachtvertrag zwischen dem Fiskus in Deutsch-Ostafrika und der deutschen Kolonial-Eisenbahn-Bau- und Betriebs-Gesellschaft. O. A. 22.
Pesas, Umrechnung in Heller, O. A. 41.
Portopflichtige Dienstsachen, Behandlung 124.
Prügelstrafen, Vollziehung, S. W. A. 284.

R.

Rechtsanwaltsgebühren in Nichteingeborenensachen, S. W. A. 70.
Registrierung von Ehen Eingeborener, O. A. 179.
Regierungshospital, Betrieb, S. 141.
Reichsmünzen, -Kassenscheine und -Banknoten, gefälschte usw., Behandlung bei amtlichen Kassen der Schutzgebiete 45.
Rupie, Hunderteilung, O. A. 21.

S.

Sand und Kies, Ausladen und Lagern am Strande, Ch. 269.
Schonzeit der Hasen, Ch. 289, 302.
Schulen, Chinesische, Ch. 284, 292.
Schulordnung, Abänderung des § 10, 8, 70, für die Gouvernementsschule in Tsingtau, Ch. 299.
Schürfscheingebühr, Feldesteuer und Bergwerksabgabe, O. A. 168.
Schutztruppenoffiziere, Unterweisung 21.
Simpsonhafen, Öffnung für den Auslandsverkehr, N. G. 274.
— zollamtliche Behandlung gelöschter Güter, N. G. 275.
Sisal-Agaven-Gesellschaft 152.
Spiritus, denaturierter und konsistenter, zollfrei, O. A. 23.
Sprachunterricht in den Schulen, T. 21.
Strafbefugnisse der Verwaltungsbehörden 182.
Strafrechtliche und Disziplinarverhältnisse bei den Farbigen der Schutztruppe für Kamerun 85.
Strafregister, Einrichtung, S. W. A. 133.
Strafvollstreckung, gnadenweise Aussetzung oder Teilung 1, 68.
Subaltern- und Unterbeamtenstellen, Besetzung mit Militäranwärtern 319.
Sultanate Ruanda und Urundi, Petroten, O. A. 70.

T.

Trepangfang in Ponape, K. L. 256.

U.

Übergabeprotokolle, K. 152.
Umrechnung der Marktgebühren, O. A. 186.
Umwandlung der Station Jaunde in ein Bezirksamt, K. 152.
— der Militärstation Ssongea in ein Bezirksamt, O. A. 138.

Umzugskosten, Gewährung an Angehörige der Schutztruppe während des Eingeborenenaufstandes 113, 114.
Unterweisung für Offiziere der Kaiserlichen Schutztruppen 21.
Usambara-Eisenbahn, Tarif, O. A. 61, 63.

V.

Vermessung von Grundstücken, Gebührentarif, O. A. 40.
Vermögens-Einziehung Eingeborener in Südwestafrika, S. W. A. 284.
Verpflegungsvorschriften, Auslegung, K. 133.
— Auslegung des § 7, O. A. 160.
— Abänderung. K. 148.
Verträge mit Eingeborenen über unbewegliche Sachen, M. L. 166.
Verwaltung der Inventarien und Materialien beim Gouvernement von Samoa, S. 2.
— von Tsingtau tschen, Ch. 301.
Verzollungsverfahren in Kiautschou, Ch. 309.
Vogelschutz-Verordnung, Ch. 304.
Vorderlader und Handelspulver, Einfuhrverbot, K. 172, 210.

W.

Wasserabgabe, Ch. 288, 290, 295.

Wildbrennen, Holzschlagen, Berichterstattung darüber, O. A. 22.
Wildschou-Verordnung, Ch. 305.
Wohnungsdienstanweisung, Änderung, O. A. 122, 177, 247.
— Ergänzung 61.

Z.

Zehntschachtücke, Einfuhr, Ch. 304.
Zeitball, Ch. 292.
Zivilversorgungsscheine für Unterbeamte, Ch. 218.
Zollamtliche Behandlung in Simpsonhafen gelöschter Güter, N. G. 275.
— Bekanntmachung über Postpakete, Ch. 316, 317.
— — über Zollkontrolle im Freibezirk, Ch. 818.
Zolltarifänderung für Neu-Guinea 180.
Zollverordnung für Deutsch-Ostafrika, Änderungen und Ergänzungen, O. A. 83.
— für Deutsch-Südwestafrika, Ausführungsbestimmungen, S. W. A. 143.
— für Kiautschou, Ch. 302.
Zwangs- und Strafbefugnisse der Verwaltungsbehörden 168.
Zwangsversteigerung und Zwangsverwaltung, S. 132.